Gerhard Helbig
Entwicklung der Sprachwissenschaft seit 1970

WV studium   Band 161

Gerhard Helbig

Entwicklung der Sprachwissenschaft seit 1970

Westdeutscher Verlag

Der Westdeutsche Verlag ist ein Unternehmen der Verlagsgruppe
Bertelsmann International.

Lizenzausgabe der 2., unveränderten Auflage (1988) für
Westdeutscher Verlag, GmbH, Opladen 1990

© VEB Bibliographisches Institut Leipzig, 1988

Das Werk einschließlich aller seiner Teile ist
urheberrechtlich geschützt. Jede Verwertung
außerhalb der engen Grenzen des Urheber-
rechtsgesetzes ist ohne Zustimmung des Ver-
lags unzulässig und strafbar. Das gilt insbesondere für Vervielfältigungen, Übersetzungen,
Mikroverfilmungen und die Einspeicherung
und Verarbeitung in elektronischen Systemen.

Umschlaggestaltung: Horst Dieter Bürkle, Darmstadt
Druck und buchbinderische Verarbeitung:
W. Langelüddecke, Braunschweig
Printed in Germany

ISBN 3-531-22161-2

Inhaltsverzeichnis

Vorwort

1. Die kommunikativ-pragmatische Wende in der Sprachwissenschaft und die Grammatiktheorien 13

1.1. Die kommunikativ-pragmatische Wende als „Paradigmenwechsel" in der Sprachwissenschaft 13
1.1.1. Was heißt „kommunikativ-pragmatische Wende"? 13
1.1.2. Die kommunikativ-pragmatische Wende als „Paradigmenwechsel" 15

1.2. Anforderungen der Gesellschaft an die Sprachwissenschaft 18

1.3. Zusammenhang von gesellschaftlicher Praxis, Ideologie und innerwissenschaftlichen Faktoren für die Wissenschaftsentwicklung 21

1.4. Marxistisch-leninistische Grundpositionen in der Sprachwissenschaft 24
1.4.1. Was heißt „marxistisch-leninistische Sprachauffassung"? 24
1.4.2. Sprache, Denken und Arbeit 28
1.4.3. Sprache, Kommunikation und Gesellschaft 30
1.4.4. Gegenstand der Sprachwissenschaft 34
1.4.5. Sprachsystem und sprachliche Tätigkeit 39
1.4.6. Synchronie und Diachronie 43
1.4.7. Gesellschaftliche Determiniertheit der Subsysteme 44
1.4.8. Variation und Heterogenität der Sprache 46
1.4.9. Sprache, Bewußtsein und Praxis 47
1.4.10. Induktion und Deduktion, modellierende und formalisierende Methoden 50

1.5. Kritische Einschätzung älterer Sprachauffassungen und Grammatiktheorien 53
1.5.1. Inhaltbezogene Grammatik 54
1.5.1.1. Überbewertung der Rolle der Sprache in der Gesellschaft 54
1.5.1.2. Sprachpolitische Konsequenzen 56
1.5.1.3. WEISGERBER und CHOMSKY 57
1.5.1.4. HUMBOLDT und WEISGERBER 59
1.5.2. DE SAUSSURE 60

1.5.2.1.	Systembegriff und Einordnung in das System der Wissenschaften	60
1.5.2.2.	Verabsolutierung und Isolierung des Sprachsystems	61
1.5.2.3.	Undialektische Trennung von Synchronie und Diachronie	63
1.5.2.4.	Einschränkung des Gegenstandsbereichs der Sprachwissenschaft	64
1.5.2.5.	Einengung des Systembegriffs	65
1.5.3.	Klassischer Strukturalismus	66
1.5.3.1.	Allgemeines	66
1.5.3.2.	Prager Linguistenkreis	70
1.5.3.2.1.	Sprache als funktionales System	70
1.5.3.2.2.	Theorie der Literatursprache und Sprachkultur	71
1.5.3.2.3.	Spezifika der Dichtersprache	73
1.5.3.3.	Dänische Glossematik	74
1.5.3.4.	Amerikanischer Strukturalismus	75
1.5.3.4.1.	Behavioristischer Ansatz und Antimentalismus	75
1.5.3.4.2.	Bedeutungsfeindlichkeit und Einschränkung des Gegenstandsbereichs der Sprachwissenschaft	76
1.5.3.4.3.	Entwicklung spezieller linguistischer Methoden	77
1.5.3.4.4.	Theorie, Gegenstandsbereich und Methode	79
1.5.4.	Generative Grammatik der CHOMSKY-Schule	80
1.5.4.1.	Externe Kritik	81
1.5.4.1.1.	Partielle Überwindung des Strukturalismus	81
1.5.4.1.2.	Biologischer, nicht gesellschaftlicher Charakter der Sprache	85
1.5.4.1.3.	Philosophischer Rückgriff auf den Rationalismus und „Cartesianismus"	86
1.5.4.1.4.	„Marxismus-Anarchismus" als politisches Konzept	89
1.5.4.1.5.	Beschränkung des Kompetenz-Begriffs auf den idealen Sprecher/Hörer in einer homogenen Sprachgemeinschaft	91
1.5.4.1.6.	Leistung und Grenzen des Kreativitätsbegriffs	95
1.5.4.1.7.	Reduzierung der Sprachtheorie zur Grammatiktheorie	97
1.5.4.1.8.	Psychologische Implikationen der generativen Grammatik	100
1.5.4.2.	Weiterentwicklung der generativen Grammatik durch CHOMSKY	102
1.5.4.2.1.	Erweiterte Standardtheorie (EST)	103
1.5.4.2.2.	„Trace Theory"	105
1.5.4.2.3.	Weiterentwicklung nach der Spuren-Theorie (REST)	108
1.5.4.3.	Interne Kritik der generativen Grammatik	111
1.5.4.3.1.	Generative Semantik	111
1.5.4.3.1.1.	Umbau des Systems: Semantik als generative Komponente	112
1.5.4.3.1.2.	Interpretative versus generative Semantik	114
1.5.4.3.1.3.	Einbeziehung pragmatischer Sachverhalte durch die Performativitätshypothese	116
1.5.4.3.1.4.	Von der sprachlichen Bedeutung zum kommunikativen Sinn	117
1.5.4.3.2.	Kasustheorien	120

1.5.4.3.2.1. Ausgangspunkt: Kasusgrammatik versus Subjekt-Objekt-Grammatik 120
1.5.4.3.2.2. Verbindung von Kasustheorie und Valenztheorie 122
1.5.4.3.2.3. Vorzüge und Grenzen der Kasustheorien 123
1.5.4.3.2.4. Weiterentwicklung und Divergenzen der Kasustheorien 128
1.6. Andere Grammatik-Theorien: Kategoriale Grammatik, MONTAGUE-Grammatik und „natürliche" Grammatik 131

Literaturverzeichnis 137

2. Richtungen der kommunikativ-pragmatisch orientierten Linguistik 148

2.1. Wesen und Erscheinungsformen der kommunikativ-pragmatischen Wende 148
2.1.1. Systemorientierte versus kommunikativ-pragmatisch orientierte Linguistik 148
2.1.2. Ausdifferenzierung und Auffächerung der kommunikativ-pragmatischen Wende 149
2.1.3. Zum Terminus „Pragmalinguistik" 150

Literaturverzeichnis 152

2.2. Textlinguistik 152
2.2.1. Anstöße und Fragestellungen 152
2.2.2. Wissenschaftsgeschichtlicher Ort 155
2.2.3. Textdefinitionen 158
2.2.4. Ebenen des Textes 161
2.2.5. Textkohärenz, Textkonstitution, Vertextungsmittel 162
2.2.6. Propositionale und kommunikative Auffassung vom Text 167
2.2.7. Text, Thema und Kommunikationsakt 170
2.2.8. Texttypen, Textarten, Textsorten 171

Literaturverzeichnis 176

2.3. Sprechakttheorie 179
2.3.1. Ausgangspunkte und Grundanliegen 179
2.3.2. AUSTINS Ansatz 182
2.3.3. Der Beitrag SEARLES 187
2.3.4. Einordnung der Sprechakte in Handlungszusammenhänge bei WUNDERLICH u. a. 193
2.3.5. Indirekte Sprechakte 199
2.3.6. Einordnung und Einschätzung 203
2.3.7. Die idealistische Interpretation der Sprechakttheorie in der Gesellschaftstheorie von HABERMAS 208

2.3.8.	Sprechakttheorie und generative Grammatik	210
2.3.9.	Sprechakttheorie und Textanalyse	214

Literaturverzeichnis 217

2.4. Funktional-kommunikative Sprachbeschreibung 221
2.4.1. Anliegen und Ziele 221
2.4.2. Ausgangspunkt und Grundbegriffe 222
2.4.3. Klassifizierung von Texten 224
2.4.4. Probleme und Fragen 225
2.4.5. Funktional-kommunikative Sprachbeschreibung und Sprechakttheorie 226

Literaturverzeichnis 227

2.5. Gesprächsanalyse 228
2.5.1. Anliegen und Quellen 228
2.5.2. Grundbegriffe 230
2.5.3. Wissenschaftsgeschichtliche Einordnung und Kritik 232
2.5.4. Partikel-Forschung 234

Literaturverzeichnis 236

2.6. Soziolinguistik 238
2.6.1. Entstehung und Anliegen 238
2.6.2. Zu Gegenstandsbereich und zu den Auffassungen der Soziolinguistik 241
2.6.3. Variation und Variabilität 245
2.6.4. Begriff der Norm 248
2.6.5. Soziolinguistisches Differential 252
2.6.6. Sprachbarrieren-Problematik („Defizit-Hypothese") 254
2.6.7. Bürgerliche und marxistische Soziolinguistik 258
2.6.8. Soziolinguistik in der Sowjetunion 262
2.6.9. Soziolinguistik als eigenständige Disziplin? 265

Literaturverzeichnis 267

2.7. Psycholinguistik 271
2.7.1. Entstehung und Themenbereiche der Psycholinguistik 271
2.7.2. Modellgegensatz Behaviorismus – Mentalismus 274
2.7.3. Sowjetische Psycholinguistik 278
2.7.4. Zur „psychologischen Realität" der Grammatik 282
2.7.5. Zur mentalen Repräsentation des Lexikons 290
2.7.6. Theorien des Spracherwerbs 293
2.7.7. Fragen des Sprachverlusts und der Sprachstörungen (Sprachpathologie) 298
2.7.8. Grenzen und Eigenständigkeit der Psycholinguistik 299

Literaturverzeichnis 301

2.8.	**Hermeneutik in der Sprachwissenschaft**	304
2.8.1.	Ausgangspositionen und Zielstellung	304
2.8.2.	Problem der Datengewinnung	305
2.8.3.	„Verstehen" versus „Erklären"	306
2.8.4.	Einordnung und Einschätzung	308

Literaturverzeichnis   309

3. Ausblick   311

Literaturverzeichnis   314

Personenregister   315

Sachregister   318

Über den Verfasser   324

Vorwort

Mit dem vorliegenden Buch kommt der Autor einem häufig und vielerorts geäußerten Wunsch der Benutzer der „Geschichte der neueren Sprachwissenschaft" (1970) entgegen, dieses Buch neu zu bearbeiten und vor allem weiterzuführen. Es stellt sich somit als eine Art Fortsetzung des genannten Vorgängerbuches dar – das inzwischen mehrere Lizenzauflagen erfahren hat sowie ins Japanische, ins Polnische und ins Koreanische übersetzt worden ist.

Das vorliegende Buch wendet sich auch an den gleichen Benutzerkreis. Für beide Bücher trifft gleichermaßen zu, daß sie einerseits eine vollständige Geschichte der Sprachwissenschaft (die nur das Werk eines größeren Kollektivs sein kann) weder ersetzen wollen noch können, daß sie andererseits aber dem Nachwuchswissenschaftler und Studenten eine Orientierung über verschiedene Richtungen in der modernen Sprachwissenschaft (und den Zugang zu ihnen) erleichtern wollen. Diese Zielstellung scheint heute noch dringender als vor zwei Jahrzehnten zu sein (nicht nur angesichts der noch größeren Vielfalt der linguistischen Richtungen selbst, sondern auch auf Grund der Tatsache, daß der jüngeren Generation von Sprachwissenschaftlern und Studenten eine Vielfalt von Theorien *gleichzeitig* entgegentritt – was erfahrungsgemäß zu größeren Schwierigkeiten in der Zuordnung führt –, während die ältere Generation das *Nacheinander* in der Entwicklung dieser Theorien miterleben konnte).

Obwohl beide Bücher eine Einheit bilden, wurde sehr bald deutlich, daß es sich bei dem vorliegenden Buch weder um eine Überarbeitung im üblichen Sinne noch um eine einfache Weiterführung der „Geschichte der Sprachwissenschaft" handeln konnte. Dies war deshalb unmöglich, weil seit etwa 1970 eine grundsätzliche Neuorientierung der Sprachwissenschaft stattgefunden hat, die vielfach unter dem Schlagwort der „kommunikativ-pragmatischen Wende" in der Linguistik zusammengefaßt wird und verbunden ist mit einer schärferen Kritik an der bisherigen (bis in die 60er Jahre dominierenden) vornehmlich „systemorientierten" Sprachwissenschaft (in deren Mittelpunkt zumeist die Grammatik-Theorie stand).

Aus diesem Umstand ergaben sich folgerichtig die beiden Hauptanliegen (und zugleich Hauptteile) des vorliegenden Buches: Teil 1 zeigt, worin die Akzentverlagerung der Sprachwissenschaft besteht und warum sie notwendig war, welche theoretischen Positionen diese Wende begründen und zu welcher Einschätzung der bisherigen Sprachauffassungen und -theorien sie führen (wobei die Weiterentwicklung dieser Theorien selbst eingeschlossen wird). Im Teil 2 werden die sich aus der Akzentverlagerung und Gegenstandserweiterung der Sprachwissenschaft ergebenden neueren Richtungen (z. B. Textlinguistik, Sprechakttheorie, Soziolinguistik, Psycholinguistik) als verschiedene Varianten und Ausprägungsformen der „kommunikativ-pragmatischen Wende" in der internationalen Linguistik dargestellt. In beiden Teilen greift der Verfasser auf einige bereits veröffentlichte (im Literaturverzeichnis genannte) Beiträge zurück, die als Vorarbeiten zu diesem Buch angesehen werden können.

1. Die kommunikativ-pragmatische Wende in der Sprachwissenschaft und die Grammatiktheorien

1.1. Die kommunikativ-pragmatische Wende als „Paradigmenwechsel" in der Sprachwissenschaft

1.1.1. Was heißt „kommunikativ-pragmatische Wende"?

Seit etwa 1970 ist in der Sprachwissenschaft international eine „kommunikativ-pragmatische Wende" zu beobachten, d. h. eine Abwendung von einer systemorientierten bzw. -zentrierten Linguistik und eine Zuwendung zu einer kommunikationsorientierten Linguistik. Das zentrale Interesse der Sprachwissenschaft verlagerte sich von den internen (syntaktischen und semantischen) Eigenschaften des Sprachsystems auf die Funktion der Sprache im komplexen Gefüge der (gesellschaftlichen) Kommunikation. Diese komplexen Zusammenhänge hatte die vorangehende Linguistik (vor allem von DE SAUSSURE bis CHOMSKY) kaum gesehen: Sie hatte sich fast ausschließlich auf das interne Sprachsystem beschränkt, hatte weitgehend die Fragen der Verwendung des Sprachsystems in konkreten Kommunikationsprozessen (als „parole") aus der Linguistik ausgeklammert und folglich mit einem abstrahierten, isolierten und reduzierten Objekt gearbeitet, ohne daß man sich immer dessen bewußt gewesen wäre, *daß, warum* und *wovon* man abstrahiert hat (vgl. dazu ausführlich HARTUNG u. a., 1974a; MOTSCH, 1974; NEUMANN u. a., 1976).

Die Einbettung der Sprache in die komplexeren Zusammenhänge der kommunikativen Tätigkeit (und der gesellschaftlichen Interaktion) wurde hervorgerufen durch die zunehmende Einsicht, daß die sprachlichen Zeichensysteme kein Selbstzweck sind, sondern immer nur Mittel zu außersprachlichen Zwecken, daß sie deshalb auch von „externen" Faktoren determiniert und nur auf diese Weise vollständig zu erklären sind. Diese Einsicht führte zu der genannten Abwendung von der reinen „Systemlinguistik" und zu einer mit der Kommunikationsorientierung verknüpften Ausweitung des Gegenstandsbereichs der Sprachwissenschaft, die sich nicht nur in der Einbeziehung „system-externer" Erscheinungen, sondern auch im Entstehen neuer Disziplinen wie Textlinguistik, Pragmalinguistik und Sprechakttheorie, Soziolinguistik, Psycholinguistik usw. äußerte. Diese in den letzten Jahrzehnten in das Blickfeld getretenen Richtungen sind jeweils Ausschnitte aus einem sehr komplexen, aber einheitlichen Objektbereich, die durch das Funktionieren der durch die Grammatiktheorien (bzw. Systemlinguistik) beschriebenen Einheiten im gesellschaftlichen und individuellen, im kommunikativen und kognitiven Handeln bestimmt sind (vgl. NEUMANN, 1977a, 25 ff.). Deshalb hängen diese Disziplinen auch untereinander und mit der Grammatiktheorie zusammen; sie sind nicht absolut voneinander abgrenzbar und ersetzen auch einander und die Grammatiktheorie nicht einfach, sondern sind eher als Integrationsrichtungen zu verstehen, in denen Erkenntnisse aus dem gesamten Objektbereich unter einem dominierenden Aspekt sprachlich-kommunikativer Tätigkeit (von verschiedenen Seiten) erfaßt werden.

Dieser bisher vernachlässigte Bereich der Funktionen sprachlicher Mittel in der kommunikativen Tätigkeit wird oft auch unter dem Stichwort „Pragmatik" in die Sprachwissenschaft eingebracht. Dabei besteht über den genauen Inhalt und Umfang dessen, was als „Pragmatik" bezeichnet wird, noch wenig Einhelligkeit, schon deshalb, weil der Begriff „Pragmatik" gegenüber der ursprünglichen semiotischen Fassung durch die Übertragung auf natürliche Sprachen und in Verbindung mit der Sprechakttheorie uminterpretiert worden und damit auch komplexer (und wohl auch undurchsichtiger) geworden ist (vgl. HELBIG, 1979b, 391 f.): Es spielen nicht mehr nur Sender- umd Empfängerbezogenheit (die Beziehung des Zeichenbenutzers zum Zeichen) – vgl. KLAUS, 1965, 14 f.; KLAUS, 1967, 227 –, sondern auch Handlungskontexte eine wesentliche Rolle. Aber unabhängig davon, von welchen Wissenschaftsdisziplinen die einzelnen Sachverhalte und Objektbereiche abzubilden sind, handelt es sich bei den genannten Sachverhalten und neu entstandenen Disziplinen um Ausdifferenzierungen bzw. Auffächerungen des pragmatischen Gegenstandsbereichs (im weiteren Sinne), wenn auch um Auffächerungen verschiedener Art und unter verschiedenen (dominierenden) Aspekten.

Bei aller Gemeinsamkeit verschiedener linguistischer Richtungen, in denen die kommunikativ-pragmatische Wende in der Sprachwissenschaft ihren Ausdruck findet, differieren diese Neuansätze nicht nur hinsichtlich des jeweils dominierenden Aspekts (z. B. Textlinguistik, Sprechakttheorie, Soziolinguistik, Psycholinguistik), sondern auch hinsichtlich der gesellschaftlichen Erfordernisse und der gesellschaftlichen Praxis, die sie hervorgebracht haben und denen sie dienen (vgl. HARTUNG, 1973a, 82 f.). Gewiß gibt es bestimmte Gemeinsamkeiten, die für die kommunikativ-pragmatische Wende insgesamt charakteristisch sind: Das Interesse verlagerte sich vom sprachlichen System auf die sprachliche Kommunikation und auf die gesellschaftlichen Funktionen der Sprache, weil die Konzentration und Beschränkung auf das (interne) Zeichensystem Sprache der Sprachwissenschaft zu große Beschränkungen auferlegt hat. Daraus erwuchs die (ebenfalls gemeinsame) Forderung, bestimmte auf Reduzierung des Gegenstandsbereichs der Sprachwissenschaft gerichtete Denkschemata (etwa des Strukturalismus und der generativen Grammatik) in ihrer Reduziertheit aufzudecken und zu überwinden. Aber bei dieser Überwindung in den unterschiedlichsten Neuansätzen knüpfte man an unterschiedliche theoretische und weltanschauliche Ausgangspositionen an, über die auch Ähnlichkeiten in der Terminologie sowie Übereinstimmungen in manchen Argumenten und Hypothesen nicht hinwegtäuschen dürfen.

Gewiß wurde die kommunikativ-pragmatische Orientierung der Linguistik um so stärker als Wende empfunden, je deutlicher die vorherige Akzentuierung des Systemaspekts ausgeprägt war. Vor allem unter dem maßgebenden Einfluß des Strukturalismus und der generativen Grammatik entstand der Eindruck einer solchen Umorientierung als „Wende". Nicht wenige Sprachwissenschaftler waren jedoch in den 50er und 60er Jahren nicht ausschließlich auf ein Modell der Grammatik-Theorie eingeschworen, sondern hatten bereits damals die Einordnung des sprachlichen Zeichensystems in kommunikative und gesellschaftliche Zusammenhänge betont. Aber selbst bei diesen Richtungen vollzog sich eine erkennbare Neuorientierung – vor allem im Sinne einer methodologischen Präzisierung und einer methodischen Fundierung, die von der allgemeinen Reflexion des Verhältnisses von Sprache *und* Gesellschaft schließlich zur genaueren Auffassung von der Sprache *in* der Gesellschaft führte.

1.1.2. Die kommunikativ-pragmatische Wende als „Paradigmenwechsel"

Zur Bezeichnung der kommunikativ-pragmatischen Wende in der Sprachwissenschaft wird vielfach der Begriff des „wissenschaftlichen Paradigmas" und des „Paradigmenwechsels" benutzt, den KUHN unter generellem wissenschaftshistorischem Aspekt eingeführt hat, der – in mehr oder weniger striktem Sinne (vgl. dazu BAHNER, 1981a, 1288 ff.) – auf die Sprachwissenschaft übertragen worden ist. Unter „Paradigmen" versteht KUHN (1967, 11 ff.) allgemein anerkannte wissenschaftliche Leistungen, die für eine gewisse Zeit einer Gemeinschaft von Fachleuten Modelle und Lösungen liefern. Unter „normaler Wissenschaft" werden dabei Forschungen verstanden, die auf Leistungen beruhen, die von einer Wissenschaftlergemeinschaft als Grundlage für weitere Arbeit (als „Paradigma") anerkannt werden, wobei innerhalb dieses Paradigmas kaum offene Meinungsverschiedenheiten über Grundprinzipien ausgetragen werden, das Paradigma vielmehr vorausgesetzt wird, nicht nach theoretischen Neuerungen gestrebt, Wissenschaft vielmehr als „kumulative" Tätigkeit angesehen wird. Die Einengung auf ein Paradigma und die damit verbundene Konzentration der Aufmerksamkeit auf einen kleinen Bereich von Problemen ist nach KUHN charakteristisch für die Entwicklung von „normaler Wissenschaft", denn mit dem Paradigma erwirbt die wissenschaftliche Gemeinschaft zugleich ein Kriterium für die Wahl von Problemen, von denen vermutet werden kann, daß sie eine Lösung haben (Wissenschaft wird in Analogie zur Tätigkeit des Rätsel-Lösens gesehen). Der Übergang von einem Paradigma zum anderen ist jedoch kein kumulativer Prozeß, sondern eine Verschiebung des gesamten begrifflichen Netzwerkes, bedeutet den Neuaufbau des Gebiets auf neuen theoretischen Grundlagen, ist eine „wissenschaftliche Revolution" (komplementärer Begriff zur „normalen Wissenschaft" bei KUHN). Der Gegensatz zwischen aufeinanderfolgenden Paradigmen ist aus dieser Sicht ebenso notwendig wie unversöhnbar, weil sich Paradigmen nicht nur in der Substanz, sondern auch in Methoden,

Problemgebieten und Lösungsnormen unterscheiden (oft sogar zu einer Neudefinition der entsprechenden Wissenschaft führen). Wissenschaftliche Revolution bedeutet deshalb auch nicht eine neue Interpretation von stabilen Daten, da solche Daten nicht stabil (d. h. paradigma-unabhängig) seien, eine solche Interpretationstätigkeit könne vielmehr ein Paradigma nur präzisieren, aber nicht korrigieren (eine solche Korrektur sei innerhalb „normaler Wissenschaft" nicht möglich).

Auch wenn KUHN den Begriff des Paradigmas zunächst recht vage definiert und deshalb in mehreren verschiedenen Bedeutungen gebraucht hat (vgl. dazu MASTERMAN, 1974; KUHN, 1977; WITTICH, 1978b, 786f.), so bleibt doch als Kern des „Paradigmas" der Konsens einer Wissenschaftlergemeinschaft, die Anerkennung einer „disziplinären Matrix" durch die Mitglieder dieser wissenschaftlichen Gemeinschaft, bestehend aus theoretischen Modellen, methodologischen Werten und „Musterbeispielen" für Probleme und ihre Lösungen. Auf diese disziplinäre Matrix ist die betreffende Wissenschaftlergemeinschaft in der Phase „normaler Wissenschaft" eingeschworen; erst eine Krise kann zu einer wissenschaftlichen Revolution und einem damit verbundenen Paradigmenwechsel führen.

KUHNS Hypothesen über die Rolle von Paradigmen und die Theoriegebundenheit wissenschaftlicher Arbeit haben zweifellos der internationalen Diskussion wertvolle Impulse vermittelt. Sie haben auch in der Sprachwissenschaft dazu geführt, von solchen „Paradigmen" zu sprechen und z. B. zur Unterscheidung einer „C-Matrix" (= CHOMSKY-Matrix) und einer „P-Matrix" (= Pragmatik-Matrix) geführt (z. B. WUNDERLICH, 1972b; KANNGIESSER, 1976, 116f.), einer Unterscheidung, die den Tatbestand der „kommunikativ-pragmatischen Wende" in der Linguistik reflektieren soll. Der rationale Kern von KUHNS Konzept besteht offenbar in seinem antipositivistischen Ansatz, der das rein kumulative Bild von der Wissenschaftsentwicklung korrigiert hat. Mit diesem Ansatz sind jedoch einige wesentliche philosophische und erkenntnistheoretische Probleme verbunden, auf die mit Recht in kritischer Weise von verschiedenen Seiten hingewiesen worden ist (vgl. vor allem: PORUS, 1978; WITTICH, 1978a; WITTICH, 1978b; POLDRACK, 1981; BAHNER, 1981a; BAHNER, 1981b), die KUHNS Konzept in genereller Weise einschränken und auch eine unkritische Übertragung auf die Sprachwissenschaft verbieten. Es handelt sich dabei vor allem um folgende Einwände:

1) Bei der Alternative zur Erklärung der Wissenschaftsgeschichte zwischen „positivistischem Internalismus" (d. h. die Entwicklung der Wissenschaft wird auf immanente Weise, durch die Wissenschaft selbst erklärt) und „vulgärsoziologischem Externalismus" (d. h. die Entwicklung der Wissenschaft wird auf Grund äußerer Faktoren, durch Triebkräfte und Mechanismen der Gesellschaft erklärt) (vgl. PORUS, 1978, 32ff.) bleibt KUHN – obwohl er sich gegen die positivistische Variante des Internalismus wendet – innerhalb der internalistischen Auffassung, indem er den Einfluß äußerer Faktoren auf die

Wissenschaftsgeschichte weitgehend leugnet und die Wissenschaft als autonomes, sich selbst regulierendes System ansieht. Es werden zwar wissenschaftsexterne Faktoren als Triebkräfte für die Wissenschaftsentwicklung angedeutet, aber weder sind diese vollständig noch sind es die entscheidenden; es handelt sich nur um eine „flache Faktorenreflexion" (WITTICH, 1978b, 790f.).

2) Das führt zu einem „wissenschaftszentristischen" Standpunkt, der die Quelle der „Selbstbewegung" der Wissenschaft vor allem im Subjekt der wissenschaftlichen Tätigkeit, in der Interaktion wissenschaftlicher Gemeinschaften sieht. Damit wird die Geschichte der Wissenschaft losgelöst von den übergreifenden gesellschaftlichen Determinanten und weitgehend auf eine Konkurrenz von wissenschaftlichen Gemeinschaften reduziert. Die „Paradigmen" werden zu gedanklich selbständig agierenden Wesenheiten fetischisiert, die das Verhalten ihrer wissenschaftlichen Gemeinschaften steuern und beherrschen (latenter „Theorien- bzw. Paradigma-Fetischismus"; vgl. POLDRACK, 1981, 233 ff.). Es entsteht der Eindruck, als ob sich die Theorien zur Durchsetzung „ihrer" Ziele der Wissenschaftler und der wissenschaftlichen Gemeinschaften bedienen, während doch immer die realen Menschen (als soziale Träger der Wissenschaft) unter ihren vorgefundenen historischen Bedingungen und auf Grund ihrer Ziele und Interessen mit ihren theoretischen Produkten konkurrieren. Wissenschaftsgeschichtliche Entwicklungen können nicht erfaßt werden durch eine Beschränkung auf das innere System des Wissens, unabhängig von den gesellschaftlichen Prozessen als ihren Voraussetzungen und Realisierungsbedingungen (vgl. BAHNER, 1981a, 1287f.).

3) Nicht stichhaltig ist weiter die These von der absoluten Matrixabhängigkeit von empirischen Beobachtungsdaten in der Wissenschaft (vgl. WITTICH, 1978b, 792ff.; KANNGIESSER, 1976, 114). Auf diese Weise wird die Kontinuität der Wissenschaftsentwicklung in Frage gestellt. Wissenschaftliche Erkenntnisse sind abhängig nicht allein vom Wissen um das Paradigma (wie es bei KUHN eine absolute Autonomie der Wissenschaft in der Gesellschaft suggeriert), sondern zugleich vom gesellschaftlichen Interesse und von den Möglichkeiten des vorgefundenen Wissensstandes (vgl. auch POLDRACK, 1981, 236ff.). Die Herausbildung einer neuen Theorie erfolgt nicht nur durch völlige Verwerfung der alten Theorie, sondern zumeist durch ihre dialektische Aufhebung (weil bestimmte Daten eines bestimmten – meist begrenzten – Bereichs dort adäquat abgebildet worden sind). Auf diese Weise bleibt (trotz aller „wissenschaftlichen Revolution") eine bestimmte Kontinuität in der Wissenschaftsentwicklung erhalten, gibt es eine Dialektik von Kontinuität und Diskontinuität, die keine absoluten Gegensätze darstellen, sich vielmehr in ihrer Gegensätzlichkeit bedingen: Einzelne Entwicklungsphasen relativer Beständigkeit werden abgelöst durch Phasen der Diskontinuität (vgl. BAHNER, 1981a, 1289; BAHNER, 1981b, 1ff.).

4) Die absolute Matrixabhängigkeit von wissenschaftlichen Daten führt bei KUHN zu der These von der „Unvergleichbarkeit" (Inkommensurabilität)

konkurrierender Theorien. Diese „relativistische Inkommensurabilitätshypothese" (POLDRACK, 1981, 235) enthält Elemente des Relativismus, des Agnostizismus und des subjektiven Idealismus (vgl. WITTICH, 1978b, 785, 795 ff.), läßt sie doch die gegenständliche Bestimmtheit von Theorien, das gesellschaftliche Interesse an der Entwicklung dieser Theorien und die Möglichkeiten des vorgefundenen Erkenntnisstandes außer acht. Eine Vergleichbarkeit von Theorien ergibt sich primär aus dem Wahrheitsbegriff, d. h. daraus, daß wissenschaftliche Theorien in unterschiedlicher Weise Fakten und Sachverhalte der Realität adäquat abbilden. Auch wenn es keine schlichte Trennung von „absolut wahr" und „absolut falsch", vielmehr eine Graduierung des Wahrseins (im Sinne der Dialektik von relativer und absoluter Wahrheit) gibt, so kann auf das zentrale Kriterium der Wahrheit (als Vergleichsgrundlage für Theorien) keinesfalls verzichtet werden. Bei KUHN indes wird der Prozeß der wissenschaftlichen Tätigkeit (reduziert auf die Abfolge von inkommensurablen Paradigmen) letztlich vom Wahrheitsbegriff abgekoppelt und damit auch die Entwicklung in der Wissenschaft (als Fortschritt, der immer näher an die Wahrheit heranführt) in Frage gestellt (vgl. auch PORUS, 1978, 37).

Die genannten grundsätzlichen Einwände schränken den „Paradigma"-Begriff entscheidend ein und lösen ihn auch von den in 1.2. und 1.3. zu erörternden gesellschaftlichen und philosophischen Determinanten der Wissenschaftsentwicklung. Dieser Einschränkung sollte man sich bewußt bleiben, wenn er für die Sprachwissenschaft verwendet wird (er reflektiert nur bestimmte Eigenschaften, die für die Entwicklung von wissenschaftlichen Theorien nicht zu leugnen sind).

1.2. Anforderungen der Gesellschaft an die Sprachwissenschaft

Wie jede andere Wissenschaft, so ist auch die Sprachwissenschaft letztlich durch die Bedürfnisse und Anforderungen der gesellschaftlichen Praxis determiniert (wie diese ihrerseits wieder ein Reflex bestimmter materieller gesellschaftlicher Verhältnisse ist). Diese Determination ist kennzeichnend für die Wissenschaft in allen Gesellschaftsordnungen, in denen sie vorkommt (vgl. LAITKO, 1973, 141 f.).

Für die Sprachwissenschaft in der sozialistischen Gesellschaft sind diese Forderungen der Gesellschaft gerade in den letzten Jahrzehnten mehrfach und nachdrücklich erhoben worden. Es handelt sich dabei um theoretische und praktische Forderungen: Theoretisch geht es darum, die Sprachwissenschaft zielgerichtet in den gesellschaftlichen Reproduktionsprozeß einzubeziehen und sie stärker in das System der marxistisch-leninistischen Gesellschaftswissenschaften zu integrieren. Damit verbunden sind zahlreiche praktische Aufgaben

(z. B. des Sprachunterrichts, der Sprachmittlung, der Sprachtherapie, der Sprachdatenverarbeitung, der Bewußtseinsbildung, der Sprachkultur, der Unterstützung von Agitation und Propaganda, der Aufdeckung von Manipulation, des Beitrages zur Klassenauseinandersetzung), die nur gelöst werden können durch einen längeren theoretischen Vorlauf. Insofern stehen theoretische und praktische Forderungen auch nicht unvermittelt nebeneinander, sondern bedingen einander: Gerade bei einer folgerichtigen Orientierung an den steigenden Anforderungen der Praxis steigen auch die Ansprüche an die Theoriebildung (vgl. NEUMANN u. a., 1976, 717f.). Eine zusammenhängende und geordnete Darlegung von wesentlichen Eigenschaften und Zusammenhängen des Objektbereichs Sprache kann nur dann ein geeignetes Mittel für die maximale Nutzung in der gesellschaftlichen Praxis bilden, wenn der in der Theorie erfaßte Zusammenhang der Einzelaussagen eine höhere, tiefer in das Wesen der Erscheinung eindringende Stufe der Widerspiegelung vertritt, als es einzelne empirisch gewonnene Aussagen tun.

Gewiß sind diese Forderungen nicht absolut neu, war auch das Streben, die Sprachwissenschaft eng mit den Problemen der gesellschaftlichen Praxis zu verbinden, vorher nicht in Frage gestellt (vgl. HARTUNG u. a., 1974a, 604f.). Aber die Praxis hat ständig neue Probleme aufgeworfen, und die gesellschaftlichen Entwicklungsprozesse sind von sehr komplexer Natur und enthalten auch mehr oder weniger deutlich erkennbar sprachliche und kommunikative Aspekte. Um die gesellschaftlichen Entwicklungsprozesse optimal zu gestalten, bedarf es der allseitigen Erkenntnis der sprachlichen und kommunikativen Aspekte sowie ihres Platzes, den sie im Gesamtprozeß einnehmen. Für diese Aufgabe waren die theoretischen Voraussetzungen der Sprachwissenschaft nicht zureichend. Daraus resultieren die neuen und nachdrücklichen Forderungen der sozialistischen Gesellschaft an die Sprachwissenschaft. Im Unterschied zu älteren (und z. T. vereinfachenden) Darstellungen mußte z. B. die Frage nach dem Zusammenhang zwischen Sprache und Gesellschaft neu durchdacht werden, mußte man die Frage nach dem *Wie* dieses Zusammenhangs (vermittelt über die Kommunikation) neu stellen. Man konnte dies nur, wenn die Sprachwissenschaft ein stärkeres Augenmerk richtet auf die Funktion der Sprache in der Gesellschaft und auf den Zusammenhang von Sprache (und Sprachwissenschaft) und Ideologie. Dazu bedurfte es auch der Überwindung des reinen „systemorientierten" Ansatzes, der zu einer gewissen Kluft geführt hat (vor allem in den 60er Jahren) zwischen speziellen, gegenstandsgebundenen sprachwissenschaftlichen Erkenntnissen und Methoden auf der einen Seite und allgemeinen (theoretisch-philosophischen und praktisch-politischen) Prinzipien (in der sozialistischen Gesellschaftsordnung: des Marxismus-Leninismus) auf der anderen Seite.

Forderungen und Anforderungen der Gesellschaft an die Sprachwissenschaft gibt es auch in der bürgerlichen Gesellschaft (wenn auch anderer Art und mit anderer Motivierung), die zu einer kommunikativ-pragmatischen Wende der Linguistik führten (vgl. BÜNTING/PAPROTTÉ, 1973, 65). Es zeigte sich auch dort, daß eine Beschränkung auf *mikro*linguistische Untersuchungen des Sprachsystems nicht ausreiche, statt dessen eine *makro*linguistische Orientierung erforderlich war. Nachdem schon in den 60er Jahren in den USA soziale und politische Probleme der Minderheiten in das Bewußtsein der Linguisten gedrungen waren (weil sie auch einen sprachlichen Aspekt hatten), traten Fragen der Sprachplanung, des Sprachkontakts, der Sprachnormierung, der gesellschaftlichen Ziele des Spracherwerbs und der Sprachverwendung sowie der Sprachvarianten überhaupt zunehmend in das Blickfeld des linguistischen Interesses. Es wurde deutlich, daß man solche Fragen (z. B. der Variabilität) nicht unter dem Aspekt der Grammatiktheorie behandeln und auch nicht zugunsten des Begriffs der Grammatikalität unterschlagen konnte.

Die Einordnung der Sprachwissenschaft in die marxistisch-leninistischen Gesellschaftswissenschaften (unter sozialistischen Bedingungen) darf gewiß nicht so verstanden werden, als ob sie bei allen einzelnen Disziplinen auf genau dem gleichen Wege und mit der gleichen Augenfälligkeit zu erreichen wäre (vgl. NEUMANN, 1973a, 277f.). Aber überall dort, wo von der Gesellschaft und ihrer Entwicklung die Rede ist, ist die Sprachwissenschaft vom Gegenstand her mit angesprochen, weil die sprachliche Tätigkeit des Menschen ein unverzichtbarer Teil seiner gesellschaftlichen Gesamttätigkeit ist. Obwohl die *Sprache* selbst nicht in der gleichen Weise ideologiegebunden ist wie z. B. Literatur, Kunst, Recht (vgl. FLEISCHER, 1981, 1329), ist sie sozial und gesellschaftlich determiniert. Die *Sprachwissenschaft* und vor allem die *Sprachtheorie* sind dagegen von Anfang an ideologisch gebunden (schon von der Gegenstandsbestimmung her).

Die Anforderungen der Gesellschaft an die Sprachwissenschaft äußern sich vor allem in *Fragestellungen*, die auf diese Weise zum entscheidenden Glied in der Kette der Beziehungen zwischen Gesellschaft und Sprachwissenschaft werden und aus denen Gegenstandsbestimmungen und methodologische Erwägungen resultieren (vgl. NEUBERT, 1978, 482ff.). Deshalb wäre es eine (von der objektiven Dialektik der wissenschaftsbewegenden Ursachen ablenkende) Simplifikation, einfach anzunehmen, daß die lange Zeit vorherrschende mikrolinguistische Beschränkung ohnehin (d. h. aus immanenten Gründen der Wissenschaftsentwicklung, etwa durch „Paradigmenwechsel") zur makrolinguistischen Orientierung geführt hätte. Die Neusicht des Gegenstandes (die Tatsache, daß dem Objekt Sprache solche Seiten „abgewonnen" werden, die für übergreifende gesellschaftliche Interessen von maßgeblicher Bedeutung sind) ist vielmehr primär eine Funktion der gesellschaftlichen Bedürfnisse hinsichtlich der Rolle des Gegenstandes im gesamtgesellschaftlichen Prozeß. Freilich ist dieser „soziale Auftrag" eine mehrfach vermittelte Ableitungskette und darf nicht mechanistisch vereinfacht werden. Grundsätzlich ist die Gesellschaft an der Erklärung *aller* Seiten des *Objekt*bereichs Sprache interessiert; was die Linguistik aber daraus zum speziellen *Gegenstand* ihrer Untersuchung zu einer bestimmten Zeit macht, ist das Ergebnis der gesellschaftlichen Bedürfnisse und des erreichten Entwicklungsstandes der Wissenschaft. Die neuen makrolinguistischen (mit der „kommunikativ-pragmatischen Wende" der Linguistik verbundenen) Fragestellungen sind auf diese Weise nicht ausschließlich und primär aus linguistischem

Interesse motiviert, sondern ergeben sich als „sozialer Auftrag" aus gesellschaftlichen Bedürfnissen, vor allem der wissenschaftlich-technischen Revolution (z. B. Informationsprobleme, automatisch gesteuerte Systeme, Spracherwerb, Übersetzung, Psychologie des Denkens, Rolle der Sprache im internationalen Verkehr, Sprachwirkung, Sprachlenkung, Sprachplanung, Sprachkultur und Sprachpflege, Bewußtseinsentwicklung und Manipulation). Solche Fragen stellen sich den Linguisten in unterschiedlichen Gesellschaftsordnungen. Da jede Wissenschaft mit Problemen beginnt, die die Menschen haben (nicht mit Beobachtungen oder Tatsachen an sich), also aus Bedürfnissen der Menschen und dem „Erklärungsbedarf" einer Gesellschaft, muß die Leistungsfähigkeit von Theorien sich letztlich orientieren nicht an paradigma-internen Kriterien, auch nicht am „Erklärungsbedürfnis" der Wissenschaftler, sondern am „Erklärungsbedarf" einer Gesellschaft (vgl. FINKE, 1976, 34 ff.; SCHECKER, 1976, 14). „Nur gefragte Wahrheiten, wie sie Bedürfnissen, wie sie überhaupt je gegenwärtigen Herausforderungen antworten, haben als Wahrheiten eine Chance" (MARTEN, 1976, 243 f.). Wie der Gegenstand aufgefaßt wird, mit welchen theoretischen Ansätzen und mit welchen methodologischen Verfahren er angegangen wird, unterscheidet sich jedoch erheblich (je nach der ideologischen Einbettung des Gegenstandes in das komplexe Gesellschaftsbild).

1.3. Zusammenhang von gesellschaftlicher Praxis, Ideologie und innerwissenschaftlichen Faktoren für die Wissenschaftsentwicklung

In der Tat ist die Geschichte jeder Wissenschaft – also auch der Sprachwissenschaft – von drei Arten (oder: Schichten) von Faktoren determiniert (vgl. KANNEGIESSER/ROCHHAUSEN/THOM, 1969, 1063; vgl. auch HARTUNG u. a., 1974a, 110 ff.):

1) von Faktoren der gesellschaftlichen Praxis (in Form von gesellschaftlichen Bedürfnissen und Aufgabenstellungen, von materiellen Bedingungen in Produktion, Technik, Bildungswesen usw.);
2) von ideologischen Faktoren (Ideologie) im geistigen Leben einer Epoche, die „die Rolle eines selektiven Filters für mögliche und bevorzugte Weisen der Wirklichkeitserfassung" spielen, deren innere Struktur und qualitative Bestimmtheit auf diese Weise in Abhängigkeit von der gesellschaftlichen Entwicklung insgesamt ein besseres oder schlechteres Abbild bestimmter Objektbereiche ermöglicht, durch die (als „zweite Schicht von Steuerungsprozessen") die gesellschaftlichen Lebensbedingungen und Klasseninteressen vermittelt oder gebrochen auf den wissenschaftlichen Erkenntnisprozeß einwirken;
3) von innerwissenschaftlichen Faktoren, die als Resultat spezieller wissen-

schaftlicher Arbeit neue Bedürfnisse, Möglichkeiten und Widersprüche hervorrufen.
Dabei ist die 1. Schicht der Determinanten in letzter Instanz bestimmend (vgl. 1.2.). Aber die anderen beiden Schichten sind ebenfalls von großer Bedeutung für das Verständnis des konkreten Verlaufs der Wissenschaftsentwicklung. Zwischen diesen drei Arten von Determinanten gibt es komplizierte Vermittlungen, die oft schwer zu erkennen und noch keineswegs überall erkannt sind. Gerade weil sie so schwer zu erkennen sind, erscheint die Geschichte der Wissenschaften (auch der Sprachwissenschaft) oftmals als scheinbar autonome innerwissenschaftliche (gesellschafts- und ideologieunabhängige), bestenfalls ideengeschichtliche Bewegung – außerhalb des politischen und geistigen Geschehens der Zeit. Ganz gewiß ist und bleibt es eine wesentliche Aufgabe für die Geschichte der Sprachwissenschaft, jene *innerwissenschaftlichen* Prozesse aufzudekken, die beim Herangehen an den Gegenstandsbereich „Sprache" wirksam sind und zu bestimmten theoretischen und methodologischen Leitprinzipien – auch in Abhängigkeit von anderen „Bezugsdisziplinen" (z. B.: Psychologie, Soziologie, Mathematik und Automatentheorie) – geführt haben (vgl. BAHNER, 1981b, 2f.; BAHNER, 1981a, 1281ff.). Aber es genügt nicht, nur die innere Logik des Erkenntnisinteresses und Erkenntnisgewinns deutlich zu machen. Vielmehr ergibt sich aus den drei unterschiedlichen Arten von determinierenden Faktoren für die Wissenschaftsentwicklung die Notwendigkeit, auch nach den Triebkräften, Voraussetzungen, Bedingungen und Folgen wissenschaftlicher Prozesse zu fragen, die auf die jeweilige gesellschaftliche Praxis (mit ihren Bedürfnissen und Aufgabenstellungen) sowie auf die geistigen, ideologischen und philosophischen Auseinandersetzungen der betreffenden Zeit verweisen. Eine solche Notwendigkeit wird schon erkennbar bei der Frage nach dem Gegenstandsbereich der Sprachwissenschaft, der keinesfalls ein für allemal vorgegeben ist, sondern eine recht wechselvolle Geschichte hat. Jede Wissenschaft zeichnet sich durch eine Vielgestaltigkeit und Vielschichtigkeit ihres Objekts aus (was die objektive Grundlage für die Formulierung ihres Gegenstandes und die Entwicklung entsprechender Theorien ist). Das gilt in vollem Maße auch für die Sprachwissenschaft. Der konkrete Verlauf der Entwicklung wird bestimmt durch die aus den Bedürfnissen der gesellschaftlichen Praxis abgeleiteten Fragestellungen, durch die jeweiligen ideologisch-philosophischen „Vorgaben" und durch die sich zu systemhaftem Wissen umgestaltenden Erkenntnisse, aus denen die Systeme linguistischer Theorien entwickelt werden (vgl. HARTUNG u. a., 1974a, 113).

Diese Zusammenhänge sind so komplex, daß sich der Verlauf der Geschichte der Sprachwissenschaft nicht auf einen vordergründig, mechanistisch dargebotenen Kampf zwischen Materialismus und Idealismus reduzieren läßt (vgl. BAHNER, 1981a, 1281), auch nicht auf eine globale Qualifizierung von sprachwissenschaftlichen Erkenntnissen als marxistisch oder nichtmarxistisch (vgl. MOTSCH, 1974, 12). Vielmehr geht es darum, daß Wissenschaftsideal, Ziel und Inhalt der Forschung sich nicht unabhängig von philosophischen Grundhaltungen formulieren lassen (die wiederum von materiellen gesellschaftlichen Verhältnissen abhängig sind), daß insbesondere Erkenntnisschranken der Sprachwissenschaft aufgedeckt werden müssen, deren Quelle unhaltbare philosophische Voraussetzungen sind, die die Erkennung sprachlicher Gesetze behindern oder unmöglich machen.

Über den determinierenden Einfluß von Faktoren der gesellschaftlichen Praxis ist unter 1.2. gesprochen worden. Daß jede wissenschaftliche Disziplin – am augenfälligsten in den gesellschaftswissenschaftlichen Disziplinen – auf einer philosophischen Grundlage beruht (auch wenn das den Schöpfern dieser Theorien durchaus nicht immer bewußt ist), ist oft und mit Recht betont worden (vgl. z. B. FILIN, 1973, 4f.). Da die Wirklichkeit (auch der Sprache) immer durch ein bestimmtes „Raster" („relatives Apriori" im Erkenntnisprozeß; vgl. KLAUS/BUHR, 1975, 102) betrachtet wird – das auch die Möglichkeit von Fehlleistungen („Versteuerungen") in sich birgt –, da sich die Wissenschaft keineswegs allein auf der Grundlage eines wertfreien Interesses des Wissenschaftlers an der Wahrheit an sich entwickelt (was eine positivistische Illusion wäre), muß die Wirksamkeit der das Raster bestimmenden Faktoren aufgedeckt, müssen die Beziehungen zwischen sprachwissenschaftlichen und philosophischen Richtungen kritisch untersucht werden (vgl. MOTSCH, 1977, 48 ff.).

Die Aufdeckung dieser Beziehungen ist keineswegs leicht (und heute auch in allen Details noch kaum erfolgt), denn „der Zusammenhang zwischen der Sprachwissenschaft und der Philosophie ist bei weitem nicht immer so evident, und viele Linguisten protestieren zu Recht gegen eine mechanistische Zurückführung der speziellen Methoden der konkreten Wissenschaften auf allgemeine philosophische Prinzipien, gegen eine Identifizierung der Weltanschauung mit dem konkreten Inhalt einer bestimmten Sprachtheorie (SERÉBRENNIKOW, 1975/1976, III, 245). Zusammenfassend läßt sich sagen, daß in Sprachauffassungen und Sprachtheorien ideologisch-philosophische Grundlagen, Implikationen und/oder Interpretationen enthalten sind, die nicht immer offen zutage liegen und manchmal den Schöpfern dieser Theorien gar nicht bewußt sind, die bisher nicht in genügendem Maße herausgearbeitet, kritisch bewertet und – falls sie sich als unmarxistisch erweisen sollten – eliminiert worden sind. Aber der Zusammenhang ist schon deshalb nicht mechanistisch, weil es trotz des philosophisch-unmarxistischen Kerns bestimmter Sprachtheorien offensichtlich methodologische Elemente und Einzelerkenntnisse in ihnen geben kann, die für die Sprachbeschreibung als rationeller Kern zu nutzen sind (vgl. HELBIG, 1976a): So darf man aus der eindeutig als idealistisch erkannten „Zwischenwelt"-Theorie WEISGERBERS nicht unmittelbar eine Negierung von sprachlichen „Feldern" ableiten (die bei WEISGERBER selbst aus dieser „Zwischenwelt" begründet werden), ebenso folgt aus dem als neorationalistisch erkannten Konzept einiger generativer Grammatiktheorien keineswegs automatisch, daß die Grammatik kein Vermittlungsmechanismus zwischen Lauten und Bedeutungen wäre, daß es innerhalb der Grammatik keine Subkategorisierungs- und Selektionsregeln gäbe. In ähnlicher Weise bedeutet die Ablehnung philosophisch-ideologischer Hintergründe des Strukturalismus keineswegs die Ablehnung bestimmter linguistischer Methoden, die innerhalb der strukturellen Linguistik entwickelt worden sind. Auch wenn hinter linguistischen Theorien gesellschaftliche und ideologische Voraussetzungen und Determinanten stehen (aus deren Zusammenhang sie nicht herausgelöst werden dürfen), sind die Beziehungen so kompliziert, „daß die grammatiktheoretischen Thesen keineswegs immer mit den sprachtheoretischen und philosophischen Aussagen, die ihrer Interpretation und Begründung dienen sollen, stehen oder fallen" (BIERWISCH u.a. 1973, 4; anders und kritisch dazu vgl. RICKEN, 1973, 53). Daß sprachtheoretische Konzeptionen in wesentlicher Hinsicht auf philosophisch-weltanschaulichen Voraussetzungen beruhen, zeigt sich in verschiedenen Auffassungen zum Wesen der Sprache, zur Bestimmung des Gegenstandes der Sprachwissenschaft, zum Wissenschaftsideal und zu den verwendeten Methoden (vgl. BIERWISCH u.a., 1973, 1), die ihrerseits auf komplizierte Weise entstandene Widerspiegelungen sozialökonomischer Verhältnisse sind. Deshalb gehört die Analyse dieser Voraussetzungen zu einem vollständigen Blick auf die Geschichte der Sprachwissenschaft, gehört sie zur Theoriebildung der Sprachwissenschaft, die einerseits die Quellen ideologischer Hemmnisse kritisch aufzudecken und zu bekämpfen, andererseits aber Einzelerkenntnisse und Zielstellungen, die sich auf dem Boden der Realität bewegen, von unwissenschaftlichen philosophischen Prinzipien abzuheben und zu trennen hat (vgl. ausführlicher MOTSCH, 1974, 11 ff.).

1.4. Marxistisch-leninistische Grundpositionen in der Sprachwissenschaft

1.4.1. Was heißt „marxistisch-leninistische Sprachauffassung"?

Um die schwierige Aufgabe der Einschätzung und Bewertung vorhandener Sprachauffassungen und -theorien zu lösen, bedarf es des weiteren Ausbaus von marxistisch-leninistischen Positionen in der Sprachwissenschaft, d.h. einer marxistischen Sprachauffassung, die in dialektischer Weise zugleich *Kriterium* und *Resultat* der kritischen Auseinandersetzung mit vorhandenen (bürgerlichen) Sprachauffassungen ist. Neben den Begriffen „marxistisch-leninistische Grundpositionen" und „marxistisch-leninistische Sprachauffassung" erscheinen auch Begriffe wie „marxistisch-leninistische Sprachtheorie" und „marxistisch-leninistische Sprachwissenschaft". Da sich dahinter – mindestens teilweise – auch unterschiedliche Auffassungen darüber verbergen, *was* in der Sprachwissenschaft mit dem Attribut „marxistisch-leninistisch" charakterisiert werden kann und *wie* die Beziehungen zwischen weltanschaulich-philosophischen Prinzipien und Einzelwissenschaften sind, ist zunächst danach zu fragen, welche Bedeutung und welchen Status marxistisch-leninistische Grundpositionen für die Sprachwissenschaft haben, ehe im folgenden (vgl. 1.4.2. bis 1.4.10.) einige solcher Grundpositionen skizziert werden.

Marxistisch-leninistische Grundpositionen in der Sprachwissenschaft bedeuten auf alle Fälle mehr als ihre unmittelbare Ableitung bzw. Ableitbarkeit aus (oder mindestens Verträglichkeit mit) einzelnen Aussagen oder Zitaten der Klassiker des Marxismus-Leninismus, die einen Bezug zur Sprache haben. MARX, ENGELS und LENIN haben sich zwar wiederholt zu Fragen der Sprache geäußert – und diese Äußerungen dienen zweifellos als Voraussetzungs- und Orientierungsrahmen für marxistisch-leninistische Grundpositionen in der Sprachwissenschaft –, aber diese Äußerungen verfolgten nicht das Ziel, einen geschlossenen Grundriß der Sprachtheorie zu schaffen und die Sprache allseitig zu charakterisieren, sie stehen vielmehr dort, wo sprachliche Fragen im Zusammenhang mit der Begründung des historischen und dialektischen Materialismus (mit philosophischen, gesellschaftstheoretischen und ökonomischen Aussagen) eine Rolle spielen. Deshalb ist es unzulässig, einzelne Äußerungen der Klassiker des Marxismus-Leninismus aus ihrem Zusammenhang herauszulösen, ihnen eine *enge* sprachwissenschaftliche Interpretation zu geben, mit ihrer Hilfe strittige empirische Probleme der Sprachwissenschaft zu klären oder sie einfach durch Sprachbeispiele zu illustrieren (vgl. HARTUNG, 1973a, 66f.; NEUMANN 1973b, 16ff.; NEUMANN u. a., 1976, 716). Eine solche selektive Verfahrensweise würde nicht nur den Marxismus diskreditieren (vgl. auch NEUBERT, 1981, 1294), indem sie dessen Einheit verletzt, sie würde auch zu einer nahezu anekdotenhaften Darstellung des Gegenstandsbereichs der Sprachwissenschaft führen, die keine Zusammenhänge erfassen kann.

Ebensowenig gerechtfertigt ist der Anspruch, Einzelergebnisse bei der Gegenstandserfassung, die allein durch empirische Forschung und fachspezifische theoretische Überlegungen bestätigt oder verworfen werden können, vorschnell als „marxistisch-leninistisch" zu etikettieren (z. B. „marxistisch-leninistische Darstellung" des Konjunktivs oder des Passivs) (vgl. NEUMANN, 1973b, 43f.). Auf diese Weise würde man versuchen, empirisch Unbewiesenes als unanfechtbar auszugeben. Man liefe Gefahr, die Autorität des Marxismus-Leninismus zu mißbrauchen und damit weitere empirische Erkenntnisse zu behindern oder andererseits die als „marxistisch-leninistisch" qualifizierten Aussagen bei fortschreitender Erkenntnis zurückzunehmen oder mindestens revidieren zu müssen.

Damit hängt die wesentliche Frage zusammen, ob – bei Anerkennung der marxistisch-leninistischen Sprachauffassung und von marxistisch-leninistischen Grundpositionen in der Sprachwissenschaft – jeder ihrer Teiltheorien und jeder einzelnen Kategorie das Attribut „marxistisch-leninistisch" zugesprochen werden kann. Bei der Beantwortung dieser Frage muß man sich vor zwei – in gleicher Weise falschen – Extremen hüten: Auf der einen Seite ist es ungerechtfertigt, von der Sprache nur das als relevant für die Philosophie (des Marxismus-Leninismus) anzusehen, was *unmittelbar* der Veränderung der Wirklichkeit (vor allem: dem Klassenkampf) dient und worin sich ein *direkter* Bezug zur gesellschaftlichen Wirklichkeit erkennen läßt, z. B. bestimmte Bereiche des Wortschatzes (vgl. KLEINE ENZYKLOPÄDIE, 1983, 74). Damit würden die allgemeingesellschaftlichen Aspekte der Sprache (die Sprache stellt ja sogar Verbindungen zwischen antagonistischen Klassen her) abgeschnitten und als Gegenstand aus der Behandlung einer marxistisch· fundierten Sprachwissenschaft ausgeschlossen, während es der Sprachwissenschaft – gerade wenn sie von marxistisch-leninistischen Grundpositionen ausgeht – darauf ankommt (ankommen muß), die Eigenschaften der Sprache so umfassend und so tief wie möglich abzubilden, weil ihr Wahrheitsgehalt um so höher ist, je größere Teile der Wirklichkeit in ihr verarbeitet (und für die weitere Umgestaltung der Wirklichkeit zielgerichtet genutzt) werden. Auf der anderen Seite ist eine globale Ausdehnung des Attributs „marxistisch-leninistisch" auf Bereiche der Sprache (Sprachwissenschaft) sinnlos, in denen sich (mindestens gegenwärtig) keine philosophischen Probleme von größerer Tragweite abzeichnen, z. B. in der Syntax oder Phonologie (vgl. HARTUNG, 1973a, 72f.). Deshalb kann man auch nicht von einer marxistischen Phonologie oder Syntax sprechen (vgl. NEUMANN u. a., 1976, 3). „Weder aus dem Gesamtzusammenhang der Weltanschauung des Marxismus-Leninismus noch aus dem Stand des Klassenkampfes in einer bestimmten ökonomischen Gesellschaftsformation läßt sich logisch ableiten, was z. B. ein Kasus oder ein Phonem sei, ob das überhaupt angemessene Begriffsbildungen seien oder wo die Grenze zwischen Syntax und Morphologie zu ziehen bzw. wie der Zusammenhang zwischen Syntax und Semantik zu modellieren wäre" (KLEINE ENZYKLOPÄDIE, 1983, 70). Das besagt jedoch nicht, daß eine syntaktische oder phonologische Theorie nicht Bestandteil einer umfassenderen marxistischen Sprachtheorie oder -auffassung sein könnten, denn über die Einordnung spezieller Fragen in allgemeine Sprachtheorien und dieser Theorien wiederum in gesellschaftstheoretische und weltanschauliche Zusammenhänge erhalten sie einen bestimmten Rahmen und Stellenwert (aus denen Rückschlüsse auf Bewertungssysteme möglich sind).

Auf diese Weise läßt sich erkennen, daß die Frage nach dem Verhältnis zwischen Einzelwissenschaft und Weltanschauung/Philosophie zum zentralen Schlüsselproblem für Status und Art von marxistisch-leninistischen Grundpositionen in der Sprachwissenschaft wird. Klar ist, daß unter einer marxistisch-leninistischen Sprachauffassung nicht die Forderung verstanden werden kann, daß die Philosophie allein imstande sein könne, sprachwissenschaftliche Probleme zu lösen (vgl. RŮŽIČKA u.a., 1979, 87), daß jede wissenschaftliche Einzelwahrheit – die mit den allgemeinen Grundsätzen des Marxismus-Leninismus vereinbar ist – bereits in der Philosophie enthalten sei und nur aus ihr deduziert („herausgefiltert") zu werden braucht. Eine solche Auffassung ist „unweigerlich unfruchtbar", da sie „geradezu Fehler verbürgt und damit dem wirklichen Fortschritt der Wissenschaft schaden kann" (SÈVE, 1972, 44); sie verstößt auch gegen die Tatsache, daß das Kriterium der Wahrheit die Übereinstimmung mit seinem Gegenstand und *letzten* Endes die Praxis, nicht die Übereinstimmung mit einer philosophischen Auffassung oder die bloße Deduktion ist (vgl. SÈVE, 1972, 45ff.; HARTUNG, 1973a, 68). Wie es unmöglich ist, von der Philosophie die Lösung sprachwissenschaftlicher Einzelprobleme zu erwarten, so ist natürlich erst recht unmöglich – wie es in einigen bürgerlichen Sprachtheorien versucht wird (vgl.

z. B. KATZ, 1966, IX ff.) –, von der Sprachwissenschaft die Lösung philosophischer Grundprobleme zu erwarten.

Etwas unterschiedlich sind jedoch die Schlußfolgerungen, die aus diesem Tatbestand auch unter marxistischen Wissenschaftlern gezogen werden: Nach SÈVE (1972, 44 ff.) schafft die Idee einer „marxistischen Psychologie" (in Analogie: Phonologie, Biochemie, politischer Ökonomie) „Verwirrung" in der Frage nach dem Kriterium der wissenschaftlichen Wahrheit (das nach der 2. Feuerbachthese „keine Frage der Theorie, sondern eine praktische Frage" ist) und enthält zumindest den „Keim einer dogmatischen und zugleich subjektivistischen Auffassung vom Verhältnis zwischen Philosophie und Einzelwissenschaften". „Das wissenschaftliche *Erkenntnisgut* ist weder bürgerlich noch proletarisch, es ist wahr – und daher eins –, und das Kriterium seiner Wahrheit ist die Übereinstimmung mit seinem Gegenstand, nicht aber mit dieser oder jener philosophischen Auffassung oder mit den Interessen dieser oder jener Gesellschaftsklasse. In diesem Sinne ist die Idee, daß es *zwei* Wissenschaften gebe, ein gründlicher Fehler von schwerwiegender Tragweite" (SÈVE, 1972, 46 f.). Deshalb möchte SÈVE nicht von *marxistischer* politischer Ökonomie sprechen, weil dies die *wissenschaftliche* politische Ökonomie, die politische Ökonomie schlechthin sei; ebenso gibt es für ihn nicht eine „marxistische Psychologie" im engeren Sinne, wohl aber natürlich eine marxistische *Auffassung*, einen marxistischen *Gebrauch* der Psychologie (die weiter ausgebaut werden müssen). „Marxistisch-leninistisch" wird damit synonym mit „wissenschaftlich" bzw. „wahr" und auf diese Weise letztlich überflüssig; eine Motivation erhält das Attribut bei SÈVE nicht aus wissenschaftlichen Gründen (für ihn gibt es keine *zwei* Wissenschaften), sondern aus ideologischen Gründen (um jede Verwechslung mit bürgerlichen Wissenschaften – z. B. der nichtwissenschaftlichen bürgerlichen Ökonomie – zu vermeiden).

Demgegenüber hält HARTUNG (1973a, 67 ff.) eine Bezeichnung wie „marxistisch-leninistisch" weder für überflüssig noch für nur ideologisch motiviert, weil die Bezugnahme auf Philosophie Bestandteil und Voraussetzung jeder einzelwissenschaftlichen Forschung ist, jede menschliche Erkenntnis nach einem umfassenden Modell von der Welt strebt und dabei notwendig auf philosophische Fragen stößt, Wissenschaft eine spezifische Seite der menschlichen Tätigkeit ist (deshalb von Motivierungen, Zielen und Interessen der Gesellschaft abhängig ist) und (im Falle einer marxistisch-leninistischen Sprachauffassung) *bewußt* auf Grundsätze des als Einheit verstandenen Marxismus-Leninismus Bezug nimmt.

Deshalb darf man aus dem oben genannten Umstand, daß weder die Philosophie einzelwissenschaftliche Probleme (sprachwissenschaftlicher Art) entscheiden noch die Einzelwissenschaft philosophische Grundfragen klären kann, keinesfalls eine Beziehungslosigkeit ableiten, im Gegenteil: Marxistisch-leninistische Grundpositionen dienen als prinzipielle Orientierung für das richtige Herangehen an die Sprache, haben eine wissenschaftliche (auf Erkenntnisgewinn gerichtete) und ideologische Funktion (vgl. HARTUNG, 1973a, 90 f.). Es besteht eine untrennbare Verbindung zwischen den inhaltlichen Prinzipien des Marxismus-Leninismus einerseits und dem Prozeß der einzelwissenschaftlichen Erkenntnis andererseits (vgl. auch KLEINE ENZYKLOPÄDIE, 1983, 70). Dabei darf die marxistisch-leninistische Sprachauffassung (bestehend aus den genannten Grundpositionen) auch nicht als völlig abgeschlossen, endgültig ausformuliert und thesenhaft kanonisiert angesehen werden, schon deshalb nicht, weil sie ständiger Veränderung und Weiterentwicklung unterworfen ist, weil diese Weiterentwicklung durch Offenheit und Dynamik gekennzeichnet ist (und sein muß). Die notwendige Offenheit (die nicht etwa Relativismus bedeutet, vielmehr auf den prinzipiellen Vorgaben der Prinzipien des materialistisch-dialektischen Herangehens an die Sprache beruht) ergibt sich aus dem Prozeß des einzelwissenschaftlichen Erkenntnisgewinns, der nicht nur historisch-relativ ist (Fortschritt im Erkenntnisstand), der auch die Richtung wechseln, d. h. diskontinuierlich sein kann. Die notwendige Dynamik ergibt sich daraus, daß – bei allen Gemeinsamkeiten, die auf den marxistisch-leninistischen Grundpositionen beruhen – der Meinungsstreit über alte und neue Faktenerkenntnisse, über ihre Einordnung in verschiedene theoretische Zusammenhänge sowie über Aufbau, Weiterentwicklung und Korrektur von Teiltheorien wesentlicher Bestandteil der Sprachwissenschaft ist, der nicht zuletzt mit fachspezifischen Argumenten ausgetragen werden muß. Aus diesem Grunde darf man auch weder (von der einen Seite) erwarten noch (von der anderen Seite) befürchten, daß die marxistisch-leninistischen Ansichten über Sprache und Sprachwissenschaft in jedem Falle von völlig anderer Art sind als die Ansichten anderer Sprachauffassungen und -theorien (vgl. SUCHSLAND, 1984, 1).

1.4.2. Sprache, Denken und Arbeit

Grundlegend für die marxistisch-leninistische Sprachauffassung ist der untrennbare Zusammenhang der menschlichen Sprache mit dem Denken und mit der Arbeit. Darauf verweisen die Klassiker des Marxismus-Leninismus bereits in der „Deutschen Ideologie": „Die Sprache ist so alt wie das Bewußtsein – die Sprache ist das praktische, auch für andre Menschen existierende, also auch für mich selbst erst existierende wirkliche Bewußtsein, und die Sprache entsteht, wie das Bewußtsein, erst aus dem Bedürfnis des Verkehrs mit anderen Menschen" (MARX/ENGELS, 1962, Bd. 3, 30). Damit ist eine philosophische Bestimmung der Sprache gegeben, die einerseits die Dialektik von Sprache und Bewußtsein, andererseits die zwischen beiden und dem gesellschaftlichen Reproduktionsprozeß zum Ausdruck bringt, mit dem die Sprache – als gesellschaftliche Erscheinung – nach ihrer Entstehung und Funktion verbunden ist: Sprache und Denken (Bewußtsein) sind unter dem entscheidenden Einfluß der gesellschaftlichen Arbeit entstanden und entwickeln sich unter diesem Einfluß (vgl. SUCHSLAND, 1971, 193 ff.). Insofern ist die Gesellschaftlichkeit der Arbeit zugleich Voraussetzung und Ergebnis der gesellschaftlichen Kommunikation.

Aus der schon von ENGELS deutlich erkannten Entstehung der Sprache „aus und mit der Arbeit" (MARX/ENGELS, 1961 ff., 20, 447) ergibt sich die Notwendigkeit, die Sprache nicht von der Gesellschaft (und von der Geschichte der Sprachträger) zu lösen, sie vielmehr in unlösbarem Zusammenhang mit der Gesellschaft zu sehen, sie aus dem (materiellen) gesellschaftlichen Reproduktionsprozeß zu erklären und in ihrem instrumentalen Charakter (als Instrument zu Zwecken der gesellschaftlichen Reproduktion) zu begreifen. Denken und Sprache sind gegenüber dem wirklichen Leben der Gesellschaft nicht autonom und selbständig, sondern „nur Äußerungen des wirklichen Lebens" (MARX/ENGELS, 1961 ff. 3, 433). Deshalb ist dieses wirkliche Leben das Primäre, das in letzter Instanz den Inhalt des Denkens und der sprachlichen Formen bestimmt, in denen es sich manifestiert (vgl. KLEINE ENZYKLOPÄDIE, 1983, 72).

Ebensowenig wie Denken und Sprache gegenüber dem gesellschaftlichen Reproduktionsprozeß verselbständigt werden dürfen, so wenig darf das Denken (in idealistischer Weise) gegenüber der Sprache verselbständigt werden. Auf diesen grundlegenden dialektischen Zusammenhang zwischen Denken und Sprache verweist der fundamentale Satz in der „Deutschen Ideologie": „Die unmittelbare Wirklichkeit des Gedankens ist die Sprache" (MARX/ENGELS, 1962, Bd. 3, 432), der den Grundtenor der marxistischen Auffassung von der Sprache bestimmt, allerdings nicht aus dem Kontext herausgelöst werden darf und auch unterschiedlich interpretiert worden ist (vgl. z. B. NEUBERT, 1981, 1295 ff.; LORENZ, 1981, 1340 ff.). Dieser Satz verträgt schon deshalb keine Simplifikation, weil es sich um eine *dialektische* Einheit von Sprache und Denken handelt, nicht um eine als Identität verstandene Einheit, auch nicht um einen Zusammenhang, der so verstanden wird, als sei die Sprache die Form und das Denken der Inhalt (wobei die Sprache auf die bloße Form reduziert würde). Vielmehr schließt die *dialektische* Einheit von Sprache und Denken sowohl Identität (gemeinsame Züge) als auch Gegensatz (unterschiedliche, spezifizierende Züge) in sich ein. Und darüber hinaus geht es nicht einfach um einen „untrennbaren Zusammenhang" von Sprache und Denken (kritisch dazu vgl. A. A. LEONT'EV, 1975, 178), sondern um eine „dreistellige Relation" zwischen objektiver Realität, Denken (Erkennen) und Sprache, bei der die Wechselwirkung des denkenden/sprechenden Subjekts mit der objektiven Realität, d. h. die Arbeit als tätige Auseinandersetzung des aktiven Menschen (bei der Aneignung der Realität) eine entscheidende Rolle spielt. Das Denken ist an die Sprache gebunden, Sprache *und* Denken sind Äußerungen des wirklichen Lebens, mit der Gesellschaft und mit der gesellschaftlichen Arbeit verbunden. In der Sprache bildet sich ein Modell sowohl der Wirklichkeit wie auch des Denkens. Insofern bildet die Sprache ab (ist Abbild) und hilft abbilden (ist Abbildinstrument für das Denken), bildet über das bewußtseinsmäßige Abbild ab und hat insofern keinen *generellen* und *direkten* Bezug zur Realität, abgesehen von Eigennamen, lautmalenden Elementen usw. (vgl. NEUBERT, 1981, 1301).

1.4.3. Sprache, Kommunikation und Gesellschaft

Aus der Auffassung von der Entstehung der Sprache „aus und mit der Arbeit" resultiert die für die marxistisch-leninistische Sprachauffassung heute charakteristische These vom Tätigkeitscharakter der sprachlichen Kommunikation, die Einsicht, daß die Sprache ein „Werkzeug" und Mittel der Kommunikation ist, die kommunikative Tätigkeit wiederum eine abgeleitete Art der menschlichen Tätigkeit, die in die Gesamtheit der menschlichen Tätigkeiten einzubetten und aus ihnen zu erklären ist (vgl. ausführlicher HARTUNG u. a., 1974a, 7ff.; HARTUNG, 1973a, 91ff.). Über die Kommunikation ist die Sprache mit der Gesellschaft (damit auch mit der Klassenstruktur der Gesellschaft) verbunden. Aber die Kommunikation bestimmt nicht die gesellschaftlichen Beziehungen, sondern die kommunikativen Beziehungen sind Formen, in denen sich gesellschaftliche Beziehungen ausdrücken (vgl. auch BIERWISCH u. a., 1973, 7ff.). Es geht folglich nicht nur um die Annahme von allgemeinen „Wechselbeziehungen" zwischen Sprache, Kommunikation und Gesellschaft, sondern um die Einsicht, daß das bestimmende Glied in diesem Zusammenhang die gesellschaftliche Wirklichkeit und die mit ihr verbundenen gesellschaftlichen Tätigkeiten sind; die kommunikative Tätigkeit ist eine abgeleitete Art der menschlichen Tätigkeit, die Sprache ist ein in der Kommunikation verwendetes Mittel, letztlich also ein „Handlungsinstrument" (MOTSCH, 1975).

Freilich darf der „Werkzeug"-Charakter der Sprache nicht so interpretiert werden, als ob sie ausschließlich in Form sinnlich wahrnehmbarer Zeichenkörper (also *außerhalb* unseres Bewußtseins) existieren würde (dies ist nur die *eine* Seite). Sie existiert vielmehr zugleich (als Verbindung von Abbildern mit Zeichenkörpern) *innerhalb* und als Teil unseres Bewußtseins. Erst durch diesen Doppelcharakter werden Bewußtseinsinhalte mit Hilfe der Sprache austauschbar, in ihm liegt die vermittelnde Funktion der Sprache begründet. Zugleich grenzt sich eine solche Auffassung der Sprache als materiell-ideelle Erscheinung (d. h. als gesellschaftlich fixiertes System von Zuordnungen von Bewußtseinsinhalten als Abbildern und Lautstrukturen; vgl. dazu genauer unter 1.4.5.) ab von der Beschränkung der Sprache auf ihre *exteriorisierte* Form (wie in verschiedenen Spielarten des Positivismus) und von jeder Mystifizierung ihrer *interiorisierten* Form (wie z. B. in der inhaltbezogenen Grammatik WEISGERBERS) – beides unterschiedliche Varianten von bürgerlichen Sprachauffassungen (vgl. HARTUNG u. a., 1974a, 67ff.; HARTUNG, 1973a, 86ff.).

Entscheidend für die marxistische Sprachauffassung ist die Gesellschaftlichkeit der Sprache, die Einsicht, daß die Sprache von der Kommunikation und über die Kommunikation von der Gesellschaft abhängig ist. Dadurch ist die vermittelte und vermittelnde Rolle der Kommunikation begründet. Diese Rolle der Kommunikation ist deshalb so wesentlich, weil ohne sie die Gefahr besteht, Sprache und Gesellschaft völlig zu isolieren oder beide als voneinander getrennte Wesenheiten aufzufassen, die – als etwas „Inneres" und etwas „Äußeres" – erst sekundär zueinander in Beziehung gesetzt werden. Dadurch würde der falsche Eindruck suggeriert, als ob die Sprache auch getrennt von der Gesellschaft und die Gesellschaft getrennt von der Sprache betrachtet werden könnte, als ob die Sprache etwas grundsätzlich von der Gesellschaft Getrenntes sei (vgl. auch A. A. LEONT'EV, 1984, 32 ff.). In der Zuordnung von Sprache und Gesellschaft geht es also weniger um eine *Beziehung* der Sprache *zur* Gesellschaft als vielmehr um die Sprache als *Teil des* gesellschaftlichen Lebens, um eine gesellschaftliche Erscheinung, die ohne Bezug auf Gesellschaftlichkeit überhaupt nicht erklärt werden kann (ungeachtet aller Spezifika der Sprache) (vgl. HARTUNG u. a., 1974a, 606; HARTUNG, 1978, 524 f.).

Die Gesellschaftlichkeit der Sprache besteht also darin, daß die Sprache weder von der Gesellschaft getrennt noch mit ihr unmittelbar verbunden ist (wie das in mechanistischer Weise manchmal postuliert wird), sondern daß sie über die Kommunikation mit der Gesellschaft verbunden ist. Die Kommunikation kann diese Vermittlungsrolle jedoch erst erfüllen, wenn sie als spezifische Art menschlicher *Tätigkeit* verstanden und aus dem Ensemble aller menschlichen Tätigkeiten (von denen die praktisch-gegenständliche Tätigkeit – die Arbeit – die bestimmende ist) abgeleitet und erklärt wird (vgl. auch A. A. LEONT'EV, 1975, 154 f.). Der Tätigkeitsbegriff ist vor allem auf der Grundlage der sowjetischen Psychologie (vgl. z. B. RUBINSTEIN, 1969; RUBINSTEIN, 1970; WYGOTSKI, 1964; A. N. LEONT'EV/LURIJA, 1964; A. N. LEONT'EV, 1967; A. N. LEONT'EV, 1984, 13 ff.; GALPERIN, 1967) entwickelt und von dort in die Sprachwissenschaft übertragen worden (vgl. dazu besonders A. A. LEONT'EV, 1984, 31 ff.).

Die kommunikative Tätigkeit des Menschen ist kein bloßer Informationsaustausch zwischen den Menschen, ist auch nicht durch sich selbst (auch nicht durch bloße „kommunikative Bedürfnisse") motiviert, sondern (wie die praktische Tätigkeit) von Interesse und Zielen, die sich in letzter Instanz aus den materiellen Verhältnissen der Gesellschaft ergeben. Aus der Kommunikation *während* der Arbeit entwickelte sich allmählich die Kommunikation *für* die Arbeit: Einerseits veranlaßt die Gemeinschaftlichkeit der menschlichen Arbeit die Menschen zur Kommunikation, andererseits handelt es sich um eine planbare menschliche Arbeitstätigkeit, deren Produkt zu Beginn der Arbeit noch nicht existiert und gedanklich (sowie sprachlich) vorweggenommen werden muß. Auf diese Weise löst sich zwar die kommunikative Tätigkeit aus der Gesamtheit der menschlichen Tätigkeiten heraus und gewinnt eine relative Eigenständigkeit; aber trotz dieser entwicklungsgeschichtlichen Loslösung von der Arbeit bleibt sie mit der Arbeit und der praktisch-gegenständlichen Tätigkeit überhaupt eng verbunden, weil sie – als abgeleitete Tätigkeit – in den Ablauf praktisch-gegenständlicher (und auch theoretisch-geistiger) Tätigkeiten unmittelbar eingelagert ist (vgl. ausführlicher HARTUNG u. a., 1974a, 7 ff., 51 ff.; HARTUNG, 1973a, 78 ff.).

Damit erweist sich die kommunikative Tätigkeit als eine spezifische Tätigkeit, deren wesentliches Charakteristikum in der produktiven und rezeptiven Verwendung von sprachlichen Zeichen besteht. Auf der Basis der Tätigkeitsauffassung ist sprachliche Kommunikation mehr als ein bloßer Informationsaustausch. Es ist „ungerechtfertigt, den Prozeß der Kommunikation auf den Prozeß der Übertragung einer kodierten Mitteilung von einem Individuum zu einem anderen zu reduzieren. Ein solches vereinfachtes Herangehen kann man nur dann überwinden, wenn man eine andere Auffassung vom Kommunikationsprozeß zugrunde legt, die unserem gegenwärtigen Wissen über die Natur und die konkreten Faktoren dieses Prozesses mehr entspricht. Eine solche Auffassung ist die ‚*Tätigkeits*'-Auffassung der Kommunikation, ihre Behandlung als eine bestimmte Art der *Tätigkeit*, eben als *kommunikative Tätigkeit*" (A. A. LEONT'EV, 1969, 25). Auf diese Weise ist der Informationsaustausch nur ein Teilaspekt der kommunikativen Tätigkeit, wie diese wiederum eingelagert ist in die Gesamtheit der menschlichen Tätigkeiten. Erst auf diese Weise gelingt es, den gesellschaftlichen Charakter der Sprache zu begründen und die gesellschaftliche Natur *in* der Sprache zu finden, jenen Standpunkt zu überwinden, der die Gesellschaft als etwas „Äußeres", neben und außerhalb der Sprache (als etwas „Inneres") Existierendes auffaßt. In diesem Sinne ist die These vom Tätigkeitscharakter der sprachlichen Kommunikation geeignet, einerseits einen echten Zugang zum gesellschaftlichen Charakter der Sprache zu eröffnen und andererseits die notwendige Vermittlung zwischen der Sprache (als Zeichensystem) und der Gesellschaft zu schaffen (vgl. HARTUNG u. a., 1974, 49 ff., HARTUNG, 1973a, 81 f.). Dies gilt auch dann, wenn der Tätigkeitsbegriff in seinen Möglichkeiten zur gegenständlichen Interpretation auf bestimmten Wissensgebieten noch weiter präzisiert werden muß (um seine Erklärungskraft zu erhöhen), wenn er vor allem auf *spezifische* Tätigkeiten bezogen und in bezug auf bestimmte Untersuchungsgegenstände strukturell *aufgegliedert* werden muß (vgl. JUDIN, 1977, 300 ff.; JUDIN 1984, 241 f.).

Zwischen Sprache (als Zeichensystem), Kommunikation und Gesellschaft gibt es weder eine Beziehungslosigkeit noch *nur* eine „allseitige Wechselwirkung" (die an sich natürlich nicht zu bezweifeln ist), vielmehr ein Determinationsverhältnis, in dem die abgeleitete Erscheinung auf die grundlegende und bestimmende zurückgeführt wird: Weil die kommunikative Tätigkeit, die ihrerseits sich des Zeichensystems Sprache bedient, eingeordnet ist in die Gesamtheit der menschlichen Tätigkeiten (und damit in die komplexe Gesellschaftsstruktur), ist die Gesellschaft das bestimmende Glied im Zusammenhang von Sprache, Kommunikation und Gesellschaft (also: die Grundlage für Kommunikation und Sprache), ist die Kommunikation wiederum bestimmend für die Sprache als Zeichensystem. Daraus ergibt sich auch mindestens eine Relativierung, wenn nicht eine Revision der traditionellen und verbreiteten Sehweise, nach der die Sprache (als System) das Potentielle und die Kommunikation (als konkrete Verwendung sprachlicher Zeichen aus dem System) die Realisierung oder Aktualisierung des Potentiellen sei. Natürlich besteht kein Zweifel daran, daß die Sprache in der Kommunikation tatsächlich verwendet wird. Unter dem Aspekt des Tätigkeitscharakters der Kommunikation ist eine solche Reduzierung der Kommunikation auf die aktuelle Verwendung von potentiellen sprachlichen Mitteln jedoch zu eng, weil sie zu der Vorstellung führt, die Sprache (als System von Möglichkeiten) sei das Primäre (das im Mittelpunkt des sprachwissenschaftlichen Interesses stehen oder auf das sich die Sprachwissenschaft beschränken müsse) und ihre Verwendung sei sekundär (und von geringem sprachwissenschaftlichem Interesse). Mit dem Ausgang von der menschlichen Tätigkeit (innerhalb derer sich die kommunikative Tätigkeit als spezielle Art herausbildet und entwickelt) sind Kommunikation und Verwendung von Sprache aber nicht schlechthin identisch, kehrt sich die Sichtweise vielmehr um, so daß das Anfangsglied der Kette nicht mehr die Sprache ist, sondern die Kommunikation, für die das Zeichensystem Sprache nur ein verwendetes Mittel bzw. Instrument ist (vgl. HARTUNG, 1974a, 60 ff.).

Überhaupt ergeben sich auf Grund des Tätigkeitscharakters der Kommunikation und des gezeigten Determinationszusammenhangs zwischen Gesellschaft, Kommunikation und Sprache ernsthafte Einwände seitens der marxistischen Sprachauffassung gegen zwei Arten von Modellen, die diesen Determinationszusammenhang verletzen bzw. verkehren, die mindestens Teilaspekte in ungerechtfertigter Weise verabsolutieren. Auf der einen Seite ist das *Sprachsystem* selbst in der Vergangenheit oft (vor allem: im Strukturalismus) in unangemessener Weise von der Kommunikation und von der Gesellschaft isoliert und gleichsam „verdinglicht" worden. Falsch an einer solchen Verdinglichung des Sprachsystems ist nicht die Auffassung der Sprache als Zeichensystem (umgekehrt wäre eine Charakterisierung der Sprache ohne deren Auffassung als Zeichensystem nicht nur unvollständig, sondern sogar falsch), vielmehr die Verabsolutierung dieser Charakterisierung. Das Zeichensystem ist einer der (sogar einer der wesentlichsten) Aspekte der Sprache, der jedoch deren Wesen nicht völlig ausschöpft. Diese Verabsolutierung dürfte ihre Ursache einerseits in der voreiligen Übernahme semiotischer Modelle und Begriffsbildungen haben, andererseits in der Verkennung des Unterschieds zwischen der Sprache als Objekt und der Widerspiegelung dieses Objekts: Da eine Abbildung notwendigerweise das Objekt zerlegt und nicht die Totalität seiner Eigenschaften erfaßt (sondern nur bestimmte Aspekte, z.B. den Systemaspekt), ist – bedingt durch diese erkenntnistheoretische Ursache für die Verabsolutierung – der falsche Eindruck entstanden, als ob das (viel komplexere) Objekt *nur* als dieser Aspekt existiert (vgl. HARTUNG, 1973a, 73 ff.; HARTUNG, 1978, 524 ff.). Auf der anderen Seite wird zwar das Sprachsystem in die Kommunikation eingebettet, aber die *Kommunikation* ihrerseits verselbständigt und gegenüber der Gesellschaft isoliert. Deshalb ist auch nicht jede Tätigkeitsauffassung der Kommunikation als marxistisch zu qualifizieren. Vielmehr ist der Tätigkeitscharakter der Kommunikation – eine Auffassung, die sich gegen die unkritische Übernahme informationstheoretischer Kommunikationsmodelle und gegen eine Verdinglichung des Sprachsystems richtete –, und die Einsicht in die vermittelnde Funktion der Kommunikation, in die Tatsache, daß Sprache nicht nur Produktion von Äußerungen, sondern zugleich auch Vollzug von Handlungen, d.h. eine Art von Tätigkeit ist, auch zahlreichen nichtmarxistischen Auffassungen eigen. Die Unterschiede (und der spezifische Charakter des marxistischen Tätigkeitsbegriffes) ergeben sich erst aus dem Verhältnis der kommunikativen Handlungen zur gesellschaftlichen Praxis, d. h. aus der Einbettung der kommunikativen Tätigkeit in die Gesamtheit der menschlichen Tätigkeiten (vgl. HARTUNG, 1974b, 6ff., 14ff.; HARTUNG, 1974c, 85ff., HARTUNG, 1981, 1310). Anders ausgedrückt: Trotz der relativen Verselbständigung kann die kommunikative Tätigkeit keine gesellschaftlichen Beziehungen konstituieren, kommunikative Beziehungen sind vielmehr durch gesellschaftliche Beziehungen determiniert (vgl. BIERWISCH u. a., 1973, 10).

1.4.4. Gegenstand der Sprachwissenschaft

Aus dem Wesen der Sprache (vgl. 1.4.2.) und der Erklärung ihres Determinationszusammenhangs (vgl. 1.4.3.) ergeben sich wesentliche Schlußfolgerungen für den Gegenstand der Sprachwissenschaft. Gegenstand der Sprachwissenschaft kann nicht nur die Sprache als Zeichensystem sein (so wichtig dieser Aspekt ist), weil das Zeichensystem das Wesen der Sprache nicht völlig erschöpft: „Gewiß muß man System und Struktur der Sprache aufdecken, man kann aber kaum sagen, daß System und Struktur der Sprache sämtliche sprachliche Erscheinungen umfassen" (SERÉBRENNIKOW, 1975/76, III, 229). Der Gegenstand der Sprachwissenschaft ist komplexer und schließt auch die gesellschaftliche Determiniertheit und Funktion des Zeichensystems Sprache, die kommunikative Tätigkeit ein (ausführlicher NEUBERT, 1973, 193ff.). Eine solche – mit Recht häufig betonte – *Gegenstandserweiterung* der Sprachwissenschaft (im Gegensatz zur Verselbständigung und Hypostasierung des Sprachsystems) ergibt sich zunächst durch das Objekt Sprache selbst, aus der einfachen Tatsache, daß das Zeichensystem nicht um seiner selbst willen existiert, sondern dazu da ist, um bestimmte außersprachlich-gesellschaftliche Zwecke zu erfüllen: Es ist ein Mittel (Instrument), damit der Mensch kommunizieren und erkennen kann (kommunikative und kognitive Funktion), es existiert nur „durch den Menschen, für den Menschen und im Menschen" (SUCHSLAND, 1971, 196).

Dennoch ist die Vorstellung zu einfach, daß sich die Gegenstandserweiterung der Linguistik (vom Sprachsystem auf dessen kommunikativen und interaktionellen Kontext) gleichsam automatisch aus dem (komplexen) Objekt ergeben würde. *Objekte* sind Erscheinungen der objektiven Realität, die unabhängig vom menschlichen Bewußtsein existieren und durch den menschlichen Erkenntnisprozeß widergespiegelt werden. Auf Grund bestimmter Interessen und Zielsetzungen ergeben sich im Erkenntnisprozeß bestimmte „Zugänge" zu den Objekten. *Gegenstände* sind Teile des Objekts, die durch solche „Zugänge" vermittelt sind; um diese „Zugänge" konstituieren sich wissenschaftliche Disziplinen mit ihren Gegenständen (vgl. dazu und zum folgenden HARTUNG u. a., 1974a, 79ff.; HARTUNG, 1979b, 16ff.; SUCHSLAND, 1977, 62ff.). Die Geschichte der Sprachwissenschaft zeigt, daß die Sprachwissenschaftler es stets mit dem gleichen Objekt, aber häufig mit einem anderen Gegenstand zu tun haben. Die Wahl des Gegenstandes ergibt sich im allgemeinen nicht aus der subjektiven Willkür einzelner Forscher oder ganzer Richtungen, sondern einerseits aus dem objektiven

Aspektreichtum der Sprache selbst und andererseits aus den verschiedenen Auffassungen von „Sprache", die ihrerseits durch Weltanschauungen und Philosophien determiniert sind. Obwohl eine wissenschaftliche Abbildung des Objekts nach einer bestimmten Totalität strebt, sind diese Abbildungen – da durch spezifische „Zugänge" vermittelt – immer beschränkt, da der ausgewählte Gegenstand die Totalität des Objekts der Sprachwissenschaft nicht völlig ausschöpft (ausschöpfen kann), da jeder Gegenstand bestimmte Eigenschaften des Objekts isoliert (idealisiert) und andere vernachlässigt. Zwar sind die Möglichkeiten für eine Gegenstandsbestimmung der Sprachwissenschaft durch Eigenschaften des Objekts Sprache vorgegeben, aber der Gegenstand der Sprachwissenschaft ist weder ein für allemal vorgegeben noch in seiner genauen Fassung automatisch von Objekteigenschaften abhängig. Die Bestimmung von Untersuchungsgegenständen ist deshalb nicht nur Voraussetzung für Erkenntnis, sondern selbst schon ein wesentliches Stück Erkenntnis. Neben den Objekteigenschaften spielen für die Bestimmung und Ausgrenzung des Gegenstandes einer Wissenschaft als Determinanten für den Erkenntnisprozeß mindestens eine entscheidende Rolle einerseits die gesellschaftlichen Bedürfnisse und die philosophischen Positionen (vgl. auch unter 1.3.), andererseits das Niveau des jeweiligen Erkenntnisstandes über die Objekte. Erst diese 3 Arten von Determinanten des Erkenntnisprozesses machen das jeweilige „Bild" aus, das die Forscher in einer gegebenen Situation von ihrem Objekt haben und das schließlich zur Gegenstandsbestimmung führt.

Was nun die spezielle Gegenstandserweiterung für die Sprachwissenschaft auf marxistisch-leninistischer Grundlage anlangt, so sind die bestimmenden gesellschaftlichen Bedürfnisse dafür offensichtlich (vgl. unter 1.2.). Die philosophisch-erkenntnistheoretischen Ursachen für die bisherige Reduzierung des Gegenstandsbereichs der Sprachwissenschaft auf das (als autonom vorgestellte) Zeichensystem Sprache beruhen darauf, daß die bisherigen theoretischen und methodologischen Ansätze zumeist nur einzelne Seiten der natürlichen Sprachen erfaßt und sie von den anderen Seiten isoliert haben, daß sie vor allem die gesellschaftliche Determination der Sprache ausgeklammert haben. Die Problematik bisheriger Gegenstandsbestimmungen der Sprachwissenschaft besteht nicht in ihrer Vielfalt (und Widersprüchlichkeit), sondern darin, daß sie jeweils *einen* Aspekt der Sprache *verabsolutiert* und die aus diesem Aspekt abgeleiteten Teile der Aufgaben für das *Ganze* der Sprachwissenschaft ausgegeben haben (vgl. SUCHSLAND, 1977, 67 ff.). Daraus resultiert eine Verabsolutierung von mehr oder weniger adäquaten Idealisierungen, die zu einer einseitigen Orientierung und entsprechenden Konsequenzen für Gegenstandsbestimmung, Theoriebildung und Methodenwahl geführt haben. Obwohl die Idealisierung ein notwendiges Verfahren wissenschaftlicher Erkenntnistätigkeit ist (weil auf Grund des Zusammenhangs aller Seiten des Objekts Sprache durch die Teildisziplinen bestimmte Aspekte des Objekts zum Gegenstand gemacht werden), hat sie doch nur insoweit Berechtigung, als sie den realen Objekten in gewisser Weise ähnlich ist und vor allem in ihrer Relativität verstanden wird. Die Totalität der Widerspiegelung eines komplexen Objekts wie der Sprache bedeutet die Aufhebung dieser Idealisierungen, die aber nicht erreicht werden kann auf dem Wege der bloßen Addition der Einzeldisziplinen, die es vielmehr erforderlich macht, das Sprachsystem in seiner Funktion als Mittel der gesellschaftlichen Kommunikation aus seinen gesellschaftlichen Bedingungen heraus zu erklären (vgl. NEUMANN u. a., 1976, 425 ff.). Dies wird jedoch verhindert durch philosophisch-erkenntnistheoretische Schranken, vor allem des Positivismus und Neopositivismus, die zu einer verabsolutierten Untersuchung des Sprachsystems (als primären oder einzigen Gegenstand der Sprachwissenschaft) und auf diese Weise zu folgenschweren Einseitigkeiten und Verzerrungen sowie zu dogmatischen Vorurteilen geführt haben (vgl. SERÉBRENNIKOW, 1975/76, III, 229 f.; ausführlicher MOTSCH, 1974, 8 ff.).

Aber es wäre zu einseitig, wollte man die Reduzierung des Gegenstandes der Sprachwissenschaft auf das Sprachsystem *nur* auf die Einflüsse von Positivismus und Neopositivismus zurückführen und als Ergebnisse eines „zu engen Denkens" charakterisieren (vgl. dazu und zum folgenden HARTUNG, 1981, 1303 ff.). Dagegen spricht schon ein einfacher Tatbestand: Je mehr ein Sprachkonzept einige wenige Eigenschaften der Sprache in den Vordergrund stellt, desto geringer ist die Bereitschaft und Notwendigkeit der Forscher, ein komplexes Bild der Sprache zu zeichnen und die Gesellschaftlichkeit der Sprache zu berücksichtigen; ein integriertes, auf größere Zusammenhänge im Objektbereich abzielendes Sprachkonzept verlangt dagegen von vornherein die Einbeziehung der Gesellschaftlichkeit der Sprache. Die Beschränkung auf Teilaspekte (auch und gerade auf den Systemaspekt) war eine wissenschaftsgeschichtlich notwendige Etappe in der Herausbildung der Linguistik und durch den Erkenntnisstand über das Objekt Sprache bedingt, war „ein notwendiges Moment in der Entwicklung des methodologischen Bewußtseins und in der Überwindung eines vorwiegend spekulativen Herangehens" (HARTUNG, 1981, 1305). Freilich mußte (und muß) die Linguistik sich in der schrittweisen Überwindung dieser Idealisierungen und Reduzierungen entwickeln und dabei durch die Relativierung der Teilaspekte (als zeitweise verabsolutierte Gegenstände) in der komplexen Erkenntnis des gesamten Objektbereichs voranschreiten. Dabei kann man nicht in jedem Falle sagen, daß eine bewußte Reduzierung linguistischer Gegenstände den Erkenntnisfortschritt immer gehindert hätte. Sie hindert ihn auch heute nicht bei *jeder* linguistischen Fragestellung (besonders nicht bei solchen Eigenschaften, deren gesellschaftliche Geprägtheit weniger offensichtlich ist). Deshalb hat auch das Streben nach einer relativen Autonomie von Erkenntnisgegenständen zu einer Vertiefung der Erkenntnis (im Bereich des Sprachsystems) geführt. Die Aufhebung dieser Autonomie wird jedoch dann erforderlich (weil sie den Erkenntnisfortschritt hemmt), wenn es sich um grundsätzliche Fragen handelt, die das Wesen und die Funktion der Sprache(n) betreffen.

Dieser Umstand führt zu dem Postulat einer Neubestimmung des Gegenstandes der Sprachwissenschaft, die auf alle Fälle eine *Gegenstandserweiterung* sein muß. Rein äußerlich vollzieht sich diese Erweiterung auf der Objektebene durch ein schrittweises Fortschreiten von elementaren zu komplexeren Einheiten (z. B. vom Wort über den Satz zum Text), auf der Abbildebene durch ein schrittweises Fortschreiten von einer vorwiegend distributionellen zu einer funktionalen Betrachtungsweise (von der Syntax über die Semantik zur Pragmatik). Auf diese Weise werden bestimmte Einschränkungen, Reduzierungen und Abstraktionen schrittweise aufgehoben, die kleineren Einheiten und Untersuchungsebenen in die größeren und höheren eingeordnet. Es entstand dabei zunächst die Vorstellung, man könne die kleineren Einheiten erst „an sich" beschreiben und danach die untere Analyseebene unter dem Aspekt der höheren betrachten: Es wurden neue funktionale Kategorien (z. B. der Intentionalität, einer besonderen „kommunikativ-pragmatischen Komponente") eingeführt, die man mit den bereits ermittelten Struktureinheiten der unteren (bereits untersuchten) Ebenen zu „korrelieren" versuchte (vgl. HARTUNG, 1981, 1306 ff.). Es handelte sich um eine im wesentlichen nur additive Erweiterung des bisherigen Modells, bei der der Aspekt des Sprachsystems nach wie vor im Mittelpunkt stand. Am folgenschwersten für die Linguistik war wohl die von der Semiotik übernommene Unterscheidung mehrerer Zeichenrelationen (der syntaktischen, semantischen, sigmatischen und pragmatischen Relation), von denen die pragmatische Relation *eine* Teildisziplin konstituiert, die das Verhältnis zwischen Zeichen und Zeichenbenutzer (Mensch, Gesellschaft) untersucht (vgl. z. B. KLAUS, 1965, 14 f.). Es wurde zwar hervorgehoben, daß unter diesen semiotischen Relationen die Pragmatik den umfassendsten Charakter hat, aber zugleich betont, daß die Pragmatik eine im Grunde den anderen Relationen nebengeordnete Relation ist und die anderen Relationen voraussetzt.

Gewiß gibt es ein Voraussetzungsverhältnis in dem Sinne, daß Äußerungen in der Kommunikation immer eine Struktur und eine Bedeutung haben müssen; daraus darf jedoch nicht geschlossen werden, daß Syntax und Semantik (in autonomer Weise) untersucht sein müssen, bevor die pragmatischen Aspekte beschrieben werden. Die gesellschaftliche Determination der Sprache und ihre Rolle in der Kommunikation sind kein zusätzlicher Aspekt (der die Syntax und Semantik nur überlagert), vielmehr die Grundlage, die letzten Endes auch Syntax und Semantik bestimmt. Deshalb ist der pragmatische Ansatz ein Versuch, in ein zu enges und undialektisches Modell vom Sprachsystem den Menschen und die Gesellschaft gleichsam „nachträglich" einzubeziehen, ein Versuch, der aus diesem Grunde der bestimmenden Rolle der Gesellschaft und Kommunikation für das Sprachsystem nicht gerecht zu werden vermag (weil er noch immer den Ausgang vom Sprachsystem als methodologisches Prinzip impliziert). Weil die Sprache nicht außerhalb des übergeordneten Zusammenhangs von Kommunikation und gesellschaftlicher Tätigkeit existiert und funktioniert, muß gerade dieser übergeordnete Zusammenhang, muß die Kommunikation von diesem Tätigkeitscharakter her (nicht als bloße Realisierung des Sprachsystems) verstanden werden (ausführlicher HARTUNG u. a., 1974a, 96 ff.). Gegenstandserweiterung bedeutet deshalb nicht nur additive Erweiterung durch einen übergeordneten Aspekt, sondern bedeutet zugleich eine Umstrukturierung des Gegenstandsbereichs der Linguistik und eine Akzentverlagerung innerhalb dieses Gegenstandsbereichs.

Die Untersuchung des Zusammenhangs zwischen Sprache, Kommunikation und Gesellschaft hat nicht nur grundlegenden Charakter für den Gegenstandsbereich und die Struktur der marxistisch orientierten Sprachwissenschaft, sondern erfordert zugleich eine stärkere Integration in das System der Gesellschaftswissenschaften, eine Kooperation mit anderen Disziplinen. Mit der kommunikativen Tätigkeit und der gesellschaftlichen Interaktion befassen sich neben der Sprachwissenschaft auch andere Wissenschaften (z. B. die Psychologie, die Soziologie, die Handlungstheorie). Das Tätigkeitskonzept der Sprachwissenschaft bringt folglich eine Aufgabenstellung mit sich, die im Prinzip interdisziplinären Charakter trägt und von der Sprachwissenschaft *allein* nicht zu bewältigen ist (vgl. CONRAD, 1978, 542 ff.). Dieser interdisziplinäre Charakter hat oftmals zu Diskussionen über die Zuordnung bestimmter Aspekte zu einzelnen Wissenschaftsdisziplinen geführt (manchmal auch dazu, daß bestimmte Aspekte als „außerlinguistisch" a priori aus dem Gegenstandsbereich der Sprachwissenschaft ausgeklammert worden sind), die jedoch dann von falschen Voraussetzungen ausgehen und der Dynamik der Wissenschaftsentwicklung nicht gerecht werden, wenn von den historisch etablierten Wissenschaftsdisziplinen (als Abbildern) ausgegangen wird statt von den einheitlichen Objekten, die diese Disziplinen abbilden. Dabei entsteht der (falsche) Eindruck, als ob diese Wissenschaftsdisziplinen ihre Objekte ein für allemal unter sich aufgeteilt haben, so daß integrative Bereiche manchmal „herrenlos" bleiben (vgl. HARTUNG u. a., 1974a, 91). Da die Objektbereiche unabhängig von der menschlichen Erkenntnis sind und der Gegenstand auch der Sprachwissenschaft nicht schlechterdings endgültig vorgegeben ist, darf die Erkenntnis von Objektbereichen über die Konstituierung von Gegenständen der Wissenschaftsdisziplinen nicht durch sekundäre Zuordnungsfragen (im Abbildbereich) behindert werden.

Andererseits ist angesichts der Erweiterung und Umgliederung des Gegenstandsbereichs der Sprachwissenschaft sowie des interdisziplinären Charakters der neuen Fragestellungen kommunikativer und interaktioneller Art zweifellos die Frage nicht nur berechtigt, sondern sogar notwendig, worin der *spezifische* Aspekt der *Linguistik* innerhalb dieser Fragestellungen besteht, der aus dem komplexen Objektbereich einen eigenen *(linguistischen)* Gegenstand einwandfrei abhebt und ausgrenzt, die Sprachwissenschaft damit als selbständige Wissenschaft auszeichnet und ihre relative Einheit fundiert (vgl. NEUMANN/MOTSCH/WURZEL, 1979, 37 ff.). Bei dieser Frage nach den Besonderheiten des Sprachlichen innerhalb der kommunikativen Tätigkeit wird man davon ausgehen können, daß es die „sprachlichen Äußerungen im Realitätskontext" sind, die – als Bestandteil sprachlichen Verhaltens – mit ihren Struktur- und Funktionseigenschaften die notwendige Grundlage für die Bestimmung des spezifischen Gegenstandsbereichs der Linguistik sind und deren *Daten*bereich darstellen. Dieser Datenbereich – der den speziellen Zugang der Linguistik zur kommunikativen Tätigkeit ermöglicht – ist jedoch nicht identisch mit dem eigentlichen

Gegenstandsbereich der Linguistik: Der Gegenstand der Linguistik sind vielmehr die den Äußerungen zugrunde liegenden *Regularitäten* (als Regel- und Normensysteme), die als Parameter gesellschaftlichen Verhaltens begriffen werden und auf deren Grundlage Äußerungen gebildet und verstanden werden.

Auf diese Weise wird auch einsichtig, daß das Sprachsystem (die „Grammatik" im weiteren Sinne) ein zentraler Gegenstand der Sprachwissenschaft bleibt und bleiben muß (vgl. NEUMANN/MOTSCH/WURZEL, 1979, 67), schon deshalb, weil das Sprachsystem (und die das Sprachsystem behandelnde Grammatiktheorie) nicht *irgendeinen* Teil der als menschliche Tätigkeit aufgefaßten Sprache zum Gegenstand hat, nicht einen zeitlich, räumlich oder sozial abgrenzbaren *Teil* eines Prozesses, den die gesellschaftliche Erscheinung „Sprache" im Rahmen der Gesamttätigkeit des Menschen bildet. Es (sie) enthält vielmehr das *Ganze* der Sprache, aber dieses Ganze unter speziellem (semiotischem) Abstraktionsgesichtspunkt (vgl. BIERWISCH u.a., 1973, 11 ff.). Dieser Aspekt des sprachlichen Zeichensystems ist deshalb so zentral bei der kommunikativen Tätigkeit, weil er es gestattet, aus den jeweils intentionalen und von variablen äußeren und inneren Situationsbedingungen abhängigen kommunikativen Handlungen einen Begriff von Sprache im engeren Sinne als einem System von stabilen grammatischen und semantischen Regularitäten abzuheben. In diesem Sinne ist das Sprachsystem als gesellschaftlich entwickeltes Reproduktionsmuster für grundlegende *Invarianten*-Systeme in intentionalen Sprachhandlungen, als kondensierter und „geronnener" Kommunikationsprozeß, als „gesellschaftlich vollzogene innere Vergegenständlichung von Tätigkeit" aufzufassen (vgl. NEUMANN, 1977a, 34; NEUMANN, 1981a, 81, 93 f.). Deshalb handelt es sich bei der notwendigen Gegenstands*erweiterung* der Linguistik auch „nicht um einen Gegenstandswechsel" (HARTUNG, 1981, 1311), schon gar nicht um eine undialektische Ersetzung des einen Gegenstandes (Sprachsystem) durch einen anderen Gegenstand (kommunikative Tätigkeit). Sprache ist *sowohl* unter dem Systemaspekt *als auch* als kommunikative Tätigkeit zu beschreiben, wobei der Tätigkeitsansatz zweifellos komplexer ist als der sprachsystematische Ansatz, da er diesen einerseits in sich integriert (nicht aber umgekehrt!) und andererseits zugleich als spezifische Idealisierungsrichtung zuläßt und sogar erfordert (vgl. NEUMANN, 1977a, 38).

1.4.5. Sprachsystem und sprachliche Tätigkeit

Das dialektische Verhältnis von System und Tätigkeit (bei Primat der Tätigkeit) ergibt sich schon aus folgendem Tatbestand: *Damit* das Sprachsystem seine kommunikative Funktion erfüllen kann, muß es ganz bestimmte Eigenschaften besitzen, muß es ein System sein, das in regulärer Weise Bewußtseinsinhalte und materielle Signale einander zuordnet (vgl. SUCHSLAND, 1971, 195 ff.). Die Sprache kann erst dann als Instrument wirksam werden, wenn sie an die Unerschöpflichkeit der geistigen und kommunikativen Tätigkeit angepaßt ist, an sich ständig verändernde Anforderungen, die die Aneignung der Welt an die Tätigkeit stellt. Deshalb muß sie hoch komplex und systemhaft sein (vgl. HARTUNG, 1973a, 88; HARTUNG u. a., 1974a, 65). Wäre die Sprache ein akustisches oder optisches Chaos, könnten sich die Menschen nicht verständigen. Das akustisch/ optisch Hervorgebrachte und unmittelbar Wahrnehmbare muß vielmehr in spezifischer und komplexer Weise organisiert, d. h. systemhaft sein (vgl. SUCHSLAND, 1973a, 102f.). Freilich ist der Systemaspekt der Sprache nicht in der gleichen Weise in der Erfahrung gegeben wie die anderen Aspekte der Sprache: Von den drei Aspekten der Sprache (nach SCHTSCHERBA, 1976, 1ff.) – der sprachlichen Tätigkeit, dem Sprachsystem und dem sprachlichen Material (den Texten) – ist in der unmittelbaren Erfahrung nur die sprachliche Tätigkeit (in den Prozessen des Sprechens und Verstehens) gegeben. Insofern sind das Sprachsystem und das Sprachmaterial nur verschiedene Aspekte der in der Erfahrung gegebenen sprachlichen Tätigkeit; aber die sprachliche Tätigkeit ist außerhalb und ohne Sprachsystem unmöglich. Um aber die Eigenschaften dieses Systems zu erkennen, bedarf es der Abstraktion, des Fortschritts der Erkenntnis von der einfachen Beschreibung unmittelbar beobachtbarer Fakten zu tiefer liegenden Organisationsprinzipien, die nicht mehr unmittelbar beobachtbar sind. Eine solche Entwicklungstendenz zeigt sich seit der Mitte des 20. Jahrhunderts in fast allen Wissenschaften; als hervorragendes Beispiel einer solchen Systemforschung kann schon „Das Kapital" von MARX (auf dem Gebiet der Ökonomie), können auch andere Werke der Klassiker des Marxismus-Leninismus angesehen werden (vgl. SERÉBRENNIKOW, 1975/76, II, 1ff.).

Das zentrale Problem (das „semiologische Kardinalproblem" – vgl. SERÉBRENNIKOW, 1975/76, II, 243) des Sprachsystems natürlicher Sprachen ist die wechselseitige Korrelation von Lauten und Bedeutungen, von Ausdruck und Inhalt. Dieses Problem muß jede linguistische Theorie erklären, gleichgültig, ob ihr dieses Problem voll bewußt ist und welche Aufgabe sie im einzelnen verfolgt. Jede Sprache ist ein System von *Zuordnungen* von ideellen Bewußtseinsinhalten und materiellen Signalen, ein historisch entstandenes und gesellschaftlich vorgegebenes System von Regularitäten, das Laute und Bedeutungen in einem Regelmechanismus einander zuordnet (aufeinander abbildet), das Bewußtseinsinhalte in akustische und optische Strukturen (und umgekehrt) überführt, das eine ideelle mit einer materiellen Komponente verbindet. Sprachliche Kommunikation, d. h. Austausch von Bewußtseinsinhalten, ist nur möglich auf Grund des Sprachsystems, d. h. eben auf Grund eines gesellschaftlich fixierten Systems von Zeichen, die die Bewußtseinsinhalte (als Abbilder der außersprachlichen Realität) in syntaktisch, morphologisch und phonologisch organisierte Lautsprache umsetzen. Jedes Sprachsystem hat seine spezifische Gestalt, d. h. seine besondere Art der Zuordnung, aber die Zuordnung selbst ist offenbar eine universale Eigenschaft (vgl. NEUMANN u. a., 1976, 425ff.; SUCHSLAND, 1971, 194ff.). Der Systemaspekt ist folglich nicht der einzige (oder allein mögliche) Aspekt bei der Betrachtung der Sprache, aber ohne Erklärung des Systemaspekts ist eine komplexe Betrachtung von Sprache nicht möglich (vgl. auch SUCHSLAND, 1973a, 130).

Die Erklärung der Zuordnung zwischen Lauten und Bedeutungen stößt deshalb auf Schwierigkeiten, weil zwischen den beiden Seiten der natürlichen Sprachen (im Unterschied zu künstlichen Sprachen) keine Isomorphie, Kongruenz und Symmetrie (keine 1:1-Entsprechung) besteht. „Die Asymmetrie zwischen Inhalts- und Ausdrucksebene in der Sprache wird oft so kompliziert, daß der Dualismus der sprachlichen Ebenen gestört wird und einer mehrschichtigen Struktur mit verschiedenen Zeichengebilden weichen muß" (KAZNELSON, 1974, 20). Diese Tatsache führt zu der Einsicht, daß der Zusammenhang zwischen Laut- und Bedeutungsseite mehrstufig realisiert ist (vgl. SERÉBRENNIKOW, 1975/76, I, 159), daß man von einer „Mehrebenenorganisation der Sprache" (als wesentlicher Eigenschaft der Sprachsysteme), von einem „einheitlich hierarchisch organisierten System von Ebenen" auszugehen hat (vgl. SERÉBRENNIKOW, 1975/76, I, 141; II, 76). Anders ausgedrückt: Die Zuordnung zwischen Lauten und Bedeutungen im Sprachsystem erfolgt *indirekt* und *vermittelt*, über mehrere *Zwischenstufen*, die sich im Laufe der Entwicklung herausgebildet und zunehmend differenziert haben. Solche Zwischenstufen werden zumeist als *Ebenen* des Sprachsystems (z. B. Semantik, Syntax, Phonologie) bzw. als *Komponenten* (in der Abbildung des Sprachsystems) beschrieben. Das Sprachsystem ist somit als Einheit verschiedener Ebenen (Komponenten, Subsysteme) aufzufassen, so daß insgesamt eine Abbildung von Bedeutungskomplexen auf Lautkomplexe mit Hilfe verschiedener Regelsysteme über mehrere Ebenen hinweg erfolgt (vgl. auch SUCHSLAND, 1971, 195 ff.). Nur so wird das Sprachsystem als Regelsystem beschreibbar, das die Bildung und das Verstehen von sprachlichen Äußerungen in der kommunikativen Tätigkeit möglich macht. Die Annahme solcher Ebenen (als gedankliche Abstraktion, die nicht ohne weiteres als realpsychische Trennung verstanden werden darf) ist notwendig, um die nicht unmittelbar beobachtbaren Übergänge zwischen Bewußtseinsinhalten und konkret wahrnehmbaren Zeichenreihen erklärbar zu machen (vgl. auch HARTUNG, 1973a, 88).

Der Tatbestand der Inkongruenz und Asymmetrie des sprachlichen Zeichens, der zu der Annahme einer indirekten und mehrstufigen Zuordnung von Ausdrucks- und Inhaltsseite führt, läßt auch die Vorstellung DE SAUSSURES von der Einheit des sprachlichen Zeichens (und der direkten Art der Korrelation seiner beiden Seiten) als zu einfach erscheinen (vgl. NEUMANN, 1974, 9 ff.; NEUMANN, 1977b, 5 ff.). Der Begriff der *indirekten Zuordnung* zwischen Laut und Bedeutung des sprachlichen Zeichens steht auch nicht im Widerspruch zu der oft betonten dialektischen *Einheit* von Laut und Bedeutung; er zerreißt diese Einheit nicht nur nicht, sondern ist ein Mittel, die *Art* dieser dialektischen Einheit genauer zu beschreiben und zu erklären. Für die Art dieses Zusammenhangs reicht die Vorstellung DE SAUSSURES von einem Blatt Papier – dessen Rückseite man mit zerschneidet, sobald man dessen Vorderseite zerschneidet – (vgl. HELBIG, 1970, 38) nicht aus, eben weil es zwischen den beiden Seiten des sprachlichen Zeichens asymmetrische Beziehungen und hierarchisch geordnete Zwischenebenen gibt, weil das sprachliche Zeichen *nur* als Einheit seiner beiden Seiten *ohne* vermittelnde Zwischeninstanz(en) nicht erklärt werden kann.

Der indirekte und vermittelte Charakter der Zuordnung von Laut- und Bedeutungsstrukturen verweist auf eine relative Eigengesetzlichkeit in der Entwicklung der beiden Seiten des sprachlichen Zeichens. Sowohl die Laut- als auch die Bedeutungsstrukturen sind weiter analysierbar in phonologische bzw. semantische Merkmale: Laute erweisen sich als Komplexe von phonologischen Merkmalen, Bedeutungen als Komplexe von semantischen Merkmalen. Wie die semantischen Merkmale Widerspiegelungen von Eigenschaften der Gegenstände und Beziehungen der objektiven Realität (unabhängig von den Einzelsprachen) sind, so ergeben sich phonologische Merkmale aus akustischen/artikulatorischen Gegebenheiten. Auf diese Weise hängen innersprachliche Sachverhalte (Phoneme, Sememe) aufs engste mit außersprachlichen Sachverhalten (phonologische und semantische Merkmale) zusammen. Der Zusammenhang der Sprache mit der objektiven Realität wird besonders deutlich in der lexikalischen Semantik, vor allem im Begriff der Nomination (wie er namentlich in der sowjetischen Lexikologie, aber nicht nur dort eine zentrale Rolle spielt), der den elementaren, aber grundlegenden Umstand umschreibt, daß der Wortschatz die Bezeichnungseinheiten für die Gegenstände der Welt (im weitesten Sinne des Wortes) bereithält (vgl. ausführlicher SCHIPPAN, 1984, 28 ff.).

Das Sprachsystem (im engeren Sinne) besteht folglich aus Gliederungseinheiten der Lautseite, aus Gliederungseinheiten der semantischen Seite und der mehrstufigen Zuordnung zwischen Laut- und Bedeutungsseite. Der Systemcharakter der Sprache ist eine objektive Eigenschaft, nicht eine Eigenschaft, die ihr erst durch logisches oder systemtheoretisches Beschreibungsverfahren zugeschrieben wird (vgl. dazu und zum folgenden NEUMANN u. a., 1976, 425 ff., 438 ff.). Die Regularitäten der Vermittlung zwischen den Bedeutungs- und Lautstrukturen sind ein System von Regeln, die die Zeichennatur der Sprache verdeutlichen und unabhängig von ihrer Erkenntnis (durch den Sprachwissenschaftler) existieren. Diese Regeln sind zugleich *Voraussetzungen* und *Ergebnis* kommunikativer Tätigkeit. Deshalb dürfen sie weder verselbständigt (von der kommunikativen Tätigkeit völlig isoliert) noch mit der kommunikativen Tätigkeit identifiziert werden. Das Sprachsystem ist nur *ein*, allerdings sehr wesentlicher und tragender Faktor in der Kommunikationstätigkeit, indem es die inhaltlichen und formalen *Invarianten* sprachlicher Äußerungen (als einer Form von kommunikativen Handlungen) reguliert. Diese Invarianten – als systematische Voraussetzungen für die Ausführung sprachlich-kommunikativer Handlungen – sind im Bewußtsein des Menschen verfestigte Bestandteile der Fähigkeit zur sprachlichen Kommunikation. Die den Charakter des Sprachsystems ausmachenden Invarianten sind einerseits das Ergebnis und Produkt von Tätigkeit (als Widerspiegelung von bestimmten Aspekten des menschlichen Verhaltens im Reproduktionsprozeß); als solches Ergebnis dienen sie wiederum – in dialektischer Weise – zugleich als Mittel und „Werkzeug" von Tätigkeit (vgl. NEUMANN u. a., 1976, 726; NEUMANN, 1974, 37 ff.).

1.4.6. Synchronie und Diachronie

Die Annahme solcher invarianter Zeichensysteme der verschiedenen natürlichen Sprachen bedeutet keine Isolierung dieser Systeme von ihren sozialen und gesellschaftlichen Bezügen. Sprachliche Zeichensysteme sind (im Unterschied zu künstlichen Zeichensystemen) nur *relative*, keine absoluten Systeme, sind – im kybernetischen Sinne – *offene* dynamische Systeme, die sich – in Rückkopplung durch die kognitive und kommunikative Tätigkeit des Menschen – allen neuen, sich entwickelnden gesellschaftlichen Bedürfnissen anpassen. Deshalb gehört Beständigkeit *und* Unbeständigkeit zu ihrem Wesen; das ist eine Voraussetzung dafür, damit sie in der Kommunikation verwendet werden können (vgl. SUCHSLAND, 1971, 196). Darum muß auch die Sprachwissenschaft die dialektische Einheit von Synchronie und Diachronie beachten. Eine Verabsolutierung der Diachronie läßt den *System*charakter der Sprache nicht deutlich werden, eine Verabsolutierung der Synchronie verkennt den *relativen* Charakter des Sprachsystems. Folglich dürfen die beiden Seiten der Sprache – die Sprache als Zeichensystem und die Sprache als eine mit der Gesellschaft eng verbundene historische Erscheinung – nur aus methodologischen Gründen, nicht aber prinzipiell voneinander getrennt werden, weil beide Seiten der Sprache eine Einheit bilden, nicht disjunkte Objektbereiche, sondern unterschiedliche Aspekte *eines* Phänomens darstellen (vgl. WURZEL, 1973, 116ff.), weil jede synchrone Beschreibung als diskreter Zustand im Rahmen eines kontinuierlichen Prozesses zu verstehen ist (vgl. MOTSCH, 1974, 163).

In der dialektischen Einheit von Synchronie und Diachronie reflektiert sich das allgemeine philosophische Prinzip der Einheit von Logischem und Historischem, die im Erkenntnisprozeß „eine besondere Erscheinungsform der allgemeinen dialektischen Gesetzmäßigkeit der objektiven Realität" ist und mehrere Aspekte in sich birgt (KLAUS/BUHR, 1975, 729f.). Deshalb sind auch logischer und historischer Charakter der Sprache nicht voneinander zu trennen, muß sich die Sprachwissenschaft sowohl vor logizistischen als auch vor historistischen Vereinseitigungen bewahren. Unter dem Gesichtspunkt dieser Einheit von Logischem und Historischem versteht es sich, daß die Sprache kein statisches, sondern ein komplexes dynamisches und dialektisches System ist (vgl. SUCHSLAND, 1973a, 101f.).

Die Dialektik des sprachlichen Systems besteht darin, daß seine Entwicklung durch ein Zusammenspiel von *Widersprüchen* getrieben wird: von äußeren Widersprüchen (d. h. solchen, die sich zwischen dem Zustand und den Aufgaben des Systems ergeben) und von inneren Widersprüchen, d. h. solchen, die zwischen den einzelnen Ebenen des Sprachsystems bestehen (vgl. dazu auch NEUMANN/MOTSCH/WURZEL, 1979, 71ff.). Die äußeren Widersprüche resultieren einerseits aus der Tatsache, daß die semantische Seite des Sprachsystems untrennbar mit der Gesellschaft verbunden ist (der Widerspruch zwischen kommunikativ-kognitiven Anforderungen und dem Zustand des Systems drängt nach einer „semantischen Optimierung" des Systems und führt zu notwendigen

Veränderungen im System), andererseits aus der Tatsache, daß die phonologische Seite des Sprachsystems an die Funktionsweise der Sprechorgane gebunden ist (der Widerspruch zwischen dem Streben nach artikulatorischer und perzeptiver Einfachheit und der phonologischen Struktur der Sprache führt zu Veränderungen in Richtung auf eine „phonologische Optimierung" des Systems). Der hauptsächliche innere Widerspruch besteht zwischen der Laut- und der Bedeutungsseite der Sprache (die Lösung dieses Widerspruchs führt zur „semiotischen Optimierung" des Systems). Darüber hinaus gibt es Widersprüche zwischen verschiedenen Komponenten im Sprachsystem (z. B. zwischen Lexikon und Morphosyntax, zwischen Phonologie und Morphosyntax), die – wie die anderen Widersprüche – zu einer Lösung drängen und eine Quelle für die ständige Veränderung des Sprachsystems sind (vgl. ausführlicher WURZEL, 1984; vgl. auch WURZEL, 1981, 1364 ff.).

1.4.7. Gesellschaftliche Determiniertheit der Subsysteme

Die verschiedenen Teilsysteme der Sprache verhalten sich unterschiedlich sowohl im Grad ihrer Geschlossenheit bzw. Offenheit als auch – damit verbunden – im Grad ihrer gesellschaftlichen Determiniertheit: Je offener ein Teilsystem ist, um so stärker ist es gesellschaftlich determiniert; je geschlossener es ist, um so schwächer ist es gesellschaftlich determiniert (vgl. SUCHSLAND, 1971, 200 f.). Deshalb ist das syntaktische und phonologische Teilsystem weitgehend ideologieirrelevant, während das Lexikon einer Sprache am stärksten gesellschaftlich und ideologisch determiniert ist. Diese Tatsache ergibt sich daraus, daß sich in der lexikalischen Semantik das allgemeine Bewußtsein einer historisch-konkreten Gesellschaft reflektiert und sich folglich die Entwicklung des Denkens am ehesten niederschlägt. Das hat zu Untersuchungen zur Ideologiegebundenheit des Wortschatzes geführt, die jedoch nicht den gesamten Wortschatz einer Sprache erfassen (können) und erst recht nicht als Ideologiegebundenheit aller Ebenen und Teile des Sprachsystems verstanden werden können: „Die Kategorien, die dem System der materiellen Mittel zum Ausdrücken der Beziehungen zwischen den Wörtern zugrunde liegen, sind klassenindifferent. Die Bedeutung der überwiegenden Zahl der Wörter, die zum Wortschatz einer Sprache gehören, ist ideologisch neutral. Gerade deswegen kann die Sprache gleichermaßen sowohl ideologiebedingte als auch ideologiefreie Urteile ausdrücken. Diese Eigenschaft beruht ganz auf der Besonderheit der kommunikativen Funktion der Sprache, allumfassendes Verständigungsmittel zu sein. Die Sprache ist ihrer Natur nach nicht klassenbedingt" (SERÉBRENNIKOW, 1975, I, 353). Die Sprache als Ganzes kann deshalb weder dem Überbau noch der Basis zugewiesen werden, weil es zwischen dem System der Sprache und der Klassenstruktur einer Gesellschaft keinen unvermittelten Zusammenhang gibt, weil das Sprachsystem vielmehr über die ideologie- und klassenabhängigen sowie über die ideologie- und klassenunabhängigen Bereiche des Bewußtseins verteilt ist.

Die besondere Eigenschaft der Sprache besteht gerade darin, „daß sie im Grunde das einzige Mittel ist, gesellschaftliches Bewußtsein *in seinem vollen Umfang* widerzuspiegeln und auszudrücken" (SERÉBRENNIKOW, 1975/76, I, 344; vgl. auch NEUMANN, u. a., 1976, 466f.; FLEISCHER, 1981, 1330).

Diese Einsicht wird mitunter verdunkelt durch Forderungen, *alle* Ebenen und Teile der Sprache in gleicher Weise als gesellschaftlich determiniert und sozial bedingt anzusehen. Gegenüber solchen „vulgarisierenden" Auffassungen hat SERÉBRENNIKOW (1979, 117) bemerkt, daß man an der Sprache nur das mit der Geschichte des Volkes und der Gesellschaft in Verbindung bringen dürfe, was mit ihr wirklich zusammenhängt, nicht aber das, was mit ihr nicht zusammenhängt und nicht in Zusammenhang gebracht werden kann. Dabei handelt es sich um 2 Probleme, die manchmal in ungerechtfertigter Weise miteinander vermengt werden:

1. um die gesellschaftliche Bedingtheit der Sprache schlechthin;
2. um den Zusammenhang *einer* sprachlichen Erscheinung mit irgendeinem konkreten gesellschaftlichen Faktor.

Bei der (umfassenderen) Fragestellung 1. muß man davon ausgehen, daß der Zusammenhang zwischen Gesellschaftsstruktur und Struktur des Sprachsystems nicht als direkte Determination zu verstehen ist (vgl. NEUMANN, u.a., 1976, 470), weil die Kommunikation das entscheidende Vermittlungsglied ist, über das die Sprache mit der Gesellschaft (und damit auch mit ihrer Klassenstruktur) verbunden ist (vgl. HARTUNG u.a., 1974a, 74ff.). Die (engere) Fragestellung erklärt weniger den grundlegenden und generellen Zusammenhang von Sprache und Gesellschaft als vielmehr sprachliche Veränderungen unter dem (direkten) Einfluß der Gesellschaft, wobei die Gesellschaft in eine Menge von beeinflussenden außersprachlichen Faktoren und das Sprachsystem in eine Menge von sprachlichen Einzelerscheinungen aufgelöst wird. Solange Sprache und Gesellschaft (auf dem Wege der Fragestellung 2.) jedoch nur direkt und unmittelbar aufeinander bezogen werden, werden diese Beziehungen zwischen beiden lediglich auf eine äußerliche, zufällige und (auf einige Teile des lexikalischen Bereichs) beschränkte Weise erfaßt. Deshalb darf die Frage nach dem Zusammenhang zwischen Sprache und Gesellschaft nicht auf die direkte gesellschaftliche Determination eines (kleinen) Teils des Wortschatzes (auf die Fragestellung 2.) beschränkt werden, darf – auf Grund des unterschiedlichen Charakters der sprachlichen Teilsysteme – die direkte gesellschaftliche Determination auch nicht auf *alle* Teilsysteme und Teile der Sprache übertragen werden. Deshalb bedarf die (manchmal nur recht vage getroffene) Feststellung, daß die Sprache „ihrer Natur nach", also wesentlich und durchgängig etwas Gesellschaftliches sei, einer genaueren Erklärung und Präzision (vgl. dazu auch HARTUNG, 1973b, 138; HARTUNG, 1981, 1302ff.). Da die Beziehungen zwischen Sprache, Denken und Gesellschaft außerordentlich vielschichtig und kompliziert sind, wäre es verfehlt, nach direkten Entsprechungen zwischen den syntaktischen Strukturen einer Sprache und der Struktur der Gesellschaft zu suchen (vgl. MOTSCH, 1974,

168f.). Aber auch im Bereich des Wortschatzes sind nur in einem bestimmten Teil klassenbedingte Widerspiegelungselemente im Sprachsystem fixiert. Diese Einschränkung darf jedoch nicht darüber hinwegtäuschen, daß solche Widerspiegelungselemente nicht nur „in der Sprache" fixiert sind (d. h. im Sprachsystem auch außerhalb des Kommunikationsereignisses existent sind), sondern daß sie – zum weitaus größeren Teil – auch „mit der Sprache" fixiert werden, d. h., daß Ideologie „durch Texte transportiert" wird, eben durch die Vermittlung über die Kommunikation (vgl. FLEISCHER, 1981, 1332ff.).

1.4.8. Variation und Heterogenität der Sprache

Bei näherer Betrachtung zeigt sich, daß das, was als sprachliches Zeichensystem angesprochen wird, in Wahrheit ein System von Zeichensystemen bzw. eine Vereinigung von Systemen gleicher Art ist. Diese Systeme gleicher Art sind die sozial, territorial und situativ differenzierten Varianten (oder „Existenzformen") einer natürlichen Sprache. Der innere Zusammenhang dieser Varianten besteht darin, daß sie Gemeinsamkeiten in den einzelnen Teilsystemen aufweisen. Für diese Systeme der Varianten gilt dasselbe wie für das Sprachsystem insgesamt: Innerhalb dieser einzelnen Varianten ist in der Regel nur das lexikalische Teilsystem – und dieses wieder nur partiell – gesellschaftlich determiniert und damit ideologierelevant, aber die einzelnen Varianten insgesamt mit allen ihren Teilsystemen (von der Lexik und Semantik bis zur Phonologie) sind als kommunikative Verwendungsweisen der Sprache sozial (d. h. klassen-, schichten- und gruppenmäßig) determiniert und darüber hinaus auch territorial gegliedert (vgl. SUCHSLAND, 1971, 201).

Die sprachliche Variation, Differenziertheit und Heterogenität gehört – neben der Tätigkeits- und Handlungsorientiertheit der Sprache (vgl. dazu 1.4.2. und 1.4.3.) – zu den wesentlichsten Aspekten der Gesellschaftlichkeit der Sprache (vgl. HARTUNG, 1979a, 1ff.; HARTUNG, 1980, 1ff.) und ist als solche im letzten Jahrzehnt auch im erklärenden Rahmen des Tätigkeitskonzepts näher untersucht worden (vgl. vor allem: HARTUNG/SCHÖNFELD u. a., 1981). Es gibt zweifellos „ungleiche Redeweisen", Differenziertheiten innerhalb *einer* Sprache, die keineswegs nur individuell und/oder zufällig sind, wie es nach einem linguistischen Konzept scheinen könnte, das den Systemaspekt der Sprache verabsolutiert, von einer „homogenen Sprachgemeinschaft" ausgeht und das Sprachsystem von seinen sozialen und gesellschaftlichen Determinanten in unzulässiger Weise trennt. Diese Differenziertheiten gehören vielmehr zum Wesen der Kommunikation und sind zugleich Indizien für soziale Eigenschaften der Sprecher und/oder für die sozialen Bedingungen, unter denen die Kommunikation stattfindet. Sie sind nicht nur auf allen sprachlichen Ebenen anzutreffen, sondern sind auch im Bewußtsein der Sprecher gegenwärtig und häufig mit einem System von Werten verbunden. Die entscheidende (und zugleich schwierige) Frage besteht darin, über welche Vermittlungen die sprachlichen Differenzierungen mit den in einer bestimmten gesellschaftlichen Wirklichkeit handelnden Menschen verbunden sind, wie sprachliche Differenzierungen und gesellschaftliche Bedingungen des Handelns in einen erklärenden Zusammenhang gebracht werden können.

Für die Herstellung eines solchen Zusammenhangs genügt es nicht, einfach zu postulieren, daß Sprache und Gesellschaft nicht getrennt werden dürfen, genügt auch nicht eine einfache Korrelierung von Daten aus dem Bereich der Sprache und der Gesellschaft (wie in einer frühen Phase der Soziolinguistik), ist es auch nicht getan mit der Annahme eines Kausal- und Widerspiegelungsverhältnisses (wie es manchmal – z. B. bei MARR – zu unzulässigen Vereinfachungen geführt hat). Eine auf marxistischen Grundpositionen basierende Lösung dieses Problems muß von der Untrennbarkeit von Gesellschaft und Sprache sowie von ihrer Wechselwirkung ausgehen und als entscheidendes vermittelndes Zwischenglied den Menschen in seiner *Tätigkeit* annehmen. Auf diese Weise erscheint die sprachliche Differenziertheit als Transformation von Tätigkeitsbedingungen. Sprachliche Differenzierungen spiegeln somit soziale und situative Differenzierungen nicht unmittelbar und direkt wider, sondern modellieren bestimmte (Tätigkeits-)Bedingungen der Kommunikation, die sich auf soziale und situative Differenzierungen beziehen lassen (vgl. HARTUNG/SCHÖNFELD u. a., 1981, 26 ff.).

Damit ist eine Menge linguistischer Probleme verbunden, wie sich diese „Varietäten" (die immer bezogen sind auf die Abstraktion einer „Gesamtsprache") erfassen lassen (vgl. dazu HARTUNG/SCHÖNFELD u.a., 1981, 73 ff.). Natürlich muß geklärt werden, wann, nach welchen Kriterien und wie viele Varietäten angesetzt werden können (oder müssen). *Territoriale* Varietäten (Dialekte, Umgangssprachen) und *soziale* Varietäten (Soziolekte) werden nach Gruppen von *Sprechern* differenziert. Sie sind allerdings mitunter nicht streng voneinander trennbar, da Soziolekte territorial untergliedert sein können und Dialekte – wenn sie sozial bewertet werden – die Funktion von Soziolekten übernehmen können. Im Unterschied dazu beziehen sich *situative* Varietäten auf das Verhalten *derselben* Sprechergruppe in unterschiedlichen Situationen und Kommunikationsbereichen; sie werden deshalb z. T. durch andere Modelle (z. B. durch die Funktionalstilistik oder durch das Modell der Register-Variation) erfaßt. Auf ein Gesamtmodell (mit der genannten dreifachen Variation) ausgerichtet sind dagegen Konzepte von einem „soziolinguistischen Differential" (vgl. NEUMANN u. a., 1976, 559 ff.) oder von einer „heterogenen Grammatik" (vgl. BIERWISCH, 1975, 65 ff.).

1.4.9. Sprache, Bewußtsein und Praxis

Innerhalb der marxistischen Sprachauffassung muß auch nach der Bedeutung der philosophischen Grundfrage (Materialismus/Idealismus) sowie nach dem Verhältnis von Sprache und Bewußtsein und nach der Bedeutung der Praxisbegriffs für die Sprachwissenschaft gefragt werden. Auszugehen ist dabei von der

Doppelnatur der Sprache, d. h. von der Tatsache, daß sie sowohl sinnlich wahrnehmbare Erscheinung unseres Bewußtseins als Teil unseres Bewußtseins ist (vgl. HARTUNG, 1973a, 87; vgl. dazu bereits unter 1.4.3.). Schon die Äußerungen von MARX und ENGELS verweisen auf diesen doppelten Charakter. In der Aussage „Der ‚Geist' hat von vornherein den Fluch an sich, mit der Materie ‚behaftet' zu sein, die hier in der Form von bewegten Luftschichten, Tönen, kurz der Sprache auftritt" (MARX/ENGELS, 1962, Bd. 3, 30), wird Sprache auf die sinnlich wahrnehmbare Signalseite bezogen, die zwar mit dem Bewußtsein verbunden, aber von ihm verschieden ist. In der Bestimmung der Sprache als „praktisches, auch für andre Menschen existierendes, also auch für mich selbst erst existierendes wirkliches Bewußtsein" (MARX/ENGELS, 1962, Bd. 3, 30) ist Sprache als Bewußtseinsinhalt selbst verstanden. In der Tat könnte die Sprache weder als reine Bewußtseinserscheinung noch als bloßes physisches Phänomen ihre gesellschaftliche Funktion erfüllen, könnte sie ohne eine der beiden Seiten überhaupt nicht existieren (vgl. auch NEUMANN, 1974, 39 ff.).

Die sprachlichen Zeichen gehören als existierende und im gesellschaftlichen Leben wirkende Faktoren zur objektiven Realität. Als Komponente sprachlich-kommunikativer Handlungen muß das Sprachsystem jedoch auch im Bewußtsein existieren (und kann dort auf die Stufe der Bewußtheit gelangen). Wenn unter Sprache die *Texte* verstanden werden, ist Sprache veräußerlichtes Bewußtsein, weil die sprachlichen Texte Bewußtsein reflektieren. Wenn unter Sprache das *System* verstanden wird, handelt es sich um nichtveräußerlichtes Bewußtsein, weil das sprachliche System in das Bewußtsein eingeschlossen ist (vgl. dazu und zum folgenden NEUMANN u. a., 1976, 463 ff.). Sprache als nichtveräußerlichtes und als veräußerlichtes Bewußtsein setzen sich gegenseitig voraus. Auch wenn die Sprache als System im psychologischen Sinne nicht bewußt wird, ist sie doch ein Teil des Bewußtseins (im philosophischen Sinne).

Das Sprachsystem ist nicht nur Bestandteil des individuellen, sondern auch des gesellschaftlichen Bewußtseins, weil es gesellschaftlich verbindlich ist. Gesellschaftliches Bewußtsein darf dabei nicht auf Klassenbewußtsein und Ideologie reduziert werden; denn das gesellschaftliche Bewußtsein (im weiteren Sinne) umfaßt die gesamte Erkenntnis (vgl. SERÉBRENNIKOW, 1975, I, 344 ff.). Weil das Sprachsystem Bestandteil des gesellschaftlichen Bewußtseins ist, ist es auch eine objektive Erscheinung: „Die Sprache ist objektive Wirklichkeit, welche außerhalb der Wissenschaft von der Sprache und *unabhängig* von ihr existiert" (A. A. LEONT'EV, 1975, 3).

Als objektive Realität ist die Sprache auch Materie im Sinne LENINS, denn die „einzige ‚Eigenschaft' der Materie, an deren Anerkennung der philosophische Materialismus gebunden ist, ist die Eigenschaft, *objektive Realität zu sein*, außerhalb unseres Bewußtseins zu existieren" (LENIN, 1949a, 250 f.). Die Anerkennung der Materie als Quelle unserer Erkenntnis, als das, was unabhängig von der menschlichen Erkenntnis existiert und durch die menschliche Erkenntnis abgebildet wird, gehört zu den prinzipiellen erkenntnistheoretischen Positionen des dialektischen Materialismus. Die Sprache ist objektive Realität, ist Materie sowohl als parole wie auch als sprachliches System, dessen Eigenschaften Strukturen der Materie sind (vgl. RŮŽIČKA, 1971, 4ff.). Von dieser Materie darf freilich nichts außer ihrer Erkennbarkeit a priori behauptet werden. Deshalb tritt neben die erste Grundposition des dialektischen Materialismus (die Anerkennung der Materie) eine zweite, die auf die Relativität unseres Wissens über die Struktur der Materie gerichtet ist. Diese Relativität unserer Erkenntnis steht nicht im Widerspruch zu ihrer Objektivität, denn die Objektivität gründet sich auf die Erkennbarkeit, die Relativität dagegen auf die Unerschöpflichkeit der Materie. Die Erkennbarkeit impliziert nicht das Postulat einer vollständigen Widerspiegelung, da die Erkenntnis ein dialektischer Prozeß der „ewigen, unendlichen Annäherung des Denkens an das Objekt" ist (LENIN, 1949b, 115). Bei diesem Prozeß werden ständig Einseitigkeiten und Unvollständigkeiten – die allen Abstraktionen anhaften – dialektisch aufgehoben und überwunden.

Wie jede Wissenschaft, so muß sich auch die Sprachwissenschaft dem marxistischen Kriterium der *Praxis* stellen, durch das die Übereinstimmung der menschlichen Erkenntnis mit den Erkenntnisobjekten im Hinblick auf ihren Wahrheitsgehalt überprüft werden kann und muß. Das Kriterium für die Wahrheit in empirischen Wissenschaften besteht weder in der Widerspruchsfreiheit gegenüber angenommenen Axiomen (wie z. B. in der Mathematik) noch in der bloßen Deduktion aus philosophischen Grundsätzen, sondern letzten Endes in der Praxis. Die Frage besteht jedoch darin, was in der Sprachwissenschaft unter „Praxis" verstanden wird. Das Praxiskriterium in der Sprachwissenschaft ist in erster Linie das *Experiment*, das in die Sprachwissenschaft eingeführt worden ist, um – nachdem aus den Fakten des Sprachmaterials ein bestimmtes abstraktes System aufgebaut worden ist – an neuen Fakten zu überprüfen, ob die aus dem System hergeleiteten Fakten der sprachlichen Wirklichkeit entsprechen (vgl. SCHTSCHERBA, 1976, 10; MIGIRIN, 1979, 64ff.). Im weiteren Sinne besteht die Praxis in der Sprachwissenschaft in der sprachlich-kommunikativen Tätigkeit des Menschen als Gesamtheit der Rede- und Schreibhandlungen der Menschen im historischen Lebensprozeß der Gesellschaft, an denen die Ergebnisse der Sprachwissenschaft überprüft werden müssen (vgl. NEUMANN u. a., 1976, 720; SUCHSLAND, 1982, 10). Die Praxis für die Sprachwissenschaft darf also nicht zu eng aufgefaßt werden (auch nicht nur auf den mutter- und fremdsprachlichen Unterricht reduziert werden), sondern schließt alle Äußerungen ein, die in der sprachlich-kommunikativen Tätigkeit vom Menschen hervorgebracht werden und an denen der Wahrheitsgehalt linguistischer Aussagen gemessen werden muß. Allerdings hebt auch das Kriterium der Praxis die Relativität unserer Erkenntnisse über die objektive Realität (d.h. auch die Sprache) nicht auf (vgl. RŮŽIČKA, 1971, 10), da „das Kriterium der Praxis dem Wesen nach niemals irgendeine menschliche Vorstellung *völlig* bestätigen oder widerlegen kann. Auch dieses Kriterium ist ‚unbestimmt' genug, um die Verwandlung der menschlichen Kenntnisse in ein ‚Absolutum' zu verhindern, zugleich aber auch bestimmt genug, um gegen alle Spielarten des Idealismus und Agnostizismus einen unerbittlichen Kampf zu führen" (LENIN, 1949a, 131f.).

1.4.10. Induktion und Deduktion, modellierende und formalisierende Methoden

Der sprachwissenschaftliche Erkenntnisprozeß ist charakterisiert durch die dialektische Einheit von Induktion und Deduktion. Die Notwendigkeit dieser Einheit ergibt sich daraus, daß in der unmittelbaren empirischen Beobachtung nur die sprachlichen Signale gegeben sind, nicht aber das, was als Sprachsystem (als Gesetzmäßigkeiten der Vermittlung zwischen Laut- und Bedeutungsseite) den unmittelbar beobachtbaren Sprachereignissen zugrunde liegt. Selbstverständlich sind die empirisch beobachtbaren Gegebenheiten (vor allem ein Korpus sprachlicher Daten und Texte) für die linguistische Erkenntnis unbedingt erforderlich, sowohl als Ausgangspunkt für die Klassifizierung und Erklärung als auch als Kriterium zur Überprüfung linguistischer Aussagen (vgl. auch 1.4.9.). Aber dabei darf der Linguist nicht stehenbleiben; er bedarf zur Beschreibung und Erklärung des Sprachsystems, der Vermittlungsebenen zwischen der Laut- und Bedeutungsseite sprachlicher Äußerungen eines theoretischen *Modells* mit hypothetischen Größen und idealisierenden Abstraktionen (vgl. NEUMANN u. a., 1976, 439 ff., 485 ff.; MOTSCH, 1974, 59; RŮŽIČKA, 1971, 8 ff.; LEONT'EV, 1975, 3). Ein wissenschaftliches Abbild des Sprachsystems kann deshalb nur in dialektischer Einheit von empirisch-induktiven und hypothetisch-deduktiven Verfahren gewonnen und kann nicht auf induktive Generalisierung reduziert werden. Ohne Abstraktion, Hypothesen- und Modellbildung gibt es im Grunde heute keine Wissenschaft, weil sie ein Mittel sind, eine immer genauere, tiefere und umfassendere Widerspiegelung der objektiven Realität zu erreichen (vgl. auch NEUMANN, 1973a, 283). Als methodologisches Vorbild kann die MARXsche Darstellung der politischen Ökonomie gelten, die mit weitreichenden Abstraktionen arbeitet, ohne die komplexe Objekte wie die politische Ökonomie (ebenso wie die Sprache) nicht erfaßt werden können (vgl. auch RŮŽIČKA, 1981, 1 374 f.). Auf die Unvollständigkeit der induktiven Erfahrung und die Notwendigkeit der Abstraktion im Erkenntnisprozeß ist auch von den Klassikern des Marxismus-Leninismus selbst mehrfach hingewiesen worden (vgl. MARX/ENGELS, 1969, Bd. 23, 12; LENIN, 1949b, 98 f.).

Solche Modelle sind ideelle Objekte, deren Annahme keineswegs im Widerspruch zum dialektischen Materialismus steht (wie das manchmal unterstellt wird). Die Existenz und Funktion solcher ideellen Objekte (auch wenn sie in manchen Fällen keine direkte Widerspiegelung von materiellen Objekten, sondern nur Elemente eines umfassenden Widerspiegelungsprozesses der materiellen Welt sind), steht „keineswegs im Gegensatz zur materialistischen Widerspiegelungstheorie, sie wird vielmehr erst auf ihrer Grundlage verständlich" (KOSING, 1970, 178 f.), weil sie (geeignete und notwendige) Mittel sind zur immer genaueren und umfassenderen Widerspiegelung der objektiven Realität. Man muß deshalb zwischen wissenschaftlich berechtigten Abstraktionen (die immer mit Idealisierungen verbunden sind) und einem philosophischen Reduktionismus unterscheiden: Jede Abstraktion und Reduktion (auch von Teilen und Komponenten des Sprachsystems) kann zu vertieften und interessanten Einsichten in diese Teile führen, philosophischer Reduktionismus dagegen entsteht dann, wenn die Sprache als *Ganzes* aus diesen Teileinsichten erklärt werden soll (vgl. HÖRZ, 1981, 1 327 f.). Die Fehlerhaftigkeit des positivistischen Wissenschaftsbildes besteht deshalb nicht in der Modellierung an sich, vielmehr in der neutralistischen Reduktion der Wissenschaft auf sie (als eine Art „Erkenntnistechnologie") (vgl. auch LAITKO, 1973, 142).

Daraus ergibt sich die Notwendigkeit, kein Modell und keine Hypothese voreilig zu dogmatisieren, sondern es (sie) immer wieder mit neuen empirischen Untersuchungen zu konfrontieren und auf den Wahrheitswert hin zu überprüfen. Mit jedem Modell sind bestimmte Einschränkungen verbunden, da es nur bestimmte Seiten des Objekts abbildet und es nicht möglich ist, in *einem* Zuge *alle* Seiten des Objekts in gleicher Weise adäquat abzubilden. Dabei entstanden in der Sprachwissenschaft teilweise auch Modelle mit zu starken und zu groben Vereinfachungen. Das bedeutet jedoch keinen grundsätzlichen Einwand gegen Abstraktionen, Modelle und Idealisierungen schlechthin, sondern bedeutet nur, daß das entsprechende Modell noch nicht adäquat genug ist. Weil Modelle in jedem Falle mit Einschränkungen verbunden sind, dürfen sie als methodologische Hilfsmittel nicht verabsolutiert werden, weil sie auf diese Weise zu Erkenntnisschranken würden, ihre Abhängigkeit von den Gesetzen des realen Objekts unterschätzt oder gar ignoriert würde. Der Erkenntnisprozeß verläuft in dialektischer Weise über die Einbeziehung des bisher noch nicht Erkannten in das schon Bekannte, weshalb es auch keine Stufen geben kann, die durch ein Modell zu charakterisieren wären, das nicht durch die Einbeziehung neuer Erkenntnisse nicht mehr modifizierbar oder prinzipiell widerlegbar wäre. Diese Einsicht in den relativen Charakter der Erkenntnis schließt eine Verabsolutierung einzelner Seiten des Gegenstandes und damit auch eine Dogmatisierung einzelner Modelle (die sich aus den einzelnen Stufen der Erkenntnis ergibt) aus (vgl. MOTSCH, 1974, 59 ff.). Fehlerhaft ist nicht die Modellbildung, sondern erst eine solche Dogmatisierung, die zu einer „Versteuerung des Erkenntnisprozesses" durch „linguistische Ideologie" führen kann (vgl. MOTSCH, 1977, 56 f.). Da jede wissenschaftliche Untersuchung ihr Objekt methodologisch eingrenzen muß (um einzelne Aspekte dieses Objekts zu untersuchen), ist jede Idealisierung und Modellbildung mit einer gewissen Schematisierung und Vergröberung der Fakten verbunden. Insofern sind Idealisierungen möglich und notwendig, jedoch nur unter der Bedingung gerechtfertigt, daß man die wesentlichen Merkmale des Objekts (und dessen Komplexität) im Auge behält (diese nicht etwa „wegidealisiert"), daß man sich dessen bewußt bleibt, daß, in welcher Richtung und zu welchem Zweck Idealisierungen vorgenommen werden (vgl. NEUMANN, 1973a, 280). Im fortschreitenden Prozeß der Erkenntnis werden die Vergröberungen immer geringer, indem sich die Idealisierungen und Modelle den wirklichen Verhältnissen immer mehr annähern (vgl. auch NEUMANN u. a., 1976, 491; HELBIG, 1977a).

Modelle als ideelle Objekte können in formalisierter Gestalt (d. h. in mathematischer oder mathematisch-logischer Form) oder in nichtformalisierter Gestalt auftreten. Über die Vorzüge und Nachteile von formalisierten Modellen besteht auch unter marxistischen Sprachwissenschaftlern keine völlig einheitliche Meinung. Auf der einen Seite werden formalisierte Modelle als zu eng angesehen, weil sie nicht „offen" genug seien, durch ihre Ausgangsbegriffe sowohl den Kreis der zu beschreibenden Gegenstände als auch die zu verwendenden Methoden einschränken würden und zur Überbewertung der Rolle der Abstraktion führten (vgl. z. B. ADMONI, 1971; ähnlich ACHMANOVA/KRASNOVA, 1979, 4ff.). Dabei wird manchmal die Formalisierung der Modelle mit den Modellen selbst verwechselt und die Legitimität von Modellen überhaupt in ungerechtfertigter Weise angezweifelt (vgl. auch HELBIG, 1977a), wird mitunter die Formalisierung sogar als eine „Enthumanisierung" der Sprachwissenschaft angesehen, die dem Charakter der Sprachwissenschaft als Human- und Gesellschaftswissenschaft nicht gerecht werde (vgl. z. B. ABA'EV, 1965, 41; BUDAGOV, 1972). Auf der anderen Seite wird die Anwendung von mathematischen Verfahren und von Formalisierungen in der Sprachwissenschaft für legitim und notwendig erachtet (vgl. z. B. DOBRUŠIN, 1973; MIGIRIN, 1979, 59; SERÉBRENNIKOW, 1973b; SERÉBRENNIKOW, 1979, 112; SERÉBRENNIKOW, 1975/76, III, 223f.).

Die Frage nach der Legitimität und Notwendigkeit mathematisch-formaler Methoden in der Sprachwissenschaft ist nicht mit einem globalen Ja oder Nein zu beantworten. Auf der einen Seite ist der Bereich linguistischer Fragestellungen, für den auf diese Weise überzeugende Lösungen gefunden worden sind, beträchtlich kleiner als der Bereich, der (noch) nicht mit formalen und mathematischen Methoden darstellbar ist. Auf der anderen Seite gibt es die falsche Tendenz, die Tatsachen dem Formalismus anzupassen (statt umgekehrt) oder gar Trivialitäten zu formalisieren (vgl. MOTSCH, 1974, 182). Im übrigen dürften sich formalisierte und nichtformalisierte Darstellung nicht absolut voneinander trennen lassen, da es weder nichtformale Modelle gibt, die keinerlei Formalisierung enthalten, noch formalisierte Modelle, die ausschließlich Formalisierungen enthalten (vgl. NEUMANN u. a., 1976, 489). Es ist oft geäußert worden, daß sich der theoretische Stand der Wissenschaft an ihrer mathematisch-formalen Durchdringung ablesen läßt, daran, ob es (schon) möglich ist, ihre wissenschaftlichen Überlegungen in die Sprache der Mathematik zu übersetzen (vgl. DOBRUŠIN, 1973; GLADKIJ/MEL'ČUK, 1973, 7, 16; RŮŽIČKA, 1971, 9). Es ist nicht zu bestreiten, daß die Formalisierung (auch in der Sprachwissenschaft) bestimmte Vorzüge hat – weil sie der allgemeinen Wissenschaftsentwicklung entspricht –, freilich nicht als Selbstzweck, sondern als Mittel einer adäquateren Abbildung. Sie ist ein fruchtbares Mittel zur Aufdeckung neuer Eigenschaften des Objekts Sprache – vorausgesetzt, daß sie nicht der positivistischen Erkenntnistheorie unterworfen wird und damit zu einer Einschränkung des Gegenstandsbereichs und der Methoden führt (was wohl eine mögliche, aber keineswegs eine notwendige Konsequenz der Formalisierung ist) (vgl. SERÉBRENNIKOW, 1973b). Umgekehrt ist die begründete Anwendung formaler und mathematischer Methoden in der Sprachwissenschaft auf der Grundlage einer marxistisch-leninistisch fundierten Sprachkonzeption durchaus sinnvoll und notwendig (vgl. MOTSCH, 1974, 182; ALBRECHT, 1972, 163; ALBRECHT, 1975, 299).

Das besagt zunächst (gleichsam als erste Bedingung), daß die Formalisierung (als Darstellungsweise) absolut der adäquaten Widerspiegelung und der praktischen Anwendung untergeordnet ist (vgl. RŮŽIČKA, 1971, 9), weil sowohl formalisierte als auch nichtformalisierte Theorien dem primären Kriterium der Wahrheit (der adäquaten Abbildung) und der Widerspruchsfreiheit genügen müssen. Auch wenn die Formalisierung ein nützliches Mittel im Erkenntnisprozeß und ein Gradmesser für den Reifegrad einer wissenschaftlichen Theorie ist, so ist die Formalisierung doch keineswegs der primäre oder einzige Maßstab für Wissenschaftlichkeit: Es gibt durchaus wenig formalisierte Beschreibungen von neu entdeckten Zusammenhängen, die von größerem wissenschaftlichen Wert sein können als stark formalisierte Darstellungen von schon bekannten Gegebenheiten (vgl. NEUMANN u. a., 1976, 490f.; vgl. auch HELBIG, 1977 a). Liegen aber zwei Arbeiten vor, die den gleichen Faktenbereich gleichermaßen erschöpfend beschreiben, so ist diejenige in der Regel wertvoller, die den höheren Grad an Formalisierung aufweist (vgl. GLADKIJ/MEL'ČUK, 1973, 16).

Aber selbst diese Einschätzung ist nur gerechtfertigt (und dies ist die zweite Bedingung), wenn man die jeweilige gesellschaftliche Zwecksetzung der Abbildung im Auge hat. So gibt es gesellschaftliche Zwecke (z.B. theoretische Grundlagenforschung, automatische Verarbeitung natürlicher Sprachen), die einen höheren Formalisierungsgrad erfordern als andere Praxisbereiche (z. B. Sprachunterricht), für die ein zu hoher Formalisierungsgrad eher zu schwerfällig wäre (vgl. NEUMANN u. a., 1976, 490ff.). Unter der Berücksichtigung dieser Bedingungen wird man auch in der Sprachwissenschaft auf die Nutzung von Formalisierungen, von logischen, formalen und mathematischen Methoden nicht verzichten können, die allerdings zum rechten Zeitpunkt (d. h. vor allem, nicht zu früh) eingesetzt werden dürfen, die weder im Widerspruch zur materialistischen Dialektik stehen noch die Erkenntnismöglichkeiten einschränken, vielmehr ein unentbehrliches Element der Erkenntnis und Voraussetzung für Anwendungen in der Praxis darstellen, die aber nicht zu letzten Bestimmungsgrößen für die Sprachwissenschaft werden dürfen, weil sie der Gegenstandserkenntnis (d. h. auch der Suche nach adäquaten theoretischen Begriffen und ihren Begründungszusammenhängen) untergeordnet sind (vgl. RŮŽIČKA u. a., 1979, 89ff., 103f.).

1.5. Kritische Einschätzung älterer Sprachauffassungen und Grammatiktheorien

Ausgehend von den (vor allem in den letzten 2 Jahrzehnten stärker ausgearbeiteten) marxistischen Positionen in der Sprachwissenschaft (vgl. 1.4.2. bis 1.4.10.) soll im folgenden ein Überblick über andere Sprachauffassungen (bürgerlicher Herkunft) gegeben werden. Dabei handelt es sich nicht schlechthin um eine Darstellung dieser Auffassungen und Theorien (vgl. dazu HELBIG, 1970) als vielmehr um eine kritische Einschätzung, wie sie durch die stärkere Ausarbeitung der genannten marxistischen Positionen möglich geworden ist, eine Einschätzung, die auch einige Weiterentwicklungen dieser Theorien im letzten Jahrzehnt einschließt, die aber vor allem darauf abzielt, die philosophischen Grundlagen, Implikationen und/oder Interpretationen dieser Sprachauffassungen deutlich zu machen. Sie unterscheiden sich – vereinfacht gesagt – grundsätzlich von der marxistisch-leninistischen Sprachauffassung dadurch, daß sie – was im folgenden genauer illustriert werden soll – entweder die Rolle der Sprache oder der Kommunikation überbewerten oder die Sprache als System verabsolutieren und damit ihre gesellschaftliche Determination mißachten.

1.5.1. Inhaltbezogene Grammatik

1.5.1.1. Überbewertung der Rolle der Sprache in der Gesellschaft

In den inhaltbezogenen Grammatiken (bei WEISGERBER u.a.) wird die Rolle der Sprache in der Gesellschaft überbewertet (vgl. dazu und zum folgenden bereits ausführlich HELBIG, 1970, 138 ff. und die dort aufgeführte Literatur). Diese Überbewertung der Sprache beginnt bei WEISGERBER bereits bei der Wesensbestimmung der Sprache nicht als Mittel des Ausdrucks oder der Verständigung, sondern als „eine Kraft geistigen Gestaltens", die das Verhalten des Menschen, sein „Weltbild" und den Verlauf der Geschichte entscheidend bestimmt. Diese Wesensbestimmung läßt eine idealistische Verzerrung des tatsächlichen Verhältnisses zwischen Sprache, Kommunikation und Gesellschaft erkennen und verkennt die Tatsache, daß die Sprache als Zeichensystem immer nur ein Mittel im Kognitions- und Kommunikationsprozeß ist, ein Mittel zum Austausch von Bewußtseinsinhalten, das kein Weltbild schaffen, sondern nur bewahren und überliefern kann. Die verschiedenen Weltbilder sind nicht ein Erzeugnis der Muttersprache, sondern ein Erzeugnis des menschlichen Denkens, der historisch-gesellschaftlichen Erfahrungen der Kommunikationsgemeinschaft. Der Weg führt also nicht – wie bei WEISGERBER – von der Sprache zum Denken und zur Gesellschaft, sondern von der objektiven Realität über das abbildende Bewußtsein zur Sprache.

WEISGERBER überschätzt die gesellschaftliche Bedeutung der Sprache und schreibt ihr etwas zu, was sie nicht leisten kann. Er identifiziert weitgehend Sprach- und Denkstrukturen und hypostasiert die Sprachinhalte zu einer sprachlich-geistigen „Zwischenwelt" als einem Ort überindividueller Sehweisen und Wertungen in einer nach Muttersprachen gegliederten Form. Er macht die Sprache damit zu einer irrationalen primären Kraft, die ihrerseits konstitutiv ist für Weltbild, Kultur, Gesellschaft und Geschichte. Gewiß sind Sprache und Denken als dialektische Einheit eng miteinander verbunden, aber sie sind nicht miteinander identisch (vgl. 1.4.2.). Natürlich übt die Sprache eine wesentliche Funktion aus, weil es ohne die Sprache keine Entwicklung des Bewußtseins und letztlich auch keine Gesellschaft gibt. In gewissem Sinne lenkt und reguliert die sprachliche Kommunikation (und mit ihr auch die Sprache) sogar das soziale Verhalten und dient der Vorbereitung sowie Ausführung von Handlungen. Aber die Sprache und die sprachliche Kommunikation sind nicht die letztlich bestimmenden Faktoren, sondern nur Mittler zwischen den gesellschaftlichen Interessen (Zielen) und den zu ihrer Realisierung erforderlichen Handlungen (vgl. HARTUNG u. a., 1974 a, 20). Ebensowenig wie die Sprache zum determinierenden Glied in den Beziehungen zwischen Sprache, Denken und Wirklichkeit erhoben werden darf – was im Widerspruch steht zu der tatsächlichen Widerspiegelung der objektiven Realität durch das Denken mit Hilfe der Sprache –, ebensowenig darf die Sprache mit dem Denken identifiziert, dürfen den einzelnen Sprachen Weltbilder zugeschrieben werden. Das würde in letzter Instanz dazu führen, daß so viele „Weltbilder" (oder Weltanschauungen) existieren würden, wie es Sprachen gibt (vgl. auch ALBRECHT, 1972, 82, 106 ff.). WEISGERBER mit seiner idealistischen Position überbewertet die Sprache, identifiziert sie weitgehend mit dem Denken und verselbständigt beide in ungerechtfertigter Weise zu einem eigenen Reich, während sie in Wahrheit „nur Äußerungen des wirklichen Lebens" sind (vgl. 1.4.2.).

Diese hypostasierte Zwischenwelt wird bei WEISGERBER im Erkenntnisprozeß zwischen der zu erkennenden Außenwelt und dem erkennenden Subjekt angesiedelt. Die Muttersprache enthält in dieser Zwischenwelt bestimmte Weltbilder, die zugleich der Erkenntnis bestimmte Schranken auferlegen. Insofern ist die Sprachauffassung WEISGERBERS nicht nur im philosophischen Sinne *idealistisch* (weil sie das Verhältnis zwischen Gesellschaft, Realität, Kommunikation und Sprache verzerrt wiedergibt, im besonderen die Rolle der Sprache gegenüber der Gesellschaft überbetont), sondern enthält auch – unter erkenntnistheoretischem Aspekt – *agnostizistische* Züge. Das, was WEISGERBER zu „Weltbildern" einer Sprache macht, sind Unterschiede in der begrifflichen Widerspiegelung der objektiven Realität, die sich nicht primär aus Unterschieden der Sprache, sondern aus Unterschieden im gesellschaftlichen Entwicklungsstand und den Bedingungen der historisch-gesellschaftlichen Umwelt ergeben. Die Menschen reagieren auf ihre Umwelt und handeln in ihr im wesentlichen unabhängig von den Besonderheiten ihrer Sprache. Verbunden mit der Verselbständigung der Sprache zu einer „Zwischenwelt" sind auch bestimmte *mystifizierende* Züge (eine „Mythologisierung" der Sprachwissenschaft), die durch die Einführung indefinibler Termini mit fast durchweg metaphorischem Charakter (z. B. Zwischenwelt, Leistung, innere Form, Weltbild) entstehen, von Termini, die zu einem großen Teil von HUMBOLDT und der romantischen Sprachphilosophie entlehnt sind, aus denen im 20. Jahrhundert aber kaum eine adäquate und exakte Sprachwissenschaft aufgebaut werden kann.

Damit soll nicht geleugnet werden, daß die inhaltbezogene Grammatik auch bestimmte Verdienste hat. Sie bestehen vor allem in detaillierten und feinsinnigen Einzelbeobachtungen zu den Inhalten der Spracherscheinungen und in dem Nachweis inhaltlich-stilistischer Schattierungen. Aber diese Erkenntnisse werden nicht eingebettet in eine adäquate Sprachtheorie (oder in einen Regelmechanismus mit prädiktivem Anspruch), sie bleiben vielmehr zumeist „impressionistisch", damit eine Art „Intuitionslinguistik". Von besonders großer Ausstrahlungskraft für die germanistische Linguistik – und zugleich charakteristisch – waren (und sind) die Arbeiten von BRINKMANN, dessen Hauptwerk unter dem für Theorieabstinenz bezeichnenden Motto steht, es stehe „nicht im Dienst von Theorien, *sondern*" erstrebe „eine angemessene Darstellung des Gegenstandes" (1971, VII).

1.5.1.2. Sprachpolitische Konsequenzen

Bei WEISGERBER selbst sind mit den genannten philosophischen Hintergründen bzw. Implikationen (die letztlich die Sprache zur Haupttriebkraft der geschichtlichen Entwicklung machen, den Menschen zum „homo loquens" und die Gesellschaft zur Sprachgemeinschaft reduzieren) auch sprachpolitische Züge verbunden, die die Klasseninteressen dieses Konzepts deutlich werden lassen. Dieser Umstand zeigt sich darin, daß er andeutungsweise einen Grund für den Ausbruch des zweiten Weltkrieges in der Beunruhigung des deutschen Sprachgewissens der deutschen Minderheiten in den benachbarten Ländern sieht, daß nach seiner Auffassung auf Grund des „Gesetzes der Sprache" die sprachliche Verteidigung die politisch-machtmäßige hervorgerufen habe, daß sich Sprachkonflikte zu politischen Konflikten ausgeweitet haben (vgl. bereits HELBIG, 1970, 142f.). Das ist für ihn möglich, weil die Sprache in seinem Konzept eine „geschichtsmächtige Kraft" ist und als solche ununterbrochen Wirkungen auf das geschichtliche Leben einer Sprachgemeinschaft ausübt. Dabei wird jedoch nicht nur verkannt, daß das Dasein des Menschen im politischen Bereich nicht primär von seiner Sprache abhängig gemacht werden kann, daß als primäre Triebkräfte geschichtlicher Entwicklung vielmehr ökonomische und politische Faktoren anzusehen sind, dabei wird darüber hinaus auch eine sprachwissenschaftlich-theoretische Rechtfertigung zur Begründung imperialistischer Annexionen fremder Länder unter der Losung der „Volkstumsgrenzen" und unter Berufung auf ein angenommenes „Gesetz der Sprache" geliefert. Ob bewußt oder unbewußt, werden damit sprachwissenschaftliche Konzepte in den Dienst der Monopolbourgeoisie gestellt (vgl. auch NEUMANN, 1973 b, 19).

Hinter dieser dem Imperialismus dienenden Sprachpolitik steht bei WEISGERBER theoretisch die weitgehende Reduzierung der Gesellschaft zur Sprachgemeinschaft sowie die weitgehende Identifizierung von Sprachgemeinschaft und Volk. Diese Identifizierung steht jedoch im Widerspruch zur objektiven Realität: Das menschliche Gemeinschaftsleben ist nicht primär eine Sprach- oder Geistesgemeinschaft (die von einer „Zwischenwelt" und dem in ihr enthaltenen „Weltbild" determiniert und zusammengehalten wäre), sondern vielmehr in erster Linie eine Produktionsgemeinschaft handelnder Menschen. Wohl gehört die Sprache zu den Besonderheiten eines Volkes, aber als *ein* Merkmal neben anderen, das nicht dieses Volk bestimmt, sondern selbst erst durch die objektiven Lebensumstände geprägt wird. Da die Beziehungen zwischen Gesellschaft und Sprache aber nicht direkt, sondern über die Kommunikation vermittelt sind (vgl. 1.4.3.), ist neuerdings mit Recht zwischen „Sprachgemeinschaft" (Menschen als Benutzer der gleichen Sprache, gesellschaftlich weitgehend indifferent) und „Kommunikationsgemeinschaft" (Menschen, die durch ein – gesellschaftlich determiniertes – System von kommunikativen Beziehungen in der sprachlichen Tätigkeit verbunden sind) unterschieden worden (vgl. HARTUNG u. a., 1974 a, 537 ff.). Eine solche Unterscheidung ist theoretisch wichtig, weil es sich um unterschiedliche Klassifikationsgesichtspunkte handelt, es Kommunikationsgemeinschaften (z. B. Staaten) gibt, die sich mehrerer Sprachen bedienen, ebenso wie sich jede Sprachgemeinschaft in eine Vielzahl von Kommunikationsgemeinschaften (auf den verschiedenen Ebenen der Gesellschaftsstruktur) gliedert. Sie ist aber auch praktisch und politisch von großem Belang, weil der Begriff der „Sprachgemeinschaft" auf diese Weise entmystifiziert wird und nicht mehr zur Rechtfertigung politischer Zwecke (im Sinne einer Überschätzung der Sprache in der Gesellschaft) benutzt werden kann.

1.5.1.3. WEISGERBER und CHOMSKY

WEISGERBER hat sein Sprachkonzept auch im letzten Jahrzehnt nicht grundsätzlich verändert. Er hat aber in mehreren Veröffentlichungen zu anderen Sprachtheorien (vor allem der generativen Grammatik CHOMSKYS Stellung genommen, u. a. in Aufsätzen mit den bezeichnenden Titeln „N. CHOMSKY am Wendepunkt?" (1971) und „Zum Ausgleich zwischen generativer und energetischer Sprachauffassung" (1972). Er sieht in der jüngeren Entwicklung von CHOMSKY (seit CHOMSKY, 1966, und CHOMSKY, 1968) – vor allem in dessen philosophischer Begründung seiner Sprachtheorie – manche Gemeinsamkeit der generativen Sprachwissenschaft mit seiner eigenen „energetischen Sprachwissenschaft". Nachdem beide Sprachauffassungen (nach WEISGERBER (1972, 145) „die profiliertesten Formen der Erforschung der Sprache") sich lange Zeit völlig fremd gegenübergestanden haben (bedingt durch die völlige Verschiedenheit der Ausgangspositionen), habe sich in CHOMSKY eine Art „Wende" vollzogen, indem ihm der „Durchbruch von der Maschine zur Sprachfähigkeit" gelungen sei und er damit auch (u. a. durch Anschluß an die europäische Tradition, vor allem an DESCARTES und HUMBOLDT) einen Bezug zur Grundlage aller menschlichen Sprache, zur menschlichen Sprachfähigkeit gefunden habe, von der aus es Ansatzpunkte „inhaltlicher", auf die „geistige" Seite hinführender Sprachbetrachtung gebe (vgl. WEISGERBER, 1972, 150; WEISGERBER, 1971, 107 f.).

Nun war es gewiß verwunderlich und erstaunlich, daß sich CHOMSKY (seit 1966, 1968) auf HUMBOLDT orientiert hat (ähnlich wie sich WEISGERBER schon immer auf HUMBOLDT berufen hat, allerdings auf andere Aspekte in dessen Sprachauffassung als bei CHOMSKY). Es ist weit weniger verwunderlich und erstaunlich, daß WEISGERBER neuerdings seine Sympathien für CHOMSKY entdeckt hat. Diese Sympathie wird leicht verständlich, wenn man von den zwei grundsätzlich verschiedenen „Ansätzen" zur Sprachforschung ausgeht, die WEISGERBER (vgl. 1973, 11 ff.) annimmt: einerseits eine Sprachbetrachtung „unter Einschluß des Menschen" (d. h. auch geschichtlich und inhaltbezogen, mit Wechselwirkung von Muttersprache und Sprachgemeinschaft), andererseits eine Sprachbetrachtung unter möglichst weitem Zurückdrängen des Menschen (Sprache „als Versuchsobjekt für strukturalistisch-formalisierende Verfahrensweisen"). Zum ersten Ansatz („Sprachwissenschaft") rechnet er seine eigene energetische Sprachauffassung, aber neuerdings auch CHOMSKY, zum zweiten Ansatz („Linguistik") vor allem das FUNK-KOLLEG SPRACHE (1973) mit seiner „totalen Linguistisierung der Sprachwissenschaft" (WEISGERBER, 1973, 66 ff.). Im Unterschied zum FUNK-KOLLEG SPRACHE habe CHOMSKY die „zerrissenen Verbindungen" mit der „europäischen Tradition" wieder ins Gespräch gebracht und sich durch seine Beschäftigung mit DESCARTES und HUMBOLDT „den Blick über die Grundfragen der Sprache und deren Behandlung an wichtigen Stellen europäischer Geistesgeschichte" geöffnet. WEISGERBER (1973, 89) sieht darin „Zeichen der Annäherung", die ihn hoffen lassen, „daß sich ein Ausgleich zwischen generativer und energetischer Sprachbetrachtung anbahnt, und ein solcher könnte weltweite Bedeutung gewinnen".

Eine solche Hoffnung ist mit Sicherheit trügerisch, handelt es sich doch keineswegs um eine „Annäherung" (die wesentlichsten Unterschiede des theoretischen Rahmens beider Sprachauffassungen bleiben durchweg erhalten), kann man doch „Sprachwissenschaft" und „Linguistik" auch nicht in seiner Weise einander gegenüberstellen. Was für WEISGERBER als „Wende" bei CHOMSKY erscheint, ist ein allmähliches Hervortreten und Formulieren der philosophischen Hintergründe und Implikationen seiner generativen Grammatiktheorie, gleichsam eine nachträgliche Begründung, und dies in einer Weise, die in besonderem Maße der Kritik unterworfen worden ist und werden muß (vgl. dazu ausführlicher 1.5.4.1.3.). Überdies wird in beiden (und in anderen) Fällen durch den Rückgriff auf Autoritäten der Vergangenheit (z. B. HUMBOLDT) eine Vorstellung vom Verlauf der Wissenschaftsgeschichte suggeriert, die deren tatsächlichem – dialektischem – Verlauf nicht gerecht wird: Wie ein neues „Paradigma" nicht ganz von vorn, beim Standpunkt Null anfangen kann (und jegliche Erkenntnisse des vorhergehenden „Paradigmas" oder gar der gesamten bisherigen Wissenschaftsentwicklung ignorieren bzw. als „präwissenschaftlich" verwerfen kann), so führt umgekehrt die Einsicht in bestimmte Mängel eines „Paradigmas" niemals zum vorhergehenden „Paradigma" zurück, sondern zu dessen Modifizierung oder Überwindung (die aber nicht identisch ist mit dem vorhergehenden Entwicklungsstand).

1.5.1.4. Humboldt und Weisgerber

In diesem Zusammenhang muß auch das Verhältnis Weisgerbers zu Humboldt gesehen werden (vgl. dazu bereits Helbig, 1970, 122f., 144f. und die dort genannte Literatur). Auch wenn Weisgerber seine Hauptbegriffe der romantischen Sprachphilosophie Humboldts entlehnt hat (z. B. „Weltansicht der Sprache", „innere Sprachform") und sich immer wieder auf Humboldt beruft, so darf das Sprachkonzept Humboldts und Weisgerbers doch keinesfalls identifiziert, Weisgerber nicht einfach als „Humboldt redivivus" angesehen werden. Humboldts Sprachauffassung stellt einen der ersten Versuche dar, sowohl das Verhältnis zwischen Sprache und Denken als auch die Beziehungen zwischen Sprache und Gesellschaft theoretisch zu reflektieren. Humboldt war der klassischen deutschen idealistischen Philosophie verpflichtet; das führte ihn dazu, alle mit der Sprache verbundenen Erscheinungen als Äußerungen des der Materie vorgeordneten Geistes aufzufassen, und hinderte ihn auch daran, in der Frage der Beziehungen zwischen Sprache und Gesellschaft zu einer Erklärung aus der gesellschaftlichen Tätigkeit (vor allem: aus der Arbeit) vorzudringen (vgl. Motsch, 1974, 29ff.; Albrecht, 1972, 103f.).

Trotzdem enthält seine Sprachauffassung wesentliche Einsichten, die auch heute noch von hoher Bedeutung sind und später wieder aufgegriffen bzw. weiterentwickelt worden sind. Dazu rechnet z. B. seine Unterscheidung zwischen der Sprache als „ergon" und als „energeia" ebenso wie seine Idee, daß es zum Wesen der Sprache gehöre, von endlichen Mitteln unendlichen Gebrauch zu machen. Humboldt hat seine vielseitigen, tiefgründigen und anregenden Ideen freilich etwas unscharf und wenig systematisch dargestellt. Eben dies dürfte der Grund dafür sein, daß sich die Vertreter verschiedenartiger Sprachauffassungen auf ihn berufen können, daß sie sich auf verschiedene Seiten von Humboldts Sprachkonzept berufen, auf Seiten auch, die selbst untereinander nicht ohne weiteres in Einklang gebracht werden können und deshalb als widersprüchlich angesehen werden müssen.

Bei Weisgerber erfolgt eine einseitige Interpretation Humboldts: Humboldts These von der „Weltansicht der Sprache" wird von Weisgerber als muttersprachlich bedingte „Zwischenwelt" ausgelegt, die den Inhalt des Denkens weitgehend determiniert und zu erkenntnistheoretischem Agnostizismus führt. Humboldts Ideen von der „Geisteseigentümlichkeit der Nationen" und vom Zusammenhang von Sprache und Nationalcharakter führt Weisgerber zu politischem Sprachnationalismus. Deshalb handelt es sich bei Weisgerber auch nicht einfach um „Neohumboldtianismus"; vielmehr entsteht durch die einseitige Interpretation eine deutliche Kluft zwischen Humboldt und Weisgerber (vgl. Albrecht, 1972, 103f.; Motsch, 1974, 31). Was bei Humboldt immerhin noch als kühner Ansatz zu werten ist, in das komplizierte Verhältnis zwischen objektiver Realität, gesellschaftlichem Denken und Sprache einzudringen – auch sein „Volksgeist" enthält trotz aller Mystifikation bestimmte materialistische Elemente –, wird bei Weisgerber zu einem reaktionär-atavistischen Rückgriff auf das Gedankengut einer längst überwundenen Epoche des wissenschaftlichen Denkens.

Dazu kommt, daß es außerordentlich schwerfällt, die genannten Ideen HUMBOLDTS mit anderen Grundannahmen HUMBOLDTS selbst in Übereinstimmung zu bringen, vor allem mit seiner These von der „inneren Form", die in ihren wesentlichen Zügen in allen Sprachen gleich ist, folglich universalen Charakter hat und sich nicht mit der muttersprachlich bedingten „Zwischenwelt" vereinbaren läßt. Gerade diese – auf universale Eigenschaften gerichteten – Züge sind später von CHOMSKY in seiner generativen Grammatik aufgegriffen worden (vgl. HELBIG, 1970, 299, 303). Zugespitzt gesagt: Während WEISGERBER die das Sprachspezifische betonenden Ideen von HUMBOLDT aufgreift (und einseitig interpretiert), beruft sich CHOMSKY gerade auf universale Eigenschaften.

1.5.2. DE SAUSSURE

1.5.2.1. Systembegriff und Einordnung in das System der Wissenschaften

DE SAUSSURE gilt in der Entwicklung der Sprachwissenschaft einerseits als Überwinder der junggrammatischen Auffassungen, andererseits als bedeutendster Anreger des an seine theoretischen Grundsätze anknüpfenden Strukturalismus. Obwohl einige seiner Ideen bereits vor ihm entwickelt worden sind (vgl. RŮŽIČKA, 1970; BEREZIN, 1981; MOTSCH, 1974, 43; BAHNER, 1981, 1283f.) – und im Strukturalismus manchmal die Neigung bestand, seine Leistung überzubetonen –, besteht sein wesentliches Verdienst in dem Versuch, die Sprachwissenschaft in das damals absehbare System der Wissenschaften einzuordnen und (unter Zusammenfassung des damaligen Erkenntnisstandes) das Verhältnis der Sprachwissenschaft zu den anderen Wissenschaften zu bestimmen, sowie in seiner Forderung, die wechselseitigen Zusammenhänge sprachlicher Erscheinungen, ihren Systemcharakter in den Mittelpunkt zu stellen (vgl. HARTUNG, 1973 c, 260 ff.; MOTSCH, 1974, 43 f.). Seine Einsicht in den Systemcharakter der Sprache (Sprache als „langue") stellte einen bedeutsamen Fortschritt dar gegenüber dem ihm voraufgehenden linguistischen Denken, vor allem gegenüber dem Positivismus der Junggrammatiker, denen das Systemdenken fremd war, die deshalb zum atomistischen Studium sprachlicher Details (vorwiegend unter historischem Aspekt) neigten.

Demgegenüber trennte DE SAUSSURE die Sprache als System vom aktuellen Sprechen. Mit dieser Trennung wollte er das Wesentliche vom Akzessorischen, das Soziale vom Individuellen differenzieren. Wesentlich war für ihn das Sprachsystem als System sozialer Normen. Im Anschluß an die Soziologie (vor allem an DURKHEIM, der von der Unabhängigkeit sozialer Tatbestände vom Individuum ausgegangen war) sah DE SAUSSURE den sozialen Charakter der Sprache (als „langue") als konstitutiv an gegenüber den individuellen Sprechakten (der „parole"), in denen die Junggrammatiker den Hauptgegenstand der Sprachwissenschaft gesehen hatten (vgl. bereits HELBIG, 1970, 18 f.). Gegenüber den Junggrammatikern beruhen für ihn die Regelmäßigkeiten in der Sprache nicht auf „Lautgesetzen" (also: physikalisch-physiologischen Erscheinungen), sondern auf dem mit der Sprache als „langue" gegebenen System von sozialen Konventionen. Als wissenschaftsgeschichtlicher Fortschritt muß die Einsicht gewertet werden, daß das Systematische und Invariante der einzelnen Redeakte nicht durch eine atomistische Untersuchung vereinzelter Erscheinungen ermittelt werden kann, sondern nur durch die Einsicht in den Systemcharakter der Sprache und durch das Ziel, solche sprachsystematischen Zusammenhänge auf der Grundlage von verschiedenen Abstraktionsebenen zu ermitteln, denn die „langue" ist eine solche Abstraktion, die nicht unabhängig ist von den der Beobachtung direkt zugänglichen Redeakten der „parole", aber aus diesen Redeakten erschlossen werden muß (vgl. dazu auch MOTSCH, 1974, 43 f.).

1.5.2.2. Verabsolutierung und Isolierung des Sprachsystems

Auch wenn DE SAUSSURE auf diese Weise bestimmte Unzulänglichkeiten und Einseitigkeiten der junggrammatischen Schule überwinden half und eine neue Entwicklung einleitete, legte er den Grundstein für neue Einseitigkeiten. Diese Einseitigkeiten bestehen darin, daß er die relative Autonomie des Sprachsystems (als methodologisch begründete Abstraktion) verabsolutierte und damit das Sprachsystem schließlich von seinen gesellschaftlichen Bezügen isolierte. DE SAUSSURE leugnete zwar den sozialen und psychischen Charakter der Sprache nicht – im Gegenteil: er betonte ihn sogar –, aber er zog aus der Trennung von „langue" und „parole" die Schlußfolgerung, die Sprache als Zeichensystem könne und müsse unabhängig von der Untersuchung sozialer und gesellschaftlicher Zusammenhänge beschrieben werden. Diese Forderung fand ihren Niederschlag in der Trennung zwischen einer „inneren" und einer „äußeren" Sprachwissenschaft sowie in dem berühmten und zugleich berüchtigten Schlußsatz seines „Cours de linguistique générale", daß die Sprache „an und für sich selbst betrachtet ... der einzige Gegenstand der Sprachwissenschaft" sei (DE SAUSSURE, 1931, 279).

Diese konsequenzenreiche Trennung von „langue" und „parole" ist in der sowjetischen Sprachwissenschaft mehrfach einer berechtigten Kritik unterzogen worden. SCHTSCHERBA (1976) hat darauf verwiesen, daß das Sprachsystem und das Sprachmaterial nur verschiedene Aspekte sind von etwas, was einheitlich in der Redetätigkeit gegeben ist, daß das Verstehen aber außerhalb der Organisation des Sprachmaterials (d. h. außerhalb des Systems) unmöglich ist. SMIRNICKIJ (1954) und LOMT'EV (1961; 1976) haben betont, daß „langue" und „parole" nicht *zwei* Dinge seien, nicht *verschiedene* Objekte *verschiedener* Wissenschaften, sondern verschiedene Seiten *einer* Erscheinung und Objekt *einer* Wissenschaft, daß sie sich verhalten wie Wesen und Erscheinung, wie Allgemeines und Besonderes, wie Invarianten und Varianten, daß die Sprache als Wesen in der Rede („parole") in Erscheinung tritt, also voll in der Rede – als deren wichtigster Teil – enthalten ist (vgl. BEREZIN, 1981, 33 ff., 72 ff.).

Diesem dialektischen Zusammenhang von „langue" und „parole" wird DE SAUSSURE nicht gerecht, wenn er im Streben nach einer autonomen Begründung der Sprachwissenschaft das Sprachsystem verabsolutiert und es als System auffaßt, „das nur seine eigene Ordnung zuläßt" (1931,19). Damit werden die Sprecher, die sich in einer bestimmten Redesituation des Sprachsystems bedienen, aus dem Bereich der engeren Linguistik ausgeschlossen, damit auch jene wesentlichen Faktoren, die es ermöglichen, das Sprachsystem über den Sprecher innerhalb einer bestimmten Gesellschaft in einen größeren sozialen, kulturellen und historischen Rahmen einzuordnen. Mit der als selbständig und autark angenommenen „langue", die der „parole" (als dem direkt beobachtbaren Sprachverhalten) zugrunde liegt und vorgeordnet ist, rechtfertigt DE SAUSSURE letztlich eine absolute Trennung von linguistischen Fragen des Sprachsystems einerseits und sozialen sowie psychologischen Fragen andererseits. Die „langue" wird damit aus einer methodologisch begründeten Abstraktion *eines* Aspekts des Sprachverhaltens (was sie tatsächlich ist) zu einer selbständigen realen Erscheinung, die von ihrer Verwendung in der Kommunikation und im sozialen Handeln getrennt wird. Paradoxerweise stützt sich DE SAUSSURE bei dieser Hypostasierung der „langue" auf die Soziologie (DURKHEIMS); er beruft sich auf die Soziologie, um letzten Endes soziale Fragen aus der Sprachwissenschaft ausklammern zu können (vgl. MOTSCH, 1974, 44 f.).

Diese wissenschaftsgeschichtliche Paradoxie klärt sich auf durch den Umstand, daß bereits DURKHEIM soziale Tatbestände als vom Individuum und von seinem Handeln unabhängig angesehen hatte. Damit wird die dialektische Natur gesellschaftlicher Erscheinungen verkannt: Zwar tritt die gesellschaftliche Wirklichkeit (und damit auch die Sprache) dem Menschen als etwas von ihm Unabhängiges gegenüber, andererseits ist sie aber stets ein Produkt menschlicher Tätigkeit (vgl. HARTUNG, 1973 c, 261 ff.). Durch die Verselbständigung des Sprachsystems und das Streben nach einer autonomen Begründung der Sprachwissenschaft wird der falsche Eindruck erweckt, als sei nur das interne Zeichensystem Sprache etwas Systematisches und Soziales, während in Wahrheit auch die Kommunikation als menschliche Tätigkeit keineswegs etwas Unsystematisches und durchaus auch etwas Soziales ist, weshalb auch das Verhältnis von „langue" und „parole" nicht als Gegenüberstellung von „Sozialem" und „Individuellem" gedeutet werden sollte (vgl. HARTUNG u. a., 1974 a, 60, 126 ff.). Dieser Eindruck ist dem damaligen Erkenntnisstand verpflichtet, in dem (auf Grund einer fehlenden komplexen Gesellschaftstheorie) funktionale und gesellschaftliche Zusammenhänge der Sprache wenig systematisierbar erschienen. Daraus resultierte die Einengung des Systembegriffes auf das interne Zeichensystem und die undialektische Darstellung des Verhältnisses von Sprache und Gesellschaft, die von der falschen Annahme ausgeht, daß das Sprachsystem unabhängig von der Gesellschaft untersucht werden kann, und zu der Trennung der Sprache vom Menschen (als Sprachträger) führt. Dadurch kann aber weder die gesellschaftliche Rolle der Sprache noch ihre Entwicklung erklärt werden (vgl. HARTUNG, 1973 c, 262ff.).

Deshalb wird bei DE SAUSSURE die Sprache nicht als komplexes Ganzes in den Blickpunkt gerückt; es werden nicht nur alle außersprachlichen und gesellschaftlichen Beziehungen aus dem Bereich der Sprachwissenschaft ausgeschlossen, sondern die Sprachwissenschaft beschränkt sich auch auf die Form des Inhalts und die Form des Ausdrucks (schließt also die Substanz des Inhalts und des Ausdrucks aus), weil die Sprache „eine Form und nicht eine Substanz" sei (DE SAUSSURE, 1931, 146; vgl. dazu auch 1.5.3.3.). Damit erweist sich das Sprachkonzept DE SAUSSURES als positivistisch: Es verletzt die Gesetze der Dialektik insofern, als es die im Erkenntnisprozeß notwendigen idealisierenden Abstraktionen verabsolutiert. Jede idealisierende Abstraktion ist nur dann berechtigt, wenn die zeitweilig bei der Forschung vernachlässigten Gesamtzusammenhänge nicht aus dem Auge verloren werden, denn alle Idealisierungen dienen letztlich dazu, noch umfassendere Zusammenhänge der objektiven Realität bloßzulegen. Eben dies geschieht bei DE SAUSSSURE jedoch nicht: Einzelne Aspekte der Sprache (vor allem: das Sprachsystem, die Form des Inhalts und des Ausdrucks) werden verabsolutiert und auf diese Weise in unzulässiger Weise von den gesellschaftlichen und psychologischen Bedingungen der sprachlichen Tätigkeit isoliert.

1.5.2.3. Undialektische Trennung von Synchronie und Diachronie

Undialektisch ist bei DE SAUSSURE auch die unvermittelte Entgegensetzung von Synchronie und Diachronie, verbunden mit dem Postulat einer ausschließlich synchronischen Betrachtungsweise. Gewiß bedeutet dieses Postulat eine Überwindung der junggrammatischen These, daß Sprach*wissenschaft* immer Sprach*geschichte* sei, daß es keine andere wissenschaftliche Beschreibung der Sprache gebe außer der historischen (so z. B. PAUL; vgl. dazu HELBIG, 1970, 17f., 36ff.). Aber mit der Überwindung dieser Einseitigkeit wird auch in diesem Falle eine neue Einseitigkeit geschaffen; das Gegenteil eines Fehlers erweist sich wiederum als Fehler. In Wahrheit schließen sich beide Forschungsrichtungen nicht aus und dürfen auch nicht undialektisch gegenübergestellt werden, weil die Synchronie nur einen Stellenwert innerhalb des zeitlich-diachronischen Kontinuums markiert und die Diachronie letztlich eine entwicklungsgeschichtliche Abfolge von Synchronien darstellt.

Es ist nicht zu bestreiten, daß sich aus dem Systembegriff – von dem her DE SAUSSURE auch die Legitimität der synchronischen Betrachtungsweise und ihre Überordnung gegenüber der bisher vorherrschenden diachronischen Betrachtungsweise ableitet – eine *relative* Priorität der synchronischen Darstellung des Systems ergibt. Ein strukturiertes System muß zuerst vom Standpunkt seines Zustandes und seines Funktionierens zu einem bestimmten Zeitpunkt studiert werden, damit dann die Veränderung dieses Zustandes untersucht werden kann. Eine *methodologische* Trennung dieser Betrachtungsweisen resultiert – sogar mit Notwendigkeit – aus dem Umstand, daß die Systeme strukturiert sind, daß ihre Geschichte folglich auch nur als Geschichte der Veränderung von Systemen (nicht nur: als Geschichte der Veränderung einzelner Elemente) erfaßt werden kann. Deshalb kann der Prozeß der Veränderung von Systemen nur über die Beschreibung der Zustände dieser Systeme beschrieben werden (vgl. MOTSCH, 1974, 57f.).

Aus dieser methodologischen Trennung und der relativen Priorität der Synchronie darf jedoch nicht (wie bei DE SAUSSURE) ein *absoluter* Gegensatz, eine absolute Abtrennung der historischen Analyse abgeleitet werden. Das Historische würde damit zu einer völlig selbständigen Dimension, die keinen wesentlichen Einfluß auf die Erkenntnis der Systeme hätte. Die Strukturen des Systems erschienen dann als statische Gebilde, deren innere Entwicklung entweder ignoriert oder als von äußeren Zufällen abhängig angesehen wird. Unter diesem Aspekt wird die positivistisch-atomistische Betrachtungsweise des 19. Jahrhunderts nicht grundsätzlich, sondern nur partiell überwunden: Die isolierte Betrachtung von sprachlichen Einzelerscheinungen wird bei DE SAUSSURE nicht ersetzt durch eine dialektische Auffassung von Synchronie und Diachronie (vgl. 1.4.6.), sondern nur durch eine neopositivistische (wiederum isolierte) Untersuchung einzelner Systeme von Sprachen (unabhängig von ihrer Entwicklung).

1.5.2.4. Einschränkung des Gegenstandsbereichs der Sprachwissenschaft

Die undialektische Trennung zwischen „langue" und „parole" (sowie zwischen „innerer" und „äußerer" Sprachwissenschaft), die Verabsolutierung des Systemaspekts der Sprache sowie die Isolierung des Diachronischen vom Synchronischen führen bei DE SAUSSURE zu einer Verengung und Einschränkung des Gegenstandsbereichs der Sprachwissenschaft. Wenn die Sprachwissenschaft nur das Sprachsystem als autonome Erscheinung zum Gegenstand hat, werden alle anderen mit der Sprache verknüpften Erscheinungen und Problemstellungen als „außerlinguistisch" vernachlässigt, werden sowohl die psychischen Grundlagen der Sprache als auch ihre gesellschaftliche Determiniertheit und damit zugleich ihre historische Entwicklung aus der Untersuchung ausgeschlossen. Die Abhängigkeit des Sprachsystems von den kommunikativen Funktionen und von seinen gesellschaftlichen Determinanten (die die Grundlage bilden sowohl für eine kausale Erklärung von Sprachveränderungen als auch für Differenzierung und Variation des Sprachsystems) wird damit aus dem Blickfeld gerückt und aus dem eigentlichen Gegenstand der Sprachwissenschaft ausgeschlossen (vgl. MOTSCH, 1974, 49f.; HARTUNG, 1973 c, 265ff.; HARTUNG u. a., 1974 a, 129).

Gegenstandsbereich der Sprachwissenschaft ist für DE SAUSSURE nur die interne Struktur des Zeichensystems Sprache, ein Gegenstandsbereich, den die

Sprachwissenschaft mit keiner anderen Wissenschaft teilt und den die Sprachwissenschaft mit Methoden erforschen kann, die nur ihr eigen sind. Natürlich besteht kein Zweifel daran, daß jede Sprache ein System ist und eine Struktur hat, die sich nach eigenen Gesetzen entwickelt. Aber der Gegenstand der Sprachwissenschaft umfaßt mehr als das Sprachsystem, umfaßt auch die Funktionen der Sprache im kommunikativen und gesellschaftlichen Kontext (als Kommunikationsmittel und Handlungsinstrument). Wenn der Systemcharakter der Sprache verabsolutiert und von den anderen Seiten der Sprache isoliert wird, entsteht ein neopositivistisches und verengtes Bild von der Sprache, das *einen* Aspekt der Wirklichkeit für die *ganze* Wirklichkeit ausgibt und vergißt, daß die Sprache nicht *nur* ein System ist, sondern ein System voller Widersprüche (die zur Veränderung des Systems führen), daß die Gesellschaft über die gesellschaftlichen Funktionen der Sprache auf das Sprachsystem Einfluß nimmt (vgl. auch FILIN, 1973, 13 ff.).

Bei allen kritischen Einwänden gegen das Konzept DE SAUSSURES darf jedoch nicht außer acht gelassen werden, daß er von dem damaligen Erkenntnisstand ausgegangen ist. Es wäre unhistorisch, von ihm die Antwort auf Fragen zu verlangen, die zu seiner Zeit an die Linguistik noch gar nicht gestellt wurden (werden konnten). Auf Grund von gesellschaftlichen Bedürfnissen und in Übereinstimmung mit der Wissenschaftsentwicklung wuchs damals die Notwendigkeit, die Kenntnisse über Systeme lebender Sprachen zu erweitern. Für die Formulierung solcher Aufgabenstellungen bot das Konzept von DE SAUSSURE durchaus den geeigneten Rahmen, war es in beschränktem Grad auch möglich, in Untersuchungen mit begrenzten Zielstellungen von den gesellschaftlichen und geschichtlichen Zusammenhängen zu abstrahieren. Trotz der Gegenstandsbeschränkung der Sprachwissenschaft (die nicht die Totalität des Objekts erfassen kann) wurden auf der Basis seines Konzepts unbestreitbare Erfolge (z. B. in der präziseren Beschreibung von Einzelsprachen, in der Entwicklung neuer Methoden) erreicht (vgl. auch HARTUNG u. a., 1974a, 129; MOTSCH, 1974, 49 f.), sind von ihm wesentliche Anstöße ausgegangen.

1.5.2.5. Einengung des Systembegriffs

Die Kritik an DE SAUSSURE richtet sich auch keineswegs gegen den Systembegriff an sich, sondern gegen dessen Verabsolutierung und zugleich gegen dessen Einengung. Systeme sind objektive Eigenschaften, die Erforschung von systemhaften Zusammenhängen in der Sprache ist eine gesetzmäßige Erscheinung in der Geschichte der Sprachwissenschaft, durch die große Fortschritte erreicht worden sind (vgl. FILIN, 1973, 11 f.). Die Hervorhebung systemhafter Aspekte muß als Antithese zum atomistischen und psychologischen Konzept der Junggrammatiker begriffen werden, als eine Antithese freilich, die selbst in den Begrenzungen bürgerlicher (vor allem: positivistischer) Philosophie befangen bleibt (vgl. RŮŽIČKA, 1971, 12 f.). Diese Begrenzungen sind es auch, die zu einer einseitigen *Verabsolutierung* des Systemaspekts (und zu einer undialektischen Trennung von anderen Seiten der Sprache) geführt haben.

Die *Einengung* des Systembegriffs bei DE SAUSSURE besteht in dessen Einschränkung auf den Zeichenaspekt der Sprache. Der Systembegriff ist in Wahrheit viel weiter, ihn gibt es in vielen Einzelwissenschaften, in umfassender Weise ist er von MARX und ENGELS auf die Analyse der menschlichen Gesellschaft angewandt worden (vgl. HARTUNG, 1973 c, 271 ff.; MOTSCH, 1974, 56).

Bei DE SAUSSURE dagegen wird der Systembegriff eingeengt auf das Zeichensystem Sprache, d. h. auf die sprachlichen Elemente als solche, genauer: auf die Relationen zwischen ihnen. Die Auffassung der Sprache als System von Zeichen und von Relationen zwischen diesen Zeichen ist jedoch nur *ein* Aspekt der Systemhaftigkeit der Sprache und der Systembetrachtung in der Sprachwissenschaft, der die Systemhaftigkeit und die Systembetrachtung in der Sprachwissenschaft nicht ausschöpft (vgl. HARTUNG, 1973 c, 273 f.; HARTUNG u. a., 1974 a, 127 f.). Die kommunikative Tätigkeit und die Tätigkeit überhaupt stellen auch (übergeordnete) Systeme dar, die sich gegenseitig und die in sie eingelagerten Systeme (z. B. das Zeichensystem) beeinflussen. Insofern kann man von einer „Hierarchie von Systemen" ausgehen, aus der der kommunikative und gesellschaftliche Kontext der Zeichensysteme verständlich wird.

1.5.3. Klassischer Strukturalismus

1.5.3.1. Allgemeines

Der klassische Strukturalismus mit seinen verschiedenen Schulen knüpfte an die Auffassungen DE SAUSSURES an und übernahm damit auch die meisten Grenzen DE SAUSSURES: Der Gegenstand der Sprachwissenschaft wurde auf das angeblich autonome Zeichensystem Sprache eingeschränkt, eine methodologisch zweifellos legitime Phase des abstrahierenden Denkens wurde dadurch verabsolutiert. An die Stelle einer umfassenden Theoriebildung (einer erklärenden Einordnung der Sprache in übergreifende Zusammenhänge) traten in zunehmendem Maße methodologische Diskussionen und Erörterungen von Verfahren zur Analyse sprachlicher Daten. Die theoretischen Leitlinien waren zum großen Teil vom Neopositivismus und vom Behaviorismus geprägt. Das Interesse der Sprachwissenschaftler an Problemen der sprachlichen Kommunikation und ihres Zusammenhangs mit der Gesellschaft trat dabei immer mehr in den Hintergrund (vgl. HARTUNG, 1973 c, 265 f.; HARTUNG u. a., 1974 a, 130 ff.).

Dennoch ist der Strukturalismus „nicht einfach eine Sackgasse der sprachwissenschaftlichen Entwicklung" (MOTSCH, 1975, 2 f.); vielmehr kommt es darauf an, die vielen Kenntnisse über die Struktur natürlicher Sprachen, die in strukturalistisch orientierten Forschungsrichtungen erreicht worden sind, auf einer höheren Stufe dialektisch aufzuheben. Die Kritik richtet sich nicht gegen die konkreten Ergebnisse der strukturellen Linguistik, vielmehr in erster Linie auf die philosophischen Quellen, auf die sie zurückgehen (vgl. FILIN, 1973, 8). Der Strukturalismus ist „keine Katastrophe und keine Enthumanisierung der Sprachwissenschaft, sondern eine historisch unvermeidliche Erscheinung" (SERÉBRENNIKOW, 1973 b). Da die Sprache ein System ist und eine Struktur hat, war die Entwicklung spezieller Methoden zu ihrer Erforschung legitim und notwendig. Deshalb wäre „eine pauschale Verurteilung ... ebenso falsch wie die kritiklose Übernahme strukturalistischer Ideen" (MOTSCH, 1974, 11 f.); vielmehr müssen die Zielsetzungen, Probleme und Ergebnisse strukturalistischer Forschungen, die sich auf dem Boden der Realität bewegen, von inadäquaten philosophischen und weltanschaulichen Grundsätzen abgehoben werden, müssen die positiven Ansätze und die negativen Folgen des Strukturalismus in der Sprachwissenschaft deutlich gemacht werden.

Der Strukturalismus in der Sprachwissenschaft ist in der Tat eine „durchaus widerspruchsvolle Erscheinung" (vgl. HARTUNG, 1973 c, 266f.; HARTUNG u. a., 1974 a, 131 ff.): Auf der einen Seite hat er unsere Erkenntnisse über Struktur und System der Sprachen und zur Entwicklung von speziellen Methoden der Strukturanalyse wesentlich bereichert; auf der anderen Seite hat er es (bedingt durch positivistische und behavioristische Grundannahmen) erschwert, den Blick auf die gesellschaftliche Natur der Sprache, auf die sprachliche Kommunikation und ihren Zusammenhang mit der Gesellschaft zu lenken. Es darf auch nicht verkannt werden, daß die strukturelle Linguistik mit ihren Strukturuntersuchungen bestimmten Bedürfnissen der Gesellschafts- und der Wissenschaftsentwicklung entsprachen. Sie kam zu einem großen Teil den sich aus der gesellschaftlichen Praxis an die Sprachwissenschaft ergebenden Forderungen entgegen: Für die Bedürfnisse des Sprachunterrichts und für die Beschreibung wenig erforschter Sprachen brauchte man eine wesentliche Vertiefung der Kenntnisse über die sprachlichen Zeichensysteme, ebenso war ein wissenschaftlicher Vorlauf für die Zwecke einer automatischen Übersetzung und für Zwecke der Nachrichtentechnik nötig. Diese Bedürfnisse der gesellschaftlichen Praxis stimulierten und intensivierten Untersuchungen zum System- und Strukturaspekt der natürlichen Sprachen.

Wissenschaftsgeschichtliche Voraussetzungen für den Strukturalismus liegen in dem Streben nach einer Abgrenzung der Einzelwissenschaften und ihrer Gegenstände (die solange nicht möglich war, bis ein bestimmter Entwicklungsstand der Wissenschaft erreicht war). Daraus erwuchs dann freilich die (strukturalistische) Konsequenz, sich auf jenen Teil sprachwissenschaftlicher Phänomene zu beschränken, die relativ unabhängig von anderen Wissenschaften erforschbar war (eben: auf das Sprachsystem), die Strukturuntersuchungen zu verabsolutieren, weil sie der einzige Gegenstand der Sprachwissenschaft oder die primäre Grundlage für jede Erkenntnis sprachlicher Zusammenhänge seien. Die Beschränkung auf Strukturanalysen wird mit dem Streben nach Objektivität und mit der Entwicklung einer präzisen Sprachwissenschaft begründet: Das ist gewiß eine notwendige Stufe, wird aber dann problematisch (und zur Erkenntnisschranke), wenn diese Stufe der Strukturanalysen mit positivistischen und physikalistischen Leitideen verbunden wird (vgl. HARTUNG, 1973c, 266f.; HARTUNG u.a., 1974a, 131f.).

Auf Grund dieser Widersprüchlichkeit ist es notwendig, die positiven und die negativen Züge der strukturellen Linguistik deutlich(er) voneinander abzuheben. Zu den *positiven* Zügen gehört 1) die Einsicht, daß die natürlichen Sprachen als Zeichensysteme zu beschreiben sind (was sich nicht nur aus den Bedürfnissen der gesellschaftlichen Praxis und der Wissenschaftsentwicklung ergab, sondern in der Konsequenz auch zu wertvollen Ergebnissen, ja zu einer Umorientierung der Sprachwissenschaft führte), 2) die Suche nach exakten Methoden und theoretischen Grundlagen der Sprachwissenschaft. Als *negativ* wirkte sich aus 1) die Einengung des Gegenstandsbereichs der Sprachwissenschaft auf das interne Sprachsystem, die undialektische Verabsolutierung des Zeichensystems Sprache, die damit verbundene Verkennung des dialektischen Charakters des Erkenntnisprozesses (eine durchaus legitime Phase des Erkenntnisprozesses wird hypostasiert) und die damit im Zusammenhang stehende Vernachlässigung der kommunikativen und gesellschaftlichen Dimension der Sprache, 2) die weltanschaulich-philosophischen und erkenntnistheoretischen Voraussetzungen (vor allem positivistischer Art) in Theorie und Methode, die die Ursache für die Einengung des Gegenstandsbereichs der Sprachwissenschaft sind und sich hemmend auf den Erkenntnisfortschritt ausgewirkt haben (vgl. dazu auch MOTSCH, 1974, 41ff., 55f., 104ff.).

Diese differenzierte Einschätzung verbietet es, aus der Verengung der sprachwissenschaftlichen Fragestellungen eine pauschal-negative Bewertung der strukturellen Linguistik abzuleiten. Die Einsicht in den Systemcharakter der Sprache und das methodologische Grundanliegen der Strukturalisten, exaktere Methoden in die Sprachwissenschaft einzuführen und auf diese Weise zu gesicherten Ergebnissen zu gelangen, ist Ausdruck sowohl der wachsenden Bedeutung methodologischer Probleme in allen Wissenschaften des 20. Jahrhunderts (also wissenschaftsgeschichtlich bedingt) als auch durch die wachsenden gesellschaftlichen Bedürfnisse (z. B. der internationalen Kommunikation) motiviert. Gegenüber einer unberechtigten Kritik auch an den strukturalistischen Methoden (die oft auf reaktionären philosophischen Ansichten über den Charakter „humanistischer" Phänomene beruht und oftmals – bewußt oder unbewußt – zu einer Leugnung des gesetzmäßigen Charakters der Erscheinungen der Gesellschaft und des Bewußtseins sowie der Möglichkeiten ihrer exakten Widerspiegelung führen) ist mit Recht betont worden, daß sich eine Kritik am Strukturalismus „nicht gegen die Suche nach neuen, effektiveren und exakteren Wegen der Erkenntnisgewinnung in den Wissenschaften" richtet, „sondern gegen vermeidbare Irrwege, die auf dem Boden unwissenschaftlicher philosophischer Positionen oder eklektischer und praktizistischer Verfahren entstehen" (MOTSCH, 1974, 56). „Nicht die Einführung von Methoden der strukturellen Analyse natürlicher Sprachen ist kritikwürdig, sondern die undialektische Verabsolutierung der Methoden vom Gegenstand der Sprachwissenschaft oder, anders ausgedrückt, die Bestimmung des Gegenstandes der Sprachwissenschaft auf der Grundlage der verfügbaren Methoden, statt auf der Grundlage bereits erkannter objektiver Eigenschaften der Sprache" (MOTSCH, 1974, 104f.).

Freilich war mit den strukturalistischen Methoden häufig eine undialektische, zur Dogmatisierung bestimmter Voraussetzungen neigende Forschungsweise verbunden. Man glaubte, mit bestimmten sprachtheoretischen Grundlagen den Rahmen für die Beschreibung von Sprachen ein für allemal festgelegt zu haben, und man erkannte nicht, daß eine prinzipiell andere Theorie möglich und nötig sein könnte, die auch den Begriff des Sprachsystems anders auffaßt. Bei der positiv zu bewertenden Suche nach strengen und gesicherten Methoden, um den Gegenstand exakt beschreiben zu können, blieb die Frage ungeklärt, unter welchen Bedingungen linguistische Aussagen gesichert sind – eine philosophische Frage, die von den Strukturalisten vom Standpunkt des mechanischen Materialismus oder des Neopositivismus beantwortet wurde. Damit wurden Einseitigkeiten von dieser Philosophie auch auf die Bestimmung des Gegenstandes übertragen. Dasjenige, was bisher erkannt war, wurde für das Wesen gehalten, der bisher erreichte Erkenntnisstand wurde mit der Beschaffenheit des objektiven realen Gegenstandes identifiziert und damit das Prinzip der Relativität unserer Erkenntnis verletzt (vgl. MOTSCH, 1974, 60f.), das von LENIN (1949 a, 92) so formuliert wurde: „In der Erkenntnistheorie muß man, ebenso wie auf allen anderen Gebieten der Wissenschaft, dialektisch denken, d. h. unsere Erkenntnis nicht für etwas Fertiges und Unveränderliches halten, sondern untersuchen, auf welche Weise das *Wissen* aus *Nicht-Wissen* entsteht, wie unvollkommenes, nicht exaktes Wissen zu vervollkommenerem und exakterem Wissen wird."

Auf Grund der positiven Züge stellt „der Strukturalismus einen notwendigen Abschnitt der Geschichte der Sprachwissenschaft dar, da er für die Erkenntnis und Erklärung des Systems natürlicher Sprachen entscheidende Aspekte in den Blickpunkt rückte. Eine dialektische Interpretation unserer Wissenschaftsgeschichte wird ihn als Negation der junggrammatischen Komparativisten und der Intuitionslinguistik verschiedener Spielarten begreifen, eine Negation, die selbst der aufhebenden Negation verfällt, schon verfallen ist" (RŮŽIČKA, 1970, 78). Deshalb ist auch eine Kritik seitens der traditionellen Sprachwissenschaft weder gerechtfertigt noch schlagkräftig (abgesehen davon, daß sie der Dialektik der Wissenschaftsentwicklung widerspricht), die oft auf pauschaler Abwertung des Strukturalismus (auch der strukturellen Methoden) beruht. Eine begründete Kritik konnte von dieser Seite nicht erfolgen, sondern setzt eine Negation des Strukturalismus auf höherer Stufe voraus (vgl. MOTSCH, 1974, 105f.).

1.5.3.2. Prager Linguistenkreis

1.5.3.2.1. Sprache als funktionales System

Die Prager Schule ist entstanden als Reaktion auf die positivistische Sprachwissenschaft, vor allem auf die ausschließlich historisch orientierte Schule der Junggrammatiker. Sie bekennt sich im Anschluß an DE SAUSSURE eindeutig zur Betrachtung der Sprache als System, das synchronisch zu untersuchen sei: „Die beste Art und Weise, das Wesen und den Charakter der Sprache zu erkennen, ist die synchronische Analyse der Gegenwartssprache, die allein vollständiges Material bietet und zu der man direkten Zugang hat" (THESEN, 1929, 44). Aber im Unterschied zu DE SAUSSURE wird eine Antinomie von Synchronie und Diachronie abgelehnt, weil die Diachronie keineswegs ohne Bedeutung für die Synchronie ist, da sich sprachliche Systeme durch einen dynamischen Charakter auszeichnen. Deshalb dürfen keine unüberbrückbaren Schranken zwischen Synchronie und Diachronie errichtet werden: Einerseits ist das synchronische System diachronischen Veränderungen unterworfen, andererseits ist eine wirklich wissenschaftliche Erforschung der sprachlichen Entwicklung ohne Einbeziehung der Systemzusammenhänge und des synchronischen Prinzips überhaupt nicht möglich (vgl. HORÁLEK, 1976, 26f.; HORÁLEK, 1982, 13; SCHARNHORST/ ISING, 1976, 11ff.).

Ebenso wie die Antinomie von Synchronie und Diachronie lehnen die Vertreter des Prager Linguistenkreises – bei aller Orientierung an DE SAUSSURE – auch dessen undialektische Gegenüberstellung von „langue" und „parole" sowie dessen Verabsolutierung des Systembegriffs ab. Das ergibt sich aus ihrer Wesensbestimmung der Sprache als „funktionales System": „Als Produkt der menschlichen Tätigkeit ist die Sprache wie diese zielgerichtet ... Deshalb muß man den funktionalen Gesichtspunkt bei der linguistischen Analyse berücksichtigen. Unter diesem Gesichtspunkt *ist die Sprache ein System von Ausdrucksmitteln, die auf ein bestimmtes Ziel gerichtet sind.* Kein sprachliches Faktum ist ohne Berücksichtigung des Systems, zu dem es gehört, zu verstehen" (THESEN, 1929, 43).

Auf diese Weise wurde in der Prager Schule – anders als in den anderen Schulen des Strukturalismus – von Anfang an die Mittel-Ziel-Auffassung vertreten, wurde die Sprache als Produkt menschlicher Tätigkeit angesehen und ein funktionales Herangehen an das System begründet. Damit wurden bestimmte Einseitigkeiten DE SAUSSURES (vor allem die Autonomie des Sprachsystems – als alleiniger Gegenstand der Sprachwissenschaft – und die Isolierung der Synchronie von der Diachronie) im positiven Sinne überwunden. Deshalb unterscheidet sich die Prager Schule in wesentlichen Aspekten von den anderen Schulen des Strukturalismus, so daß es nicht gerechtfertigt ist, sie – trotz mancher Gemeinsamkeiten mit diesen anderen Schulen – als bloße Variante des Strukturalismus anzusehen (vgl. HARTUNG, 1973 c, 271; HARTUNG u. a., 1974 a, 140ff., 157ff.). Es wurde von Anfang an große Aufmerksamkeit auf die Beziehungen der Sprache zur Kommunikation und zur Gesellschaft gerichtet. Entsprechende Probleme wurden bereits in den 20er und 30er Jahren aufgeworfen (auch wenn sie damals noch nicht im Mittelpunkt der praktischen Arbeit standen); sie rückten nach der Befreiung vom Hitlerfaschismus auf einen zentralen Platz. Charakteristisch dafür ist ein Aufsatz von SKALIČKA (1948) mit dem programmatischen Titel „Die Notwendigkeit einer Linguistik der ‚Parole'", der das Bestreben zeigt, bestimmte Einseitigkeiten des Prager Linguistenkreises in der Vorkriegszeit zu überwinden und eine noch stärkere Orientierung an der sprachlichen Kommunikation vorzunehmen.

Aus der Auffassung der Sprache als „System von Ausdrucksmitteln, die auf ein bestimmtes Ziel gerichtet sind", ergab sich von Anfang an eine funktional-strukturelle Betrachtungsweise, die eine statische und verabsolutierte Auffassung des Systems ausschloß und die Beziehung des Sprachsystems zur Kommunikation einbezog (vgl. HARTUNG u. a., 1974 a, 145 ff.). Diese funktional-strukturelle Betrachtungsweise fand nicht nur ihren Ausdruck in der Phonologie (einem Hauptarbeitsgebiet der Prager Linguisten um 1930; vgl. dazu HELBIG, 1970, 52 ff.), sondern auch in der Auffassung von Zentrum und Peripherie in der Sprache (vgl. DANEŠ, 1966; DANEŠ, 1982, 132 ff.) und in der Lehre von der „funktionalen Satzperspektive" (vgl. DANEŠ, 1974), in der bestimmte Begriffe der Kommunikation für die Beschreibung der Syntax nutzbar gemacht worden sind (über den Gesichtspunkt, ob die Elemente bereits – durch Vorkontext oder Situation – bekannt sind und ob sie im Satz neu sind, d. h. die eigentliche Mitteilung enthalten).

1.5.3.2.2. Theorie der Literatursprache und Sprachkultur

Auf der funktional-strukturellen Betrachtungsweise basiert auch die im Prager Linguistenkreis entwickelte Theorie der Literatursprache, die nach der Phonologie in den Mittelpunkt der Prager Sprachwissenschaft getreten ist. Allein schon die Tatsache, daß sich das theoretische Interesse auf die Problematik der Literatursprache ausdehnte, war ein Novum in der Sprachwissenschaft, hatten doch die Junggrammatiker der Literatursprache kaum Beachtung geschenkt, da sie diese als künstliches Gebilde ansahen (dem wesentliche Merkmale der Volkssprache fehlen), und sich statt dessen bei der Beobachtung des lebendigen Sprachgeschehens vor allem an den dialektalen Unterscheidungen orientiert (vgl. HORÁLEK, 1976, 34 ff.). Statt dessen wurde nun die Literatursprache der Gegenwart zu einem der hauptsächlichen Forschungsgegenstände. Es wurde nachgewiesen, daß sich die Literatursprache durch bestimmte Spezifika auszeichnet, vor allem durch einen größeren Vorrat an sprachlichen Ausdrucksmitteln und durch größere stilistische Differenziertheit (im Verhältnis zu Mundart und Umgangssprache), indem sie funktional geschichtet ist und durch „elastische Stabilität" gekennzeichnet sein muß, um ihre Funktion in der gesellschaftlichen Kommunikation zu erfüllen (vgl. z. B. MATHESIUS, 1932; HAVRÁNEK, 1942). Damit wird auch bereits die (heute erneut aktuell gewordene) Dialektik der Homogenität und Inhomogenität von Sprachgemeinschaften angesprochen.

Verbunden mit der Theorie der Literatursprache waren Fragen der sprachlichen *Norm*. Es wurde nicht nur die innersprachliche Norm von ihrer Kodifizierung unterschieden, sondern auch die Frage positiv beantwortet, ob der Sprachwissenschaftler in die Normierung der Literatursprache eingreifen soll (vgl. HAVRÁNEK, 1936). Als schwierig erwies sich dabei die Durchsetzung eines wissenschaftlichen Standpunktes bei der Herausbildung der „kodifizierten Norm", d. h. jener Form der Literatursprache, die für die gesamte nationale Sprachgemeinschaft verbindlich ist (vgl. HORÁLEK, 1976, 30ff.). Wesentlich für die Konzeption der Prager Schule ist nicht nur die Annahme verschiedener funktionaler Schichten innerhalb der Literatursprache, durch die die zugrunde liegende Norm modifiziert wird, sondern vor allem auch die Forderung, daß die Normen für die gegenwärtige Literatursprache nicht aus der Sprache früherer Epochen, sondern aus der Gegenwart gewonnen werden müssen, daß die sprachliche Kultiviertheit nicht auf (ausschließlich historisch verstandene oder puristisch verzerrte) sprachliche Richtigkeit reduziert werden darf und daß sowohl Volkssprache wie Literatursprache (und letztere in höherem Grade) funktional differenziert sind (vgl. z. B. ALLGEMEINE GRUNDSÄTZE DER SPRACHKULTUR, 1932; MATHESIUS, 1932; HAVRÁNEK, 1932).

Damit ordnet sich die Frage nach der Norm in die Bemühungen der Prager Linguisten um *Sprachkultur* ein, die von Anfang an im Zentrum ihrer Aufmerksamkeit standen. Die 9. These (THESEN, 1929, 65) des Prager Linguistenkreises ist bereits expressis verbis „der Bedeutung der funktionalen Sprachwissenschaft für Sprachkultur und Sprachkritik in den slawischen Sprachen" gewidmet; dabei werden unter „Sprachkultur" „die Bemühungen" verstanden, „die aufgewandt werden, um in der Literatursprache – sowohl in der Alltagssprache als auch in der Buchsprache (gemeint sind mit der „Buchsprache" die funktionalen Schichten der Literatursprache, die der Alltagssprache gegenüberstehen; G. H.) – die Eigenschaften zu entwickeln, die ihre spezielle Funktion erfordert". Damit ist einerseits erneut der funktionale Gesichtspunkt akzentuiert, andererseits ein umfassender Begriff von „Sprachkultur" geprägt, der – in Weiterführung der Bezeichnung „Sprachpflege" – sowohl die theoretischen als auch die praktischen Bemühungen einschließt und die Sprache keineswegs nur als Zeichensystem, sondern zugleich auch als kommunikative Tätigkeit versteht (vgl. auch SCHARNHORST/ISING, 1968, 9ff.). Diese Bemühungen um Sprachkultur entsprangen einem gesellschaftlichen Bedürfnis zu einer Zeit (in den 20er und 30er Jahren), in der die nationale Existenz des tschechischen Volkes (nach dem ersten Weltkrieg aus der Abhängigkeit von der österreichisch-ungarischen Monarchie befreit) durch eine zunehmende Germanisierungspolitik bedroht war, folglich auch die Pflege und Erhaltung der tschechischen Sprache zu einer Frage der nationalen Selbstbehauptung wurde.

1.5.3.2.3. Spezifika der Dichtersprache

Mit der Phonologie, der Theorie der Literatursprache (eingeschlossen der Problematik der Normierung und der Sprachkultur), der Lehre von der „funktionalen Satzperspektive" und von der „Stratifizierung" im Sprachsystem (d. h. der Annahme von verschiedenen „Ebenen" im Sprachsystem; vgl. dazu SGALL, 1966, 95 ff.; DANEŠ, 1982, 150 ff.) sind die hauptsächlichen Hauptarbeitsgebiete und Ergebnisse der Prager Linguistik keineswegs erschöpft. Einen guten Überblick liefert HORÁLEK (1982), liefern die in SCHARNHORST/ISING (1968 und 1972) enthaltenen Beiträge des Prager Kreises. Von internationaler Bedeutung waren auch die Beiträge zu Grundpositionen der marxistischen Sprachauffassung (vgl. HAVRÁNEK, 1962; HORÁLEK, 1962) – die von sowjetischen Diskussionen angeregt wurden und besondere Akzente setzten (z. B. in der Zurückweisung marristischer Positionen und z. T. auch in Auseinandersetzung mit früheren Positionen des Prager Linguistenkreises, was die Ablehnung eines mechanistischen Determinismus, die dialektische Einheit sowohl zwischen System und Funktion als auch zwischen Form und Inhalt im System betrifft) –, die Forschungen zu Lexikologie und Lexikographie (z. B. FILIPEC, 1982), zur Orthographie, zur Soziolinguistik, zum Sprachunterricht u. a.

Besonders charakteristisch für die Prager Schule ist die Beschäftigung mit der Dichtersprache (vgl. z. B. MUKAŘOVSKÝ, 1940). In weitgehender Abhängigkeit vom russischen Formalismus wurde zunächst die Autonomie des dichterischen Ausdrucks überbetont, ja in gewissem Sinne sogar von einer besonderen Dichtersprache als einem spezifischen Gebilde innerhalb der Literatursprache gesprochen. Dabei wurde die ästhetische Funktion der Abweichungen von der literatursprachlichen Norm besonders hervorgehoben. In Reaktion auf die in der tschechischen Literatursprache und in der literarischen Praxis bestehende Situation, daß die Literatursprache als verbindliche Norm für den dichterischen Ausdruck ebenso wie für jede andere öffentliche Äußerung angesehen wurde, betonte man nun das umgekehrte Extrem und sah die Verletzung der literatursprachlichen Norm als unabdingbare Voraussetzung für das dichterische Schaffen an. Das Wesen des poetischen Ausdrucks wurde in seiner Ungewöhnlichkeit, in der Abweichung vom Durchschnitt und von der überlieferten Norm gesehen. Die ästhetische Funktion zeichne sich vor allem dadurch aus, daß sie nicht auf ein konkretes Ziel ausgerichtet, sondern Selbstzweck ist (da sie auf das sprachliche Zeichen selbst gerichtet ist). In solchen einseitigen und übertriebenen Annahmen wird gewiß die gesellschaftliche Funktion der Dichtung und der Dichtersprache nicht voll erfaßt; dennoch enthalten die Arbeiten von MUKAŘOVSKÝ – vor allem zum dichterischen Schaffen und zur poetischen Technik – einen rationalen Kern und haben sich in anregender Weise ausgewirkt (vgl. HORÁLEK, 1976, 37 ff.; HORÁLEK, 1982, 31).

1.5.3.3. Dänische Glossematik

Im Unterschied zum Prager Linguistenkreis ist die Glossematik im wesentlichen durch Einflüsse des logischen Positivismus geprägt (vgl. dazu und zum folgenden MOTSCH, 1974, 77 ff.). Im Unterschied zum amerikanischen Strukturalismus kam es der dänischen Glossematik auf eine allgemeine Sprachtheorie an. Allerdings war diese Theorie so allgemein, umfassend und anspruchsvoll, daß sie für empirische Forschungen fast uninteressant wurde. HJELMSLEVS Sprachtheorie (vgl. dazu bereits HELBIG, 1970, 60 ff.) strebte nach einer „immanenten Algebra" der Sprache, die in deutlicher Weise von den axiomatischen Zügen der formalen Logik geprägt ist. Das zeigt sich darin, daß als Kriterien für die Sprachtheorie nur formale Gesichtspunkte der „Einfachheit" (d. h. der Forderung nach einem Minimum an primitiven Termen), der Widerspruchsfreiheit und der Zweckmäßigkeit angenommen werden, daß auf die empirische Überprüfbarkeit und Rechtfertigung der Axiome und Grundannahmen verzichtet wird. Auf diese Weise wird das Kriterium der Adäquatheit einer Theorie (d. h. der Übereinstimmung der Theorie mit objektiven Eigenschaften des zu beschreibenden und zu erklärenden Gegenstandes) mindestens dem Kriterium der Einfachheit und Widerspruchsfreiheit untergeordnet, wenn nicht ganz ausgeklammert. Dieser Umstand führt zu einer Umkehrung der materialistischen Erklärung des Verhältnisses zwischen Materie und Bewußtsein: Es entsteht ein erkenntnistheoretischer Konventionalismus, der die wissenschaftlichen Erkenntnisse nicht als Erkenntnisse von Gesetzen objektiv existierender Gegenstände auffaßt, sondern nur als widerspruchsfreie und zweckmäßige (d. h. aber auch – im Verhältnis zum Abbildungsobjekt – mehr oder weniger willkürliche) Ordnung von Beobachtungsdaten mit Hilfe der angenommenen logischen Axiome.

Die Abhängigkeit der Glossematik von erkenntnistheoretischen Ideen des logischen Empirismus zeigt sich auch in der Unterscheidung zwischen „Form" und „Substanz" sowie in der Argumentation für diese Unterscheidung, die in bestimmter Weise auch über DE SAUSSURE noch hinausgeht. Die „Substanz" der Sprache erscheint nur als amorphe Masse, die erst durch die sprachliche „Form" für das Erkenntnissubjekt existent wird. Unter diesem Aspekt setzt die „Substanz" für HJELMSLEV die „Form" voraus und existiert nicht unabhängig von der „Form". Form wird damit zu einer Art Ordnung des Substanzbereichs durch das erkennende Subjekt. Damit wird das Verhältnis zwischen objektiver Realität und Bewußtsein im Sinne des subjektiven Idealismus interpretiert: Nicht die Eigenschaften der in der objektiven Realität existierenden Dinge oder Prozesse determinieren die Form der Sprache bzw. die Form sprachlicher Aussagen, sondern die „Form" der Sprache legt die Grenzen in die außerhalb der Erkenntnis amorphe Realität (der „Substanz"). Charakteristisch für die Glossematik ist somit nicht nur die Auffassung vom Sprachsystem als autonomer Erscheinung, unabhängig von seiner Verwendung in der Kommunikation und damit auch von seiner sozialen Determiniertheit, unabhängig auch von seinen psychischen Bedingungen und Entwicklungsgesetzen – eine solche Auffassung ergab sich aus dem Konzept DE SAUSSURES und findet sich in den meisten strukturalistischen Schulen –, charakteristisch für sie ist darüber hinaus (und das unterscheidet die Glossematik von den meisten anderen strukturalistischen Schulen) die Unabhängigkeit des Sprachsystems von der „Substanz" der Sprache, d. h. von der durch die Bedeutung abgebildeten Realität und von den akustisch-artikulatorischen Eigenschaften der Phonemfolgen (vgl. dazu MOTSCH, 1974, 82 ff.).

1.5.3.4. Amerikanischer Strukturalismus

1.5.3.4.1. Behavioristischer Ansatz und Antimentalismus

Die philosophische Grundlage des von BLOOMFIELD begründeten amerikanischen Strukturalismus (Deskriptivismus, Distributionalismus) bildet der Behaviorismus, jene Form des empiristischen mechanischen Materialismus, der die Vorgänge des menschlichen Bewußtseins – als „mentalistisch" – aus der Betrachtung ausschließt und sich allein auf das beschränkt, was in der unmittelbaren Erfahrung und der direkten Beobachtung zugänglich ist. Eben dies ist das sichtbare äußere Verhalten (behavior), das die Behavioristen glauben, mit naturwissenschaftlichen Methoden beschreiben und auf Zusammenhänge zwischen Stimulus und Reaktion zurückführen zu können. Dieses einseitig von der Tierpsychologie ausgehende behavioristische Konzept verkennt jedoch, daß Reiz und Reaktion im Falle des Menschen primär gesellschaftlich bedingt sind, daß das Verhalten des Menschen nicht nur eine Funktion äußerer Reize ist und daß die Sprache nicht auf ein passives „Verhalten" reduziert werden kann, sondern ein Instrument der Tätigkeit und des Handelns ist (vgl. KLAUS, 1965, 22 ff.; HELBIG, 1970, 73 ff.)

BLOOMFIELDS Antimentalismus hat einen doppelten Aspekt (vgl. HARTUNG, 1973c, 269; HARTUNG u. a., 1974a, 136 ff.; MOTSCH, 1974, 89 ff.): Auf der einen Seite (das ist positiv und wissenschaftsgeschichtlich berechtigt) richtet er sich gegen die idealistische Verabsolutierung des Ideellen in spekulativ-idealistischen Richtungen der Psychologie. Auf der anderen Seite (das führt ihn zum entgegengesetzten – aber ebenso falschen – Extrem und ist deshalb negativ) bleibt sein Antimentalismus – da er auf den empiristischen Dogmen des Behaviorismus beruht – mechanistisch und physikalistisch: Er leugnet die spezifische Qualität des Bewußtseins und negiert die Rolle des Psychischen im menschlichen Verhalten – in der falschen Befürchtung, die Anerkennung psychischer Erscheinungen (wie Wahrnehmung, Vorstellung und Denken) müsse automatisch zur Annahme einer idealistisch aufgefaßten mystischen Substanz führen. Demgegenüber geht eine dialektisch-materialistisch fundierte Psychologie davon aus, daß das Psychische zwar einerseits auf neurophysiologischen Prozessen beruht (und folglich nicht als völlig selbständig und von den materiellen Grundlagen losgelöst existiert), daß aber andererseits psychische Prozesse nicht völlig und mechanistisch auf physiologische Prozesse reduziert werden können.

Auf diese Weise grenzt sie sich sowohl von mechanisch-materialistischen Auffassungen (die das Wesen des Psychischen auf einfache physiologische Vorgänge reduzieren oder auf bloße Stimulus-Reaktions-Schemata zurückführen) als auch von idealistisch-„dualistischen" Auffassungen ab, die das Psychische aus besonderen „geistigen Prinzipien" erklären, denen kein materielles Substrat entspricht (vgl. RUBINSTEIN 1970; A. N. LEONTJEW, 1967).

Obwohl die Behavioristen bei der Zurückweisung von „mentalistischen" Erklärungen der idealistischen Psychologie mechanisch-materialistischen Positionen verhaftet bleiben (weil sie das Dasein des Psychischen als besonderer Form der Materie nicht erkannten), haben diese behavioristischen Gedanken bei BLOOMFIELD dazu beigetragen, den Blick stärker auf den Prozeß der Kommunikation zu lenken. Indem die Sprache in das Stimulus-Reaktions-Schema eingeordnet wurde, kam die vermittelnde Rolle der Sprache für den Kommunikationseffekt in das Blickfeld. Dieser kommunikative Ansatz ist bei BLOOMFIELD allerdings mehr ein verdeutlichender Hintergrund als ein tatsächlicher Ausgangspunkt für die Formulierung sprachwissenschaftlicher Fragestellungen (vgl. HARTUNG, 1973c, 270; HARTUNG u. a., 1974a, 137). Er blieb in der Folge, im deskriptivistischen Strukturalismus nach BLOOMFIELD auch ohne nachhaltige Wirkungen. Nachhaltigen Einfluß hatte vielmehr seine physikalistische Begründung des Antimentalismus, die in der Folge zu einer Skepsis gegen die herkömmliche Semantik, zu einer Ausschließung der Bedeutung aus der Sprachwissenschaft und damit auch zu einer Vernachlässigung jeglicher Determination der Sprache durch die Gesellschaft führte.

1.5.3.4.2. Bedeutungsfeindlichkeit und Einschränkung des Gegenstandsbereichs der Sprachwissenschaft

Aus der empiristisch-behavioristischen Orientierung BLOOMFIELDS folgt, daß nur direkt beobachtbare Erscheinungen als wissenschaftliche Tatsachen anerkannt werden können, daß auch jede sprachwissenschaftliche Feststellung „in physical terms" getroffen werden muß. Gegenstand der sprachwissenschaftlichen Forschung sind deshalb für ihn nur die Sprachsignale, nur der eigentliche Sprechakt, der allein aus Formen besteht. Die diesen Formen zugeordneten Bedeutungen (die entsprechenden Stimulus- und Reaktionselemente) sind jedoch außersprachlich, der Linguistik direkt nicht zugänglich und werden deshalb aus dem Gegenstandsbereich der Sprachwissenschaft ausgeklammert. Daraus darf nicht geschlossen werden, daß BLOOMFIELD die Bedeutung ignoriert hat. Er hat vielmehr immer betont, daß die Sprache „a coordination of certain sounds with certain meanings" sei (BLOOMFIELD, 1955, 27; vgl. auch 137, 161). Aber wissenschaftlich *beschrieben* werden kann sie nur durch die entsprechenden Sprachsignale und „in physical terms", weil sie beim gegenwärtigen Stand unseres Wissens noch nicht exakt erfaßbar sei (vgl. bereits HELBIG, 1970, 75ff.). Solche Erscheinungen wie die Bedeutung wurden nur dann als wissenschaftlich beschreibbar angesehen, wenn sie in Form von Aussagen über beobachtbares Verhalten formuliert werden können. Was dabei erfaßt wird, ist aber nicht die Bedeutung selbst, sondern nur ihr Reflex in einem formalisierten Distributionsmodell (vgl. dazu HELBIG, 1970, 78 ff.).

BLOOMFIELD kommt zu dieser Schlußfolgerung auf der Grundlage seines Begriffs von der Bedeutung, die er – ganz im behavioristischen Sinne – mit der Situation identifiziert, in der der Sprecher seine Äußerung macht (vgl. BLOOMFIELD, 1955, 139, 158). Er setzt die Bedeutung mit den Stimulus-Reaktions-Merkmalen gleich, die mit einer sprachlichen Form korrespondieren, und leitet sie auf diese Weise aus dem behavioristischen Stimulus-Reaktions-Schema ab. Auf diese Weise geht er – im Gegensatz zu HJELMSLEV, der die Bedeutung unabhängig von den Sachverhalten und Beziehungen der objektiven Realität beschreiben will – durchaus von einer materialistischen Position aus, da er die Bedeutungen von den Erscheinungen der objektiven Realität abhängig macht. Aber sein behavioristisches Grundkonzept hindert ihn daran, Bedeutungen als Erscheinungen im Rahmen eines „inneren Modells von der Außenwelt", als Abbilder von objektiv-realen Gegebenheiten zu verstehen. Die Enge eines solchen behavioristischen Verständnisses der Bedeutung (ihre Bindung an das Reiz-Reaktions-Schema) wirkte sich auf diese Weise als Erkenntnisschranke aus. Das Wesen der Sprache konnte auf der Basis der behavioristischen Variante des philosophischen Neopositivismus nicht erklärt werden (vgl. MOTSCH, 1974, 97 ff.).

Als Erkenntnisschranke erwies sich vor allem die Einschränkung des Gegenstandsbereichs der Sprachwissenschaft im physikalistischen Sinne auf die Sprachformen und die Sprachsignale, d. h. auf unmittelbar zu beobachtende Eigenschaften sprachlicher Texte. Damit wurden die (außersprachlich verstandenen) Bedeutungen aus dem Gegenstand der Sprachwissenschaft ausgeschlossen, eine Tatsache, die dazu führen mußte, die gesellschaftliche Determination der Sprache aus dem Auge zu verlieren. Mit der Beschränkung auf die Signalseite der Sprache wurde der Gegenstandsbereich der Sprachwissenschaft auch gegenüber dem Konzept DE SAUSSURES noch weiter eingeschränkt.

1.5.3.4.3. Entwicklung spezieller linguistischer Methoden

Demgegenüber besteht ein historisches Verdienst des amerikanischen Deskriptivismus darin, exakte Methoden für die linguistische Beschreibung ausgearbeitet zu haben, z. B. Distribution, Substitution, Transformation, Konstituentenanalyse (vgl. FILIN, 1973, 17). Diese Methoden haben die Aufgabe, an unmittelbar beobachtbaren Spracherscheinungen mit Hilfe einfacher Operationen alle für die Beschreibung von Sätzen und Texten notwendigen Begriffe zu entwickeln. Vor allem HARRIS und der ihm folgende Distributionalismus verfolgen das Ziel, operationelle Prozeduren zu finden, die es ermöglichen sollten, auf sichtbarem Wege zu unanfechtbaren Resultaten zu gelangen, eine begrenzte Anzahl von Methoden und Analyseprozeduren zu finden, die völlig unabhängig von der

Einbeziehung außerlinguistischer Faktoren bei linguistischen Entscheidungen funktionieren und eine allgemeine Strukturbeschreibung ergeben. Das Motiv für die Suche und Entwicklung solcher syntaktisch-operationellen Prozeduren war die Suche nach Möglichkeiten, jede unkontrollierte und unkontrollierbare subjektive Entscheidung auszuschließen und naturwissenschaftlich-präzise Untersuchungsverfahren auch auf die Sprachwissenschaft zu übertragen.

Diese Methoden haben das Instrumentarium der Linguistik wesentlich bereichert, haben sich auch in praktischen Anwendungsbereichen der Linguistik durchaus bewährt und über die strukturelle Linguistik hinaus in anderen Richtungen verbreitet. Ihre Entwicklung ergab sich aus dem Stand der wissenschaftlichen Erkenntnis und entsprach bestimmten Bedürfnissen der gesellschaftlichen Praxis (z. B. Erforschung unbekannter Sprachen, Maschinenübersetzung, Fremdsprachenunterricht). Eine Kritik darf sich deshalb nicht gegen diese in der strukturellen Linguistik entwickelten Methoden und Prozeduren an sich richten, auch nicht gegen deren Exaktheit und Präzision, vielmehr gegen ihren neopositivistischen Hintergrund und gegen ihre Verabsolutierung. Wie die anderen Wissenschaften, so muß auch die Sprachwissenschaft – vor allem auf Grund der Vielaspektigkeit ihres Objekts, der Sprache – verschiedene Methoden anwenden, neben den traditionellen Methoden auch strukturelle, die beide nicht nur auf verschiedenen Abstraktionsebenen arbeiten, sondern auch einander ergänzen und beide nötig sind, um der Vielaspektigkeit des Objekts entgegenzukommen (vgl. ZVEGINCEV, 1973, 12f.). Von einer vielseitigen Erscheinung erforscht ein Linguist gewöhnlich nur *eine* Seite oder *einige* Seiten, für deren Untersuchung jeweils spezifische Methoden geeignet sind. In diesem Zusammenhang muß die Rolle und die Bedeutung der strukturellen Methoden gesehen werden, die keineswegs in globaler Weise als Ausdruck einer „Enthumanisierung" oder „Entideologisierung" der Sprachwissenschaft und folglich als wertlos angesehen werden dürfen (vgl. dazu kritisch ZVEGINCEV, 1973, 102f., 108ff.). „Manche sowjetischen Linguisten sehen im Strukturalismus zuweilen eine Katastrophe, eine Gefahr für die marxistische Sprachwissenschaft. Man muß indessen zugeben, wenn man von den übermäßigen Ansprüchen der Strukturalisten (...) absieht, daß die Entstehung struktureller Methoden eine ganz natürliche Sache ist. Selbst wenn es niemals einen DE SAUSSURE ... und die anderen Theoretiker des Strukturalismus gegeben hätte, wäre man auf der Suche nach neuen Methoden in der Sprachwissenschaft früher oder später auf strukturelle Methoden gestoßen ..." (SERÉBRENNIKOW, 1975/76, III, 212f.; vgl. aus SERÉBRENNIKOW, 1973a, 17f.). Wenn man davon ausgeht, daß es „das einzige Kriterium für die Nützlichkeit einer Methode" ist, „ob sie neue Eigenschaften des Untersuchungsobjekts enthüllt" (SERÉBRENNIKOW, 1975/76, III, 215), wird man von den gewonnenen Ergebnissen her den hohen Wert der in der strukturellen Linguistik entwickelten Methoden nicht anzweifeln können. Aus der (marxistischen) Kritik an der positivistischen Orientierung bestimmter Schulen des Strukturalismus „folgt nicht, daß die Erforschung der Sprachstruktur durch besondere strukturelle Methoden mit dem Marxismus absolut unvereinbar wäre.

Die Sprache hat eine Struktur, und deren Besonderheiten machen es erforderlich, besondere Methoden für ihre Untersuchung anzuwenden. Strukturelle Methoden, die neue Eigenschaften der Sprache aufzuhellen vermögen, werden von allein in die Schatzkammer der Sprachwissenschaft eingehen. Es handelt sich vielmehr um die allgemeinen philosophischen Grundlagen der strukturellen Linguistik, die in der Tat mit dem Marxismus unvereinbar sind und die strukturelle Linguistik in die Irre führen. Man kann nur hoffen, daß der Strukturalismus den Neopositivismus und latenten Kybernetismus sowie einige falsche Thesen DE SAUSSURES überwinden wird und strukturelle Methoden eine wertvolle Ergänzung der linguistischen Forschung neben allen anderen Methoden sein werden" (SERÉBRENNIKOW, 1975/76, III, 231; vgl. auch SERÉBRENNIKOW, 1973a, 45f.).

Strukturelle Methoden in der Sprachwissenschaft haben ihren unbestreitbaren Wert, aber auch ihre Grenzen (vgl. auch ALBRECHT, 1972, 96). Die Grenzen beginnen dort, wo sie verabsolutiert werden, wo sie auf Sachverhalte angewandt werden, die mit ihnen nicht adäquat und vollständig erfaßt werden können. Ihre Grenzen und Einseitigkeiten werden besonders dann deutlich, wenn sie mit dem Anspruch auftreten, allgemeine und philosophische Methoden (der materialistischen Dialektik) zu ersetzen. Aber umgekehrt werden durch die allgemeine Methodologie des dialektischen Materialismus spezielle, objektiv begründete Methoden der Einzelwissenschaften nicht entbehrlich: Vielmehr ist die allgemeine Methodologie nur mit gegenstandsspezifischen Methoden realisierbar, die sich an der objektiven Dialektik des Gegenstandes orientieren (vgl. SERÉBRENNIKOW, 1975/76, III, 216 ff.; RŮŽIČKA u. a., 1979, 89 ff.).

1.5.3.4.4. Theorie, Gegenstandsbereich und Methode

Zu einem neopositivistisch geprägten (einseitigen und damit falschen) Bild von der Sprache gelangt der amerikanische Deskriptivismus jedoch durch ein entstelltes Konzept vom Zusammenhang zwischen Theorie, Gegenstandsbereich und Methode. Die Mängel seines Konzepts bestehen nicht in der (erfolgreichen) Anwendung struktureller Methoden auf die Signalseite der Sprache, sondern vielmehr in einer „neutralistischen Reduktion der Wissenschaft" auf sie „als eine Art Erkenntnistechnologie verstandenes Methodengefüge" (LAITKO, 1973, 142), in einem ungerechtfertigten *Primat der Methoden.* Dieses Primat der Methoden führt letztlich dazu, daß die Theorie durch die Methoden ersetzt und auf die Methoden reduziert wird (während in Wahrheit ein Primat der Theorie vor der Methode besteht). Dieses Primat der Methoden führt zugleich auch dazu, daß nur das als legitimer Gegenstand der Sprachwissenschaft angesehen wurde, was durch eben diese Methoden gegenwärtig streng und präzise erfaßt werden konnte. Die Strenge und Präzision der Methoden wurde also für wichtiger angesehen als die Erfassung komplexer Zusammenhänge, die bessere Einsichten in das Wesen und in das Funktionieren der Sprache ermöglichen. Die Strenge und

Präzision der Methoden wurde im deskriptivistischen Strukturalismus erkauft durch die Ausschließung sowohl der Bedeutung als auch – erst recht – der kommunikativen und gesellschaftlichen Kontexte aus dem Gegenstandsbereich der Sprachwissenschaft.

Das Primat der Methoden im Deskriptivismus führte somit nicht nur zu einer Vernachlässigung der Sprachtheorie, sondern auch zu einer ungerechtfertigten Einschränkung des Gegenstandsbereichs der Sprachwissenschaft und auf diese Weise zu einem einseitigen, unzureichenden und letztlich auch desorientierenden Bild von der Sprache. In neopositivistischer Weise wird der Gegenstandsbereich der Sprachwissenschaft durch das unzulässige Primat der Methoden gegenüber der Theorie eingeschränkt. Von den strengen Methoden her wird auf den Gegenstand geschlossen, das durch die präzisen Methoden Erkannte wird für das Wesen des Gegenstands gehalten. Einzelne Erscheinungen der Sprache – solche Erscheinungen der Signalebene, die mit naturwissenschaftlich-exakten Methoden beschreibbar sind – werden herausgegriffen und isoliert; dabei geht der Blick für die komplexe Ganzheit des Objekts Sprache verloren. Die erkenntnistheoretische Notwendigkeit von idealisierenden Abstraktionen führt – noch stärker als bei DE SAUSSURE – zu einer Verabsolutierung dieser vereinseitigenden Abstraktionen, die fälschlicherweise für das Ganze ausgegeben werden. Methoden als Hilfsmittel werden auf diese Weise zu Erkenntnisschranken.

1.5.4. Generative Grammatik der CHOMSKY-Schule

Bei der generativen Grammatik wird im folgenden zwischen einer *externen Kritik* und einer *internen Kritik* unterschieden (vgl. auch KANNGIESSER, 1976, 122 ff.): Als externe Kritik wird eine solche Kritik verstanden, die von einem Standpunkt aus formuliert ist, der außerhalb der Axiome dieser Theorie liegt (vgl. die Einschätzung des klassischen Strukturalismus unter 1.5.3.). Eine interne Kritik akzeptiert dagegen bestimmte theoretische Grundannahmen der betreffenden Theorie und strebt mit der Kritik eine mehr oder weniger große Revision der Theorie an. Eine solche interne Kritik und zugleich Weiterentwicklung der generativen Grammatik liegt in der generativen Semantik (vgl. 1.5.4.3.1.) und in der Kasustheorie (vgl. 1.5.4.3.2.) vor. Weiterhin muß in dieses Kapitel Eingang finden die Weiterentwicklung, die CHOMSKY selbst an seiner Theorie nach dem Standardmodell („Aspects"-Modell; vgl. CHOMSKY, 1965) vorgenommen hat (vgl. 1.5.4.2.). Beide Weiterentwicklungen – die von CHOMSKY selbst und die der generativen Semantik sowie der Kasustheorie – bleiben innerhalb *eines* Rahmens und unterliegen deshalb auch der an diesem Rahmen geübten externen Kritik (vgl. 1.5.4.1.).

1.5.4.1. Externe Kritik

1.5.4.1.1. Partielle Überwindung des Strukturalismus

Die generative Grammatik begreift sich selbst als Überwindung des klassischen Strukturalismus (vgl. HELBIG, 1970, 297 ff.). CHOMSKY hat zweifellos den entscheidenden Versuch unternommen, aus der Enge der behavioristischen Sprachkonzeption auszubrechen, weil er erkannte, daß zahlreiche sprachwissenschaftliche und psychologische Fragestellungen durch behavioristische Grundannahmen verstellt worden sind. Wie die strukturelle Linguistik eine Negation und Überwindung der junggrammatischen und der traditionellen Sprachwissenschaft darstellt, wird eine dialektische Interpretation der Wissenschaftsgeschichte in der generativen Grammatik zunächst eine „klare Überwindung und dialektische Aufhebung des alten Strukturalismus" sehen müssen (RŮŽIČKA, 1970, 78 f.), eine Überwindung freilich, die – um nicht ideengeschichtlich mißverstanden zu werden, um Entwicklung von Wissenschaft nicht auf interne Abfolge von Theorien zu reduzieren – durch bestimmte gesellschaftliche Bedingungen und philosophische Konzepte bedingt war (vgl. HARTUNG u. a., 1974a, 160 f.).

CHOMSKY selbst hat mehrfach betont, daß er nicht an der strengen Analyse und am sorgfältigen Experiment gezweifelt hat, das die Behavioristen in die Linguistik eingeführt haben und mit dem sie den Übergang von der „Spekulation" zur „Wissenschaft" vollzogen haben. Aber er hat zugleich kritisiert, daß sie nur die „Oberflächenstruktur" der Naturwissenschaft nachgeahmt und dabei die für die Sprache wesentlichsten Fragen ausgeklammert hätten. Die Verengung ihres Gesichtskreises hat zwar zu tiefen Einsichten und bedeutsamen Resultaten geführt; aber es ist nicht möglich, aus diesen Einzeluntersuchungen und der experimentellen Arbeit Probleme von weitreichender und zentraler Bedeutung zu „extrapolieren" (vgl. z. B. CHOMSKY, 1968, V). CHOMSKY stellt – im Unterschied zum klassischen Strukturalismus – die weiter reichende Frage, welchen Beitrag das Studium der Sprache für das Verständnis der menschlichen Natur leisten könne (1968, 1). Im Hinblick auf die Lösung dieser und anderer zentraler Fragen bedeutet für ihn DE SAUSSURE (als Vorläufer der taxonomischen Linguistik) im Grunde einen Rückschritt gegenüber der „philosophischen Grammatik" (im Sinne der cartesianischen Tradition und HUMBOLDTS); deshalb strebt er eine „Synthese" beider Richtungen an, die deren Vorzüge (einerseits detaillierte Fakten, andererseits abstrakte Generalisierungen) in sich vereinigt (vgl. CHOMSKY, 1968, 1, 17 ff., 58). Dazu bedurfte es einer radikalen Umkehr der Blickrichtung, einer Wendung vom Antimentalismus zum Mentalismus, da zur Lösung solcher zentralen Fragen ein Zugang von „außen" (von den äußerlich beobachtbaren Daten) nicht mehr ausreichte, vielmehr ein Zugang „von innen" (von den Kenntnissen des Sprechers von seiner Sprache her, von seiner „Kompetenz") notwendig war. Es handelt sich dabei um zwei verschiedene Zugänge, die zugleich gegensätzliche Ausrichtungen sind und in der Geschichte der Sprachwissenschaft mehrfach als Dichotomie zutage treten (vgl. ROBINS, 1973, 2 f., 118).

Die generative Grammatik CHOMSKYS stellt wissenschaftsgeschichtlich gegenüber dem deskriptivistisch-behavioristischen Konzept BLOOMFIELDS und seiner Schule einen bedeutsamen Fortschritt dar, dies in mehrfacher Hinsicht:

1) Im Unterschied zum deskriptivistischen Strukturalismus werden bei CHOMSKY bisher vernachlässigte Seiten des Gegenstands Sprache aufgegriffen, beschränkte sich seine Theorie nicht mehr auf die Segmentierung und Klassifizierung von in Texten vorliegenden sprachlichen Äußerungen, sondern zielt auf eine Erklärung des Wesens der Sprache im Zusammenhang mit den grundlegenden Eigenschaften und dem *Gesamtverhalten* des Menschen. Auf diese Weise will seine Sprachtheorie die Grundlagen des Spracherwerbs und der Sprachbeherrschung durch Sprecher und Hörer erklären. Die Einbeziehung solcher umfassender Zusammenhänge (vor allem: Einordnung der Sprache in psychologische Zusammenhänge) führte zu einer beträchtlichen Erweiterung des Begriffs des Sprachsystems und eröffnete auch neue Perspektiven für die Darstellung des Sprachsystems. Gerade im Hinblick auf die Vertiefung unserer Kenntnisse über den Aufbau des Systems natürlicher Sprachen stellt die generative Grammatik gegenüber dem klassischen amerikanischen Strukturalismus einen erheblichen Fortschritt dar, auch wenn dieser Fortschritt relativ zu bewerten ist, einen Fortschritt, der auf der Einsicht in die Beziehungen beruht, die zwischen dem Sprachsystem und dem Verhalten der Menschen besteht. Diese Ideen spielten in der Anfangsetappe der generativen Grammatik – in der die autonome Modellierung des Sprachsystems, unabhängig von allen außerhalb des Sprachsystems liegenden Determinanten, im Mittelpunkt stand – noch eine untergeordnete Rolle, sie traten aber immer mehr in das Zentrum der konzeptionellen Überlegungen CHOMSKYS (vgl. auch BIERWISCH u. a., 1973, 22f.; MOTSCH, 1974, 107; HARTUNG u. a., 1974a, 164f.).

2) Damit verbunden ist das Bemühen CHOMSKYS, Sprache als mentale Erscheinung zu erklären. Die Notwendigkeit einer solchen Erklärung ergibt sich für ihn daraus, daß als sprachliche Tatsachen nicht nur vorhandene Äußerungen in gegebenen Texten zu behandeln sind (wie Behaviorismus), sondern auch das intuitive Wissen kompetenter Sprecher über grammatische Erscheinungen, deren „Kompetenz" (vgl. HELBIG, 1970, 297ff.). Diese intuitiven Kenntnisse der kompetenten Sprecher werden als gegeben vorausgesetzt und müssen – da sie der unmittelbaren Beobachtung nicht zugänglich sind – erklärt werden. Insofern ist diese mentalistische Basis der generativen Grammatik eine direkte Antithese zum Antimentalismus und Behaviorismus BLOOMFIELDS und wurde von der damals herrschenden strukturalistischen Strömung stark attackiert (weil jedes mentalistische Argument a priori als unwissenschaftlich angesehen wurde). Aus der Unmöglichkeit, mentale Prozesse direkt zu beobachten, darf jedoch nicht – in empiristischem und behavioristischem Sinne – geschlossen werden, sie seien prinzipiell unerkennbar oder nur in Begriffen direkt beobachtbarer Erscheinungen (in „physical terms")

beschreibbar. Da die Sprache ein mentales Phänomen ist, zieht CHOMSKY die Schlußfolgerung, daß die Grundlagen der Sprachtheorie nicht isoliert und aus sich heraus formuliert werden können, sondern aus kognitiven Prozessen abgeleitet und mit psychologischen Theorien abgestimmt werden müssen. Sprache wird auf diese Weise nicht mehr als völlig autonom angesehen, sondern in psychische Prozesse eingebettet und aus ihnen erklärt, vor allem aus allgemeinen psychischen Anlagen eines abstrakten Naturwesens Mensch (vgl. MOTSCH, 1974, 109 ff.).

3) Eine Überwindung des klassischen Strukturalismus (und dessen Beschränkung auf unmittelbar beobachtbare Daten in Texten) besteht ohne Zweifel bei CHOMSKY auch in dem schöpferischen Charakter der sprachlichen Tätigkeit, in der *Kreativität* des Sprachgebrauchs. Diese Kreativität des Sprachgebrauchs, die es dem Menschen ermöglicht, mit Hilfe einer endlichen Menge von sprachlichen Elementen und Regeln eine potentiell unendliche Menge von sprachlichen Äußerungen zu bilden und zu verstehen (ein Gedanke, den CHOMSKY von HUMBOLDT übernimmt, wobei er an dessen Auffassung der Sprache als „Energeia" und „innerer Form" anknüpft; vgl. CHOMSKY, 1966, 19 ff., 29), konnte von behavioristischen Positionen aus nicht erklärt werden. Dazu bedurfte es eines gleichermaßen komplexeren und dynamischeren Modells von der Sprache (vgl. dazu auch BIERWISCH u.a., 1973, 22 f.; SUCHSLAND, 1973 b, 95; HARTUNG u.a., 1974a, 163 ff.).

4) Für das von CHOMSKY entwickelte komplexere und dynamischere Modell ist die Tatsache charakteristisch, daß es sich nicht beschränkt auf die Segmentation und Klassifikation gegebener Äußerungen in vorhandenen Texten sowie auf die Ermittlung von Analyseprozeduren für die Beschreibung dieser Äußerungen – wie der amerikanische Deskriptivismus –, sondern daß es nach den *Regeln* suchte, die diesen Äußerungen zugrunde liegen. Die generative Grammatik charakterisiert somit nicht nur gegebene sprachliche Äußerungen, sondern entwickelt Regeln, die die grammatisch wohlgeformten Sätze einer Sprache spezifizieren (und von den ungrammatischen trennen) und ihnen eine strukturelle Beschreibung zuweisen. Diese Regeln sind in der Kompetenz der Sprecher enthalten (stehen dort in Wechselwirkung mit der aktuellen Verwendung, der „Performanz") und stellen eine Voraussetzung für den kreativen Sprachgebrauch dar. Die generative Grammatik stellt deshalb einen expliziten und abstrakten generativen Mechanismus dar, der weit über das hinausgeht, was im Deskriptivismus zum Gegenstand der Sprachwissenschaft geworden war (vgl. RŮŽIČKA, 1970, 79; BIERWISCH u.a., 1973, 22 f.; MOTSCH, 1974, 125).

5) Damit dieser Regelmechanismus aber seine Funktion erfüllen kann, die Fähigkeit der Sprecher zum Bilden und Verstehen einer potentiell unendlichen Menge von Sätzen zu erklären, mußte CHOMSKY ein erklärungsstärkeres, vielschichtigeres und *vieldimensionales Modell* von der Sprache entwickeln (zum Begriff der Mehrdimensionalität vgl. auch ADMONI, 1971; HELBIG, 1977a), das in mehrfacher Hinsicht über das taxonomisch-distributionalistische Mo-

dell des klassischen Strukturalismus hinausführt. Vor allem konnte die Struktur von Sätzen nicht nur als Menge von Elementen und Klassen beschrieben werden (da es komplizierte Beziehungen zwischen den Klassen von Sätzen gibt). CHOMSKYS Verdienst besteht darin, gezeigt zu haben, daß die das Sprachsystem konstituierenden Laut- und Bedeutungsstrukturen nicht unvermittelt einander zugeordnet sein können, sondern über mehrere *Ebenen* (Repräsentationsebenen, Komponenten) hinweg durch verschiedene Regelsysteme miteinander verbunden sind, die eine relative Selbständigkeit haben und ein komplexe Hierarchie bilden. Erst diese Eigenschaften des Sprachsystems als Hierarchie von zusammenhängenden Regelsystemen gestattet es, mit Hilfe endlicher Regeln eine potentiell unendliche Menge von Sätzen zu erzeugen und semantisch zu interpretieren. In dieser Hinsicht bedeutet das Konzept CHOMSKYS eine deutliche Überwindung positivistischer Positionen in der Sprachwissenschaft *innerhalb* des Sprachsystems. Innerhalb des Sprachsystems wird die einseitige Beschränkung der Strukturalisten auf die Oberflächenstruktur aufgegeben, statt dessen wird zwischen einer abstrakten Ebene der syntaktischen Tiefenstruktur und der Oberflächenstruktur – zwischen Wesen und Erscheinung – unterschieden (vgl. dazu auch BIERWISCH u.a., 1973, 2f.; MOTSCH, 1974, 125; SUCHSLAND, 1973b, 103).

Auf diese Weise wurden von CHOMSKY neue und bedeutsame *Fragen* aufgeworfen, mit denen er die Sprachtheorie bereichert hat, die den Rahmen des deskriptivistischen Strukturalismus gesprengt haben. Freilich sind die *Antworten* CHOMSKYS auf diese neuen Fragen so, daß man nur von einer *partiellen*, nicht von einer prinzipiellen Überwindung des BLOOMFIELDschen Strukturalismus, nur von einem *relativen* Fortschritt gegenüber dem klassischen Strukturalismus sprechen kann (vgl. BIERWISCH u.a., 1973, 2ff.; HARTUNG u.a., 1974a, 161ff.; SUCHSLAND, 1973b, 103). Die *Grenzen*, in denen CHOMSKY befangen bleibt, bestehen vor allem im folgenden:

a) Er ordnet zwar das Sprachsystem in größere Zusammenhänge des sprachlichen Verhaltens ein (überwindet damit die bisherige Verabsolutierung und Isolierung des Sprachsystems), es wird jedoch nur als psychologisch und biologisch, nicht als gesellschaftlich determinierte Erscheinung angesehen (vgl. dazu 1.5.4.1.2.).

b) Der Kompetenzbegriff setzt bei CHOMSKY einen idealen Sprecher/Hörer in einer homogenen Sprachgemeinschaft voraus und schließt damit die Variabilität der Sprache sowie soziale Faktoren der Kommunikation aus (vgl. dazu 1.5.4.1.5.).

c) CHOMSKY erweitert zwar die Sprachtheorie, aber er unterscheidet nicht zwischen der Sprache als System und dem Wesen der Sprache (als Kommunikationsmittel und Handlungsinstrument), so daß bei ihm die Sprachtheorie auf die Grammatiktheorie reduziert – oder umgekehrt – die Grammatiktheorie zu einer (umfassenden) Sprachtheorie hypostasiert wird (vgl. dazu 1.5.4.1.7.).

d) Er liefert zwar eine berechtigte Kritik des mechanischen Materialismus und

Empirismus, aber von Positionen des rationalistischen Idealismus und „Cartesianismus" aus. Mit Hilfe eines solchen Rückgriffs auf die rationalistische Philosophie begründet er sprachwissenschaftliche Einsichten (z. B. in linguistische Universalien) (vgl. dazu 1.5.4.1.3.).

e) CHOMSKY ordnet zwar das Sprachsystem in das psychische Verhalten des Menschen ein und faßt sogar die Linguistik als Teil der Psychologie auf, liefert damit jedoch die Basis für eine *direkte* psychologische Interpretation linguistischer Modelle im Sinne einer unmittelbaren Korrelation (vgl. dazu 1.5.4.1.8.).

f) Trotz der Einsicht in die Mehrdimensionalität und Mehrebenen-Organisation des Sprachsystems bei CHOMSKY sind einige Fragen offen und bis heute noch nicht geklärt, die die Zahl, die Art und den Zusammenhang dieser Ebenen betreffen, vor allem die Frage nach dem Status der „syntaktischen Tiefenstruktur" (und ihrem Verhältnis zur Semantik), aber darüber hinaus auch nach dem Verhältnis von Syntax und Semantik (vgl. dazu 1.5.4.2. und 1.5.4.3.).

1.5.4.1.2. Biologischer, nicht gesellschaftlicher Charakter der Sprache

Trotz der von CHOMSKY angenommenen Beziehung des Sprachsystems zum Verhalten des Menschen bleibt ein entscheidender Mangel bestehen, der auf der Vernachlässigung des gesellschaftlichen Charakters der Sprache beruht. Da CHOMSKY die menschliche Sprache als im wesentlichen biologisch fundiert ansieht (vgl. z. B. CHOMSKY, 1976, 4ff.), bleibt der soziale Charakter verkannt, trennt er in undialektischer Weise das Sprachsystem von seiner Verwendung in der sprachlichen Kommunikation und im menschlichen Erkenntnisprozeß. Das Sprachsystem selbst sieht er als im wesentlichen biologisch fundiert an. Er begründet das Wesen der Sprache durch sprachliche Universalien (als allgemeine, biologisch fixierte Anlagen) und sieht sie nur im Hinblick auf allgemein-psychische Anlagen eines abstrakten Naturwesens Mensch, nicht als Instrument und als Produkt der gesellschaftlichen Tätigkeit des Menschen. In dieser Verallgemeinerung sind die Aspekte der gesellschaftlichen Determiniertheit menschlicher Sprachen ausgeschlossen. Aus der Hypothese CHOMSKYS von einer spezifischen menschlichen Sprachprädisposition („eingeborene Ideen") – die von den kompetenten Wissenschaften, vor allem von der Psychologie auf ihren Wahrheitsgehalt hin überprüft werden muß – darf auf jeden Fall nicht abgeleitet werden, daß die Sprache eine ausschließliche biologisch-psychisch determinierte Erscheinung ist (vgl. MOTSCH, 1974, 108ff., 114, 181).

Es kann natürlich nicht bestritten werden, daß die Sprache im eigentlichen Sinne nur dem Menschen eigen ist, auch nicht, daß es biologische Grundlagen der menschlichen Sprache gibt, zu denen vor allem die physiologische Organisation des Menschen gehört (vgl. SERÉBRENNIKOW, 1975/76, I, 7). Aber es genügt nicht, die Sprache *nur* biologisch als „gattungsspezifische Eigenschaft" zu erklären (vgl. SUCHSLAND, 1973a, 97ff.). Vielmehr ist die biologische Existenz des Menschen „zwar Voraussetzung seines gesellschaftlichen Daseins, erschöpft dieses jedoch nicht" (KLAUS/BUHR, 1975, 228). In CHOMSKYS Biologismus sind es die biologischen Anlagen des Menschen als Gattungswesen, die für die Erklärung der menschlichen Sprache benutzt werden. In einer Konzeption, die von *dem* Menschen (im Singular) spricht, verbirgt sich jedoch eine idealistische „Mystifikation", eine Spekulation von einer „abstrakten Individualität" „Mensch", die von der gesellschaftlichen Realität in unzulässiger Weise abstrahiert (vgl. SÈVE, 1972, 64ff.).

Auf diese Weise wird die Sprache bei CHOMSKY zwar zu einem mentalen, aber nicht zu einem gesellschaftlichen Phänomen. Sein Blick wendet sich nicht der Gesellschaft zu, sondern richtet sich zunehmend auf universale Eigenschaften der Sprache und auf deren biologische Grundlagen. Damit löst er die Sprache aus der kommunikativen Tätigkeit und ihrer gesellschaftlichen Determiniertheit heraus und stellt sie als einen von Kommunikation und Gesellschaft weitgehend unabhängigen Mechanismus dar (vgl. HARTUNG u.a., 1974a, 175ff.).

1.5.4.1.3. Philosophischer Rückgriff auf den Rationalismus und „Cartesianismus"

Einer der Ausgangspunkte für CHOMSKY war der Umstand, daß der Mensch in einem relativ kurzen Zeitraum auf der Grundlage eines beschränkten Sprachmaterials (wie es ihm dargeboten wird) eine hoch entwickelte sprachliche Kompetenz ausbildet, die es ihm erlaubt, eine potentiell unendliche Menge von Sätzen hervorzubringen und zu verstehen. Dieser Umstand führte ihn zu philosophischen Fragestellungen, schließlich zu der umfassenden Frage, welchen Beitrag die Linguistik für das Verständnis der menschlichen Natur leisten könne (vgl. CHOMSKY, 1968, 1; vgl. auch LYONS, 1970, 96). Der Begriff der „Kreativität" erwies sich somit als Bindeglied zwischen seinen linguistischen und seinen philosophischen Auffassungen (vgl. NEUMANN, 1973b, 20). Um die Kreativität des Sprachgebrauchs zu erklären, mußte der Widerspruch aufgelöst werden zwischen der Beschränktheit unserer Erfahrung einerseits und der Unbeschränktheit der sprachlichen Kompetenz andererseits, der aufgefaßt wird als Aspekt des noch generelleren Widerspruchs zwischen Erfahrung und Wissen überhaupt. Dieses Problem führt CHOMSKY auf die beiden alternativen Lösungsmöglichkeiten dieses Widerspruchs, auf den Empirismus und den Rationalismus zurück (vgl. BIERWISCH u.a., 1973, 53f.).

Indem CHOMSKY seine generative Grammatik in die philosophiegeschichtliche Auseinandersetzung zwischen Rationalismus und Empirismus einordnet, nimmt er eindeutig Partei für den Rationalismus und übt scharfe Kritik am Empirismus. Am Rationalismus zog ihn offensichtlich an, daß in ihm die Besonderheiten des menschlichen Verstandes (gegenüber den anderen Erscheinungsformen der Materie) anerkannt und „eingeborene Ideen" angenommen wurden, mit deren Hilfe der oben genannte erkenntnistheoretische „Widerspruch" aufgelöst werden konnte. Schon angesichts des großen Abstandes zwischen den naturwissenschaftlichen, gesellschaftswissenschaftlichen und philosophischen Kenntnissen des 19. und 20. Jahrhunderts von den rationalistischen Erklärungsversuchen des 17. und 18. Jahrhunderts mußte eine solche unkritische Rückkehr zum Rationalismus als „anachronistischer Irrweg" erscheinen, der „neue Fehler nach sich ziehen" und zur Errichtung neuer Erkenntnisschranken führen mußte (MOTSCH, 1974, 136ff.). Um den mechanischen Materialismus und Behaviorismus zu überwinden, bedurfte es gewiß keiner Rückkehr zum Rationalismus vergangener Jahrhunderte, zumal im dialektischen Materialismus (als Synthese) die Antinomie zwischen Rationalismus und Empirismus aufgehoben ist (vgl. SUCHSLAND, 1973b, 95).

Wenn sich CHOMSKY mit einigem Recht auf den Rationalismus beruft, so tut er dies, weil er dort die „tätige" Seite des menschlichen Bewußtseins und damit auch das Prinzip der „Kreativität" anerkannt sieht. Gerade diese tätige Seite war (allerdings in abstrakter Weise) – wie MARX (MARX/ENGELS, 1962, Bd. 3, 5) in seiner ersten FEUERBACH-These formuliert hat – ursprünglich nicht vom (mechanischen) Materialismus, sondern vom Idealismus entwickelt worden. Dennoch deckt sich CHOMSKYS Kritik am amerikanischen Strukturalismus nur oberflächlich mit der Kritik des dialektischen Materialismus am mechanischen Materialismus; sie ist nicht nur anachronistisch, sondern führt auch nicht zur dialektischen Aufhebung des Widerspruchs zwischen Empirischem und Rationalem (vgl. SUCHSLAND, 1972, 307; SUCHSLAND, 1973b, 95f.). Auf der anderen Seite kann CHOMSKYS Parteinahme für den Rationalismus nicht als vollständiger Übergang zum Idealismus verstanden werden, weil es keine einfache Identität von Empirismus und Materialismus einerseits, von Rationalismus und Idealismus andererseits gibt, wenn auch im Empirismus die materialistischen und im Rationalismus die idealistischen Züge vorherrschen (vgl. KLAUS/BUHR, 1975, 1010ff.). Daraus ergeben sich die Fragen, ob CHOMSKY durch seine eindeutige Orientierung auf den Rationalismus tatsächlich wesentliche Unzulänglichkeiten des Empirismus überwindet, ob er mit seiner Orientierung idealistische Auffassungen übernimmt und in die Sprachtheorie hineinträgt und ob bzw. wie seine philosophischen und sprachtheoretischen Auffassungen mit seinen politischen Auffassungen zusammenhängen (vgl. vor allem: BIERWISCH u. a., 1973, 53ff.).

CHOMSKYS Rückgriff auf den Rationalismus äußert sich zunächst darin, daß er eine Traditionslinie konstruiert, die er „Cartesianismus" bzw. „cartesianische Linguistik" nennt (vgl. HELBIG, 1970, 307f.), mit der er glaubt, seine Sprachtheorie begründen und die erkenntnistheoretische Frage im Sinne des Rationalismus lösen zu können. Auf diese Weise wird eine „problemgeschichtliche Verklammerung zwischen entsprechenden Bemühungen in Vergangenheit und Gegenwart" vorgenommen und die Frage nach wissenschaftlichen Vorläufern gestellt (um die eigene Position zu bekräftigen), die zwar legitim ist, auch wenn sie die Gefahr in sich birgt, zur Jagd nach Vorläufern zur Rechtfertigung und Bestätigung der eigenen Ansichten zu werden (BAHNER, 1981, 1285f.). Sie ist jedoch nur dann legitim und fruchtbar, wenn sie auf der Basis genauer Kenntnisse des philosophie- und ideengeschichtlichen Kontextes beantwortet wird. CHOMSKY indes interpoliert in einem beträchtlichen Maße moderne Erkenntnisse in die rationalistischen Gedankengänge hinein (vgl. MOTSCH, 1974, 138), so daß eine recht „heterogene Traditionslinie" entsteht (vgl. NEUMANN, 1973b, 20; BIERWISCH u. a., 1973, 53f.), in die nicht nur die philosophischen Grammatiken (in der Tradition der „Grammaire générale et raisonnée") eingeordnet werden, sondern auch HUMBOLDT eingeschlossen wird (dessen Ideen wesentlich durch KANT beeinflußt worden sind). In diesem Zusammenhang steht auch CHOMSKYS Besinnung auf HUMBOLDT und die Rezeption einiger seiner tragenden Begriffe. Es muß dabei beachtet werden, daß auch ein Begriff wie „innere Form der Sprache" trotz aller Berufung von CHOMSKY auf HUMBOLDT bei beiden nicht identisch ist.

Es handelt sich bei CHOMSKY tatsächlich um eine *nachträgliche* Rechtfertigung seiner sprachtheoretischen Gedanken durch den Rückgriff auf die rationalistische Philosophie vergangener Jahrhunderte. Die „cartesianische" Fundierung seiner Sprachtheorie war in den ersten Werken noch nicht vorhanden; sie bahnte sich erst in CHOMSKY (1965) an, wurde dann in CHOMSKY (1966) ausgeführt und in CHOMSKY (1968) sowie in CHOMSKY (1976) zusammengefaßt (vgl. dazu auch SUCHSLAND, 1973b, 94f.). Schon dieser zeitliche Ablauf ist ein Indiz dafür, daß CHOMSKY seine linguistische Theorie (mit vielen unbestreitbaren Vorzügen und handfesten Vorschlägen) keineswegs auf dem Wege des philosophischen Rationalismus gefunden hat, daß er vielmehr den philosophischen Rationalismus und „Cartesianismus" bemüht, um seine sprachtheoretischen Einsichten nachträglich zu legitimieren. Der Ausgangspunkt für die Entwicklung seiner generativen Grammatik waren *nicht* philosophiegeschichtliche und erkenntnistheoretische Erwägungen, war nicht der anachronistische Rückgriff auf den „Cartesianismus", sondern waren Einsichten, die er aus der Beschäftigung mit dem Objekt Sprache gewonnen hatte (vgl. BIERWISCH u. a., 1973, 54; MOTSCH, 1974, 138).

Indem CHOMSKY auf den philosophischen Rationalismus und den „Cartesianismus" zurückgreift, rückt er zwar einerseits die tätige Seite des Bewußtseins und die Kreativität der Sprache in den Blickpunkt, greift aber andererseits auf die „eingeborenen" Ideen DESCARTES zurück, die für ihn zwar nicht mehr göttlichen Ursprungs sind, aber auf rein biologische Anlagen reduziert werden. Er schreibt dem Kind eine „angeborene Theorie" zu, um damit die „angeborene Prädisposition des Kindes, eine Sprache zu erlernen", zu charakterisieren (vgl. CHOMSKY, 1969a, 41ff., 49 u.a.). CHOMSKY setzt sich auf diese Weise mindestens einem terminologischen Mißverständnis aus, wenn er in metaphorischer Weise das kreative Prinzip mit den „eingeborenen Ideen" von DESCARTES in Beziehung setzt. Was sich dahinter verbirgt, ist in Wahrheit eine angeborene Disposition für den Spracherwerb, eine Disposition, die es dem Menschen möglich macht, eine beliebige Sprache zu erlernen, die von völlig anderer Qualität ist als die angeborene psychische Struktur, auf der tierische Kommunikation basiert. Diese

Disposition ist Teil des menschlichen Erkenntnisapparats, der „das Produkt der biologischen Vorgeschichte und der sozialen Geschichte des Menschen" ist, „der individuellen Erfahrung ... als etwas bereits Fertiges" entgegentritt und als ein „relatives Apriori der Erkenntnis verstanden werden" kann (KLAUS/ BUHR, 1975, 102). Der Einwand gegen CHOMSKY bezieht sich also nicht gegen die Annahme solcher angeborenen Dispositionen, auch nicht primär gegen die metaphorische Verwendung und Übernahme der Termini von DESCARTES, sondern vielmehr dagegen, daß die angeborene Prädisposition für den Spracherwerb für ihn eine rein biologische Tatsache ist, der Zusammenhang des Biologischen mit dem Sozialen und Historischen geleugnet wird und auf diese Weise eine Übertonung des Biologischen, eine Biologisierung des Menschen entsteht (vgl. SUCHSLAND, 1972, 307f.; BIERWISCH u. a., 1973, 56f., 62f.). Nicht das Vorhandensein von Universalien ist zu bestreiten, vielmehr ihre einseitig rationalistische Interpretation im Sinne der genannten Biologisierung, im Sinne der undialektischen Isolierung des Biologischen und Psychischen vom Sozialen (vgl. auch RŮŽIČKA, 1971, 6ff.).

Es gibt zweifellos eine ererbte genotypische (genetisch-biologische) Grundausstattung zum Spracherwerb des Menschen, die mit der biologischen Interpretation als „eingeborene Ideen" durchaus kein Junktim einzugehen braucht (d. h. auch: sich durch diese nicht kompromittieren zu lassen braucht), von der die Entwicklung kognitiver Strukturen nicht völlig abgekoppelt werden kann (vgl. RŮŽIČKA, 1981, 1371). Freilich kann der Umfang dieser anlagenmäßigen Ausstattung nicht aus linguistischer Sicht, sondern muß auf dem Hintergrund entwicklungspsychologischer, neuropsychologischer, denk- und lernpsychologischer Forschungen geklärt werden. Diese gattungsspezifischen Anlagen bedürfen zwar der biologischen Erklärung, dürfen aber nicht unabhängig von der sozialen Bedingtheit des Menschen beschrieben werden (vgl. MOTSCH, 1974, 146ff.).

1.5.4.1.4. „Marxismus-Anarchismus" als politisches Konzept

CHOMSKY ist nicht nur auf linguistischem und philosophischem, sondern auch auf politischem Gebiet hervorgetreten (vgl. vor allem CHOMSKY, 1969b; CHOMSKY, 1969c; CHOMSKY, 1970a; CHOMSKY, 1970b; CHOMSKY, 1976; CHOMSKY, o. J.; CHOMSKY, 1979, 3ff.). Seine Sprachtheorie, seine philosophischen und politischen Auffassungen sind keineswegs ohne Verbindung miteinander, sondern lassen einen deutlichen Zusammenhang erkennen (vgl. auch LYONS, 1970, 12ff.; SUCHSLAND, 1972, 305f.).

CHOMSKYS Rationalismus erweist sich dabei als Bindeglied zwischen seinen politischen und seinen linguistischen Auffassungen, durch ihn sind sowohl seine linguistischen als auch seine politischen Auffassungen geprägt (vgl. BIERWISCH u. a., 1973, 63; SUCHSLAND, 1973b, 104ff.). CHOMSKY hat diesen Zusammenhang selbst hergestellt: Er besteht in einem „Konzept der menschlichen Natur und der menschlichen Bedürfnisse", in dem er als wichtigstes menschliches Bedürfnis den „Wunsch nach kreativer Selbstäußerung, nach freier Kontrolle aller Aspekte unseres Lebens und Denkens" ansieht. Aus dieser Auffassung über die menschliche Natur und die menschlichen Bedürfnisse erwächst der Versuch, „Formen gesellschaftlicher Organisation zu konzipieren, die die freieste und vollständigste Entwicklung des einzelnen, die Möglichkeiten jedes einzelnen, in welcher Richtung es auch sei, erlauben würden; die es ihm erlauben würden, ganz Mensch zu sein in dem Sinn, daß er den größtmöglichen Spielraum für seine Freiheit und Initiative hat" (CHOMSKY, 1970a, 183).

Dahinter verbirgt sich ohne Zweifel ein humanistisches Bild vom Menschen und von der Welt, von einer vernünftigen Gesellschaft mit Möglichkeiten für die freie Entfaltung aller schöpferischen Fähigkeiten des Individuums. Aber auch wenn damit das von MARX analysierte Problem der „Entfremdung" des Menschen in der kapitalistischen Wirklichkeit angesprochen ist und CHOMSKY sich auf MARX beruft (er bezieht sich auf die „Philosophisch-ökonomischen Manuskripte" und die „Kritik des Gothaer Programms"), bleibt er im Rahmen dessen, was er selbst „Marxismus-Anarchismus" nennt (vgl. CHOMSKY, 1970a, 178ff.). Er überschreitet die Grenzen des bürgerlichen Liberalismus nicht (vgl. dazu BIERWISCH u. a., 1973, 64ff.; SUCHSLAND, 1972, 305f.), weil er einen Ausweg aus der „Entfremdung" nicht in einer konkreten (humanistisch-sozialistischen) Gesellschaft, sondern nur über die Verwirklichung eines abstrakten und „idealen" Wesens in einer gleichermaßen abstrakten „vernünftigen" humanistischen Gesellschaft sieht. Dadurch paßt er sein Konzept von der Gesellschaft seiner Vorstellung von der menschlichen Natur des Individuums an, in deren Mittelpunkt der (unhistorisch und außerhalb jeder gesellschaftlichen Konkretheit und Determiniertheit gewonnene) Begriff der „Kreativität" steht. Gerade in dieser Hinsicht sind die gesellschaftspolitischen Auffassungen CHOMSKYS vom bürgerlichen Rationalismus geprägt, erweist sich der Rationalismus mit seiner abstrakten Auffassung vom Menschen und der Gesellschaft – gleichsam als „unhistorischer Humanismus" (vgl. SUCHSLAND, 1973b, 104ff.) – als Basis für seine Vorstellungen von der Gesellschaft (vgl. auch MOTSCH, 1974, 160, 173).

Dieser Umstand ist zugleich die Erklärung von zwei scheinbaren Widersprüchen. Der erste Widerspruch besteht darin, daß CHOMSKYS Verhältnis zu MARX (und auch zu LENIN) sehr ambivalent ist, daß er sich einerseits auf MARX beruft, andererseits gegen die marxistisch-leninistische Politik in den sozialistischen Ländern stark polemisiert. Genauer besehen, beruft sich CHOMSKY auf den *frühen* MARX (der „Ökonomisch-philosophischen Manuskripte") und auf den *frühen* LENIN (der „April-Thesen" und von „Staat und Revolution") und lehnt den *späten* MARX und den *späten* LENIN ab, versucht also – mit manchen anderen – eine Gegenüberstellung des „philosophischen Humanismus" des frühen MARX mit einem theoretischen „Antihumanismus" der Spätwerke (vgl. BIERWISCH u.a., 1973, 67ff.; SUCHSLAND, 1973a, 98f.). Wenn sich CHOMSKY – ausgehend vom Begriff seiner verabsolutierten Kreativität und individuellen Freiheit des Menschen – auf die „Ökonomisch-philosophischen Manuskripte" und auf die Theorie der „Entfremdung" (als deren Kernstück) beruft, so beruft er sich im Grunde auf etwas, was seit 1845/46 von MARX und ENGELS „selbst aufgehoben" worden ist und „folglich als vormarxistisch angesehen werden" muß (SÈVE, 1972, 64f.), eben weil diese Auffassung noch mit einer spekulativen Auffassung von einer abstrakten Individualität verbunden ist.

Der zweite scheinbare Widerspruch besteht in dem unterschiedlichen politischen Engagement CHOMSKYS: Auf der einen Seite hat er scharfe Kritik am ökonomisch-militärischen Komplex der USA geübt, ist er als mutiger, entschiedener Gegner des Vietnamkrieges, der Rassendiskriminierung und des Antikommunismus hervorgetreten (war er eine Art „hero of the New Left"; vgl. LYONS, 1970, 12 ff.). Auf der anderen Seite stehen zahlreiche antisowjetische Äußerungen, kehrt er die angebliche „politische Freiheit" der „westlichen Welt" hervor und sieht sie von den marxistischen Parteien (als elitären Bürokratien) bedroht (vgl. SUCHSLAND, 1972, 306; ALBRECHT, 1972, 93; SUCHSLAND, 1973 b, 104 ff.; MOTSCH, 1974, 171 ff.). Dieser Widerspruch ergibt sich aus CHOMSKYS abstraktem Humanismus, seinem Rückgriff auf den Rationalismus als Weltanschauung der frühen Phase des Bürgertums. Auf diesen Voraussetzungen basiert seine antiimperialistische Einstellung, die jedoch – eben weil sie auf diesen Voraussetzungen beruht – den Imperialismus nicht gefährden kann (vgl. MOTSCH, 1974, 173; BIERWISCH u. a., 1973, 71 ff.).

CHOMSKY tritt zwar immer wieder für eine „radikale Rekonstruktion" der Gesellschaft ein, die die kreativen Impulse der Menschen freisetzen müsse, aber keine neuen Formen der Autorität schaffen dürfe, versteht unter „Sozialismus" (bei ihm fast synonymisiert mit „Anarchismus") als Ziel der gesellschaftlichen Veränderung die Befreiung des kreativen Impulses der Menschen (vgl. CHOMSKY, o. J., 47 ff.). Da dieser Mensch aber unhistorisch gefaßt ist, sieht er sowohl in den USA als auch in der UdSSR eine Art „Konvergenz" (da dort solche neuen Formen der Autorität entstanden seien), die seinem Konzept von einem „liberalen Sozialismus" nicht entsprechen, ja ihm entgegenstehen (vgl. CHOMSKY, o. J., 54 ff., 82).

1.5.4.1.5. Beschränkung des Kompetenz-Begriffes auf den idealen Sprecher/Hörer in einer homogenen Sprachgemeinschaft

Für CHOMSKY ist „der Gegenstand einer linguistischen Theorie" „in erster Linie ein idealer Sprecher-Hörer, der in einer völlig homogenen Sprachgemeinschaft lebt, deren Sprache ausgezeichnet kennt" und bei der Anwendung seiner Sprachkenntnis im aktuellen Gebrauch von grammatisch irrelevanten Bedingungen der Performanz absieht (1969a, 13; 1965, 3). Die Grammatik einer Sprache versteht er „als Beschreibung der immanenten Sprachkompetenz des idealen Sprecher-Hörers" (1969a, 15) und benutzt dabei den Terminus „Grammatik" systematisch mehrdeutig: „Einmal meint er die im Sprecher intern repräsentierte ‚Theorie seiner Sprache', zum anderen bezeichnet er den linguistischen Zugang zu diesem Phänomen" (1969a, 40).

Die explizite Analyse der Grammatik setzt in der Tat die Heraushebung *eines* Faktors des konkreten Sprachverhaltens (eben: der Sprachkompetenz) voraus. Dieser notwendige methodologische Schritt (der Heraushebung der Kompetenz) impliziert noch nicht die Annahme, daß die Sprachkompetenz weniger wirklich sei als die komplexe Sprachausübung: Obwohl sie nur in den verschiedenen Formen des Sprachverhaltens beobachtbar ist, existiert sie als eine seiner Bedingungen. Insofern erweitert CHOMSKY gegenüber dem klassischen Strukturalismus durch die Einbeziehung der Sprachkompetenz den Bereich der für die Linguistik relevanten Fragestellungen und gelangt zu einem wesentlich komplexeren Modell von der Sprachstruktur (vgl. auch BIERWISCH u.a., 1973, 35ff., 40f.).

Dadurch allerdings, daß er die Sprachkompetenz als Gegenstand der linguistischen Theorie an „einen idealen Sprecher-Hörer" bindet, „der in einer völlig homogenen Sprachgemeinschaft lebt", erhebt sich die Frage, ob und inwieweit sich allgemeine philosophische Voraussetzungen (des Rationalismus) auf die Sprachkonzeption und vor allem auf die Bestimmung des Gegenstandes der Sprachtheorie bei CHOMSKY auswirken (vgl. dazu und zum folgenden MOTSCH, 1974, 173ff.). Die bei CHOMSKY vorgenommene idealisierende Abstraktion der Sprachkompetenz stützt sich auf folgende Voraussetzungen:

a) darauf, daß es ein System von Regeln gibt, das die Grammatikalität von Sätzen determiniert und dem aktuellen Sprachverhalten zugrunde liegt;
b) darauf, daß der ideale Sprecher/Hörer über ein solches Regelsystem verfügt, frei von den Bedingungen der Performanz;
c) darauf, daß der ideale Sprecher/Hörer in einer völlig homogenen Sprachgemeinschaft lebt.

Die unter c) genannte Voraussetzung impliziert eine Reduktion der Grammatik auf solche Aspekte, für die soziale Faktoren irrelevant sind. Sie sieht von allen sozialen Unterschieden ab und sondert alle Erscheinungen aus, die mit der Variabilität der Sprache, mit dem Vorhandensein mehrerer „Existenzformen" verbunden sind, die ihrerseits ein System bilden, das nach sozialen, territorialen und funktionalen Gesichtspunkten geordnet ist. CHOMSKY kann dieser Variabilität der Sprache nicht gerecht werden, da auf Grund des von ihm angenommenen Sprechers/Hörers in einer homogenen Sprachgemeinschaft alle sozialen, historischen und funktionalen Faktoren, die die Kompetenz des wirklichen Sprechers determinieren, aus seiner Sprachtheorie ausgeschlossen bleiben. Es gibt indes gute Argumente für die Notwendigkeit, einen idealen Sprecher-Hörer auch in einer *heterogenen* Sprachgemeinschaft und auch die *Heterogenität* der Sprache als eine Erscheinung der Kompetenz anzusehen (vgl. BIERWISCH 1973a, 42ff.). Unter diesem Aspekt erweist sich der Kompetenzbegriff bei CHOMSKY als zu eng, erfaßt er nur *eine* Dimension der Kompetenz. Erst ein mehrdimensionaler Kompetenzbegriff eröffnet den Weg für die Erklärung der Sprachschichtung und des Sprachwandels. Der eindimensionale Kompetenzbegriff bei CHOMSKY kann nicht zeigen, wie die Kompetenz des Sprechers/Hörers mit seinem sozialen Verhalten verbunden ist und von konkreten sozialen Faktoren im Rahmen der gesellschaftlichen Tätigkeit determiniert ist.

Es ist deshalb zu Recht gefragt worden, ob die „homogene Sprachgemeinschaft" eine berechtigte Abstraktion ist oder als Abstraktion ungeeignet ist, weil sie von *wesentlichen* Eigenschaften des Objekts absieht. Eine Abstraktion bzw. Idealisierung ist immer erst dann möglich, wenn man sich über grundlegende Wesensmerkmale klar ist und sich immer dessen bewußt bleibt, in welcher Richtung und zu welchem Zweck, wovon und wofür idealisiert wird (vgl. NEUMANN, 1973a, 280). Die homogene Sprachgemeinschaft ist zwar für grammatische Aufgabenstellungen eine nützliche und legitime Abstraktion, aber für sprachtheoretische Problemstellungen unzulänglich, weil die soziale Differenziertheit der Sprachkompetenz von Angehörigen verschiedener Klassen, Schichten und Personengruppen nicht ohne Aufhebung dieser Abstraktion erklärt werden kann, weil die Existenz des wirklichen Sprechers/Hörers in einer *inhomogenen* Sprachgemeinschaft *nicht* zu den unwesentlichen Eigenschaften gehört, von denen bei generellen Problemstellungen einer Sprachtheorie abgesehen werden kann (vgl. dazu SUCHSLAND, 1972, 306; SUCHSLAND, 1973b, 101; HARTUNG u. a., 1974a, 166f.; NEUMANN u. a., 1976, 516f.; NEUMANN/MOTSCH/WURZEL, 1979, 59).

Diese Idealisierung führt bei CHOMSKY zu einer undialektischen Trennung von Kompetenz und Performanz, so daß die von der sozialen Verwendungsweise her vermittelte gesellschaftlich differenzierte Internalisierung der Grammatik nicht erklärt werden kann (vgl. SUCHSLAND, 1973b, 101). Mit der Unterscheidung zwischen Kompetenz und Performanz hängen jedoch die oben genannten Voraussetzungen a) und b) zusammen. CHOMSKYS Kompetenzbegriff schließt nicht nur die soziolinguistische Dimension aus, sondern auch die pragmatische Dimension, denn bei ihm wird die *Sprach*kompetenz mit der *grammatischen* Kompetenz gleichgesetzt und auf diese reduziert. Da der Sprecher in der Kommunikation über weit mehr Kenntnisse als über die Regeln der Grammatik verfügen muß, erweist sich der Kompetenzbegriff von CHOMSKY auch unter diesem Aspekt als zu eng (vgl. HARTUNG u. a., 1974a, 166f.). In der Kommunikation muß der Mensch nicht nur in der Lage sein, richtige Sätze zu bilden und zu verstehen (und ihnen Strukturen zuzuordnen), sondern auch in kompetenter Weise zu entscheiden, ob ein von der Grammatik als richtig definierter Satz im richtigen Kontext und in der richtigen Situation verwendet wird. Darüber hinaus gibt es einige Erscheinungen pragmatischer Art, die auf das Sprachsystem einwirken und dort ihren direkten Niederschlag finden (also Bestandteile der grammatischen Kompetenz sein müßten). Auf jeden Fall sind Sprecherabsicht und Situationskenntnis außerlinguistisch, die sprachliche Formulierung der entsprechenden situationsbedingten und intentionsabhängigen Äußerungen gehört aber zweifellos zum Gegenstand der Linguistik. Weil diese Äußerungen nicht beliebige, individuelle und unsystematische „Varianten" des Sprachsystems sind (sondern durchaus – vom Zweck her – determinierte und durch Regeln erfaßbare Erscheinungen sind, die aber mit CHOMSKYS zu engem Kompetenzbegriff nicht erklärbar sind), entsteht die Forderung nach einer Erweiterung des Kompetenzbegriffes (vgl. CONRAD/STEUBE, 1971, 30 ff.). Wie der Kompetenzbegriff CHOMSKYS schon eine Erweiterung gegenüber dem DE SAUSSURESCHEN Begriff der „langue" darstellt (aus dem die Syntax noch ausgeschlossen war, an deren Systemhaftigkeit heute niemand mehr zweifelt), müßte er nun abermals zu einer umfassenden „kommunikativen Kompetenz" erweitert werden (der sowohl die soziolinguistische als auch die pragmatische Dimension einschließen müßte).

Eine solche Erweiterung hätte freilich zur Folge, daß die absolute Trennung von Kompetenz und Performanz aufgehoben würde, weil es sich dann nicht mehr um disjunkte Begriffe handelt (vgl. CONRAD/STEUBE, 1971, 35). Auch der Performanzbegriff bei CHOMSKY enthält noch einige Beschränkungen gegenüber dem umfassenderen Begriff der sprachlichen Tätigkeit, weil die Performanzmechanismen bei ihm nicht auf dem Hintergrund sozialer Prozesse, sondern als individualpsychische Abläufe mit gattungsspezifischen Voraussetzungen gesehen werden. Die Performanz bleibt bei ihm letztlich eine *individuelle* Tätigkeit, die zwar in andere psychische Zusammenhänge, aber nicht in soziale und gesellschaftliche Zusammenhänge eingeordnet wird. Eine einfache Erweiterung des CHOMSKYschen Kompetenzbegriffes um die soziale Dimension (d. h. durch die Einbeziehung gesellschaftlicher Determination) ist jedoch nicht möglich, solange die starre, undialektische Gegenüberstellung von Kompetenz und Performanz erhalten bleibt und die Gesellschaft erst in einer Theorie der Sprachverwendung berücksichtigt wird, die der Grammatiktheorie (als Theorie der Kompetenz) nachgeordnet ist (vgl. HARTUNG u. a., 1974a, 170; SUCHSLAND, 1973 b, 101).

Auch wenn CHOMSKY mit seiner faktischen, einseitigen Idealisierung eines idealen Sprechers/Hörers in einer homogenen Sprachgemeinschaft weder dem sozialen noch dem historischen Aspekt der Sprache gerecht zu werden vermag (vielmehr dem philosophischen Rationalismus verhaftet bleibt), ist es *methodologisch* legitim und notwendig, die Abstraktion einer solchen homogenen Grammatik vorzunehmen, weil erst auf dieser Basis Annahmen über soziale, regional und funktional differenzierte Grammatiken entwickelt werden können. Die Untersuchung der Frage, welche Gesetzmäßigkeiten in einem heterogenen System von Teilsprachen gelten, setzt Einsichten in die Gesetzmäßigkeiten des einfacheren Falles (der homogenen Grammatik) voraus (vgl. BIERWISCH u. a., 1973, 42; MOTSCH, 1974, 175). Deshalb darf die Idealisierung eines „idealen Sprechers in einer homogenen Sprachgemeinschaft" auch nicht von vornherein damit abgetan werden, daß *faktisch* keine reale Sprachgemeinschaft und kein „realer Sprecher" jeweils „homogen" sind (was auch CHOMSKY nicht angenommen hat; vgl. auch CHOMSKY, 1979, 54 ff., 189 ff.). Als *methodologisch* legitim und notwendig erweist sie sich dadurch, daß sie in der Praxis der Grammatikbeschreibungen mit Erfolg angewandt wird (und werden muß) und daß auch ohne Projizierung der genannten Abstraktion (als Bezugspunkt) auf die Variabilität diese

Variabilität selbst wahrscheinlich wissenschaftlich nicht adäquat dargestellt werden kann (vgl. RůžIčKA, 1981, 1374f.). Schließlich handelt es sich um berechtigte Idealisierungen auch dort, wo eine einheitliche Literatursprache nicht vorhanden ist (z. B. bei der Rekonstruktion des Indoeuropäischen oder des Gemeingermanischen, aber auch bei der Normbewußtheit der echten Mundartsprecher).

1.5.4.1.6. Leistung und Grenzen des Kreativitätsbegriffs

CHOMSKYS Auffassung vom kreativen Aspekt der Sprache geht zurück auf die Ansicht von HUMBOLDT, daß die Sprache „von endlichen Mitteln einen unendlichen Gebrauch machen muß" (CHOMSKY, 1969a, 9). Der kreative Aspekt ist für CHOMSKY eine wesentliche und universale Eigenschaft aller Sprachen; sie besteht darin, daß die Sprache „die Mittel bereithält zum Ausdruck beliebig vieler Gedanken und zu angemessenen Reaktionen in beliebig vielen neuen Situationen" (CHOMSKY, 1969a, 16). Die schöpferische Verwendung der Sprache wird als spezifische Fähigkeit des Menschen, diese Sprachfähigkeit als angeborene Grundlage für den Erwerb einer speziellen Kompetenz (einer beliebigen Einzelsprache) angesehen.

CHOMSKY hat dieses kreative Prinzip der menschlichen Sprache als Aspekt der kreativen Funktion des menschlichen Bewußtseins erneut in das Blickfeld gerückt, vor allem in Reaktion auf den amerikanischen Strukturalismus, dessen behavioristische Grundlagen den Blick auf den schöpferischen Charakter des Sprachgebrauchs verstellt hatten (vgl. auch SUCHSLAND, 1972, 307). Im besonderen handelt es sich (dies ist als Erkenntnisfortschritt zu werten) um die Einsichten,

1) daß sich die vorausgesetzte Sprachkenntnis nicht auf die Beherrschung syntaktischer und semantischer Regeln beschränken darf, sondern die Fähigkeit zur Herstellung eines angenommenen Situationsbezuges einschließen muß;
2) daß die potentiell unendliche Menge von Sätzen nicht als Menge von *fertigen* Sätzen im Kopf des Menschen aufbewahrt („gespeichert") ist, sondern mit Hilfe einer *endlichen* Menge von Elementen und einer *endlichen* Menge von Regeln erzeugt wird (nur so kann die „Unendlichkeit" des Gedankens sprachlich materialisiert werden und Sprache als „unmittelbare Wirklichkeit des Gedankens" funktionieren);
3) daß sich der Sprachgebrauch folglich nicht auf das behavioristische Reiz-Reaktions-Schema zurückführen und als stimulusgebundenes Reagieren auf bestimmte Reize erklären läßt, weil die „Freiheit" gegenüber dem Reiz-Reaktions-Schema mit dem Hervorbringen neuer Gedanken und Sätze im Kontext neuer Situationen zusammenhängt (vgl. dazu BIERWISCH u. a., 1973, 23 ff.; SUCHSLAND, 1973a, 100).

Dennoch erweist sich CHOMSKYS Kreativitätsbegriff als zu eng, zunächst im Hinblick darauf, was unter „angemessenen Reaktionen in beliebig vielen neuen Situationen" verstanden wird. Sie dürfen nicht als bloße Variationen innerhalb eines vorgegebenen Rahmens, sondern müssen als prinzipiell so offen und mannigfaltig aufgefaßt werden, daß die Möglichkeit der Veränderung der Welt durch den Menschen eingeschlossen wird. Es muß folglich eine Beziehung hergestellt werden zu der Tatsache, daß der Mensch die Bedingungen seiner Tätigkeit im Prozeß des gesellschaftlichen Stoffwechsels mit der Natur selbst schafft, sowie zu den Gesetzmäßigkeiten, die diesen Prozeß bestimmen und damit auch das Entstehen neuer natürlicher und gesellschaftlicher Verhältnisse mit möglichen neuen Situationen garantieren (vgl. BIERWISCH u. a., 1973, 24f.). Weil CHOMSKY indes die Sprache zwar als mentales, aber nicht als gesellschaftliches Phänomen ansieht, bleibt sein Kreativitätsbegriff auch im Rahmen des Rationalismus: Der schöpferische Sprachgebrauch ist für ihn eine Eigenschaft des „idealen Sprechers" in einer homogenen Sprachgemeinschaft, nicht eine Eigenschaft des realen menschlichen Individuums im Zusammenhang mit dessen praktischer und theoretischer Bewältigung seiner natürlichen und gesellschaftlichen Umwelt (vgl. auch SUCHSLAND, 1973a, 100). Während die Fähigkeit des Menschen zur Erkenntnis und Veränderung der Welt die eigentliche Grundlage für die Erklärung des kreativen Aspekts der Sprachverwendung ist, reduziert CHOMSKY das Problem des kreativen Sprachgebrauchs auf die Eigenschaften der Sprache und der geistigen Tätigkeit schlechthin, sieht sie ausschließlich unter dem Aspekt der prinzipiellen geistigen und speziell sprachlichen Fähigkeiten eines abstrakten Menschen. Auf diese Weise wird der Zusammenhang des kreativen Sprachgebrauchs mit der praktischen und geistigen Tätigkeit des Menschen ausgeklammert, wird der kreative Sprachgebrauch nicht nur methodologisch vom Gesamtprozeß der menschlichen Tätigkeit isoliert, sondern dessen Grundlagen erscheinen auch „als philosophisch hypostasierte selbständige Phänomene" (MOTSCH, 1974, 139f.).

Der Kreativitätsbegriff wird somit bei CHOMSKY in entscheidender Weise beschränkt: Er erfährt eine abstrakt-idealistische Interpretation, indem das Schöpferische von seinen gesellschaftlichen Bedingungen gelöst wird. Es gibt zweifellos universale Eigenschaften und einen „kreativen Aspekt" der Sprache; dieser ist ein gesellschaftliches Produkt und nicht einfach naturgegeben und auch nicht nur biologisch zu erklären (vgl. NEUMANN, 1973b, 22ff.). CHOMSKYS aprioristisch-idealistische Deutung der Kreativität (die auch deren Verabsolutierung einschließt) hat nicht nur ihre Wurzeln in seinem philosophischen Rationalismus, sondern auch – über seinen Anti-Determinismus und seinen abstrakten „Freiheits"begriff – schwerwiegende Konsequenzen für seine politischen Auffassungen, die sich dadurch zum Anarchismus entwickelten (vgl. dazu ALBRECHT, 1972, 88ff., 93).

1.5.4.1.7. Reduzierung der Sprachtheorie zur Grammatiktheorie

Die notwendige Kritik an den philosophischen Hintergründen von CHOMSKYS Sprachtheorie (vgl. 1.5.4.1.3.) – einschließlich der sich daraus ergebenden Einschränkungen für seinen Kompetenzbegriff (vgl. 1.5.4.1.5.) und seiner Auffassungen vom kreativen Sprachgebrauch (vgl. 1.5.4.1.6.) – sowie an seiner politischen Einstellung (vgl. 1.5.4.1.4.) bedeutet keineswegs, daß seine *linguistischen* Arbeiten keine anerkennenswerten Einsichten in den Aufbau und das Funktionieren von Grammatiken und keine Neuerungen für ihre Darstellung gebracht hätten. Ganz im Gegenteil: Seine Einsichten in das Sprachsystem und in den internen Apparat der Grammatiktheorie sind so beachtlich, daß die künftige Sprachwissenschaft auf das Inventarium seiner generativen Grammatik nicht wird verzichten können (vgl. auch SUCHSLAND, 1972, 308f.; BIERWISCH u. a., 1973, 71). Dieser Respekt darf jedoch nicht dazu (ver-)führen, *alle* seine linguistischen oder gar seine philosophischen und politischen Auffassungen anzuerkennen. Mit dem Begriff der generativen Grammatik an sich sind nicht notwendig die philosophischen und politischen Prämissen und Implikationen verbunden, die CHOMSKY an *seine* generative Grammatik geknüpft hat und die mit *seiner* generativen Grammatik auch „einen gewissen, wenngleich nicht in allen Einzelheiten zwingenden, inneren Zusammenhang haben" (NEUMANN u. a., 1976, 517).

Aber auch *innerhalb* der linguistischen Einsichten CHOMSKYs muß man deutlich zwischen *Grammatik*theorie und *Sprach*theorie unterscheiden. Es ist oft bemerkt worden, daß CHOMSKY im allgemeinen unanfechtbar ist, solange er Grammatiker bleibt, daß er aber in starkem Maße anfechtbar wird, wenn seine generative Grammatik nicht mehr nur als Grammatik, sondern als wissenschaftliche Erklärung der Sprache überhaupt verstanden wird (vgl. z. B. ROBINSON, 1975, 53), anders gesagt: daß die generative Grammatik zwar wesentliche Einsichten in das System der Sprache (in die Grammatik) gebracht hat, aber nicht mit dem Anspruch auftreten darf, das Wesen der Sprache aufgedeckt und eine umfassende Sprachtheorie geschaffen zu haben: Dieser Anspruch ergibt sich daraus, daß CHOMSKY selbst laufend von „*Sprach*theorie" („linguistic theory") spricht (vgl. z. B. CHOMSKY, 1969a, 13ff.), im Grunde aber *Grammatik*theorie meint. In der Tat werden bei CHOMSKY Grammatik- und Sprachtheorie weitgehend identifiziert, wird die Sprachtheorie auf die Grammatiktheorie reduziert bzw. – unter umgekehrtem Aspekt – die Grammatiktheorie zu einer Sprachtheorie schlechthin hypostasiert.

Das *zu enge* Verständnis der „Sprachtheorie" bei CHOMSKY resultiert daraus, daß er die Sprache als System faktisch aus der gesamten geistigen und praktischen Tätigkeit des Menschen herauslöst, vom sozialen und historischen Aspekt in unzulässiger Weise abstrahiert, die Sprachverwendung von der Sprachkompetenz trennt und hinter sie setzt, die Sprachkompetenz selbst als im wesentlichen nur durch die biologische Entwicklung gegeben ansieht und an den idealen Sprecher/Hörer in einer völlig homogenen Sprachgemeinschaft bindet (eine Abstraktion, die zwar für grammatische Aufgabenstellungen nützlich und auch notwendig ist, jedoch für sprachtheoretische Probleme unzulänglich ist). Auf diese Weise kann das *Wesen* der Sprache nicht erfaßt werden, bleiben vor allem die Ursachen und Bedingungen für Entstehung, Funktion und Entwicklung der Sprache als gesellschaftliches Kommunikationsmittel und Handlungsinstrument im dunkeln (vgl. NEUMANN, 1974, 73; SUCHSLAND, 1977, 81).

Folglich müssen auch die Aufgaben einer *Sprachtheorie* umfassender formuliert werden als in CHOMSKYS Überlegungen zur *Grammatiktheorie* (vgl. MOTSCH, 1974, 161 ff.). Die Frage nach der konkreten Gestalt der Grammatik und nach den Triebkräften ihrer Entwicklung erfordert eine neue Erklärungsdimension, setzt vor allem die Berücksichtigung der dialektischen Beziehungen zwischen dem Sprachsystem und seiner Verwendung im Prozeß der gesellschaftlichen Erkenntnis und Verwendung voraus. Da die Sprache über die Kommunikation in umfassendere gesellschaftliche Zusammenhänge eingebettet ist, bedarf es einer umfassenderen *Theorie der Kommunikation* als Voraussetzung für den gesellschaftlichen Charakter des Zeichensystems Sprache (für die Charakteristik der Bedingungen für Form und Veränderung des Sprachsystems). Andererseits ermöglicht das Sprachsystem (die Grammatik) erst die Kommunikation, so daß von diesem dialektischen Zusammenhang zwischen Sprachsystem und sprachlicher Kommunikation – beim Primat der Kommunikation – nicht abgesehen werden kann.

Es ist auch nicht möglich, die Grammatiktheorie der generativen Grammatik als Grundlage und Gerüst für eine umfassende Sprachtheorie, als deren „Kernstück" anzusehen, das lediglich durch Erweiterungen vervollkommnet und komplettiert werden müsse (vgl. HARTUNG u. a., 1974a, 159). Eine solche Vorstellung wurde zunächst von semiotischen Zeichenmodellen (mit einer syntaktischen, semantischen und pragmatischen Relation) nahegelegt und von dort in voreiliger Weise auf natürliche Sprachen übertragen, bei denen die Verhältnisse komplizierter sind: Jede natürliche Sprache ist ein vom Menschen für bestimmte Zwecke geschaffenes Zeichensystem, und die sozialen und psychischen Bedingungen der Existenz dieser Sprache sowie ihr sozialer Zweck bestimmen auch die Organisation ihrer syntaktischen und semantischen Struktur, so daß erst die Pragmatik den allgemeinen Rahmen markiert, in dem auch die syntaktische und semantische Abstraktionsebene einzuordnen sind. Deshalb darf man bei der Begründung einer linguistischen Theorie auch nicht einfach von pragmatischen und kommunikativen Zusammenhängen absehen mit dem (im Grunde noch dem logischen Positivismus verhafteten) Argument, daß diese ja nach der logischen Hierarchie der Syntax und Semantik nachgeordnet seien. Eine solche Vorstellung vom Ausbau einer Grammatiktheorie zur Sprachtheorie schien sich auch vom Verlauf der Wissenschaftsgeschichte her anzubieten: Wie der Strukturalismus sich zunächst auf die Syntax beschränkte und danach – in der generativen Grammatik – an die ursprünglich asemantische Syntax eine vorerst interpretative Semantikkomponente angefügt wurde, so glaubte man nun, an das Grammatik-Modell (bestehend aus Syntax *und* Semantik) eine zusätzliche pragmatische Komponente – gleichsam additiv – anfügen zu können. Auf diese Weise wird das Verhältnis von Sprachsystem und Kommunikation jedoch zu sehr vereinfacht (vgl. MOTSCH, 1974, 70ff.), weil die Grammatiktheorie nicht von vornherein als isolierte Theorie behandelt werden kann, sondern als Teiltheorie in einem Gefüge von Theorien konzipiert werden muß, die unterschiedliche Seiten natürlicher Sprachen abbilden und untereinander in einem komplexen Zusammenhang stehen (vgl. MOTSCH, 1975, 9). Deshalb kann die Grammatiktheorie (als Theorie des Sprachsystems) nicht additiv zu einer komplexeren Sprachtheorie *aus*gebaut werden. Eine Sprachtheorie kann vielmehr nur auf der Basis einer umfassenderen Theorie der sprachlichen Kommunikation formuliert werden; danach kann entschieden werden, welche Elemente der Grammatiktheorie (auch: der generativen Grammatik) in diese Sprachtheorie *ein*gebaut werden können.

Diese Auffassung vom Verhältnis von Grammatiktheorie und Theorie der sprachlichen Kommunikation impliziert *nicht*, daß *alle* grundlegenden Begriffe und Erscheinungen der Grammatik nur von einer Theorie der Kommunikation bestimmt werden könnten. Zu diesem Verhältnis sind drei Standpunkte theoretisch möglich (vgl. dazu NEUMANN/MOTSCH/WURZEL, 1979, 68ff.; vgl. auch KLEINE ENZYKLOPÄDIE, 1983, 490ff.):

(1) Die Grammatiktheorie ist unabhängig von der Theorie der Kommunikation (oder Verwendung); die Theorie der Kommunikation setzt dagegen die Grammatiktheorie voraus.
(2) Alle grundlegenden Begriffe der Grammatiktheorie können nur auf der Basis einer Theorie der sprachlichen Kommunikation bestimmt werden.
(3) Es gibt wesentliche Begriffe der Grammatiktheorie, die durch eine Theorie der Kommunikation fundiert werden; dies gilt aber nicht für alle Begriffe der Grammatiktheorie.

Während (1) das Konzept CHOMSKYS ist, wird aus der berechtigten Kritik an (1) manchmal die – nicht völlig berechtigte – Konsequenz von (2) gezogen. Da nicht alle grundlegenden grammatischen Begriffe und Erscheinungen mit Begriffen einer Theorie der sprachlichen Kommunikation erklärbar sind (vgl. auch HEIDOLPH u.a., 1981, 84ff.; HELBIG, 1979a), ist der Standpunkt (3) am adäquatesten. Sprache *nur* als gesellschaftliche Tätigkeit zu verstehen und nicht *auch* vom Standpunkt biologisch-psychischer Grundlagen läuft auf eine ebenso undialektische Trennung zwischen Sozialem und Biologischem hinaus wie der umgekehrte Weg (von CHOMSKY) (vgl. auch NEUMANN/MOTSCH/WURZEL, 1979, 69).

1.5.4.1.8. Psychologische Implikationen der generativen Grammatik

Nachdem CHOMSKY ursprünglich in der Tradition einer „autonomen Linguistik" gestanden hatte (vgl. CHOMSKY, 1957), weitete er den Gegenstandsbereich seiner generativen Grammatik später aus und verstand die Linguistik in zunehmendem Maße als Zweig der kognitiven Psychologie, „as a chapter of human psychology" (CHOMSKY, 1968, 59). Diese Entwicklung begann mit CHOMSKY (1965), würde dann noch deutlicher in CHOMSKY (1966), CHOMSKY (1968) und CHOMSKY (1976); sie führte zu psychologischen Implikationen der generativen Grammatik, zu bestimmten Annahmen über die psychologische Existenzweise des Sprachsystems (vgl. LYONS, 1970, 83 ff.; MOTSCH, 1975, 10 ff.). Diese Ausweitung besteht darin, daß CHOMSKY nicht nur die Sprache, sondern darüber hinaus auch die Kompetenz des idealen Sprechers/Hörers hinsichtlich der Sprache seiner Gemeinschaft zum Gegenstand seiner generativen Grammatik macht, die Grammatik versteht „als Beschreibung der immanenten Sprachkompetenz des idealen Sprechers/Hörers", die Kompetenz auffaßt als „die Kenntnis des Sprecher-Hörers von seiner Sprache" (CHOMSKY, 1969a, 14f.). CHOMSKY verwendet somit den Terminus „Grammatik" „systematisch mehrdeutig"; denn „einmal meint er die im Sprecher intern repräsentierte ‚Theorie seiner Sprache', zum anderen bezeichnet er den linguistischen Zugang zu ihr" (CHOMSKY, 1969a, 40). Diese Mehrdeutigkeit hat ernsthafte Einwände seitens der Psychologen hervorgerufen (vgl. A. A. LEONT'EV, 1975, 90 ff.). In der Tat kommt es durch die „systematische Mehrdeutigkeit" des Kompetenzbegriffs bei CHOMSKY zu einer bestimmten Unschärfe, zum Wechsel der verschiedenen Bezugsebenen, weil die generative Grammatik als Erkenntnis des Sprachwissenschaftlers etwas anderes ist als das, worüber der Sprecher als interiorisierte Grammatik verfügt (vgl. HARTUNG u. a. 1974a, 169f.). Man hat CHOMSKY „Konfusion" vorgeworfen, weil er das, was ein *Grammatiker* tut, mit dem verwechsele, was ein *Sprecher* tut, weil er das System des grammatischen Wissens nicht nur dem Grammatiker, sondern auch dem Sprecher zuschreibe (vgl. ROBINSON, 1975, 59 ff., 66). Man hat von einem „psycholinguistic fallacy" gesprochen (CHESTERMAN, 1980, 17 ff.), einem Trugschluß in der Weise, daß eine *linguistische* Grammatik mit einer (interiorisierten) *psychologischen* Grammatik verwechselt bzw. für eine solche gehalten wird, daß schließlich linguistische Ergebnisse in *direkter* Weise psycholinguistisch interpretiert werden.

Eine wesentliche Ursache für diesen „Trugschluß" liegt gewiß darin, daß unter „Grammatik" etwas Verschiedenes verstanden wird, was nicht notwendig zusammenhängt oder gar identisch ist: einerseits – rein linguistisch – das *Produkt* mit seinen Regeln und dessen Abbildung durch den Linguisten, andererseits – unter psycholinguistischem Aspekt – die Interiorisierung und der Erwerb des Produkts mit seinen Regeln, also ein *Prozeß*, ein Verhalten. Im ersten Falle entsteht eine linguistische Grammatik, im letzten Falle eine psycholinguistische Grammatik, ein Unterschied, der an anderer Stelle als Unterschied zwischen einer Grammatik B und einer Grammatik C beschrieben worden ist (vgl. HEL-

BIG, 1972, 11 ff.; HELBIG, 1981, 49 ff.). Der Trugschluß besteht darin, daß linguistische Produktgrammatiken zugleich auch für psycholinguistische Prozeßgrammatiken gehalten werden, daß Produktbeschreibungen einfach auf die Verhaltensebene projiziert werden bzw. in Produktbeschreibungen hineingeschmuggelt werden, daß linguistische Grammatiken in direkter Weise als psychologische Prozesse verstanden werden, d. h. als Teil von dem, was der Lernende im Prozeß des Spracherwerbs tatsächlich *tut*, worüber der Sprecher tatsächlich *verfügt*.

Zu diesem Trugschluß hat CHOMSKY offenbar selbst beigetragen (vgl. HELBIG, 1983b, 16f.): Bei allem Verdienst von CHOMSKY, auf die Realität einer „mentalen Grammatik" (als Kompetenz) hingewiesen zu haben, ist in der Folge diese psycholinguistische Grammatik (C) weitgehend mit der linguistischen Grammatik (B) gleichgesetzt oder verwechselt worden. Dazu hat die systematische „Mehrdeutigkeit" von CHOMSKYS Grammatikbegriff ebenso beigetragen wie seine Analogie, daß das Kind beim Sprachenlernen unbewußt dasselbe tut, was der Linguist bewußt tut, wenn er auf der Basis gegebener Daten die Grammatik einer Sprache konstruiert (vgl. CHOMSKY, 1965, 4 ff., 32f.). Dem steht jedoch entgegen, daß CHOMSKY andererseits immer wieder betont hat, daß seine generative Grammatik als Beschreibung der Kompetenz, nicht der Performanz zu verstehen ist (vgl. etwa CHOMSKY, 1965, 4 ff.; CHOMSKY, 1976, 36 ff.).

CHOMSKY wollte nur den sprachtheoretischen Rahmen für seine Kompetenz abstecken, strebte aber keine psychologischen Aussagen über die tatsächliche Produktion und Rezeption von Sätzen (in der Performanz) an. Dennoch glaubten viele, den Regelmechanismus der generativen Grammatik in direkter Weise auch psychologisch interpretieren zu können – in dem Glauben, dem Regelmechanismus der Grammatik entspreche in direkter Weise eine psychische Realität. Für diese kurzschlüssige und direkte Verbindung zwischen den linguistischen Ergebnissen und der psychischen Realität gibt es jedoch bisher keine eindeutigen Beweise (vgl. HARTUNG, 1973a, 88 ff.; HARTUNG u. a., 1974a, 169 f.). Im Gegenteil: Von psychologischer Seite (vgl. BEVER, 1971; A. A. LEONT'EV, 1975, 87 ff.; vgl. dazu auch WUNDERLICH, 1970, 12, 23 f.) ist darauf hingewiesen worden, daß die Strategien bei Spracherwerb und Sprachverwendung von anderer Art sind, als sie in Grammatikmodellen für die Kompetenz angenommen werden, daß sie eher assoziativer Art sind.

Die linguistische Annahme von Einzelkomponenten der Bedeutung oder von Transformationen sagt zunächst noch nichts darüber aus, ob sie in gleicher Weise bei der Sprachverwendung benutzt werden. Auf jeden Fall ist es mindestens ein offenes Problem, in welcher Weise die Regeln der Grammatik in reale Performanzstrategien eingehen (vgl. MOTSCH, 1974, 117 f.). Es gibt tatsächlich keine linguistische Annahme und grammatische Prozedur, die primär auf empirische Befunde psycholinguistischer Forschungen zurückgeht. Vielmehr handelt es sich bei der generativen Grammatik um ein auf der Grundlage von *linguistischen* Annahmen formuliertes Regelsystem, das erst sekundär in einen psychologischen Kontext eingeordnet und auf diese Weise psychologisch (als psychische Realität) interpretiert wurde. Deshalb richten sich die eben genannten Einwände gegen die *psychologische Interpretation* der generativen Grammatik, nicht gegen die linguistische Theorie der generativen Grammatik selbst.

Indem CHOMSKY nicht nur die Sprache selbst, sondern auch die Kenntnisse der Sprecher über die Sprache zum Gegenstand seiner Grammatiktheorie macht, *erweitert* er die Grammatik und ordnet sie in den Rahmen der kognitiven Psychologie ein, soweit sich diese mit den psychischen Bedingungen für die Existenz von Kenntnissystemen befaßt. In dieser Erweiterung der Aufgabenstellung für die Grammatik liegt aber zugleich eine *Verengung*, die darin besteht, daß sich CHOMSKY bei der Verbindung zu Handlungskonzepten der Psychologie nur auf *ein* Kenntnissystem beschränkt, das – neben anderen – vorausgesetzt wird, um sprachliches Handeln umfassend zu erklären. Der von CHOMSKY vorgesehene Rahmen ist eine Idealisierung (die Fragen der sozialen und funktionalen Differenziertheit außer acht läßt), ermöglicht es nur, bestimmte allgemeine psychologische Aspekte sprachlichen Handelns unter dem Aspekt von Grammatikkenntnissen zu berücksichtigen, gestattet es aber nicht, umfassendere Fragestellungen zur Erklärung der Sprache als Instrument gesellschaftlichen Handelns aufzugreifen (vgl. MOTSCH, 1974, 11 ff.).

1.5.4.2. Weiterentwicklung der generativen Grammatik durch Chomsky

Mit CHOMSKYS „Aspects of the Theory of Syntax" (1965; 1969a), die selbst schon gegenüber seinen „Syntactic Structures" (1957) eine zweite Phase seiner generativen Grammatik darstellen (vgl. HELBIG, 1970, 286ff.), war eine scheinbare Ordnung der generativen Transformationsgrammatik erreicht: Das „Aspects"-Modell wird als „Standardtheorie" der generativen Grammatik bezeichnet. Aber es ist eine „Ironie der Entwicklung", daß gerade die „Standardtheorie" den Beginn einer Periode sehr schneller Veränderungen in den Auslegungen der Theorie von seiten mehrerer Gruppen generativer Grammatiker markierte (vgl. ROBINS, 1973, 134f.). Ausgangspunkt für diese unterschiedlichen Auslegungen und Veränderungen (in einer nunmehr dritten Phase der generativen Grammatik) blieb aber die Standardtheorie des „Aspects"-Modells.

Die Überprüfung des „Aspects"-Modells führte jedoch (vor allem in der Frage nach dem Verhältnis von Syntax und Semantik) zu zwei Alternativen und damit auch zu einer bedeutsamen Spaltung *innerhalb* der generativen Grammatik (vgl. dazu auch ABRAHAM, 1979a, VII): Auf der *einen* Seite führte sie zu einer Kritik an der Standardtheorie, die nicht ihre Falsifizierung und Verwerfung zum Ziel hatte, sondern ihre Modifikation und Ergänzung, die vor allem von CHOMSKY selbst vorgenommen wurde, zu einer „Erweiterten Standardtheorie" (vgl. 1.5.4.2.1.) und schließlich einer „Trace-Theory" (vgl. 1.5.4.2.2.) mit einer – nach wie vor – interpretativen Semantikkomponente führte. Auf der *anderen* Seite führte sie zu einer Kritik, die eine Verwerfung der Standardtheorie anstrebte und nach neuen Ansätzen suchte (dabei der Semantik nicht nur eine interpretative Rolle zuschrieb), die wiederum unterschiedlicher Art waren, teils unter dem Stichwort „generative Semantik" (vgl. 1.5.4.3.1.), teils unter dem Stichwort „Kasustheorie" (vgl. 1.5.4.3.2.) subsumiert werden können. Es handelt sich um „Stichwörter" deshalb, weil diese Ansätze untereinander wenig einheitlich sind, weil der relativ systematischen und geschlossenen Standardtheorie bisher keine ähnlich systematische Theorie der generativen Semantik und/oder der Kasustheorie entgegengestellt wurde. Einheitlich ist ihnen nur das Bemühen, auf Inadäquatheiten der Standardtheorie hinzuweisen und entsprechende Alternativlösungen vorzuschlagen.

Diese inneren Weiterentwicklungen haben zweifellos dazu beigetragen, bestimmte Einseitigkeiten und Beschränktheiten der generativen Grammatik zu verringern. Da es sich jedoch vornehmlich nicht um Modifikationen im sprachtheoretischen Hintergrund, sondern um solche im inneren Aufbau des Sprachsystems (in Veränderungen zwischen den Komponenten) sowie in der Darstellungsart handelt, bleibt – trotz der sich ständig erweiternden Erklärungsfunktion – der grundsätzliche Mangel bestehen, daß das Sprachsystem nicht aus seiner gesellschaftlichen und kommunikativen Determiniertheit heraus verstanden wird (vgl. HARTUNG u. a., 1974a, 177). Auf der anderen Seite ist der häufig anzutreffende Einwand, daß eine rasche und mehrfache Veränderung der Theorie ein Ausdruck der Schwäche sei, nicht zutreffend (vgl. MOTSCH, 1974, 123). Solche Veränderungen haben vielmehr ihre Ursache in CHOMSKYS methodologischen Prinzipien, in seiner Einsicht, daß seine Vorschläge provisorisch sind und zunächst Hypothesen sind, die durch sprachliche Tatsachen ständig überprüft werden müssen, die sich ihrerseits in die bestehende Theorie einordnen lassen oder zu einer Revision der Theorie zwingen. Ein solches methodologisches Vorgehen, das eine sukzessive Verbesserung der Theorie durch ständige kritische Überprüfung an den sprachlichen Tatsachen einschließt, entspricht durchaus dem Grundsatz der Relativität unserer Erkenntnis, ist im Prinzip undogmatisch und dialektisch.

1.5.4.2.1. Erweiterte Standardtheorie (EST)

Der Ausgangspunkt für eine Revision der Standardtheorie und für ihre Weiterentwicklung zu einer „Erweiterten Standardtheorie" („Extended Standard Theory") waren für CHOMSKY (1972, 5) Inadäquatheiten der Standardtheorie und zugleich eine Auseinandersetzung mit der generativen Semantik (vor allem: MCCAWLEY, LAKOFF) und mit der Kasustheorie (vor allem: FILLMORE). Die Auseinandersetzung mit der generativen Semantik hatte sich vor allem am Begriff der „Tiefenstruktur" und an der Beziehung der semantischen Repräsentation zur syntaktischen Struktur entzündet (vgl. dazu ausführlicher 1.5.4.3.1.). In Auseinandersetzung mit der Kasustheorie (vgl. 1.5.4.3.2.) argumentiert CHOMSKY (1972, 75ff.), daß die Unterscheidung zwischen beiden Modellen nicht von prinzipieller Natur sei, weil die Kasustheorien bestimmte Fakten „direkt" ausdrücken, während sie in der Standardtheorie nur „indirekt" enthalten seien.

Im Resultat dieser Auseinandersetzung schlägt CHOMSKY (1972) mit seiner EST eine weiterentwickelte Theorie der semantischen Interpretation vor, in der die grammatischen Relationen der Tiefenstruktur fundamental für die semantische Interpretation bleiben (sie determinieren das, was „thematische Relationen" oder „Kasusrelationen" genannt wird). Aber gleichzeitig – und das ist neu – werden andere Aspekte der Bedeutung (z. B. Präsuppositionen, Topikalisierungen) von der Oberflächenstruktur determiniert. Im Vergleich zur Standardtheorie und zur generativen Semantik wird mit der EST eine Modifikation der Standardtheorie vorgeschlagen, deren Wesen in der Annahme besteht, daß auch die Oberflächenstrukturen einen Beitrag zur Bedeutung der sprachlichen Ausdrücke liefern (vgl. CHOMSKY, 1972, 62, 117), daß Eigenschaften der Oberflächenstruktur eine distinktive Rolle in der semantischen Interpretation spielen. CHOMSKY hat folglich seine Standardtheorie modifiziert nicht im Hinblick auf die Zahl und Art der angenommenen Ebenen, sondern nur im Hinblick auf die Beziehungen zwischen diesen Ebenen. Das Standardmodell hatte folgenden Aufbau (vgl. HELBIG, 1970, 294 ff.):

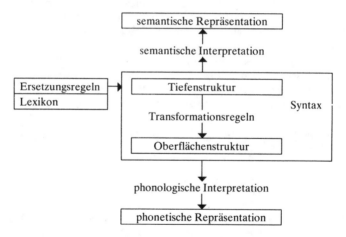

Dieser Aufbau ändert sich in der EST wie folgt (vgl. dazu auch ROBINS, 1973, 136; JÄGER, 1976, 4 ff.):

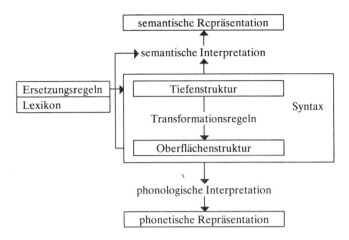

1.5.4.2.2. „Trace Theory"

Später hat CHOMSKY (vgl. 1976) den Aufbau seiner generativen Grammatik in noch weitreichenderer Weise verändert. Ausgehend von der Tatsache, daß Transformationen „map phrase markers into phrase markers" (CHOMSKY, 1976, 80) – so bereits in der Standardtheorie –, nimmt CHOMSKY jetzt eine „Transformationskomponente" in der Syntax an, die aus solchen Transformationen besteht. Diesen Transformationen liegen „initial phrase markers" zugrunde. Die Basiskomponente der Grammatik generiert eine Klasse von solchen „initial phrase markers" und besteht aus zwei Subkomponenten: a) einer kategorialen Komponente („basic abstract structures"), b) einem Lexikon (d.h. lexikalischen Eintragungen mit phonologischen, semantischen und syntaktischen Eigenschaften). Es werden zwei Arten von Transformationen unterschieden: *Lexikalische* Transformationen setzen Einheiten aus dem Lexikon in den abstrakten P-Marker ein und ergeben die „initial phrase markers". Diese „initial phrase markers" sind jedoch auch noch abstrakt, denn nur durch die Anwendung von *grammatischen* Transformationen auf sie entstehen „Sätze" einer Sprache, die phonologisch interpretiert werden (das sind die Oberflächenstrukturen).

Daraus ergibt sich etwa folgendes verändertes Bild vom Aufbau der Grammatik (vgl. CHOMSKY, 1979, 165):

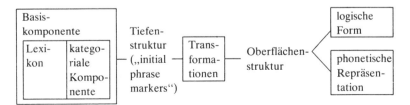

In der Standardtheorie wurden die „initial phrase markers" als „Tiefenstruktur" bezeichnet. Den Begriff „Tiefenstruktur" möchte CHOMSKY später (vgl. 1976, 81 ff.) vermeiden, und zwar aus verschiedenen Gründen: Einmal kamen dem alten Begriff „Tiefenstruktur" *zwei* Eigenschaften zu: Die „Tiefenstruktur" sollte einmal in der Syntax dasjenige sein, was den Transformationen zugrunde liegt; zugleich sollte aber die Tiefenstruktur die Basis für die semantische Interpretation darstellen. Die Voraussetzung für eine solche doppelte Funktion der Tiefenstruktur war aber, daß die Tiefenstruktur alle Informationen enthält, die für die Bedeutung nötig sind. In der Zwischenzeit hat sich jedoch gezeigt, daß dies nicht der Fall ist, daß diejenigen Strukturen, die die Transformationsableitungen beginnen, nicht identisch sind mit denjenigen Strukturen, die die semantische Interpretation bestimmen. Bereits in der EST hatte CHOMSKY gezeigt, daß auch die Oberflächenstrukturen in bestimmter Weise zur semantischen Interpretation beitragen. Jetzt geht er einen weiteren Schritt mit der Annahme, daß wahrscheinlich die gesamte semantische Interpretation determiniert wird von der (allerdings etwas bereicherten) Oberflächenstruktur. Anders gesagt: CHOMSKY (vgl. 1976, 81 ff.) trennt nunmehr die syntaktischen und die semantischen Eigenschaften der früheren Tiefenstruktur. Damit trägt CHOMSKY der schon lange vorhandenen Einsicht Rechnung, daß die „Tiefenstruktur" mehrere „Schichten" hat, deshalb entweder stratifiziert oder als heuristisches Erklärungsmittel aufgegeben werden sollte (vgl. z. B. HELBIG, 1969, 160 ff.; HELBIG, 1977b, 46 ff.; 50 ff., 60 ff.).

Zum anderen möchte CHOMSKY durch seinen Verzicht auf die „Tiefenstruktur" das Mißverständnis abbauen, daß der Begriff „Tiefenstruktur" in einem nicht-technischen Sinne verstanden wird, als sei alles das, was „Tiefenstruktur" ist, „tief", und alles andere „oberflächlich" und damit unwesentlich. Obwohl CHOMSKY 1976 aus den genannten Gründen auf den Terminus „Tiefenstruktur" verzichten wollte, ist er bald wieder zu ihm zurückgekehrt, allerdings im Sinne nur der „initial phrase markers", nicht mehr im Sinne einer Basis für die semantische Interpretation (vgl. CHOMSKY, 1979, 163 ff., 169 ff.). Da beide Strukturen nicht identisch sind, verwendet CHOMSKY den Terminus „Tiefenstruktur" nun nur noch für die von der Basis generierte Struktur (die in eine wohlgeformte Oberflächenstruktur transformiert wird), nicht mehr für die Struktur, die der semantischen Interpretation zugrunde liegt.

Während in der Standardtheorie die Tiefenstruktur *direkt* semantisch interpretiert wurde, werden jetzt die Oberflächenstrukturen direkt semantisch interpretiert, die „initial phrase markers" gehen dagegen *indirekt* in die semantische Interpretation ein (vermittelt über die Oberflächenstruktur). Obwohl die zentrale These der generativen Grammatik (vom Unterschied zwischen „deep grammar" und „surface grammar") erhalten bleibt, wird eingestanden, daß die früheren Tiefenstrukturen nicht mehr die Rolle spielen, die ihnen zugeschrieben worden ist. Vielmehr nimmt CHOMSKY jetzt an, daß eine „bereicherte" Oberflächenstruktur genügt, um die Bedeutung von Sätzen zu determinieren. Diese Bereicherung macht die Einführung des Begriffes „trace" („Spur") nötig, denn die

„logische Form" eines Satzes ist aus der Oberflächenstruktur erst dann ableitbar, wenn dort bestimmte „Spuren" hinterlassen worden sind. So hinterläßt z. B. ein Element eine „Spur", wenn es nicht mehr steht und von seiner Position wegbewegt worden ist. Allgemeiner: Wenn eine Transformation eine Phrase P von X nach Y in der Position bewegt, dann hinterläßt diese Transformation eine „Spur" von P. CHOMSKY (1976, 86, 95 ff.) spricht deshalb von einer „trace theory of movement rules". Im Satz „John scheint ein netter Kerl zu sein" wird z. B. nur aus dem „initial phrase marker" (vereinfacht und verbalisiert etwa: Y scheint [John – ein netter Kerl – sein]) klar, daß „John" Subjekt des eingebetteten Satzes ist, nicht aus der Oberflächenstruktur. Dieser Umstand war in der Standardtheorie die Motivierung für die Einführung der Tiefenstruktur. Diese Motivierung entfällt jetzt in der „trace theory", weil „John" durch eine „Spur" als Subjekt des eingebetteten Satzes erkennbar wird. In der oben angegebenen Ausgangsstruktur („initial phrase marker") repräsentiert Y zunächst eine leere Nominalphrase, die durch die Anwendung der Regel „Move α" auf „John" im eingebetteten Satz ausgefüllt wird, wobei die „bewegte" Nominalphrase „John" an ihrer ursprünglichen Position eine „Spur" t hinterläßt (so daß eine Oberflächenstruktur entsteht wie etwa: John scheint [t – ein netter Kerl – sein]). Allgemein gesagt: Die Spur t ist ein phonologisches Null-Element, das die Position eines Elements markiert, das seinerseits durch eine Transformation wegbewegt worden ist, ist „a sort of memory of deep structure recorded in the surface structure" (CHOMSKY, 1979, 164 f.).

Das führt CHOMSKY zu der Schlußfolgerung, daß *nur* die Oberflächenstrukturen der semantischen Interpretation unterworfen werden, daß diese Oberflächenstrukturen aber nicht mehr die Oberflächenstrukturen der Standardtheorie sind, vielmehr bereichert sind durch die „trace theory of movement rules". Die Regeln der kategorialen Komponente und des Lexikons führen somit zu „initial phrase markers", aus denen wir durch (grammatische) Transformationen die Oberflächenstrukturen (einschließlich der „traces") erhalten, die dann der semantischen Interpretation unterworfen werden. Als problematisch erweisen sich dabei Fälle, in denen die von den „movement rules" hinterlassenen Spuren in der Oberfläche ausgelöscht bzw. verwischt sind, also die Position in der Oberfläche nicht mehr markiert wäre. Diesem naheliegenden Einwand begegnet CHOMSKY (vgl. 1976, 115 ff.) jedoch mit der (u. E. mehr postulierten als nachgewiesenen) These, daß auch in solchen Fällen in den abgeleiteten Formen Indikatoren enthalten seien, durch die die semantische Relation identifiziert werden kann (kritisch dazu vgl. PASCH/ZIMMERMANN, 1983, 278, 317). Diese These ist jedoch die Voraussetzung für die Grundannahme von CHOMSKYs „trace theory" („Spurentheorie" oder auch „Revidierte Erweiterte Standardtheorie"), daß *nur* die Oberflächenstrukturen der semantischen Interpretation unterworfen werden.

1.5.4.2.3. Weiterentwicklung nach der Spuren-Theorie (REST)

In der Folgezeit haben sich in der generativen Grammatik – auf der Basis der Spuren-Theorie, aber zugleich über die hinausgehend – weitere Veränderungen vollzogen (vgl. vor allem CHOMSKY, 1980; 1981c; 1981d). Es handelt sich um Veränderungen gegenüber der *EST* („Erweiterte Standard-Theorie"), die seit etwa Mitte der 70er Jahre unter dem Etikett *REST* („Revidierte Erweiterte Standard-Theorie") zusammengefaßt werden. Zu diesen Modifikationen gehören – außer der in 1.5.4.2.2. genannten Spuren-Theorie – vor allem folgende:

1) Es werden die einzelnen grammatischen Komponenten genauer voneinander abgegrenzt und definiert, und zwar im Rahmen eines Konzepts der *„Modularisierung"*, das aus den Forschungen zur künstlichen Intelligenz übernommen und auf die Form grammatischer Modelle übertragen worden ist. Danach beruhen die grammatischen Modelle auf einer Interaktion von strukturierten Teilsystemem („Modulen"). Die modulare Organisation des Sprachsystems besteht darin, daß die substantiell, strukturell und funktional eigenständigen Komponenten bei der Bildung und Interpretation sprachlicher Ausdrücke zusammenwirken. Neben dem Sprachsystem gibt es andere kognitive Systeme (z.B. konzeptuelle Systeme und die pragmatische Kompetenz) mit jeweils spezifischen Eigenschaften und Organisationsprinzipien, die wieder aus getrennten, aber zusammenwirkenden Komponenten zusammengesetzt sind und mit der Grammatik (dem Sprachsystem) zusammenwirken (vgl. CHOMSKY, 1981c, 93f., 181f.; CHOMSKY, 1981d, 7, 135, 344). Im besonderen geht CHOMSKY von der strikten Trennung zwischen Syntax und Semantik aus und erklärt das Zusammenwirken dieser (autonomen) Komponenten durch Modularisierung von kleineren Funktionseinheiten (Komponenten). Er hat sich mehrfach gegen den Vorwurf verwahrt (vgl. z.B. CHOMSKY, 1979, 136ff.), seine Theorie vernachlässige die Semantik: Die wesentliche Rolle der Semantik (auch in seiner Theorie) hebe jedoch nicht die (relative) Autonomie der Syntax auf und führe keineswegs zur semantischen Erklärung der Syntax (wie z.B. in der „generativen Semantik"). Vielmehr kommt es ihm auf ein modulares Sprachsystem an, das die komplexen Erscheinungen sprachlicher Oberflächenstrukturen durch ein Zusammenwirken möglichst einfacher Grundbestandteile (z.B. Transformationen, Beschränkungen) abbildet und mit dem zugleich psychische Gesetzmäßigkeiten bei mentalen Prozessen (wie z.B. Spracherwerb und Sprachgebrauch) korrespondieren.
2) Innerhalb dieses modularen Sprachmodells wird von CHOMSKY (1981c, 148ff.) neuerdings ein etwas modifiziertes Bild von der Grammatik entworfen: Die Basis-Regeln, die in den begrenzten Bezugsrahmen der „X-Bar-Theorie" fallen, erzeugen zunächst D-Strukturen (Tiefenstrukturen). Transformationen (die auf eine einzige allgemeine Regel „Move α" zurückgeführt werden, wobei α eine beliebige Phrasenkategorie ist) überführen die D-Strukturen dann in S-Strukturen, die ihrerseits erst durch Regeln verschiedener

Art in Oberflächenstrukturen überführt werden. Die S-Strukturen sind erheblich abstrakter als die Oberflächenstrukturen, da sie „Spuren" (d. h. leere Kategorien, die phonetisch nicht realisiert, wohl aber Elemente der mentalen Repräsentation sind) enthalten. Nicht die Oberflächenstrukturen, auch nicht die Tiefenstrukturen, sondern die abstrakten S-Strukturen (einschließlich der „Spuren") sind angemessenere Kandidaten für die semantische Interpretation (die Zuweisung der „logischen Form"). Anders ausgedrückt: Die durch die X-Bar-Theorie beschränkten Basis-Regeln führen zu Tiefenstrukturen, die die grundlegenden syntaktischen Konfigurationen liefern, die thematischen Relationen bestimmen und unter diesem Aspekt (indirekt) in die semantische Interpretation eingehen. Die D-Strukturen werden durch (möglicherweise wiederholte) Anwendung der Transformationsregel „Move α" in S-Strukturen überführt. Diesen S-Strukturen werden dann einerseits Repräsentationen in phonetischer Form (mit der Oberflächenstruktur) und andererseits Repräsentationen in der „logischen Form" zugewiesen. Die S-Struktur ist somit gleichzeitig (einziger direkter) Input für die Abbildung der logischen Form und für die phonetische Form mit der Oberflächenstruktur. Die Beziehung zwischen Form und Bedeutung erscheint somit noch indirekter als in früheren Versionen, d. h. über D-Strukturen *und* S-Strukturen vermittelt (vgl. CHOMSKY, 1981c, 154ff.), die voneinander durch die Anwendung der Bewegungsregel unterschieden sind. Die Regeln, die die Oberflächenstruktur und die logische Form aufeinander beziehen, sollen folglich in verschiedene Komponenten gegliedert werden (Basis-Regeln, Interpretationsregeln zur Überführung der abstrakten S-Struktur in die Oberflächenstruktur, Interpretationsregeln zur Abbildung der S-Struktur auf die „logische Form").

3) Mit dieser Einschränkung der Wirkungsweise der *Transformationen* und der Zusammenfassung aller Transformationen zu einer einzigen Umstellungstransformation (Move α) hängen auf der anderen Seite stark anwachsende *Beschränkungen* für die Anwendung dieser Transformation zusammen. Diese Regelbeschränkungen sind universell zu formulieren und sollen mit psychologisch interpretierbaren Universalien korrespondieren (wenn sie auch einzelsprachlich spezifiziert sind). Solche Beschränkungen hat es zwar auch schon früher in der generativen Grammatik gegeben: Sie waren (und sind) notwendig, um die übermächtige Kraft von (Transformations-)Regeln einzuschränken in der Weise, daß sie nur solche Strukturen natürlicher Sprachen erzeugen, die wohlgeformte Sätze der jeweiligen Oberflächenstruktur sind. Durch die Einschränkung der Transformationen erhalten die Beschränkungen jetzt eine größere Bedeutung, weil sie Funktionen wahrnehmen müssen – als Kontrollinstanz für die Vermeidung von Übergenerierungen durch syntaktische Regeln –, die früher durch die differenzierte Formulierung von Transformationsregeln ausgeübt wurden (vgl. CHOMSKY, 1981c, 148). Deshalb treten neue Arten von Beschränkungen auf, z. B. solche, die sich durch die „Spuren-Theorie" ergeben (vgl. 1.5.4.2.2.), aber auch sogenannte „Filter" (den Transformationen nachgeordnete, sprachspezifische Wohlgeformtheits-

bedingungen für die Oberflächenstruktur) und „Bindungsbeschränkungen" (die innerhalb einer „Bindungstheorie", formuliert werden und semantische Beschränkungen darstellen, die die Beziehungen von Anaphern, Pronomina, Namen und Variablen zu ihren möglichen Antezedens-Elementen so regeln – in der Wirkungsweise eines semantischen Filters –, daß die Referenzbeziehungen zwischen den betreffenden Nominalphrasen in wohlgeformten Oberflächenstrukturen gesichert sind). Solche semantische Filter (vgl. vor allem CHOMSKY, 1981d) der „Bindungstheorie" haben einen stark generalisierenden Charakter und schränken andere (speziellere) Beschränkungen ein, machen sie z. T. sogar überflüssig.

4) Der eingeschränkten Rolle der Transformationen in der jüngsten Entwicklung der generativen Grammatik entspricht die immer größer werdende Rolle des *Lexikons*, das am Anfang der Entwicklung der generativen Grammatik eine periphere Rolle spielte (nahezu nur ein Auffangbecken für irreguläre und idiosynkratische morphosyntaktische Eigenschaften lexikalischer Einheiten war) und im Schatten von Syntax und Phonologie stand, das nun aber zunehmend in das Zentrum der Aufmerksamkeit rückt (vgl. ausführlicher STEINITZ, 1984, 1 ff.). Diese Entwicklung ist einerseits dadurch begründet (von der Sprache selbst her), daß sich im Lexikon die modulare Organisation des Sprachsystems in besonderem Maße reflektiert, weil sich im Lexikon die verschiedenen Komponenten der Grammatik treffen, da die an eine Lexikoneinheit gebundene Information sich anteilig auf die verschiedenen Repräsentationsebenen verteilt; sie ist andererseits auch dadurch motiviert (von der Grammatiktheorie her), daß sowohl in der generativen Semantik als auch in der interpretativen Semantik (der Standard-Theorie) bestimmte Grenzen deutlich geworden sind (vgl. STEINITZ, 1984, 19 ff., 41 ff., 60). Der zunehmenden Reduzierung der Kapazität der Transformationen in der generativen Grammatik auf der einen Seite entspricht somit die zunehmende Rolle des Lexikons auf der anderen Seite. Dieser Prozeß hat freilich bereits früher begonnen, als CHOMSKY (1970c) am Beispiel der Nominalisierung der transformationellen Wortbildungsanalyse seine „lexikalistische Hypothese" gegenübergestellt hat, nach der verbale und substantivische Entsprechungen keine gemeinsame Tiefstruktur haben, sondern im Lexikon als gesonderte Eintragungen vermerkt werden sollten. Dieser Prozeß setzte sich in verstärktem Maße im folgenden Jahrzehnt fort: Er wurde begünstigt durch die Einsicht, daß die Korrelierung zwischen syntaktischen und semantischen Strukturen (deren Erklärung im Modell sowohl der generativen Grammatik als auch der interpretativen Semantik auf Schwierigkeiten stieß) zu einem wesentlichen Teil vermittels des Lexikons erfolgt, daß dem Lexikon eine relative Autonomie zugestanden wird und daß das Lexikon wesentliche Aufgaben der Transformationen zu übernehmen hat (vgl. sogar den „strengen Lexikalismus" bei BRESNAN, 1978).

1.5.4.3. Interne Kritik der generativen Grammatik

1.5.4.3.1. Generative Semantik

Nachdem in der *ersten* Phase der generativen Grammatik (vgl. CHOMSKY, 1957) das Modell für eine von der Semantik „autonome Syntax" entwickelt worden war, wurde in ihrer *zweiten* Phase (ab 1963/65) die von FODOR und KATZ (1963; 1965) entwickelte Semantiktheorie zu dieser autonomen Syntax in Beziehung gesetzt. Es entstand eine „integrierte Theorie" für die linguistische Beschreibung (vgl. KATZ/POSTAL, 1964), in der die Syntax nach wie vor autonom blieb und als generative Basis für die semantische Interpretation angesehen wurde. Die Semantik erhielt zwar eine eigene Komponente, die jedoch interpretativ blieb (die Funktion hatte, die syntaktische Tiefenstruktur zu interpretieren). In dieser (zweiten) Phase blieb CHOMSKY die führende Figur der generativen Grammatik, seine „Aspects" (1965) wurden zur „Standardtheorie" der generativen Grammatik.

Dieses scheinbar geschlossene (und auch elegante) Bild ist nach 1965 – in einer *dritten* Phase der generativen Grammatik/Semantik – wesentlich verdunkelt worden durch die Kritik an der Standardtheorie, die von verschiedenen Seiten her erfolgte: von CHOMSKY selbst durch die Weiterentwicklung seiner Standardtheorie (vgl. 1.5.4.2.), durch die generative Semantik (vgl. 1.5.4.3.1.) und durch die Kasustheorien (vgl. 1.5.4.3.2.; vgl. dazu auch ABRAHAM, 1979a, VIIf.).

Für die generative Semantik war die „Revolution" CHOMSKYS gegen den klassischen Strukturalismus noch nicht „revolutionär" genug, zumal CHOMSKY die „strukturalistische" Überzeugung behielt, die Syntax unabhängig von der Semantik beschreiben zu können, eine Überzeugung, die offenbar nicht nur aus seiner Vorliebe für syntaktische statt für semantische Erklärungen entsprang, sondern auch aus seiner philosophisch motivierten Auffassung des Menschen als einer Art „syntactic animal", bei der die Struktur der Syntax gleichsam als wichtigster Schlüssel zum menschlichen Geist angesehen wurde (vgl. SEARLE, 1974, 14ff.). Es ist eine „Ironie der CHOMSKYschen Revolution", daß er in dieser dritten Phase als ursprünglicher Autor der „Revolution" durch seine Schüler – mindestens zeitweise – zu einer Minorität in einer Bewegung gemacht wird, die er selbst geschaffen hat. Es versteht sich, daß die Strukturalisten, gegen die CHOMSKY angetreten war, frohlockten angesichts der auftretenden Meinungsverschiedenheiten zwischen ihm und den generativen Semantikern. Aber es war ein Irrtum, wenn die Strukturalisten (oder auch die Traditionalisten) die Auseinandersetzungen zwischen generativer Grammatik und generativer Semantik als Unterstützung für *ihre* Position betrachteten. Es handelt sich vielmehr um eine Auseinandersetzung *innerhalb* eines konzeptionellen Systems, das CHOMSKY geschaffen hat. Wer auch immer „gewinnt", der klassische Strukturalismus und die traditionelle Grammatik werden die „Verlierer" sein (vgl. auch SEARLE, 1974, 18), da ein einfacher Rückweg dem dialektischen Verlauf der Wissenschaftsgeschichte widersprechen würde (vgl. auch 1.5.1.3.).

1.5.4.3.1.1. Umbau des Systems: Semantik als generative Komponente

Ausgangspunkt für die Entwicklung der generativen Semantik war die Kritik einiger seiner Schüler an CHOMSKYS Begriff der „*Tiefenstruktur*" (vgl. LAKOFF, 1968; LAKOFF, 1971; MCCAWLEY, 1968). Er wurde die Frage gestellt, ob zwischen der semantischen Struktur einer Sprache und der syntaktischen Oberflächenstruktur überhaupt eine vermittelnde Ebene notwendig ist. Diese Frage wurde verneint, weil der Begriff der (bei CHOMSKY *synktaktischen*) Tiefenstruktur noch abstrakter gefaßt werden müsse und man dann ohnehin zur *semantischen* Struktur gelange. Die syntaktische „Tiefenstruktur" reiche deshalb nicht aus, weil sie einerseits Informationen enthält, die für die semantische Interpretation nicht relevant sind, und andererseits nicht abstrakt genug ist, um für die Semantik notwendige Beziehungen auszudrücken. Es gibt z. B. Fälle, in denen das „Subjekt-von" – obwohl in der Tiefenstruktur gleich – nicht in der gleichen Weise semantisch interpretierbar ist; etwa: *Der Arzt verursachte die Schmerzen – Der Arzt ertrug die Schmerzen*. (vgl. MOTSCH, 1974, 129 ff.; vgl. auch HELBIG, 1977 b, 45 ff.).

LAKOFF/ROSS (1979, 66 ff.) haben expressis verbis die Frage gestellt, ob die Tiefenstruktur notwendig ist und diese Frage verneint. Eine Tiefenstruktur wäre nur dann eine kohärente Strukturebene, wenn sie (a) die einfachste Basis wäre, von der aus alle Transformationen operieren; (b) der Ort wäre, wo Kookkurrenz- und Selektionsbeschränkungen definiert werden; (c) der Ort wäre, wo grammatische Relationen definiert werden; (d) der Ort wäre, wo lexikalische Elemente aus dem Lexikon eingesetzt werden. Diese Bedingungen treffen nach LAKOFF/Ross nicht zu: (d) nicht, weil lexikalische Elemente an vielen Stellen einer Derivation eingesetzt werden; (b) nicht, weil Kookkurrenz- und Selektionsbeschränkungen semantischer Natur sind; (c) nicht, weil grammatische Relationen nicht von direkter Bedeutung für die semantische Interpretation sind (ein Subjekt-von kann Agens, Patiens, Instrument u. a. sein); (a) nicht, weil es – obwohl damit eine Repräsentationsebene definiert ist – von dort keine systematischen Beziehungen zu anderen Fakten der Sprache gibt.

Daraus wird die Schlußfolgerung abgeleitet, auf die Annahme einer Tiefenstruktur zu verzichten und einen Umbau des gesamten Systems vorzunehmen, bei dem die Semantik nicht mehr interpretativ, sondern *generativ* ist. Es wird dabei etwa der im Schema auf S. 113 skizzierte Aufbau des Systems angenommen (vgl. dazu auch ABRAHAM, 1979 a, XII; MOTSCH, 1974, 128; JÄGER, 1976, 5 f.).

Von den angenommenen drei Ebenen ist die semantische Komponente generativ; ihrer Ausgabe werden sie syntaktischen Oberflächenstrukturen zugeordnet, die durch die phonologische Interpretation mit den phonetischen Repräsentationen verbunden sind.

Weil die „Tiefenstruktur" weit abstrakter ist, als sie von CHOMSKY verstanden wurde, sind für die generative Grammatik semantische und syntaktische Repräsentationen nicht mehr fundamental verschieden. Die strenge Trennung zwischen Syntax und Semantik (wie sie bei CHOMSKY durch die Tiefenstruktur ge-

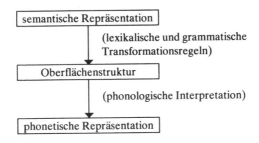

geben war) wird aufgehoben, weil es zwischen den beiden verschiedenen Regelapparaten (den Transformationen einerseits und den semantischen Interpretationen andererseits) keinen grundsätzlichen Unterschied gibt. Deshalb will die generative Semantik nachweisen, daß die Beziehungen zwischen der semantischen Repräsentation und der Oberflächenstruktur durch *einen* (homogenen) Regelapparat hergestellt werden, der dann besser als semantisch zu bezeichnen wäre. Gemeinsamkeiten zwischen der semantischen Interpretation (sofern diese in Form eines Prädikatenkalküls verstanden wird) und der Tiefensyntax ergeben sich dadurch, daß sich tiefenstrukturelle Sätze als Propositionen, Verben als Funktionen (oder logische Prädikate) und Nominalphrasen als Argumente erweisen (vgl. McCawley, 1979, 157f.; Lakoff/Ross, 1979, 68; vgl. dazu auch Motsch, 1974, 131; Abraham, 1979a, VIIff.).

Da die Analysen zu einer zunehmenden Abstraktion und Semantiknähe der zugrunde liegenden Strukturen führten, wurden diese Strukturen, die die Satzbedeutung wiedergeben sollten, immer mehr den Logiksprachen angenähert. Für die Repräsentation der (neuen) semantisch-syntaktischen Grundstruktur werden von der generativen Semantik Mittel herangezogen, die von der *Prädikatenlogik* entwickelt worden sind und für die Zwecke der linguistischen Analyse zu verändern bzw. zu erweitern sind. Lakoff (1970; 1971) spricht von einer „natürlichen Logik", deren Gegenstand die syntaktisch-semantische Grundstruktur der Sätze ist. Diese „natürliche Logik" enthält zwar alle Mittel der formalen Logik, muß aber zum Zwecke der Beschreibung natürlicher Sprachen (nicht alle sprachlichen Strukturen sind ausschließlich mit den Instrumentarien der formalen Logik beschreibbar) eine Erweiterung erfahren, damit die Semantik ihre Aufgabe erfüllen kann, die logische Struktur der Sätze natürlicher Sprachen aufzudecken (vgl. auch Motsch, 1974, 131f.).

Der der Prädikatenlogik entlehnten Art der Darstellung der Semantik liegt die Auffassung zugrunde, daß die Proposition (Satz) aus einem (logischen) Prädikat (Verb) und einem oder mehreren Argumenten (Nominalphrasen) besteht, die wiederum eine Proposition enthalten, d. h. aus einem Prädikat und einem (oder mehreren) Argumenten bestehen können. Auch lexikalische Einheiten werden nicht nur in semantische Merkmale dekomponiert – wie in der Semantiktheorie von Katz (vgl. dazu Helbig, 1970, 311ff.) –, sondern stellen sich als Hierarchie von solchen Prädikaten dar, z. B. (vgl. auch Viehweger u. a., 1977, 232):

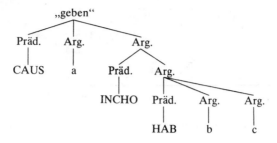

Verbal zu paraphrasieren etwa: a veranlaßt eine Veränderung, die zum Beginn eines Zustandes führt, in dem b ein c hat. Auf diese Weise wird in der generativen Semantik die Annahme von „abstrakten Verben" nötig (z. B. CAUS, INCHO), von unlexikalisierten semantischen Einheiten, die an der Oberfläche nicht lexikalisiert werden, sondern entweder getilgt werden oder in andere lexikalische Einheiten eingehen. Deshalb sind auch bestimmte Transformationen nötig, die schon vor der Eingabe der lexikalischen Elemente in den Stammbaum operieren (prälexikalische Transformationen). Überhaupt gibt es keinen eindeutig bestimmten Ort mehr, an dem die transformationelle Komponente ansetzt (so wie bei CHOMSKY). Die Transformationen können nicht nur syntaktische, sondern auch semantische Veränderungen bewirken. Schließlich führte der Umbau des Systems und die prädikatenlogische Darstellung der semantischen Struktur auch zur modifizierten Behandlung einzelner Kategorien (z. T. mit einer durch die zunehmende „Tiefe" verbundenen Verringerung des Beschreibungsinventars): So erkannte z. B. LAKOFF, daß das Adverbiale (in der Standardtheorie von der Verbalphrase dominiert) auf einer tieferen Stufe ein höheres Prädikat ist, daß auch das Adjektiv auf einer tieferen Ebene den Status eines Verbs hat, daß „Adjektiv" und „Verb" nur zwei Oberflächenkategorien seien (vgl. ausführlicher BINNICK, 1979, 5 ff.).

1.5.4.3.1.2. Interpretative versus generative Semantik

Es ist mehrfach versucht worden, die Gemeinsamkeiten und Unterschiede zwischen den beiden auf der Basis der generativen Grammatik ausgearbeiteten Modellen der „interpretativen Semantik" (in der Standardtheorie) und der „generativen Semantik" herauszuarbeiten und auch auf ihre Erklärungskraft hin zu bewerten (vgl. RŮŽIČKA, 1980; RŮŽIČKA, 1983; PASCH/ZIMMERMANN, 1983). *Gemeinsam* ist beiden Modellen, daß sie einen wesentlichen Beitrag zu der Frage geleistet haben, wie Bedeutungs- und Lautstrukturen aufeinander bezogen sind, daß die Grammatik zugleich als linguistisches Abbild des Sprachsystems und als Beschreibung der Sprecherkompetenz aufgefaßt wird, daß das Lexikon und die Semantik in die Grammatik eingeschlossen werden (folglich nicht der Grammatik „gegenüberstehen"), daß sie die Sprache unter semiotischem Abstraktionsgesichtspunkt betrachten (also von der Annahme eines idealen Sprechers/Hörers in einer homogenen Sprachgemeinschaft ausgehen) und daß sie den *Satz* als Orientierungspunkt für die Grammatik voraussetzen. *Unterschiedlich* wird in den beiden alternativen Modellen das Verhältnis von Syntax und Semantik aufgefaßt, wobei die Annahme oder Ablehnung einer spezifischen „syntaktischen Tiefenstruktur" eine Schlüsselrolle spielt (und ihre zunehmende Semantisierung und Abstraktheit schließlich in der generativen Semantik zur Gleichsetzung mit einer als universal aufgefaßten und prädikatenlogisch zu beschreibenden semantischen Struktur und auf diese Weise zu ihrer „Aufhebung" führt). Mit diesem grundsätzlichen Unterschied (in der interpretativen Semantik ist die Syntax, in der generativen Semantik ist die Semantik das Kernstück, d. h. die Komponente mit generativem Charakter) hängen weitere Unterschiede zusammen: In der interpretativen Semantik werden Syntax und Semantik prinzipiell unterschieden, ist die syntaktische Tiefenstruktur (der Standardtheorie) lexikalisch voll spezifiziert (sollen alle bedeutungstragenden Elemente in ihr verankert sein) und Angelpunkt für die semantische Interpretation, in der generativen Semantik dagegen wird die Tiefenstruktur mit der semantischen Struktur identifiziert, werden semantische Repräsentationen – die noch nicht lexikalisch belegt sind – durch ein einziges System von Transformationen in Oberflächenstrukturen überführt, wobei kein prinzipieller Unterschied zwischen Syntax und Semantik gemacht wird. In der interpretativen Semantik operieren alle lexikalischen vor den syntaktischen Transformationen, in der generativen Semantik werden prälexikalische, lexikalische und postlexikalische Transformationen unterschieden. In der interpretativen Semantik sind die Wortarten als lexikalische Kategorien primäre Begriffe, in der generativen Grammatik dagegen sekundäre Begriffe der syntaktischen Strukturbildung. Mit der interpretativen Semantik ist in der Wortbildung der lexikalistische Standpunkt (durch Transformation entstandene Einheiten werden ins Lexikon aufgenommen), mit der generativen Semantik in der Regel der transformationalistische Standpunkt verbunden (Wortbildung ist Domäne der Transformationsregeln) (vgl. ausführlicher PASCH/ZIMMERMANN, 1983, 246ff.).

Aus diesen Unterschieden ergeben sich die (unterschiedlichen) Bewertungen der beiden alternativen Theorien. Einerseits wird das Modell der generativen Semantik für eine weniger starke Hypothese als das der Standardtheorie gehalten, weil es nicht genau den Platz der lexikalischen Einfügung festlegt und eine semantische Analyse mit denselben Mitteln liefert wie die syntaktische Analyse (vgl. ABRAHAM, 1979a, XII). Andererseits wird angenommen, daß ein Modell mit einer generativen Semantik besser in ein umfassenderes Modell der sprachlichen Tätigkeit eingeordnet werden kann als ein Modell mit einer interpretativen Semantik – vorausgesetzt allerdings, daß noch einige Fragen geklärt werden, vor allem in der Richtung, welche Beziehungen zwischen semantischen Systemen einer Sprache und Formen des gesellschaftlichen Bewußtseins bestehen (vgl. MOTSCH, 1974, 132; RŮŽIČKA/MOTSCH, 1983, 7ff.). Bei der Frage, inwieweit die weiter und systematischer ausgearbeiteten Modelle von der syntaktischen Autonomie (der interpretativen Semantik) eine genügende Erklärungskraft haben, kommt RŮŽIČKA (1980; 1983, 15 ff., 58) – auch auf Grund empirischer Untersuchungen – zu dem Resultat, daß die größere methodische Strenge des Konzepts der absoluten syntaktischen Autonomie erkauft werden muß durch einen Verzicht auf Einsichten, die gewonnen werden können auf der Basis eines Konzepts der Interaktion (morpho-)syntaktischer, semantischer und pragmatischer Faktoren (was nicht eine Anerkennung des Modells der generativen Semantik bedeutet). Insgesamt ist es offensichtlich noch zu früh, eines der beiden Modelle eindeutig zu favorisieren (vgl. PASCH/ZIMMERMANN, 1983, 260, 354 f.), auch wenn manches für die interpretative Semantik spricht. Darüber hinaus erschöpft sich die sprachliche Bedeutung nicht in der propositionalen Semantik (auf die sich beide Modelle weitgehend beschränken), die vielmehr selbst einer Interpretation bedarf im Hinblick auf außersprachliche Gegebenheiten, auf die Erkenntnistätigkeit und das Handeln der Sprachträger unter konkreten gesellschaftlichen Bedingungen (vgl. dazu auch 1.5.4.3.1.3. und 1.5.4.3.1.4.).

1.5.4.3.1.3. Einbeziehung pragmatischer Sachverhalte durch die Performativitätshypothese

Einen ersten Schritt, pragmatische Sachverhalte als Interpretationshintergrund sprachlicher Äußerungen in die Semantiktheorie der generativen Grammatik einzubeziehen, stellt die Performativitätshypothese von Ross (1970) dar: Im Anschluß an die in der Sprechakttheorie (vgl. 2.3.) getroffene Unterscheidung zwischen konstativen und performativen Sätzen bezieht Ross den „illokutiven Akt" in die tiefenstrukturelle Repräsentation von Sätzen ein, indem er von der Annahme ausgeht, daß jeder geäußerte Satz in seiner zugrunde liegenden Form Konstituenten enthalten muß, die seinen propositionalen Gehalt *und* seine illokutive Rolle repräsentieren. Er leitet folglich alle Sätze aus Tiefenstrukturen ab, die als obersten Satz einen „Performativsatz" enthalten, der aus einem Subjekt der 1. Person (= Sprecher), einem performativen Verb und einem indirekten Objekt der 2. Person (= Adressat) besteht. Dieser übergeordnete performative Satz (der explizit performative Teil des Satzes) kann unter bestimmten Bedingungen durch eine Transformationsregel getilgt werden. So müßte ein konkreter Aussagesatz („Deklarativsatz") in der Tiefenstruktur einen performativen Hypersatz mit einem Verbum dicendi (z. B.: „sagen", „erklären"), entsprechend ein konkreter Aufforderungssatz einen performativen Hypersatz mit einem Verb des Auffordernsund ein konkreter Fragesatz einen performativen Hypersatz mit einem Verb des Fragens enthalten:

    (1) Du bist im Recht.
        ← Ich *sage* (erkläre) dir, daß du im Recht bist.
    (2) Komm pünktlich!
        ← Ich *fordere* dich *auf*, pünktlich zu kommen.

(3) Kommst du morgen?
← Ich *frage* dich, ob du morgen kommst.

Freilich hat dieser Versuch von Ross (und im Anschluß an ihn von anderen), pragmatische Sachverhalte mit Hilfe von Performativsätzen zu syntaktifizieren, auch mancherlei Kritik hervorgerufen. Weil die explizite sprachliche Markierung des Sprechhandlungstyps nur ein Sonderfall der Verwendung von Sprache (und in manchen Fällen eine solche Performativformel unüblich) ist, hat MOTSCH (1975, 36 ff., 40; anders aber z. B. LANG/STEINITZ, 1977, 51 ff., 79 f.) geschlossen, daß die Kenntnis der Beziehungen zwischen Sprechhandlungstypen und Äußerungstypen nicht an Performativformeln gebunden ist, daß die Performativformeln vielmehr nur eine unter bestimmten Umständen legitimierte sprachliche Wiedergabe solcher Kenntnisse sind, daß eine Syntaktifizierung der Sprachhandlungen mit Hilfe von Performativformeln deshalb inadäquat ist, weil die Formel erst syntaktisch entwickelt und dann – in den meisten Fällen – wieder eliminiert werden muß. Diese Inadäquatheit beruht theoretisch darauf, daß pragmatisch-kommunikative Sachverhalte überhaupt nicht auf syntaktischer Ebene erklärt werden können, weil zwischen Sprechhandlungstypen und Äußerungsformen keine direkten Entsprechungen bestehen, weil illokutive Akte weitgehend unabhängig von ihrer syntaktischen Form sind und folglich kaum auf jeweils *einen* performativen Hypersatz reduziert werden können, weil es einerseits viele Äußerungen mit explizit performativ verwendeten Verben gibt, mit denen *nicht* der illokutive Akt vollzogen wird, den das explizit performative Verb bezeichnet (z. B. „Ich *verspreche* dir, daß du noch dein blaues Wunder erleben wirst" – nicht Versprechen, sondern Drohung), und andererseits manche illokutiven Akte gar nicht explizit vollziehbar sind, da es kein geeignetes Verb gibt (z. B. +„Ich beleidige dich hiermit, daß..."} (vgl. GREWENDORF, 1972, 144 ff., 162; WUNDERLICH, 1972a, 279 ff.; vgl. dazu auch VIEHWEGER, 1983, 154 f.). Auf jeden Fall handelt es sich nicht um die pragmatischen Sachverhalte selbst, die mit den performativen Hypersätzen erfaßt werden, sondern um deren syntaktische Reflexe in Form von potentiellen Indikatoren (vgl. HELBIG, 1979a, 29 ff.). Deshalb wird mit dieser Syntaktifizierung (bzw. syntaktischen Operationalisierung) von pragmatischen Eigenschaften der Sprechakte noch nicht grundsätzlich die Orientierungsbasis verändert, noch nicht die eigentliche „kommunikativ-pragmatische Wende" vollzogen.

1.5.4.3.1.4. Von der sprachlichen Bedeutung zum kommunikativen Sinn

Ein zweiter Zugang zur pragmatischen Dimension eröffnet sich über den Begriff der „Bedeutung" durch die Versuche, die (systeminterne, grammatisch determinierte) „wörtliche Bedeutung" in Beziehung zu setzen sowohl zur „referentiellen Bedeutung" (in konkreten Kontexten und Situationen) als auch zu einer „Handlungsbedeutung" (die sich aus der gesellschaftlichen Interaktion ergibt).

Eine solche Erweiterung und Einordnung der sprachlichen Bedeutung in übergreifende Zusammenhänge lag schon deshalb nahe, weil die Frage danach, was Bedeutung ist, nicht nur von verschiedenen Wissenschaften unterschiedlich, sondern auch innerhalb einzelner Wissenschaften in unterschiedlicher Weise beantwortet wird. Gewiß drückt sich darin die Tatsache aus, daß ein und derselbe Sachbereich unter verschiedenen Aspekten und von unterschiedlichen theoretischen Positionen aus erforscht werden kann, daß ein Bereich von Erscheinungen der objektiven Realität zum Zwecke der wissenschaftlichen Abbildung in mehrere, durch bestimmte Theorien festgelegte Gegenstandsbereiche zerlegt werden kann. Offensichtlich genügt es aber nicht, daß jede mit semantischen Fragen befaßte Wissenschaft ihren eigenen Bedeutungsbegriff entwickelt; vielmehr zeichnet sich die Tendenz ab, eine *integrative* Theorie der Bedeutung zu erarbeiten, die nicht mehr ausschließlich innerlinguistisch ist, sondern linguistische, soziologische, logische und psychologische Aspekte der Bedeutung in systematischer Weise aufeinander bezieht (vgl. RŮŽIČKA/MOTSCH, 1983, 7ff.; MOTSCH/VIEHWEGER, 1983, 7ff.).

Ein erster – noch primär von linguistischen Überlegungen ausgehender – Schritt in diese Richtung ist die Differenzierung zwischen „wörtlicher Bedeutung", „kontextueller Äußerungsbedeutung" und „kommunikativem Sinn" (vgl. BIERWISCH, 1979, 64ff.; BIERWISCH, 1983a, 64ff.; BIERWISCH 1983b, 33ff.). Die wörtliche Bedeutung – die Bedeutung im „Nullkontext", etwa in der Situation eines anonymen Briefes (vgl. bereits KATZ, 1977, 14ff.) – ist eine innerlinguistische, grammatische Erscheinung, sieht vom Kontext ab und ist von der Theorie der Sprache zu erfassen. Durch die Verwendung der sprachlich strukturierten Äußerung in einem bestimmten Kontext entsteht die kontextuell bedingte Äußerungsbedeutung, die nicht mehr rein linguistisch ist, sondern zusätzlich von konzeptuellen Kenntnissystemen abhängig ist, die die perzeptive, kognitive und motorische Verarbeitung der Umwelt determinieren (und von einer psychologischen Theorie der Alltagskenntnis erfaßt werden muß). Aus dieser kontextuell bedingten Äußerungsbedeutung ergibt sich der kommunikative Sinn durch eine Interpretation der Äußerung im Hinblick auf eine konkrete Interaktionssituation; die Erfassung dieses kommunikativen Sinns ist weder von linguistischer noch von psychologischer Seite allein zu leisten, sondern setzt eine Theorie der sozialen Interaktion voraus, die die Strukturen interindividueller Handlungen zu erfassen hat, unter denen die kommunikativen Handlungen ein Teilsystem bilden. Unter diesem Aspekt stellt sich die Bedeutung einer kommunikativ verwendeten sprachlichen Äußerung wie auf S. 119 dar (vgl. BIERWISCH, 1983b, 33ff.). Dabei bedeuten: G = Grammatik, C = konzeptuelles System, K = System von Kommunikationsregeln als Teil eines umfassenderen Systems von Interaktionsregeln, ins = physikalisches Signal der Äußerung u, phon/syn/sem = phonetische, morphosyntaktische und semantische Struktur der Äußerung u, l = Repräsentation der sprachlichen Struktur von u, ct = Kontext, auf den u bezogen wird, m = Bedeutung, die u in bezug auf ct annimmt, ias = Struktur der Interaktionssituation, in der die Äußerung interpretiert wird, ks = kommunikativer

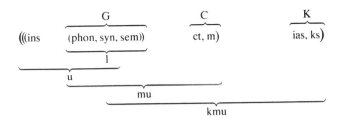

Sinn, mu = kontextuell interpretierte Äußerung, kmu = kommunikativ interpretierte Äußerung.

Ein zweiter Schritt (der nicht mehr rein linguistischer Art ist) ergibt sich aus dem Umstand, daß die Semantik mit den Disziplinen (vor allem: Psychologie und Logik) zusammenhängt, die auf die konzeptuelle Struktur von Umwelterfahrungen gerichtet sind. Da die „logische Form" einer Sprache für die Charakterisierung der Bedeutung nicht ausreicht, da auch eine formale Theorie der Semantik und eine semantische Komponentenanalyse (etwa im Sinne von KATZ) an ihre Grenzen stößt (wie wären etwa „schlafen", wie „Hund", „Katze", „Pferd" auf diese Weise zu charakterisieren?), wird BIERWISCH (1983b, 47ff.) zu der entscheidenden Frage geführt, was die „semantische Kenntnis" eigentlich ist, die die Durchschnittssprecher mit den einzelnen lexikalischen Einheiten verbindet. Diese Kenntnis ist offenbar weder durch „linguistische Arbeitsteilung" an Urteile von Fachexperten (der einzelnen Gebiete) gebunden, noch auf rein logische Art erfaßbar, sondern ist nach BIERWISCH begründet in *konzeptuellen* Strukturen, die ein Gesamtsystem bilden, von den Sprechern als internes Bild von der Welt repräsentiert werden und ein Prinzip darstellen, das semantische Repräsentationen fundiert und lexikalische Intensionen formulierbar macht, das aber – im Unterschied zu JACKENDOFF (1978) – mit der semantischen Struktur selbst nicht identifiziert werden darf. Auf diese Weise wird der Nachweis versucht, daß durch die Einordnung linguistischer Erscheinungen in den Bereich der *Psychologie* manche Probleme erst geklärt werden können, die von der formalen Logik ausgeblendet werden, daß konzeptuelle Strukturen von anderem Typ und von anderer Struktur sind als die semantischen Repräsentationen (deren Extension sie sind). Daraus ergeben sich auch wesentliche Uminterpretationen bisher oft erörterter Fragen (vgl. BIERWISCH, 1983b, 57ff.), z.B. bei der Analyse semantisch abweichender Sätze (Selektionsbeschränkungen – ursprünglich von CHOMSKY als syntaktische Regeln angenommen, später in der generativen Semantik als semantische Regeln nachgewiesen – werden in dieser Form überflüssig, da die Zulässigkeit von Kombinationen sprachlicher Einheiten durch Regeln konzeptueller Strukturbildung determiniert ist).

Aber auch die konzeptuellen Strukturen werden noch nicht als erschöpfend genug angesehen, um den vollständigen Bereich dessen zu erfassen, was intuitiv unter „Bedeutung" verstanden wird. Ein dritter Schritt bestand deshalb darin, von einem „intuitiven Bedeutungsbegriff" auszugehen, der durch „die komplexe

Verweisfunktion eines sprachlichen Ausdrucks" gekennzeichnet sei (LANG, 1983, 70ff.): Der sprachliche Ausdruck „verweist" über sich selbst hinaus einerseits sprachintern (Systembezug), andererseits sprachextern, dies wieder auf (mindestens) drei Bereiche, und zwar auf den Bereich der kognitiv-konzeptuellen Einheiten (Begriffsbezug), auf den Bereich der außersprachlichen Wirklichkeit (Sach- und Kontextbezug) und auf den Bereich des gesellschaftlichen Kommunikations- und Interaktionsprozesses (Situations- und Handlungsbezug). Für diesen komplexen intuitiven Bedeutungsbegriff gibt es (noch) kein theoretisches Pendant; deshalb ist eine linguistische Semantik vorerst nur als Aggregat verschiedener Theorien denkbar, wobei allerdings dieser intuitive Bedeutungsbegriff zugleich als Grundlage, Instrument und Explicandum dienen könnte (vgl. LANG, 1983, 73ff.). Unter diesem Aspekt der komplexen Verweisfunktion werden auch die Mängel und Einseitigkeiten der bisherigen Semantiktheorien und Bedeutungsexplikationen deutlich (vgl. LANG, 1983, 81ff.), die nicht die gesamte komplexe Verweisfunktion abdecken. Auch die entwickeltsten Vorstellungen (z. B. von der Dekomposition der Bedeutung, der semantischen Merkmalanalyse in der generativen Grammatik und Semantik sowie der „natürlichen Logik") bleiben zumeist innerlinguistisch oder gar innergrammatisch, klammern die Referenzsemantik und die Wahrheitsbedingungen weitgehend aus. Daraus ergab sich der Vorwurf von LEWIS (1972, 169) gegen die semantische Theorie von KATZ, sie sei gar keine Semantik, sondern nur die Übersetzung aus einer natürlichen Sprache in ein „uninterpretiertes Markerese" (d. h. eine künstliche Metasprache der semantischen Marker, deren Status nicht klar sei und die keinen Bezug zu Wahrheitsbedingungen hat), ausgehend von der Losung des Logikers „Semantics without truth conditions isn't semantics". Aus der komplexen Verweisfunktion der Bedeutung ergibt sich aber auch, daß die „logische Struktur" des Satzes in Form von Wahrheitsbedingungen eine zwar notwendige, aber nicht hinreichende Bedingung für die linguistische Rekonstruktion der genannten komplexen Verweisfunktion ist.

1.5.4.3.2. Kasustheorien

1.5.4.3.2.1. Ausgangspunkt: Kasusgrammatik versus Subjekt-Objekt-Grammatik

Ausgangspunkt für die vor allem von FILLMORE (1968a; 1969a; 1971a) begründete Kasustheorie war die Einsicht, daß die von CHOMSKY in dessen Standardtheorie angenommene syntaktische Tiefenstruktur mit ihren grammatischen Relationen (z. B.: Subjekt-von, Objekt-von) für die semantische Interpretation nicht ausreicht, daß statt dessen die Kasusrelationen Eingang in die Basiskomponente der Grammatik finden müssen (vgl. FILLMORE, 1971a, 1ff.). Es handelt sich dabei nicht um die herkömmlichen Kasus (z. B. Nominativ, Genitiv, Dativ, Akkusativ), die lediglich Oberflächenformen bzw. Oberflächenkasus sind, oft auch Neutralisierungen von zugrunde liegenden Relationen. Das ist für den Genitiv oft gezeigt worden:

> (1) die Belagerung *der Feinde* (Genitiv als Agens)
> (2) die Belagerung *der Stadt* (Genitiv als Patiens).

Das gilt aber auch für die anderen herkömmlichen Kasus, auch für den Nominativ, dem man oftmals eine Sonderstellung zugesprochen hat (vgl. FILLMORE, 1971a, 8f.):

> (3) *Er* warf den Ball. (Nominativ als Agens)
> (4) *Er* erhielt einen Schlag. (Nominativ als Patiens)
> (5) *Er* erhielt ein Geschenk. (Nominativ als Benefaktor)

Daraus schließt FILLMORE – im Gegensatz zu CHOMSKY –, daß die Satzglieder (Subjekt-von, Objekt-von) als grammatische Relationen nicht für die semantische Interpretation ausreichen (die Satzgliedschaft ist in (1) bis (2) gleich, ebenso in (3) bis (5)), daß die Satzglieder nur Eigenschaften der Oberflächenstruktur widerspiegeln, daß es dahinter noch primitivere, „tiefere" Begriffe geben muß, die tatsächlich die Tiefenstruktur ausmachen und solche semantische Differenzierungen bloßlegen wie zwischen (1) und (2), zwischen (3), (4) und (5).

Solche semantischen Relationen nennt FILLMORE „Kasusrelationen" und verwendet den Begriff „Kasus" „in einem deutlich tiefenstrukturellen Sinne" (FILLMORE, 1971a, 6, 28). Als solche Kasusrollen (Tiefenstruktur-Kasus, semantische Kasus) nennt er zunächst Agens (Agentiv), Instrumental, Dativ, Faktitiv, Lokativ, Objektiv (vgl. FILLMORE, 1971a, 34f.), ohne daß dieses Inventar als vollständig und endgültig angesehen wird. Die Rechtfertigung für FILLMORE, den „Subjekt-Objekt-Grammatiken" seine Kasusgrammatik gegenüberzustellen, besteht darin, daß die von CHOMSKY angenommene syntaktische Tiefenstruktur noch nicht „tief" genug ist und die auf ihr angesiedelten grammatischen Relationen (Satzglieder) für die semantische Interpretation nicht ausreichen (und deshalb der Oberfläche zugewiesen werden). Ausschlaggebend für die semantische Interpretation sind vielmehr die Tiefenstruktur-Kasus. Die Basisstruktur eines Satzes enthält – neben der „Modalitätskomponente" – eine „Proposition", die sich zusammensetzt aus dem Verb und einer bestimmten Zahl und Art von Tiefenkasus, die in regulärer Weise miteinander verbunden sind und die entsprechenden „Satzrahmen" bilden (vgl. FILLMORE, 1971a, 32ff., 38ff.). Auf diese Weise ist – ähnlich wie in der Argumentation der generativen Semantik – der *syntaktische* Status der Tiefenstruktur (im Sinne CHOMSKYs) fragwürdig geworden. Bei FILLMORE handelt es sich um eine *semantische* Tiefenstruktur (die nicht durch die Satzglieder, sondern durch die Tiefenkasus und ihre Beziehungen zum Verb charakterisiert ist). Daran knüpft FILLMORE (1971a, 118) die grammatiktheoretische Hypothese, daß die syntaktische Tiefenstruktur nur „eine künstlich aufgestellte Zwischenstufe zwischen den empirisch auffindbaren ‚semantischen Tiefenstrukturen' und den durch Anschauung zugänglichen Oberflächenstrukturen" sei, eine Ebene, „deren Eigenschaften mehr mit der methodologischen Verpflichtung einiger Grammatiken zu tun haben als mit der Natur der menschlichen Sprache" und die möglicherweise das Schicksal des Phonems teilen werde (das sich ja auch als methodologisches Abstraktum herausgestellt hat).

1.5.4.3.2.2. Verbindung von Kasustheorie und Valenztheorie

Schon von diesem Ansatzpunkt her ist nicht zu übersehen, daß die Kasustheorie – obwohl im Schoße der generativen Grammatik entstanden und „als mehr oder weniger gewolltes Kind der generativen Transformationsgrammatik geboren" (PLEINES, 1978, 355) – eine Verbindung zur Valenztheorie eingegangen ist (vgl. HELBIG, 1970, 208 ff.). Diese Verbindung ist seitens der Kasustheorie von FILLMORE selbst (1971 a, 30) hergestellt worden, wenn er die von ihm vorgeschlagene „grundlegende Modifikation der Theorie der Transformationsgrammatik" darin sieht, daß „der Begriff der ‚logischen Valenz' für Kasussysteme wieder eingeführt wird – allerdings diesmal unter der expliziten Voraussetzung der Unterscheidung zwischen Tiefen- und Oberflächenstruktur. Danach besteht der Satz in seiner grundlegenden Struktur aus einem Verb und einer oder mehreren Nominalphrasen, von denen jede auf Grund einer bestimmten Kasusrelation an das Verb gebunden ist". Dieses Konzept entspricht eher einer in Dependenzgrammatiken üblichen Repräsentation durch Abhängigkeitsstämme (etwa bei TESNIÈRE und HAYS; vgl. dazu HELBIG, 1970, 198 ff., 205 f.) als der in Phrasenstrukturgrammatiken vorhandenen Konstituentenstrukturen (vgl. FILLMORE, 1971 a, 116 f.). Wenn FILLMORE die Lexikoneintragungen für Verben auf der Basis der Tiefenstrukturkasus spezifiziert und seine „Kasusrahmen" aus der Gruppierung von Tiefenkasus um ein bestimmtes Verb ableitet (vgl. FILLMORE, 1968 b; FILLMORE, 1969 a, 366 ff.; FILLMORE, 1971 a, 38 ff.), so leistet er auf der von ihm angenommenen Ebene der semantischen Tiefenstruktur etwas, was vergleichbar ist mit dem, was in der Valenztheorie auf syntaktischer Ebene zu Lexikoneintragungen für Verben und zu entsprechenden – auf der Basis der syntaktischen Valenz ermittelten – syntaktischen Satzmodellen geführt hat (vgl. HELBIG/SCHENKEL, 1973; HELBIG/BUSCHA, 1972, 548 ff.; HELBIG, 1976 b; HELBIG, 1977 b, 58 f., 63 ff., 68 ff.; HELBIG, 1982, 83 ff.). FILLMORES Konzept läuft in der Tat darauf hinaus, „daß die Verbvalenz als Menge von Kasusbeziehungen spezifiziert wird" (ABRAHAM, 1971, 204).

Die Verbindung zur Kasustheorie seitens der Valenztheorie ergab sich daraus, daß der Valenzbegriff – ursprünglich zumeist auf syntaktischer Ebene angesiedelt – über die syntaktische Ebene hinaus erweitert wurde, daß die Valenz als – direkter oder indirekter – Ausdruck von semantischen Beziehungen im Satz aufgefaßt wurde, daß man immer deutlicher zwischen verschiedenen *Ebenen* der Valenz unterschieden, vor allem eine Differenzierung zwischen syntaktischer und (logisch-)semantischer Valenz vorgenommen hat (vgl. ausführlicher HELBIG, 1976 b, 99 ff.; HELBIG, 1979 c, 65 ff.; HELBIG, 1982, 10 ff.). Diese Erweiterung wurde notwendig, weil einerseits autonom-syntaktische Erklärungsversuche nicht ausreichten – in Übereinstimmung mit der generellen Entwicklung der Linguistik –, weil man andererseits bemüht war, die Eigenschaften der Valenz deutlicher in die Ebenen der grammatischen Beschreibung einzuordnen. Unter diesem Aspekt ist auch die Differenzierung zwischen syntaktischer, semantischer und pragmatischer Valenz zu verstehen (vgl. RŮŽIČKA, 1978, 47ff.; HELBIG, 1982, 10ff., 21ff.). Von diesen Ebenen bot sich zur Beschreibung der *semantischen* Valenz das von den Kasustheorien entwickelte Inventar von semantischen Kasus geradezu an: Die semantische Valenz erweist sich dadurch als die Festlegung von Zahl und Art der vom jeweiligen Valenzträger (vor allem Verb, aber auch Adjektiv und z.T. Substantiv) geforderten semantischen Kasus. Diese semantische Valenz darf weder identifiziert werden mit der ihr zugrunde liegenden semantischen Struktur (bestehend aus dem Verhältnis der logisch-semantischen – nicht lexikalisierten – Prädikate zu ihren Argumenten) noch mit der von ihr abgeleiteten syntaktischen Valenz, bestehend aus dem Verhältnis des lexikalisierten Verbs zu seinen lexikalisierten Aktanten, die dessen konkrete Leerstellen besetzen können oder müssen (vgl. VIEHWEGER, 1977, 349ff., 232; PASCH, 1977, 1ff., 14ff.; HELBIG, 1979c, 68ff.; HELBIG, 1982, 13ff.). Wir sehen in diesem Zusammenhang davon ab, daß der Begriff „semantische Valenz" mehrdeutig ist, mindestens 3 Interpretationen zuläßt (vgl. HELBIG, 1983, 138), da die Auffassung der „semantischen Valenz" als funktional-semantische Charakteristik des lexikalisierten Prädikats (Verbs) in Termen semantischer Kasus am weitesten verbreitet ist.

1.5.4.3.2.3. Vorzüge und Grenzen der Kasustheorien

Die Vorzüge und Grenzen der Kasustheorien sind mehrfach erörtert worden (vgl. z.B. ZIMMERMANN, 1970a; ZIMMERMANN, 1970b; ARUTJUNOVA, 1973, HELBIG, 1977b, 51ff.; HELBIG, 1979c, 66ff.; HELBIG, 1982, 54ff.).

Zu den *Vorzügen* dürften folgende rechnen:
1) Mit Hilfe der semantischen Kasus können *alle* Satzglieder (nicht nur die Adverbialbestimmungen) semantisch charakterisiert werden, und zwar in einem als einheitlich gedachten System von semantischen Kasus, das nicht sekundär (als Appendix) an die Syntax angehängt wird, wie das der Fall war bei den Subklassen der Adverbialbestimmung – denen im Unterschied zu den „semantisch unspezifizierten" Satzgliedern schon traditionell semantische Charakteristika (Ort, Zeit usw.) zugesprochen worden sind (vgl. HEIDOLPH, 1972, 62ff.) – oder bei der Festlegung „verallgemeinerter Bedeutungen" der Kasus (vgl. dazu KAZNELSON, 1974, 53ff.; HELBIG, 1978), sondern unabhängig von der Syntax und den syntaktischen Satzgliedern (umgekehrt gerade als Alternative dazu) entwickelt wurde.
2) Unbestreitbar ist die als Ausgangspunkt für die Kasustheorie dienende Tat-

sache, daß die herkömmlichen Kasus (Nominativ, Genitiv usw.) nur *Kasusformen*, nur *Oberflächen*kasus sind, die oft auch semantische Kasusrelationen (wie z.B. Agens, Patiens, Instrumental) neutralisieren und verdunkeln. Oberflächenkasus und Tiefenkasus können nicht in isomorpher Weise aufeinander abgebildet werden, weil sie nicht in 1:1-Entsprechung zueinander stehen. Dadurch wird die Annahme von invarianten Gesamtbedeutungen für die einzelnen Oberflächenkasus in Frage gestellt, wie überhaupt Oberflächenerscheinungen nicht in *direkter* Weise semantisch interpretiert werden können (vgl. dazu auch NEUMANN, 1967, 377; KAZNELSON, 1974, 53ff.; HELBIG, 1973, 187ff.; HELBIG, 1978, 31ff.; ANDERSON, 1971, 7).

3) Umgekehrt kann auf Grund eines Inventars von solchen semantischen Kasus eine *indirekte* Zuordnung der semantischen Kasus sowohl zu den Oberflächensatzgliedern als auch zu den Oberflächenkasus vorgenommen werden. Dabei läßt es sich leicht zeigen, daß *einem* semantischen Kasus *mehrere* Oberflächenkasus entsprechen können, daß umgekehrt auch *ein* Oberflächenkasus *mehrere* semantische Kasus repräsentieren kann. Ebenso ist es ohne Mühe nachweisbar, daß *einem* Satzglied (oder Satzgliedteil) *mehrere* semantische Kasus und umgekehrt auch *einem* semantischen Kasus *mehrere* Satzglieder entsprechen (vgl. dazu ABRAHAM, 1972; HEIDOLPH, 1977; HEIDOLPH u. a., 1981, 172ff., 315ff. u. a.).

4) Dadurch ist es mit Hilfe der semantischen Kasus möglich, semantisch äquivalente oder nahezu äquivalente Sätze so zu beschreiben, daß diese Äquivalenz auch in der Beschreibung reflektiert wird (was bekanntlich ein Kriterium für die erklärende Kraft einer grammatischen Theorie ist):

    (6) Der Lehrer trat *in das Klassenzimmer*.
    (7) Der Lehrer betrat *das Klassenzimmer*.

Das hervorgehobene Glied ist in (6) eine Präpositionalgruppe als Adverbialbestimmung, in (7) ein Akkusativ als Objekt. Die Bedeutungsähnlichkeit beider Sätze wird weder mit Hilfe der Oberflächenkasus noch mit Hilfe der Satzglieder, sondern erst mit Hilfe der semantischen Kasus (in beiden Fällen: Lokativ) erklärbar.

5) Ein Inventar von semantischen Kasus erlaubt es, über die syntaktische Valenz (Angabe der Aktanten mit ihrer morphosyntaktischen Form und auch ihrer Satzgliedschaft) hinaus Eigenschaften einzufangen, die als „semantische Valenz" bezeichnet werden und lexikonartig für die Lexeme bestimmter Wortklassen zusammengestellt werden können, Eigenschaften, die angeben, *wieviele* und *welche* semantischen Kasus (Zahl und Art) bei einem bestimmten Verb (Adjektiv) erforderlich sind (so würde z. B. ein Verb wie „geben" 3 semantische Kasus (Agens, Patiens, Adressat), ein Verb wie „töten" 2 semantische Kasus (Agens, Patiens) fordern (vgl. HELBIG, 1976, 103f.; HELBIG, 1983, 137ff.).

6) Darüber hinaus ist es auf der Grundlage der semantischen Kasus möglich, ein Inventar von semantischen Satzmodellen zusammenzustellen (vgl. z. B.

MOSKAL'SKAJA, 1974). Diese semantischen Satzmodelle („Kasusrahmen") liefern andere Informationen als die morphosyntaktischen Satzmodelle (wie sie sich auf der Basis der syntaktischen Valenz, der Oberflächenkasus und der Satzglieder ergeben), stehen nicht in eineindeutiger Entsprechung zu den syntaktischen Satzmodellen und stellen auch nicht deren *direkte* semantische Interpretation dar (so z. B. bei ADMONI, 1974). Sie werden vielmehr zunächst unabhängig von der Syntax ermittelt, so daß (wie bei den semantischen Kasus selbst) eine Zuordnung zu den syntaktischen Satzmodellen möglich und nötig wird (vgl. MOSKAL'SKAJA, 1973, 33f.; MOSKAL'SKAJA, 1974, 38ff., 138; HELBIG, 1977b, 70ff.; HELBIG, 1982, 76ff., 83ff.).

Diesen Vorzügen der Kasustheorien (vor allem im Hinblick auf die Beschreibung von Einzelsprachen) stehen jedoch auch einige Nachteile gegenüber (vor allem theoretischer Art). Zu den *Grenzen* (und Problemen), die in den letzten Jahren immer deutlicher herausgearbeitet worden sind, gehören folgende:

a) Ein erstes Problem besteht in der Frage, ob die Kasustheorien und die „Subjekt-Objekt-Grammatiken" tatsächlich *alternative* Lösungen sind, die einander ausschließen. Dies wird von FILLMORE (1971a, 67) angenommen (indem er die Standardtheorie der generativen Grammatik durch seine Kasustheorie ersetzen will), von CHOMSKY (1972, 70ff., 72ff.) jedoch bezweifelt (indem beide eher als Äquivalente der gleichen Theorie angesehen werden). Es fragt sich, ob die Annahme von Tiefenkasus tatsächlich eine Lossagung von den Vorstellungen der traditionellen Syntax (damit auch von den Satzgliedern) notwendig macht (vgl. ZIMMERMANN, 1970b, II-4f.). Auch wenn die von FILLMORE entwickelten semantischen Kasus zur semantischen Analyse besser geeignet sind als die Satzglieder (als grammatische Relationen der syntaktischen Tiefenstruktur) ergibt sich daraus noch nicht mit Notwendigkeit die von FILLMORE gezogene Schlußfolgerung, auf die Satzgliedbegriffe überhaupt zu verzichten oder sie als reine Oberflächenerscheinungen anzusehen. Diese Schlußfolgerung resultiert bei FILLMORE vielmehr methodologisch aus der Hypothese von einer *einheitlichen* Ebene der Tiefenstruktur, auf der – wenn es sich um eine *syntaktische* Tiefenstruktur handelt – *entweder* die relationalen Satzglieder (so wie bei CHOMSKY) – *oder* – wenn es sich um eine *semantische* Tiefenstruktur handelt – die Tiefenkasus angesiedelt werden. In der Zwischenzeit ist jedoch zunehmend deutlicher geworden, daß keine solche einheitliche Ebene der Tiefenstruktur existiert, daß vielmehr dasjenige, was ursprünglich als „Tiefenstruktur" bezeichnet wurde, weiter stratifiziert werden muß (vgl. etwa BARCHUDAROV, 1972, 12; HELBIG, 1969, 163; neuerdings auch CHOMSKY, 1976, 81ff.). Die Kasusgrammatiken würden dann bestimmte Fakten „direkter" ausdrücken, die von der Standardtheorie nur „indirekt" (vgl. CHOMSKY, 1972, 73ff.) und damit auch nur unzureichend erfaßt werden konnten. Setzt man eine solche Mehrschichtigkeit der Tiefenstruktur voraus, gibt es kein undialektisches Entweder-Oder zwischen „Subjekt-Objekt-Grammatiken" (Satzglieder als grammatische Relationen in einer syntaktischen Tiefenstruktur) und Kasustheorien (Tiefenkasus in einer semantischen Tiefenstruktur), sondern beide repräsentieren verschiedene (auch: verschieden „tiefe") Ebenen im mehrstufigen System der Zuordnungen zwischen der Laut- und Bedeutungsseite sprachlicher Erscheinungen (vgl. bereits HELBIG, 1977b, 60ff.).

b) In den Kasusgrammatiken wird etwas verselbständigt und in einseitig-ungerechtfertigter Weise in die nominale Umgebung des Prädikats verlegt, was in der semantischen Struktur des Prädikats bereits enthalten und von dort entscheidend determiniert ist (vgl. ARUTJUNOVA, 1973, 120ff.; ZIMMERMANN, 1970a; ZIMMERMANN, 1970b). Es wurde bisher noch nicht überzeugend bewiesen, daß die Unterschiede der semantischen Kasus nicht einfach schon durch die lexikalische Bedeutung des Verbs gegeben sind. Wenn der 1. Aktant eines Tätigkeitsverbs als „Agens", der eines Wahrnehmungsverbs als „Experiencer" charakterisiert wird, erhebt sich in der Tat die Frage (vgl. SGALL, 1978, 225f.), ob durch diese semantischen Kasus etwas wesentlich Neues für die Sprachbeschreibung gewonnen wird, ob nicht die entsprechenden Informationen bereits enthalten sind teils in den Aktanten als Satzgliedern, teils in der Bedeutungsstruktur des Verbs.

c) Noch nicht geklärt ist auch das Problem, wie weit die semantischen Kasus reichen, ob z.B. auch Zeit, Grund, Ausgangspunkt als semantische Kasus anzusehen sind oder – eine solche Annahme erscheint überzeugender – ob nicht außerhalb dieser Kasusrollen zusätzlich Modifikatoren (oder Definitoren) angesetzt werden müssen, deren Status ein anderer ist als der der semantischen Kasus, weil deren Beziehungen zum Prädikat nicht von der Bedeutung des Prädikats gestiftet werden (vgl. ARUTJUNOVA, 1973, 119ff.). Manchmal wird zwischen „propositionalen Kasus" (von der semantischen Valenz des Verbs gefordert) und „modalen Kasus" (von der semantischen Valenz des Verbs nicht gefordert) unterschieden (vgl. COOK, 1978, 299), manchmal werden letztere in Frage gestellt bzw. als „Satz-Modifikatoren" oder „Satz-Spezifikatoren" verstanden (vgl. OMAMOR, 1978, 265f.).

d) Damit hängen Unsicherheiten und Schwierigkeiten bei der Zahl und in der Abgrenzung der einzelnen semantischen Kasus zusammen. Es ist nicht zufällig, daß die Liste der vorgeschlagenen Kasusrollen mehrfach modifiziert worden ist, daß Fragen der Zahl und der Abgrenzung der Kasus in der jüngeren Literatur häufig diskutiert werden, ohne daß sie endgültig geklärt worden wären. Es geht dabei z.B. um solche Fragen, wie Agens und Instrumental abzugrenzen sind, ob Naturkräfte (wie z.B. „Wind", „Sturm") noch als Agens aufzufassen oder als gesonderter Kasus (z.B. „Force") anzusetzen sind, ob das Agens auf belebte Wesen (z.B. FILLMORE, 1971a, 34ff.) und der Instrumental auf intentional von einem Agens verwendete Mittel beschränkt werden kann (vgl. LAKOFF, 1968, 4ff.). Solche und ähnliche Fragen (vgl. ausführlicher HELBIG, 1977b, 56ff., 73ff.) sind offensichtlich so lange nicht lösbar, bis nicht genauere Kriterien für die Annahme von semantischen Kasus herausgearbeitet worden sind, was wieder eine genauere Einsicht in den Status dieser Kasus voraussetzt (vgl. dazu 1.5.4.3.2.4.).

e) Die in den Kasusgrammatiken thematisierte Beziehung zwischen dem Verb und seinen semantischen Kasus ist keine Beziehung zwischen semantischen Einheiten (Argumenten) und anderen semantischen Einheiten (semantischen Prädikaten), sondern ist eine Beziehung zwischen semantischen Einheiten (Argumenten oder – genauer gesagt – Funktionen von ihnen) einerseits und bereits lexikalisierten (und damit auch syntaktisch geformten) Einheiten (Verben) andererseits. Die Glieder der angenommenen Korrelation sind auf diese Weise nicht immer gleichwertig, weil die Verben als sprachliche (d. h. schon lexikalisierte und syntaktifizierte) Prädikate – mit denen die Kasusgrammatik arbeitet – keine einfachen (logisch-semantischen) Prädikate, sondern in der Regel schon *Komplexe* aus mehreren solchen logisch-semantischen Prädikaten sind, Komplexe, die schon in Verben oder prädikativen Adjektiven lexikalisiert sind. Die semantischen Kasus haben als Korrelat somit einen lexikalisierten und damit auch syntaktisch festgelegten Komplex von semantischen Prädikaten, der keinen rein semantischen Charakter mehr hat, vielmehr schon zu dem Mechanismus gehört, der semantische und syntaktische Struktur miteinander verbindet (vgl. vor allem HEIDOLPH, 1977, 55, 75).

f) Damit wird deutlich, daß die semantischen Kasus keine *Kategorien*, sondern *funktionale* Begriffe sind, daß sie keine Einheiten, sondern Beziehungen zwischen Einheiten sind, daß die semantischen Kasus (obwohl sie gegenüber den Satzgliedern als grammatischen Relationen bereits eine „tiefere" Ebene repräsentieren) noch nicht „tief" genug sind, sondern als Ableitungen von der semantischen Struktur begriffen werden müssen (vgl. VIEHWEGER, 1977, 232ff., 349ff.; HEIDOLPH, 1977; PASCH, 1977; HELBIG, 1978, 43ff.; HELBIG, 1979c). Sie drücken weder die Bedeutung direkt aus noch sind sie eine Eigenschaft der Bedeutung selbst. Die Bedeutung ergibt sich durch die semantische Komponentenstruktur, d. h. durch die hierarchischen Beziehungen zwischen den semantischen Komponenten/Merkmalen bzw. Semen (als „Semsyntax"), durch die hierarchische Struktur von semantischem Prädikat (semantischen Prädikaten bzw. Funktoren) und Argument(en) (vgl. VIEHWEGER, 1977, 136ff., 257ff.). Bei der Überführung dieser semantischen Struktur in die Tiefenkasus tritt nicht nur eine Linearisierung (Enthierarchisierung), sondern in der Regel auch eine Reduktion von semantischen Komponenten auf, weil nicht alle semantischen Komponenten lexikalisiert werden (vgl. auch HELBIG, 1979c, 68ff.). Auf diese Weise erweisen sich die „semantischen" Kasus als noch nicht eigentlich semantisch, sondern als eine von der semantischen Struktur erst abgeleitete Funktion. Dies wurde bei der Konstituierung der Kasusgrammatik nicht deutlich und führte deshalb auch bald zu der Kritik, daß FILLMORES Kasus in *direkter* Weise auf Teilnehmer an der außersprachlichen Situation bezogen sind (vgl. ARUTJUNOVA, 1973, 119ff.), daß in den Kasustheorien „ontologische Implikate" enthalten seien (also zwischen „linguistischen" und „ontologischen Aktanten" nicht differenziert werde) (vgl. FINKE, 1977, 28 ff.).

1.5.4.3.2.4. Weiterentwicklung und Divergenzen der Kasustheorien

Die relativ unformale und empirische Darstellung in FILLMORES ersten Arbeiten (verbunden mit laufenden ad-hoc-Festlegungen von bestimmten Kasus) und die in der Folgezeit erkannten Probleme haben begreiflicherweise die Weiterentwicklung der Kasustheorie im Anschluß an FILLMORE entscheidend stimuliert (vgl. dazu bereits HELBIG, 1982, 57 ff.). Allerdings bietet diese Weiterentwicklung ein verwirrend uneinheitliches und divergierendes Bild, schon äußerlich dadurch, daß mit ziemlicher Leichtfertigkeit – in geradezu an „Zauberei" grenzender Weise – Kasuslisten erstellt, verändert und wieder verworfen werden (vgl. auch PLEINES, 1978, 358).

Diese Uneinheitlichkeit – das ist der erste, allerdings oberflächlichste Aspekt – bezieht sich zunächst auf die *Zahl* der semantischen Kasus, die nahezu von Autor zu Autor differiert (z.B. bei FILLMORE (1971a) 6, bei FILLMORE (1971b) später 8 bzw. 9, bei CHAFE (1976, 147 ff., 167 ff.) 7). Es zeigt sich einerseits eine Tendenz zur Erhöhung, andererseits eine Tendenz zur Verminderung der Zahl der Kasus. Eine *Erhöhung* der Zahl der Kasus ergab sich aus Beobachtungen, die Fälle nachweisen, die mit den von FILLMORE ursprünglich angenommenen Tiefenkasus nicht beschreibbar waren: So hat z. B. OMAMOR (1978, 263 ff., 271 ff.) als zusätzliche Kasus den „Kausativ" (im Unterschied zum Agens) und den „Attribuanden" (als eine Art „Zustandsträger"), BLANSITT (1978, 311 ff.) den „Stimulus" als Aussonderung aus dem „Papierkorb-Kasus" „Objektiv" (vgl. ABRAHAM, 1971, 201), als „Wahrnehmungsgegenstand" und somit Pendant zum „Experiencer", RADDEN (1978, 327 ff.) einen Kasus „Area" (als Inhalt bei Verben des Sagens) vorgeschlagen. Auf der anderen Seite gibt es auch die Tendenz zur *Verringerung* der Zahl der Kasus (so kommt z. B. COOK (1978) in seinem „Case Grammar Matrix Model", das die Vorzüge der Modelle von FILLMORE (1971a), CHAFE (1976) und ANDERSON (1971) vereinigen will, mit 5 propositionalen Kasus aus), oft verbunden mit einer Hierarchisierung der Kasus (so erscheinen z.B. bei ROSENGREN (1978a, 193f.; 1978b, 377f.) Agens und Patiens als übergeordnete Kasus, weil die anderen Kasusrelationen nur mit ihnen zusammen vorkommen können). Eine solche Hierarchiebildung liegt auch vor in solchen Modellen, die die semantischen Kasus auf der Basis von angenommenen „case-features" bestimmen wollen (vgl. NILSEN, 1972, 33 ff.).

Die Zahl der angenommenen semantischen Kasus (als vordergründigster Aspekt der Divergenzen) hängt wesentlich von den *Kriterien* für ihre Ermittlung ab (als zweitem, schon wesentlicherem Aspekt). In der Tat sind bei der Erstellung der Kasuslisten unterschiedliche *heterogene* Kriterien im Spiele gewesen, im wesentlichen folgende:

(a) FILLMORE selbst (vgl. 1971a, 34ff.) hat ursprünglich semantische Merkmale der *Argumente*, d. h. lexikalisch-inhärente Merkmale der *Substantive* für die Abgrenzung und Definition seiner semantischen Kasus benutzt (z. B. Agentiv und Dativ durch das Merkmal [+ Anim], Instrumental und Objektiv durch das Merkmal [− Anim] bestimmt). Ein solches Kriterium war im Grunde nur so lange legitim, wie die Kasus nicht als Relationen, sondern als Kategorien aufgefaßt worden sind (vgl. ROSENGREN, 1978a, 180f.).
(b) In den meisten Fällen werden die semantischen Kasus bestimmt mit Hilfe der semantischen Merkmale der *Prädikate*, d. h. der lexikalisch-inhärenten Merkmale der *Verben* (vgl. etwa CHAFE, 1976, 96ff., 103ff., 121ff., 147ff.; COOK, 1978, 299ff.; ROSENGREN, 1978a, 180ff.; ROSENGREN, 1978b, 378f.). Die semantischen Kasus werden von der Bedeutung der Prädikate in so starkem Maße determiniert, daß die Frage nach ihrer Redundanz aufgeworfen werden könnte (vgl. dazu 1.5.4.3.2.3. unter b)).
(c) Manchmal werden die Kasus abgegrenzt mit relationalen Kasusmerkmalen („case-features") (vgl. NILSEN, 1972, 33ff.; MCCOY, 1969; OMAMOR, 1978, 261f.), mit dem Argument, die Wirkung der inhärenten lexikalischen Merkmale auf die Beziehungen zwischen den Verben und Substantiven sei nur *indirekt*. Es entstehen hierarchische Ordnungen von Kasusmerkmalen, deren Nachteil es ist, daß bei ihrer Setzung subjektive Willkür nicht auszuschließen ist und daß überdies manche Einheiten (z. B. „Source" und „Goal") sowohl als Kasusmerkmale als auch als Kasus selbst auftreten.
(d) Schließlich sind vereinzelt auch *morphosyntaktische* Merkmale als Kriterien für die semantischen Kasus benutzt worden (z. B. bei FILLMORE (1981a), 44ff.), sind Präpositionen als Kasusmarker angesehen worden, etwa „by" für Agens, „by"/„with" für Instrumental, „for" für Benefaktiv). Gegen eine solche Identifizierung ist mit Recht eingewandt worden, daß eine Indizierung der semantischen Kasus nicht auf Präpositionen begründet werden kann, da es keine 1:1-Entsprechung von Präposition und semantischem Kasus gibt (vgl. NILSEN, 1972; 19ff.).

Hinter diesem Aspekt der Kriterien steht − als dritter und noch grundlegenderer Aspekt − die Frage nach dem *Status* der semantischen Kasus, von der letztlich das Problem der Aussonderungskriterien und der Zahl der Kasus abhängt. Diese Frage ist deshalb so grundlegend, weil damit weitreichende theoretische und methodologische Voraussetzungen verbunden sind, Fragen verknüpft sind nach der Beziehung der semantischen Kasus einerseits zur syntaktischen Oberfläche (zu den Satzgliedern und zur syntaktischen Valenz), andererseits zur semantischen Komponentenstruktur und darüber hinaus zur kommunikativen, kognitiven und perzeptiven Gegebenheiten sowie zu außerlinguistischen Faktoren. In der Weiterentwicklung der ursprünglichen Kasustheorie FILLMORES zeichnet sich die unverkennbare Tendenz ab (was zunächst ein Fortschritt ist), die semantischen Kasus aus ihrer empirischen Isolierung herauszuführen, in umfassendere sprachtheoretische Modellbildungen zu integrieren und somit vor allem nach ihrem Status sowie ihren Beziehungen zu anderen linguistischen Ebenen zu fragen. Aber bei der Beantwortung dieser Fragen (das ist die Kehrseite) treten noch weitreichendere Divergenzen zutage, die gegenwärtig noch kaum alternativ entschieden werden können (weil die gegenseitige Argumentation die Zentralprobleme noch nicht genügend expliziert hat).

So versteht z. B. POTTS (1978, 399 ff., 403 f., 416 f., 420, 450 ff.) die Kasus als Teile der Bedeutungen des Verbs, benutzt die semantische Komponentenanalyse als Mittel zur Klassifizierung der Kasus und übt unter diesem Aspekt Kritik an FILLMORE (dessen Kasus zwar für semantisch ausgegeben werden, in Wahrheit aber noch zu stark an der Oberfläche angesiedelt seien). PLEINES (1978, 359 ff.) möchte die semantischen Kasus in der pragmatischen Kommunikationsdimension verankern, wendet sich gegen alle „reduktionalistischen" (autonomen und innerlinguistischen) Kasusauffassungen und fordert statt dessen eine Einbindung der semantischen Kasus in situative, kognitive und perzeptive Gegebenheiten (die in der Nachfolge FILLMORES verlorengegangen sei). In den Chor derer, die eine solche Einbindung versuchen – und damit parallel zu entsprechenden Bemühungen innerhalb der generativen Semantik (vgl. 1.5.4.3.2.3. und 1.5.4.3.2.4.) den Blick auf kommunikativ-pragmatische Zusammenhänge mindestens eröffnen, auch wenn sie nicht zu einer grundsätzlichen Umkehr führen – stimmt neuerdings auch FILLMORE selbst mit seiner „Wiedereröffnung des Plädoyers für Kasus" ein (1981, 13 ff.), wenn er Bedeutungen in Beziehung setzt zu „Szenen" und annimmt, daß der Sprecher durch die Tiefenkasus bestimmte Sachverhalts-Mitspieler „in Perspektive zu bringen" vermag (vgl. FILLMORE, 1981, 30 ff., 31 f.). Auf ganz entgegengesetzter Seite hat STAROSTA (1978, 459 ff., 465 ff., 472 ff., 519 ff.) – in bewußtem Gegensatz zu „externen" Definitionen der Kasus bei FILLMORE und erst recht bei POTTS (er übt an FILLMORE Kritik, nicht weil dessen Kasus zu oberflächennahe und zu syntaktisch, sondern weil sie umgekehrt zu semantisch und außersprachlich, d. h. gerade *zu wenig* syntaktisch seien) – ein „Lexicase"-Modell entwickelt, das „syntaktisch-semantische" Definitionen für die Kasus anstrebt (dabei dominieren die syntaktischen Kriterien gegenüber den semantischen), eine recht konsistente, streng sprachinterne Definition der Kasus liefert und auf eine Bindung an außersprachliche Situationen (und Faktoren) verzichtet. Dabei entsteht freilich eine starke „Syntaktifizierung" der semantischen Kasus, rücken semantische Interpretation und Tiefenkasus so nahe zusammen, daß sie auch für STAROSTA (1978, 522 ff.) nicht mehr distinkt sind (weil für STAROSTA die Tiefenkasus die semantische Interpretation der syntaktischen Tiefenstruktur *sind*). Weil Tiefensubjekt und Agens, Tiefenobjekt und Patiens auf diese Weise bis zur Identifizierung zusammenrücken, kann man nicht nur – mit STAROSTA – fragen, ob es außerhalb der Kasusebene noch eine semantische Ebene und eine Ebene der syntaktischen Tiefenstruktur geben muß, sondern kann man auch – im Gegensatz zu STAROSTA – fragen, ob es außerhalb der syntaktischen Tiefenstruktur und der semantischen Ebene noch einer spezifischen Ebene der semantischen Kasus bedarf.

Damit ist die prinzipielle Frage aufgeworfen, ob die semantischen Kasus eine *legitime Ebene* zwischen der semantischen Struktur und der syntaktischen Struktur sind. Diese Frage nach dem *Pro oder Contra* semantische Kasus drängt sich angesichts der divergierenden Statusbestimmungen für die Kasus (vor allem der genannten extremen Versuche, die die Kasus nahezu völlig in der Syntax bzw. Semantik/Pragmatik aufgehen lassen) auf und ist auch in der Literatur mehrfach erörtert worden. In diesem Sinne hat ROSENGREN (1978 a, 169 ff.) solche Fragen gestellt, welchen Status die Tiefenkasus in einer semantischen Theorie haben, wie sie sich zu den Aktanten und Satzgliedern verhalten, welche Rolle die semantische Struktur der Argumente und der Prädikate für die Definition der semantischen Kasus spielt, ob man die Kasus mit Hilfe der semantischen Struktur des Prädikats „wegdefinieren" könne oder gar müsse, ob die semantischen Kasus einen eigenen Status als legitime „Zwischenebene" zwischen der semantischen Komponentenstruktur und der syntaktischen Valenz, zwischen Semantik und Syntax haben.

Eine eindeutige *theoretische* Entscheidung in dieser Frage ist gegenwärtig wohl noch kaum zu fällen und dürfte davon abhängen, in welcher Weise Argumente der semantischen Struktur in semantische Kasus überführt werden, ob dabei tragfähige und spezifische Abstraktionen aus der Vielfalt und Hierarchie der semantischen Komponenten entstehen, ohne die die Zuordnung zwischen semantischer (Komponenten-)Struktur und syntaktischer Struktur nicht oder nur unter Informationsverlust erklärbar ist (vgl. auch VIEHWEGER, 1977, 350 f.). Unabhängig von dieser theoretischen Entscheidung dürfte jedoch die *praktische* Notwendigkeit von semantischen Kasus für bestimmte Zwecke (etwa: Lexikoneintragungen, Satzmodellierung) und für bestimmte Praxisbereiche (vor allem: Fremdsprachenunterricht, Übersetzung) sein, weil es für solche Zwecke nicht möglich und auch nicht nötig ist, in jedem Falle komplette semantische Komponentenstrukturen auszuarbeiten und aufzuführen (vgl. HELBIG , 1982, 64 ff.; HELBIG, 1983 a; vgl. auch PASCH, 1977, 16 f.).

1.6. Andere Grammatik-Theorien: Kategoriale Grammatik, Montague-Grammatik und „natürliche" Grammatik

Neben und außer der Tradition der generativen Grammatik (und Semantik) haben sich in den letzten Jahrzehnten einige andere Theorien entwickelt, die jedoch (bisher) eine nicht so weitreichende Verbreitung gefunden haben. Ausgangspunkt ist dabei vielfach die *kategoriale Grammatik*, die eine auf den Prinzipien der mathematischen Logik konstruierte Sprachtheorie darstellt, ursprünglich als algorithmisches Verfahren für künstliche Sprachen entwickelt (z. B. von ADJUKIEWICZ, 1935) und später auf natürliche Sprachen übertragen worden ist (z. B. von BAR-HILLEL, 1953).

Unabhängig von unterschiedlichen Ausprägungsformen liegen einige Annahmen den meisten Varianten von Kategorialgrammatiken zugrunde und gehen größtenteils auf FREGE zurück: Als Beschreibungskategorien werden 2 Grundkategorien angesetzt, von denen N sich auf Ausdrücke bezieht, die auf Objekte der Realität gerichtet sind und zur Bezeichnung von Gegenständen (Individuen) dienen, S dagegen auf Ausdrücke (Sätze), die einen Wahrheitswert haben. Alle anderen Einheiten werden aus diesen (der mathematischen Logik entlehnten) Grundkategorien abgeleitet und als Funktoren bzw. Operatoren interpretiert (vgl. dazu ADJUKIEWICZ, 1935, 3 ff.). Eine zweite Annahme ist die These von der Homomorphie zwischen der syntaktischen und der semantischen Struktur dieser Grundkategorien: Es soll jeder syntaktischen Konstruktion eine analoge und parallele semantische Interpretation entsprechen – eine These, die zwar Ausgangspunkt für die Darstellung der Beziehungen zwischen Form und Bedeutung ist, sich aber von der (z. B. in der generativen Grammatik angenommenen) indirekten und mehrstufigen Zuordnung zwischen Laut- und Bedeutungsstrukturen unterscheidet. Im Unterschied zu Phrasenstrukturgrammatiken (denen es auf eine Hierarchisierung von an sich gleichgeordneten Konstituenten ankommt) modellieren die kategorialen Grammatiken die asymmetrischen Beziehungen zwischen sprachlichen Ausdrücken, die in der Logik durch Relationen zwischen Funktor (Operator) und Argument (Operand) definiert sind (vgl. BARTSCH/VENNEMANN, 1982, 119ff., 122ff.; BARTSCH/VENNEMANN, 1980). Die sprachlichen Ausdrücke werden im Hinblick auf ihre funktionalen Eigenschaften klassifiziert, d.h. einer Kategorie (N oder S) zugeordnet; Ausdrücke verschiedener Kategorien werden dabei zu einer jeweils übergeordneten Kategorie zusammengefaßt (oder „gekürzt"). Jede Äußerung ist das Resultat einer zunächst syntaktischen, aber zugleich eine semantische Relation reflektierenden Operation von einer unmittelbaren Konstituente dieser Äußerung (als Funktor oder Operator) auf eine andere unmittelbare Konstituente (als Argument oder Operand), so daß die Kategorien schrittweise nach den Kürzungsregeln der Zahlenalgebra zusammengefaßt, die hierarchisch niedrigen Einheiten stufenweise bis zur Grundkategorie S reduziert werden. Eine solche Reduktion führt – im Gegensatz zu dem umgekehrten Vorgang der Derivation (aus der Grundeinheit Satz) – nicht zu einer Erzeugungs-, sondern zu einer Identifikationsgrammatik.

Auf solchen Prinzipien der kategorialen Grammatik basiert auch die in der Logik-Tradition von FREGE, TARSKI, CARNAP u. a. stehende *Montague-Grammatik*. Ausgangspunkt für MONTAGUE (1974, 222) ist die These, daß es „no theoretical difference" gebe „between natural languages and the artificial languages of logicians; indeed, I consider it possible to comprehend the syntax and semantics of both kinds within a single mathematically precise theory". Daraus resultiert seine Zielsetzung, die logische Struktur der natürlichen Sprachen herauszuarbeiten und mit Hilfe einer universellen Algebra sowie der formalen Logik zu beschreiben, d.h., die Ausdrücke der natürlichen Sprachen adäquat zu interpretieren „by way of translation into the system of intensional logic" (MONTAGUE, 1974, 222 ff.; vgl. auch MONTAGUE/SCHNELLE, 1972). Es handelt sich somit um ein System von Übersetzungsregeln aus der natürlichen Sprache in die semantisch interpretierte Sprache der intensionalen Logik, wobei die Interpretation dieser Logiksprache auf modelltheoretischer Basis erfolgt, so daß diese Konzepte auch als „modelltheoretische Semantik" zusammengefaßt werden (vgl. LANG, 1983, 135 ff.; ausführlicher GEBAUER, 1978; LINK, 1979). Die intensionale Logik geht – im Unterschied zu der extensionalen Logik – auf die FREGESCHE Unterscheidung von „Sinn" und „Bedeutung" zurück und interpretiert die ihren Ausdrücken zugeordneten Extensionen nach ihrem „Sinn", d. h. nach „der Art ihres Gegebenseins". Intensionen sind die den logischen Ausdrücken als „Sinn" zugeordneten Entitäten (z. B. Propositionen und Individuenbegriffe). Jedem bedeutungsvollen Ausdruck einer Sprache wird eine Intension zugeschrieben, die in Abhängigkeit von verschiedenen Situationen („möglichen Welten") eine Extension (ein Referenzobjekt) für diesen Ausdruck liefert.

Für das Grundanliegen der Montague-Grammatik(en), die Sätze der natürlichen Sprache nach einem exakt definierten Verfahren in eine Sprache der intensionalen Logik zu übersetzen und sie in dieser Repräsentationsform semantisch zu interpretieren, sind folgende Ausgangspunkte und methodologische Prinzipien charakteristisch (vgl. MONTAGUE/SCHNELLE, 1972, 1 ff.; LANG, 1983, 135 ff.):

a) Es wird eine homomorphe Entsprechung zwischen der Kombinatorik der Ausdrucksmittel (Syntax-Algebra der Objektsprache), der Bedeutungen (Semantik-Algebra) und der Übersetzung in die semantische Metasprache vorausgesetzt, d. h. angenommen, daß jedes syntaktische Phänomen eine Entsprechung im System der Bedeutungen hat.
b) Die Lexeme der natürlichen Sprachen werden (mit Ausnahme bestimmter Operatoren) als nicht weiter zerlegbare Einheiten angesehen und als solche in die Übersetzung übernommen.
c) Der angestrebte Übersetzungsprozeß geht von der Oberflächenstruktur aus und hat die Oberflächenstruktur der Sätze aus natürlichen Sprachen weitgehend zu wahren.
d) Es wird das FREGESCHE Prinzip der semantischen Kompositionalität übernommen, nach dem sich die Bedeutung (= Wahrheitswert) eines Satzes kompositionell zusammensetzt aus den Bedeutungen (Extensionen) seiner Bestandteile, ebenso wie sich der Sinn (= Proposition) zusammensetzt aus den Sinnbeiträgen (Intensionen) seiner Bestandteile. Auf diese Weise stellen die Bedeutungen der Ausdrücke kontextunabhängige semantische Blöcke dar, die im Nebeneinander die Gesamtbedeutung eines Satzes ausmachen.

Aus diesen Ausgangspunkten und methodologischen Prinzipien resultieren auch kritische Einwände, die von anderer Seite gegen die Montague-Grammatiken vorgebracht worden sind (vgl. MONTAGUE/SCHNELLE, 1972, 2 ff., 19 ff., 21 ff.; LANG, 1983, 135 ff., 141; BARTSCH/VENNEMANN, 1972, 31 ff.). So ist bezweifelt worden, ob die wesentlichen Unterschiede zwischen natürlichen und künstlichen Sprachen geleugnet werden können und ob die Kombinatorik der Bedeutungen tatsächlich ein homomorphes Abbild der syntaktischen Kombinatorik ist, ist gefragt worden, ob die unterhalb der Lexemebene operierende semantische Komposition (etwa im Sinne semantischer Merkmale) vernachlässigt werden kann, ob die Beschränkung auf die Oberflächenstruktur nicht den Blick auf allgemeine syntaktische Strukturzusammenhänge (z. B. Mehrdeutigkeit) erschwert und ob eine semantische Analyse unabhängig von Kontext und Sachbezug (nur in Abhängigkeit vom System der intensionalen Logik) möglich sei. Schließlich ergeben sich Bedenken hinsichtlich des spezifisch linguistischen Nutzungswertes des modelltheoretischen Inventariums, einmal mit Blick auf eine linguistisch vollständige Beschreibung der Oberflächenstrukturen (mit morphologischen Erscheinungen), zum anderen mit Blick auf eine empirisch angemessene Interpretation der formal sehr ausgefeilten Repräsentationen.

Weitgehend auf der Basis der Kategorialgrammatik sind auch – oft in Auseinandersetzung mit der Transformationsgrammatik – Ansätze einer *„natürlichen" Grammatik* bzw. Sprachtheorie (auch: „natürliche generative Grammatik") entwickelt worden (vgl. BARTSCH/VENNEMANN, 1972; BARTSCH/VENNEMANN, 1973, 36, 40ff.; BARTSCH/VENNEMANN, 1980). Zu den Prinzipien einer „natürlichen (generativen) Grammatik" gehören folgende (vgl. besonders BARTSCH/VENNEMANN, 1972, 35ff.): (a) Im Unterschied zur Transformationsgrammatik wird die strenge Trennung zwischen „Kompetenz" und „Performanz" aufgehoben, wird ein Kompetenzbegriff abgelehnt, der das implizite Wissen des kompetenten Sprechers von der Sprache seiner Gemeinschaft umfaßt (weil dieser nicht gleichzeitig die psychische Realität der Regelsysteme beansprucht). Statt dessen sind das Objekt der Sprachbeschreibung grammatische Erscheinungen, die durch semantische, syntaktische und phonologische Repräsentationen zueinander in Beziehung gesetzt sind. Rechtfertigungsinstanz der Grammatik ist nicht die Kompetenz eines idealen Sprechers/Hörers, sondern sind beobachtbare Regularitäten beim Sprachgebrauch, beim Spracherwerb und beim Sprachwandel. Die Grammatik erscheint als Regelsystem, das semantische in phonetische Repräsentationen verwandelt (und umgekehrt) und das damit *zugleich* reale Prozesse modelliert, die dem Sprachverhalten zugrunde liegen, in der Performanz des Sprechers ablaufen und dem Lernprozeß des Kindes entsprechen. (b) Auf diese Weise wird eher eine „empirische" als eine „formalistische" oder „mentalistische" Grammatiktheorie angestrebt. Da die phonetischen Repräsentationen der empirischen Beobachtung zugängig sind und die Beobachtbarkeit der Semantik durch empirische Verhaltenskorrelate gesichert ist, sind nur die phonetischen und semantischen Repräsentationen „konkret", die Syntax dagegen ist „abstrakt" (und erst indirekt erschließbar). Deshalb werden Zwischenstufen, die keine semantische Interpretation haben (z. B. die Tiefenstruktur und einige Transformationsstufen) eliminiert. (c) Die Syntax wird kategorial-grammatisch auf der Basis einer erweiterten Prädikatenlogik (mit intensionalen Prädikaten und pragmatischen Satzoperatoren) dargestellt, d.h. nicht durch Konstituentenstrukturen, sondern durch logische Funktor-Argument-Beziehungen, die unmittelbar semantisch interpretierbar sind. Ein Ausdruck der natürlichen Sprache wird auf diese Weise mit seiner Interpretation durch 2 formale Sprachen verbunden: die kategoriale Syntax und die Sprache der erweiterten Prädikatenlogik. Es wird für die Syntax weitgehend die kategoriale Struktur der Montague-Grammatik übernommen, die unter einigen Aspekten erweitert wird. (d) Es wird eine universelle Wortstellungssyntax angestrebt, die dem „Prinzip der natürlichen Serialisierung" folgt, nach dem Operatoren ihren Operanden entweder immer vorangehen oder immer folgen (vgl. VENNEMANN, 1974), nach dem die „Operator-Operand-Strukturen der kategorial-syntaktischen Ebene durchgängig entweder von rechts nach links oder von links nach rechts serialisiert werden. Das heißt, die Operator-Operand-Hierarchien werden in einer linearen Folge in der Serialisierung reflektiert" (BARTSCH/VENNEMANN, 1973, 47). (e) Semantische Repräsentationen werden nicht als serial bzw. linear geordnet angesehen (deshalb werden auch „movement transformations" im Sinne der Transformationsgrammatik abgelehnt), weil sie logische Formen sind und als solche nur eine hierarchische Ordnung haben können. (f) Es wird auch das Prinzip der lexikalischen Dekomposition (wie z. B. in der generativen Semantik) verworfen, vielmehr eine strenge Trennung zwischen Satzsemantik (die Bedeutung der Oberflächensyntax des Satzes in Termen der logischen Syntax ohne Bezug auf die Bedeutung eines einzelnen Wortes im Satz; sie wird vollständig in der Syntax behandelt) und Wortsemantik (Bedeutungspostulate, die den lexikalischen Einheiten im Lexikon zugeschrieben werden) gefordert. (g) Es werden „strenge Natürlichkeitsbedingungen" angenommen, die z. B. in der *Phonologie* besagen, daß die phonologischen Repräsentationen vollständig in Termen von an der Oberfläche realisierten phonetischen Strukturen gegeben werden müssen (daß keine Sequenz im Lexikon erscheinen darf, die nicht auch in der phonetischen Repräsentation auftaucht), die in der Anwendung auf die *Semantik* bedeuten, daß die der semantischen Repräsentation zugrunde gelegten Funktor-Argument-Beziehungen kognitiven Fähigkeiten des Menschen (wie z. B. Wahrnehmen, Erkennen, Klassifizieren) entsprechen, die schließlich im Hinblick auf die *Syntax* verlangen, daß bei den wechselseitigen Zuordnungen von semantischen und oberflächensyntaktischen Repräsentationen keine Zwischenstufen zugelassen werden, die keine semantische Interpretation haben.

Der heuristische Ausgangspunkt für die natürliche Grammatik ist die Idee, daß nicht alle in natürlichen Sprachen auftretenden Strukturen und Prozesse gleichermaßen verbreitet sind, daß nicht alle Prozesse und Strukturen von Kindern zur selben Zeit erworben werden, daß nicht alle Strukturen vom Sprachwandel gleichermaßen affiziert werden, daß nicht alle Prozesse und Strukturen von Sprachstörungen gleichermaßen in Mitleidenschaft gezogen werden, daß nicht alle Strukturen gleichermaßen leicht dekodierbar sind usw. Eine sprachliche Erscheinung ist dann *natürlich*, wenn sie „a) weit verbreitet ist und/oder b) relativ früh erworben wird und/oder c) gegenüber Sprachwandel relativ resistent ist oder durch Sprachwandel häufig entsteht etc." (MAYERTHALER, 1981, 2; WURZEL, 1984, 21, 194 f., 202). Der Gegenpol zur Natürlichkeit ist die Markiertheit: Natürlichkeit und Markiertheit sind umgekehrt proportional; eine Erscheinung ist um so natürlicher, je weniger sie markiert ist. Beide Prädikate sind relativ und graduierbar, so daß Natürlichkeit und Markiertheit als Endpunkte einer Skala (von maximal markiert bis maximal natürlich) verstanden werden können (vgl. MAYERTHALER, 1981, 2; WURZEL, 1984, 21, 194f., 202).

Die substantiellen Eigenschaften der Natürlichkeit und ihre Kriterien sind nicht genereller Art, sondern komponentenspezifisch, da sie vom Platz und von der Funktion der Komponenten im Sprachsystem abhängen. Auf diese Weise müssen phonologische und morphologische (gegebenenfalls auch syntaktische) Natürlichkeitsprinzipien unterschieden werden. Am Anfang stand – seit STAMPE (1969) – die Entwicklung einer Theorie der natürlichen Phonologie, seit der Mitte der 70er Jahre wurde das Natürlichkeitskonzept auf die Morphologie übertragen und eine natürliche Morphologie entwickelt (vgl. vor allem MAYERTHALER, 1981; WURZEL, 1984). In der *Phonologie* reflektiert die Natürlichkeit die artikulatorische und/oder perzeptive Einfachheit der phonologischen Strukturen (Sequenzen) und Regeln (d. h. den Grad der Belastung der Sprechorgane): Sie ist auf eine optimale Artikulation/Perzeption der sprachlichen Formen ausgerichtet und damit phonetisch motiviert. Phonologische Prozesse sind auf diese Weise als Prinzipien zur Reduktion der artikulatorischen/perzeptiven Belastung charakterisierbar. *Morphologische* Natürlichkeit ist von anderer Art: Sie ist auf eine optimale Symbolisierung grammatischer Kategorien in den sprachlichen Formen ausgerichtet, also semiotisch motiviert. Als Natürlichkeitsprinzipien in der Morphologie sind herausgearbeitet worden der konstruktionelle Ikonismus (semantische Asymmetrie wird in einer Asymmetrie der Symbolisierung abgebildet, einem semantischen „Mehr" entspricht ein „Mehr" in der formalen Symbolisierung), die Uniformität (einer Form entspricht eine Funktion) und die Transparenz (keine polyfunktionalen, sondern nur monofunktionale Flexive/ Derivative). Eine morphologische Form ist dann natürlich, wenn sie ikonisch, uniform und transparent ist (vgl. MAYERTHALER, 1981, 21 ff.; WURZEL, 1984, 22 ff., 202 ff.). Ikonismus, Uniformität und Transparenz spielen in der natürlichen Morphologie eine ähnliche Rolle wie das Prinzip der artikulatorischen/perzeptiven Einfachheit in der natürlichen Phonologie.

Da in der Regel nicht gleichzeitig ein Maximum an phonologischer Natürlichkeit als auch ein Maximum an morphologischer Natürlichkeit realisiert werden kann (sondern sich einer der beiden Typen auf Kosten des anderen durchsetzt), ergeben sich Natürlichkeitskonflikte, die sich als Widersprüche auswirken und eine innersprachliche Motivation für die Entwicklung der natürlichen Sprachen darstellen. Insgesamt ist es (bei aller komponentenspezifischer Unterschiedlichkeit der Natürlichkeitsprinzipien und ihren sich daraus ergebenden Widersprüchen) das Ziel der natürlichen Grammatik, (a) *alle* sprachlichen Erscheinungen im Hinblick auf ihre Natürlichkeit zu bewerten (also keineswegs etwa nur die „natürlichen" Erscheinungen darzustellen), (b) auf diese Weise die grammatischen Erscheinungen zu *erklären* und (c) Vorhersagen zur *Entwicklung* (und Veränderung) innerhalb grammatischer Teilsysteme und des gesamten grammatischen Systems zu machen (vgl. WURZEL, 1984, 19f., 30, 194ff.).

Literaturverzeichnis zu Kap. 1

ABA'EV, V. I.: Lingvističeskij modernizm kak degumanizacija nauki o jazyke. In: Voprosy Jazykoznanija 3/1965
ABRAHAM, W. (Hrsg.): Kasustheorie. Frankfurt (Main) 1971
ABRAHAM, W.: Nachwort. In: Kasustheorie. Hrsg. W. Abraham. Frankfurt (Main) 1971
ABRAHAM, W.: Tiefenstrukturkasus und ihre Oberflächenrealisation bei zweiwertigen Verben im Deutschen. In: Leuvense Bijdragen 61/1972
ABRAHAM, W.: Valence, Semantic Case and Grammatical Relations. Amsterdam 1978
ABRAHAM, W.: Einleitung. In: Generative Semantik. Hrsg. W. ABRAHAM/R. BINNICK. Wiesbaden 1979. S. VII ff. (1979a)
ABRAHAM, W.: Zu John Robert Ross „Über deklarative Sätze". In: Generative Semantik. Hrsg. W. ABRAHAM/R. BINNICK. Wiesbaden 1979, S. 279 ff. (1979b)
ABRAHAM, W./BINNICK, R. (Hrsg.): Generative Semantik. Wiesbaden 1979
ACHMANOVA, O. S./KRASNOVA, I. E.: Zur Methodologie der Sprachwissenschaft. In: Linguistische Studien B/6. Berlin 1979. S. 1 ff. Russisch: Voprosy Jazykoznanija 6/1974
ADJUKIEWICZ, K.: Die syntaktische Konnexität. In: Studia Philosophica. Commentarii Societatis Philosophicae Polnorum I. Lwow 1935. S. 1 ff.
ADMONI, V. G.: Opyt klassifikacii grammatičeskich teorij v sovremennom jazykoznanii. In: Voprosy Jazykoznanija 5/1971
ADMONI, V. G.: Die Satzmodelle und die logisch-grammatischen Typen des Satzes. In: Deutsch als Fremdsprache 1/1974
ALBRECHT, E.: Bestimmt die Sprache unser Weltbild? Zur Kritik der gegenwärtigen bürgerlichen Sprachphilosophie. Berlin 1972
ALBRECHT, E.: Sprache und Philosophie. Berlin 1975
ALLGEMEINE GRUNDSÄTZE DER SPRACHKULTUR (1932). In: Grundlagen der Sprachkultur. Hrsg. J. SCHARNHORST/E. ISING. Teil 1. Berlin 1976. S. 74 ff.
ALTHAUS, H. P./HENNE, H./WIEGAND, H. E. (Hrsg.): Lexikon der Germanistischen Linguistik. 3 Bände. Tübingen[1] 1973; 4 Bände. Tübingen[2] 1980 (neubearbeitet)
ANDERSON, J. M.: The Grammar of Case. Towards a Localistic Theory. Cambridge 1971
ARENS, H.: Geschichte der Linguistik. In: Lexikon der Germanistischen Linguistik. Hrsg. H. P. ALTHAUS/H. HENNE/H. E. WIEGAND. Tübingen 1980. Band I. S. 97 ff.
ARUTJUNOVA, N. D.: Problemy sintaksisa i semantiki v rabotach Ch. Fillmora. In: Voprosy Jazykoznanija 1/1973

BAHNER, W.: Theoretische und methodologische Aspekte in der Historiographie der Sprachwissenschaft. In: Deutsche Zeitschrift für Philosophie 11/1981. S. 1281 ff. (1981a)
BAHNER, W.: Kontinuität und Diskontinuität in der Geschichte der Sprachwissenschaft. In: Linguistische Studien A/86. Berlin 1981. S. 1 ff. (1981b)
BARCHUDAROV, L. S.: Ponjatija poverchnostnoj i glubinnoj struktury v svete „allo-emičeskoj" modeli jazykovych edinic. In: Tezisy naučnoj konferencii „Glubinnye i poverchnostnye struktury v jazyke". Moskva 1972
BAR-HILLEL, Y.: On recursive definitions in empirical science. In: Proceedings of the 11th International Congress of Philosophy. Bd. 5. Brüssel 1953. S. 10 ff.
BARTSCH, R./VENNEMANN, Th.: Semantic Structures. A Study in the Relation between Semantics and Syntax. Frankfurt (Main) 1972
BARTSCH, R./VENNEMANN, Th.: Sprachtheorie. In: Lexikon der Germanistischen Linguistik. Hrsg. H. P. ALTHAUS/H. HENNE/H. E. WIEGAND. Tübingen 1973. S. 34 ff.
BARTSCH, R./VENNEMANN, Th.: Sprachtheorie. In: Lexikon der Germanistischen Linguistik. Hrsg. H. P. ALTHAUS/H. HENNE/H. E. WIEGAND. Tübingen [2]1980
BARTSCH, R./VENNEMANN, Th.: Grundzüge der Sprachtheorie. Eine linguistische Einführung. Tübingen 1982

BEREZIN, F. M.: Istorija sovetskogo jazykoznanija. Chrestomatija. Moskva 1981. Deutsche Übersetzung: Reader zur Geschichte der sowjetischen Sprachwissenschaft. Leipzig 1984

BEVER, T. G.: The Cognitive Basis for Linguistic Structures. In: Cognition and the Development of Language. Hrsg. J. R. HAYES. New York 1971

BIERWISCH, M.: Struktur und Funktion von Varianten im Sprachsystem. In: Linguistische Studien A/19. Berlin 1975. S. 65 ff.

BIERWISCH, M.: Wörtliche Bedeutung – eine pragmatische Gretchenfrage. In: Sprache und Pragmatik. Lunder Symposium 1978. Hrsg. I. ROSENGREN. Lund 1979. S. 63 ff. Auch enthalten in: Sprechakttheorie und Semantik. Hrsg. G. GREWENDORF. Frankfurt (Main) 1979. S. 119 ff. Ebenso in: Linguistische Studien A/60. Berlin 1979

BIERWISCH, M.: Semantische und konzeptuelle Repräsentation lexikalischer Einheiten. In: Untersuchungen zur Semantik. Hrsg. R. RŮŽIČKA/W. MOTSCH. Berlin 1983. S. 61 ff. (1983 a)

BIERWISCH, M.: Psychologische Aspekte der Semantik natürlicher Sprachen. In: Richtungen der modernen Semantikforschung. Hrsg. W. MOTSCH/D. VIEHWEGER. Berlin 1983. S. 15 ff. (1983 b)

BIERWISCH, M., u. a.: Grammatiktheorie, Sprachtheorie und Weltanschauung. Bemerkungen über das Verhältnis der marxistisch-leninistischen Sprachwissenschaft zur generativen Transformationsgrammatik N. Chomskys. In: Linguistische Studien A/1. Berlin 1973. S. 1 ff.

BINNICK, R. I.: Zur Entwicklung der generativen Semantik. In: Generative Semantik. Hrsg. W. ABRAHAM/R. I. BINNICK. Wiesbaden 1979. S. 1 ff.

BLANSITT, E. L.: Stimulus as a Semantic Role. In: Valence, Semantic Case and Grammatical Relations. Hrsg. W. ABRAHAM. Amsterdam 1978. S. 311 ff.

BLOOMFIELD, L.: Language. London 1955

BRESNAN, J.: A realistic transformational grammar. In: Linguistic theory and psychological reality. Hrsg. M. HALLE/J. BRESNAN/G. A. MILLER. Cambridge/Mass. 1978

BRINKMANN, H.: Die deutsche Sprache. Gestalt und Leistung. Düsseldorf 1971

BUDAGOV, R. A.: O predmete jazykoznanija. In: Izvestija AN SSSR. Serija lit. i jazyka 1972

BUDAGOV, R. A.: Bor'ba idej i napravlenij v jazykoznanii našego vremeni. Moskva 1978

BÜNTING, K.-D./PAPROTTÉ, W.: Methodik der Linguistik. In: Lexikon der Germanistischen Linguistik. Hrsg. H. P. ALTHAUS/H. HENNE/H. E. WIEGAND. Tübingen 1973. S. 55 ff.

CHAFE, W.: Bedeutung und Sprachstruktur, Berlin 1976

CHESTERMANN, A.: Contrastive Generative Grammar and the Psycholinguistic Fallacy. In: Papers and Studies in Contrastive Linguistics XI. Poznań 1980

CHOMSKY, N.: Syntactic Structures. 's Gravenhage 1957

CHOMSKY, N.: Aspekte der Syntax-Theorie. Frankfurt (Main)/Berlin 1969 (1969 a). Englisches Original: Aspects of the Theory of Syntax. Cambridge/Mass. 1965

CHOMSKY, N.: Cartesian Linguistics. New York/London 1966. Deutsche Übersetzung: Cartesianische Linguistik. Tübingen 1981 (1981 a)

CHOMSKY, N.: Language and Mind. New York/Chicago/San Francisco/Atlanta 1968. Deutsche Übersetzung: Sprache und Geist. Frankfurt (Main) 1970 (1970 a)

CHOMSKY, N.: Linguistics and Politics. Interview in: New Left Review. September/Oktober 1969. S. 21 ff. (1969 b)

CHOMSKY, N.: American Power and the New Mandarins. New York 1969 (1969 c)

CHOMSKY, N.: At War with Asia. New York/ London 1970 (1970 b)

CHOMSKY, N.: Remarks on nominalisation. In: Readings in English Transformational Grammar. Hrsg. R. A. JACOBS/P. S. ROSENBAUM. Waltham, Mass. 1970 (1970 c)

CHOMSKY, N.: Deep Structure, Surface Structure, and Semantic Interpretation. In: N. Chomsky: Studies on Semantics in Generative Grammar. The Hague/Paris 1972. S. 62 ff.

CHOMSKY, N.: Reflections on Language. London 1976

CHOMSKY, N.: Problems of knowledge and freedom. Cambridge o. J.
CHOMSKY, N.: Language and Responsibility. New York 1979. Deutsche Übersetzung: Sprache und Verantwortung. Frankfurt (Main)/Berlin (West)/Wien 1981 (1981 b)
CHOMSKY, N.: Rules and Representations. Columbia 1980. Deutsche Übersetzung: Regeln und Repräsentationen. Frankfurt (Main) 1981 (1981 c)
CHOMSKY, N.: Lectures on Government and Binding. Dordrecht (Holland)/Cinnaminson (USA) 1981 (1981 d)
CONRAD, R.: Zu einigen theoretischen und methodologischen Aspekten der Tätigkeitsauffassung der Sprache. In: Zeitschrift für Phonetik, Sprachwissenschaft und Kommunikationsforschung 5/1978. S. 542 ff.
CONRAD, R./STEUBE, A.: Über den Begriff der Sprachkompetenz und seine Beziehung zur Theorie der Grammatik. In: Linguistische Arbeitsberichte 4. Leipzig 1971. S. 28 ff.
COOK, W. A.: A Case Grammar Matrix Model (and its Application to a Hemingway Text). In: Valence, Semantic Case and Grammatical Relations. Hrsg. W. ABRAHAM. Amsterdam 1978. S. 295 ff.
COSERIU, E.: Sprache. Strukturen und Funktionen. 12 Aufsätze. Tübingen 1971

DANEŠ, F.: The Relation of Centre and Periphery as a Language Universal. In: Travaux Linguistiques de Prague. 2. Band. Prague 1966
DANEŠ, F. (Hrsg.): Papers on Functional Sentence Perspective. Praha 1974
DANEŠ, F.: Zur Theorie des sprachlichen Zeichensystems. In: Grundlagen der Sprachkultur. Hrsg. J. SCHARNHORST/E. ISING. Teil 2. Berlin 1982. S. 132 ff.
DOBRUŠIN, R. L.: Matematizacija lingvistiki. In: Izvestija AN SSSR. Serija literatury i jazyka 5/1973

FEUDEL, G.: Methodologie und Ideologie in der Sprachwissenschaft. In: Linguistische Studien A/62/II. Berlin 1979. S. 67 ff.
FIGGE, U. L.: Geschichte der Linguistik. In: Perspektiven der Linguistik. Hrsg. W. A. KOCH. Stuttgart 1974. Bd. 2. S. 178 ff.
FILIN, F. P.: Zu einigen philosophischen Fragen der Sprachwissenschaft. Als: Linguistische Studien B/1. Berlin 1973
FILIPEC, J.: Sprachkultur und Lexikographie. In: Grundlagen der Sprachkultur. Hrsg. J. SCHARNHORST/E. ISING. Teil 2. Berlin 1982. S. 174 ff.
FILLMORE, Ch. J.: The Case for Case. In: Universals in Linguistic Theory. Hrsg. E. BACH/R. T. HARMS. New York u. a. 1968. S. 1 ff. (1968 a). Deutsche Übersetzung als: Plädoyer für Kasus. In: Kasustheorie. Hrsg. W. ABRAHAM. Frankfurt (Main) 1971. S. 1 ff. (1971 a)
FILLMORE, Ch. J.: Lexical Entries for Verbs. In: Foundations of Language 4/1968 (1968 b)
FILLMORE, Ch. J.: Toward a Modern Theory of Case. In: Modern Studies in English. Readings in Transformational Grammar. Hrsg. D. A. REIBEL/S. D. SCHANE. New Jersey 1969 (1969 a)
FILLMORE, Ch. J.: Types of lexical information. In: Studies in Syntax and Semantics. Dordrecht 1969 (1969 b)
FILLMORE, Ch. J.: Some problems for case grammar. In: Monograph Series on languages and linguistics 24. Georgetown 1971 (1971 b)
FILLMORE, Ch. J.: The case for case reopened. In: Kasustheorie, Klassifikation, semantische Interpretation. Hrsg. K. HEGER/J. S. PETÖFI. Hamburg 1977. S. 3 ff. Deutsche Übersetzung: Die Wiedereröffnung des Plädoyers für Kasus. In: Beiträge zum Stand der Kasustheorie. Hrsg. J. PLEINES. Tübingen 1981. S. 13 ff.
FINKE, P.: Linguistik – eine Form wissenschaftlicher Kommunikation. In: Methodologie der Sprachwissenschaft. Hrsg. M. SCHECKER. Hamburg 1976. S. 25 ff.
FINKE, P.: Aristoteles, Kant, Fillmore. Ein Diskussionsbeitrag zur Metaphysik der Kasus-

grammatik. In: Kasustheorie, Klassifikation, semantische Interpretation. Hrsg. K. HEGER/J. S. PETÖFI. Hamburg 1977. S. 27 ff.

FLEISCHER, W.: Ideologie und Sprache. In: Deutsche Zeitschrift für Philosophie 11/1981. S. 1329 ff.

FODOR, J. A./KATZ, J. J.: The Structure of Language. In: Readings in the Philosophy of Language. New Jersey 1965

FUNK-KOLLEG SPRACHE. Eine Einführung in die moderne Linguistik. Hrsg. K. BAUMGÄRTNER/H. STEGER. 2 Bände. Frankfurt (Main) 1973

GALPERIN, P. J.: Die Entwicklung der Untersuchungen über die Bildung geistiger Operationen. In: Ergebnisse der sowjetischen Psychologie. Berlin 1967. S. 367 ff.

GEBAUER, H.: Montague-Grammatik. Eine Einführung mit Anwendungen auf das Deutsche. Tübingen 1978

GLADKIJ, A. V./MEL'ČUK, I. A.: Elemente der mathematischen Linguistik. Berlin 1973

GREWENDORF, G.: Sprache ohne Kontext. Zur Kritik der performativen Analyse. In: Linguistische Pragmatik. Hrsg. D. WUNDERLICH. Frankfurt (Main) 1972. S. 144 ff.

GREWENDORF, G. (Hrsg.): Sprechakttheorie und Semantik. Frankfurt (Main) 1979

HARTUNG, W.: Über Sinn und Inhalt der marxistisch-leninistischen Sprachauffassung. In: Linguistische Studien A/2. Berlin 1973. S. 66 ff. (1973 a)

HARTUNG, W.: Zum Verhältnis von Gesellschaftsstruktur und kommunikativen Beziehungen. In: Linguistische Studien A/2. Berlin 1973. S. 138 ff. (1973 b)

HARTUNG, W.: Die gesellschaftliche Determiniertheit der Sprache und Kommunikation in der Sicht des Strukturalismus und der generativen Grammatik. In: Zeitschrift für Phonetik, Sprachwissenschaft und Kommunikationsforschung 3–4/1973. S. 260 ff. (1973 c)

HARTUNG, W., u. a.: Sprachliche Kommunikation und Gesellschaft. Berlin 1974 (1974 a)

HARTUNG, W.: Zu einigen Grundfragen des gesellschaftlichen Charakters der sprachlichen Kommunikation. In: Linguistische Studien A/8. Berlin 1974. S. 1 ff. (1974 b)

HARTUNG, W.: Kritische Anmerkungen zur Rolle der Kommunikation in der Gesellschaftstheorie von Jürgen Habermas. In: Linguistische Studien A/8. Berlin 1974. S. 85 ff. (1974 c)

HARTUNG, W.: Methodologische Voraussetzungen für die Erforschung des gesellschaftlichen Wesens der Sprache. In: Zeitschrift für Phonetik, Sprachwissenschaft und Kommunikationsforschung 5/1978. S. 524 ff.

HARTUNG, W.: Sprachliche Varianten und ihre Systematisierbarkeit. In: Linguistische Studien A/60. Berlin 1979. S. 1 ff. (1979 a)

HARTUNG, W.: Der gesellschaftliche Charakter der Sprache als Gegenstand linguistischer Forschung. In: Linguistische Studien A/62/II. Berlin 1979. S. 16 ff. (1979 b)

HARTUNG, W.: Theoretische Positionen zur sprachlichen Differenziertheit. In: Linguistische Studien A/72/I. Berlin 1980. S. 1 ff.

HARTUNG, W.: Über die Gesellschaftlichkeit der Sprache. In: Deutsche Zeitschrift für Philosophie 11/1981. S. 1302 ff.

HARTUNG, W./SCHÖNFELD, H., u. a.: Kommunikation und Sprachvariation. Berlin 1981

HAVRÁNEK, B.: Die Aufgaben der Literatursprache und die Sprachkultur (1932). In: Grundlagen der Sprachkultur. Hrsg. J. SCHARNHORST/E. ISING. Teil 1. Berlin 1976. S. 103 ff.

HAVRÁNEK, B.: Zum Problem der Norm in der heutigen Sprachwissenschaft und Sprachkultur (1936). In: Grundlagen der Sprachkultur. Hrsg. J. SCHARNHORST/E. ISING. Teil 1. Berlin 1976. S. 142 ff.

HAVRÁNEK, B.: Die funktionale Schichtung in der Literatursprache (1942). In: Grundlagen der Sprachkultur. Hrsg. J. SCHARNHORST/E. ISING. Teil 1. Berlin 1976. S. 150 ff.

HAVRÁNEK, B.: Theoretische und methodologische Erfahrungen bei der Entwicklung der

marxistischen Sprachwissenschaft (1962). In: Grundlagen der Sprachkultur. Hrsg. J. SCHARNHORST/E. ISING. Teil 1. Berlin 1976. S. 310 ff.
HEIDOLPH, K.-E.: Syntaktische Funktionen und semantische Rollen (I). In: Linguistische Studien A/35. Berlin 1977
HEIDOLPH, K. E./FLÄMIG, W./MOTSCH, W., u. a.: Grundzüge einer deutschen Grammatik. Berlin 1981
HEINEMANN, W.: Negation und Negierung. Leipzig 1983
HELBIG, G.: Valenz und Tiefenstruktur. In: Deutsch als Fremdsprache 3/1969. S. 159 ff.
HELBIG, G.: Geschichte der neueren Sprachwissenschaft. Unter dem besonderen Aspekt der Grammatik-Theorie. Leipzig 1970
HELBIG, G.: Zum Verhältnis von Grammatik und Fremdsprachenunterricht. In: Deutsch als Fremdsprache 1/1972
HELBIG, G.: Die Funktionen der substantivischen Kasus in der deutschen Gegenwartssprache. Halle 1973
HELBIG, G.: Zu einigen philosophischen Fragen der gegenwärtigen Sprachwissenschaft (Kritische Anmerkungen zu bürgerlichen Sprachauffassungen). In: Zeitschrift für Phonetik, Sprachwissenschaft und Kommunikationsforschung 5-6/1976 (1976 a)
HELBIG, G.: Valenz, Semantik und Satzmodelle. In: Deutsch als Fremdsprache 2/1976 (1976 b)
HELBIG, G.: Bemerkungen zur Klassifikation grammatischer Theorien. In: Kwartalnik Neofilologiczny 2-3/1977 (1977 a)
HELBIG, G.: Zur semantischen Charakteristik der Argumente des Prädikats. In: Probleme der Bedeutung und Kombinierbarkeit im Deutschen. Hrsg. G. HELBIG. Leipzig 1977. S. 40 f. (1977 b)
HELBIG, G.: Zum Problem der „verallgemeinerten grammatischen Bedeutung" und der Semantik morphosyntaktischer Formen. In: Linguistische Arbeitsberichte 23. Leipzig 1978. S. 31 ff.
HELBIG, G.: Grammatik aus kommunikativ-pragmatischer Sicht? In: Sprache und Pragmatik. Lunder Symposium 1978. Hrsg. I. ROSENGREN. Lund 1979 (1979 a)
HELBIG, G.: Abschließende Zusammenfassung. In: Sprache und Pragmatik. Lunder Symposium 1978. Hrsg. I. ROSENGREN. Lund 1979 (1979 b)
HELBIG, G.: Zum Status der Valenz und der semantischen Kasus. In: Deutsch als Fremdsprache 2/1979. S. 65 ff. (1979 c)
HELBIG, G.: Sprachwissenschaft – Konfrontation – Fremdsprachenunterricht. Leipzig 1981
HELBIG, G.: Valenz – Satzglieder – semantische Kasus – Satzmodelle. Leipzig 1982
HELBIG, G.: Valenz und Lexikographie. In: Deutsch als Fremdsprache 3/1983. S. 137 ff. (1983 a)
HELBIG, G.: Zur Bedeutung und zu den Grenzen der Linguistik für den Fremdsprachenunterricht. In: Glottodidactica XVI/1983. S. 5 ff. (1983 b)
HELBIG, G./BUSCHA, J.: Deutsche Grammatik – Ein Handbuch für den Ausländerunterricht. Leipzig 1972
HELBIG, G./SCHENKEL, W.: Wörterbuch zur Valenz und Distribution deutscher Verben. Leipzig 1973
HÖRZ, H.: Widerspiegelung, Kommunikation und Sprache. In: Deutsche Zeitschrift für Philosophie 11/1981. S. 1315 ff.
HORÁLEK, K.: Zur Anwendung neuer Methoden in der marxistischen Sprachwissenschaft (1962). In: Grundlagen der Sprachkultur. Hrsg. J. SCHARNHORST/E. ISING. Teil 1. Berlin 1976. S. 325 ff.
HORÁLEK, K.: Zur Geschichte der Prager Linguistik und ihrer internationalen Wirkung (1976). In: Grundlagen der Sprachkultur. Hrsg. J. SCHARNHORST/E. ISING. Teil 1. Berlin 1976. S. 24 ff.
HORÁLEK, K.: Die Entstehung der funktionalen Sprachwissenschaft und ihr Beitrag zur

Theorie der Sprachkultur. In: Grundlagen der Sprachkultur. Hrsg. J. Scharnhorst/ E. Ising. Teil 2. Berlin 1982. S. 11 ff.

IMHASLY, B./MARFURT, B./PORTMANN, P.: Konzepte der Linguistik. Eine Einführung. Wiesbaden 1979

IVIĆ, M.: Geschichte der Linguistik. In: Lexikon der Germanistischen Linguistik. Hrsg. H. P. ALTHAUS/H. HENNE/H. E. WIEGAND. Tübingen 1973. S. 80 ff.

JACKENDOFF, R.: Grammar as Evidence for Conceptual Structure. In: Linguistic theory and psychological reality. Hrsg. M. HALLE/J. BRESNAN/G. A. MILLER. Cambridge/Mass. 1978

JÄGER, G.: Einige Bemerkungen zum Problem der Repräsentationsebenen aus der Sicht des Sprachvergleichs. In: Linguistische Studien A/29/1. Berlin 1976. S. 1 ff.

JUDIN, E. G.: Die Tätigkeit als erklärendes Prinzip und als Gegenstand wissenschaftlicher Untersuchungen. In: Sowjetwissenschaft. Gesellschaftswissenschaftliche Beiträge 3/1977. S. 293 ff.

JUDIN, E. G.: Das Prinzip der Tätigkeit in Philosophie und Wissenschaft. In: Grundfragen einer Theorie der sprachlichen Tätigkeit. Hrsg. D. VIEHWEGER. Berlin 1984. S. 216 ff.

KANNEGIESSER, K./ ROCHHAUSEN, R./THOM, A.: Entwicklungsprobleme einer marxistisch-leninistischen philosophischen Wissenschaftstheorie. In: Deutsche Zeitschrift für Philosophie 9/1969. S. 1054 ff.

KANNGIESSER, S.: Spracherklärungen und Sprachbeschreibungen. In: Wissenschaftstheorie der Linguistik. Hrsg. D. WUNDERLICH. Kronberg 1976. S. 106 ff.

KATZ, J. J.: The Philosophy of Language. New York 1966

KATZ, J.J.: Propositional Structure and Illocutionary Force. A Study of the Contribution of Sentence Meaning to Speech Acts. The Harvester Press 1977

KATZ, J. J./FODOR, J. A.: The Structure of a Semantic Theory. In: Language 2/1963. Auch in: The Structure of Language. Hrsg. J. A. FODOR/J. J. KATZ. New Jersey 1965

KATZ, J. J./POSTAL, P. M.: An Integrated Theory of Linguistic Descriptions. Cambridge/Mass. 1964

KAZNELSON, S. D.: Sprachtypologie und Sprachdenken. Berlin 1974

KLAUS, G.: Die Macht des Wortes. Ein erkenntnistheoretisch-pragmatisches Traktat. Berlin 1965

KLAUS, G.: Sprache und Erkenntnis. Logisch-linguistische Analysen. Berlin 1967

KLAUS, G./BUHR, M. (Hrsg.): Philosophisches Wörterbuch. 2 Bände. Leipzig 1975

KLEINE ENZYKLOPÄDIE – DEUTSCHE SPRACHE. Hrsg. W. FLEISCHER/W. HARTUNG/J. SCHILDT/P. SUCHSLAND. Leipzig 1983

KOCH, W. A.: Tendenzen der Linguistik. In: Perspektiven der Linguistik. Hrsg. W. A. KOCH. Stuttgart 1974. S. 190 ff.

KOSING, A.: Die Entwicklung der marxistischen Erkenntnistheorie durch W. I. Lenin. In: Deutsche Zeitschrift für Philosophie. Sonderheft 1970

KUHN, Th. S.: Die Struktur wissenschaftlicher Revolutionen. Frankfurt (Main) 1967. Englisches Original: The Structure of Scientific Revolutions. Chicago 1962

KUHN, Th. S.: Neue Überlegungen zum Begriff des Paradigmas. In: Die Entstehung des Neuen. Hrsg. L. KRÜGER. Frankfurt (Main) 1977

LAITKO, H.: Wissenschaft und Praxis im Sozialismus und die wissenschaftliche Abbildung ihres Zusammenhangs. In: Deutsche Zeitschrift für Philosophie. Sonderheft 1973. S. 141 ff.

LAKOFF, G.: Instrumental Adverbs and the Concept of Deep Structure. In: Foundations of Language 4/1968

LAKOFF, G.: Linguistics and Natural Logics. Ann Arbor 1970

LAKOFF, G.: On Generative Semantics. In: Semantics. An Interdisciplinary Reader in Philosophy, Linguistics and Psychology. Hrsg. D. STEINBERG/L. A. JAKOBOVITS. Cambridge/Mass. 1971. S. 232 ff.
LAKOFF, G./ROSS, J. R.: „Ist Tiefenstruktur notwendig?". In: Generative Semantik. Hrsg. W. ABRAHAM/R. BINNICK. Wiesbaden 1979. S. 66 ff. Englisches Original: „Is Deep Structure Necessary?" (Hektogramm 1967)
LANG, E.: Die logische Form eines Satzes als Gegenstand der linguistischen Semantik. In: Richtungen der modernen Semantikforschung. Hrsg. W. MOTSCH/D. VIEHWEGER. Berlin 1983. S. 65 ff.
LANG, E./STEINITZ, R.: Können Satzadverbiale performativ gebraucht werden? In: Linguistische Studien A/42: Berlin 1977
LENIN, W. I.: Materialismus und Empiriokritizismus. Berlin 1949 (1949 a)
LENIN, W. I.: Aus dem philosophischen Nachlaß. Berlin 1949 (1949 b)
LEONT'EV, A. A.: Jazyk, reč', rečevaja dejatel'nost'. Moskva 1969
LEONT'EV, A. A.: Psycholinguistische Einheiten und die Erzeugung sprachlicher Äußerungen. Berlin 1975
LEONT'EV, A. A.: Sprachliche Tätigkeit. In: Grundfragen einer Theorie der sprachlichen Tätigkeit. Hrsg. D. VIEHWEGER. Berlin 1984. S. 31 ff.
LEONT'EV, A. N.: Probleme der Entwicklung des Psychischen. Berlin 1967
LEONT'EV, A. N.: Der allgemeine Tätigkeitsbegriff. In: Grundfragen der sprachlichen Tätigkeit. Hrsg. D. VIEHWEGER. Berlin 1984. S. 13 ff.
LEONT'EV, A. N./LURIJA, A. R.: Die psychologischen Anschauungen L. S. Wygotskis. In: WYGOTSKI, L. S.: Denken und Sprechen. Berlin 1964
LEWIS, D.: General Semantics. In: Semantics of Natural Language. Hrsg. D. DAVIDSON/G. HARMAN. Dordrecht/Boston 1972. S. 169 ff.
LINK, G.: Montague-Grammatik. Die logischen Grundlagen. München 1979
LOMTEV, T. P.: Jazyk i reč'. In: Vestnik MGU. Ser. 7. No. 4. Moskva 1961
LOMTEV, T. P.: Obščee i russkoje jazykoznanie. Moskva 1976
LORENZ, W.: Zur Dialektik von Sprache und Denken. In: Deutsche Zeitschrift für Philosophie 11/1981. S. 1340 ff.
LYONS, J.: Chomsky. London 1970

MAAS, U./WUNDERLICH, D.: Pragmatik und sprachliches Handeln. Frankfurt (Main) 1972
MARTEN, R.: Zu einer philosophischen Fundierung der Pragmatik. In: Methodologie der Sprachwissenschaft. Hrsg. M. SCHECKER. Hamburg 1976. S. 219 ff.
MARX, K./ENGELS, F.: Werke. Band 1–39. Berlin 1961–1968
MASTERMAN, M.: Die Natur eines Paradigmas. In: Kritik und Erkenntnisfortschritt. Hrsg. I. LAKATOS/A. MUSGRAVE. Braunschweig 1974
MATHESIUS, W.: Über die Notwendigkeit der Stabilität in der Literatursprache (1932). In: Grundlagen der Sprachkultur. Hrsg. J. SCHARNHORST/E. ISING. Teil 1. Berlin 1976. S. 86 ff.
MAYERTHALER, W.: Morphologische Natürlichkeit. Wiesbaden 1981
MCCAWLEY, J. D.: The Role of Semantics in Grammar. In: Universals in Linguistic Theory. Hrsg. E. BACH/R. T. HARMS. New York u. a. 1968
MCCAWLEY, J. D.: Ein Programm für die Logik. In: Generative Semantik. Hrsg. W. ABRAHAM/R. BINNICK. Wiesbaden 1979. S. 157 ff.
MCCOY, A. M. B. C.: A Case Grammar Classification of Spanish Verbs. Michigan 1969 (hekt.)
MIGIRIN, V. N.: Methodologische Grundlagen der sowjetischen Sprachwissenschaft. In: Linguistische Studien B/6. Berlin 1979. S. 57 ff.
MONTAGUE, R./SCHNELLE, H.: Universale Grammatik, Braunschweig 1972. Englisches Original: Universal Grammar, In: Theoria 36/1970. S. 373 ff.
MONTAGUE, R.: Formal Philosophy. Selected Papers. New Haven 1974

MOSKAL'SKAJA, O. I.: Problemy sintaksičeskogo modelirovanija v sintaksise. In: Voprosy jazykoznanija 3/1973

MOSKAL'SKAJA, O. I.: Problemy sistemnogo opisanija sintaksisa. Moskva 1974. Deutsche Übersetzung: Probleme der systemhaften Beschreibung der Syntax. Leipzig 1978

MOTSCH, W.: Gedanken zum Verhältnis zwischen Linguistik, Psychologie und Fremdsprachenunterricht. In: Deutsch als Fremdsprache 4/1972. S. 213 ff.

MOTSCH, W.: Zur Kritik des sprachwissenschaftlichen Strukturalismus. Berlin 1974

MOTSCH, W.: Sprache als Handlungsinstrument. In: Linguistische Studien A/19. Berlin 1975. S. 1 ff.

MOTSCH, W.: Grammatiktheorie und sprachliche Wirklichkeit. In: Linguistische Studien A/40. Berlin 1977. S. 44 ff.

MOTSCH, W./VIEHWEGER, D. (Hrsg.): Richtungen der modernen Semantikforschung. Berlin 1983

MUKAŘOVSKÝ, J.: Über die Dichtersprache (1940). In: Grundlagen der Sprachkultur. Hrsg. J. SCHARNHORST/E. ISING. Teil 1. Berlin 1976. S. 162 ff.

NEUBERT, A.: Zur Determination des Sprachsystems. In: Wissensch. Zeitschrift der Karl-Marx-Universität Leipzig. GSR 2/1973

NEUBERT, A.: Zum Zusammenhang von Gegenstand, Fragestellung und Methodologie (am Beispiel der Sprache-Gesellschaft-Problematik). In: Zeitschrift für Phonetik, Sprachwissenschaft und Kommunikationsforschung 5/1978. S. 482 ff.

NEUBERT, A.: Die Sprache als unmittelbare Wirklichkeit des Gedankens? In: Deutsche Zeitschrift für Philosophie 11/1981. S. 1294 ff.

NEUMANN, W.: Rezension zu W. Jung – Grammatik der deutschen Sprache. In: Zeitschrift für Phonetik, Sprachwissenschaft und Kommunikationsforschung 4/1967

NEUMANN, W.: Ideologische und theoretische Fragen bei den Arbeiten zur marxistisch-leninistischen Sprachtheorie. In: Zeitschrift für Phonetik, Sprachwissenschaft und Kommunikationsforschung 3–4/1973. S. 276 ff. (1973 a)

NEUMANN, W.: Die Einheit des Marxismus-Leninismus als theoretisch-ideologische Grundlage für die Sprachwissenschaft. In: Potsdamer Forschungen A/6. Potsdam 1973. S. 16 ff. (1973 b)

NEUMANN, W.: Zeichen, Gedanke, Handlung. Zur linguistischen Fundierung des Zeichenbegriffs. In: Linguistische Studien A/10. Berlin 1974. S. 1 ff.

NEUMANN, W., u. a.: Theoretische Probleme der Sprachwissenschaft. 2 Teilbände. Berlin 1976

NEUMANN, W.: Über Probleme und Prozesse bei der Bestimmung des Gegenstandes der Linguistik. In: Linguistische Studien A/40. Berlin 1977. S. 5 ff. (1977 a)

NEUMANN, W.: Einige Bemerkungen zum Begriff der Laut-Bedeutungs-Zuordnung. In: Zeitschrift für Phonetik, Sprachwissenschaft und Kommunikationsforschung 1/1977. S. 3 ff. (1977 b)

NEUMANN, W./MOTSCH, W./WURZEL, W. U.: Fragen der Bestimmung von Gegenständen in linguistischen Theorien. In: Linguistische Studien A/62/I. Berlin 1979. S. 29 ff.

NEUMANN, W.: Hermeneutik und materialistische Dialektik bei der Untersuchung sprachlicher Tätigkeit. In: Linguistische Studien A/74. Berlin 1981. S. 1 ff. (1981 a)

NEUMANN, W.: Zur Einleitung. In: Zur Dialektik der Determinanten in der Geschichte der Sprachwissenschaft I. Als: Linguistische Studien A/86. Berlin 1981. S. I ff. (1981 b)

NILSEN, J. L. F.: Toward a Semantic Specification of Deep Case. The Hague/Paris 1972

OMAMOR, A. P.: Case Grammar and Viability. In: Valence, Semantic Case and Grammatical Relations. Hrsg. W. ABRAHAM. Amsterdam 1978. S. 261 ff.

PASCH, R.: Zum Status der Valenz. In: Linguistische Studien A/42. Berlin 1977
PASCH, R./ZIMMERMANN, I.: Die Rolle der Semantik in der Generativen Grammatik. In:

Richtungen der modernen Semantikforschung. Hrsg. W. MOTSCH/D. VIEHWEGER. Berlin 1983. S. 246 ff.

PLEINES, J.: Ist der Universalitätsanspruch der Kasusgrammatik berechtigt? In: Valence, Semantic Case and Grammatical Relations. Hrsg. W. ABRAHAM. Amsterdam 1978. S. 355 ff.

PLEINES, J. (Hrsg.): Beiträge zum Stand der Kasustheorie. Tübingen 1981

POLDRACK, H.: Kritische Bemerkungen zu Th. S. Kuhns Theorie der Wissenschaftsentwicklung. In: Deutsche Zeitschrift für Philosophie 2/1981. S. 231 ff.

PORUS, W. N.: „Die Struktur wissenschaftlicher Revolutionen" und die Dialektik der Wissenschaftsentwicklung (Zu philosophischen Aspekten der Konzeption der Wissenschaftsgeschichte von Thomas S. Kuhn). In: Sowjetwissenschaft. Gesellschaftswissenschaftliche Beiträge 1/1978. S. 29 ff.

POTTS, T. C.: Case Grammar as Componential Analysis. In: Valence, Semantic Case and Grammatical Relations. Hrsg. W. ABRAHAM. Amsterdam 1978. S. 399 ff.

RADDEN, G.: Can Area be taken out of the Waste-Basket? In: Valence, Semantic Case and Grammatical Relations. Hrsg. W. ABRAHAM. Amsterdam 1978. S. 327 ff.

RICKEN, U.: Zur Auseinandersetzung mit den philosophischen Grundlagen der generativen Transformationsgrammatik. In: Linguistische Studien A/2. Berlin 1973. S. 52 ff.

ROBINS, R. H.: Ideen- und Problemgeschichte der Sprachwissenschaft. Mit besonderer Berücksichtigung des 19. und 20. Jahrhunderts. Frankfurt (Main) 1973

ROBINSON, J.: The New Grammarians' Funeral. A critique of Noam Chomsky's linguistics. Cambridge/London/New York/Melbourne 1975

ROSENGREN, I.: Status und Funktion der tiefenstrukturellen Kasus. In: Beiträge zu Problemen der Satzglieder. Hrsg. G. HELBIG. Leipzig 1978 (1978 a)

ROSENGREN, I.: Die Beziehungen zwischen semantischen Kasusrelationen und syntaktischen Satzgliedfunktionen: Der freie Dativ. In: Valence, Semantic Case and Grammatical Relations. Hrsg. W. ABRAHAM. Amsterdam 1978. S. 377 ff. (1978 b)

ROSS, J. R.: On Declarative Sentences. In: Readings in English Transformational Grammar. Hrsg. R. A. JACOBS/P. S. ROSENBAUM. Cambridge/Mass. 1970. S. 222 ff.

RUBINSTEIN, S. L.: Prinzipien und Wege der Entwicklung der Psychologie. Berlin 1969

RUBINSTEIN, S. L.: Sein und Bewußtsein. Die Stellung des Psychischen im allgemeinen Zusammenhang der Erscheinungen der materiellen Welt. Berlin 1970

RŮŽIČKA, R.: Bemerkungen zum Strukturalismus. In: Linguistische Arbeitsberichte 2. Leipzig 1970. S. 76 ff. Auch in: Zeitschrift für Phonetik, Sprachwissenschaft und Kommunikationsforschung 5/1970

RŮŽIČKA, R.: Überlegungen zur marxistisch-leninistischen Sprachtheorie. In: Linguistische Arbeitsberichte 4. Leipzig 1971. S. 3 ff.

RŮŽIČKA, R.: Three Aspects of Valence. In: Valence, Semantic Case and Grammatical Relations. Hrsg. W. ABRAHAM. Amsterdam 1978. S. 47 ff. Auch in: Linguistische Arbeitsberichte 23. Leipzig 1978. S. 20 ff.

RŮŽIČKA, R. (unter Mitarbeit von R. CONRAD u. a.): Das Verhältnis von allgemeiner Methodologie und Methodologie der Sprachwissenschaft. In: Linguistische Studien A/62/I. Berlin 1979. S. 84 ff.

RŮŽIČKA, R.: Studien zum Verhältnis von Syntax und Semantik im modernen Russischen I. Berlin 1980

RŮŽIČKA, R.: Gesprächsstoff zwischen Philosophen und Linguisten. In: Deutsche Zeitschrift für Philosophie 11/1981. S. 1 370 ff.

RŮŽIČKA, R.: Autonomie und Interaktion von Syntax und Semantik. In: Untersuchungen zur Semantik. Hrsg. R. RŮŽIČKA/W. MOTSCH. Berlin 1983

RŮŽIČKA, R./MOTSCH, W. (Hrsg.): Untersuchungen zur Semantik. Als: Studia grammatica XXII. Berlin 1983

SAUSSURE, F. de: Grundfragen der allgemeinen Sprachwissenschaft. Hrsg. Ch. BALLY/A. SE-CHEHAYE. Berlin/Leipzig 1931

SCHARNHORST, J./ISING, E. (Hrsg.): Grundlagen der Sprachkultur. Beiträge der Prager Linguistik zur Sprachtheorie und Sprachpflege. Teil 1. Berlin 1976; Teil 2. Berlin 1982

SCHARNHORST, J./ISING, E.: Einführung. In: Grundlagen der Sprachkultur. Hrsg. J. SCHARNHORST/E. ISING. Teil 1. Berlin 1976. S. 9 ff.

SCHECKER, M. (Hrsg.): Methodologie der Sprachwissenschaft. Hamburg 1976

SCHECKER, M.: Einleitung. In: Methodologie der Sprachwissenschaft. Hrsg. M. SCHECKER. Hamburg 1976. S. 7 ff.

SCHIPPAN, Th.: Theoretische und methodische Positionen von Darstellungen zur Geschichte der Sprachwissenschaft. In: Zeitschrift für Phonetik, Sprachwissenschaft und Kommunikationsforschung 5/1978. S. 476 ff.

SCHIPPAN, Th.: Lexikologie der deutschen Gegenwartssprache. Leipzig 1984

SCHTSCHERBA, L. W.: Die drei Aspekte sprachlicher Erscheinungen und das Experiment in der Sprachwissenschaft. In: Linguistische Studien B/5. Berlin 1976

SEARLE, J.: Chomsky's Revolution in Linguistics. In: On Noam Chomsky. Critical Essays. Hrsg. G. HARMAN. New York 1974. S. 2 ff.

SERÉBRENNIKOW, B. A.: Der Zusammenhang zwischen der allgemeinen Methodologie der linguistischen Wissenschaft und den besonderen Methoden der linguistischen Forschung. In: Linguistische Studien B/3. Berlin 1973 (1973 a)

SERÉBRENNIKOW, B. A.: Über Entwicklungswege der Sprachwissenschaft. In: Izvestija AN SSSR. Serija literatury i jazyka 6/1973. S. 513 ff. (1973 b)

SERÉBRENNIKOW, B. A. (Hrsg.): Allgemeine Sprachwissenschaft. Band I bis III. Berlin 1975/76. Russisches Original: Obščee jazykoznanie. Moskva 1970/73

SERÉBRENNIKOW, B. A.: Über die materialistische Erforschung der Spracherscheinungen. In: Linguistische Studien A/62/I. Berlin 1979. S. 112 ff.

SÈVE, L.: Marxismus und Theorie der Persönlichkeit. Berlin 1972

SGALL, P.: Zur Frage der Ebenen im Sprachsystem. In: Travaux linguistiques de Prague 1. Prague 1966. S. 95 ff.

SGALL, P.: Aktanten, Satzglieder und Kasus. In: Beiträge zu Problemen der Satzglieder. Hrsg. G. HELBIG. Leipzig 1978

SKALIČKA, V.: Die Notwendigkeit einer Linguistik der ‚Parole' (1948). In: Grundlagen der Sprachkultur. Hrsg. J. SCHARNHORST/E. ISING. Teil 1. Berlin 1976. S. 296 ff.

SMIRNICKIJ, A. I.: Ob-ektivnost' suščestvovanija jazyka. In: Materialy k kursam jazykoznanija. MGU. Red. V. A. ZVEGINCEV. Moskva 1954. S. 12 ff.

STAMPE, D.: The acquisition of phonetic representation. In: Papers from the 5th Regional Meeting. Chicago Linguistic Society 1969

STAROSTA, St.: The One per Sent Solution. In: Valence, Semantic Case and Grammatical Relations. Hrsg. W. ABRAHAM. Amsterdam 1978. S. 459 ff.

STEINITZ, R.: Lexikalisches Wissen und die Struktur von Lexikon-Einträgen. In: Linguistische Studien A/116. Berlin 1984. S. 1 ff.

SUCHSLAND, P.: Gesellschaftliche Funktion und gesellschaftlicher Charakter der Sprache. In: Sprachpflege 10/1971

SUCHSLAND, P.: Rezension zu N. Chomsky – Aspekte der Syntax-Theorie. In: Deutsche Literaturzeitung 4–5/1972. S. 306 ff.

SUCHSLAND, P.: Überlegungen zum Systemaspekt der Sprache. In: Linguistische Studien A/2. Berlin 1973. S. 94 ff. (1973 a)

SUCHSLAND, P.: Einige Bemerkungen zur „cartesianischen" Fundierung der Sprachwissenschaft bei Chomsky als Ausdruck des philosophischen Idealismus in der spätbürgerlichen Linguistik. In: Synchronischer Sprachvergleich. Als: Wissenschaftliche Beiträge der Friedrich-Schiller-Universität Jena 1973. S. 93 ff. (1973 b)

SUCHSLAND, P.: Einige Bemerkungen über methodologische Probleme der marxistisch-leninistischen Sprachwissenschaft. In: Linguistische Studien A/40. Berlin 1977. S. 62 ff.

SUCHSLAND, P.: Grundlagen und Ziele der Jenaer Semantik-Syntax-Forschung in den kommenden Jahren. In: 1. Jenaer Semantik-Syntax-Symposium (5.–6. 2. 1981). Hrsg. Friedrich-Schiller-Universität Jena 1982. S. 9 ff.
SUCHSLAND, P.: Germanistische Grammatikforschung in der DDR – Versuch eines historischen Überblicks. In: Deutsch als Fremdsprache 1/1984. S. 1 ff.
THESEN DES PRAGER LINGUISTENKREISES ZUM I. INTERNATIONALEN SLAWISTENKONGRESS (1929). In: Grundlagen der Sprachkultur. Hrsg. J. SCHARNHORST/E. ISING. Teil 1. Berlin 1976. S. 43 ff.

VENNEMANN, Th.: Theoretical word order studies. Results and problems. In: Papiere zur Linguistik 7. Tübingen 1974. S. 5 ff.
VIEHWEGER, D., u. a.: Probleme der semantischen Analyse. Berlin 1977.
VIEHWEGER, D.: Semantik und Sprechakttheorie. In: Richtungen der modernen Semantikforschung. Hrsg. W. MOTSCH/D. VIEHWEGER. Berlin 1983. S. 145 ff.
VIEHWEGER, D. (Hrsg.): Grundfragen einer Theorie der sprachlichen Tätigkeit. Berlin 1984

WEISGERBER, L.: N. Chomsky am Wendepunkt? In: Wirkendes Wort 1971. S. 106 ff.
WEISGERBER, L.: Zum Ausgleich von generativer und energetischer Sprachbetrachtung. In: Wirkendes Wort 3/1972. S. 145 ff.
WEISGERBER, L.: Zweimal Sprache. Deutsche Linguistik 1973 – Energetische Sprachwissenschaft. Düsseldorf 1973
WITTICH, D.: Eine aufschlußreiche Quelle für das Verständnis der gesellschaftlichen Rolle des Denkens von Thomas S. Kuhn. In: Deutsche Zeitschrift für Philosophie 1/1978. S. 105 ff. (1978 a)
WITTICH, D.: Die gefesselte Dialektik. Zu den philosophischen Ideen des Wissenschaftstheoretikers Th. S. Kuhn. In: Deutsche Zeitschrift für Philosophie 6/1978. S. 785 ff. (1978 b)
WUNDERLICH, D.: Die Rolle der Pragmatik in der Linguistik. In: Der Deutschunterricht 4/1970. S. 5 ff.
WUNDERLICH, D.: Mannheimer Notizen zur Pragmatik. In: Pragmatik und sprachliches Handeln. Hrsg. U. MAAS/D. WUNDERLICH. Frankfurt (Main) 1972 (1972 a)
WUNDERLICH, D.: Disput über Linguistik. In: Linguistische Berichte 22/1972. S. 38 ff. (1972 b)
WUNDERLICH, D. (Hrsg.): Linguistische Pragmatik. Frankfurt (Main) 1972 (1972 c)
WUNDERLICH, D. (Hrsg.): Wissenschaftstheorie der Linguistik. Kronberg 1976
WURZEL, W. U.: Friedrich Engels als Linguist. In: Linguistische Studien A/1. Berlin 1973. S. 110 ff. Auch in: Zeitschrift für Phonetik, Sprachwissenschaft und Kommunikationsforschung 6/1973. S. 652 ff.
WURZEL, W. U.: Dialektischer Determinismus und Sprachsystem. In: Deutsche Zeitschrift für Philosophie 11/1981. S. 1 360 ff.
WURZEL, W. U.: Zur Dialektik im Sprachsystem. Widerspruch, Motiviertheit und Sprachveränderung. In: Deutsch als Fremdsprache 4/1984
WURZEL, W. U.: Flexionsmorphologie und Natürlichkeit. Berlin 1984
WYGOTSKI, L. S.: Denken und Sprechen. Berlin 1964

ZIMMERMANN, I.: Rezension zu Ch. J. Fillmore – Case for Case. In: ASG-Bericht Nr. 7. Berlin 1970 (1970 a)
ZIMMERMANN, I.: Die Funktionen der Nominalphrasen im Satz. In: ASG-Bericht Nr. 7. Berlin 1970. (1970 b)
ZVEGINCEV, B. A.: Jazyk i lingvističeskaja teorija. Moskva 1973

2. Richtungen der kommunikativ-pragmatisch orientierten Linguistik

2.1. Wesen und Erscheinungsformen der kommunikativ-pragmatischen Wende

2.1.1. Systemorientierte versus kommunikativ-pragmatisch orientierte Linguistik

Die grundsätzlichen Unterschiede zwischen systemorientierter und kommunikativ-pragmatisch orientierter Linguistik (zwischen einem „C-Paradigma" und einem „P-Paradigma" in der Sprachwissenschaft; vgl. dazu 1.1.2.) hat WUNDERLICH (1972, 38ff., 41ff.) in seinem „Disput über Linguistik" mit den wichtigsten Schwerpunkten der gegenseitigen Argumentation zusammengestellt. Die Linguisten des „P-Paradigmas" (z. B. MAAS) gehen davon aus.

(a) daß die Methoden der Sprachwissenschaft die Totalität der historisch gesellschaftlichen Fragestellungen nicht verstellen dürfen, sondern sie zu lösen versuchen müssen;
(b) daß die Sprachtheorie primär die Bedingungen des sprachlichen Handelns zu klären hat;
(c) daß formale Darstellungen nur dann gerechtfertigt sind, wenn sie unter spezifizierter Aufgabenstellung erfolgen;
(d) daß unter pädagogischem Aspekt (a) und (b) im Vordergrund stehen müssen (weil ungerechtfertigte Formalismen mitunter einen Fortschritt der Sprachwissenschaft suggerieren, der tatsächlich nicht besteht).

Die entsprechende Gegenargumentation seitens des „C-Paradigmas" (z. B. BAUMGÄRTNER) verläuft etwa in folgender Weise:

(a) In der Sprachwissenschaft müssen schrittweise Einzelprobleme abgegrenzt und für sich bearbeitet werden. Zwar ist Sprachgeschichte letztlich eingebettet in Sozial- und Gesellschaftsgeschichte, aber sie erscheint als solche weder in den einzelnen Kommunikationshandlungen noch im Bewußtsein der Sprecher.
(b) Im logischen Sinne primär ist für die Sprachtheorie, daß die Kommunizierenden (bevor sie kommunizieren und um zu kommunizieren) über instrumentelle Verfahren der Laut-Bedeutungs-Zuordnung verfügen (die als strukturelle Zusammenhänge abstraktiv erschlossen werden müssen).
(c) Die Fortschritte der Sprachwissenschaft und die Schärfung des Methodenbewußtseins waren nur möglich, weil umgangssprachliche Interpretationen

durch kontrollierbare formale Verfahren ergänzt wurden (auch wenn diese Verfahren ergänzungsbedürftig und -fähig sind).
(d) Die Sprachwissenschaft kann dem Lehrer gegenüber (z. Z. oder überhaupt nicht) keine didaktischen Vorschläge machen, sie kann ihn nur informieren.

WUNDERLICH selbst rechtfertigt das „P-Paradigma" (vgl. 1972, 43f.), weil das „C-Paradigma" die Sprachwissenschaft in der Konsequenz zu einer Nicht-Sozialwissenschaft bzw. Nicht-Gesellschaftswissenschaft reduziert (vgl. (a)) und weil Sprechen immer eine Form des Handelns und auf diese Weise auch mit nichtsprachlichem Handeln verbunden ist, somit auf Zusammenhänge hin orientiert ist, die nicht durch eine vorgängige (isolierte) Analyse des propositionalen Gehalts von Sätzen erfaßt werden können (vgl. (b)). In der Tat sind (a) und (b) die wesentlichen Unterscheidungsmerkmale zwischen den beiden Richtungen, während (c) lediglich eine Frage der Darstellung (vgl. dazu genauer unter 1.4.10.) und (d) eine (andere) Frage der Didaktisierung oder „Umsetzung" von Sprachwissenschaft ist (vgl. ausführlicher HELBIG, 1981) – beides Fragen, die u. E. weder in dieser alternativen Form beantwortet noch mit dem genannten Paradigmengegensatz notwendig gekoppelt werden können.

2.1.2. Ausdifferenzierung und Auffächerung der kommunikativ-pragmatischen Wende

Mit den unter (a) und (b) in 2.1.1. genannten Unterschieden ist zunächst etwas ausgesagt nur über das Wesen, noch nicht über die Erscheinungsformen der kommunikativ-pragmatischen Wende in der Sprachwissenschaft. Denn der umfassendere Gegenstandsbereich wurde von unterschiedlichen theoretischen und methodologischen Ansätzen her (die in den einzelnen Teilen von 2. vorgestellt und eingeschätzt werden sollen) in das Blickfeld gerückt, unterschiedlich im Ausgangspunkt, in der Zielstellung, im Ausbau und auch in der Komplexität der erfaßten Fragestellungen. Diese unterschiedlichen Ansätze können als Ausdifferenzierungen, Auffächerungen oder auch als Ausbuchstabierungen des kommunikativ-pragmatischen Bereichs angesehen werden (vgl. HELBIG, 1979, 391ff.).

Unter internationalem Aspekt am wesentlichsten sind die neuen Ansätze der Sprechakttheorie (oder „Pragmalinguistik"), der Soziolinguistik, der Psycholinguistik und der Texttheorie, die in übereinstimmender Weise davon ausgehen, daß die Sprache keine autonome Erscheinung ist, und die die Sprache folglich im Zusammenhang mit den Gegenstandsbereichen jeweils anderer Wissenschaften untersuchen (deshalb werden sie oft als „Bindestrich-Linguistiken" bezeichnet). Die *Sprechakttheorie* oder *Sprechhandlungstheorie* (z. T. auch „Pragmalinguistik" genannt, vgl. aber 2.1.3.) betrachtet die Sprache im Zusammenhang mit dem kommunikativen und gesellschaftlichen *Handeln*, begreift sie selbst als Form oder mindestens als Voraussetzung von Handeln und versucht dabei, einerseits die Erkenntnisse philosophischer und psychologischer *Handlungstheorien* auszuwerten und andererseits durch eigene Beiträge zu bereichern. Die *Soziolinguistik* geht der Bedeutung der Sprache für die Entstehung, Differenzierung und Entwicklung der *Gesellschaft* (Gesellschaftsstrukturen) nach und beschreibt das Verhältnis zwischen sprachlichen Existenzformen sowie sprachlichen Strukturen und Funktionen (bzw. deren Varianten) einerseits und Gruppen- bzw. Schichtenbildungen innerhalb der Gesellschaft andererseits; dabei muß sie auf theoretische, methodologische und empirische Erkenntnisse der *Gesellschaftstheorie* und *Soziologie* zurückgreifen. Die *Psycholinguistik* befaßt sich mit der Frage, inwieweit linguistische Kategorien eine Entsprechung im *Psychischen* (in psychischen Prozessen) haben, wie sprachliche Einheiten und Regeln erworben sowie durch psychische Tätigkeit realisiert werden; auf diese Weise steht sie in enger Beziehung zur *Psychologie*. Dazu kommt die *Textlinguistik*, die sich mit Voraussetzungen und Bedingungen für solche Äußerungen beschäftigt, die mehr als *einen* Satz umfassen, die auf diese Weise in letzter Konsequenz auf Erscheinungsformen von Sprache im weiteren Kontext von Situationen und Handlungen ausgerichtet ist (vgl. KLEINE ENZYKLOPÄDIE, 1983, 50; vgl. auch VIEHWEGER, 1984, 7 ff.).

Kennzeichnend für die genannten Disziplinen ist, daß die Sprachwissenschaft gegenwärtig auf verschiedenen Wegen bemüht ist, ihren spezifischen Aspekt unter anderen, zum großen Teil übergreifenden Gesichtspunkten zu sehen. Die *mikrolinguistische* Beschränkung auf grammatische Strukturprinzipien von Sätzen (und ihren Elementen) wird in zunehmendem Maße ersetzt durch komplexere Fragestellungen (nicht nur im Sinne einer additiven Erweiterung der Systemlinguistik, sondern verbunden mit einer Verschiebung des Stellenwertes im System der Sprachwissenschaft), die nur durch *makrolinguistisch* und *interdisziplinär* orientierte Querschnittswissenschaften zu bearbeiten sind. Diese Querschnittswissenschaften sind einerseits ein Symptom der sich mit der kommunikativ-pragmatischen Wende ergebenden integrativen Sichtweise, können aber andererseits – eben deshalb – als „Teildisziplinen" nicht starr voneinander getrennt werden (es gibt zahlreiche „Übergänge" zwischen ihnen): Sie sind eher spezifische *Zugänge* auf ein einheitliches Objekt, die (von einem jeweils dominierenden Aspekt aus) sich bemühen, den Gesamtgegenstand zu durchdringen (vgl. NEUMANN, 1977, 25 ff.; KLEINE ENZYKLOPÄDIE, 1983, 50).

2.1.3. Zum Terminus „Pragmalinguistik"

Einige Bemerkungen sind angebracht zum Terminus „Pragmalinguistik", da die Pragmalinguistik oft in eine Reihe mit den unter 2.1.2. genannten Querschnittsdisziplinen gestellt wird. Im Unterschied zu diesen Querschnittsdisziplinen ist der Terminus „Pragmalinguistik" jedoch noch übergreifender und hat Beziehungen zu mehreren der genannten Querschnittsdisziplinen (er verweist auf das weite Problemfeld, das mit der Orientierung auf den Handlungsaspekt schlechthin verbunden ist). Aus diesem Grunde wird der Terminus „Pragmalinguistik" bei einzelnen Autoren auch recht unterschiedlich verstanden (deshalb soll er von uns im folgenden weitgehend vermieden werden). Ohne Vollständigkeit anzustreben, sei auf einige Verwendungen hingewiesen: (1) Es wird – im Anschluß an ALTHAUS/HENNE (1971, 4) – unter „Pragmalinguistik" ein linguistischer Teilbereich der Pragmatik verstanden, d. h. der kommunikationsorientierte Teilbereich, der sprachliche Zeichen und Zeichenkombinationen im Kommunikationsprozeß beschreibt und zusammen mit der „Aktionspragmatik" den Gesamtbereich der „Sozialpragmatik" ausmacht (Pragmalinguistik + Aktionspragmatik = (Sozial-)Pragmatik). (2) Es wird unter dem Stichwort „Pragmalinguistik" oft das abgehandelt, was unter der Bezeichnung „Sprechakttheorie" oder „Sprachhandlungstheorie" bekannt ist (vgl. etwa KLEINE ENZYKLOPÄDIE, 1983, 50; vgl. auch GORSCHENEK/RUCKTÄSCHEL, 1983, 136 ff.). (3) Vielfach erscheint „Pragmalinguistik" als Bezeichnung für den kommunikationsorientierten Ansatz der „Textlinguistik" bzw. „Texttheorie" (nicht für den propositionalen Ansatz) (vgl. S. J. SCHMIDT, 1973, 233). (4) Manchmal taucht „Pragmalinguistik" als Synonym auf für pragmatisch orientierte Forschungsansätze nicht nur der Textlinguistik, sondern auch der Soziolinguistik und der Psycholinguistik (vgl. etwa BUSSMANN, 1983, 408). (5) Schließlich wird „Pragmalinguistik" zuweilen gleichgesetzt mit „Performanzlinguistik" (vgl. z. B. LEWANDOWSKI, 1979, 586). Wenn angesichts dieser Mehrdeutigkeit im folgenden auf den Terminus „Pragmalinguistik" weitgehend verzichtet wird, soll damit keineswegs der Handlungs- und Tätigkeitscharakter der sprachlichen Kommunikation eingeschränkt werden (vgl. genauer unter 1.4.5.). Vielmehr sollen die einzelnen Zugänge zu diesem Handlungsaspekt terminologisch möglichst deutlich voneinander abgehoben werden, die Zugänge, die dem Handlungs- und Tätigkeitsaspekt in unterschiedlich weiter und komplexer Weise gerecht werden.

Ähnlich weit und uneinheitlich sind die Auffassungen zum Begriff „Pragmatik" selbst (vgl. dazu HELBIG, 1979, 391 ff.). Selbst die von SCHLIEBEN-LANGE (1975, 9 ff.) zusammengestellten drei Haupttypen von Definitionen der Pragmatik ((1) = Lehre von der Zeichenverwendung (als klassisch-semiotische Auffassung); (2) = Linguistik des Dialogs (im Sinne der Gesprächsanalyse; vgl. 2.5.); (3) = Sprechhandlungstheorie (vgl. 2.3.)) sind nicht nur nicht ohne weiteres miteinander vereinbar, sondern decken wohl auch den Gegenstandsbereich einer linguistischen Pragmatik noch nicht völlig ab. Deshalb wird vielfach auch gegenwärtig noch auf eine genaue Definition von „Pragmatik" verzichtet und vorerst vorgezogen, das Umfeld der als pragmatisch aufzufassenden linguistischen Erscheinungen (wie es sich in den unter 2. dargestellten Richtungen reflektiert) abzustecken.

Literaturverzeichnis zu 2.1.

ALTHAUS, H. P./HENNE, H.: Sozialkompetenz und Sozialperformanz. In: Zeitschrift für Dialektologie und Linguistik 1/1971

BUSSMANN, H.: Lexikon der Sprachwissenschaft. Stuttgart 1983

GORSCHENEK, M./RUCKTÄSCHEL, A. (Hrsg.): Kritische Stichwörter zur Sprachdidaktik. München 1983

HELBIG, G.: Abschließende Zusammenfassung. In: Sprache und Pragmatik. Lunder Symposium 1978. Hrsg. I. ROSENGREN. Lund 1979. S. 391 ff.
HELBIG, G.: Sprachwissenschaft – Konfrontation – Fremdsprachenunterricht. Leipzig 1981

KLEINE ENZYKLOPÄDIE – DEUTSCHE SPRACHE. Hrsg. W. FLEISCHER/W. HARTUNG/J. SCHILDT/P. SUCHSLAND. Leipzig 1983

LEWANDOWSKI, Th.: Linguistisches Wörterbuch. Band 2. Heidelberg 1979

NEUMANN, W.: Probleme und Prozesse bei der Bestimmung des Gegenstandes der Linguistik. In: Linguistische Studien A/40. Berlin 1977. S. 5 ff.

SCHLIEBEN-LANGE, B.: Linguistische Pragmatik. Stuttgart/Berlin/Köln/Mainz 1975

SCHMIDT, S. J.: Texttheorie/Pragmalinguistik. In: Lexikon der Germanistischen Linguistik. Hrsg. P. ALTHAUS/H. HENNE/H. E. WIEGAND. Band II. Tübingen 1973. S. 233 ff.

VIEHWEGER, D. (Hrsg.): Grundfragen einer Theorie der sprachlichen Tätigkeit. Berlin 1984

WUNDERLICH, D.: Disput über Linguistik. In: Linguistische Berichte 22/1972. S. 38 ff.

2.2. Textlinguistik

2.2.1. Anstöße und Fragestellungen

In den letzten zwei Jahrzehnten ist eine umfangreiche Literatur erschienen, die sich in wissenschaftlicher Weise mit „Texten" beschäftigt (vgl. DRESSLER/ SCHMIDT, 1973; A. HELBIG, 1976/78), hat sich eine junge Disziplin der Sprachwissenschaft entwickelt, die als „Textlinguistik" (manchmal auch als „Textwissenschaft", „Textgrammatik" oder „Texttheorie") bezeichnet wird.

Die Anstöße für diese Entwicklung kamen von verschiedenen Seiten (vgl. VIEHWEGER, 1976, 195; VIEHWEGER, 1977, 103): Auf der einen Seite waren es gegenstandsinterne Ursachen, die den Blick auf den Text lenkten: Es gibt eine Vielzahl von sprachlichen Erscheinungen, die eine nur auf den Satz beschränkte Grammatik nicht zu erklären vermochte (z. B. die Artikelselektion, die Satzgliedstellung, die Pronominalisierungen und Proadverbialisierungen,

Tempusfolge, Anaphorika, Satzakzent, Intonation). Auf der anderen Seite waren es auch Anforderungen von außerhalb der Linguistik (vor allem aus Praxisbereichen wie der automatischen Verarbeitung natürlicher Sprachen, des Sprachunterrichts, der Automatisierung von Übersetzungsprozessen, der Ausbildung von Sprachmittlern, der Information, Dokumentation usw.), die diese Hinwendung zum Text begünstigten oder gar erforderten. Es entstand das Postulat, nicht den *Satz* – wie zumeist bisher –, sondern den *Text* als oberste sprachliche Einheit anzusehen, weil der Text an der Spitze der linguistischen Teilsysteme stehe (vgl. etwa PFÜTZE/WITTMERS, 1971, 4).

Gewiß hat die Linguistik dadurch neue Ansatzpunkte für die Untersuchung von Sachverhalten gefunden, die auf Satzebene nicht beschreibbar waren. Aus dem (zu) globalen Postulat von der Ersetzung des Satzes durch den Text als oberste linguistische Einheit darf man jedoch nicht schließen, daß die bisherige Grammatik den Hintergrund des Textes für die Erklärung von solchen Sachverhalten wie z. B. Artikelselektion oder Satzgliedstellung völlig ausgeschlossen hätte (sie hat ihn mindestens als *Kontext* eingeschlossen, wenn auch nicht als *Text* thematisiert); ebensowenig darf man daraus schließen, daß Satz und Text auf derselben Ebene einander zugeordnet werden können wie z. B. Wort und Satz.

Die Hinwendung zum Text führte zu Fragestellungen der Textlinguistik, die zunächst – vorläufig und ungeordnet – so umschrieben werden können (vgl. auch DRESSLER, 1973, 1 ff.). Was ist ein Text? Wodurch wird er konstituiert? Wodurch unterscheidet er sich von einer zufälligen Satzmenge? Wann ist ein Text abgeschlossen? Wie hängen die Sätze im Text miteinander zusammen? Welche hierarchischen Zwischenstufen gibt es zwischen Satz und Text (als Kandidaten werden z. B. genannt Kapitel, Absatz, Äußerung)? Wozu äußert man einen Text? In welchen außersprachlichen Kontexten ist ein Text erst sinnvoll? Wie wird ein Text vom Sender programmiert und aufgebaut, wie vom Empfänger verstanden? Schon die Aufzählung dieser und ähnlicher Fragen läßt die Komplexität des Objekts „Text" deutlich werden, läßt erkennen, daß dabei der Bereich der linguistischen Fragen im engeren Sinne überschritten wird, daß Fragen der Kommunikationssituation ebenso einbezogen werden wie psychologische, psycholinguistische und handlungstheoretische Probleme.

Analog zu den anderen Teildisziplinen der Sprachwissenschaft ergab sich auch für die Textlinguistik zunächst eine Gliederung in Textsemantik, Textpragmatik, Textsyntax und Textphonetik (vgl. DRESSLER, 1973, 4). Die *Textsemantik* hat zu fragen, was die Bedeutung eines Textes ist und wie sie sich konstituiert; die *Textpragmatik* hat zu untersuchen, was die Funktion eines Textes im (außersprachlichen) Kontext ist; die *Textsyntax* hat zu fragen, wie die Bedeutung eines Textes ausgedrückt ist, die *Textphonetik*, wie ein Text phonetisch charakterisiert ist. Alle vier Teildisziplinen können als verschiedene Dimensionen einer integrativen Textwissenschaft verstanden werden (vgl. PLETT, 1975, 52 ff.). Textsyntax und Textsemantik werden vielfach als Textgrammatik zusammengefaßt.

Sucht man nach Vorläufern der heutigen Textlinguistik, so muß man vor allem die Rhetorik, die Stilistik und die Auffassungen von der „funktionalen Satzperspektive" nennen (vgl. auch DRESSLER, 1973, 5ff.). Die Rhetorik war freilich kaum an der Alltagssprache interessiert und sah ihre Vorbilder vornehmlich in klassischen Schriftstellern. Die in Prag entwickelte Lehre von der funktionalen Satzperspektive (vgl. DANEŠ, 1974) erfaßte mit den Thema-Rhema-Beziehungen satzgrenzenüberschreitende Phänomene, wenn auch nur unter einem bestimmten Aspekt und zunächst ohne Einordnung in ein explizites Grammatik- und Sprachmodell. Im engeren Bereich der Stilistik wurde früher tatsächlich vieles behandelt, was Texte betrifft (vgl. STEMPEL, 1971, 7) – manchmal sogar unter der stillschweigenden Voraussetzung, daß der Satz Gegenstand der Grammatik sei, aber alle übersatzmäßigen Beziehungen in den Bereich der Stilistik gehören. Eigentliche Anstöße zur Textlinguistik im heutigen Sinne kamen erst von HARRIS (1952), später auf deutschsprachigem Gebiet z. B. von P. HARTMANN, in der DDR vor allem von ISENBERG, HEIDOLPH, STEINITZ, AGRICOLA, PFÜTZE u. a. (wenn auch von verschiedenen Grammatik-Modellen ausgehend, teils von der generativen Grammatik, teils von der Abhängigkeitsgrammatik, teils von der funktionalen Grammatik).

Die vielfältigen Untersuchungen der letzten Jahre zum Text zeugen einerseits von der großen Bedeutung, die die Linguistik heute dem Text zumißt. Andererseits zeigt eine kritische Bestandsaufnahme sehr bald, daß alle diese Untersuchungen nur durch das Etikett „Text" zusammengehalten werden, daß dasjenige, was unter Begriffen wie Textlinguistik, Texttheorie, Textwissenschaft, Textgrammatik u. a. läuft, ein sehr uneinheitliches Bild bietet, uneinheitlich in den sprachtheoretischen Ausgangspositionen und in den methodologischen Voraussetzungen, uneinheitlich in den Zielstellungen und Arbeitshypothesen, ja uneinheitlich sogar in der Gegenstandsbestimmung dessen, was ein Text ist (vgl. dazu VIEHWEGER, 1976, 196).

Eine deutliche Illustration dieser Heterogenität der Ansätze im Hinblick auf Gegenstand, Theorie, Methode und Terminologie bietet die Auswahl von 46 Beiträgen zur Textlinguistik, die PETÖFI (1979) als Antworten auf vorgegebene Fragen (Was konstituiert einen Text? Was sind Eigenschaften eines Textes, die niemals Eigenschaften eines Satzes sein können? Was sind die Aufgaben der Textlinguistik? Welche Aufgaben der Textlinguistik können niemals im Rahmen einer Satzlinguistik behandelt werden? Was ist die wichtigste Aufgabe der Textlinguistik und wie kann sie optimal gelöst werden?) zusammengestellt hat, um die Diskussion zu klären und gleichzeitig zu stimulieren. Bezeichnend ist wohl auch die von FIGGE (1979, 20f.) in dieser Auswahl getroffene Feststellung, daß es im Grunde eine andere Linguistik als die Textlinguistik nicht gebe, daß es andererseits aber die dringendste Aufgabe der Textlinguistik sei, sich selbst zunächst einmal zu etablieren.

2.2.2. Wissenschaftsgeschichtlicher Ort

Das Entstehen einer Textlinguistik hängt wissenschaftsgeschichtlich mit allgemeinen Entwicklungstendenzen der Sprachwissenschaft zusammen, besonders mit der seit etwa 1970 festzustellenden „pragmatisch-kommunikativen Wende" der Linguistik, d. h. der international beobachtbaren Abwendung von einer reinen „System-Linguistik" und einer mit der Kommunikationsorientierung verknüpften Ausweitung des Gegenstandsbereichs der Sprachwissenschaft, die sich nicht nur in der Einbeziehung „system-externer" Erscheinungen, sondern auch im Entstehen solcher neuer Disziplinen wie Soziolinguistik, Psycholinguistik, Textlinguistik und Sprechakttheorie äußerte.

Es versteht sich, daß eine solche Umorientierung der Linguistik der natürlichen Funktion der Sprache entgegenkommt und ihr weit stärker gerecht wird, ist die Sprache doch kein Selbstzweck, sondern ein Instrument der gesellschaftlichen Kommunikation. Erst recht ist die Hinwendung zum Text durch die konsequentere Besinnung auf die Sprache als gesellschaftliches Kommunikationsmittel motiviert, da sich Kommunikation – wenn sie sprachlich ist – immer in Texten, nicht in isolierten Sätzen oder Wörtern vollzieht. Von linguistischer Seite hat darauf schon HARTMANN (1971, 10ff.) hingewiesen, wenn er den Text als „das originäre sprachliche Zeichen" angesehen und daraus die Forderung abgeleitet hat, daß eine objektsadäquate Linguistik von der „Texthaftigkeit des originären sprachlichen Zeichens" auszugehen hat. Gegenüber der bisherigen abstraktiven und reduktionistischen Beschränkung auf das Sprachsystem wird eine auf Texte orientierte Linguistik der Sprachwirklichkeit stärker gerecht, der Tatsache, daß Sprache nur textförmig vorkommt und funktioniert, daß die von der Linguistik bisher herausgehobenen Einheiten (wie z. B. Phonem, Morphem, Wort und Satz) *an sich* oder *als solche* weder vorkommen noch Sinn haben, sondern von vorgeordneten Absichten und Zwecken, von fundierenden Einheiten abhängig sind, die ihnen erst Sinn, d.h. Funktionsfähigkeit verleihen (vgl. HARTMANN, 1971, 15ff.).

Zu diesen linguistischen Motiven für die kommunikative Orientierung der Sprachwissenschaft und damit für die Hinwendung zum Text kommen psycholinguistische, psychologische und philosophische Gründe. Vor allem die Tätigkeitsauffassung der sowjetischen Psychologie (z. B. LEONT'EV, 1969, 19; 1974) hat zu der Einsicht geführt, daß die Sprachtätigkeit in ein breiteres System von Tätigkeiten eingebettet und integriert ist, daß folglich sprachliche Kommunikationsakte nicht nur Akte zur Erzeugung sprachlicher Zeichen zum Zwecke der Mitteilung, sondern Teile komplexer Kommunikationsakte sind, aus denen sie „ausgebettet" werden müssen. Daraus resultiert die Forderung, Sprechakte nicht nur als Zeichenfolgen, sondern als Texte in ihrer Handlungsbezogenheit zu erklären (vgl. ISENBERG, 1976, 50ff., S. J. SCHMIDT, 1973a, 12ff.), Sprache als Handlungsinstrument (MOTSCH, 1975) zu verstehen.

Mit der Einbettung des Sprachsystems in die kommunikative Tätigkeit und dieser in die soziale Interaktion (als Summe aller Arten von gesellschaftlicher

Tätigkeit) ist die Textlinguistik teilweise auch mit der Sprechakttheorie verbunden, also einem anderen Ansatz zur Überwindung der Systemlinguistik (vgl. dazu 2.3.). Wie Sätze, so sind auch Texte kein bloßes akustisches Ereignis, sondern zugleich der Vollzug von Sprechhandlungen. Textfunktionen werden auf diese Weise als illokutive Akte beschreibbar (vgl. S. J. SCHMIDT, 1973 a, 50 ff.). In diesem Zusammenhang stehen die Versuche (z. B. MOTSCH/VIEHWEGER, 1981; KOCH/ROSENGREN/SCHONEBOHM, 1981; BRANDT u. a., 1983), nach dem Illokutionspotential von Texten zu fragen und Texte über ihre *Illokutionsstruktur* zu erschließen. Diese Versuche (vgl. ausführlicher 2.3.9.) stellen eine kritische Weiterentwicklung der klassischen Sprechakttheorie (von AUSTIN, SEARLE u. a.) dar, gehen jedoch über die klassische Sprechakttheorie in mehrfacher Hinsicht hinaus: Sie übertragen den Begriff der Illokution vom *Satz* auf den *Text* (ebenso wie anderwärts die Thema-Rhema-Gliederung als „funktionale Satzperspektive" vom Satz auf den Text übertragen worden ist); sie nehmen ihren Ausgangspunkt nicht mehr beim Sprach*system*, sondern auf der *Handlungs*ebene; sie unterscheiden deutlicher zwischen Text (Äußerung), Illokution und Handlung (während SEARLE noch meinte, seine Einsichten in Sprechakte seien *semantische* Einsichten). In der Tat sollte man auch genauer zwischen Illokutionen und Handlungen unterscheiden, da – streng genommen – es die *Sprecher* sind, die Handlungen ausüben, während die *Texte* Illokutionen enthalten. Freilich bildet die Illokutionsstruktur des Textes nur *einen* Teil, *eine* Komponente der vollständigen Handlungsstruktur ab (und zwar denjenigen Teil, der linguistisch erfaßbar ist), gehen in die Handlungsstruktur noch andere (determinierende) Komponenten (wie z. B. situative und soziale Bedingungen) ein (vgl. HARTUNG, 1983b, HELBIG/MOTSCH, 1983). Insofern ist das Konzept von der Illokutionsstruktur von Texten ein Versuch, grammatische und handlungsmäßige Aspekte zu verbinden und nach einer Vermittlung zwischen ihnen zu suchen, die offenbar nicht nur möglich, sondern auch notwendig ist, weil die Handlungsstruktur in *direkter* Weise in der konkreten Äußerungsstruktur kaum greifbar ist. Unter diesem Gesichtspunkt wird das Verhältnis von Texttheorie und Sprechakttheorie manchmal auch als „Interdependenz" angesehen: Für eine (die Texte in Sprechhandlungen einbettende) Texttheorie bildet eine konsistente Sprechakttheorie (bzw. Sprachhandlungstheorie) eine Voraussetzung, da die Texttheorie notwendigerweise mit der Sprachhandlungseinheit operieren muß. Andererseits ist eine Sprachhandlungstheorie auf bestimmte texttheoretische Überlegungen angewiesen (vgl. ROSENGREN, 1980, 275). Zu beachten ist allerdings, daß die Sprechakttheorie gegenüber einer vollen Einbettung der Sprache in die Tätigkeit noch immer eine Verkürzung darstellt, da sie die Sprechakte in der Regel vereinzelt, die Sprache zwar in die kommunikative Tätigkeit und in Handlungszusammenhänge einbettet, diese aber nicht immer und nicht konsequent genug aus den anderen Arten der gesellschaftlichen Tätigkeiten ableitet (vgl. ausführlicher 2.3.6.).

Damit erweisen sich erst recht die Textlinguistik und der Begriff des Textes als Erscheinungen mit doppeltem Aspekt und mit Übergangscharakter: Einerseits (am Anfang) ist die Textlinguistik ein Versuch, die Domäne der Linguistik über die auf den Satz begrenzte Systemlinguistik nach der Verwendung und nach der Kommunikation hin zu erweitern. Andererseits (in einem späteren Stadium) treibt die kommunikative Orientierung der Linguistik zu einer dialektischen Aufhebung eines nur auf die sprachliche Realisation beschränkten Textbegriffes, transzendiert sich der Textbegriff gleichsam selbst, indem er in Sprechakte und diese wieder in umfassendere Tätigkeitszusammenhänge integriert und aus ihnen abgeleitet wird. Wie die Sprechakttheorie, so ist auch und erst recht eine Texttheorie, die Text ausschließlich und isoliert als sprachliche Realisierung auffaßt, eine (linguistische) Verkürzung und Abstraktion, verglichen mit den noch umfassenderen Fundierungsverhältnissen. Die Textlinguistik hat das Schicksal, von der gleichen wissenschaftsgeschichtlichen Entwicklung (der „kommunikativ-pragmatischen Wende") zugleich hervorgebracht und eingeschränkt bzw. „aufgehoben" zu werden. Deshalb darf es nicht verwundern, daß in manchen Arbeiten, die in nachdrücklicher Weise auf die Einbettung der Sprache in Zusammenhänge der kommunikativen Tätigkeit gerichtet sind, der Begriff des „Textes" kaum vorkommt, daß es nicht an Stimmen fehlt, die eine eigenständige „Texttheorie" überhaupt in Frage stellen, vielmehr von der Voraussetzung ausgehen, daß es einerseits eine Theorie der Grammatik und andererseits eine Theorie der sprachlichen Handlungen gibt (wobei in die letztere – allerdings nicht als eigenständige Teiltheorie – die bisherigen Beobachtungen zum Text eingehen müßten). Mit anderen Worten: Charakteristisch für die Entwicklung der Textlinguistik ist die Tatsache, daß sie in den letzten beiden Jahrzehnten zu den „modernsten" und favorisiertesten Forschungsrichtungen in der Sprachwissenschaft überhaupt zählte, daß es aber in dieser Zeit nicht gelungen ist, die Frage nach ihren fundamentalen Kategorien zu klären und damit die Textlinguistik selbst als eigenständige Disziplin vollständig zu legitimieren. Während die Entwicklung der Grammatiktheorie von Anfang an durch einige wenige, aber zentrale Leitgedanken bestimmt wurde, fehlte der Entwicklung der Textlinguistik ein solches einheitliches Leitmotiv. Unter dem Firmenschild „Textlinguistik" sammelte sich eine Vielzahl teils neuer, teils auch älterer Forschungsansätze, die eigentlich nur durch das gemeinsame Postulat zusammengehalten werden, daß man über die Satzgrenze und die sie respektierende Grammatik hinausgehen müsse. Die Forderung nach einer solchen „transphrastischen Linguistik" erwies sich jedoch als zu allgemein: Das Fehlen eines einheitlichen Leitgedankens führte zu einer Pluralität von Forschungsansätzen, deren Erkenntnisinteressen ebenso heterogen sind wie die Diversität der aufgegriffenen Problemstellungen sowie die Methoden, Kategorien und die Terminologie, die innerhalb jedes dieser Ansätze entwickelt worden sind (vgl. VIEHWEGER, 1983a, 370f.). Im Ergebnis dieser Einsichten entwickelten sich in jünster Zeit „prozedurale" (oder „prozessuale") Textmodelle, die den Prozeß der Textproduktion und des Textverstehens auffassen als Instrumentalisierung (oder Operationalisierung) unterschiedlicher (interagierender) Kenntnissysteme (vor allem: sprachliche Kenntnisse), Alltagswissen und enzyklopädisches Wissen,

Illokutionswissen (über Ziele und Bedingungen), metakommunikatives Wissen, Wissen über Konversationsprinzipien und -maximen, Schema- und Musterwissen).

2.2.3. Textdefinitionen

Diese Entwicklung spiegelt sich auch in verschiedenen Textdefinitionen wider, die die Linguistik hervorgebracht hat. Gewiß gibt es noch nicht so viele Definitionen des Textes, wie es Definitionen des Satzes gibt. Immerhin sind – auf Grund eines unterschiedlichen Ausgangspunktes in verschiedenen Grammatiktheorien sowie auf Grund der oben genannten Entwicklungstendenz – sehr unterschiedliche und auch divergierende Definitionen des Textes vorgeschlagen worden. Grundlegend für die meisten von ihnen ist die Feststellung, daß der Text eine kohärente Folge von Sätzen ist (vgl. dazu auch BRINKER, 1971, 220ff.; BRINKER, 1973, 12ff.). In dieser Feststellung ist mindestens dreierlei enthalten:
1) Der Text ist in seinem Wesen unabhängig von der schriftlichen oder mündlichen Realisierung.
2) Zum Text gehören mindestens zwei Merkmale: Er besteht aus Sätzen (genauer: Textemen) – als Einheiten bzw. Elementen; diese Sätze sind kohärent.
3) Ein entscheidendes Problem der Textlinguistik besteht in dem Nachweis, worin diese *Kohärenz* besteht, d. h. unter welchen Bedingungen bestimmte Folgen von Sätzen zu *kohärenten* Folgen von Sätzen (also: zu *Texten*) werden. Gerade in dieser Frage unterscheiden sich die verschiedenen Textdefinitionen, von denen (als Beispiele) auf folgende hingewiesen sei:
  (a) Der Text ist eine „Folge von Sätzen", die durch Vertextungsmittel miteinander verknüpft sind (so ISENBERG, 1968, I – 4ff.).
  (b) Ein Text ist ein durch ununterbrochene pronominale Verkettung konstituiertes Nacheinander sprachlicher Einheiten (so HARWEG, 1968, 148).
  (c) Der Text konstituiert sich durch Referenzidentität, d. h. durch gemeinsame Koreferenz von Oberflächenkonstituenten (so STEINITZ, 1968, II – 1ff.).
  (d) Der Text ist eine sinnvoll (Semantik) und zweckvoll (Pragmatik) geordnete Menge von Sätzen, zwischen denen Relationen mit Bedeutungen und Funktionen bestehen, d. h. eine strukturierte Gesamtheit, die als eine relativ abgeschlossene linguistische Einheit einen komplexen Sachverhalt im Bewußtsein widerspiegelt (so PFÜTZE, 1970a, 79; PFÜTZE, 1970b, 7).
  (e) Der Text ist eine geordnete Menge von Sätzen, die zusammen ein Thema bilden (so AGRICOLA, 1969, 31).
  (f) Der Text ist eine lineare *Folge* von sprachlichen *Sätzen*, die mit bestimmten Mitteln *verknüpft* und in bestimmter Weise *geordnet* sind. Er ist eine Sequenz von sprachlichen Sätzen, die zum Teil grammatisch verknüpft

sind, in jedem Falle aber durch semantische Äquivalenz und durch implizite allgemein-logische Konnexe (so AGRICOLA, 1970, 85, 88).
(g) Der Text ist eine vom Expedienten als thematische Einheit beabsichtigte und durch die kontinuierliche Produktion als solche Einheit gekennzeichnete lineare Folge von Textemen, die grammatisch und/oder durch Wiederaufnahme mittels eines Netzes expliziter semantischer Äquivalenzen und impliziter logischer Konnektoren verknüpft und nach extralinguistischen Regeln der Abwicklung eines Themas geordnet sind (so GORETZKI/HAFTKA/HEIDOLPH/ISENBERG/AGRICOLA, 1971, 165).
(h) Der Text ist eine kohärente Folge von diktiven Handlungen, eine zeitliche Abfolge von kommunikativen Handlungen, bei deren Vollzug Sätze gebildet werden (so ISENBERG, 1976, 130; ISENBERG, 1977, 143).
(i) Der Text ist – als Resultat der kommunikativen Tätigkeit des Menschen – ein komplexes sprachliches Zeichen, eine nach einem Handlungsplan erfolgte und durch die Regeln des Sprachsystems realisierte Zuordnung von Bewußtseinsinhalten und Lautfolgen (so VIEHWEGER, 1976, 197; VIEHWEGER, 1977, 107).
(k) Der Text ist der sprachlich manifeste Teil der Äußerung in einem Kommunikationsakt (so GROSSE, 1976, 13).
(l) Der Text ist das Realisat eines Kommunikations- oder Interaktionstyps, ist die konkrete Realisierung der Struktur „Textualität" in einem bestimmten Kommunikationsmedium, ist der geäußerte sprachliche Bestandteil eines Kommunikationsakts, der thematisch orientiert ist und eine erkennbare kommunikative Funktion erfüllt, d. h. ein erkennbares Illokutionspotential hat (so S. J. SCHMIDT, 1973a, 145ff.).
(m) Der Text ist eine kommunikative, d. h. illokutive und thematische, sprachliche Einheit, das sprachliche Korrelat eines Kommunikationsaktes im Kommunikationsprozeß, ist immer eine kommunikative Einheit, eine thematische Einheit, die im Kommunikationsprozeß eine illokutive Funktion erfüllt (so ROSENGREN, 1980, 275f.).

Diese Definitionen sind in einer bestimmten Weise geordnet, vom konkretesten Merkmal in der Oberflächenstruktur bis zur Ableitung aus kommunikativen und handlungstheoretischen Zusammenhängen.

Die Definitionen (a) bis (c) stehen der linearen Oberflächenstruktur am nächsten, wobei (c) bereits mit dem Hinweis auf Referenzzusammenhänge (statt der bloßen Verkettung und Substitution) die Beschränkung auf die konkrete Oberfläche durchbricht. Die Definitionen (d) und (e) verzichten umgekehrt auf syntaktische Merkmale; (d) verweist auf semantische und auf pragmatische Beziehungen, (e) auf thematische Beziehungen. Die semantischen Beziehungen stehen auch bei (f) und (g) gegenüber den syntaktischen Merkmalen im Vordergrund. In der Tat erfassen die Definitionen (a) bis (e) wichtige Bedingungen für den Text, sind aber nur Teile (Aspekte) für eine vollständige Textdefinition, da die genannten Kriterien einzeln und für sich nicht ausreichen, um Texte von bloßen Satzamalgamierungen zu unterscheiden. Deshalb ist mehrfach versucht worden, aus den verschiedenen genannten Merkmalen eine umfassendere Definition zu „integrieren". Solche „integrative" Textdefinitionen stellen (f) und (g) dar, wobei (f) den unter (c) genannten Aspekt der Referenzidentität und den unter (e) genannten Aspekt des gemeinsamen Themas weitgehend außer acht läßt und (g) noch komplexer ist, die kommunikative Funktion anklingen läßt und damit eine Brücke bildet zu den Definitionen (h) bis (m), die ihrerseits von der kommunikativen Tätigkeit ausgehen, d. h. handlungsorientiert sind.

Insgesamt zeigt die (grobe) Übersicht über die bisherigen Textdefinitionen, daß jeweils verschiedene Aspekte für den Text als relevant angesehen werden (z. B. morphosyntaktische Verknüpfungsmittel, gemeinsames Thema, semantische Äquivalenzbeziehungen, pragmatische Kommunikations- und Handlungszusammenhänge).

Die bisher erarbeiteten Textdefinitionen sind entweder so allgemein, daß sie kaum eine verläßliche Differenzierung zwischen textlichen und nicht-textlichen Äußerungen gestatten, oder sie greifen zu kurz, da sie Texte mit aus der Grammatik bzw. aus verschiedenen Nachbarwissenschaften entlehnten Begriffen zu beschreiben versuchen. Die Texthaftigkeit von Äußerungsfolgen wurde in der Regel an einzelnen Merkmalen oder Merkmalskonfigurationen festgemacht, die aber jeweils nur *Aspekte* des Textes spiegeln, von den einzelnen Autoren aber zumeist zur Grundlage ihrer Textdefinition gemacht worden sind. Folgende sind die wichtigsten Merkmale, die in den meisten Textdefinitionen als konstitutiv angesehen werden (vgl. dazu und zum folgenden VIEHWEGER, 1983a, 371ff.):

1) Text als Komplex von Sätzen (Komplexitätskriterium)
2) Text als kohärente Folge von Sätzen (Kohärenzkriterium)
3) Text als thematische Einheit (thematisches Kriterium)
4) Text als relativ abgeschlossene Einheit (Abgeschlossenheitskriterium)
5) Text als Einheit mit erkennbarer kommunikativer Funktion (kommunikatives Kriterium)

Es läßt sich zeigen, daß alle diese einzelnen Merkmale nicht ausreichen, um die Textualität von Äußerungsfolgen nachzuweisen. Die genannten Merkmale hängen z. T. auch voneinander ab, gehören zu verschiedenen Ebenen und sind forschungsmethodisch unterschiedlich stark abgesichert (am wenigsten wohl das Komplexitäts- und das Abgeschlossenheitskriterium). Am weitesten reicht das Kohärenzkriterium, aber auch nur dann, wenn es im Zusammenhang mit einem kommunikativen Textverständnis eine pragmatische Dimension erhält (vgl. 2.2.5.). Auf Grund dieser Sachlage werden Zweifel geäußert (vgl. VIEHWEGER, 1983a, 373f.), ob es überhaupt möglich ist, auf solche oder ähnliche Merkmalskonfigurationen Texte und Textualität zu begründen, verbunden mit der Schlußfolgerung, daß es auf Grund der außerordentlichen Komplexität des Forschungsgegenstandes „Text" wenig sinnvoll erscheint, ihn durch das einheitliche System einer „Texttheorie" zu erfassen. Texte werden statt dessen in den weiteren Erklärungsrahmen des sprachlichen *Handelns* eingeordnet, was in der Konsequenz zu handlungsbezogenen Textmodellen und zu einer Verbindung mit der Sprechakttheorie führt (vgl. 2.3.9.). Unter diesem Aspekt muß ein Text „primär nicht als Abfolge von Sätzen, sondern als Ergebnis einer Abfolge von Sprechakten ... angesehen werden" (WUNDERLICH, 1976, 295).

2.2.4. Ebenen des Textes

Hinter den verschiedenen Aspekten verbergen sich unterschiedliche Textebenen, die in letzter Zeit in der Linguistik stark diskutiert werden. Es ist immer deutlicher geworden, daß Texte eine mehrdimensionale Struktur haben, die auf spezifische Repräsentationsebenen abzubilden ist. Trotz der weitgehend übereinstimmenden Auffassung, daß Texte eine mehrdimensionale Struktur haben, sind viele methodologische Probleme des Mehr-Ebenen-Zugangs zur komplexen Struktur von Texten bisher noch weitgehend ungeklärt: Es gibt unterschiedliche Antworten auf die Fragen, auf *wievielen* Ebenen die komplexen Struktur- und Funktionseigenschaften von Texten abzubilden sind, auf *welche* Weise überhaupt von Strukturebenen gesprochen werden kann, *welche* Prinzipien der Annahme von Textebenen zugrunde liegen, welche Beziehungen es zwischen den Ebenen gibt und wie die Ebenen im System organisiert sind (autonome Ebenen oder hierarchisches System?), welche typischen Einheiten auf den einzelnen Ebenen anzunehmen sind und welche Beziehungen zwischen diesen Einheiten bestehen (vgl. dazu ausführlicher DANEŠ, 1983, 1f.; VIEHWEGER, 1983b, 155f.; HARTUNG, 1983a, 193ff.).

Angesichts der Fülle der noch nicht völlig geklärten theoretischen Fragen zu den Textebenen darf es nicht verwundern, daß von den einzelnen Autoren unterschiedliche und auch unterschiedlich viele Textebenen angenommen werden. VAN DIJK (1980a) hat z. B. fünf Strukturebenen unterschieden, die er als grammatische, pragmatische, stilistische, rhetorische und Superstrukturebene bezeichnet. DANEŠ (1983, 1ff.) versucht eine dreidimensionale Strukturierung, indem er die für den Text und seine Struktur relevanten Erscheinungen in drei Bereiche einteilt: (A) Textkohärenz (umfassend bei ihm interpropositionale Relationen, Kompositionsrelationen und Isotopierelationen, (B) thematisch-rhematische Artikulationen und Isotopierelationen), (C) kommunikative Relationen (Sprachhandlungstypen, illokutive Akte); er läßt dabei offen, ob mit dieser Strukturierung schon alle Struktureigenschaften von Texten erfaßt werden können. HALLIDAY (1970, 140ff.; 158ff.; 1975, 126ff., 142ff.) unterscheidet zwischen drei Textebenen, die sich in einem unterschiedlichen Begriff des „Subjekts" reflektieren: eine „ideationale Ebene" (entsprechend dem „logischen Subjekt"), eine „interpersonale Ebene" (entsprechend dem „grammatischen Subjekt") und eine „textuelle Ebene" (entsprechend dem „psychologischen Subjekt"), wobei zur textuellen Ebene die thematische Struktur (Thema-Rhema-Gliederung) und die Informationsstruktur (gegeben vs. neu) gehören (zur Unterscheidung von

Thema/Rhema, Topik/Fokus und Präsupposition/Proposition vgl. ausführlich PASCH, 1983, 261 ff.).

Gerade weil eine vollständige Strukturierung der Textebenen gegenwärtig noch äußerst kompliziert ist und viele prinzipiellen Fragen noch nicht geklärt sind, beschränken sich einige Modelle auf die vorläufige Annahme von *einigen* Struktur- und Funktionsebenen des Textes, ohne daß sie den Anspruch erheben, damit *alle* Ebenen des Textes zu erfassen. In dieser Richtung liegen die Versuche, eine propositionale Ebene und eine Illokutionsebene der Textstruktur zu unterscheiden (vgl. vor allem BRANDT u. a., 1983, 106 f.; VIEHWEGER, 1983b, 156 ff.): Texte werden als Resultate sprachlichen Handelns angesehen, durch sprachliches Handeln werden einerseits kognitive Inhalte mitteilbar gemacht (die in Form von Propositionen repräsentiert werden) und andererseits interaktionale Geschehensabläufe konstituiert über eine Menge von Zielen, die der Sprecher durch sein sprachliches Handeln erreichen will (die in Form von Illokutionen der Texte abgebildet werden). In ähnlicher Weise taucht auch bei HARTUNG (1983a, 197 ff.) bei der Strukturierung von Texten neben der grammatischen Ebene die Unterscheidung zwischen der propositionalen Ebene (oder Informationsebene) und der Illokutionsebene (oder Intentions- bzw. Handlungsebene) auf.

2.2.5. Textkohärenz, Textkonstitution, Vertextungsmittel

Aus den unterschiedlichen Aspekten des Textes ergibt sich, daß man von *Textkohärenz* auf unterschiedlichen Ebenen sprechen muß (vgl. auch PLETT, 1975, 60 ff.; BRINKER, 1979, 5 ff.; RAIBLE, 1979, 65). Die *textsynktaktische* Kohärenz wird hergestellt durch solche Mittel wie pronominale Substitute oder Proformen (es handelt sich dabei keineswegs nur um die Klasse der herkömmlichen Pronomina, die vielmehr zu Prowörtern überhaupt erweitert werden muß, also auch Pronominaladverbien, Proadverbien – z. B. „damals", „danach" –, Proadjektive – z. B. „hiesig", „dortig" –, Proverben – z. B. „machen", „tun" – u. a. umfaßt (vgl. dazu HARWEG, 1968, 10 u. a.; ZEMSKAJA, 1973, 266 ff.; HELBIG, 1975, 67; HELBIG, 1974), Mittel wie Anaphora (rückwärtsweisende Ausdrücke wie z. B. „deshalb", „trotzdem") und Kataphora (vorwärtsweisende Ausdrücke wie z. B. „folgendes"). *Textsemantische* Kohärenz ergibt sich aus der Gemeinsamkeit von semantischen Merkmalen in den verschiedenen Textemen als koreferierenden Textelementen, ergibt sich aus Relationen der Isotopie (der Äquivalenz im weitesten Sinne) zwischen den einzelnen Bedeutungseinheiten, darüber hinaus durch Referenzidentität (als Spezialfall der semantischen Kompatibilität) und/ oder durch quasi-logische Konnexe sowie durch ein gemeinsames Thema (als Eingrenzung der Textkohärenz). Die *textpragmatische* Kohärenz ist in den Personen der Kommunikationspartner begründet, schließt gemeinsames Vorwissen und gemeinsame Kommunikationsvoraussetzungen (Präsuppositionen) ein.

Daß die syntaktische Kohärenz für einen Text nicht ausreicht, läßt sich leicht zeigen. Textsyntaktische Kohärenz (die Pro-Fortführung als Reflex von Referenzidentitäten) ist als Bedingung für einen Text weder notwendig noch hinreichend (vgl. BRINKER, 1971, 223f.); denn einerseits werden nicht alle koreferierenden Ausdrücke als kohärent interpretiert:

(1) Ich habe einen alten Freund *in Dresden* getroffen. *In Dresden* gab es viel Schnee.

Andererseits weisen nicht alle Satzfolgen, die als kohärent interpretiert werden, koreferierende Ausdrücke auf:

(2) *Das Auto* fährt nicht. *Die Batterie* ist nicht in Ordnung.

Durch die semantische Kohärenz unterscheiden sich zwar Texte von manchen Pseudo-Texten (z.B. Wörterbüchern, Zitatensammlungen), Texte ohne semantische Kohärenz werden kaum als korrekt empfunden, aber die semantische Kohärenz ist nur eine notwendige, noch keine hinreichende Voraussetzung für Textkonstitution (vgl. dazu auch DRESSLER, 1973, 13ff.). Die Kohärenz eines Textes (als Definitionsgrundlage für den Text) kann nicht allein syntaktisch und semantisch erklärt werden, sondern bedarf der pragmatisch-kommunikativen Fundierung, schon deshalb, weil die semantische Interpretation eines Satzes in kommunikativen Situationen von dem empirischen Wissen, von gemeinsamen Präsuppositionen und von anderen (außersprachlichen) Zusatzinformationen der Kommunikationspartner abhängt. Aus dieser Einsicht muß wohl nicht notwendig die Schlußfolgerung gezogen werden, als zweite Voraussetzung – neben der Kohärenz – eine kommunikative „Textualität" anzusetzen (so z. B. S. J. SCHMIDT, 1973a, 154). Vielmehr muß der Kohärenzbegriff selbst erweitert werden um die entscheidende kommunikative Dimension. Entscheidend für die Texthaftigkeit von Äußerungen wird damit die kommunikative Kohärenz, die auch eine partielle Inkohärenz auf den unteren Ebenen einschließen kann. Man kann auch – mit VIEHWEGER (1980, 38) – zwischen Textkohärenz und Textkohäsion unterscheiden: Die *Textkohärenz* wäre dann der semantisch-thematisch-kommunikative Integrationsmechanismus, die *Textkohäsion* wären die morpho-syntaktischen und semantischen *Mittel* als *Indikatoren* bzw. *Signale* für die Kohärenz.

Eine mit der Definition des Textes durch Kohärenz verbundene weitere zentrale Frage der Textlinguistik ist die nach den Elementen, die Kohärenz bewirken bzw. signalisieren, nach den *Bedingungen und Mitteln* der *Vertextung*. Diese müssen als Voraussetzung für die *Textkonstitution* angesehen werden. Es sind mehrfach Kataloge für solche Vertextungstypen entwickelt worden (z. B. ISENBERG, 1968, I – 4ff.), die z. B. Referenzidentität, Kausal- oder Motivverknüpfung, diagnostische Interpretation, Spezifizierung, metasprachliche Einordnung, temporale oder adversative Anknüpfung, Anknüpfung an Voraussetzungen, Vergleich, Korrektur u. a. enthalten. Diesen Vertextungstypen entsprechen auf der Ausdrucksseite bestimmte Mittel mit satzgrenzenüberschreitendem Charakter, z. B. Artikel, Pronomina, Proadverbien, Partikeln, verbale Kategorien, Tempusfolge, Intonation und Satzakzent, Satzgliedstellung u. a. (vgl. ISENBERG, 1968, I – 2; ISENBERG, 1977, 122).

Als *Vertextungsbedingungen* (d. h. als Bedingungen, die erfüllt sein müssen, wenn eine Satzfolge als Text verstanden werden soll) können genannt werden (vgl. GORETZKI u. a. 1971, 145 ff.):

1) die Einheitlichkeit des Referenzzusammenhangs (darauf beruhen Artikelselektion und Pronominalisierung, anaphorische und kataphorische Beziehungen),
2) die Einheitlichkeit der Lexikalisierung (entweder durch einfache Repetition bzw. Wiedererwähnung oder durch pronominale oder proadverbiale Substitute oder durch andere lexikalische Variation),
3) die Einheitlichkeit der kommunikativen Mittlungsperspektive, der Thema-Rhema-Gliederung (wie sie sich z. B. in Wortstellung und Betonung ausdrückt),
4) die Einheitlichkeit des temporalen Aufbaus,
5) die Einheitlichkeit eines übergeordneten Gesichtspunktes, eine „gemeinsame Einordnungsinstanz" (vgl. LANG, 1977, 66 ff.; vgl. auch VIEHWEGER, 1976, 203 f.), die vor allem bei solchen Sätzen nötig ist, die formal völlig unverbunden nebeneinanderstehen und doch intuitiv als Texte verstanden werden:

(3) Peter spielt Klavier, Brigitte bastelt.

Die Einheitlichkeit in den Vertextungsbedingungen ist Voraussetzung für Textkohärenz und damit für Textkonstitution. Sie wird bewirkt durch verschiedene *Vertextungsmittel*, die auf unterschiedlichen Ebenen zu lokalisieren sind (vgl. VIEHWEGER, 1976, 199 ff.; 1977, 105, 108 ff.; KALLMEYER/MEYER-HERMANN, 1973, 223 ff.).

1) Zu den *grammatisch-syntaktischen* Vertextungsmitteln gehören z. B. die Pronomina und die Prowörter überhaupt, die Artikel, die Satzgliedstellung, die Tempuswahl, die Konjunktionen u. a., gehört die Koreferenz von Oberflächenkonstituenten u. a.
2) Die *semantischen* Vertextungsmittel basieren – so vor allem in der Nachfolge von GREIMAS (1966) – auf Isotopie: Der Text erweist sich als System von Kompatibilitäten von semantischen Merkmalen der verschiedenen Texteme. Eine Äußerung ist dann isotop, wenn ihre Elemente mindestens ein gemeinsames kontextuelles Sem haben. In diesem Sinne wird auch – vor allem von AGRICOLA (1969, 16 ff., 31 ff.; 1970, 85 ff.) – von semantischer *Äquivalenz* (als Grundform der Vertextung) und von *Topiks* bzw. Topikketten gesprochen. Eine solche semantische Äquivalenz bzw. Isotopie besteht nicht nur zwischen der Ersterwähnung und ihrer einfachen Wiederholung (Repetition), sondern wird konstituiert durch verschiedene Formen der Vertretung, der Substitution, der Wiederaufnahme, der Zusammenfassung, der Generalisierung, der Synonymie im weitesten Sinne des Wortes – bis hin zu den Ant-

onymen (vgl. auch VIEHWEGER, 1976, 199ff.). Die semantisch äquivalenten lexikalischen Elemente, die solche Isotopierelationen konstituieren, werden manchmal – z.B. bei VIEHWEGER (1977, 108ff.) – als nominative Ketten bezeichnet. Sobald sich die Elemente dieser nominativen Ketten auf ein und dieselbe Erscheinung der Wirklichkeit beziehen, liegt *Referenzidentität* vor – als Spezialfall der semantischen Äquivalenz. Damit tritt neben die in der *Widerspiegelungssemantik* enthaltenen gemeinsamen Bedeutungsmerkmale die in der *Referenzsemantik* gegebene Referenzidentität.

In vielen Fällen tritt die Kontinuität des Textes nicht *explizit* durch semantisch äquivalente Partner in Erscheinung, sondern *implizit* als quasi-logische Verknüpfung von Satzinhalten, die als *Konnexe* bezeichnet werden (vgl. AGRICOLA, 1970, 86f.). Solche Konnexe entsprechen allgemeinen Verknüpfungsbegriffen wie z.B. „daneben", „danach", „weil", „dagegen", „trotzdem" und nehmen eine Zuordnung nach Zeit, Raum, Motiv, Ursache, Gegensatz, Vergleich usw. vor, Zuordnungen, wie sie in den genannten Katalogen der Vertextungstypen immer wieder auftauchen.

3) Schließlich gehört zu den *kommunikativen Vertextungsmitteln* die gemeinsame Integrationsinstanz, die bei den Kommunikationspartnern spezielle (außersprachliche) Kenntnissysteme voraussetzt, um Satzfolgen als kohärent zu interpretieren. Diese „Einheitlichkeit eines übergeordneten Gesichtspunktes" (vgl. GORETZKI u.a., 1971, 145, 148f.) wird manchmal auch als funktionale semantische Äquivalenz bezeichnet; vgl. VIEHWEGER (1976, 203ff.). Sie ist deshalb notwendig, weil Texte zuweilen erst durch sie kohärent werden, also zwischen den Textemen keine semantische Äquivalenz besteht (vgl. VIEHWEGER, 1976, 204):

(4) *Die Autokarawane* traf gestern in Berlin ein.
Die Wanderausstellung führte durch 13 Städte verschiedener Länder.

Diese gemeinsame Integrationsinstanz ist offenbar ein Schlüssel für diejenigen Verknüpfungen von Textelementen, die *nicht* durch semantische Gemeinsamkeiten der Äquivalenzpartner konstituiert werden. Allerdings genügt auch sie nicht, um einen Text vollständig als Text zu charakterisieren; dazu bedarf es der entsprechenden *Textfunktion*, d.h. des Illokutionspotentials und damit der Erklärung aus den entsprechenden Handlungs- und Tätigkeitszusammenhängen. Diese aber können schon nicht mehr als Vertextungs*mittel* bezeichnet werden; insofern sind die Vertextungsmittel zwar eine notwendige, aber keine völlig zureichende Erklärungsinstanz für die Textkonstitution (vgl. GORETZKI u.a., 1971, 158f.).

Aus der Aufgliederung dieser Vertextungsmittel wird auch deutlich, daß es zu pauschal ist, einfach von der „Wiederaufnahme" von vorerwähnten Sachverhalten zu sprechen. Mindestens muß diese Wiederaufnahme auf semantischer und kommunikativ-pragmatischer Ebene differenziert werden; denn es kann sich handeln (vgl. dazu BRINKER, 1973, 12ff., 16f.)

(a) um explizite und textimmanente Wiederaufnahme (z. B. durch ein Pro-Element),
(b) um implizite und noch sprachimmanente Wiederaufnahme (z. B. auf Grund semantischer Äquivalenz durch gemeinsame Seme),
(c) um sprachtranszendente und pragmatische Wiederaufnahme (z. B. auf Grund von außersprachlichen Kenntnissystemen der Kommunikationspartner).

Die genannten verschiedenen Arten der Vertextungsmittel sind bisher in unterschiedlicher Weise untersucht worden: Die Hauptaufmerksamkeit richtete sich (das ist wissenschaftsgeschichtlich bedingt) auf die am direktesten beobachtbaren syntaktischen Vertextungsmittel an der Satzoberfläche, in zunehmendem Maße dann auch (entsprechend der Entwicklung der semantischen Theorie; vgl. dazu VIEHWEGER u. a., 1977) auf die semantisch-expliziten Vertextungsmittel. Am wenigsten erforscht sind bislang die kommunikativ-pragmatischen Faktoren, die Vertextung bewirken.

Eine empirische *Textanalyse* muß dagegen – wenn sie komplex sein will – alle diese Aspekte der Vertextung auf den verschiedenen Ebenen beachten. Sie muß die *morphosyntaktische* Vertextung sichtbar machen, die sich durch verschiedene Arten von Prowörtern (angefangen von einfachen Wortwiederholungen) ergibt, die ihrerseits den Textzusammenhang auch an der Oberfläche sichern. Auf *semantischer* Ebene ist die Vertextung nachzuweisen einerseits an den Isotopieketten (die sich aus den Semstrukturen und ihren Beziehungen zueinander ergeben), andererseits aus der Propositionalstruktur des Textes (d. h. der Ermittlung der in den Oberflächensätzen enthaltenen Propositionen bzw. semantischen Prädikationen (vgl. dazu MOSKAL'SKAJA, 1981, 70ff.; 1984). Natürlich sind in einem Text mehr Propositionen enthalten, als in ihm Oberflächensätze erscheinen, weil bei der Syntaktifizierung *mehrere* Propositionen (die den semantischen Gehalt ausdrücken) zu *einem* Oberflächensatz zusammengezogen werden (über Prowörter, abgeleitete Strukturen – wie z. B. Attribuierungen oder Nominalisierungen –, Bildung komplexer Sätze usw.), ebenso wie auch in nicht-komplexen Sätzen (die jeweils nur *ein aktuelles* Prädikat enthalten können) zumeist *mehrere potentielle* Prädikate im Sinne der Logik (vgl. dazu F. SCHMIDT, 1962) enthalten sind. Die Propositionalstruktur erweist sich als entscheidendes Vermittlungsglied zwischen der (syntaktifizierten) Oberflächenstruktur und der Illokutionsstruktur des Textes, da diese Illokutionsstruktur von der Propositionalstruktur und nicht direkt von der Oberflächenstruktur abhängt.

Auf *kommunikativ-pragmatischer* Ebene läßt sich die Vertextung illustrieren einerseits durch die im Text enthaltene thematische Progression der Thema-Rhema-Gliederung, andererseits durch die mit den Propositionen verbundenen Illokutionen (durch die Illokutionsstruktur des Textes). Die thematische Progression eines Textes ergibt sich daraus, daß nicht nur jeder Satz eine Thema-Rhema-Gliederung enthält (wie das seit der Prager Schule angenommen worden ist; BENEŠ, 1967; 1973; DANEŠ, 1974), sondern daß dem Text insgesamt eine Thema-Rhema-Gliederung eigen ist, in der das Rhema eines Vorgängersatzes zugleich Thema von nachfolgenden Sätzen sein kann (auch an späterer Stelle im Text wieder aufgegriffen werden kann) und sich dadurch eine komplexe Thema-Rhema-Gliederung des gesamten Textes ergibt (vgl. DANEŠ, 1970, 75f,; MOSKAL'SKAJA, 1981, 21ff.). Auf diese Weise wird der Text durchzogen von einer thematisch-rhematischen Kette, so daß eine Thema-Rhema-Struktur entsteht, die die thematische Progression im Text bedingt (mit Thema-Rhema-Beziehungen unterschiedlichen Ranges). Zur Illokutionsstruktur des Textes – der mindestens *eine* dominierende illokutive Funktion enthalten muß, die durch mehrere subsidiäre Illokutionen unterstützt werden kann – vgl. 2.3.9.

2.2.6. Propositionale und kommunikative Auffassung vom Text

Sowohl bei dem Hinweis auf den wissenschaftsgeschichtlichen Ort der Textlinguistik als auch bei den Fragen der Textdefinition, der Textkohärenz und der Vertextung ist die Unterschiedlichkeit der Ansätze für die Untersuchung der Erscheinung „Text" hinreichend deutlich geworden. Diese unterschiedlichen Ansätze lassen sich im Grunde auf zwei zurückführen (vgl. z. B. COSERIU, 1971, 189; BRINKER, 1973; KALLMEYER/MEYER-HERMANN, 1973, 233ff.):

1) auf einen sprachsystematischen Ansatzpunkt,
2) auf einen kommunikationsorientierten Ansatzpunkt.

Wenn Text unter *sprachsystematischem* Aspekt gesehen wird, wird die bisherige Linguistik nur *additiv* erweitert durch die Einfügung von Textlinguistik (und Pragmalinguistik) als zusätzliche linguistische Teildisziplinen. Der Text wird in Analogie zum Satz beschrieben und im wesentlichen auf Grund von syntaktischen und semantischen Kohärenzbedingungen als Folge von Sätzen erklärt, die herkömmliche Satzgrammatik wird zur Textgrammatik erweitert und weiterentwickelt.

Sieht man dagegen Text unter *kommunikationsorientiertem* Aspekt, so gewinnt die Linguistik mit dem Text eine völlig *neue Dimension*, die den gesamten Aufbau der Linguistik bestimmt. Damit wird eine konsequente Revision des bisherigen theoretischen Modells vorgenommen, die darin besteht, daß der Text – als natürliche Vorkommensweise von Sprache – als primär gegenüber dem Satz und dem Wort angesehen wird, aus der Kommunikation und der sozialen Interaktion abgeleitet wird und damit eine Größe wird, die nicht mehr allein sprachimmanent zu bestimmen ist.

Diese unterschiedlichen Ansatzpunkte haben in der Folge dazu geführt, zwischen *Textlinguistik* und *Texttheorie* zu unterscheiden. Dabei wird unter Textlinguistik der Ausbau des sprachsystematischen Ansatzes, unter Texttheorie der Ausbau des kommunikationsorientierten Ansatzes verstanden. Vor allem S.J. SCHMIDT (1973b, 233ff.) hat eine solche Trennung gefordert, hat Texttheorie aufgefaßt als „die Untersuchung der Elemente, Regeln und Bedingungen der sprachlichen Kommunikation" und sie damit mit einer „Theorie der sprachlichen Kommunikation" identifiziert (vgl. S.J. SCHMIDT, 1973a, 10ff.). Eine ähnlich weite Auffassung findet sich u. a. auch in den Texttheorien von KUMMER (1975) und BREUER (1974). Ausgangspunkt für eine solche Trennung ist dabei die richtige Voraussetzung, daß die Sprache nicht primär ein Zeichensystem, sondern ein Instrument gesellschaftlicher Kommunikation ist, daß sich sprachliche Kommunikation notwendig mittels Texten vollzieht, daß die sprachliche Kommunikation unlösbar mit nichtsprachlichen Konstituenten der Kommunikation (z. B. Handlungen, Mimik, Gestik) verbunden und daß die Kommunikation insgesamt von der sozialen Interaktion determiniert ist. Ob daraus jedoch die genannte Trennung von Textlinguistik und Texttheorie geschlußfolgert werden kann (übrigens auch im „Lexikon der Germanistischen Linguistik", in dem beiden Disziplinen unabhängige Beiträge gewidmet sind – (vgl. KALLMEYER/ MEYER-HERMANN, 1973 b); S. J. SCHMIDT, 1973 b), erscheint höchst fraglich.

Tatsache ist, daß es die beiden unterschiedlichen Ansatzpunkte gibt, daß man entsprechend von zwei Auffassungen von Text sprechen kann, die – von ISENBERG (1976, 50; 1977, 119ff.) und VIEHWEGER (1977, 103ff.; 1979, 109ff.; vgl. auch VIEHWEGER u. a., 1977, 358ff.) – die *propositionale* Auffassung und die *dynamische* bzw. *kommunikative* bzw. *handlungstheoretische* Auffassung genannt worden sind. In der propositionalen Auffassung wird der Text analog zum Satz behandelt, erscheint der Text als Einheit mit syntaktischen, semantischen und pragmatischen Eigenschaften, die im wesentlichen mit den gleichen Mitteln zu erklären sind wie die syntaktischen, semantischen und pragmatischen Eigenschaften von Sätzen. In der kommunikativen Auffassung wird jedoch – ausgehend von der Auffassung der Sprache als einer Form der menschlichen Tätigkeit – der Text nicht mehr auf die Einheit Satz bezogen, sondern unter dem Primat des kommunikativ-pragmatischen Aspekts gesehen und aus umfassenderen Handlungskontexten erklärt. Die Argumente für und wider beide Auffassungen sind mehrfach gegeneinander abgewogen worden (vor allem von ISENBERG und VIEHWEGER). Manches spricht dafür, daß die handlungsorientierte Auffassung favorisiert werden muß, daß sie erklärungsstärker ist mindestens aus folgenden Gründen:

a) Texte als Produkte der sprachlich-kommunikativen Tätigkeit können nur in Abhängigkeit von Parametern dieser Tätigkeit studiert werden.

b) Texte als sprachliche Handlungen sind unlösbar mit nichtsprachlichen Handlungen verknüpft, so daß eine sprachliche Handlung erst dann als voll verstanden gelten kann, wenn auch ihre Implikationen für die ihr vorausgehenden, gleichzeitigen und folgenden nichtsprachlichen Handlungen verstanden werden.

c) Nur auf Grund der kommunikativen Auffassung kann nachgewiesen werden, daß es Erscheinungen gibt, die nur in Texten, aber nicht innerhalb von Sätzen vorkommen können. Mit Hilfe der propositionalen Auffassung ist es nicht möglich, zwischen Satz und Text grundsätzlich zu unterscheiden, denn die syntaktisch-semantischen Beziehungen mit satzgrenzenüberschreitendem

Charakter – die ursprünglich den Übergang von Satz zum Text motiviert haben – finden sich nicht nur zwischen den Sätzen eines Textes, sondern auch innerhalb von (komplexen) Sätzen, so daß auf dieser Basis keine hinreichende Unterscheidung zwischen Satz und Text gewonnen werden kann.
d) In der propositionalen Auffassung erscheint der Text als zeitlich unaufgegliederte Erscheinung, nur in der kommunikativen Auffassung kann er als zeitlich aufgegliederte Einheit, als Abfolge von sprachlichen Handlungen verstanden werden.

Aus diesen Argumenten für die kommunikative Auffassung des Textes dürfen jedoch u. E. die folgenden Schlußfolgerungen *nicht* gezogen werden:

1) Die Unterscheidung der beiden Auffassungen vom Text muß nicht notwendig dazu führen, daß sie als sich gegenseitig ausschließende Auffassungen angesehen werden (ursprünglich ISENBERG, 1977, 134). Vielmehr schließt u. E. die handlungstheoretische Auffassung die propositionale Auffassung nicht aus, sondern ein (so auch VIEHWEGER, 1979, 112): Beide verhalten sich nicht alternativ, sondern komplementär zueinander, so wie grundsätzlich Strukturbeschreibungen in Funktionsbeschreibungen eingeschlossen werden (müssen).
2) Die Bevorzugung der handlungstheoretischen Auffassung darf nicht dazu führen, die Textlinguistik als Gegenstück zur Linguistik des Sprachsystems zu konzipieren und isoliert von der Grammatik (als Theorie des Sprachsystems) zu betreiben. Eine solche Gegenüberstellung würde in undialektischer Weise die Unzulänglichkeiten der strukturalistischen Schulen – nur unter umgekehrtem Vorzeichen – fortsetzen (vgl. VIEHWEGER, 1977, 105).
3) Aus der notwendigen Einordnung des Textes in komplizierte Handlungszusammenhänge darf nicht geschlossen werden, daß die Texttheorie einer Theorie der sprachlichen Kommunikation entspricht. Eine solche Gleichsetzung ist unbegründet, weil der Text nur das sprachliche Produkt der kommunikativen Tätigkeit ist, aber nicht mit ihr identifiziert werden darf. Folglich ist u. E. auch eine Trennung von Textlinguistik und Texttheorie in dem oben genannten Sinne nicht zu rechtfertigen: Auch wenn Text aus Handlungskontexten erklärt werden soll, umfaßt er – als sprachliches Realisat – diese kommunikativen und interaktionellen Zusammenhänge nicht vollständig.
Insofern kann die Textlinguistik allenfalls als Teildisziplin einer umfassenderen „Texttheorie" (eigentlich: Theorie der Kommunikation) aufgefaßt werden, indem sie nur die linguistischen Regularitäten beschreibt, die Texte als sprachliche Einheiten aufweisen (müssen), um überhaupt kohärent zu sein (vgl. ROSENGREN, 1980, 275).
4) Es hat sich in den letzten Jahren – in denen die Bedeutung handlungsorientierter Textmodelle sichtbar zugenommen hat – immer mehr gezeigt, daß diese handlungs- oder tätigkeitsbezogenen Textmodelle zugleich in Gefahr

geraten (können), ihr Erklärungspotential zu verlieren, vor allem aus zwei Gründen (vgl. dazu Viehweger, 1983a, 369ff.):

a) Sie setzen für die Explikation der Beziehungen zwischen Handlungskategorien und sprachlichen Ausdrücken stillschweigend eine ausgebaute Theorie des sprachlichen Handelns bzw. eine entsprechende Theorie der sprachlichen Tätigkeit voraus, die aber gegenwärtig noch weitgehend ein Desiderat ist.

b) Sie operieren weitgehend mit einem pauschalen und auf die Linguistik nur adaptierten Tätigkeitsbegriff (ohne gegenstandsspezifische Interpretation). Der Tätigkeitsbegriff kann aber in seinem Erklärungspotential nur dann voll ausgeschöpft werden, wenn er gegenstandsbezogen (in unserem Falle: bezogen auf sprachliche Äußerungen) spezifiziert wird und die Tätigkeiten selbst als strukturiert angesehen werden (vgl. Viehweger, 1983b, 104ff.; Judin, 1984, 241f.; Viehweger, 1984, 9).

Die Versuche, den Handlungsbegriff in die Textlinguistik zu integrieren, führen deshalb keineswegs automatisch zu einer „alternativen Linguistik" (gegenüber der Systemlinguistik); sie bergen umgekehrt mindestens die Gefahr in sich, einerseits die Grammatiktheorie zu überfrachten und andererseits die Handlungstheorie zu überfragen.

2.2.7. Text, Thema und Kommunikationsakt

Es muß auch eine bestimmte Abgrenzung des Textes einerseits zum Thema und andererseits zum Kommunikationsakt vorgenommen werden, mit denen sie manchmal allzu kurzschlüssig verbunden oder gar identifiziert werden. Auch wenn das Thema als *ein* Merkmal für Textkohärenz anzusehen ist und den Kern der semantischen Basis eines Textes darstellt, bestehen zwischen (dem außerlinguistischen) Thema und (dem intralinguistischen) Text sehr komplizierte vermittelte und vielschichtige Beziehungen: Der Text kann – über mehrere Zwischenstufen – zum Thema *reduziert* werden, das Thema kann – durch semantische Expansion – zum Text *entfaltet* werden. Die dabei notwendigen Stufen und linguistischen Prozeduren von solchen „Überführungen" hat vor allem Agricola (1976; 1977) herausgearbeitet.

Mit dem Kommunikationsakt *kann* der Text zwar übereinstimmen, aber er *muß* es nicht. Das Verhältnis zwischen Text und Kommunikationsakt wird manchmal als komplementäres Verhältnis angesehen, weil sich beide wechselseitig bedingen (vgl. Rosengren, 1980, 275). Es ist im Normalfalle so, daß es ohne Text keinen Kommunikationsakt und ohne Kommunikationsakt keinen Text gibt (so Gülich/Raible, 1977, 46f.). Eine Identifizierung ist aber deshalb nicht angebracht, weil der Kommunikationsakt mehr als einen Text oder mehrere Texte enthalten kann (er enthält oft auch nichtsprachliche Elemente), weil mancher Kommunikationsakt umgekehrt gar keinen Text zu enthalten braucht, wie z.B. das Winken als Gruß (vgl. auch BRINKER, 1973, 29). Eben weil Text und Kommunikationsakt durchaus nicht übereinstimmen brauchen, dürften auch manche Versuche zu einlinig und kurzschlüssig sein, die Texttypen in direkter Weise als Kommunikationsaufgaben verstehen und sie etwa mit Kommunikationsabsichten und Kommunikationsplänen identifizieren (so etwa PFÜTZE/ BLEI, 1977, 190ff.). Demgegenüber konnte gezeigt werden (vgl. GLÄSER, 1982), daß sich die „Kommunikationsverfahren" (vgl. 2.4.) nicht als generelles Unterscheidungskriterium für die Textsorten eignen, daß sie allenfalls eine Unterstützungsfunktion haben können (durch eine unterschiedliche Verteilung und Kombination in den einzelnen Textsorten.)

2.2.8. Texttypen, Textarten, Textsorten

Mit den Texttypen, Textarten oder Textsorten ist ein weiteres Problem genannt, das linguistisch noch nicht völlig gelöst ist. Klar ist, daß man 2 Fragen unterscheiden muß, die nicht immer deutlich genug getrennt werden (vgl. bereits COSERIU, 1971, 191):

a) die Frage danach, was einen Text zum Text macht, was einen Text vom Nicht-Text unterscheidet;
b) die Frage danach, welche Typen, Arten und Sorten von Texten zu unterscheiden sind, wie also eine Klassifizierung *innerhalb* der Möglichkeiten von Text vorgenommen werden kann.

Auch die Notwendigkeit einer Texttypologie steht heute wohl außer Zweifel, weil wir einerseits zahlreiche Erkenntnisse über *allgemeine* Eigenschaften von Texten (wie Kohärenz, Vertextung usw.) und andererseits *spezielle* Untersuchungen zu ziemlich willkürlich herausgegriffenen Textsorten (wie z.B. Dialog, Erzählung, Schlagzeile, Werbetext) haben. *Dazwischen* aber fehlt eine ausgebaute Texttypologie, die festzustellen hat, ob die bei den Einzeluntersuchungen spontan herausgegriffenen Analysekategorien überhaupt berechtigt sind, ob die herausgefundenen Gesetzmäßigkeiten für *alle* Texte oder – wenn nicht – für *welche* Texte sie gelten, welche Texttypen es überhaupt gibt. Eine linguistische Texttypologie muß also nach dem Geltungsbereich von Textbildungsprinzipien fragen und die Vielfalt möglicher Texte auf eine überschaubare endliche Menge von Texttypen zurückführen (vgl. ISENBERG, 1978, 565ff.).

Was wir gegenwärtig haben, sind allenfalls *Textsorten*, noch keine *Texttypen*, wenn man – mit ISENBERG (1978, 566f.; 1983, 307f.) – folgende Unterscheidung zugrunde legt: Textsorten sind Erscheinungsformen von Texten, die durch bestimmte Eigenschaften charakterisiert sind, die *nicht für alle* Texte zutreffen (unabhängig davon, ob diese Eigenschaften im Rahmen einer Texttypologie wissenschaftlich erfaßbar sind); Texttypen sind (theoriebezogene) Erscheinungsformen von Texten, die im Rahmen einer Texttypologie zu definieren sind. Insofern ist jeder Texttyp eine Textsorte, aber nicht umgekehrt: Nicht jede Textsorte wird sich im Rahmen einer Texttypologie als Texttyp charakterisieren lassen. Die bisher im Umlauf befindlichen (mehr umgangssprachlichen) Bezeichnungen für Textarten (z. B. Dialog, Referat, Schlagzeile, Gebrauchsanweisung, Diskussion) sind zunächst als Textsorten, noch nicht als Texttypen anzusehen.

Selbst diese Textsorten sind bisher von recht unterschiedlichen Kriterien her klassifiziert worden. Als Kriterium bzw. Klassifizierungsbasis für Textsorten wurden neben textinternen Eigenschaften vor allem benutzt Sprecherintentionen bzw. Kommunikationsverfahren (vgl. 2.4.), Sprachhandlungstypen bzw. Sprechakttypen (vgl. 2.3.) und Situationstypen (vgl. 2.5.1.). Eine Differenzierung in Textsorten auf der Basis von Sprecherintentionen und Kommunikationsverfahren führte zu Typen und Subtypen wie Informieren und Aktivieren, bei letzterem Überzeugen, Überreden, (zum Handeln) Mobilisieren, Interessieren, emotionales Bewegen (vgl. W. SCHMIDT/HARNISCH, 1974, 30; vgl. auch W. SCHMIDT u. a., 1981, 42ff.). Nach Sprachhandlungstypen ergeben sich Textsorten wie Frage, Behauptung, Aufforderung, Versprechen, Entschuldigung, Danksagung, Drohung u.a. (vgl. z.B. ROSENGREN, 1979, 188ff.). Setzt man Textsorten und Situationstypen in Beziehung, so werden Texte untergliedert z.B. in Unterrichtsgespräch, Kaufgespräch, persönliche Unterhaltung, Interview usw. (vgl. auch KLEINE ENZYKLOPÄDIE, 1983, 232ff.).

ISENBERG (1978, 569ff.; 1983, 312ff.) hat als Anforderungen an eine Texttypologie die Homogenität, die Monotypie, die Striktheit und die Exhaustivität formuliert. *Homogenität* ist die Forderung nach einer einheitlichen Typologisierungsbasis, nach einheitlichen Kriterien für die Klassifizierung von Texten. Die Forderung nach *Monotypie* bedeutet, daß ein und derselbe Text nicht in gleichrangiger Weise verschiedenen Typen zugeordnet werden darf. Mit *Striktheit* ist gemeint, daß es keinen Text geben darf, der in bezug auf eine Texttypologie ambig ist, d. h. mehrere semantische oder pragmatische Interpretationen zuläßt. *Exhaustivität* bedeutet, daß alle Texte von der Texttypologie erfaßt werden müssen.

Die bisherigen Versuche von Textklassifizierungen führen noch nicht zu *Texttypen* in diesem strikteren Sinne, sondern nur zu *Textsorten*. Diese Versuche sind – grob gesprochen – von *zweierlei* Art:

1) Es gibt solche Textklassifizierungen, die von bestimmten *Merkmalen* und *Merkmalskombinationen* ausgehen und (empirisch vorfindbare) Texte durch solche Merkmalskombinationen charakterisieren. Solche Merkmale sind [± gesprochen], [± spontan], [± monologisch], [± dialogisch], [± räumlicher Kontakt bei der Kommunikation], [± zeitlicher Kontakt bei der Kommunikation], [± akustischer Kontakt bei der Kommunikation], [± spezifische Formeln für Textanfang], [± spezifische Formeln für Textschluß], [± festgelegter Textaufbau], [± festgelegte Thematik], [± Gebrauch der 1. Person], [± Gebrauch der 2. Person], [± Gebrauch der 3. Person], [± Gebrauch von Imperativformen], [± Restriktionen im Tempusgebrauch], [± Gebrauch von ökonomischen Sprachformen, wie z. B. Verkürzungen – z. B. ‚glaub ich', ‚sowas'],

[± sprachliche Redundanz im Text, wie z. B. Wiederholungen, Stereotype], [± Anteil von Nicht-Sprachlichem an der Kommunikation], [± Gleichberechtigung der Kommunikationspartner]. Diesen von SANDIG (1972, 113 ff.) entwickelten (binär angelegten) Merkmalen könnte man weitere Merkmale hinzufügen, wie z. B. [Zahl der Sender], [Zahl der Empfänger], [± Spezifiziertheit des Empfängers], [± öffentlich], [± gesteuert] u. a. (vgl. auch BAYER, 1973, 64 ff.; HELBIG, 1975, 73 f.).
Wesentlich ist, daß die entsprechenden Textsorten dadurch charakterisiert werden, daß ihnen die entsprechenden Merkmale zugesprochen (+) oder abgesprochen (−) werden. So kann man der Textsorte „*Interview*" z. B. (in verkürzter Form) folgende Merkmalskombinationen zuschreiben: [+ gesprochen], [− monologisch], [+ zeitlicher und akustischer Kontakt bei der Kommunikation], [+ Verwendung aller 3 Personen], [± Verwendung des Imperativs], [− Gleichberechtigung der Kommunikationspartner], [± spontan], [± öffentlich], [± räumlicher Kontakt bei der Kommunikation] ... Der Textsorte des „*familiären Alltagsgesprächs*" kämen dagegen etwa folgende Merkmale zu: [+ gesprochen], [− monologisch], [+ zeitlicher und akustischer Kontakt bei der Kommunikation], [+ Verwendung aller 3 Personen], [± Verwendung des Imperativs] − bis hierher handelt es sich um eine weitgehend gleiche Charakteristik wie bei der Textsorte „Interview", jetzt aber folgen die differenzierenden Merkmale −, [+ Gleichberechtigung der Kommunikationspartner], [+ spontan], [− öffentlich], [− gesteuert], [+ räumlicher Kontakt bei der Kommunikation]. Daß auch die anderen genannten Merkmale eine Rolle spielen − allerdings vornehmlich bei anderen als bei den von uns bisher herausgegriffenen 2 Textsorten −, sei an folgenden Beispielen wenigstens angedeutet: Spezifische Formeln des Textanfangs und des Textendes tauchen z. B. auf bei Brief, Arztrezept, Stelleninserat, Traueranzeige, spezifische Formeln nur des Textanfangs bei Kochrezept oder Wetterbericht. Eine Bindung an ein Thema liegt bei vielen Textsorten vor (z. B. Interview, Arztrezept, Wetterbericht, Diskussion), nur bei einigen nicht (z. B. Rundfunknachrichten, Alltagsgespräch). Auf die 3. Person beschränkt und für Imperativformen nicht offen sind z. B. Gesetzestext, Wetterbericht oder Zeitungsnachricht. Sprachliche Redundanz ist ausgeschlossen z. B. in Gesetzestexten, Artzrezepten, Wetterberichten und Telegrammen, nicht aber im familiären Gespräch, im Telefongespräch, im Brief, in der Diskussion usw.
Mit Hilfe solcher Merkmalskombinationen gelingt es zweifellos, die *einzelne* Textsorte (die Gegenstand der jeweiligen Untersuchung ist) von den anderen Textsorten in hinreichender Weise abzuheben. Es gelingt auch, Nähe und Ferne unterschiedlicher Textsorten deutlich zu machen (durch die Identität bzw. die Differenzierung der jeweiligen Merkmale). Es gelingt aber nicht, auf diese Weise eine einheitliche Charakteristik *aller* Textsorten aufzustellen. Dies kann nicht gelingen, weil die verwendeten Merkmale sehr *heterogen* sind, d. h. unterschiedlichen Ebenen entstammen: Merkmale wie z. B. [Anteil des Nicht-Sprachlichen] und [Kontakt] betreffen die situativen Bedingungen

und den Adressaten der Kommunikation, ein Merkmal wie [± gesprochen] zielt auf das Medium der Kommunikation, ein Merkmal wie [± 2. Person] auf morphosyntaktische Eigenschaften des Sprachsystems. Insofern fehlt die einheitliche Typologisierungsbasis als wesentliche Voraussetzung für eine *homogene* Texttypologie, die *alle* Texte nach den gleichen (homogenen) Kriterien zu erfassen hätte. Vor allem handelt es sich bei den genannten Textklassifizierungen um Merkmale, die z. T. *textinterner* Natur sind (z. B. Auftreten von Anfangs- und Schlußsignalen, von Pronomina der 1., 2. und 3. Person, des Imperativs), z. T. aber auch *textexterner* Natur sind (z. B. räumlicher, zeitlicher und akustischer Kontakt, Gleichberechtigung der Kommunikationspartner), also um heterogene Analysekategorien, die nicht ohne weiteres oder nur sehr bedingt aufeinander beziehbar sind (anders WILSKE, 1981; – mit direkter Beziehbarkeit).

2) Eine zweite Art der Textklassifizierung läßt zwar auf den ersten Blick eine einheitliche Typologisierungsbasis erkennen; es gelingt jedoch (noch) nicht, diese Basis auf eine *einheitliche* Weise zu charakterisieren. Beispiel dafür ist der Versuch von E. U. GROSSE (1976, 25 ff., 28; vgl. auch GROSSE, 1974), alle schriftlichen Texte nach der *Textfunktion* zu charakterisieren. Unter Textfunktion wird dabei eine Instruktion an den Empfänger über den vom Sender erwünschten Verstehensmodus, d. h. eine sprachlich manifeste empfängergerichtete Senderintention verstanden. So ergeben sich aus der normativen Funktion normative Texte (z. B. Gesetze, Verträge, Geburtsurkunden), aus der Kontaktfunktion Kontakttexte (z. B. Glückwunschschreiben), aus der selbstdarstellenden Funktion selbstdarstellende Texte (z. B. Tagebuch, Autobiographie), aus der auffordernden Funktion dominant auffordernde Texte (z. B. Werbeanzeige, Parteiprogramm, Gesuch), aus der Funktion des Informationstransfers dominant sachinformierende Texte (z. B. Nachricht, wissenschaftlicher Text).

Diese Klassifizierung hat zwar den Vorteil, daß sie auf die Funktion von Texten gerichtet ist, jedoch gleichzeitig den Nachteil, daß dieses Raster der Funktion zu grobmaschig ist und folglich intuitiv als unterschiedlich empfundene Texte (z. B. Werbeanzeige, Parteiprogramm, Gesuch) *einer* Textsorte zuordnen muß, daß überhaupt in den konkreten Texten mehrere unterschiedliche Funktionen vorhanden sein können (also keine völlige 1:1-Entsprechung von kommunikativer Funktion und Textsorte besteht). Da diese Tatsache auch E. U. GROSSE (1976, 115) nicht verborgen geblieben ist, spricht er von einer in einer jeweiligen Textklasse *dominierenden* Funktion: „Alle Textexemplare, in denen eine Funktion *dominiert*, bilden eine *Textklasse*". Es zeigt sich jedoch, daß der Begriff „Dominanz" auf eine verwirrend uneinheitliche Weise (z. T. syntaktisch, z. T. funktional, z. T. statistisch) gebraucht wird, daß die Uneinheitlichkeit dieses Dominanzbegriffs ebenfalls eine homogene Textklassifizierung verhindert.

Als weitgehend homogen kann die Texttypologie von WERLICH (1975, 1976) angesehen werden, die die Texte differenziert nach dem „kontextuellen Fokus",

d. h. nach der Art, wie der Sprecher bei der Textproduktion die Aufmerksamkeit des Adressaten primär auf spezifische Faktoren und Umstände der Kommunikationssituation richtet. Das Kernstück dieser Texttypologie sind fünf Texttypen (in Klammer wird der jeweilige „kontextuelle Fokus" genannt, der die Basis für die Differenzierung abgegeben hat): Deskription (faktische Erscheinungen im Raum), Narration (faktische und/oder konzeptuelle Phänomene in der Zeit), Exposition (Zerlegung oder Zusammensetzung von begrifflichen Vorstellungen der Sprecher), Argumentation (Beziehungen zwischen Begriffen oder Aussagen der Sprecher), Instruktion (zukünftiges Verhalten des Senders oder des Adressaten) (vgl. WERLICH, 1976, 39 ff.) Allerdings ist diese annähernd homogene Texttypologie nicht monotypisch (vgl. ISENBERG, 1983, 319 ff.).

Auf der Suche nach einer homogenen *und* monotypischen Textklassifizierung hat VIEHWEGER (1981) einen Ansatz vorgeschlagen, der Textsorten nach *Handlungszielen* (z. B. Aufforderung) charakterisieren soll und zusätzlich – da auch dieses Raster zu grob ist – eine weitere (Sub-)Differenzierung nach konkreten Handlungsbedingungen und -inhalten vornimmt. Wenn an die Stelle von globalen Textfunktionen Handlungsziele und -bedingungen treten, ist damit zwar eine homogene (und zwar text*externe*) Klassifizierungsbasis angedeutet, ist auch der handlungs- und tätigkeitsorientierten Auffassung des Textes Rechnung getragen. Erst von empirischen Untersuchungen her zu klären ist jedoch die Frage, ob und inwieweit diesen Handlungsmustern tatsächlich in direkter Weise Textsorten entsprechen, anders: ob die text*externen* Eigenschaften von Handlungen sich in direkter Weise text*intern* reflektieren, d. h. durch sprachliche Indikatoren festgemacht werden können.

Damit ist ein zentrales Problem angedeutet, das auch für andere Bereiche, z. B. für die herkömmliche Funktionalstilistik (und ihre Grenzen), zutrifft (vgl. A. PORSCH, 1981, 280 ff.). Nach unseren bisherigen Einsichten sind durchaus nicht immer direkte Entsprechungen zwischen Sprachfunktionen einerseits und spezifischen Stilen bzw. Textsorten andererseits festzustellen und nachzuweisen. Deshalb führen die unterschiedlichen (außersprachlichen) Definitionskriterien (vor allem: Verwendungsweise, Tätigkeitsbereich, gesellschaftliche Aufgabe, Kommunikationsziel, Gegenstand, Situation) bisher nicht in direkter Weise zu einer adäquaten Differenzierung der einzelnen Sprachstile und Textsorten. Die Annahme einer regelhaften Beziehung zwischen außersprachlichen Funktionen und sprachlichen Mitteln bleibt so lange Hypothese, bis es gelingt, die entscheidenden Vermittlungsglieder zu erkennen (die notwendig sind, da eine direkte Zuordnung offenbar zu kurzschlüssig ist).

Auf Grund des gegenwärtigen Forschungsstandes liegt eher die Vermutung nahe, daß sich die Kriterien der Homogenität und der Monotypie nicht restlos werden anwenden lassen, daß nur eine *mehrdimensionale* Typologie von Texten (eine Klassifikation auf der Basis mehrerer Kriterien) erreichbar ist.

Literaturverzeichnis zu 2.2.

AGRICOLA, E.: Semantische Relationen im Text und im System. Halle 1969
AGRICOLA, E.: Textstruktur aus linguistischer Sicht. In: Wissensch. Zeitschrift der Pädagogischen Hochschule Erfurt/Mühlhausen. GSR 2/1970
AGRICOLA, E.: Vom Text zum Thema. In: Probleme der Textgrammatik I. Als: Studia grammatica XI. Hrsg. F. DANEŠ/D. VIEHWEGER. Berlin 1976. S. 13 ff.
AGRICOLA, E.: Text – Textaktanten – Informationskern. In: Probleme der Textgrammatik II. Als: Studia grammatica XVIII. Hrsg. F. DANEŠ/D. VIEHWEGER. Berlin 1977. S. 9 ff.

BAYER, K.: Verteilung und Funktion der sogenannten Parenthese in Texten gesprochener Sprache. In: Die deutsche Sprache 1/1973
BENEŠ, E.: Die funktionale Satzperspektive (Thema-Rhema-Gliederung) im Deutschen. In: Deutsch als Fremdsprache 1/1967. S. 23 ff.
BENEŠ, E.: Thema-Rhema-Gliederung und Textlinguistik. In: Studien zur Texttheorie und zur deutschen Grammatik. Hrsg. H. SITTA/K. BRINKER. Düsseldorf 1973. S. 42 ff.
BRANDT, M., u. a.: Der Einfluß der kommunikativen Strategie auf die Textstruktur – dargestellt am Beispiel eines Geschäftsbriefes. In: Sprache und Pragmatik. Lunder Symposium 1982. Hrsg. I. ROSENGREN. Stockholm 1983. S. 105 ff.
BREUER, D.: Einführung in die pragmatische Texttheorie. München 1974
BRINKER, K.: Aufgaben und Methoden der Textlinguistik. In: Wirkendes Wort 1971
BRINKER, K.: Zum Textbegriff in der heutigen Linguistik. In: Studien zur Texttheorie und zur deutschen Grammatik. Hrsg. H. SITTA/K. BRINKER. Düsseldorf 1973
BRINKER, K.: Zur Gegenstandsbestimmung und Aufgabenstellung der Textlinguistik. In: Text vs Sentence. Hrsg. J. S. PETÖFI. Hamburg 1979. S. 3 ff.

COSERIU, E. (Diskussionsbeitrag): In: Beiträge zur Textlinguistik. Hrsg. W.-D. STEMPEL. München 1971. S. 189 ff.

DANEŠ, F.: Zur linguistischen Analyse der Textstruktur. In: Folia linguistica 4/1970. S. 72 ff.
DANEŠ, F. (Hrsg.): Papers on Functional Sentence Perspective. Praha 1974
DANEŠ, F.: Welche Ebenen der Textstruktur soll man annehmen? In: Linguistische Studien A/112. Berlin 1983. S. 1 ff.
DIJK, T. A. van: Textwissenschaft. Eine interdisziplinäre Einführung. Tübingen 1980 (1980 a)
DIJK, T. A. van: The Semantics and Pragmatics of Functional Coherence in Discourse. In: Speech Acts Theory – Ten Years Later. Hrsg. J. BOYD/A. FERRARA. Versus 26/27. Bompiani 1980 (1980 b)
DRESSLER, W.: Einführung in die Textlinguistik. Tübingen 1973
DRESSLER, W./SCHMIDT, S.J.: Textlinguistik. Kommentierte Bibliographie. München 1973

FIGGE, U. L.: Zur Konstitution einer eigentlichen Textlinguistik. In: Text vs Sentence. Hrsg. J. S. PETÖFI. Hamburg 1979. S. 13 ff.

GAL'PERIN, I. P.: Tekst kak ob-ekt lingvističeskogo issledovanija. Moskva 1981
GLÄSER, R.: Kommunikationsverfahren als Differenzierungskriterien für Textsorten. In: Wissensch. Zeitschrift der Karl-Marx-Universität Leipzig. GSR 1/1982
GORETZKI, B., u.a.: Aspekte der linguistischen Behandlung von Texten. In: Textlinguistik 2. Dresden 1971. S. 131 ff.
GREIMAS, A. J.: Sémantique structurale. Paris 1966. Deutsche Übersetzung: Strukturale Semantik. Braunschweig 1971
GROSSE, E. U.: Texttypen. Linguistik gegenwärtiger Kommunikationsakte. Theorie und Deskription (Preprint). Stuttgart/Berlin/Köln/Mainz 1974

GROSSE, E. U.: Text und Kommunikation. Stuttgart/Berlin/Köln/Mainz 1976
GÜLICH, E./RAIBLE, W. (Hrsg.): Textsorten. Frankfurt (Main) 1972
GÜLICH, E./RAIBLE, W.: Linguistische Textmodelle. München 1977

HALLIDAY, M. A. K.: Language Structure and Language Function. In: New Horizons in Linguistics. Hrsg. J. LYONS. Harmondsworth 1970. S. 140 ff. Deutsche Übersetzung: Sprachstruktur und Sprachfunktion. In: Neue Perspektiven in der Linguistik. Hrsg. J. LYONS. Hamburg 1975. S. 126 ff.
HARRIS, Z. S.: Discours Analysis. In: Language 1952
HARTMANN, P.: Texte als linguistisches Objekt. In: Beiträge zur Textlinguistik. Hrsg. W.-D. STEMPEL. München 1971. S. 9 ff.
HARTUNG, W.: Strukturebenen und ihre Einheiten in Diskussionstexten. In: Linguistische Studien A/112. Berlin 1983. S. 193 ff (1983 a)
HARTUNG, W.: Briefstrategien und Briefstrukturen – oder: Warum schreibt man Briefe? In: Sprache und Pragmatik. Lunder Symposium 1982. Hrsg. I. ROSENGREN. Malmö 1983. S. 215 ff. (1983 b)
HARWEG, R.: Pronomina und Textkonstitution. München 1968
HARWEG, R.: Textlinguistik. In: Perspektiven der Linguistik. Hrsg. W. A. KOCH. Band 2. Stuttgart 1974. S. 88 ff.
HELBIG, A.: Bibliographie zur Textlinguistik. In: Deutsch als Fremdsprache 5/1976, 1/1977, 3/1978, 4/1978
HELBIG, G.: Bemerkungen zu den Pronominaladverbien und zur Pronominalität. In: Deutsch als Fremdsprache 5/1974. S. 270 ff.
HELBIG, G.: Zu Problemen der linguistischen Beschreibung des Dialogs im Deutschen. In: Deutsch als Fremdsprache 2/1975. S. 65 ff.
HELBIG, G.: Zur Stellung und zu Problemen der Textlinguistik. In: Deutsch als Fremdsprache 5/1980. S. 257 ff.
HELBIG, G./MOTSCH, W.: Abschließende Zusammenfassung. In: Sprache und Pragmatik. Lunder Symposium 1982. Hrsg. I. ROSENGREN. Malmö 1983. S. 421 ff.

ISENBERG, H.: Überlegungen zur Texttheorie. In: ASG-Bericht Nr. 2. Berlin 1968
ISENBERG, H.: Einige Grundbegriffe für eine linguistische Texttheorie. In: Probleme der Textgrammatik I. Hrsg. F. DANEŠ/D. VIEHWEGER. Als: Studia grammatica XI. Berlin 1976. S. 47 ff.
ISENBERG, H.: ‚Text' vs. ‚Satz'. In: Probleme der Textgrammatik II. Hrsg. F. DANEŠ/D. VIEHWEGER. Als: Studia grammatica XVIII. Berlin 1977. S. 119 ff.
ISENBERG, H.: Probleme der Texttypologie – Variation und Determination von Texttypen. In: Wissensch. Zeitschrift der Karl-Marx-Universität Leipzig. GSR 5/1978. S. 565 ff.
ISENBERG, H.: Grundfragen der Texttypologie. In: Linguistische Studien A/112. Berlin 1983. S. 303 ff.

JUDIN, E. G.: Das Problem der Tätigkeit in Philosophie und Wissenschaft. In: Grundfragen einer Theorie der sprachlichen Tätigkeit. Hrsg. D. VIEHWEGER. Berlin 1984. S. 216 ff.

KALLMEYER, W./MEYER-HERMANN, R.: Textlinguistik. In: Lexikon der Germanistischen Linguistik. Hrsg. H. P. ALTHAUS/H. HENNE/H. E. WIEGAND. Tübingen 1973. S. 221 ff.

KLEINE ENZYKLOPÄDIE – DEUTSCHE SPRACHE. Hrsg. W. FLEISCHER/W. HARTUNG/ J. SCHILDT/P. SUCHSLAND. Leipzig 1983
KOCH, W./ROSENGREN, I./SCHONEBOHM, M.: Ein pragmatisch orientiertes Textanalyseprogramm. In: Sprache und Pragmatik. Lunder Symposium 1980. Hrsg. I. ROSENGREN. Lund 1981. S. 155 ff.
KUMMER, W.: Grundlagen der Texttheorie. Hamburg 1975

LANG, E.: Semantik der koordinativen Verknüpfung. Als: Studia grammatica XIV. Berlin 1977
LEONT'EV, A. A.: Jazyk, reč', rečevaja dejatel'nost'. Moskva 1969
LEONT'EV, A. A.: Osnovy teorii rečevoj dejatel'nosti. Moskva 1974

MOSKAL'SKAJA, O. I.: Grammatika teksta. Moskva 1981; deutsche Übersetzung: Textgrammatik. Leipzig 1984
MOTSCH, W.: Sprache als Handlungsinstrument. In: Linguistische Studien A/19. Berlin 1975. S. 1 ff.
MOTSCH, W./VIEHWEGER, D.: Sprachhandlung, Satz und Text. In: Sprache und Pragmatik. Lunder Symposium 1980. Hrsg. I. ROSENGREN. Lund 1981. S. 125 ff.

PASCH, R.: Mechanismen der inhaltlichen Gliederung von Sätzen. In: Untersuchungen zur Semantik. Hrsg. R. RŮŽIČKA/W. MOTSCH. Als: Studia grammatica XXII. Berlin 1983. S. 261 ff.
PETÖFI, J. S. (Hrsg.): Text vs Sentence. Basic Questions of Text Linguistics. 2 Bände. Hamburg 1979
PFÜTZE, M: Bemerkungen zu einer funktionalen Textlinguistik. In: Wissensch. Zeitschrift der Pädagogischen Hochschule Erfurt/Mühlhausen. GSR 2/1970 (1970 a)
PFÜTZE, M: Grundgedanken zu einer funktionalen Textlinguistik. In: Textlinguistik 1. Dresden 1970. S. 1 ff. (1970 b)
PFÜTZE, M./BLEI, D.: Texttyp als Kommunikationstyp – Eine Einschätzung des Forschungsstandes. In: Probleme der Textgrammatik II. Hrsg. F. DANEŠ/D. VIEHWEGER. Berlin 1977. S. 185 ff.
PFÜTZE, M./WITTMERS, E.: Textbeziehungen zwischen „Referat" und „Diskussion". In: Textlinguistik 2. Dresden 1971. S. 1 ff.
PLETT, H. F.: Textwissenschaft und Textanalyse. Heidelberg 1975
PORSCH, A.: Die funktionalstilistische Theorie und ihr Verhältnis zur Differenziertheit der Sprache. In: Kommunikation und Sprachvariation. Hrsg. W. HARTUNG/H. SCHÖNFELD. Berlin 1981. S. 280 ff.

RAIBLE, W.: Zum Textbegriff und zur Textlinguistik. In: Text vs Sentence. Hrsg. J. S. PETÖFI. Hamburg 1979. S. 63 ff.
ROSENGREN, I.: Die Sprachhandlung als Mittel zum Zweck. Typen und Funktionen. In: Sprache und Pragmatik. Lunder Symposium 1978. Hrsg. I. ROSENGREN. Lund 1979. S. 188 ff.
ROSENGREN, I.: Texttheorie. In: Lexikon der Germanistischen Linguistik. Hrsg. H. P. ALTHAUS/H. HENNE/H. E. WIEGAND. Tübingen 1980. Band II. S. 275 ff.

SANDIG, B.: Zur Differenzierung gebrauchssprachlicher Textsorten im Deutschen. In: Textsorten. Hrsg. E. GÜLICH/W. RAIBLE. Frankfurt (Main) 1972
SCHMIDT, F.: Logik der Syntax. Berlin 1962
SCHMIDT, S. J.: Texttheorie. München 1973 (1973 a)
SCHMIDT, S. J.: Texttheorie/Pragmalinguistik. In: Lexikon der Germanistischen Linguistik. Band II. Hrsg. H. P. ALTHAUS/H. HENNE/H. E. WIEGAND. Tübingen 1973. S. 2 13 ff. (1973 b)
SCHMIDT, W., u.a.: Funktional-kommunikative Sprachbeschreibung. Theoretisch-methodische Grundlegung. Leipzig 1981
SCHMIDT, W./HARNISCH, H.: Kommunikationspläne und Kommunikationsverfahren. In: Linguistische Studien A/8. Berlin 1974. S. 30 ff.
STEINITZ, R.: Nominale Pro-Formen. In: ASG-Bericht Nr. 2. Berlin 1968
STEMPEL, W.-D. (Hrsg.): Beiträge zur Textlinguistik. München 1971

VIEHWEGER, D.: Semantische Merkmale und Textstruktur. In: Probleme der Textgrammatik I. Hrsg. F. DANEŠ/D. VIEHWEGER. Als: Studia grammatica XI. Berlin 1976. S. 195 ff.

VIEHWEGER, D.: Zur semantischen Struktur des Textes. In: Probleme der Textgrammatik II. Hrsg. F. DANEŠ/D. VIEHWEGER. Als: Studia grammatica XVIII. Berlin 1977. S. 103 ff.
VIEHWEGER, D., u. a.: Probleme der semantischen Analyse. Als: Studia grammatica XV. Berlin 1977
VIEHWEGER, D.: Pragmatische Voraussetzungen, deskriptive und kommunikative Explizität von Texten. In: Sprache und Pragmatik. Lunder Symposium 1978. Hrsg. I. ROSENGREN. Lund 1979. S. 109 ff.
VIEHWEGER, D.: Zum Kohärenzbegriff von Texten. In: Linguistische Studien A/65. Berlin 1980. S. 32 ff.
VIEHWEGER, D.: Text und Texttyp: In: Weimarer Sommer-Vorträge 1980. Als: Wissenschaftliche Beiträge der Friedrich-Schiller-Universität. Jena 1981. S. 191 ff.
VIEHWEGER, D.: Sequenzierung von Sprachhandlungen und Prinzipien der Einheitenbildung im Text. In: Untersuchungen zur Semantik. Hrsg. R. RŮŽIČKA/W. MOTSCH. Als: Studia grammatica XXII. Berlin 1983. S. 369 ff. (1983 a)
VIEHWEGER, D.: Sprachhandlungsziele von Aufforderungstexten. In: Linguistische Studien A/112. Berlin 1983. S. 152 ff. (1983 b)
VIEHWEGER, D. (Hrsg.): Grundfragen einer Theorie der sprachlichen Tätigkeit. Berlin 1984

WAWRZYNIAK, Z.: Einführung in die Textwissenschaft. Warszawa 1980
WERLICH, E.: Typologie der Texte. Heidelberg 1975
WERLICH, E.: A text grammar of English. Heidelberg 1976
WILSKE, L.: Zur Charakterisierung und Gruppierung von Textsorten unter funktional-kommunikativer Sicht. In: Textlinguistik 8. Dresden 1981
WUNDERLICH, D.: Studien zur Sprechakttheorie. Frankfurt (Main) 1976

ZEMSKAJA, E. A. (Hrsg.): Russkaja razgovornaja reč'. Moskva 1973

2.3. Sprechakttheorie

2.3.1. Ausgangspunkte und Grundanliegen

Eine deutliche Reaktion auf die ausschließlich systemorientierte Linguistik ist auch die Sprechakttheorie (bzw. Sprechhandlungstheorie oder Sprachhandlungstheorie). Daß sie Teil der linguistischen Neuorientierung im Rahmen der „kommunikativ-pragmatischen Wende" ist, ist ablesbar bereits am Terminus „Sprechakt", der ursprünglich (vor allem in der Nachfolge DE SAUSSURES) nahezu als Synonym zu Sprechen, zur parole, zur Verwendung (im Gegensatz also zur Sprache, zur langue, zum System) aufgefaßt und damit als sekundär bzw. peripher angesehen und teilweise aus dem Gegenstandsbereich der Sprechwissenschaft verdrängt wurde (vgl. auch LUDWIG, 1974, 98). In der Sprechakttheorie wird dagegen der Terminus und Begriff „Sprechakt" umgekehrt primär und zentral gegenüber dem abstrahierten System, wird dieser Sprechakt im Rahmen von Handlungen aufgefaßt und damit in umfassendere Tätigkeitszusammenhänge eingebettet (sowie aus diesen ableit- und erklärbar).

Es handelt sich um ein Umdenken in der Sprachwissenschaft durch das Streben, Eigenschaften der Sprach*verwendung* von denen des Sprachsystems abzuheben und näher zu bestimmen, die sprachlichen Zeichen als Mittel aufzufassen für einen bestimmten Zweck, Sprache als eine solche Tätigkeit zu verstehen, bei der Zeichen hervorgebracht werden, mit denen man etwas *tut*. Dahinter verbirgt sich die grundsätzliche Frage der Sprechakttheorie nach dem, was wir *tun*, wenn und indem wir *sprechen*, und wie wir auf diese Weise auch einen anderen dazu bringen können, etwas zu tun (was vielleicht mit Sprache gar nichts mehr zu tun hat). Damit sind nicht mehr Wörter oder Sätze Grundelemente der menschlichen Kommunikation, sondern Sprechhandlungen (Sprechakte), die durch ihre Äußerung vollzogen werden und ihrerseits im Kontext mit weiteren (auch nichtsprachlichen) Handlungen stehen.

In dieser Umorientierung drückt sich die Überzeugung aus, daß natürliche Sprachen nicht nur Beschreibungsinstrumente, sondern auch „Handlungsinstrumente" sind, d. h. Instrumente, mit deren Hilfe Handlungen vollzogen werden (vgl. Motsch, 1975, 24ff.). Der Vollzug von Handlungen ist ein bewußt gelenktes Verhalten, ist eine schöpferische und zweckorientierte Tätigkeit; Sprechhandlungen sind immer auf einen Partner gerichtet, dem der Sprecher etwas zu verstehen geben will. Deshalb spielt der Begriff der Sprecherintention (oder Sprecherabsicht) – der durch die „Illokution" ausgedrückt wird – eine zentrale Rolle bei Sprechakten. Daß Sprechen zugleich Handeln ist, wurde gleich am Anfang deutlich an der Beschreibung von Sätzen, mit deren Äußerung *zugleich* die ausgedrückte Handlung vollzogen wird (z. B. „Ich vermache die Uhr meinem Bruder" als Teil eines Testaments; „Ich verspreche dir, morgen pünktlich zu kommen"). Auf der anderen Seite gibt es viele Äußerungen, die zwar auch Handlungen sind, deren Charakter aber nicht aus der Äußerung selbst unmittelbar erschlossen werden kann (z. B. „Es zieht hier aber stark" – der grammatischen Bedeutung nach eine Feststellung, verwendet jedoch in einem bestimmten Kontext als Aufforderung zum Schließen des Fensters). Mit dem Zusammenhang von Sprechen und Handeln mit Hilfe von Sprechakten (Sprechhandlungen) ist eine Fülle von Fragen verbunden, die von der Sprechakttheorie aufgeworfen werden und durchaus noch nicht endgültig oder einhellig beantwortet sind, z. B. Fragen danach, welche Arten von Sprechhandlungen es gibt, welche Funktion sie in der Kommunikation und Interaktion haben, welche sprachlichen Mittel gebraucht werden müssen, um sie auszuführen (vgl. auch Wunderlich, 1976, 7ff.).

Die Einsicht, daß die bisherigen Grammatiktheorien zur Erfassung dieser Zusammenhänge nicht ausreichen (weil die Bedeutung nicht auf Wahrheitsbedingungen oder semantische Merkmale reduziert werden kann, vielmehr außer dem propositionalen Gehalt mindestens die „illokutive Funktion" umfaßt), führte allerdings nicht automatisch und notwendig zur Sprechakttheorie. Vielmehr erwuchsen aus dieser Einsicht zwei unterschiedliche Richtungen (vgl. Viehweger, 1983, 150ff.): Die *erste* Richtung strebte nach der Erweiterung, dem Ausbau und der Modifikation bestehender Grammatikmodelle durch Einbeziehung von pragmatischen Sachverhalten (z. B. der Sprecherintentionen und des „illokutiven Aktes") in die Grammatikmodelle. Charakteristisch dafür ist die

Performativitätshypothese von Ross (vgl. ausführlicher 1.5.4.3.1.3.), sind auch ähnliche Versuche von RUTHERFORD, SADOCK, R. LAKOFF, G. LAKOFF u. a., die genannten pragmatischen Sachverhalte in die syntaktische oder in die semantische Komponente einzubeziehen, sie gleichsam zu „syntaktisieren" oder zu „semantisieren" (vgl. dazu auch HELBIG, 1979a, 29ff.). Die *zweite* Richtung beabsichtigt nicht eine Erweiterung bestehender (Grammatik-)Modelle, sondern deren grundsätzliche Revision durch ein Modell, das nicht mehr vom System ausgeht, sondern vom primären Handlungsbezug der Sprache. Innerhalb dieser zweiten Richtung ist die Sprechakttheorie gewiß nicht das einzige Modell, aber ein Modell, das in der internationalen Linguistik eine große Resonanz gefunden hat und heute in vielen Ländern zum zentralen Bestand linguistischer Untersuchungen im Bereich der Pragmatik gehört.

Die Sprechakttheorie hat nicht nur und nicht einmal in erster Linie linguistische *Wurzeln*: In ihren Anregungen weist sie zurück auf die pragmatische Philosophie von PEIRCE, von der nicht nur eine Entwicklungslinie zur modernen Semiotik (z. B. zu MORRIS und schließlich zu KLAUS) und zu soziologischen (bzw. sozialpsychologischen) Handlungstheorien (z. B. MEAD), sondern auch zur Sprachphilosophie WITTGENSTEINS führt (vgl. ausführlicher WUNDERLICH, 1972b, 71ff.). Vor allem WITTGENSTEIN verdankt die Sprechakttheorie ihre unmittelbaren Impulse, die zunächst von AUSTIN (vgl. 2.3.2.) und SEARLE (vgl. 2.3.3.) aufgegriffen und ausgebaut worden sind. WITTGENSTEIN (1967) hatte bereits als Bedeutung eines Wortes nicht sein Denotat, sondern seinen Gebrauch in der Sprache angesehen, hatte das Sprechen der Sprache (über den Begriff „Sprachspiel") als Teil einer Tätigkeit verstanden und auch erkannt, daß sprachliche und nichtsprachliche Tätigkeiten eine komplexe Ganzheit bilden, für die es Sprechhandlungskonventionen gibt („Gepflogenheiten"), die weder für immer festgelegt sind noch der individuellen Willkür unterliegen, sondern Regeln darstellen, die vom sozialen Kontext abhängig, folglich auch veränderlich sind (vgl. dazu VIEHWEGER, 1983, 168; WUNDERLICH, 1972a, 42ff.).

Es versteht sich, daß eine diesen weiteren Rahmen reflektierende Sprechakttheorie, die den Eigenschaften sprachlicher Handlungen nachgeht, die Grenzen des Satzes und der Grammatik überschreiten mußte. Sätze erweisen sich als nur *ein* Aspekt eines viel komplexeren Bereichs von Faktoren, die die Verwendung von Sätzen in konkreten Kommunikationssituationen determinieren. Die Grammatik befaßt sich nur mit Eigenschaften, die Sätze in *allen* Kontexten haben (grammatische Bedeutungen betreffen nur die Intension, nicht die Extension). Was der Sprecher aber in der betreffenden Situation mit der Äußerung meint und beabsichtigt (z. B. eine Aufforderung mit dem Satz „Es zieht hier", eine Warnung mit dem Satz „Der Hund ist bissig"), fällt nicht mit der grammatisch determinierten Bedeutung des Satzes zusammen, ergibt sich aus dem „kommunikativen Sinn" der Äußerung (vgl. 1.5.4.3.1.4.). Zur Erklärung dieser Tatsachen (wie sich aus der Äußerungsbedeutung der kommunikative Sinn ergibt) sind nicht nur Kenntnisse der Grammatik, sondern Kenntnisse und Fähigkeiten verschiedener Art notwendig, die Kenntnissysteme über kommunikative

Handlungen einschließen, z. B. Kenntnisse, die Faktoren, Ziele und Normen von Handlungen, solche, die Pläne, Bedingungen und Mittel der erfolgreichen Verwirklichung von Handlungen betreffen, enzyklopädisches und Erfahrungswissen usw. (vgl. ausführlicher KLEINE ENZYKLOPÄDIE, 1983, 489 ff.; MOTSCH, 1984).

Da es sich um Kenntnissysteme handelt, die bei der Verwendung von Sprache in Handlungen vorausgesetzt werden, werden sie häufig der Kompetenz, nicht der Performanz zugerechnet (vgl. KLEINE ENZYKLOPÄDIE, 1983, 492; MOTSCH, 1984). Freilich handelt es sich dabei um einen gegenüber CHOMSKY (vgl. 1.5.4.1.5.) wesentlich erweiterten Kompetenzbegriff, der nicht auf die Grammatik beschränkt bleibt und der Performanz alles dies zurechnete, was nicht zur Grammatik gehört. Es handelt sich nicht mehr um eine „grammatische Kompetenz", sondern um eine „kommunikative Kompetenz", die nicht zu verwechseln ist mit den aktuellen Prozessen des Produzierens und Verstehens sprachlicher Äußerungen. Die Kompetenz ist vielmehr das Wissen, das in aktuellen Performanzprozessen herangezogen wird und sich nicht auf die grammatische Kompetenz reduzieren läßt, sondern auch kommunikatives Wissen (der angedeuteten Art) umfaßt, also als „kommunikative Kompetenz" verstanden werden muß. Damit ist freilich – gegenüber den Anfängen der Sprechakttheorie (Sprechakt als Synonym für parole, im Gegensatz zum System) eine andere Einordnung vorgenommen. Charakteristisch für die mit der kommunikativ-pragmatischen Wende vollzogene Neuorientierung ist jedoch nicht nur die *Aufwertung* der (in der Systemlinguistik vernachlässigten) Performanz, sondern zugleich die *Erweiterung* des Kompetenzbegriffes, so daß außer der grammatischen („sprachlichen") Kompetenz eine kommunikative Kompetenz und teilweise auch – darüber noch hinausgehend – eine „soziale", „aktionale" oder „Interaktionskompetenz" angenommen worden ist (vgl. etwa KURZ/HARTIG, 1972).

2.3.2. Austins Ansatz

Der erste wesentliche Anstoß für die Entwicklung der Sprechakttheorie ist von Vorlesungen „How to do things with Words" des Sprachphilosophen AUSTIN (1962) ausgegangen. Was er anstrebte, war eine neue Theorie, die in vollständiger und allgemeiner Weise darlegt, „what one is doing in saying something", eine Theorie des Sprechakts in seiner Gesamtheit, die nicht nur den einen oder anderen Aspekt erfaßt und von den übrigen absieht (AUSTIN, 1977, 22). Er möchte einen Beitrag zu einer „philosophischen Revolution" leisten, die in der Zurückweisung des „deskriptiven Fehlschlusses" besteht, d. h. in der Annahme, daß alle Aussagen „konstative Äußerungen" sind und als solche wahr oder falsch sind (vgl. AUSTIN, 1979, 27). Demgegenüber wies er auf Äußerungen hin, die „überhaupt nichts ... beschreiben, berichten, behaupten", folglich „nicht wahr oder falsch" sind, die vielmehr „das Vollziehen einer Handlung" sind, „die man ihrerseits gewöhnlich nicht als ‚etwas sagen' kennzeichnen würde" (AUSTIN, 1979, 28):

(1) Ich vermache die Uhr meinem Bruder (als Teil eines Testaments).
(2) Ich taufe dieses Schiff auf den Namen „Queen Elizabeth" (als Äußerung beim Wurf der Flasche gegen den Schiffsrumpf).

Solche Äußerungen nennt AUSTIN „performative Sätze" oder „performative Äußerungen": Mit ihnen *beschreibt* man nicht, was man tut, sondern *tut* es; unter passenden Umständen „den Satz äußern heißt: es tun" (AUSTIN, 1979, 29). Mit den performativen Äußerungen werden Äußerungen ausgesondert, „in denen etwas *sagen* etwas *tun* heißt; in denen wir etwas tun, *dadurch daß* wir etwas sagen oder *indem* wir etwas sagen" (AUSTIN, 1979, 35). Daraus leitet AUSTIN (1979, 75) zunächst die Gegenüberstellung von *konstativen* Äußerungen (die wahr oder falsch sein können) und *performativen* Äußerungen ab (die nicht wahr oder falsch sein können, die nur glücken oder mißglücken können):

(3) Ich verspreche dir, pünktlich zu kommen.
(4) Er versprach mir, pünktlich zu kommen.

(4) ist eine konstative Äußerung, die zutreffen kann oder nicht (wahr oder falsch sein kann), (3) dagegen eine performative Äußerung, mit der nicht die betreffende Handlung nur beschrieben wird (wie in (4)), sondern mit der die betreffende Handlung gleichzeitig (mit dem Äußern) ausgeführt wird. Da die performativen Äußerungen als explizite Handlungsausdrücke fungieren, tragen sie keine Wahrheitswerte, sondern können nur glücken oder mißglücken. Wenn sie mißglücken, treten „Unglücksfälle" von Handlungen auf, von denen AUSTIN mehrere Arten unterscheidet (vgl. dazu AUSTIN, 1979, 36ff.). Im Zusammenhang damit analysierte AUSTIN auch einige Bedingungen für das Glücken von Sprechakten.

In einem weiteren Schritt sucht AUSTIN (1979, 76ff.) nach *sprachlichen Merkmalen* für die von ihm vorgenommene Unterscheidung von konstativen und performativen Äußerungen. Performative Äußerungen können mit Hilfe von performativen Verben explizit den Handlungstyp zum Ausdruck bringen, und zwar mit Hilfe von „explizit performativen Formeln" (EPF) von der Art:

(5) Ich verspreche dir hiermit, daß ...
    (1. Person Singular Indikativ Präsens Aktiv + „hiermit")
(6) Die Besucher werden (hiermit) angewiesen, daß
    (2./3. Person Singular/Plural Indikativ Präsens Passiv + „hiermit")

Besonders das Vorhandensein oder die Hinzufügbarkeit von „hiermit" erscheint ihm als „ein brauchbares Kriterium dafür, ob eine Äußerung performativ ist" (AUSTIN, 1979, 78). Neben den EPF gibt es jedoch noch andere sprachliche (und außersprachliche) Mittel, die die gleiche Funktion wie diese haben, jedoch nicht so eindeutig sind: Dazu rechnet er Modus, Betonung, Adverbien und adverbiale Bestimmungen, Konjunktionen, das begleitende Verhalten des Sprechers, die Umstände der Äußerungssituation (vgl. AUSTIN, 1979, 93 ff.). Diese Mittel sind ursprünglicher als die EPF und werden als „primitiv" oder als *„primär performativ"* bezeichnet. Auch wenn die EPF „das letzte und ‚erfolgreichste' von zahlreichen Sprachmitteln" für den Ausdruck von Handlungen bleibt (AUSTIN, 1979, 93), so sind die primär performativen Äußerungen (ohne explizite performative Formel) üblicher, wenn auch mehrdeutiger:

(7) Ich verspreche dir hiermit, morgen pünktlich zu kommen.
(8) Ich werde morgen pünktlich kommen.

(7) und (8) können in gleicher Weise performative Äußerungen sein, da sie durch die Äußerung das Versprechen (die Handlung des Versprechens) vollziehen. (7) ist explizit performativ, (8) primär (implizit) performativ und damit weniger genau und weniger spezifisch (es kann damit auch eine unverbindliche Vorhersage gemacht werden). Beide Äußerungen haben somit nicht dieselbe Bedeutung, wohl aber können sie in bestimmten kommunikativen Situationen dasselbe meinen. Dieselbe Unterscheidung zwischen primär und explizit performativen Äußerungen trifft nicht nur auf Aussagen, sondern auch auf Fragen und Aufforderungen zu:

(9) Ist das Kaufhaus geöffnet?
(10) Ich frage dich, ob das Kaufhaus geöffnet ist.
(11) Gib mir das Buch zurück!
(12) Ich fordere dich auf, mir das Buch zurückzugeben.

Im Verlaufe seiner Vorlesungen kam AUSTIN zu der Einsicht, daß die grundsätzliche Unterscheidung zwischen konstativen und performativen Äußerungen nicht aufrechterhalten werden könne. Auf der einen Seite lieferten die verwendeten sprachlichen Mittel kein eindeutiges Abgrenzungskriterium (so können z. B. performative Verben in der gleichen Form auch der Beschreibung dienen, so steht in manchen Fällen kein performatives Verb zur Verfügung – z. B. *ich beleidige dich –*, so läßt sich nicht jede performative Äußerung in eine explizit performative Äußerung umformen, so ist auch die Hinzufügbarkeit von „hiermit" kein eindeutiges Kriterium – z. B.: ich stelle hiermit fest, daß ...; vgl. AUSTIN, 1979, 84 ff.). Auf der anderen Seite wurde ihm immer deutlicher, daß „etwas sagen" in *jedem* Falle (also auch bei nicht-performativen Äußerungen) zugleich „etwas tun" ist, daß auch konstative Äußerungen Handlungscharakter besitzen (also ein Spezialfall von performativen Äußerungen sind) und daß umgekehrt auch die performativen Äußerungen einen Wirklichkeitsbezug haben (vgl. AUSTIN, 1979, 153 ff.).

Die Revision der ursprünglichen Dichotomie von konstativ versus performativ wurde bei AUSTIN (vgl. 1979, 112 ff.) motiviert durch eine Aufgliederung in 3 Arten von Akten, die mit einem Sprechakt zugleich vollzogen werden: einen *lokutiven* (lokutionären), einen *illokutiven* (illokutionären) und einen *perlokutiven* (perlokutionären) Akt. Der lokutive Akt besteht darin, daß ein Ausdruck einer Sprache geäußert wird, daß etwas *gesagt* wird: Dieser lokutive Akt wird weiter untergliedert in einen phonetischen Akt (es werden Geräusche produziert), in einen phatischen Akt (es werden Wörter aus einem bestimmten Vokabular und mit bestimmten grammatischen Eigenschaften geäußert) und in einen rhetischen Akt (die Wörter werden „dazu benutzt, über etwas mehr oder weniger genau Festgelegtes zu reden und darüber etwas mehr oder weniger genau Bestimmtes zu sagen" (1979, 113)). Der illokutive Akt besteht darin, daß eine ganz bestimmte Art von Handlungen (z. B. eine Warnung, ein Versprechen, eine Drohung, ein Ratschlag) vollzogen wird, *indem* man etwas sagt: „Den Vollzug einer Handlung" nennt AUSTIN (1979, 117) „den Vollzug eines ‚illokutionären' Aktes ...", „d. h. einen Akt, den man vollzieht, *indem* man etwas sagt, im Unterschied zu dem Akt, *daß* man etwas sagt; der vollzogene Akt soll ‚Illokution' heißen, und die Theorie der verschiedenen Funktionen, die die Sprache unter diesem Aspekt haben kann", nennt er „die Theorie der ‚illokutionären Rollen' (illocutionary forces)". Jede Äußerung hat deshalb einen lokutiven und zugleich einen illokutiven Aspekt; denn „einen lokutionären Akt vollziehen heißt im allgemeinen auch und eo ipso einen *illokutionären* Akt vollziehen ..." (AUSTIN, 1979, 116). Der perlokutive Akt meint die Wirkungen, die mit einer sprachlichen Handlung verbunden sind; denn „wenn etwas gesagt wird, dann wird das oft, ja gewöhnlich, gewisse Wirkungen auf die Gefühle, Gedanken oder Handlungen des oder der Hörer, des Sprechers oder anderer Personen haben; und die Äußerung kann mit dem Plan, in der Absicht, zu dem Zweck getan worden sein, die Wirkungen hervorzubringen" (AUSTIN, 1979, 118). AUSTIN (1979, 119) verdeutlicht diese Unterscheidung u. a. an folgendem Beispiel:

> Akt (A), Lokution
> Er hat zu mir gesagt: „Schieß sie nieder!" und meinte mit „schieß" wirklich schießen und mit „sie" wirklich sie.
> Akt (B), Illokution
> Er hat mich gedrängt (hat mir geraten, mir befohlen), sie zu erschießen.
> Akt (C), Perlokution
> (C.a) Er hat mich überredet, sie zu erschießen.
> (C.b) Er hat mich dazu gebracht, sie zu erschießen; er hat mich sie erschießen lassen.

Wesentlich ist, daß lokutiver, illokutiver und perlokutiver Akt nicht drei Akte darstellen, die ein Sprecher *nacheinander* vollzieht, vielmehr unterschiedliche Aspekte ein und derselben komplexen Äußerungshandlung sind. Schematisch läßt sich das Modell AUSTINS etwa wie in der Skizze S. 186 darstellen (vgl. MEYER, 1975; VIEHWEGER, 1983, 175):

An einem vereinfachten Beispiel illustriert: Mit einem lokutiven Akt (z. B. „Der Hund ist bissig") wird eine Äußerung gemacht, die phonetisch artikuliert und grammatisch strukturiert ist sowie eine bestimmte Bedeutung und einen Referenzbezug hat. Mit dem ausgeübten illokutiven Akt wird zugleich eine Sprechhandlung vollzogen (eine Warnung ausgesprochen gegenüber einem Kind als

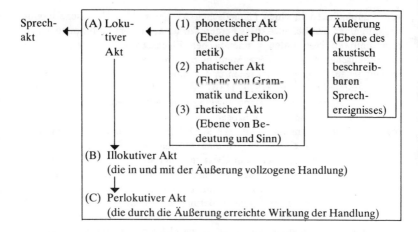

Partner der Sprechhandlung). Damit verbunden ist möglicherweise ein perlokutiver Akt, bestehend aus Konsequenzen und Wirkungen für den weiteren Handlungsverlauf (in unserem Beispiel: Das Kind wird zurückgehalten oder wählt einen anderen Weg).

AUSTIN (1979, 120f.) nimmt diese Unterscheidung vor, um sich vor allem auf den illokutiven Akt zu konzentrieren und ihn den beiden anderen Akten gegenüberzustellen (während die herkömmlichen Ausdrücke „Bedeutung", „Gebrauch" und „Benutzung" von Sprache diese Unterscheidung verdunkeln können). Für ihn sind illokutive Akte konventionell, perlokutive Akte dagegen nicht. Die ersten kann man den zweiten „ganz grob als ein *konventionales* Benutzen gegenüberstellen, wenigstens in dem Sinne, daß es explizit in der performativen Formel vor sich gehen kann, während das im zweiten Falle nicht möglich ist":

(13) Ich warne Sie, ...
(14) *Ich überrede Sie dazu, ...

Während es an dieser Stelle (in der 8. Vorlesung AUSTINS) scheint, als ob die Konventionalität illokutiver Akte auf grammatische Regeln zurückführbar ist, wird diese Annahme in der 9. Vorlesung wieder in Frage gestellt: Die illokutive Rolle ist nicht deshalb konventionell, weil sie grammatisch explizit gemacht werden kann, sondern weil sie in einer regulären Beziehung zu den Umständen einer Situation steht.

Schließlich entwickelte AUSTIN (1979, 168ff.) eine *Klassifikation* von Sprechakten nach ihren illokutiven Rollen und unterschied dabei 5 Klassen:

1) Verdiktive Äußerungen (z. B.: schätzen, bewerten, taxieren, beurteilen, denken, auslegen, bestimmen, einordnen, kennzeichnen ...)
2) Exerzitive Äußerungen (z. B.: ernennen, stimmen, ausweisen, drängen, befehlen, verbieten, warnen, beauftragen, fordern ...)

3) Kommissive Äußerungen (z. B.: versprechen, sich verpflichten, zusagen, übereinkommen, zustimmen, genehmigen, sich entscheiden ...)
4) Konduktive Äußerungen (z. B.: sich entschuldigen, beglückwünschen, empfehlen, Beileid aussprechen, danken, bedauern ...)
5) Expositive Äußerungen (z. B.: antworten, behaupten, einräumen, voraussetzen, fragen, feststellen, bemerken, erwähnen ...)

AUSTIN hat insgesamt die am Anfang genannte Zielstellung einer komplexen Sprechakttheorie selbst nicht erreicht, hat vielmehr nur Ansätze für einige zentrale Begriffe entworfen (vgl. auch KLEINE ENZYKLOPÄDIE, 1983, 494). Er hat nicht nur ein unzulängliches (positivistisches) Konzept von der Philosophie (beschränkt diese auf erkenntnistheoretische Probleme, die durch die Analyse umgangssprachlicher Ausdrücke geklärt werden sollen), sondern versteht seine Aufgabe vor allem als Sprachanalyse, nicht als Analyse des Zusammenhangs zwischen Sprache und gesellschaftlicher Tätigkeit. Damit hängt auch die Überschätzung der Ausdrucksseite und insbesondere der EPF zusammen (vgl. auch VIEHWEGER, 1983, 212). Nicht unumstritten geblieben ist die Konventionalität der illokutiven Akte, d. h. das Verhältnis von Konventionalität und Intentionalität bei Sprechakten, das eine ausführliche und kontroverse Diskussion ausgelöst hat (vgl. dazu 2.3.3.). Auch die Zurücknahme der Dichotomie von konstativen und performativen Äußerungen ist von verschiedenen Seiten in Frage gestellt worden (vgl. dazu auch 2.3.8.). Wenn sie dagegen akzeptiert wird und alle illokutiven Akte als performativ angesehen werden, so verliert zwar die Unterscheidung konstativ versus performativ ihren klassifikatorischen Sinn, bleibt jedoch die Unterscheidung zwischen explizit und primär performativen Äußerungen erhalten (vgl. GREWENDORF, 1972, 171f.). Weitgehend unklar ist auch der Status der Konventionen für illokutive Akte geblieben, zumal sich AUSTIN vornehmlich auf institutionelle und zeremonielle Prozeduren (z. B. Taufe, Hochzeit, Wette) beschränkt und von der komplexen gesellschaftlichen Praxis weitgehend abstrahiert. Auch sein Vorschlag zur Klassifizierung von Sprechakten läßt kaum eine einheitliche Klassifikationsbasis erkennen (vgl. kritisch VIEHWEGER, 1983, 177f., 228f.). Trotz dieser und anderer Mängel im Detail hat der Ansatz AUSTINS die Entwicklung einer Sprechakttheorie entscheidend stimuliert.

2.3.3. Der Beitrag Searles

Der Ansatz von AUSTIN wurde zunächst weiter ausgebaut in den Arbeiten von SEARLE (vor allem in seinem Buch „Speech Acts", aber auch in anderen Beiträgen), der als 2. „Klassiker" der Sprechakttheorie gilt und über den die Sprechakttheorie vor allem in die Linguistik Eingang gefunden hat. Gegenüber AUSTIN nimmt er eine etwas modifizierte Gliederung der Akte vor, die bei einem Sprechakt vollzogen werden, ausgehend von 4 Beispielsätzen (vgl. SEARLE, 1970, 22ff.):

(15) Sam raucht gewohnheitsmäßig.
(16) Raucht Sam gewohnheitsmäßig?
(17) Sam, rauch gewohnheitsmäßig!
(18) Würde Sam doch gewohnheitsmäßig rauchen!

Alle 4 Sätze enthalten dieselbe Referenz (auf das Objekt „Sam") und dieselbe Prädikation („raucht gewohnheitsmäßig"); diese aber stehen bei der Äußerung der Sätze in unterschiedlichen Sprechakten, die durch unterschiedliche „illokutionäre Akte" gekennzeichnet sind (Behauptung, Frage, Befehl, Wunsch). Daraus schließt SEARLE, daß bei der Äußerung eines jeden der 4 Beispielsätze der Sprecher mindestens drei verschiedene Akte vollzieht:

1) das Äußern von Wörtern (Morphemen, Sätzen) als *Äußerungsakt*;
2) die Referenz und Prädikation als *propositionalen Akt*;
3) Behaupten, Fragen, Befehlen, Versprechen usw. als *illokutiven* (illokutionären) *Akt*.

Diesen drei Akten, die der Sprecher in einem Sprechakt gleichzeitig vollzieht, fügt SEARLE (im Anschluß an AUSTIN) den *perlokutiven* (perlokutionären) als vierten *Akt* hinzu, unter dem er auch die Konsequenzen oder Wirkungen versteht, die illokutive Akte auf Handlungen, Gedanken, Vorstellungen usw. des Hörers haben – z. B. „überreden" oder „überzeugen" durch Argumentieren, „alarmieren" oder „erschrecken" durch Warnen (vgl. SEARLE, 1970, 25). Die unterschiedlich von AUSTIN und SEARLE angenommenen Teilaspekte eines Sprechaktes lassen sich etwa wie folgt gegenüberstellen (vgl. auch WUNDERLICH, 1972b, 120):

	AUSTIN		SEARLE	
Äußerung von Sprachlauten	lokutiver Art	phonetischer Akt	Äußerungsakt	
Äußerung von Wörtern in einer grammatischen Struktur		phatischer Akt		
Äußerung von Wörtern über etwas		rhetischer Akt	Propositionaler Akt	Referenzakt
				Prädikationsakt
Mit dem Äußeren verbundene Sprechhandlung		illokutiver Akt	illokutiver Akt	
Durch die Sprechhandlung erreichte Wirkung		perlokutiver Akt	perlokutiver Akt	

SEARLE versucht, eine feste Beziehung zwischen Sprechakten und Sätzen herzustellen: Die charakteristische grammatische Form eines illokutiven Aktes ist für ihn der vollständige Satz, die eines propositionalen Aktes dagegen nur ein Satzteil (Prädikate für die Prädikation, Nominalphrasen für die Referenz). Deshalb können propositionale Akte nicht allein auftreten, sondern immer nur zusammen mit einem illokutiven Akt innerhalb eines komplexen Sprechaktes (vgl. SEARLE, 1970, 25, 29). SEARLE (1970, 30) unterscheidet aus diesem Grunde zwischen dem illokutiven Akt und dem *propositionalen Gehalt* des illokutiven Aktes (für den es charakteristisch ist, daß er als „daß"-Nebensatz aus dem komplexen Satz isoliert werden kann). Während die Propositionen nur innerhalb eines illokutiven Aktes vorkommen können, gibt es durchaus illokutive Akte ohne propositionalen Gehalt (z.B. Interjektionen wie „Hurra!", „Ach!" usw.). SEARLE (1970, 30f.) geht noch einen Schritt weiter, in dem er die semantische Unterscheidung zwischen propositionalem Gehalt und illokutiver Rolle auf die syntaktische Ebene projiziert und annimmt, daß für den Vollzug beider Akte jeweils typische Ausdrucksmittel zur Verfügung stehen: propositionale Indikatoren und illokutive Indikatoren (vgl. auch SEARLE, 1977, 43ff.). In vielen Fällen können diese Indikatoren bereits an der Oberfläche unterschieden werden:

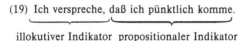

(19) Ich verspreche, daß ich pünktlich komme.

illokutiver Indikator   propositionaler Indikator

Der illokutive Indikator zeigt an, welche illokutive Rolle die Äußerung hat, welchen illokutiven Akt der Sprecher beim Äußern des Satzes vollzieht. Es gibt freilich unterschiedliche Indikatoren (z.B. Wortstellung, Betonung, Intonation, Interpunktion, verbalen Modus und performative Verben), auch solche, die erst aus dem Kontext hervorgehen und im Satz selbst nicht explizit ausgedrückt sind. Die allgemeine Formel für illokutive Akte ist für ihn F (p) (vgl. SEARLE, 1970, 31), wobei F eine Variable für den Indikator der illokutiven Rolle (IFID = „illocutionary force indicating device") und p eine Variable für Ausdrücke von Propositionen ist. SEARLE selbst hat daraus kein genaueres Grammatikmodell entwickelt, wohl aber sind daraus von anderen Linguisten (z.B. Ross) „Performativitätshypothesen" aufgestellt worden, die einen „performativen Hypersatz" in die syntaktische Tiefenstruktur einbauen (vgl. genauer 1.5.4.3.1.3.).

Eine Weiterführung stellt auch die prinzipielle Hypothese SEARLES dar (vgl. 1970, 16; 1977, 40), daß das Sprechen einer Sprache und der damit verbundene Vollzug illokutiver Akte „a rule-governed form of behavior" ist. Durch dieses Verständnis vom Sprechen als „regelgeleitetes Verhalten" geht er über den von AUSTIN gebrauchten, ziemlich vagen Begriff der „Konvention" hinaus und stellt einen Zusammenhang mit dem Regelbegriff her. Weil Sprechen eine regelgeleitete Form des Verhaltes ist, ist für ihn „theory o language ... part of a theory of action" (SEARLE, 1970, 17). Die Konventionen sind Realisierungen von Regeln (vgl. SEARLE, 1970, 40f.). SEARLE (1970, 33ff.; 1977, 41f.) unterscheidet zwei Arten von Regeln: *regulative Regeln*, die Formen des Verhaltens regulieren, die bereits vorher oder unabhängig davon vorhanden sind (z. B. Etikettenregeln), und *konstitutive Regeln*, die nicht nur bestehende Formen des Verhaltens regulieren, sondern neue Formen des Verhaltens schaffen oder definieren (z. B. Fußball- oder Schachregeln). Während regulative Regeln eine vorher schon bestehende Tätigkeit regulieren, deren Ablauf unabhängig von den Regeln ist, schaffen (und regulieren) die konstitutiven Regeln eine Tätigkeit, deren Ablauf von den Regeln logisch abhängig ist. SEARLE (1970, 36 ff.) geht davon aus, daß das Sprechen einer Sprache „performing acts according to rules" ist, daß die semantische Struktur einer Sprache eine konventionelle Realisierung zugrunde liegender konstitutiver Regeln ist, daß Sprechakte diesen konstitutiven Regeln unterworfen sind: „Speaking a language is a matter of performing speech acts according to systems of constitutive rules" (SEARLE, 1970, 38).

Daraus resultiert die Frage nach dem Verhältnis von Bedeutung (Semantik) und Sprechakten, die SEARLE (1970, 17 f.) in der Weise beantwortet, daß es für ihn nicht zwei voneinander unterscheidbare semantische Untersuchungsbereiche (die Bedeutungen von Sätzen und den Vollzug von Sprechakten) gibt, weil der in der Äußerung eines Satzes vollzogene Sprechakt im allgemeinen die Funktion der Bedeutung des Satzes sei und deshalb die Untersuchung der Bedeutung von Sätzen nicht prinzipiell von der Untersuchung der Sprechakte verschieden sei. Wie es für ihn Teil der Bedeutung eines Satzes ist, daß seine wörtliche Äußerung mit dieser Bedeutung in einem bestimmten Kontext die Ausführung eines besonderen Sprechaktes ist, so ist es umgekehrt auch Teil des Sprechaktes, daß es einen möglichen Satz gibt, dessen Äußerung in einem bestimmten Kontext dank seiner Bedeutung die Ausführung des betreffenden Sprechaktes konstituiert. Auf diese Weise wird bei SEARLE freilich (Unterschied zu AUSTIN) die illokutive Rolle zu einem Bestandteil der sprachlichen Bedeutung, wird auch die von AUSTIN getroffene Unterscheidung zwischen Lokution und Illokution unterminiert. SEARLES Auffassung stützt sich dabei zu Unrecht vorwiegend auf die EPF (wenn diese nicht vorhanden sind, ist die Bedeutung eines Satzes durchaus nicht aus der Äußerung ablesbar), verwischt die wesentlichen Unterschiede zwischen grammatischen Kenntnissen und anderen Kenntnissen (dem kommunikativen Sinn) und vernachlässigt den Umstand, daß für die Untersuchung der illokutiven Rolle weit mehr als die sprachliche Bedeutung zu berücksichtigen ist, daß sie wesentlich von aktuellen Kontexten und von den Umständen der Situation abhängig ist (kritisch vor allem VIEHWEGER, 1983, 204 f.; MOTSCH, 1984).

Damit im Zusammenhang steht der Begriff der Bedeutung („meaning") und die Frage danach, welche Rolle Intention und Konvention für Sprechhandlungen haben. Im Anschluß an AUSTINS Annahme von der Konventionalität illokutiver Akte hat sich eine ausführliche Diskussion entwickelt: Gegen AUSTIN hatte STRAWSON (1977, 23 ff.) eingewandt, daß es durchaus Fälle gibt, in denen die illokutive Rolle einer Äußerung (wenn sie nicht durch „meaning" erschöpft wird) nicht auf Konventionen zurückgeführt werden kann, daß das, was der Sprecher mit seiner Äußerung meint („meaning") und zu verstehen geben will, nur zum

Teil durch konventionelle Mittel ausgedrückt wird. Dabei beruft er sich auf den Meaning-Begriff von GRICE (1977, 58), der unter „meaning" die Absicht des Sprechers versteht, beim Hörer durch seine Äußerung einen Effekt zu erreichen, indem der Hörer dazu gebracht wird, die Intention zu erkennen. Im Unterschied zu einem vagen Konventionalitätsbegriff, der erst von LEWIS (1975) genauer präzisiert worden ist (indem nachgewiesen wird, daß Konventionen weder zurückzuführen sind auf explizit formulierte Regeln noch auf bloße Abmachungen, sondern Kenntnisse darstellen, die das Handeln der Mitglieder einer Sprachgemeinschaft steuern), wird bei GRICE der Intentionsbegriff (seit WITTGENSTEINS Gleichsetzung von Bedeutung und Gebrauch weitgehend durch den Konventionsbegriff ersetzt) rehabilitiert, wird die Bedeutung sogar auf die „Meinung" (Intention) zurückgeführt. GRICE (1977, 54) hatte unterschieden zwischen dem, was der Sprecher *gesagt* hat, und dem, was er *impliziert* hat. Einige dieser Implikaturen sind konventionell (d. h. durch „meaning" impliziert), andere sind nichtkonventionell (fallen aus dem Bereich der konventionellen Bedeutung heraus). Diese nichtkonventionellen Implikaturen nennt GRICE (1975, 45 ff; 1980, 111 ff.) „Konversationsimplikaturen"; sie bestehen aus einem allgemeinen kooperativen Prinzip (Trage zu dem Gespräch bei, wie es der Stand des Gesprächs verlangt!) und mehreren spezifischen Konversationsmaximen im Hinblick auf Quantität (z. B.: Halte deinen Beitrag so informativ wie möglich!), Qualität (z. B.: Sage nur das, was wahr ist!), Relation (z. B. Sei relevant!) und Art und Weise (z. B.: Vermeide Dunkelheit und Ambiguität! Fasse dich kurz!). Während GRICE einen stark intentionalistischen Bedeutungsbegriff vertritt (ähnlich auch MEGGLE, 1979 a; 1979 b, 107 ff.) und die Bedeutung auf das Meinen zurückführt, nimmt STRAWSON eine vermittelnde Position zwischen Intentionalismus und Konventionalismus ein. Auch für SEARLE (1970, 45) ist die Bedeutung mehr als die Intention; sie ist zugleich eine Sache der Konvention (vgl. auch SEARLE, 1977, 46). Sprechakte haben die Eigenschaft, daß sie *sowohl* regeldeterminiert *als auch* intentional sind: Etwas sagen heißt immer, etwas mit der Intention sagen, bestimmte Effekte hervorzurufen; diese Effekte sind durch Regeln determiniert, die mit den geäußerten Sätzen verbunden sind (vgl. SEARLE, 1974, 29). Was den meaning-Begriff anlangt, so geht SEARLE zwar von der GRICEschen Definition aus (weil sie einen Zusammenhang mit dem Intentionsbegriff herstellt), hält sie aber für unzureichend, weil sie die Unterscheidung zwischen illokutiv und perlokutiv verwischt und überdies nicht erklären kann, bis zu welchem Maße meaning eine Sache der Konventionen oder Regeln ist. Statt dessen möchte SEARLE (vgl. 1970, 42 ff.; 1977, 44 ff.) deutlich differenzieren zwischen „meaning" in einem doppelten Sinne: Einerseits sagen wir von Lauten, die beim Vollzug eines Sprechaktes geäußert werden, daß sie „have meaning"; andererseits wird vom Sprecher gesagt, daß er „means something" mit diesen Lauten. Es handelt sich um die Unterscheidung zwischen „one's meaning something by what one says" und „that which one says actually means in the language", anders: zwischen dem, was ein *Sprecher* „means" (= intendiert), und dem, was die geäußerten *Wörter* „mean" (= bedeuten). SEARLE illustriert diesen

Unterschied an der Situation eines amerikanischen Soldaten, der im 2. Weltkrieg von den italienischen Truppen gefangengenommen wird, sich aber als deutscher Offizier ausgeben will, um entlassen zu werden. Da er weder Deutsch noch Italienisch kann, wendet er sich an die Italiener mit dem Satz „Kennst du das Land, wo die Zitronen blühen?" (an den er sich von der Schule her erinnert). Er intendiert also (im Sinne von GRICE) einen bestimmten Effekt, nämlich den, daß die Italiener glauben sollen, er sei ein deutscher Offizier; er will diesen Effekt dadurch hervorbringen, daß die Italiener seine Intention verstehen. Aber daraus folgt nicht, daß „Kennst du das Land ..." in der Sprache „Ich bin ein deutscher Offizier" bedeutet, auch nicht, daß der Amerikaner genau das intendiert. Deshalb ist meaning für SEARLE (1977, 46) mehr als „a matter of intention, it is also a matter of convention". Eine Reduktion von Sprechakten auf Intentionen des Sprechers und nachträgliche Effekte, (d. h. die Rekonstruktion der Intentionen durch den Hörer) wird nur der *subjektiven* Seite der Kommunikation gerecht; ihre *objektive* (oder: intersubjektive) Seite ergibt sich erst durch faktische Interaktionsbeziehungen, die den weiteren Verlauf der Kommunikation bestimmen (vgl. dazu WUNDERLICH, 1972b, 142).

In dieser Richtung liegen auch die Versuche von SEARLE (1970, 57ff.), – am Beispiel des Versprechens – die Bedingungen zu ermitteln, damit ein Sprechakt erfolgreich vollzogen werden kann. Diese Bedingungen betreffen das Verhältnis zwischen sprachlichen Äußerungen und der kommunikativen Situation, in der die Äußerungen als erfolgreiche Handlungen möglich sind. Für das Versprechen entwickelt er 9 solche Bedingungen: normale Eingabe- und Ausgabebedingungen (z. B. gemeinsame Sprache, bewußte Interaktion), die Äußerung der Proposition (die vom Rest des Sprechakts isoliert wird), die Beziehung auf eine zukünftige Handlung in der Proposition (da Versprechen sich nicht auf die Vergangenheit beziehen können), die Wünschbarkeit der Handlung durch den Partner, die Notwendigkeit der Handlung (es ist sinnlos, etwas zu versprechen, was ohnehin erwartet wird), die Absicht der Realisierung der Handlung (Sprecher beabsichtigt und ist in der Lage, das Versprochene zu tun), die Übernahme einer Verpflichtung (mit dem Versprechen), die Absicht, beim Partner auf Grund von dessen Kenntnis der Bedeutung des Satzes einen illokutiven Effekt zu erzeugen (der Hörer soll Absicht des Sprechers erkennen), die semantischen Regeln des „Dialektes" (d. h. die Tatsache, daß der zum Vollzug der Handlung geäußerte Satz auf den semantischen Regeln der Sprache beruht). Aus diesen Bedingungen für den Vollzug eines erfolgreichen Versprechens leitet SEARLE (1970, 62ff.) auch Regeln für das IFID ab; die Regel des propositionalen Gehalts, die Einleitungsregeln, die Aufrichtigkeitsregel und die „wesentliche Regel" (beim Versprechen die Verpflichtung zur Ausführung der versprochenen Handlung).

SEARLE (1973, 117; 1976; 1980a, 82ff.) hat auch – über AUSTIN hinausgehend – eine Klassifikation von Sprechakten vorgenommen, die auf genaueren Kriterien beruht, vor allem der illokutiven Absicht (Zweck des Sprechakts), darüber hinaus der Anpassungsrichtung des Sprechakts (Entsprechungsrichtung von Welt und Wörtern), der psychischen Einstellung des Sprechers, die in einem Sprechakt ausgedrückt wird (wie z. B. Glauben, Wunsch, Intention u. a.), und zu 5 Sprechakttypen führt (vgl. dazu auch VIEHWEGER, 1983, 229ff.):

1) Repräsentativa (z. B.: Feststellungen, Behauptungen, Vorhersagen, Beschreibungen)
2) Direktiva (z. B. Wünsche, Anordnungen, Befehle, Bitten, Weisungen, Ratschläge)
3) Kommissiva (z. B. Versprechen, Verpflichtungen, Drohungen, Wetten, Verträge)
4) Expressiva (z. B. Dank, Glückwünsche, Entschuldigungen, Beileid)
5) Deklarativa (z. B. Trauung, Schenkung, Ernennung, Kriegserklärung, Kündigung, Entlassung – zumeist an Institutionen gebunden).

Bei 1) wird ein Sachverhalt dargestellt, bei 2) will der Sprecher den Hörer dazu bringen, daß er etwas tut, bei 3) verpflichtet sich der Sprecher zu einem zukünftigen Handlungsablauf, bei 4) drückt der Sprecher seine psychische Einstellung zu dem im propositionalen Gehalt enthaltenen Sachverhalt aus, bei 5) soll Übereinstimmung zwischen dem propositionalen Gehalt und der Wirklichkeit hergestellt werden.

2.3.4. Einordnung der Sprechakte in Handlungszusammenhänge bei Wunderlich u. a.

Eine breite Diskussion zur Sprechakttheorie ist im Anschluß an AUSTIN, SEARLE u. a. von WUNDERLICH, MAAS und ihren Mitarbeitern entfacht worden, beginnend mit den beiden Sammelbänden „Linguistische Pragmatik" (WUNDERLICH, 1972) und „Pragmatik und sprachliches Handeln" (MAAS/WUNDERLICH, 1972) – die zunächst vorwiegend rezipierenden Charakter hatten – und hinführend zu zahlreichen Beiträgen mit weiterführendem Charakter (zusammenfassend vor allem WUNDERLICH, 1976). Charakteristisch für diese Weiterführung ist die Einbettung der Sprechakte in *Handlungs*zusammenhänge der menschlichen Interaktion und in soziale Bedürfnisse (vgl. WUNDERLICH, 1976, 7), begründet dadurch, daß eine sprachliche Äußerung als „interpersonaler Sprechakt" als „ein Handlungszug im Rahmen eines gegebenen Kontextes zu verstehen ist" (WUNDERLICH, 1972b, 117). Während SEARLE die Sprechakte weitgehend aus dem Satz erklärt, dabei die Rolle der Indikatoren (und besonders der EPF) *über*schätzt und die Rolle der Umstände (unter denen sprachliche Handlungen vollzogen werden) *unter*schätzt, geht es WUNDERLICH (vgl. 1972b, 51ff.) gerade um den „weiteren Handlungs- und Arbeitskontext, in dem Sprechhandlungen stehen", um ihren „Zusammenhang mit Interessen der Sprechenden". Daraus resultiert eine sehr weite Aufgabenstellung für die Sprachwissenschaft, die sich befassen müsse „mit der Analyse und Kritik von Kommunikationszusammenhängen, Interaktionsprozeduren und Sprachbewußtsein in den verschiedenen menschlichen Gesellschaften" (WUNDERLICH, 1976, 13). Dabei wird unter Kommunikation Gebrauch von Sprache zur Verständigung verstanden, von Interaktion dann gesprochen, wenn Kommunikation eingebettet oder begleitet ist von materiellen Tätigkeiten, die auf eine andere Person gerichtet sind (z. B. das Herüberreichen einer Teetasse, aber nicht das Anspitzen eine Bleistifts). Kommunikationen/Interaktionen sind für WUNDERLICH (1976, 17) von den Teilnehmern „ständig produzierte und interpretierte *soziale Prozesse*". Der Zusammenhang von Sprechakten (bzw. Sprachhandlungen) mit den Handlungen ergibt sich aus den Funktionen von Sprachhandlungen, die materielle Handlungen *ersetzen* können (z. B. Versprechen), künftige materielle Handlungen *vorbereiten* (z. B. Plan) oder vergangene materielle Handlungen *aufklären* können (z. B. Fragen), zu materiellen Handlungen *anleiten* (z. B. Erläutern) oder soziale Fakten *herstellen* können (z. B. Wahl) (vgl. WUNDERLICH, 1976, 23).

WUNDERLICH (1972a, 11ff.) greift das Problem der Konventionalität von Sprechhandlungen (seit Mitte der 70er Jahre wird statt „Sprechakt" und „Sprechhandlung" zunehmend der Terminus „Sprachhandlung" verwendet, ohne daß eine deutliche und explizite Differenzierung vorgenommen wird; in der englischsprachigen Literatur entspricht ihr ohnehin nur „speech acts" - vgl. dazu WUNDERLICH, 1976, 22; SÖKELAND, 1980, 6) erneut auf und unterscheidet zwei Ebenen der Konventionalität der Sprache: eine *grammatische Konventionalität* (die in der Zuordnung von Bedeutungen und Lautkonfigurationen besteht) und eine (durch das Handeln gegebene) *kommunikative Konventionalität* (Beziehungen zwischen kommunikativen Voraussetzungen bzw. Konsequenzen und Äußerungsformen). Er sieht es als zentrale Frage der Sprachwissenschaft an, zu klären, „wie die beiden Ebenen der Konventionalität aufeinander bezogen sind, genauer: wie die grammatischen Regeln Eingang und Berücksichtigung finden in den Bedingungen und Regeln für Sprechhandlungen" (WUNDERLICH, 1972a, 15), „die Beziehungen zwischen Äußerungstypen und Kontexttypen zu studieren" (WUNDERLICH, 1972b, 123). Zwischen Äußerungsformen und Sprechhandlungen besteht in der Tat keine eindeutige Entsprechung, so daß die Konventionalität von Sprechhandlungen nicht am möglichen Gebrauch von EPF festgemacht werden kann (weil der - relativ seltene - Gebrauch einer EPF nicht immer eindeutig die kommunikative Funktion einer Äußerung festlegt), z. B.

> (20) Ich frage dich, ob du endlich mal das Fenster schließen kannst.
> (eher Aufforderung als Frage).

Vielmehr können in einem bestimmten Situationskontext *verschiedene* Äußerungen *dieselbe* kommunikative (oder illokutive) Funktion haben (vgl. WUNDERLICH, 1972b, 123ff.):

> (21) Monika, mach das Fenster zu!
> (22) Monika, machst du mal das Fenster zu?

(23) Monika, kannst du mal das Fenster zumachen?
(24) Monika, du kannst das Fenster zumachen.
(25) Monika, es zieht.

Obwohl in allen genannten Fällen eine Aufforderung zum Schließen des Fensters beabsichtigt ist, wird diese Aufforderung in unterschiedlichen Äußerungsformen realisiert (z.T. Aufforderungssatz, z.T. Fragesatz, z.T. Aussagesatz). Der formale Charakter der Sätze bestimmt also noch nicht, welche (illokutive) Funktion der Satz haben kann, wenn er geäußert wird. Umgekehrt kann *derselbe* Satz in unterschiedlichen Situationen mit einer *verschiedenen* kommunikativen Funktion geäußert werden:

(26) Wollen Sie sich nicht setzen?

Diese unterschiedliche Funktion kann durch einen „illokutiven Indikator" angezeigt, die gemeinte Sprechhandlung dadurch eindeutiger signalisiert werden:

(26) + bitte : Aufforderung
(26) + nanu? : Ausdruck des Erstaunens
(26) + bitte, oder : Unmut über Störung

(vgl. WUNDERLICH, 1972b, 126ff.; WUNDERLICH, 1972a, 18f.). Aus der Nicht-Übereinstimmung von Äußerungsform und Sprechhandlung darf jedoch nicht geschlossen werden, daß jeder Satz unendlich viele und beliebige Funktionen haben kann, die *nur* vom Äußerungskontext abhängig sind; es gibt vielmehr neben grammatischen Regeln auch Regeln, die das Verhältnis von geäußerten Sätzen und Handlungskontexten festlegen.

Begreiflicherweise stehen in der Sprechakttheorie, die dieses Verhältnis aufklären will, die *performativen Verben* im besonderen Blickpunkt des Interesses, da sie ein in der Sprache selbst ausgebildetes Mittel sind, die möglichen Sprechhandlungen genau zu benennen (vgl. WUNDERLICH, 1972b, 130ff.):

→ (21a) Monika, ich *fordere* dich hiermit *auf*, das Fenster zu schließen.

Solche explizit performativen Äußerungen enthalten nicht nur das performative Verb selbst („auffordern"), sondern auch den Indikator „hiermit", der in der Regel in solche performative Äußerungen eingefügt werden kann, die gewöhnlich die Strukturen haben von

(27) 1. Person Präsens Indikativ Aktiv – 2. Person – *hiermit, daß* + S
oder
(28) *Es ist/wird* Partizip II – S
   Es wird verboten, den Rasen zu betreten.

Allerdings kann „hiermit" nicht in jedem Falle als ausreichendes Indiz für eine performative Äußerung angesehen werden:

(29) Ich gebe dir *hiermit* das Buch zurück.

Da mit (29) der Akt des Gebens nicht selbst vollzogen (wie bei (21a) der Akt des Aufforderns), sondern nur begleitet wird, handelt es sich nicht um eine performative, sondern um eine beschreibende (konstative) Äußerung. Um eine beschreibende Äußerung geht es manchmal auch dort, wenn performative Verben verwendet werden, allerdings nicht unter den in (27) und (28) genannten Bedingungen. Vgl.:

>(30) Peter verspricht ihr, daß er kommt. (konstatierend)
>(31) Peter versprach ihr, daß er kommt. (konstatierend)
>(32) Ich verspreche dir, daß ich komme. (performativ)
>(33) Ich versprach dir, daß ich komme. (konstatierend)

Selbst unter weitgehender Einhaltung der in (27) und (28) genannten Bedingungen gibt es (vereinzelt) performative Verben, bei deren Äußerung nicht der Akt vollzogen wird, der mit ihnen benannt wird (vgl. WUNDERLICH, 1972a, 17):

>(34) Ich rate dir, die Fresse zu halten.
>(Drohung, kein Ratschlag).

Es ist bezeichnend, daß in (30), (31), (33) und (34) „hiermit" nicht eingefügt werden kann.

Weil die Beziehungen zwischen Äußerungsformen und Sprechhandlungen nicht direkter Natur sind, wendet sich WUNDERLICH (1972b, 279ff.) gegen die Versuche, pragmatische Sachverhalte zu „syntaktisieren" (z. B. durch Einbau von performativen Sätzen in die syntaktische Tiefenstruktur wie bei Ross – vgl. dazu 1.5.4.3.1.3.) oder (durch die Reduzierung auf das Studium der Semantik performativer Verben) zu „semantisieren" (vgl. auch HELBIG, 1979a, 29ff.). Eine solche Reduzierung der Sprechakte auf Syntax und/oder Semantik ist deshalb nicht zulässig, weil sie die (zu bezweifelnde) Annahme voraussetzt, daß die pragmatisch anvisierten Sprecher-Hörer-Beziehungen immer durch performative Ausdrücke auch explizit bezeichnet werden können, weil zum Gelingen eines Sprechakts (als intersubjektiver Handlungsakt) nicht nur die erste Bedingung gehört, daß er *verstanden* wird (d. h. daß die Intention des Sprechers vom Hörer richtig rekonstruiert wird), sondern auch die zweite Bedingung, daß er vom Sprecher *akzeptiert* wird. Später unterscheidet WUNDERLICH (1976, 58f., 110ff.) – im Unterschied zu AUSTIN und SEARLE – zwischen dem *Gelingen* oder *Glücken* von Sprechakten und dem (weiter gefaßten) *Erfolgreich-Sein* von Sprechakten: Ein Sprechakt gelingt oder mißlingt (glückt oder mißglückt) im Hinblick auf bestimmte intendierte Sprechakte (das ist eine Relation zwischen einem Äußerungsakt und einem Sprechakt). Ein Sprechakt ist erfolgreich, wenn die durch ihn eingeführten Interaktionsbedingungen im weiteren Verlauf der Interaktion erfüllt werden; ob ein Sprechakt erfolgreich ist oder nicht, erweist sich erst nach seiner Realisierung, in der Nachgeschichte des Sprechaktes (im Verhalten des Hörers) durch die Rolle des Sprechaktes im Interaktionsablauf.

WUNDERLICH (1976, 26f., 116f.) nimmt verschiedene Arten (Grade) des Erfolgreich-Seins von Sprechakten an, von denen Verstehen und Akzeptieren zur unmittelbaren Interaktionssituation gehören, das Erfüllen der Interaktionsbedingungen jedoch immer erst in der Nachgeschichte des Sprechaktes stattfindet.

Damit im Zusammenhang steht die Notwendigkeit sowohl einer interaktionellen als auch einer intentionalen Analyse von Sprechakten. In WUNDERLICHS Ansatz (1976, 60f.) werden Sprechakte „primär in bezug auf Interaktionsbedingungen und nicht in bezug auf Intentionen von Sprechern charakterisiert", weil sie von vornherein relativ zu einer Interaktionssequenz bestimmt sind, die nicht erst als sekundäre Zutat den vorher isolierten Sprechakten (mit ihren Intentionen) hinzugefügt werden kann. Der Interaktionsansatz erscheint ihm umfassender als der Intentionsansatz, nicht nur weil für eine Anzahl von Sprechakten (vor allem solchen institutionalisierter Art) die Intentionen ziemlich irrelevant seien, sondern auch deshalb, weil der Intentionsansatz (wie er bisher in der Sprechakttheorie weitgehend bestimmend war) nur die subjektiven Faktoren der beteiligten Sprecherpersonen, nicht aber die ihnen zugrunde liegenden objektiven Faktoren der Situation und der Interaktion berücksichtigt. Intentionen als Einstellungen des Sprechers, was er mit seiner Handlung erreichen will, sind immer an bestimmte Handlungsschemata gebunden (vgl. WUNDERLICH, 1976, 57, 96f.). Kommunikation ist nicht nur ein Austausch von Intentionen und ein Austausch von sprachlichen Inhalten (das ist sie auch), sondern vor allem „ein Herstellen von zweiseitigen Beziehungen"; und diese determinieren das, was „Verständigungsebene" genannt werden kann, von der „auch erst Intentionen und Inhalte ihren praktischen Sinn in Handlungskontexten bekommen" (WUNDERLICH, 1972b, 117). Entscheidendes Kriterium für die Abgrenzung eines Sprechakts ist somit sein *gesellschaftlicher Zweck* in bezug auf Handlungskontexte, der nicht zu verwechseln ist mit der Intention von Teilnehmern, die diesen Zweck (oder einen anderen) erreichen wollen (vgl. WUNDERLICH, 1976, 27). Sprachliche Äußerungen sollen folglich „im Hinblick auf die Äußerungssituation, in der sie gemacht werden, als spezifische Handlungen interpretiert werden" (WUNDERLICH, 1976, 31). Dem entspricht auch – in einem praktischen Teilbereich – die getroffene Unterscheidung zwischen Fragesituationen (die nicht unbedingt zu einer Fragehandlung führen müssen), Fragehandlungen (die nicht unbedingt im verbalen Schema eines Fragesatzes vollzogen werden) und Fragesätzen, deren Äußerung nicht unbedingt eine Fragehandlung darstellt (vgl. WUNDERLICH, 1976, 181f.).

WUNDERLICH (1976, 11, 119) rechnet es zur *Bedeutung* von Sätzen, daß man mit ihnen Sprachhandlungen vollziehen kann, betrachtet die Sprechakttheorie „als eine Erweiterung der Theorie der Bedeutung in natürlichen Sprachen" und lehnt folglich auch eine Identifizierung von Sprechakttheorie und Pragmatik ab. Da sich die *Semantik* mit der Bedeutung von Sätzen befaßt, die von jeglichem Kontext abstrahiert sind, die *Pragmatik* dagegen mit Sätzen in Kontexten (vgl. dazu auch WUNDERLICH, 1980, 303ff.), so müßten mindestens einige fundamentale Sprechakte (z. B. Aufforderung und Frage) im Rahmen einer erweiterten Semantik erfaßt werden können, während andere Arten (z. B. Ratschläge, Warnungen) nur pragmatisch erklärt werden können. Für ihn besteht „der Zweck sprachlicher Äußerungen, der Teil der Bedeutung dieser Äußerungen ist, ... in erster Linie in der Koordination anderer Handlungen" (WUNDERLICH 1976, 31). Deshalb ist die Unterscheidung von Illokution und propositionalem Gehalt „nicht identisch mit der Unterscheidung von Pragmatik und Semantik" (1976, 27). Zur *Bedeutung* eines Satzes gehören nach WUNDERLICH (1976, 46) „immer zwei Teile: ein propositionaler Gehalt, welcher sich auf einen bestimmten Sachverhalt bezieht, und ein Sprechakttyp, welcher besagt, welcher Sprechakt relativ zu diesem propositionalen Gehalt in einem neutralen Kontext realisierbar ist".

Auf semantischer Ebene unterscheidet WUNDERLICH (1976, 54 ff., 77 ff.) 8 illokutive Typen, d. h. Arten von Sprechakten. Für diese Unterscheidung gilt als Kriterium die Stellung der Sprechakte zu allgemein notwendigen Interaktionsbedingungen:

1) Direktiv (Aufforderungen, Bitten, Befehle, Anweisungen u. a.)
2) Commissiv (Versprechungen, Ankündigungen, Drohungen)
3) Erotetisch (Fragen)
4) Repräsentativ (Behauptungen, Feststellungen, Berichte u. a.)
5) Satisfaktiv (Entschuldigungen, Danksagungen, Begründungen, Antworten u. a.)
6) Retraktiv (Zurückziehung eines Versprechens, Korrektur einer Behauptung, Erlaubnisse)
7) Deklaration (Benennungen, Definitionen, Ernennungen u. a.)
8) Vokativ (Anrufe, Aufrufe, Anreden).

Noch weiter in der Erklärung der Sprache aus der Handlung, aus der Situation und aus der Arbeit geht MAAS (1972a, 192 ff.). Er entwickelt Ansätze zu einer „sprachlichen Handlungstheorie" (1972a, 249 ff.), die Sprache aus ihrer Verdinglichung (als Reflex der Verdinglichung der Arbeit) befreien und als „geronnene Handlungen" verstehen will. Deshalb dürfen die Sprechhandlungen auch nicht gegenüber der Handlungssituation verselbständigt werden, weil sie dann nicht mehr als Handlung in einer bestimmten Auseinandersetzung mit der sozialen Situation verstanden würden (vgl. MAAS, 1972a, 269). MAAS (1972b, 294), 305) stellt sogar sein Konzept der sprachlichen Handlungstheorie dem der Sprechakttheorie gegenüber: Während die *Sprechakttheorie* zumeist von den subjektiven Intentionen ausgeht, geht die *Handlungstheorie* konsequent von der sozialen Situation aus. Die Sprechakttheorie gehe von einer Verselbständigung der Sprache aus, so daß (verselbständigte) Äußerungen zunächst an das Verstehen appellieren und erst danach – in einem weiteren Schritt – Handlungsbestimmungen (wie z. B. das Akzeptieren) ermöglichen. Demgegenüber will die Handlungstheorie die Sprache von vornherein nicht als etwas Selbständiges, sondern als Ergebnis einer Leistung, als „Verselbständigung" (und ungerechtfertigte „Verdinglichung") „geronnener Handlungen" verstehen.

Eine solche Umkehrung des Fundierungsverhältnisses führt dazu, daß Sprecher als Aktanten sichtbar werden, Sprache als eine Form des Handelns zwischen ihnen verstanden wird, daß Sprechen als „Bestandteil des Handelns" und „Form des menschlichen Verkehrs" (innerhalb eines „komplexen Handelns") aufgefaßt wird (EHLICH/REHBEIN, 1972, 209f.; vgl. auch REHBEIN, 1977). EHLICH/REHBEIN liefern ein illustratives Beispiel für die Erklärung sprachlicher Handlungen aus Zusammenhängen der sozialen Interaktion, indem sie eine Interaktionsanalyse der gesellschaftlichen Institution „Speiserestaurant" vornehmen (1972, 210ff., 217ff.). Es werden dabei – auf dem Hintergrund eines breiten gesellschaftlichen Kontextes – die Handlungsabläufe in ihre elementarsten und kleinsten Handlungseinheiten zerlegt (z.B. Hunger haben – überlegen – Gaststätte wählen – Gaststätte betreten – Platz suchen – Platz finden – Platz nehmen – warten – Speisekarte haben wollen – warten – den Kellner nach der Speisekarte fragen – ...). Diese elementaren Tätigkeitseinheiten bzw. Handlungsschritte (in Analogie zu ähnlichen Begriffsbildungen wie Phonem oder Morphem „Pragmeme" genannt) können nach den am Prozeß beteiligten einzelnen Personen (als Interaktanten) in Form von Strukturschemen („Praxeogrammen") aufgegliedert werden und bilden den entsprechenden Tätigkeitsablauf ab (vgl. EHLICH/REHBEIN, 1972, 224ff.). Auf diese Weise werden konkrete Handlungssituationen ermittelt, in die Sprechakte (als Teile umfassenderer Zusammenhänge) eingelagert sind, aus denen letztlich auch die Bedingungen für den Gebrauch sprachlicher Mittel abzuleiten sind.

2.3.5. Indirekte Sprechakte

Mit dem indirekten Verhältnis zwischen Äußerungsform (an der Oberfläche) und illokutiver Funktion (d. h. ausgeübter Sprechhandlung) hängt auch die in der Sprechakttheorie getroffene und unter vielfältigen Aspekten häufig diskutierte Unterscheidung zwischen direkten und indirekten Sprechakten zusammen. SEARLE (1975, 59ff.; 1980b, 127ff.) hat darauf hingewiesen, daß es neben den einfachen Fällen (in denen ein Sprecher einen Satz äußert, mit dem er genau und wörtlich das *meint*, was er *sagt*) auch „indirekte Sprechakte" gibt, mit denen der Sprecher eine Sache *sagt* und diese und auch eine andere Sache *meint*, mit denen ein illokutiver Akt indirekt ausgeführt wird durch die Ausübung eines anderen:

> (35) Können Sie mir bitte das Salz reichen?
> (als Frage gesagt, als Aufforderung gemeint)

Mit diesen Fällen, in denen der sprachlich ausgedrückte Illokutionstyp (Indikator) nicht mit dem eigentlichen Handlungsziel des Sprechers übereinstimmt, ergibt sich das Problem, wie es für den Sprecher möglich ist, eine Sache zu sagen und (auch) eine andere Sache zu meinen, und wie vor allem der Hörer verstehen kann, was der Sprecher meint. SEARLE ist von folgendem Beispiel ausgegangen (1975, 61 ff.; 1980b, 129 ff.):

(36) A: Laßt uns heute abend ins Kino gehen.
(37) B: Ich muß mich auf eine Prüfung vorbereiten.

Er hat einen „primären" (nicht-wörtlichen) illokutiven Akt von (37) (Zurückweisung eines Vorschlages) von einem „sekundären" (wörtlichen) illokutiven Akt von (37) (Feststellung) unterschieden und angenommen, daß B einen primären illokutiven Akt mit Hilfe eines sekundären illokutiven Aktes vollzieht. Daß (37) vom Hörer nicht als Feststellung, sondern als Zurückweisung verstanden wird, daß die primäre aus der sekundären Illokution abgeleitet wird, führt er auf 10 Schritte des Verstehens zurück, die eine Strategie darstellen, bei der Konversationsprinzipien im Sinne von GRICE (in unserem Beispiel das Relevanzprinzip, da eine Feststellung keine relevante Antwort sein kann), Inferenzstrategien, Hintergrundwissen u. a. eine besondere Rolle spielen. Auf diese Weise impliziert bei SEARLE die indirekte Bedeutung die wörtliche Bedeutung (aber nicht umgekehrt).

SEARLE (1975, 65 ff.; 1980b, 132 ff.) diskutiert auch zahlreiche andere Fälle von indirekten Sprechakten, vor allem auch solche vom Typ (35), bei denen man weder eine illokutive Rolle „Aufforderung" als Teil der Bedeutung annehmen dürfe noch von einer Ambiguität im Kontext ausgehen dürfe. Es gehe vielmehr darum, daß man nicht immer aus dem, was der *Satz* „means" (= bedeutet), erschließen könne, was der *Sprecher* mit seiner Äußerung „means" (= meint, intendiert), daß der Sprecher nicht nur das meint, was er sagt, sondern *noch mehr*, daß bei den indirekten Sprechakten dieses Typs der wörtlichen Bedeutung (die erhalten bleibt) keine zusätzliche oder von ihr verschiedene „*Satz*-meaning", sondern eine zusätzliche „*Sprecher*-meaning" hinzugefügt wird. Es wird also mit der Aufforderung zugleich die wörtliche Bedeutung geäußert, oder: Der Sprecher äußert eine Aufforderung *durch* (mit Hilfe von) eine(r) Frage. Der Hörer versteht die Äußerung als Aufforderung auf Grund der von SEARLE angenommenen Verstehensstrategien (vgl. SEARLE, 1975, 70 ff.; 1980b, 138 ff.).

Von anderer Warte aus haben EHRLICH/SAILE (1972, 255 ff.) direkte Sprechakte von nicht-direkten Sprechakten unterschieden und innerhalb der nicht-direkten Sprechakte weiter differenziert zwischen indirekten Sprechakten und impliziten Sprechakten. Direkte Sprechakte sind „diejenigen Äußerungen von Sätzen, deren jeweilige kommunikative Funktion (z. B. Behauptung, Frage, Aufforderung) durch ein syntaktisches Korrelat dieser Funktion (Behauptungs-, Frage-, Befehlssatz) oder durch ein entsprechendes ... performatives Verb bzw. einen anderen, diese Funktion spezifizierenden Indikator realisiert wird". Ein Sprechakt ist dagegen nicht-direkt, „wenn eine Dissoziation zwischen der intendierten kommunikativen Funktion und dem Satztyp der Äußerung oder einem in ihm enthaltenen performativen Verb bzw. einem anderen illokutiven Indikator besteht oder wenn eine Dissoziation zwischen der intendierten Proposition und der wörtlichen Form der Äußerung ... besteht" (EHRICH/SAILE, 1972, 256). Ein indirekter Sprechakt liegt z.B. dann vor, wenn eine Person A eine Person B einlädt und B die Einladung akzeptiert und äußert:

(38) Ich hoffe, du hast ein Bier im Eisschrank.

Unmittelbar und explizit äußert B nur eine Hoffnung, mittelbar jedoch richtet er an A die Aufforderung, ihm ein Bier anzubieten – mittelbar deshalb, weil er mit einer direkten Aufforderung möglicherweise eine soziale Konvention verletzen würde (vgl. EHRICH/SAILE, 1972, 257ff.).
Ein impliziter Sprechakt liegt z.B. vor in

(39) A: Hast du Lust, morgen zu mir zu kommen?
B: Ja, zum Abendbrot,
(40) A: Ich habe kein Benzin mehr.
B: Rechts an der Straße kommt bald eine Tankstelle.

In (39) wird mit der expliziten Zusage durch deren Spezifizierung zugleich eine indirekte und implizite Aufforderung ausgesprochen, in (40) erfolgt eine Antwort auf eine explizit nicht gestellte Frage.

Die indirekten Sprechakte beanspruchen viel Interesse auch deshalb, weil Sprechakte „normalerweise" indirekt, häufiger indirekt als direkt ausgedrückt werden, weil sich nur institutionell fest verankerte Sprechakte (z.B. Taufe, Ernennung, Bevollmächtigung) der Möglichkeit der Indirektheit entziehen und folglich die Wahrscheinlichkeit indirekter Sprechakte mit der abnehmenden Institutionalisierung zunimmt (vgl. SCHLIEBEN-LANGE, 1975, 90ff.). Dennoch ist das Wesen der indirekten Sprechakte noch nicht völlig aufgeklärt, sind vor allem die Fragen noch nicht eindeutig beantwortet, wie es möglich ist, daß illokutive Akte auf diese Weise vollzogen werden (z.B. Fragen als Aufforderung verwendet werden können), und aus welchem Grunde illokutive Akte auf indirekte Weise vollzogen werden (vgl. GREWENDORF, 1980, 291). Mitunter ist sogar – auf der Basis einer berechtigten Kritik an EHRICH/SAILE (bei denen z.B. die Unterscheidung von indirekten und impliziten Sprechakten nicht ganz überzeugen kann) – die Annahme von indirekten Sprechakten überhaupt in Frage gestellt worden (vgl. MEYER-HERMANN, 1976, 1ff.). Demgegenüber hat SÖKELAND (1980, 27ff., 44ff., 157) *für* die Annahme von indirekten Sprechakten argumentiert, dabei allerdings den Begriff des indirekten Sprechaktes erweitert: Er umfaßt nicht nur Äußerungen, bei denen kontextuelle Illokutionsindikatoren den sprachlichen entgegenstehen, sondern auch Sprechakte, die miteinander konkurrierende sprachliche Indikatoren aufweisen, oder solche, bei denen die geäußerte Proposition nicht dem gemeinten propositionalen Gehalt entspricht (wobei indizierte und intendierte Illokution durchaus gleich sein können), und schließlich auch solche, bei denen die von der Basisrolle abweichende tatsächliche Illokution konventionalisiert ist (also konventionalisierte Äußerungsformen), kurz: alle Äußerungen, bei denen der (kommunikative) Sinn von der (sprachlichen) Bedeutung abweicht. Ausgangspunkt ist dabei die Unterscheidung von (potentiellen) „Basis-" oder „Standard-Illokutionen" einerseits und „tatsächlichen Illokutionen" andererseits, denen jeweils verschiedene Indikatoren entsprechen (Basisindikatoren – die die potentielle Illokution anzeigen, die ihrerseits im indirekten Sprechakt unterdrückt wird – und Sekundärindikatoren, die auf die vom Sprecher intendierte tatsächliche Illokution hinweisen, die beim indirekten Sprechakt über die Basisindikatoren dominieren). Im Unterschied zu SEARLE (der beim indirekten Sprechakt von *zwei* zugleich realisierten Illokutionen ausgeht), geht SÖKELAND davon aus, daß beim indirekten Sprechakt nur *ein* Akt (nämlich der indirekte) vollzogen wird (da eine Reaktion des Sprechers auf die Basis-Illokution die Kommunikationsnormen verletzen würde).

Damit sind die mit den indirekten Sprechakten verknüpften Probleme und Erklärungsversuche keineswegs erschöpft. Es gibt vielmehr eine Fülle von Arbeiten auch unter dem Aspekt der „Whimperatives", die indirekten Sprechakten nachgehen wie

(41) Können Sie bitte die Tür schließen?

und die Tatsache zu erklären versuchen, daß solche Sätze in Form von Fragen als Aufforderungen zu einer Handlung beabsichtigt und verstanden werden – als Entsprechung zu einem Imperativ wie

(41a) Schließen Sie bitte die Tür!

Dafür sind unterschiedliche Erklärungsversuche entwickelt und auch klassifiziert worden (vgl. SADOCK, 1974, 73 ff.; FRASER, 1980, 53 ff.; GREEN, 1975, 107 ff.; DAVISON, 1975, 143 ff.; VIEHWEGER, 1983, 218 ff.). Ohne auf Details eingehen zu können, sei auf einige dieser Vorschläge kurz hingewiesen: Entsprechend dem Erklärungsversuch von GRICE (1975, 51 ff.) müßte die Erklärung, warum (41) als Aufforderung verstanden wird, aus den Konversationsmaximen abgeleitet werden (es kann keine Frage gemeint sein, da auf diese Weise das Relevanzprinzip verletzt würde). GORDON/LAKOFF (1975, 83 ff.) gehen davon aus, daß das Sagen einer Sache unter bestimmten Umständen „entails" die Kommunikation einer anderen Sache, daß die „Whimperatives" der logischen Struktur nach Fragen darstellen und die illokutive Rolle der Aufforderung erst durch Konversationsprinzipien zustande kommt. Die konversationell implizierte Bedeutung (Aufforderung) kann nur übermittelt werden, wenn die wörtliche Bedeutung (Frage) nicht beabsichtigt ist und der Hörer das auch annimmt. Die betreffenden Sätze haben sonst zwar zwei Bedeutungen, aber nicht zwei verschiedene logische Strukturen, die Mehrdeutigkeit erwächst vielmehr aus der Tatsache, daß der Satz in verschiedenen Kontexten geäußert wird. GORDON/LAKOFF versuchen, die Regeln dafür in der Grammatiktheorie zu formulieren (die auf Begriffen der natürlichen Logik und transderivationellen Regeln basiert), wobei die natürliche Logik die Klasse von „Entailments" eines Satzes enthalten soll und die Konversationsprinzipien als Postulate verstanden werden, die wie Bedeutungspostulate formuliert werden können. Verbunden damit ist die Annahme, daß es in der Oberfläche eines Satzes Anzeichen für dessen illokutive Funktion gibt (deshalb auch „surface-meaning-hypothesis" nach SADOCK, 1974, 73 ff.). SADOCKS eigene „meaning-meaning-hypothesis" erklärt die genannten Sätze als eine Konjunktion von Frage und Imperativ (vgl. dazu auch GREEN, 1975, 108 ff.) und möchte auch den Unterschied zwischen (41) – als Bitte – und

(42) Sind Sie in der Lage, die Tür zu schließen?

(als tatsächliche Frage) erklären, was mit anderen Hypothesen zumeist nicht möglich ist (vgl. VIEHWEGER, 1983, 218 ff.). Was den meisten Modellvorschlägen dieser Art (denjenigen im Rahmen der generativen Semantik) gemeinsam ist, ist einerseits die Annahme, daß die illokutive Rolle ein Aspekt der Bedeutung ist, und andererseits die Annahme, daß die illokutive Rolle immer – wenn auch z. T. mehrdeutige – Reflexe in der Oberflächenstruktur der Äußerung hat.

Gerade diese beiden Annahmen sind aber in jüngerer Zeit mehrfach in Frage gestellt worden. Damit stellt sich das Problem der „Indirektheit" oder „Mehrdeutigkeit" aber in einem ganz anderen Licht dar: Es wird nur dann zu einem spezifischen Problem, wenn die beiden oben genannten Annahmen vorausgesetzt werden, d. h., wenn vorausgesetzt wird, (a) daß der Sprechakttyp sprachlich verbindlich durch Indikatoren signalisiert wird (wenn auch durch Indikatoren verschiedener Art; vgl. dazu auch SÖKELAND, 1980, 44 ff., (b) daß das kommunikative Ziel (der Illokutionstyp) in der Satzbedeutung enthalten sein muß. Eine andere Sichtweise eröffnet sich aber, wenn man davon ausgeht, daß der kommunikative Sinn einer sprachlichen Äußerung sich nicht allein aus sprachlichen Kenntnissystemen ergibt, sondern darüber hinaus eine Menge Hintergrundkenntnisse über Kommunikationssituation und Handlungsbedingungen voraussetzt: Damit überschreitet die Erklärung von Sprechakten freilich den Rahmen der Grammatik (der Zuordnung von Laut- und Bedeutungsstrukturen) und wird erst möglich durch die Einbettung in komplexere Handlungszusammenhänge (vgl. VIEHWEGER, 1983, 220; KLEINE ENZYKLOPÄDIE, 1983, 509).

2.3.6. Einordnung und Einschätzung

Es besteht kein Zweifel daran, daß die Sprechakttheorie unsere Kenntnisse über die Verwendung der Sprache in der Kommunikation wesentlich bereichert hat durch die Einsicht, daß mit lokutiven Akten illokutive Akte (Sprechhandlungen) verbunden sind, die ihrerseits in Interaktions- und Situationszusammenhänge eingebettet und deshalb aus ihnen erklärbar sind. Daraus wird der Abstand deutlich, den die Sprechakttheorie von der Theorie CHOMSKYS hat, und das absolute Primat (die Verselbständigung) des Sprachsystems im Verhältnis zur kommunikativen Tätigkeit aufgehoben. Bei der Frage nach den *Grenzen* der Sprechakttheorie wird man von zwei Aspekten ausgehen können, die die beiden Beziehungen des Sprechakts einerseits zur gesellschaftlichen Tätigkeit und andererseits zum Sprachsystem betreffen.

Was die Beziehungen des Sprechakts (die Sprechhandlung) zur *gesellschaftli-*

chen Tätigkeit betrifft, so wird in der Sprechakttheorie zwar eine Bindung der Sprechakte an (z. T. noch isolierte) Handlungszusammenhänge vorgenommen. Damit wird – im Unterschied zur reinen Systemlinguistik – ein wesentlicher Schritt gegangen, der jedoch nur ein *erster* Schritt ist und für eine volle Integration der Sprachtheorie in die Gesellschaftstheorie noch nicht genügt (vgl. dazu auch EHLICH, 1972, 122 ff.; KÄSTLE, 1972, 134). Es ist vielmehr ein *zweiter* Schritt nötig, der die einzelnen Sprechhandlungen und Situationen in das soziale Handeln und die komplexen Zusammenhänge der menschlichen Tätigkeit einordnet und aus dem Ensemble aller menschlichen Tätigkeiten (von denen die praktische Tätigkeit primär ist) ableitet. Dieser zweite Schritt wird in der Sprechakttheorie zwar manchmal angedeutet, aber zumeist nicht konsequent verfolgt. Diese Einschränkung ergab sich daraus, daß man sich in den ersten Ansätzen zur Sprechakttheorie (vor allem bei AUSTIN und SEARLE) vorrangig auf den *illokutiven* Aspekt sprachlicher Handlungen konzentrierte und die sprachlichen Handlungen vornehmlich als isolierte Handlungen individueller Subjekte (mit bestimmten Intentionen) charakterisierte, dabei aber keinen Bezug nahm auf den sozialen Hintergrund dieser Handlungen, auf das gesamte System der Tätigkeit des Menschen, auf den konkreten gesellschaftlichen Arbeits- und Lebensprozeß (vgl. VIEHWEGER, 1983, 172 f.; KLEINE ENZYKLOPÄDIE, 1983, 505; HARNISCH, 1982, 666 f.). Diese Einschränkung wurde dann (vgl. 2.3.5.) teilweise überwunden bei WUNDERLICH, MAAS u. a., die sich nicht mehr vorrangig an der subjektiven Intention, sondern an der objektiven Interaktion orientierten und Sprechakte aus Zusammenhängen des Handelns und der sozialen Situation zu erklären suchten. Es handelt sich jedoch auch in diesen Fällen nur um eine partielle Überwindung, da auch bei dieser Verankerung des Handlungsbegriffes in der sozialen Situation der Zusammenhang zwischen Handeln und gesellschaftlicher Realität nicht vollständig hergestellt wird, Sprache zwar als Form des Handelns bestimmt, aber letztlich durch sich selbst (nicht durch die historisch-gesellschaftlichen Bedingungen) definiert wird (vgl. GORSCHENEK/RUCKTÄSCHEL, 1983, 141; HARNISCH, 1982, 668 ff.). Am weitesten in der genannten Richtung (in der Einbettung isolierter Sprechakte in konkrete, gesellschaftlich determinierte Handlungssituationen) gehen die empirischen Untersuchungen von EHLICH/REHBEIN, die freilich die theoretische Reflexion von Zentralbegriffen der Kommunikationssituation nicht ausschließen und – da rein handlungstheoretisch orientiert – die Verbindung zum Sprachsystem nicht entbehren können (vgl. dazu MOTSCH, 1979, 170; MOTSCH, 1980, 156 f.).

Ebenso vielschichtig und problematisch sind die sich in der Sprechakttheorie ausdrückenden Beziehungen des Sprechakts zum *Sprachsystem*. Auf der einen Seite besteht manchmal (zumal in den rein handlungstheoretisch orientierten Ansätzen) die Gefahr, daß aus der Aufhebung des Primats des Systems und der kommunikativen bzw. handlungsmäßigen Orientierung der Sprechakttheorie (aus der Einsicht in den instrumentalen Charakter der Sprache) zu Unrecht die Schlußfolgerung gezogen wird, daß der Systemcharakter der Sprache nur eine der Sprache von außen her zugewiesene und damit irrelevante Eigenschaft sei.

Auf der anderen Seite ist (vor allem am Anfang der Entwicklung der Sprechakttheorie) eine Tendenz der Sprechaktanalyse zur primären Orientierung auf die Sprachanalyse zu erkennen (ohne daß dabei diese Sprachanalyse auf dem Hintergrund einer ausgearbeiteten linguistischen Theorie erfolgt wäre). Es ist gewiß nicht zu bestreiten, daß illokutive Rollen und Propositionen nicht völlig voneinander getrennt werden können, da die sprachlichen Mittel zur Charakterisierung von Sprechhandlungen selbst einer grammatischen Analyse zu unterwerfen sind und aus semantischen Merkmalstrukturen bestehen (vgl. MOTSCH, 1975, 35). Daraus kann jedoch nicht eine zu enge oder primäre Orientierung an den sprachlichen Mitteln und am Sprachsystem abgeleitet werden. Eine solche (zu enge) Orientierung drückt sich in den Tendenzen aus, (a) sich bei der Analyse von Sprechhandlungen vorrangig auf sprachliche Indikatoren an der Oberfläche (von Einzelsprachen), auf die performativen Verben und die explizit performativen Formeln zu beschränken (die zwar Signale für Sprechhandlungen sein können, aber weder eindeutig noch einheitlich sind, weder immer vorhanden sind noch die Analyse von Sprechhandlungen erschöpfen), (b) den Begriff der Sprechhandlung in zu direkter Weise auf die linguistische Einheit des (isolierten) Satzes (nicht auf komplexere Einheiten wie die des Textes) zu beziehen, (c) die illokutive Funktion des Satzes zur sprachlichen Bedeutung des Satzes zu rechnen, sie zum Bestandteil der semantischen Repräsentation zu machen und aus dieser semantischen Repräsentation abzuleiten (kritisch dazu vgl. MOTSCH, 1975, 34; KLEINE ENZYKLOPÄDIE, 1983, 505 ff.; HELBIG, 1979b, 394; VIEHWEGER, 1983, 236 ff.). Gewiß ergaben sich diese Tendenzen mindestens teilweise daraus, daß man in einem ersten Schritt mit den für das Sprachsystem entwickelten Inventarien versuchte, pragmatische Sachverhalte (auch von Sprechhandlungen) irgendwie im Sprachsystem festzumachen und an Indikatoren zu binden (vgl. HELBIG, 1979a, 26 ff.), bis man später erkannte, daß damit Sprechhandlungen nicht adäquat und erschöpfend beschrieben und erklärt werden können. Es ist überhaupt bezeichnend, daß im Anfangsstadium der *kommunikativen* Orientierung der Sprachwissenschaft eine weitgehende und eindeutige Entsprechung zwischen lokutiven Akten und illokutiven Akten (etwa zwischen Äußerungsform und Sprechhandlung, z. B. zwischen Fragesatz und Fragehandlung) angenommen wurde, ähnlich wie im Anfangsstadium der *semantischen* Orientierung der Sprachwissenschaft eine weitgehend direkte Entsprechung von syntaktischen und semantischen Eigenschaften angenommen wurde (als man die Distribution als unmittelbaren Reflex der Bedeutung verstand) (vgl. HELBIG, 1970, 80 ff.). Wie diese direkte Entsprechung durch die spätere Unterscheidung einer Oberflächen- und Tiefenstruktur (bei allen Mehrdeutigkeiten und bei aller Interpretationsvielfalt dieser „Tiefenstruktur") weitgehend rektifiziert wurde, so handelt es sich auch bei der Modifizierung der These von der direkten Entsprechung zwischen sprachlichen Eigenschaften (des Systems) und kommunikativen Eigenschaften (von Sprechhandlungen) um eine Einsicht in die größere Komplexität dieser Beziehungen. Diese Einsicht führte zu einer zunehmenden Kritik an den in (a) bis (c) genannten Tendenzen, weil mit diesen damit verbundenen Annahmen letztlich die sprachlichen Ausdrucksmittel für Sprechhandlungen überbewertet und die außersprachlichen Kenntnissysteme für sie unterbewertet oder gar vernachlässigt werden (bzw. auf die Grammatik reduziert werden).

Im Gegensatz zu SEARLE hat z. B. STAMPE (1975, 2ff.) nachdrücklich darauf hingewiesen, daß IFIDS (vgl. dazu 2.3.3.) zwar Sätze disambiguieren und indizieren können, daß man tut, was man sagt, daß aber dadurch nicht Sprechakte konstituiert werden (vergleichbar mit der Erklärung eines Kochs beim Kochen, wenn er sagt, was er tut; er tut es aber genauso, auch wenn er nichts sagen würde), daß die Bedeutung also nicht den illokutiven Akt determiniert, daß man aus der semantischen Regel nicht ableiten könne, was der Sprecher meint – auf Grund des nicht zu vernachlässigenden Unterschieds zwischen dem, was der Satz „means" (= Bedeutung), und dem, was der Sprecher mit seinem geäußerten Satz „means" (= Intention, illokutive Rolle) (zur verschiedenen Bedeutung von „mean" vgl. auch MEGGLE, 1979b, 25f.). Die Kritik an dieser Tendenz kann aber nicht als Plädoyer für den umgekehrten Weg verstanden werden, die Bedeutung (im Anschluß an WITTGENSTEIN) auf den Gebrauch zu reduzieren und aus dem „Meinen" oder ausschließlich aus der Intention zu erklären (wie bei GRICE), weil auf diese Weise in Frage gestellt wird, daß Bedeutungen invariante Abbilder von Sachverhalten der Wirklichkeit sind, und eine undialektische Trennung des kommunikativen Aspekts vom kognitiven Aspekt der Sprache vorgenommen, der kognitive Aspekt nahezu ausgeklammert wird (vgl. VIEHWEGER, 1983, 188f.; HARNISCH, 1979, 60).

Außer diesen grundsätzlichen Problemen gibt es in der Sprechakttheorie durchaus weitere Fragen, die noch nicht völlig und einheitlich geklärt sind. Dazu gehört z. B. die Frage, ob es perlokutive *Akte* überhaupt gibt oder ob es sich nicht vielmehr um perlokutive *Effekte* entsprechender illokutiver Akte handelt (vgl. EHRICH/SAILE, 1972, 272ff.). Aber die Unterscheidung zwischen illokutiven Akten und perlokutiven „Akten" kann auch nicht auf die Unterscheidung zwischen (sprecherseitiger) Absicht (Intention) und (hörerseitiger) Wirkung (Effekt) zurückgeführt werden, weil Perlokutionen durchaus beabsichtigt sein können und dann in das Ziel einer Sprechhandlung eingehen, das Absicht des Sprechers *und* erwartbare Reaktion des Hörers umfaßt (vgl. SCHLIEBEN-LANGE, 1975, 87ff.; KLEINE ENZYKLOPÄDIE, 1983, 498f.).

Es ist jedoch zum Vollzug eines perlokutiven Aktes nötig, daß beim Hörer ein einer Sprecherintention entsprechender (und nicht rein zufälliger) Effekt eintritt. Insofern ist es auch anzuzweifeln, ob die Perlokutionen (wie bei AUSTIN) – im Unterschied zu den Illokutionen – aus dem Bereich der Konventionen völlig herausgenommen werden können (vgl. SCHLIEBEN-LANGE, 1975, 88f.).

Umstritten ist auch die Frage, inwieweit *pragmatische* Sachverhalte (und damit auch Sprechhandlungen) *syntaktisch* und *semantisch* beschrieben werden können (syntaktisiert oder semantisiert werden können). WUNDERLICH (1972c, 279f.) hat sich z. B. dagegen gewandt, weil diese Versuche stillschweigend voraussetzen, daß alle pragmatischen Sprecher-Hörer-Beziehungen durch performative Ausdrücke auch explizit benannt werden können, daß „nur solche Beziehungen herstellbar sind, die eindeutig durch das gesellschaftliche Instrument der Sprache schon vorgeprägt sind" (was offensichtlich nicht der Fall ist). Aber sein Argument, daß man illokutive Akte *ausführen* kann, ohne sie gleichzeitig explizit (in einer performativen Äußerung) zu *benennen* (vgl. WUNDERLICH, 1972b, 131), scheint noch kein überzeugendes Argument zu sein gegen die Versuche, mittels syntaktischer und semantischer Prozeduren Merkmale von Sprechhandlungen wenigstens operationell zu erfassen, ihre (zweifellos auf einer anderen Ebene liegenden) Merkmale und Kriterien gleichsam zu operationalisieren – ähnlich wie man dies auch mit oberflächensyntaktischen Tests im Hinblick auf tiefensyntaktische bzw. semantische Tatbestände schon lange mit Erfolg tut (vgl. ausführlicher HELBIG, 1979a, 29ff.). Nicht einhellig beantwortet wird in der Sprechakttheorie auch die Frage, welche Rolle Intention und Konvention für Sprechhandlungen spielen (vgl. ausführlicher 2.3.3.), und die Frage, in welchem Verhältnis der Ansatz bei den Intentionen und der Interaktionsansatz zueinander stehen (vgl. 2.3.4.). Damit im Zusammenhang steht das Problem des Verhältnisses von Intention und Bedeutung; denn „was einer meint, muß nicht identisch sein damit, was seine Äußerung sagt; und was er meint zu tun, ist nicht allein entscheidend dafür, was er tut" (LEIST, 1972, 76). Auf die Frage der indirekten Sprechakte wurde ebenfalls (in 2.3.5.). bereits hingewiesen.

Aus den genannten Grenzen der bisherigen Sprechakttheorie darf man nicht in globaler Weise schließen, die Sprechakttheorie habe keinen Ertrag gebracht (vgl. LUDWIG, 1974, 102ff.), sie sei insgesamt (neo-)positivistisch und insofern ein irreführender Ansatz (vgl. HARNISCH, 1979; 59ff.; HARNISCH, 1982, 664ff.). Gegen den Vorwurf des Neopositivismus ist mit Recht eingewendet worden (vgl. MOTSCH, 1983, 98ff.), daß die Sprechakttheorie zwar Abstraktionen und Idealisierungen vornimmt (was ein legitimes und notwendiges Verfahren jeder Wissenschaft ist und nicht eo ipso als positivistisch interpretiert werden darf), daß diese Abstraktionen jedoch nicht nur auf der begrifflichen, sondern auch auf der Ebene der zu untersuchenden Objekte vollzogen werden und überdies methodologisch als solche reflektiert und gerechtfertigt werden (erst wenn beide Bedingungen nicht gegeben sind, könnte von einer positivistischen Handhabung der Abstraktion die Rede sein). Wesentlich ist in der Tat der Abstraktionsgesichtspunkt, daß sich die Sprechakttheorie z.B. nur mit generellen Aspekten von Typen von Sprechakten (und Intentionen) befaßt und nicht mit spezifischen Umständen, die zu einer bestimmten Intention einer konkreten Person führt, daß sie – allgemeiner gesagt – Sprechakte aus den sie motivierenden (komplexen) Handlungszusammenhängen und Situationsrahmen herauslöst und auf diese Weise „idealisiert" (vgl. HELBIG, 1979b, 394). Daraus kann jedoch nicht ohne weiteres die Schlußfolgerung hergeleitet werden, die Sprechakttheorie sei ein prinzipiell nicht weiterführender Ansatz, zumal sie gerade den Versuch macht, den grammatischen und den Handlungsaspekt von Sprechakten in systematischer Weise aufeinander zu beziehen. Da es (mindestens beim gegenwärtigen Stand) kaum möglich ist, *alle* Aspekte des Untersuchungsobjekts in globaler

Weise zu berücksichtigen, muß jeder theoretische Ansatz die Wirklichkeit in bestimmter Weise idealisieren und partialisieren; falsch wird ein solcher Ansatz erst dann, wenn die durch die Partialisierung gefundenen Teilerkenntnisse für das Ganze gehalten werden, also methodologisch nicht reflektiert wird, *daß*, *wovon* und *wozu* Idealisierungen vorgenommen werden (vgl. HELBIG/MOTSCH, 1983, 422f.; MOTSCH, 1984). Da dies bei der Sprechakttheorie nicht der Fall ist, wird es – in den genannten Grenzen – darauf ankommen, ihre Ergebnisse zu verwerten, kritisch aufzuarbeiten und weiterzuentwickeln. Überdies ist es eine sehr grobe Vereinfachung, von *der* Sprechakttheorie zu sprechen – im Grunde gibt es nicht *die* Sprechakttheorie, ebensowenig wie es *die* Textlinguistik, *die* Soziolinguistik und *die* Psycholinguistik gibt –, man hat vielmehr recht unterschiedliche Ansätze (vgl. genauer 2.3.2. bis 2.3.4.) zu unterscheiden, die sich nicht zuletzt auch durch unterschiedliche Abstraktionsgesichtspunkte unterscheiden (können). Schließlich muß auf Weiterentwicklungen der Sprechakttheorie selbst hingewiesen werden (vgl. 2.3.9.), die in verschiedener Weise bestimmte Mängel der „klassischen" Sprechakttheorie – (z. B. die pauschale Ausrichtung auf die Indikatoren, den Einbau der illokutiven Rolle in die Semantik, die direkte Kopplung des Sprechaktes an den isolierten Satz) überwunden haben.

2.3.7. Die idealistische Interpretation der Sprechakttheorie in der Gesellschaftstheorie von HABERMAS

Obwohl HABERMAS kein spezifisch linguistisches Anliegen verfolgt, benutzt er die Linguistik zur Begründung seiner gesellschaftstheoretischen und philosophischen Konzeption, die darauf gerichtet ist, das Modell einer „idealen Gesellschaft" zu entwerfen, die angeblich jenseits vom Kapitalismus und Sozialismus stehe (vgl. dazu und zum folgenden kritisch ausführlicher HARTUNG, 1974, 85ff.). Im Gegensatz zu der MARXschen Zurückführung des kommunikativen Handelns auf instrumentales Handeln (auf den Zusammenhang mit der Arbeit) beruht das Gesellschaftsmodell von HABERMAS (vgl. 1969, 45) gerade auf der Trennung und Gegenüberstellung von kommunikativem und instrumentalem Handeln; die Gesellschaft konstituiert sich für ihn (vgl. HABERMAS/LUHMANN, 1971, 214f.) in Form kommunikativen Handelns (d.h. primär als Kommunikationsprozeß, nicht als ökonomischer oder gesellschaftlicher Prozeß).

Um dieses Gesellschaftsmodell zu entwickeln, übernimmt HABERMAS als Mittel einige wesentliche linguistische Begriffe, teils aus der generativen Grammatik, teils aus der Sprechakttheorie, Begriffe, die bei ihm jedoch eine andere, soziologische Interpretation erhalten. Er kritisiert die Enge des Kompetenzbegriffes von CHOMSKY und nimmt eine Erweiterung (zur „kommunikativen Kompetenz") vor. Nach HABERMAS werden beim Sprechen nicht nur Äußerungen hervorgebracht, sondern auch die allgemeinen Strukturen möglicher Redesituationen, die er „universal" nennt. Aufgabe einer „Universalpragmatik" sei es, das Regelsystem nachzukonstruieren, „nach dem wir die Situationen möglicher Rede überhaupt hervorbringen oder generieren" (HABERMAS/LUHMANN, 1971, 102). „Generieren" wird dabei offensichtlich nicht im abstrakten mathematischen Sinne verstanden (wie in der generativen Grammatik), sondern im konkreten Sinne als direktes Hervorbringen durch Sprecher und Hörer (wie z. T. in der Sprechakttheorie). Aus der linguistischen Tatsache, daß (in den Performativitätshypothesen; vgl. 1.5.4.3.1.3.) in der Tiefenstruktur eine Doppelstruktur von dominierendem performativem Satz und eingebettetem propositionalem Satz angenommen wurde, zieht HABERMAS die (falsche) Schlußfolgerung, daß nicht nur Sätze, sondern allgemeine Strukturen von Redesituationen erzeugt werden (diese ergeben sich tatsächlich nicht durch willkürliche Setzung oder Erzeugung, sondern aus den Zielen der Kommunikation und aus der gesellschaftlichen Situation sowie ihrer Verarbeitung im Bewußtsein). So legitim einerseits die Erweiterung des Kompetenzbegriffes ist, so impliziert doch andererseits *sein* Verständnis der „kommunikativen Kompetenz" die genannte unzulässige Interpretation.

HABERMAS (vgl. HABERMAS/LUHMANN, 1971, 111ff., 114ff.) übernimmt aus der Sprechakttheorie weiterhin den Ansatz für eine Klassifizierung der Sprechakte und leitet daraus die für seine Gesellschaftstheorie zentrale Unterscheidung zwischen „kommunikativem Handeln" (Äußerungen, die in außersprachlichen Kontext eingebettet sind, Handlungen begleiten und unter den „Zwängen der Interaktion" stehen) und „Diskurs" („reine Kommunikation", die frei von den „Zwängen der Interaktion" sei) ab. Die Inadäquatheit dieser Zweiteilung in handlungsintegrierte und „reine" Kommunikation – die von der Sprechakttheorie selbst her als Inadäquatheit deutlich wird – beruht darauf, daß Kommunikation stets (direkt oder indirekt) handlungsbezogen und -abhängig ist; insofern erfährt die Sprechakttheorie an dieser Stelle bei HABERMAS eine Umbiegung.

Auf der genannten ungerechtfertigten Zweiteilung (ein Reflex der Trennung von instrumentalem und kommunikativem Handeln) baut HABERMAS sein Gesellschaftsmodell auf. Das kommunikative Handeln vollzieht sich bei ihm nur so lange ungestört, wie sich die Kommunikationspartner über Ziel und Inhalt der Kommunikation einig sind (zwischen ihnen „Konsensus" besteht). Sobald jedoch Problematisierungen (Störungen) auftreten, Fragen entstehen und Begründungen verlangt werden, erfolgt der Übergang vom kommunikativen Handeln zum „Diskurs". Da nach HABERMAS in den gegenwärtigen Gesellschaften der freie Diskurs (z. B. durch Ideologien) verhindert werde, komme es darauf an, im Diskurs kraft unserer kommunikativen Kompetenz eine „ideale Sprechsituation" vorwegzunehmen, die frei sei von allen äußeren und inneren Zwängen und eine gleichberechtigte Kritik von Meinungen ermögliche (vgl. HABERMAS/LUHMANN, 1971, 137ff.). Eine Verbesserung der Gesellschaft wird somit vom „Diskurs" her, von einer „idealen Sprechsituation", von der Kommunikation her erwartet. Seine Theorie der Gesellschaft gründet sich auf seine Theorie der „kommunikativen Kompetenz", seine „ideale Sprechsituation" wird verstanden als „Vorschein einer Lebensform".

Auf diese Weise wird bei HABERMAS offensichtlich die Kommunikation primär (oder sogar gesellschaftskonstituierend), die Gesellschaft dagegen wird sekundär (von ihr determiniert), werden die tatsächlichen Fundierungsverhältnisse umgekehrt. Eben deshalb genügt es nicht, den unter 2.3.6. genannten *ersten* Schritt zu gehen und das Sprachsystem in die Kommunikation einzubetten. Hinter dem Schlagwort der „Hinwendung zur Kommunikation" kann sich etwas Verschiedenes verbergen (vgl. HARTUNG, 1974, 94f.), auch eine *Über*bewertung der Kommunikation gegenüber der Gesellschaft (möglicherweise in Reaktion auf eine *Unter*bewertung der Kommunikation gegenüber dem Sprachsystem in den verschiedenen Spielarten der Systemlinguistik). Aus diesem Grunde muß dem ersten ein *zweiter* Schritt folgen: die Ableitung des kommunikativen aus dem instrumentalen Handeln, die Erklärung der Sprache aus der praktischen und gegenständlichen Tätigkeit bei vermittelnder Rolle der gesellschaftlichen Verhältnisse und der kommunikativen Tätigkeit (vgl. ausführlicher 1.4.3.). Während die *Sprechakttheorie* im allgemeinen die Sprache zwar in die kommunikative Tätigkeit und in Handlungszusammenhänge einbettet (wenn auch in verschiedenem Maße und unter unterschiedlichen Akzenten), diese aber (in den meisten Versionen) nicht bzw. nicht konsequent genug aus den anderen Arten der gesellschaftlichen Tätigkeit (letztlich: aus der Arbeit) ableitet, wird bei HABERMAS die kommunikative Tätigkeit sogar primär gegenüber der gesellschaftlichen Tätigkeit, weil auf der Basis der Kommunikation (genauer: der „kommunikativen Kompetenz", des vorweggenommenen „Diskurses") die Gesellschaft verändert werden soll. Es entsteht ein unangemessener Versuch, linguistische Forschungsergebnisse philosophisch zu verallgemeinern sowie gesellschaftstheoretische Probleme linguistisch klären zu wollen. Im Gegensatz zu solchen Versuchen, bestimmte Theorien einer Einzelwissenschaft zum Philosophie-Ersatz zu machen, muß man davon ausgehen, daß es keine (primär) linguistische Lösung philosophischer und gesellschaftstheoretischer Fragen gibt – damit würde die Sprachwissenschaft in ungerechtfertigter Weise zu einer Art Super-Wissenschaft erhöht (ähnlich wie bei der philosophischen Interpretation des Strukturalismus) –, daß Einzelwissenschaften und Einzeltheorien nicht an die Stelle der Philosophie treten können.

2.3.8. Sprechakttheorie und generative Grammatik

Der Status der Sprechakttheorie wird von verschiedenen Ansatzpunkten her sehr unterschiedlich bestimmt. Es handelt sich einerseits um unterschiedliche Ansatzpunkte im Hinblick auf die Bedeutung sowie auf die Grenzziehung zwischen Semantik und Pragmatik (vgl. dazu ausführlicher STEUBE, 1978; HELBIG, 1983), andererseits auch im Hinblick auf die Divergenzen zwischen Sprechakttheorie und generativer Grammatik. Im allgemeinsten Sinne kann man 3 Zugänge unterscheiden (vgl. auch SEARLE u. a., 1980, IXf.; HARMAN, 1974, XI):

1) Ein erster Zugang basiert auf der formalen Philosophie (vor allem der Logik), geht von CARNAP u. a. aus und sieht „meaning" unter denotativem Aspekt nur als Sache der Wahrheitsbedingungen an. Die Bedeutung eines Satzes wird danach bestimmt durch seinen Wahrheitswert (nicht durch eine semantische Beschreibung mit Hilfe semantischer Merkmale – vgl. LEWIS, 1972, 169ff.), die Pragmatik wäre die Art, wie syntaktisch definierte Ausdrücke in Abhängigkeit von besonderen Bedingungen ihres Gebrauchs im Kontext interpretiert werden. Die Sprechakttheorie müßte von diesem Zugang her der Pragmatik zugeordnet werden; denn entsprechend diesem Zugang beschreibt die Syntax Sätze, die Semantik Propositionen mit ihrem Wahrheitswert, die Pragmatik Sprechakte und Kontexte, in denen sie verwendet werden (vgl. STALNAKER, 1972, 381ff.).
2) Der zweite Zugang von der linguistischen Semantik (z. B. KATZ) sieht den Kern der Semantik nicht in der Denotation, nicht in den Wahrheitsbedingungen, sondern in einer semantischen Repräsentation, die aus einer Konfiguration aus semantischen Merkmalen besteht. Die Semantik müßte sich mit der wörtlichen (kontextfreien) Bedeutung von Wörtern befassen, die Pragmatik dagegen mit der kontext- und verwendungsabhängigen Äußerungsbedeutung. Nach diesem Zugang würde die Sprechakttheorie teils zur Semantik, teils zur Pragmatik gehören.
3) Der dritte Zugang (im Anschluß an WITTGENSTEIN u. a., zumeist vertreten von der Sprechakttheorie selbst, z. B. von SEARLE und GRICE) sieht das Wesen der Bedeutung im Gebrauch und erklärt Bedeutung z. T. in Termini von Intentionen. Auf diesem Wege wäre es weder möglich, eine kontextfreie Bedeutung auszusondern noch zwischen Semantik und Pragmatik deutlich zu unterscheiden (weil die Bedeutung die Sprecherintention mindestens involviert).

Die Kontroverse zwischen 2) und 3) ist ein Reflex der Unterschiede zwischen generativer Grammatik und Sprechakttheorie. Unter diesem Aspekt hat SEARLE (1974, 16ff.) CHOMSKY vorgeworfen, er isoliere die Sprache von der Kommunikation und habe keinen Zusammenhang zwischen Bedeutung und Sprechakten gesehen. In Wahrheit sei aber der Zweck der Sprache die Kommunikation, wie es der Zweck des Herzens sei, Blut zu pumpen. Es sei zwar möglich, aber „sinnlos" und „pervers", die Struktur unabhängig von der Funktion zu beschreiben, weil das Wissen über die Bedeutung von Sätzen zum großen Teil ein Wissen darüber sei, wie Sätze verwendet werden, und die semantische Kompetenz zum großen Teil die Fähigkeit sei, Sprechakte auszuüben (vgl. SEARLE, 1974, 28ff.) und die Beziehungen zwischen den Intentionen zu kennen. Nach SEARLE muß deshalb jeder Versuch, die Bedeutung von Sätzen zu erklären, ihre Rolle in der Kommunikation, in der Performanz von Sprechakten einschließen, die wesentlicher Teil der Bedeutung sei. Er wendet sich gegen die CHOMSKYsche Konzeption der Unterscheidung von Kompetenz und Performanz (nach der die Sprechakte der Performanz zugerechnet werden müssen), weil die Kompetenz letztlich immer die Kompetenz „to perform" sei und folglich die Fähigkeit, Sprechakte auszuüben, zum Gegenstand der linguistischen Kompetenz gehöre.

Auf diesen Vorwurf hat CHOMSKY (1976, 55 ff.) geantwortet mit dem Hinweis, daß er zwar die wesentlichen Beziehungen zwischen Sprache und Kommunikation nicht leugne, von wesentlichen Beziehungen zwischen Bedeutung und Sprechakt aber nicht überzeugt sei. Für ihn ist es unmöglich, Struktureigenschaften (bei der Sprache wie beim Herzen) in funktionalen Termini zu erklären, die Bedeutung auf Sprecherintentionen zurückzuführen. CHOMSKY (1976, 64 ff.) bezieht sich auf das Diktum STRAWSONS (1970) vom „homerischen Kampf" zwischen den „Theoretikern der Kommunikationsintention" und den „Theoretikern der formalen Semantik", in dem STRAWSON sich auf die erste, CHOMSKY auf die zweite Seite geschlagen hat. CHOMSKY distanziert sich von der Annahme, daß die Struktur der semantischen Regeln der Sprache nur durch die Beziehung auf deren Funktion in der Kommunikation erklärt werden könne, und stellt fest, daß man ohne den Begriff des „linguistic meaning" nicht auskomme, auch nicht bei den Kommunikationstheoretikern, von denen er den Eindruck hat, daß sie gar nicht die Bedeutung beschreiben, sondern die „erfolgreiche Kommunikation" (1976, 68). Die Theorie der Sprechakte kann nach seiner Meinung zwar helfen, um eine erfolgreiche Kommunikation zu erklären, sie sei aber nicht in der Lage, dem Begriff der sprachlichen Bedeutung auszuweichen; denn wenn man das System erworben habe, kann man *wählen*, es zu benutzen oder nicht zu benutzen, man kann aber (im System) *nicht wählen*, Sätze zu bilden, die diese oder jene Bedeutung haben. Deshalb müsse deutlich unterschieden werden zwischen der wörtlichen Bedeutung in der Sprache und dem, was ein Sprecher mit der Produktion einer Äußerung (in der Kommunikation) beabsichtige; letzteres hat für CHOMSKY (vgl. 1976, 71 ff., 76) mit der Sprache direkt nichts zu tun (man könne ebenso fragen, was jemand beabsichtigt, wenn er die Tür zuschlägt). In ähnlicher Weise hat auch BIERWISCH (1980, 2 f.) darauf hingewiesen, daß „the original sin of the speech act theory" darin bestehe, den Sprechakt in die Theorie der Bedeutung inkorporiert zu haben und dadurch die grundlegende Unterscheidung zwischen Sprache und Kommunikation (die auf unterschiedlichen Kenntnissystemen beruhen) verdunkelt zu haben, wodurch sich für die Hauptprobleme der Sprechakttheorie selbst (konstative versus performative Äußerungen, EPF und Indikatoren usw.) entscheidende Konsequenzen und Schwierigkeiten ergeben haben.

In diesem Zusammenhang hat KATZ (1977) den detaillierten Versuch unternommen, die bisherigen Traditionen der generativen Grammatik und der Sprechakttheorie zusammenzuführen, dabei aber gleichzeitig die Sprechakttheorie als einheitliche Theorie zu verwerfen, weil sie teilweise zur Kompetenz-, teilweise zur Performanztheorie gehöre, weil sie ein „hybrides Gebilde" sei, das aufgelöst werden müsse in die semantische und in die pragmatische Theorie (vgl. KATZ, 1977, XII f., 30 ff., 222 ff.). Zu diesem Zweck muß der Formalismus der semantischen Repräsentation erweitert werden um eine Theorie der „illokutionären Kompetenz" (als Theorie darüber, was der ideale Sprecher/Hörer über die illokutiven Informationen weiß, die in der grammatischen Struktur enthalten sind), dazu muß andererseits der Begriff des „Null-Kontextes" weiterentwickelt werden: Die *semantische* Kompetenz ist das, was ein idealer Sprecher/Hörer über die Bedeutung eines Satzes weiß, wenn keine Kenntnis eines Kontextes vorhanden ist, wenn der Satz im Null-Kontext (in der Situation des anonymen Briefes) gebraucht wird („grammatical meaning"); *pragmatische* Phänomene sind dagegen solche, für deren Verständnis die Kenntnis des Kontextes eine Rolle spielt, die entsprechende „contextual meaning" oder „utterance meaning" ist die Bedeutung einer speziellen Verwendung des Satzes in einem bestimmten Kontext und in einer bestimmten Situation. Die Semantik beschreibt die „sentence meaning" im Null-Kontext, die Pragmatik das, was von der „sentence-meaning" durch den Kontext (in Richtung auf die „utterance-meaning") abweicht (vgl. KATZ, 1977, 14 ff., 18 ff., 24 f.). So wäre der Satz „Die Tür ist offen" im Null-Kontext eine Aussage, würde erst durch den entsprechenden Kontext zu einer Aufforderung. Mit diesem Ansatz wendet sich KATZ gegen die Sprechakttheorie (vor allem gegen AUSTIN und SEARLE), die zwischen Kompetenz und Performanz, zwischen Semantik und Pragmatik nicht deutlich unterscheide und beide Eigenschaften in Termen von „Sprechakten" zu erklären versuche: Man könne allenfalls unterscheiden zwischen „semantischer Kompetenz$_1$" (das Wissen des idealen *Sprechers/Hörers* über die *Bedeutung* von *Sätzen*) und „semantische Kompetenz$_2$" (das Wissen einer *Person*, wie man Sätze *verwenden* muß, um *Sprechakte* auszuüben), wobei dann die semantische Kompetenz$_2$ die semantische Kompetenz$_1$ einschließen müßte (also: semantische Kompetenz$_2$ = semantische Kompetenz$_1$ + pragmatische Theorie), während es bei SEARLE im Grunde keine Kompetenz$_1$ gibt (vgl. KATZ, 1977, 22, 28 f.). Im Unterschied zu SEARLE (und anderen Vertretern der Sprechakttheorie) will KATZ (1977, 222 f.) deutlich unterscheiden zwischen der *grammatischen* Theorie der kontextfreien *Bedeutung* der „sentence types" (dem Wissen des *idealisierten* Sprechers/Hörers von der Sprache) und der *pragmatischen* Theorie der kontextuellen *Verwendung* der „sentence tokens" (der Fähigkeit, dieses Wissen von grammatischen Regeln und die Performanzprinzipien in der *realen* Sprechsituation anzuwenden). Im Rahmen dieser Unterscheidung rekonstruiert KATZ (vgl. 1977, 166 ff.) auch die alte (von AUSTIN in den letzten Vorlesungen selbst aufgegebene) Differenzierung zwischen „konstativ" und „performativ". Mit Hilfe dieser Unterscheidung möchte er sowohl den „kontextuellen Monismus" eines SEARLE (bei dem Kompetenzeigenschaften durch extralinguistische Regeln des Gebrauchs erklärt werden und Semantik nur kontextuell verstanden wird) als auch den umgekehrten „grammatischen Monismus" (z. B. bei GORDON/LAKOFF) überwinden, in dem jede linguistische Tatsache als grammatisch angesehen wird, die Konversationspostulate in die Grammatik inkorporiert werden (vgl. KATZ, 1977, 225 f.).

2.3.9. Sprechakttheorie und Textanalyse

In den 80er Jahren ist eine Weiterführung der „klassischen" Sprechakttheorie in Richtung auf die Textanalyse vor allem in den Arbeiten von MOTSCH, VIEHWEGER, ROSENGREN u. a. zu beobachten. Es handelt sich um eine Erweiterung und Weiterführung der klassischen Sprechakttheorie in mehrfacher Hinsicht: (a) Es stehen nicht mehr isolierte Sprechakte im Mittelpunkt, sondern Sprachhandlungssequenzen, der Begriff der Sprachhandlung wird von *Sätzen* auf *Texte* übertragen; (b) Die Eigenschaften der Sprechakte wurden nicht mehr als Eigenschaften der sprachlichen Bedeutung angesehen, es wird vielmehr deutlich zwischen Bedeutung, Illokution und Handlung unterschieden (die Illokutionsstrukturen sind ein Versuch, *sprachliche* Handlungen zu charakterisieren, die über den Rahmen des Satzes und des Systemaspekts der Sprache hinausgehen, die wesentliche Aspekte der Handlungsstrukturen abbilden, aber die Handlungsstrukturen nicht völlig erschöpfen); (c) Die Analyse von Sprechakten orientiert sich nicht mehr ausschließlich und primär an den sprachlichen Indikatoren für Handlungen (vor allem den EPF), weil diese zwar Anhaltspunkte für die Ermittlung von Sprachhandlungstypen bieten, aber diese nicht genau festlegen können; dazu sind Kenntnisse aus Handlungs- und Situationszusammenhängen nötig (vgl. dazu HELBIG/MOTSCH, 1983, 425f.; KLEINE ENZYKLOPÄDIE, 1983, 506ff.).

Zur Erkenntnis dieser Zusammenhänge reichen weder grammatische Kenntnisse (der Laut-Bedeutungs-Zuordnung) noch Analysen konkreter Handlungszusammenhänge in spezifischen Situationen aus (vgl. MOTSCH, 1979, 169f.), dazu bedarf es der Ermittlung von Sprachhandlungstypen, die *invariante* Eigenschaften von Situationen abbilden und in die *generelle* (nicht: spezielle) Aspekte des Interaktionscharakters sprachlicher Handlungen eingehen, die folglich zum Kompetenzbereich, d.h. zu den Kenntnissystemen gehören, die dem Ausführen und Verstehen von Äußerungen in bestimmten kommunikativen Kontexten zugrunde liegen (vgl. MOTSCH/VIEHWEGER, 1981, 127f.). Klassen von kommunikativen Situationen werden als Klassen von illokutiven Rollen erfaßt, die als Handlungstypen beschrieben werden. MOTSCH/VIEHWEGER (1981) unterscheiden zwischen Satztyp (sprachliche Struktur mit kontextneutraler Bedeutung), (Satz-)-Äußerung (= Verwendung des Satztyps in gegebener kommunikativer Situation) und Handlungstyp (= illokutive Rolle, durch Sprecherabsicht bestimmt) und fragen danach, wie die kontextneutrale Bedeutung durch die kommunikativen Situationen im Hinblick auf die Sprecherabsichten spezifiziert wird. Eine solche Frage setzt die Grammatiktheorie, eine Theorie von Handlungstypen und eine Spezifizierung der Beziehungen zwischen grammatischen und handlungstypmäßigen Eigenschaften von Äußerungen voraus (und schließt eine Reduzierung auf sprachliche Indikatoren an der Oberfläche aus). In ähnlicher Richtung hat ROSENGREN (1979, 188ff.) zwischen Sprachhandlung und Äußerungshandlung unterschieden und darauf hingewiesen, daß jede Sprachhandlung ein Ziel hat (mit dem sie aber nicht identisch ist), daß sie nicht zu verwechseln ist mit den vorausgesetzten Einstellungen (obwohl es systematische

Beziehungen zwischen den Einstellungen und den Sprachhandlungen gibt) und auch nicht mit der sprachlichen Realisierung (obwohl es auch zu ihr systematische Beziehungen gibt).

Einen spezifischen Weg zur Erfassung von Handlungstypen über Einstellungen und Einstellungskonfigurationen hat MOTSCH (vgl. 1979, 172 ff.; vgl. auch MOTSCH, 1980, 159 ff.; KLEINE ENZYKLOPÄDIE, 1983, 500 ff.) skizziert. Diese Einstellungskonfigurationen sind eine idealtypische Charakteristik „der mentalen Repräsentation einer kommunikativen Situation durch den Sprecher" und damit zugleich „Bestandteil des Handlungsplans des Sprechers", auf diese Weise ein Teil des aktualisierten Wissens, „das der Wahl geeigneter sprachlicher Ausdrücke zur Erreichung des Sprachhandlungsziels zugrunde liegt". Eine Einstellungskonfiguration stellt eine Struktur dar, die sich aus verschiedenartigen Einstellungen zusammensetzt, z. B. motivationalen Einstellungen (des Wünschens im weiteren Sinne), epistemischen und doxastischen Einstellungen (des Wissens und Annehmens im weitesten Sinne), intentionalen Einstellungen (des Beabsichtigens) und normativen Einstellungen (des Verlangens im weiteren Sinne).

Entscheidend bei dieser Weiterentwicklung ist der Umstand, daß Sprechakte nicht mehr isoliert gesehen werden (weil sie nicht nur durch Sätze vollzogen werden), sondern als komplexe Sprachhandlungssequenzen verstanden (und damit auf *Texte* bezogen) werden. Auf diese Weise verlagert sich das Interesse der Sprechakttheorie von der Analyse isolierter Sprechakte auf die Analyse von Sprachhandlungs*sequenzen*, Texte werden mit dem Inventarium der Sprechakttheorie beschreibbar, die Barrieren zwischen Textlinguistik und Sprechakttheorie werden abgebaut, die Textlinguistik erhält durch die Sprechakttheorie neue Entwicklungsimpulse (vgl. VIEHWEGER, 1983, 236 ff.; KLEINE ENZYKLOPÄDIE, 1983, 510 ff.). Sowohl die Ansätze von MOTSCH und VIEHWEGER als auch die des von ROSENGREN geleiteten Lunder Projekts (vgl. vor allem MOTSCH/VIEHWEGER, 1981, 125 ff.; KOCH u. a., 1981, 155 ff.) vereinigten sich in der gemeinsamen Zielstellung (vgl. BRANDT u. a., 1983, 106 ff.), Texte zu beschreiben auf der Grundlage von deren *Illokutionsstruktur*. Dabei werden zwei Strukturaspekte des Textes ausgegrenzt: die propositionale und die illokutive Struktur. Ein Text erweist sich als komplexe sprachliche Handlung, in der jede Satzäußerung eine spezielle Funktion zu erfüllen hat. Illokutionsstrukturen konstituieren sich über die Ziele und Teilziele, die ein Sprecher durch sein sprachliches Handeln erreichen will. Ordnungsprinzip für die Sprachhandlungseinheiten ist eine hierarchische Ordnung, da in einem Text (mindestens) eine Illokution vorhanden ist, die die kommunikative Funktion der gesamten Äußerungsfolge charakterisiert (die dominierende Illokution); alle übrigen Illokutionen (subsidäre Illokutionen) unterstützen diese Funktion. Texte werden auf diese Weise als Handlungseinheiten charakterisiert, Sprachhandlungen zu Sprachhandlungstypen zusammengefaßt, die Beziehung zwischen dominierenden und subsidiären Handlungstypen ergibt die pragmatische Verknüpfung des Textes, die dazu dient, Handlungsziele über Teilziele zu erreichen. Regeln, die Äußerungen zu Texten verknüpfen, werden auf diese Weise auf der Ebene von Sprachhandlungen gesucht, Texte erscheinen als Ergebnis der Abfolge von Sprachhandlungen. Anders und verallgemeinert gesagt: Die Sprechakttheorie wird erweitert und vertieft unter dem Aspekt der *Sequenzierung* und der *Hierarchisierung* von Sprechakten; sowohl der Sequenzierungs- als auch der Hierarchisierungsaspekt werden nicht nur in die Sprechakttheorie eingeführt, sondern (da Texte als Handlungseinheiten verstanden werden) zugleich auf die Textanalyse übertragen (vgl. dazu auch MOTSCH/VIEHWEGER, 1981, 131 ff.; GÜLICH/MEYER-HERMANN, 1983, 245 ff.; KLEINE ENZYKLOPÄDIE, 1983, 510; VIEHWEGER, 1983, 236 ff.).

Freilich hat der genannte Zugang auch seine *Grenzen*, auf die in der Diskussion mehrfach hingewiesen worden ist: So ist bezweifelt worden, daß die Illokutionsanalyse ein zureichendes Mittel für die komplexe Analyse von Texten sei (vgl. SCHWITALLA, 1981), so ist angemerkt worden, daß der Ansatz bei den illokutiven Rollen hinsichtlich der Handlungsebene zu kurz greife, weil die Zieldeterminiertheit von Handlungen mehr umfasse, als was mit illokutiven Rollen beschreibbar ist, und überdies von einer tatsächlichen handlungstheoretischen Begründung sprachlicher Fakten noch kaum gesprochen werden könne (vgl. HARTUNG, 1981), so ist angezweifelt worden, ob sich Form und Funktion überhaupt unabhängig voneinander charakterisieren und erst danach (sekundär) zuordnen lassen (vgl. GREWENDORF, 1981), so ist die Berechtigung der Abstraktion vom soziokulturellen und gesellschaftlichen Kontext in Frage gestellt worden (vgl. HENNE und BRÜNNER in ROSENGREN, 1983, 193 f., 207 f.). Diese Einwände gehen sämtlich von den Beziehungen aus, die zwischen den 3 Ebenen (a) der Äußerungsstruktur von Texten, (b) der Illokutionsstruktur und (c) der Handlungsstruktur bestehen und betreffen die Rolle von (b) in bezug auf (a) und auf (c). Entsprechend ist auch in der Antwort auf sie reagiert worden: Die Illokutionsstruktur ist nur *ein* Aspekt der mehrdimensionalen Textstruktur, die eine legitime Partialisierung darstellt, ist auch nur *ein* Aspekt der Handlungsstruktur, der in übergeordnete Handlungsaspekte einzuordnen und in übergeordnete Interaktionshierarchien einzubetten ist. Es handelt sich jedoch um einen Versuch, Äußerungsstruktur und Handlungsstruktur miteinander zu verbinden, um eine vermittelnde Struktur von invarianten Eigenschaften, durch den auf der einen Seite relevante Teile der Handlungsstruktur in den Blick kommen, auf der anderen Seite eine leichtere Verbindung zur Äußerung möglich ist. Einigkeit besteht darin, daß die linguistische Beschreibung prinzipiell in der Lage sein muß, (a) zu erklären und für die konkreten Äußerungen von Texten den nötigen Erklärungsrahmen bereitzustellen. Die Meinungsverschiedenheiten beginnen in der Fragestellung, *auf welche Weise* das am zweckmäßigsten zu erreichen sei: entweder direkt auf der Basis von (c) oder vermittelt über (b). Die Entscheidung hängt u. a. davon ab, ob man eine „globale" Theorie gegenwärtig für möglich hält, die direkt von (c) ausgeht (dabei wäre zu fragen, ob der Weg von dort zu (a) nicht zu weit und ohne Vermittlung erfolgreich zu gehen ist und in welcher Weise auf dieser Ebene linguistische Faktoren mit anderen – z. B. soziologischen, situativen, psychologischen – Faktoren verbunden sind, die nicht von der Linguistik [allein] erfaßt werden können) oder ob man diese komplexen Zusammenhänge günstiger über entsprechende Teiltheorien zu erfassen für möglich hält (vgl. dazu Kap. 3.), hängt weiter davon ab, ob man den mit (b) angenommenen Abstraktionsrahmen für legitim oder notwendig hält (vgl. genauer HELBIG/MOTSCH, 1983, 424 ff.; vgl. dazu auch MOTSCH, 1983, 98; MOTSCH, VIEHWEGER und KOCH in ROSENGREN, 1983, 199 ff.; 211 ff.; 229 ff.).

Literaturverzeichnis zu 2.3.

AUSTIN, J. L.: Performative – Constative. In: The Philosophy of Language. Hrsg. J. R. SEARLE. Oxford 1977. S. 13 ff.
AUSTIN, J. L.: Zur Theorie der Sprechakte. Stuttgart 1979. Englisches Original: How to do things with words? Oxford 1962

BIERWISCH, M.: Semantic Structure and Illocutionary Force. In: Speech Act Theory and Pragmatics. Hrsg. J. R. SEARLE/F. KIEFER/M. BIERWISCH. Dordrecht/Boston/London 1980. S. 1 ff.
BRANDT, M., u. a.: Der Einfluß der kommunikativen Strategie auf die Textstruktur – dargestellt am Beispiel des Geschäftsbriefes. In: Sprache und Pragmatik. Lunder Symposium 1982. Hrsg. I. ROSENGREN. Malmö 1983. S. 105 ff.

CHOMSKY, N.: Reflections on Language. London 1976.
COLE, P./MORGAN, J. L. (Hrsg.): Syntax and Semantics. Vol. 3. Speech Acts. New York/San Francisco/London 1975

DAVIDSON, D.: Semantics for Natural Languages. In: On Noam Chomsky. Critical Essays. Hrsg. G. HARMAN. New York 1974. S. 242 ff.
DAVISON, A.: Indirect Speech Acts and What to do with them. In: Syntax and Semantics. Vol. 3. Speech Acts. Hrsg. P. COLE/J. L. MORGAN. New York/San Francisco/London 1975. S. 143 ff.

EHLICH, K.: Thesen zur Sprechakttheorie. In: Linguistische Pragmatik. Hrsg. D. WUNDERLICH. Frankfurt (Main) 1972. S. 123 ff.
EHLICH, K./REHBEIN, J.: Zur Konstitution pragmatischer Einheiten in einer Institution: Das Speiserestaurant. In: Linguistische Pragmatik. Hrsg. D. WUNDERLICH. Frankfurt (Main) 1972. S. 209 ff.
EHRICH, V./SAILE, G.: Über nicht-direkte Sprechakte. In: Linguistische Pragmatik. Hrsg. D. WUNDERLICH. Frankfurt (Main) 1972. S. 255 ff.

FRASER, B.: Wie läßt sich die Illokutionskraft von Sätzen erklären? In: Sprechakttheorie. Ein Reader. Hrsg. P. KUSSMAUL. Wiesbaden 1980. S. 53 ff.

GORDON, D./LAKOFF, G.: Conversational Postulates. In: Syntax and Semantics. Vol. 3. Speech Acts. Hrsg. P. COLE/J. L. MORGAN. New York/San Francisco/London 1975. S. 83 ff.
GORSCHENEK, M./RUCKTÄSCHEL, A. (Hrsg.): Kritische Stichwörter zur Sprachdidaktik. München 1983
GREEN, G. M.: How to get People to do Things with Words. The Whimperative Question.

In: Syntax and Semantics. Vol. 3. Speech Acts. Hrsg. P. COLE/J. L. MORGAN. New York/San Francisco/London 1975. S. 107 ff.
GREWENDORF, G.: Sprache ohne Kontext. Zur Kritik der performativen Analyse. In: Linguistische Pragmatik. Hrsg. D. WUNDERLICH. Frankfurt (Main) 1972. S. 144 ff.
GREWENDORF, G.: Sprechakttheorie. In: Lexikon der Germanistischen Linguistik. Hrsg. H. P. ALTHAUS/H. HENNE/H. E. WIEGAND. Tübingen 1980. Band II. S. 287 ff.
GREWENDORF, G.: Grammatische Kategorie und pragmatische Funktion. In: Sprache und Pragmatik. Lunder Symposium 1980. Hrsg. I. ROSENGREN. Lund 1981. S. 233 ff.
GRICE, H. P.: Logic and Conversation. In: Syntax and Semantics. Vol. 3. Speech Acts. Hrsg. P. COLE/J. L. MORGAN. New York/San Francisco/London 1975. S. 41 ff.
GRICE, H. P.: Utterer's Meaning, Sentence-Meaning, and Word-Meaning. In: The Philosophy of Language. Hrsg. J. R. SEARLE. Oxford 1977. S. 54 ff.
GRICE, H. P.: Logik und Gesprächsanalyse. In: Sprechakttheorie. Ein Reader. Hrsg. P. KUSSMAUL. Wiesbaden 1980. S. 109 ff.
GÜLICH, E./MEYER-HERMANN, R.: Zum Konzept der Illokutionshierarchie. In: Sprache und Pragmatik. Lunder Symposium 1982. Hrsg. I. ROSENGREN. Malmö 1983. S. 245 ff.

HABERMAS, J.: Technik und Wissenschaft als „Ideologie". Frankfurt (Main) 1969
HABERMAS, J./LUHMANN, N.: Theorie der Gesellschaft oder Sozialtechnologie – Was leistet die Systemforschung? Frankfurt (Main) 1971
HARMAN, G. (Hrsg.): On Noam Chomsky. Critical Essays. New York 1974
HARNISCH, H.: Die Sprechakttheorie – eine Strömung innerhalb der positivistischen „Philosophie der linguistischen Analyse". In: Potsdamer Forschungen A/35. Potsdam 1979. S. 59 ff.
HARNISCH, H.: Zu einigen Tendenzen in der Entwicklung der Sprechakttheorie. In: Zeitschrift für Phonetik, Sprachwissenschaft und Kommunikationsforschung 6/1982. S. 664 ff.
HARTUNG, W.: Kritische Anmerkungen zur Rolle der Kommunikation in der Gesellschaftstheorie von Jürgen Habermas. In: Linguistische Studien A/8. Berlin 1974. S. 85 ff.
HARTUNG, W.: Beobachtungen zur Organisation kommunikativer Ziele. In: Sprache und Pragmatik. Lunder Symposium 1980. Hrsg. I. ROSENGREN. Lund 1981. S. 221 ff.
HELBIG, G.: Geschichte der neueren Sprachwissenschaft (Unter dem besonderen Aspekt der Grammatik-Theorie). Leipzig 1970
HELBIG, G.: Grammatik aus kommunikativ-pragmatischer Sicht? In: Sprache und Pragmatik. Lunder Symposium 1978. Hrsg. I. ROSENGREN. Lund 1979. S. 11 ff. (1979a)
HELBIG, G.: Abschließende Zusammenfassung. In: Sprache und Pragmatik. Lunder Symposium 1978. Hrsg. I. ROSENGREN. Lund 1979. S. 391 ff. (1979b)
HELBIG, G.: Probleme der Sprechakttheorie. In: Studia Germanica Posnaniensia IX/1980, S. 3 ff.; Auch als: Problemy teorii rečevogo akta. In: Inostrannye jazyki v škole 5/1978. S. 11 ff.
HELBIG, G.: Bemerkungen zur semantischen und/oder pragmatischen Interpretation von Reihenfolgebeziehungen. In: Sprache und Pragmatik. Lunder Symposium 1982. Hrsg. I. ROSENGREN. Malmö 1983. S. 83 ff.
HELBIG, G./MOTSCH, W.: Abschließende Zusammenfassung. In: Sprache und Pragmatik. Lunder Symposium 1982. Hrsg. I. ROSENGREN. Malmö 1983. S. 421 ff.

KÄSTLE, O.: Sprache und Herrschaft. In: Linguistische Pragmatik. Hrsg. D. WUNDERLICH. Frankfurt (Main) 1972. S. 127 ff.
KATZ, J. J.: Semantic Theory. New York 1972
KATZ, J. J.: Propositional Structure and Illocutionary Force. A Study of the Contribution of Sentence Meaning to Speech Acts. The Harvester Press 1977

KLEINE ENZYKLOPÄDIE – DEUTSCHE SPRACHE. Hrsg. W. FLEISCHER/W. HARTUNG/ J. SCHILDT/P. SUCHSLAND. Leipzig 1983

KOCH, W./ROSENGREN, I./SCHONEBOHM, M.: Ein pragmatisch orientiertes Textanalyseprogramm. In: Sprache und Pragmatik. Lunder Symposium 1980. Hrsg. I. ROSENGREN. Lund 1981. S. 155 ff.

KURZ, U./HARTIG, M.: Sprache als soziales System. Aspekte einer integrativen Soziolinguistik. In: Kölner Zeitschrift für Soziologie und Sozialpsychologie 3/1972

KUSSMAUL, P. (Hrsg.): Sprechakttheorie. Ein Reader. Wiesbaden 1980

LAKOFF, G.: On generative semantics. In: Semantics. An interdisciplinary reader in philosophy, linguistics and psychology. Hrsg. D. D. STEINBERG/L. A. JAKOBOVITS. London/New York 1971

LEIST, A.: Zur Intentionalität von Sprechhandlungen. In: Linguistische Pragmatik. Hrsg. D. WUNDERLICH. Frankfurt (Main) 1972. S. 59 ff.

LEWIS, D.: General Semantics. In: Semantics of a Natural Language. Hrsg. D. DAVIDSON/G. HARMAN. Dordrecht/Boston 1972. S. 169 ff.

LEWIS, D.: Languages, Language, and Grammar. In: On Noam Chomsky. Critical Essays. Hrsg. G. HARMAN. New York 1974. S. 253 ff.

LEWIS, D.: Konventionen. Eine sprachphilosophische Abhandlung. Berlin/New York 1975

LUDWIG, K.-D.: Kritische Anmerkungen zur Theorie der Sprechakte von Dieter Wunderlich. In: Linguistische Studien A/8. Berlin 1974. S. 98 ff.

MAAS, U.: Grammatik und Handlungstheorie. In: Pragmatik und sprachliches Handeln. Hrsg. U. MAAS/D. WUNDERLICH. Frankfurt (Main) 1972. S. 189 ff. (1972a)

MAAS, U.: Notizen zu den Notizen. In: Pragmatik und sprachliches Handeln. Hrsg. U. MAAS/D. WUNDERLICH. Frankfurt (Main) 1972. S. 294 ff. (1972b)

MAAS, U./WUNDERLICH, D.: Pragmatik und sprachliches Handeln. Frankfurt (Main) 1972

MEGGLE, G. (Hrsg.): Handlung, Kommunikation, Bedeutung. Frankfurt (Main) 1979 (1979a)

MEGGLE, G.: Grundbegriffe der Kommunikation. Diss. Regensburg 1979 (hekt.) (1979b)

MEYER, M.: Formale und handlungstheoretische Sprachbetrachtung. Stuttgart 1975

MEYER-HERMANN, R.: Direkter und indirekter Sprechakt. In: Deutsche Sprache 4/1976. S. 1 ff.

MOTSCH, W.: Sprache als Handlungsinstrument. In: Linguistische Studien A/19. Berlin 1975. S. 1 ff.

MOTSCH, W.: Einstellungskonfigurationen und sprachliche Äußerungen. Aspekte des Zusammenhangs zwischen Grammatik und Kommunikation. In: Sprache und Pragmatik. Lunder Symposium 1978. Hrsg. I. ROSENGREN. Lund 1979. S. 169 ff.

MOTSCH, W.: Situational Context and Illocutionary Force. In: Speech Act Theory and Pragmatics. Hrsg. J. R. SEARLE/F. KIEFER/M. BIERWISCH. Dordrecht/Boston/London 1980. S. 155 ff.

MOTSCH, W.: Kritische Bemerkungen zu intentionalistischen Kommunikationsbegriffen. In: Linguistische Studien A/113/1. Berlin 1983. S. 94 ff.

MOTSCH, W.: Sprechaktanalyse – Versuch einer kritischen Wertung. In: Deutsch als Fremdsprache 6/1984 und 1/1985

MOTSCH, W./VIEHWEGER, D.: Sprachhandlung, Satz und Text. In Sprache und Pragmatik. Lunder Symposium 1980. Hrsg. I. ROSENGREN. Lund 1981. S. 125 ff.

REHBEIN, J.: Komplexes Handeln. Elemente zur Handlungstheorie der Sprache. Stuttgart 1977

ROSENGREN, I. (Hrsg.): Sprache und Pragmatik. Lunder Symposium 1978. Lund 1979

ROSENGREN, I.: Die Sprachhandlung als Mittel zum Zweck. Typen und Funktionen. In:

Sprache und Pragmatik. Lunder Symposium 1978. Hrsg. I. ROSENGREN. Lund 1979. S. 188 ff.

ROSENGREN, I. (Hrsg.): Sprache und Pragmatik. Lunder Symposium 1980. Lund 1981

ROSENGREN, I. (Hrsg.): Sprache und Pragmatik. Lunder Symposium 1982. Malmö 1983

ROSENGREN, I.: Die Textstruktur als Ergebnis strategischer Überlegungen des Senders. In: Sprache und Pragmatik. Lunder Symposium 1982. Hrsg. I. ROSENGREN. Malmö 1983. S. 157 ff.

SADOCK, J. M.: Toward a linguistic theory of speech acts. New York/San Francisco/London 1974

SCHLIEBEN-LANGE, B.: Linguistische Pragmatik. Stuttgart/Berlin/Köln/Mainz 1975

SCHMIDT, S. J. (Hrsg.): Pragmatik I. Interdisziplinäre Beiträge zur Erforschung der sprachlichen Kommunikation. München 1974

SCHWITALLA, J.: Textbeschreibung durch Illokutionsanalyse? In: Sprache und Pragmatik. Lunder Symposium 1980. Hrsg. I. ROSENGREN. Lund 1981. S. 207 ff.

SEARLE, J. R.: Speech Acts. An Essay in the Philosophy of Language. Cambridge 1970. Deutsche Übersetzung: Sprechakte. Ein sprachphilosophischer Essay. Frankfurt (Main) 1971

SEARLE, J. R.: Linguistik und Sprachphilosohie. In: Linguistik und Nachbarwissenschaften. Hrsg. R. BARTSCH/Th. VENNEMANN. Kronberg 1973

SEARLE, J. R.: Chomsky's Revolution in Linguistics. In: On Noam Chomsky. Critical Essays. Hrsg. G. HARMAN. New York 1974. S. 2 ff.

SEARLE, J. R.: Indirect Speech Acts. In: Syntax and Semantics. Vol. 3. Speech Acts. Hrsg. P. COLE/J. L. MORGAN. New York/San Francisco/London 1975. S. 59 ff. Deutsche Übersetzung: Indirekte Sprechakte. In: Sprechakttheorie. Ein Reader. Hrsg. P. KUSSMAUL. Wiesbaden 1980. S. 127 ff. (1980b)

SEARLE, J. R.: A classification of illocutionary acts. In: Language in Society 5/1976. S. 1 ff. Deutsche Übersetzung: Eine Klassifikation der Illokutionsakte. In: Sprechakttheorie. Ein Reader. Hrsg. P. KUSSMAUL. Wiesbaden 1980. S. 82 ff. (1980a)

SEARLE, J. R.: What is a Speech Act? In: The Philosophy of Language. Hrsg. J. R. SEARLE. Oxford 1977. S. 39 ff. Deutsche Übersetzung: Was ist ein Sprechakt? In: Pragmatik I. Interdisziplinäre Beiträge zur Erforschung der sprachlichen Kommunikation. Hrsg. S. J. SCHMIDT. München 1974. S. 84 ff. SEARLE, J. R./KIEFER, F./BIERWISCH, M. (Hrsg.): Speech Act Theory and Pragmatics. Dordrecht/Boston/London 1980

SÖKELAND, W.: Indirektheit von Sprechhandlungen. Eine linguistische Untersuchung. Tübingen 1980

STALNAKER, R. C.: Pragmatics. In: Semantics of Natural Language. Hrsg. D. DAVIDSON/G. HARMAN. Dordrecht/Boston 1972. S. 380 ff.

STAMPE, D. W.: Meaning and Truth in the Theory of Speech Acts. In: Syntax and Semantics. Vol. 3. Speech Acts. Hrsg. P. COLE/J. L. MORGAN. New York/San Francisco/London 1975. S. 1 ff.

STEUBE, A.: Grenzziehungen zwischen Semantik und Pragmatik. In: Linguistische Arbeitsberichte 23. Leipzig 1978. S. 67 ff.

STRAWSON, P. F.: Intention and Convention in Speech Acts. In: The Philosophy of Language. Hrsg. J. R. SEARLE. Oxford 1977. S. 23 ff. Deutsche Übersetzung: Intention und Konvention in Sprechakten. In: Logik und Linguistik. Hrsg. P. F. STRAWSON. München 1964

STRAWSON, P. F.: Meaning and Truth. London 1970

VIEHWEGER, D.: Semantik und Sprechakttheorie. In: Richtungen der modernen Semantikforschung. Hrsg. W. MOTSCH/D. VIEHWEGER. Berlin 1983. S. 145 ff.

WITTGENSTEIN, L.: Philosophische Untersuchungen. Frankfurt (Main) 1967
WUNDERLICH, D. (Hrsg.): Linguistische Pragmatik. Frankfurt (Main) 1972
WUNDERLICH, D.: Zur Konventionalität von Sprechhandlungen. In: Linguistische Pragmatik. Hrsg. D. WUNDERLICH. Frankfurt (Main) 1972 (1972a)
WUNDERLICH, D.: Sprechakte. In: Pragmatik und sprachliches Handeln. Hrsg. U. MAAS/D. WUNDERLICH. Frankfurt (Main) 1972. S. 69 ff. (1972b)
WUNDERLICH, D.: Mannheimer Notizen zur Pragmatik. In: Pragmatik und sprachliches Handeln. Hrsg. U. MAAS/D. WUNDERLICH. Frankfurt (Main) 1972. S. 279 ff. (1972c)
WUNDERLICH, D.: Studien zur Sprechakttheorie. Frankfurt (Main) 1976
WUNDERLICH, D.: Methodological Remarks on Speech Act Theory. In: Speech Act Theory and Pragmatics. Hrsg. J. R. SEARLE/F. KIEFER/M. BIERWISCH. Dordrecht/Boston/London 1980. S. 291 ff.

2.4. Funktional-kommunikative Sprachbeschreibung

2.4.1. Anliegen und Ziele

Relativ unabhängig von den anderen Richtungen hat sich – als Weiterentwicklung der an der Pädagogischen Hochschule Potsdam entwickelten Version der funktionalen Grammatik (vgl. dazu HELBIG, 1970, 162 ff.) – die funktional-kommunikative Sprachbeschreibung entwickelt und vornehmlich in der Lehrerbildung der DDR verbreitet (zusammenfassend vgl. vor allem SCHMIDT u. a., 1977; SCHMIDT/STOCK, 1979; SCHMIDT u. a., 1981). Die seit Ende der 60er Jahre deutlicher akzentuierte Forderung, den Fragen der Wechselwirkung von Sprache, Gesellschaft und Persönlichkeitsentwicklung nachzugehen und auf diese Weise Grundlagen sowohl für die optimale Aneignung und Beherrschung der Muttersprache als auch für eine hohe Sprachkultur zu schaffen, führte zu einem (von der PH Potsdam geleiteten) Forschungsprojekt „Zu sprachwissenschaftlichen Grundlagen der muttersprachlichen Bildung und Erziehung", das „den Beitrag der germanistischen Linguistik an den pädagogischen Hochschulen der DDR zur Erhöhung der Effektivität des Muttersprachunterrichts an der allgemeinbildenden Schule und der Aus- und Weiterbildung der Deutschlehrer bildet" (SCHMIDT u. a., 1981, 11).

Die funktional-kommunikative Sprachbeschreibung versteht sich als „eine im Hinblick auf die Kommunikation funktionale Sprachbeschreibung, die das Zusammenwirken der sprachlichen Mittel der verschiedenen Ebenen des Sprachsystems und ihre wechselseitige Bedingtheit und Abhängigkeit unter dem Aspekt der intendierten kommunikativen Leistung erfaßt" (SCHMIDT u. a., 1981, 11 f.). Eine solche Sprachbeschreibung soll es ermöglichen, eine wirkungsvollere Lehre des sprachlichen Gestaltens auszuarbeiten. Zu diesem Ziel will sie die Grundlage bilden für eine „*integrale* Sprachlehre", die zugleich funktional und operativ sein soll: Dabei meint das Attribut „*funktional*", daß sie nicht von den einzelnen sprachlichen Mitteln ausgeht, sondern umgekehrt von der intendierten kommunikativen Wirkung (von der Funktion und Aufgabenstellung in der Kommunikation), das Attribut *operativ* verweist auf die pädagogische Orientiertheit (d. h. in der Beschreibung der sprachlichen Mittel und der Vermittlung des sprachlichen Wissens unter dem Aspekt der Ausbildung sprachlichen Könnens, der Kommunikationsbefähigung). Auf diese Weise sollen die linguistischen Grundlagen für einen Sprachunterricht unter kommunikativem Aspekt geschaffen werden (vgl. auch NEUMANN u. a., 1976, 33 ff.).

2.4.2. Ausgangspunkt und Grundbegriffe

Ausgangspunkt für die funktional-kommunikative Sprachbeschreibung sind vor allem die Ergebnisse der sowjetischen Psychologie und Psycholinguistik sowie die zentrale Bedeutung des Begriffes der „Tätigkeit" (vgl. ausführlicher 2.7.3.). Auf der Basis dieser Ausgangsposition werden die Grundbegriffe der funktional-kommunikativen Sprachbeschreibung entwickelt, wird vor allem zwischen Kommunikationsaufgabe, Kommunikationsabsicht, Kommunikationsplan und Kommunikationsverfahren unterschieden (vgl. dazu SCHMIDT/HARNISCH, 1974, 30 ff.; HARNISCH, 1976, 47 ff.; SCHMIDT u. a., 1981, 18 ff.).

Aus den gesellschaftlichen Verhältnissen und den entsprechenden sozialen Tätigkeiten erwachsen das jeweilige konkrete Kommunikationsbedürfnis, damit Motivation und Zielstellung für den einzelnen Kommunikationsvorgang, resultiert die jeweilige *Kommunikationsaufgabe*, d. h. die aus gesellschaftlichen bzw. individuellen Bedürfnissen entstehende Anforderung zum Vollzug einer Kommunikationshandlung, um einen bestimmten kommunikativen Effekt zu erreichen. Die Lösung der Kommunikationsaufgabe dient folglich zur Realisierung des Ziels einer übergeordneten Tätigkeit, in deren Rahmen sich die Kommunikationshandlung vollzieht und die die Kommunikationshandlung determiniert. Auf der Basis der Kommunikationsaufgabe entsteht beim Textproduzenten unter Berücksichtigung äußerer und innerer Bedingungen die *Kommunikationsabsicht*, d. h. die Intention, die im Rahmen gesellschaftlicher Tätigkeiten darauf gerichtet ist, das Bewußtsein von Kommunikationspartnern zu beeinflussen und ihr Verhalten zu lenken. Es werden drei Grundarten von Kommunikationsabsichten unterschieden, die teilweise nach ihrer speziellen Erscheinungsform in offene Reihen untergliedert werden: das Informieren (sachbetontes und erlebnisbetontes Informieren), das Aktivieren (zu differenzieren in Überzeugen, Mobilisieren, Normieren, Interessieren, emotionales Bewegen) und das Klären. *Kommunikationspläne* sind Konzeptionen zur optimalen Realisierung einer Kommunikationsabsicht; sie umfassen – entsprechend dem Thema und unter Berücksichtigung der objektiven und subjektiven Faktoren und Bedingungen des Kommunikationsvorgangs – die Stoffauswahl und den Einsatz verschiedener Kommunikationsverfahren bei der Stoffverarbeitung, bilden die Grundlage für die Wahl der Gestaltungsmittel und legen die inhaltliche und formale Struktur (Komposition und Architektonik) des Textes fest. Freilich läßt *eine* bestimmte Kommunikationsabsicht *verschiedene* Realisierungen durch unterschiedlich zu gestaltende Kommunikationspläne zu.

Kommunikationsverfahren (KV) sind Strukturelemente eines Kommunikationsplans, die die konkrete (kompositorische, architektonische und sprachliche) Gestaltung bestimmen. Sie werden als „geistig-sprachliche Operationen" verstanden und als solche aus den Handlungen ausgegliedert: Das Attribut „geistig" verweist darauf, daß sie Ausdruck „kommunikativen Denkens" sind, das Attribut „sprachlich" darauf, daß sie kommunikativ wirksam und faßbar sind immer nur in ihrer sprachlichen Exteriorisation und damit Objektivation (vgl. SCHMIDT u. a., 1981, 30). Die KV sind kommunikativen Handlungen eingeordnet und dienen der Erreichung eines Handlungsziels, sind „*Mittel* zur Zielrealisierung", also „auf Grund ihrer Zweckbestimmtheit auf Ziele beziehbar, aber nicht mit Zielen zu identifizieren" (MICHEL/HARNISCH, 1983, 88). Die Leistung der KV wird geprägt durch die kommunikative Einstellung des Senders, d. h. durch seine Einstellung auf Faktoren und Bedingungen der Kommunikation, und die spezifische Bewußtseinsleistung, auf deren Grundlage eine entsprechende kommunikative Verarbeitung erfolgt. Die KV sind die Basis für die Wahl der (sprachlichen und anderen) Gestaltungsmittel und damit eine Voraussetzung für die Strukturierung der kommunikativen Handlung und ihre Objektivierung in der Textstruktur. Der Einsatz von KV ist nicht willkürlich, sondern regelhaft und von der Spezifik ihrer Leistung bestimmt. Die Auswahl der KV erfolgt in der Planungsphase; sie finden als verfahrensspezifische Komponenten im Text ihren Niederschlag und sind eine wichtige Grundlage für die Textrezeption (über Merkmale von Texten müssen intendierte Wirkungen der Handlung erkennbar sein). Kommunikationsverfahren sind „gesellschaftlich übliche sprachlich-kommunikative Operationen der Stoffverarbeitung, sie haben sich als Handlungsmuster herausgebildet und verfestigt und besitzen somit den Charakter von Normen" (SCHIPPAN, 1979, 42).

Unter funktional-kommunikativem Aspekt werden folgende Kommunikationsverfahren unterschieden (vgl. SCHMIDT u. a., 1981, 35 ff.):

1) Deskriptive KV
   a) Mitteilen ...
   b) Berichten, Beschreiben ...
   c) Referieren, Zitieren ...
   d) Feststellen, Behaupten ...
   e) Erzählen, Schildern ...
2) Inzitative KV
   a) Anregen, Bitten, Aufrufen, Appellieren, Fordern, Anweisen, Befehlen ...
   b) Fragen ...
   c) Loben, Tadeln ...
   d) Erlauben, Verbieten ...
3) Inventive KV
   a) Vergleichen, Begründen, Schlußfolgern, Verallgemeinern ...

b) Explizieren, Zusammenfassen ...
c) Antworten, Zurückweisen ...
d) Klassifizieren, Definieren ...
e) Beweisen, Widerlegen ...
f) Beurteilen, Entlarven ...

Das Wesen der KV wird bestimmt durch *funktional-kommunikative Merkmale* (FKM), die invariante Merkmale darstellen und zugleich das Verbot bzw. die bevorzugte Verwendung sprachlicher Mittel regeln (vgl. SCHIPPAN, 1979, 42 ff.; SCHMIDT u.a., 1981, 32 ff.). Solche FKM sind z.B. „deskriptiv", „explikativ", „voluntativ", „inventiv", „kausal", „komparativ", „bewertend", „generalisierend", „verifikativ", „falsikativ", „final", „partnerorientiert", „nachdrücklich", „sachbetont", „modifikativ" u. a. Diese FKM erlauben es, sowohl einzelne KV (die jeweils durch mehrere FKM bestimmt sind) voneinander zu unterscheiden als auch verwandte KV einander zuzuordnen. Ein FKM „sachbetont" z. B. gilt für das KV Mitteilen, aber auch für die KV Berichten und Beschreiben sowie für die KV Referieren und Zitieren. Ein FKM „modifikativ" trennt die KV Erzählen und Schildern von den KV Berichten und Beschreiben, ebenso die KV Behaupten und Feststellen vom KV Mitteilen. FKM wie „deskriptiv" und „explikativ" ergeben das KV Beschreiben, FKM wie „final", „partnerorientiert" und „nachdrücklich" das KV Auffordern, FKM wie „inventiv" und „kausal" das KV Begründen, FKM wie „inventiv" und „komparativ" das KV Vergleichen, FKM wie „inventiv" und „generalisierend" das KV Verallgemeinern, FKM wie „inventiv" und „replikativ" das KV Antworten usw.

2.4.3. Klassifizierung von Texten

Von den in 2.4.2. dargelegten Grundbegriffen versucht die funktional-kommunikative Sprachbeschreibung eine Typologisierung von Texten nach der Textfunktion (als sich im Text ausprägende Kommunikationsabsicht des Textproduzenten) (vgl. SCHMIDT u. a., 1981, 42 ff; vgl. auch PFÜTZE/BLEI, 1982, 705 ff.). Dabei wird – im Unterschied zu den meisten der in 2.2.7. und 2.2.8. dargestellten Ansätze – eine (direkte) Entsprechung von Kommunikationsabsicht und Textfunktion vorausgesetzt und als Prinzip für die Einteilung von Texten angesetzt. Auf Grund der in ihnen dominierenden Kommunikations*absicht* (generellen Textfunktion) werden drei *Textklassen* unterschieden: informierende, aktivierende und klärende Texte. Aus der Untergliederung der drei Grundarten von Kommunikationsabsichten ergibt sich analog eine Untergliederung der Textklassen in speziellere *Texttypen* je nach den in ihnen dominierenden speziellen Textfunktionen (auf diese Weise werden unterschieden sachbetont informierende, erlebnisbetont informierende; überzeugende, mobilisierende, normierende, interessierende, emotional bewegende; klärende Texte). Die Texttypen lassen sich auf einer weiteren, abermals untergeordneten Ebene in *Textarten* unterscheiden, und zwar auf der Grundlage der dominierenden Kommunikations-*verfahren* (als Strukturelemente des Kommunikationsplans): Unter diesem Aspekt wäre ein sachlich informierender Text als Mitteilung, Bericht, Beschreibung oder ein mobilisierender Text als Aufruf, Appell, Anweisung u. a. zu klassifizieren. Schließlich lassen sich – unter stärkerer Einbeziehung auch stilistischer Aspekte – noch *Textsorten* als unterschiedliche Ausprägung von Textarten unterscheiden (etwa: Gutachten, Kaderbeurteilung, Charakteristik innerhalb der Textart Beurteilung).

2.4.4. Probleme und Fragen

Ein erstes Problem ergab sich mit dem Funktionsbegriff, der – nachdem er in früheren Phasen der funktionalen Grammatik bereits mehrfach modifiziert worden, teils auf verschiedene Ebenen der Sprache, teils nur auf die inhaltliche Seite und schließlich auf den sprachexternen Kommunikationseffekt bezogen worden ist (vgl. HELBIG, 1970, 170ff.) – in jüngster Zeit von SCHMIDT (1982, 9ff.) präzisiert und in die „Ziel-Mittel-Zweck"-Relation der marxistischen Tätigkeitsauffassung hineingestellt worden ist: Unter diesem Aspekt wird in der funktional-kommunikativen Sprachbeschreibung neuerdings mit „funktional" die Zielgerichtetheit sprachlichen Handelns und die Zweckbestimmtheit der dafür eingesetzten Mittel gemeint. Damit ist zweifellos ein wesentlicher Aspekt der Sprache erfaßt, ist mit der Festlegung des Funktionsbegriffes auf diesen (zentralen) Sachverhalt jedoch die Vielschichtigkeit, Verschiedenartigkeit und Hierarchie des in der Sprachwissenschaft mit dem Begriff „Funktion" Bezeichneten nicht abgedeckt (vgl. z. B. KAZNELSON, 1974, 25f., 50f., 113ff.; HELBIG, 1968; JÄGER, 1976, 9ff.; HELBIG, 1977, 12).

Eine zweite Frage – die oft und von Anfang an in der Diskussion auch gestellt worden ist (vgl. z. B. HARTUNG, 1974, 115f.) – ist die nach dem *Status* der in der funktional-kommunikativen Sprachbeschreibung verwendeten Grundbegriffe, ist die Frage danach, wo sie herkommen und wie sie verifiziert werden können, besonders die Frage nach dem Status der Kommunikationsverfahren und ihren Beziehungen einerseits zum Sprachsystem (da die Beziehungen der KV zu den grammatischen Mitteln gewiß nicht eineindeutig sind, setzt eine Aufklärung der Beziehungen zwischen den KV und den sprachlichen Mitteln die Grammatik voraus) und andererseits zur sozialen Interaktion (die nicht auf die genannten Grundbegriffe reduziert werden kann). Auf diese grundsätzlichen Fragen ist seitens der Vertreter der funktional-kommunikativen Sprachbeschreibung auch geantwortet worden: Was die Beziehungen zum Sprachsystem anlangt, so stellen die FKM ein wichtiges Vermittlungsglied zwischen der kommunikativen Tätigkeit und dem Sprachsystem dar, weil sie die Beziehung der KV zur sprachlichen Äußerung vermitteln und nur über sie und sprachliche Indizien die KV linguistisch faßbar und didaktisch nutzbar sind (vgl. SCHIPPAN, 1979, 42ff.) – auch wenn das bisher entwickelte Inventar von FKM (vgl. 2.4.2.)

noch recht heterogen ist und die beschriebenen Beziehungen zwischen KV und FKM nicht frei von Tautologien sind (z. B. „kausal" – Begründen, „komparativ" – Vergleichen). Was die Beziehung der KV zur Interaktion betrifft, so zeichnet sich in den letzten Jahren eine Weiterentwicklung dadurch ab, daß die KV als „Typen sprachlich-kommunikativen Handelns" verstanden werden (vgl. MICHEL, 1982, 686f.; MICHEL/HARNISCH, 1983, 82), daß „Kommunikationsverfahren" und „Handlungstyp" weitgehend synonym verwendet werden und auf diese Weise die etwas vage Festlegung als „geistig-sprachliche Operationen" präzisiert wird (wobei freilich zu fragen wäre, ob der ursprünglich als zentral angesehene Begriff der KV nicht redundant würde).

Eine dritte Frage ergibt sich aus der Zielstellung der funktional-kommunikativen Sprachbeschreibung, eine unmittelbare Grundlage bereitzustellen für den Sprachunterricht, für eine integrale, funktionale und operationale Sprachlehre. Hinter der Forderung nach einer „kommunikativen" oder „funktionalen Grammatik" (in dem Sinne, daß sie unmittelbar in andere kommunikative Bereiche „integriert" und unmittelbar für den Sprachunterricht einsetzbar sei – vgl. auch NEUMANN u. a., 1976, 34f.) steht zumeist die Annahme, sprachwissenschaftliche Erkenntnisse allein an ihrer Verwendbarkeit im Sprachunterricht zu messen und sich bei der Erarbeitung einer linguistischen Grammatik bereits von didaktisch-methodischen Kriterien leiten zu lassen. Eine solche Forderung mißachtet die komplizierten Beziehungen zwischen Sprachwissenschaft und Sprachunterricht und die notwendige Umsetzung (als Vermittlung), die sprachwissenschaftliche Erkenntnisse zum Zwecke ihrer Anwendung im Sprachunterricht zu durchlaufen haben – weil sie diese Umsetzung in den Gegenstandsbereich der Grammatik selbst zurückprojizieren (vgl. ausführlicher HELBIG, 1981, 109ff., 115ff.).

2.4.5. Funktional-kommunikative Sprachbeschreibung und Sprechakttheorie

Es ist nicht verwunderlich, daß in jüngerer Zeit seitens der funktional-kommunikativen Sprachbeschreibung Vergleiche zur Sprechakttheorie (vgl. 2.3.) angestellt worden sind (vgl. MICHEL, 1982, 685ff.; MICHEL/HARNISCH, 1983, 82ff.); denn einerseits weisen die für die Bezeichnung der KV verwendeten Termini auf ähnliche Termini, wie sie in verschiedenen Klassifizierungen für Sprechakte auftauchen, und andererseits legt die jüngere Deutung der KV als „Handlungstypen" einen solchen Vergleich erst recht nahe. Da sowohl mit Sprechakten als auch mit KV „Typen sprachlichen Handelns" gemeint sind, drängt sich in der Tat die Frage auf, ob die KV etwas anderes sind als Sprechakte, ob die theoretische Konzeption in beiden Ansätzen gleich ist bzw. wodurch sie sich unterscheidet. Von seiten der funktional-kommunikativen Sprachbeschreibung werden vor allem folgende Unterschiede betont:

a) Die Sprechakte sind vorrangig *intentional* (d.h. durch die Art der Absicht des Sprechers/Schreibers), die KV vorrangig *operational* (d. h. durch die Art der Verarbeitung des Kommunikationsgegenstandes im Dienste einer übergeordneten Absicht bzw. Intention) bestimmt. In der funktional-kommunikativen Sprachbeschreibung werden Kommunikationsabsicht und Kommunikationsverfahren (als Zweck und Mittel) voneinander getrennt, während beiden zusammen in der Sprachakttheorie die illokutive Rolle entspricht (Intention und Handlungstyp fallen weitgehend zusammen).
b) Während die Sprechakttheorie „satzzentristisch" ist (d. h. den Satz als primäre Größe für die Zuordnung von Handlungstypen versteht und Texte – gleichsam sekundär – als Sequenzen von Handlungen bzw. Sprechakten ansieht), ist der Blick der funktional-kommunikativen Sprachbeschreibung vorrangig auf den komplexen Text als Redeganzes ausgerichtet. Dahinter verbirgt sich die Frage nach der Rolle des Satzes und die nach der Möglichkeit eines „globalen" Herangehens (vgl. in Kap. 3.).
c) Die funktional-kommunikative Sprachbeschreibung sieht die Sprechakttheorie insgesamt als (neo-)positivistisch an (vgl. dazu ausführlicher unter 2.3.6.).

Trotz dieser Unterschiede handelt es sich bei der funktional-kommunikativen Sprachauffassung um eine besondere (weitgehend DDR-spezifische) Version von handlungsbezogener Sprachauffassung, wie sie sich aus den genannten Zielstellungen und Ausgangspunkten entwickelt hat.

Literaturverzeichnis zu 2.4.

HARNISCH, H.: Zur Erfassung und Beschreibung von Kommunikationsverfahren (KV) auf der Grundlage von Textanalysen. In: Potsdamer Forschungen A/23. Potsdam 1976. S. 47 ff.

HARTUNG, W. (Diskussionsbeitrag). In: Linguistische Studien A/8. Berlin 1974. S. 115 f.

HELBIG, G.: Zum Funktionsbegriff in der modernen Linguistik. In: Deutsch als Fremdsprache 5/1968

HELBIG, G.: Geschichte der neueren Sprachwissenschaft (Unter dem besonderen Aspekt der Grammatik-Theorie). Leipzig 1970

HELBIG, G.: Zu einigen theoretischen und praktischen Problemen der grammatischen Konfrontation. In: Bjuletin za s-postavitelno izsledvane na b-lgarskija ezik s drugi ezici. Sofia 1977. S. 5 ff.

HELBIG, G.: Sprachwissenschaft – Konfrontation – Fremdsprachenunterricht. Leipzig 1981

JÄGER, G.: Einige Bemerkungen zum Problem der Repräsentationsebenen aus der Sicht des Sprachvergleichs. In: Linguistische Studien A/29/1. Berlin 1976. S. 1 ff.

KAZNELSON, S. D.: Sprachtypologie und Sprachdenken. Berlin 1974

MICHEL, G.: Zum Verhältnis von Sprechakt und Kommunikationsverfahren. Handlungstheoretische Positionen in der Linguistik der DDR. In: Zeitschrift für Phonetik, Sprachwissenschaft und Kommunikationsforschung 6/1982. S. 685 ff.

MICHEL, G./HARNISCH, H.: Zum Verhältnis von funktional-kommunikativer Sprachbeschreibung und Sprechakttheorie. In: Linguistische Studien A/113/I. Berlin 1983. S. 82 ff.

NEUMANN, W., u. a.: Theoretische Probleme der Sprachwissenschaft. Berlin 1976

PFÜTZE, M./BLEI, D.: Zur handlungstheoretischen Typologisierung von Textklassen – Von Textklassen, Texttypen zu Textarten und Textsorten. In: Zeitschrift für Phonetik, Sprachwissenschaft und Kommunikationsforschung 6/1982. S. 705 ff.

SCHIPPAN, Th.: Zum Status der funktional-kommunikativen Merkmale (FKM) von Kommunikationsverfahren. In: Linguistische Studien A/62/III. Berlin 1979. S. 42 ff.

SCHMIDT, W., u. a.: Skizze der Kategorien und der Methode der funktionalen Grammatik. In: Zeitschrift für Phonetik, Sprachwissenschaft und Kommunikationsforschung 5/1969

SCHMIDT, W.: Aufgaben und Probleme einer funktional-kommunikativen Sprachbeschreibung. In: Zeitschrift für Phonetik, Sprachwissenschaft und Kommunikationsforschung 2/1979

SCHMIDT, W., u. a.: Sprache – Bildung und Erziehung. Leipzig 1977

SCHMIDT, W., u. a.: Funktional-kommunikative Sprachbeschreibung. Theoretisch-methodische Grundlegung. Berlin 1981

SCHMIDT, W.: Zum Funktionsbegriff in der neueren Linguistik, insbesondere in der funktional-kommunikativen Sprachbeschreibung. In: Zeitschrift für Phonetik, Sprachwissenschaft und Kommunikationsforschung 1/1982. S. 9 ff.

SCHMIDT, W./HARNISCH, H.: Kommunikationspläne und Kommunikationsverfahren. In: Linguistische Studien A/8. Berlin 1974. S. 30 ff.

SCHMIDT, W./STOCK, E. (Hrsg.): Rede – Gespräch – Diskussion. Leipzig 1979

2.5. Gesprächsanalyse

2.5.1. Anliegen und Quellen

Auch die Gesprächsanalyse ist als „neues Teilgebiet einer pragmatisch fundierten Sprachwissenschaft" zu verstehen (HENNE/REHBOCK, 1979, 3). Sie erscheint unter verschiedenen Termini: „Gesprächsanalyse" (seit UNGEHEUER, 1974; HENNE/REHBOCK, 1979), „Konversationsanalyse" (KALLMEYER/SCHÜTZE, 1976), „Diskursanalyse" (WUNDERLICH, 1976a, 293 ff.) oder „Linguistik des Dialogs" (STEGER, 1976). Hinter diesen verschiedenen Termini verbirgt sich das gemeinsame Grundanliegen, im Gegensatz zur Vernachlässigung mündlicher Sprache in der herkömmlichen Linguistik (die bisher allenfalls in der Rhetorik und dort mehr normativ als deskriptiv behandelt worden ist) die gesprochene Sprache des Dialogs in den Mittelpunkt der Untersuchung zu stellen. Ausgangspunkt war dabei die Auffassung, daß die Kommunikation ihrem Wesen nach dialogisch verläuft, daß die Grundeinheit sprachlicher Kommunikation (menschlicher Rede) das *Gespräch* (und nicht: das Wort, der Satz, der Text, auch nicht der Sprechakt) sei (vgl. HENNE/REHBOCK, 1979, 12ff., 18). Da das Gespräch mindestens zwei Kommunikationspartner voraussetzt, die in der Sprecher- und Hörer-Rolle abwechseln, ist die *Wechselbeziehung* zwischen Sprecher und Hörer (von Themeninitiierung und -akzeptierung) das hervorstechende Merkmal des Gesprächs, kommt also auch dem *Hörer* (im Unterschied zu den meisten anderen Richtungen der Linguistik) eine bedeutende Rolle zu (vgl. auch HENNE, 1979).

Die – vor allem in der BRD verbreitete – Gesprächsanalyse geht auf drei Quellen zurück: (a) auf die ethnomethodologische „conversational analysis" in den USA; (b) auf die Untersuchungen zur gesprochenen Sprache (GS) in der BRD; (c) auf die Sprechakttheorie. Die Konversationsanalyse in den USA war auf die Struktur von Gesprächsabläufen gerichtet, versuchte, die Ordnungen zu untersuchen, die der menschlichen Interaktion zugrunde liegen, und das methodische Wissen herauszuarbeiten, über das die Interaktionspartner für eine erfolgreiche Kooperation verfügen müssen. Es wurde bereits der Begriff des „turns" (Gesprächsschritt, Gesprächsbeitrag) in den Mittelpunkt gestellt (vgl. YNGVE, 1970) und erkannt, daß der Sprecherwechsel innerhalb eines Gesprächs der offenkundigste Aspekt eines Gesprächs ist, der deshalb auch einer der wesentlichsten Antriebe amerikanischer Gesprächsanalyse gewesen ist (vgl. HENNE/REHBOCK, 1979, 8f.). Die sprechakttheoretischen Ansätze (vgl. ausführlicher 2.3.) und die handlungstheoretischen Ansätze (vgl. z. B. REHBEIN, 1977) wirkten in dem Augenblick auf die Gesprächsanalyse ein, als sich die Linguistik generell auf die Eigenschaft der Sprache als Handlungsinstrument orientierte und nach einer Korrelierung von Einheiten der Äußerungsebene und Handlungsebene (vgl. HENNE/REHBOCK, 1979, 174ff.), von Redebeiträgen („turns") und Sprechakten (vgl. WUNDERLICH, 1976a, 299ff.) gesucht wurde.

Ehe sich in den 70er Jahren die Gesprächsanalyse in der BRD als eigenständige Richtung etablierte, wurde in den 60er Jahren die gesprochene Sprache zu einem vorrangigen Gegenstand der Sprachwissenschaft. Diese Vorstufe zur Gesprächsanalyse – im wesentlichen unabhängig von der amerikanischen Ethnomethodologie und anknüpfend an die traditionelle Syntax und Dialektologie – interessierte sich am Anfang vorwiegend für die Unterschiede zwischen gesprochener und geschriebener Sprache und arbeitete zunächst mit statistischen Methoden, die der empirischen Sozialforschung entlehnt waren. Später stellte sie die sprachlichen Äußerungen – entsprechend den allgemeinen Einsichten der Linguistik – immer mehr in Handlungszusammenhänge. Neu war nicht nur die Verlagerung des Forschungsinteresses vom System auf die Verwendung und von der geschriebenen Sprache auf die gesprochene Sprache, sondern auch ein neues Verhältnis zur Empirie: Forschungsmethodisch wurde nicht mehr zurückgegriffen auf die Intuition und Kompetenz eines idealisierten Sprechers/Hörers (in einer als homogen vorausgesetzten Sprachgemeinschaft), sondern auf ein auf empirische Weise gewonnenes Textkorpus (vgl. ausführlicher SCHANK/SCHOENTHAL, 1976, 1ff., 5ff., 16; SCHANK/SCHWITALLA, 1980, 313ff.). Daten wurden nicht mehr aus der Kompetenz in konstruierten Einzelbeispielen, sondern auf Grund empirischen Materials interpretativ gewonnen.

Nachdem anfangs die gesprochene Sprache insgesamt im Vordergrund des Interesses gestanden hatte (als frei formuliertes, spontanes Sprechen in natürlichen Kommunikationssituationen), wurde später deutlich, daß die Spezifika der GS hinsichtlich ihres Vorkommens in bestimmten Gesprächssituationen differenziert werden müssen. Auf diese Weise entstehen *Textsorten* (nach Merkmalen wie z.B. ein oder mehrere Sprecher, Gleichrangigkeit oder Privilegierung der Sprecher, Öffentlichkeitsgrad, Grad der Vorbereitetheit, vorherige Themenfestlegung, Situationsverschränktheit, Bekanntheitsgrad der Sprecher u.a.) (vgl. vor allem STEGER/DEUTRICH/SCHANK/SCHÜTZ, 1974, 39 ff.; SCHANK/SCHOENTHAL, 1976, 40 f.; SCHANK/SCHWITALLA, 1980, 317 f.). Textsorten wurden auf diese Weise nach dem Kriterium der Situation festgelegt (vgl. dazu auch 2.2.8.): Sowohl Redekonstellationen als auch Textexemplare werden typisiert, wobei jedem Redekonstellationstyp eineindeutig eine bestimmte Textsorte zugeordnet wird.

Auf diese Weise wird in den Untersuchungen zur GS der Übergang vom System zur Verwendung sowie vom Satz zum Text vollzogen, ehe in der Gesprächsanalyse später der Übergang vom Text zum Dialog (als Grundeinheit) vollzogen wurde. Diese Entwicklung ist aus mehreren Gründen vielversprechend: Sie thematisiert die sprachliche Kommunikation in zunehmendem Maße als wechselseitigen Prozeß (in dem es nicht mehr um den isolierten Sprecher und – seltener – den isolierten Hörer geht). Sie läßt die Differenziertheit und Vielschichtigkeit des kommunikativen Handelns und der Interaktion deutlicher hervortreten. Sie verspricht schließlich auch weitere Einsichten in die Grundfragen der Textlinguistik (die sich bisher vorrangig auf die Eigenschaften schriftlicher, monologischer Texte beschränkt hat) sowie in die Funktionen von Äußerungen, wie sie mit der Sprechakttheorie – allerdings unter bestimmten Abstraktionen – in das Blickfeld getreten sind (vgl. TECHTMEIER, 1982b, 677ff.).

2.5.2. Grundbegriffe

Zu den Grundfragen und Grundbegriffen der Gesprächsanalyse (vgl. dazu ausführlich HENNE/REHBOCK, 1979, 20ff.; SCHANK/SCHWITALLA, 1980, 318ff.) gehören alle Fragen der Dialogorganisation (deren Strukturen bisher erst in Umrissen deutlich gemacht worden sind), gehören Fragen der Gesprächseröffnung und der Gesprächsbeendigung (z.B. Begrüßung, Anrede, Kontaktherstellung, Festlegung der Teilnehmer, Verständigung über Sprechintention, Kommunikationsschema und Handlungsplan), gehören vor allem Probleme des „Gesprächsschrittes" bzw. „Redebeitrags" („turn"), des Sprecherwechsels im Gespräch („turn-taking"), der Gesprächssequenz, des dem Redebeitrag entsprechenden Sprechakts, der Gesprächssteuerung und der entsprechenden Gliederungssignale. Mit dem Redebeitrag, dem Sprecherwechsel und der Gesprächssequenz sind bestimmte Schwerpunkte für die Gesprächsanalyse gesetzt: Der „Gesprächsschritt" ist das, was *ein* Sprecher tut und sagt, während er „jeweils an der Reihe ist", eine „Gesprächssequenz" ist eine Zusammenfassung derjenigen Gesprächsschritte *mehrerer* Gesprächspartner, die „bedingt erwartet" werden können (vgl. HENNE/REHBOCK, 1979, 22 ff.).

Nicht ganz einhellig beantwortet wird die Frage nach der Beziehung der Gesprächsschritte (Redebeiträge) zu den Sprechakten: Während WUNDERLICH (1976a, 299 f.) Redebeitrag und Sprechakt als Grundbegriffe der Diskursanalyse ansieht und unter dem Sprechakt die kommunikative Funktion der Redebeiträge versteht, versuchen zwar HENNE/REHBOCK (1979, 25 f., 174) auch eine Zuordnung von Gesprächsschritt (als Einheit der Äußerungsebene) und Sprechakt (als Einheit der Handlungsebene), betonen aber, daß die Gesprächsschritte mit den Sprechakten nicht notwendig zusammenfallen, weil Sprechakte „*Teile* von Gesprächsschritten oder mit diesen identisch" sind. Vor allem nehmen sie – als Pendant zum Sprechakt – auf der Hörerseite einen gesonderten „Hörverstehensakt" an (sie sprechen – als Parallelbildung zu „illokutiv" – von einer entsprechenden „inauditiven Kraft").

Unbestritten dürfte die sequentielle Natur sowohl der Gesprächsschritte als auch der Sprechakte sein. Auf diese Weise ergeben sich (durch die Stellung im Interaktionsablauf und den Platz im Gesprächsablauf) zwei große Klassen: *initiative* (sequenzeröffnende) und *reaktive* (eine Sequenz abschließende oder innerhalb der Sequenz vorkommende, aber jedenfalls nicht eine Sequenz eröffnende) Redebeiträge bzw. auch Sprechakte (vgl. WUNDERLICH, 1976a, 300 f.; vgl. auch HENNE/REHBOCK, 1979, 210 ff.). Zweigliedrige Sequenzen sind z. B.:

(1) Gruß – Erwiderung eines Grußes
(2) Anrede – verbale Erwiderung
(3) Frage – Antwort
(4) Kompliment – Erwiderung des Kompliments
(5) Aufforderung/Bitte zu späterer Handlung – Versprechen
(6) Angebot – Akzeptierung/Zurückweisung
(7) Ratschlag – Erwägung
(8) Vorwurf – Rechtfertigung
(9) Beschuldigung – Entschuldigung

Mit den genannten Sequenzen ist im allgemeinen ein Sprecherwechsel verbunden: Ein Partner macht den initiativen Beitrag und gibt zugleich dem Adressaten die Gelegenheit zu einem Redebeitrag. Neben den zweigliedrigen gibt es jedoch auch mehrgliedrige Sequenzen (z. B. Beschuldigung – Entschuldigung – Honorierung, Informationsübermittlung – Bestätigung – Rückbestätigung).

In der gesprochenen Sprache und damit im Gespräch erscheinen bestimmte Mittel, die die sprachliche Kommunikation im Sinne des Sprechers steuern: Es handelt sich um „Gliederungssignale" (GÜLICH, 1970), vor allem um Partikeln, die „Gliederungspartikeln" genannt werden und den Gesprächsschritt im Sinne des Sprechers gliedern, den Inhalt verstärken und einen Sprecherwechsel vorbereiten. Auf der Seite des Hörers entsprechen dem „Rückmeldungspartikeln", die – als Rückkopplungsverhalten („black-channel-behavior") – Mittel des jeweiligen Hörers sind, das Gespräch zu stabilisieren und in seinem Sinne zu akzentuieren (vgl. HENNE/REHBOCK, 1979, 26ff.). Mit diesen Partikeln kommen Erscheinungen in den Blick und werden (den Gesprächsverlauf organisierende) Sprechakte beleuchtet, die in der „klassischen" Sprechakttheorie kaum Beachtung fanden (vgl. ausführlicher 2.5.4.). Zu den Verständigungsprozeduren über die Sprechakte im Gespräch gehören auch die mehrfach untersuchten „metakommunikativen Sprechakte" (vgl. z. B. SCHWITALLA, 1978; MEYER-HERMANN, 1978; WIEGAND, 1979; TECHTMEIER, 1982a; TECHTMEIER, 1984, 122ff.).

Über diese Fragen der Gesprächsorganisation hinaus unternimmt die Gesprächsanalyse auch Versuche zur soziologischen und pragmatischen Situierung des Gesprächs (vgl. HENNE/REHBOCK, 1979, 28ff.). Die gesellschaftliche Praxis bildet die Grundlage für unterschiedliche Ausprägungen von Gesprächen, die als „Gesprächsbereiche" bezeichnet werden (z. B. persönliche Unterhaltung, Feiergespräche, Verkaufsgespräche, Konferenzen, Interviews, Unterrichtsgespräche, Beratungsgespräche). Diese Gesprächsbereiche – oder in Anlehnung an FISHMAN (1975, 50) „Gesprächsdomänen" – werden ihrerseits kommunikativ-pragmatisch fundiert durch Kategorien wie z. B. Spontaneität, Fiktionalität, Öffentlichkeitsgrad, soziales Verhältnis, Bekanntheitsgrad, Grad der Vorbereitetheit der Gesprächspartner, Themafixiertheit des Gesprächs: Auf diese Weise entstehen „Gesprächstypen" als kommunikativ-pragmatische Veranschaulichung und Spezifizierung von Gesprächsbereichen. Damit wird der bei den Untersuchungen zur GS verwendete Begriff der Situation bzw. „Redekonstellation" zum „Gesprächsbereich", der dort verwendete Begriff der Textsorte zum „Gesprächstyp" weiterentwickelt.

2.5.3. Wissenschaftsgeschichtliche Einordnung und Kritik

Das Verhältnis der Gesprächsanalyse zur *Textlinguistik* ist dadurch charakterisiert, daß die Textlinguistik im Grunde die Gesprächsanalyse als eine Teildisziplin umfaßt, da sich die Gesprächsanalyse nur mit einer Teilmenge von Texten befaßt (mit gesprochenen Texten, die sich durch Sprecherwechsel auszeichnen). Daß sich die Gesprächsanalyse in letzter Zeit zu einer (relativ selbständigen) Teildisziplin entwickelt hat, hängt mit bestimmten Eigenschaften von Gesprächen zusammen, durch die sie sich deutlich von anderen Textsorten abheben (vgl. ROSENGREN, 1980, 275).

Weit schwieriger und umstrittener ist das Verhältnis der Gesprächsanalyse zur *Sprechakttheorie*. Im allgemeinsten Sinne ist von „interdependenten Theorien" gesprochen worden (vgl. ROSENGREN, 1980, 275), die sich gegenseitig voraussetzen. Von den Vertretern der Gesprächsanalyse selbst wird die Sprechakttheorie jedoch manchmal als „Fehlentwicklung" angesehen, wird auf zwei entscheidende „Verkürzungen" der Sprechakttheorie hingewiesen (einerseits auf die Isolierung *eines* Sprechers und *eines* Hörers, andererseits auf die alleinige Orientierung auf die Perspektive des Sprechers), die zu der Schlußfolgerung führen, daß die Grundeinheit sprachlicher Kommunikation *nicht* der Sprechakt, sondern das Gespräch sei, daß der Sprechakt nur „eine *Analysekategorie innerhalb* einer gesprächstheoretisch fundierten pragmatischen Sprachwissenschaft" sei (HENNE/REHBOCK, 1979, 16 ff.). Im Unterschied dazu sucht WUNDERLICH (1976a, 295 ff.) eher nach einer Verbindung von Sprechakttheorie und Gesprächsanalyse, wenn er Redebeitrag und Sprechakt korreliert und von der Gesprächsanalyse als Materialbasis eine Weiterentwicklung der Sprechakttheorie erwartet.

WEYDT (1981, 47 ff.) sieht hinter dem Verhältnis zwischen Sprechakttheorie und Gesprächsanalyse – ähnlich wie hinter dem Verhältnis zwischen Strukturalismus und generativer Grammatik – ein Verhältnis zwischen Paradigmatik und Syntagmatik: Während die Sprechakttheorie zumeist einzelne Sprechakte paradigmatisch behandelt, untersucht die Gesprächsanalyse gerade Sequenzen aufeinander folgender Einheiten, d. h. Gesprächssequenzen, die z. T. auch Sprechaktsequenzen sind. Während sich der Strukturalismus und die generative Grammatik am Satz orientieren, die Sprechakttheorie am Sprechakt, orientiert sich die Gesprächsanalyse an der Sequenz von „turns", die möglicherweise eine Sequenz von Sprechakten ist. Während das Objekt der Untersuchung im Strukturalismus und in der generativen Grammatik, zum großen Teil auch in der Sprechakttheorie ein abstraktes System ist, als Kriterium für die (zum großen Teil selbst konstruierten) Beispiele die Intuition des Sprechers/Linguisten fungiert, ist das Objekt der Gesprächsanalyse die konkrete Rede; man verzichtet auf die Postulierung und Entdeckung abstrakter Systeme und legt großen Wert auf empirisch gewonnene Ausgangsdaten (als Textkorpus) und auf die Authentizität des Sprachmaterials.

Mit der Entwicklung vom Satz zum Text, vom Text zum Sprechakt und vom Sprechakt zum Gespräch ist zugleich eine Entwicklung angedeutet, die sich in den 70er Jahren von der Systemlinguistik über die Textlinguistik zur Sprechakttheorie und schließlich zur Gesprächsanalyse vollzieht (vgl. WUNDERLICH, 1976a, 295 ff.). Diese Entwicklung kann einerseits als fortschreitende *Pragmatisierung* sprachwissenschaftlicher Probleme, andererseits aber auch als zunehmende *Empirisierung* der Gegenstandskonstitution angesehen werden (vgl. HENNE/REHBOCK, 1979, 15, 158 f.). In diesem wissenschaftsgeschichtlichen Ablauf ist eine Entwicklung erkennbar, die eine zunehmende Aufhebung von Abstraktionen und Idealisierungen bedeutet. Mit dieser zunehmenden Pragmatisierung und Empirisierung hängt es wohl auch zusammen, daß die Zugänge zum Text und zum Sprechakt (mindestens bis zum gegenwärtigen Standpunkt) stärker theoretisiert sind als die zum Gespräch. Umstritten scheint die Frage des Verhältnisses einer möglichen Gesprächs*theorie* zur Linguistik insgesamt, wobei eine Reduzierung der Linguistik auf eine solche Gesprächstheorie sicher unzulässig ist, weil es eine illegitime Pragmatisierung, ein Verzicht auf den Systemcharakter der Sprache und eine erneute Reduktion der Sprachwissenschaft (wenn auch anderer Art als die Reduktionen strukturalistischer Art) wäre (vgl. bereits HELBIG, 1979, 395).

Unter diesem Aspekt sind auch kritische Einwände zu sehen, die gegen die Gesprächsanalyse erhoben werden. Wenn WUNDERLICH (1976b, 466ff., 475f.) die Frage nach der Leistungsfähigkeit der Diskursanalyse stellt, geht er den Weg vom Sprechakt zum Diskurs (nicht: vom Diskurs zum Sprechakt), weil die Rekonstruktion des vollständigen Kontextes (und damit des kommunikativen Sinns) nicht über den fixierten (viel zu reichen) Diskurs, sondern aus dem „neutralen Kontext" (vgl. 2.3.4.) mit Hilfe praktischer Schlüsse erfolgversprechender sei. Erst recht hat HUNDSNURSCHER (1980) darauf hingewiesen, daß die Frage der Verkettung von Sprechakten nicht empirisch mit gesprächsanalytischen Methoden lösbar ist, und hat statt dessen (vgl. auch HUNDSNURSCHER, 1981) das Modell einer „Dialoggrammatik" auf sprechakttheoretischer Grundlage (ausgehend von zugrunde liegenden Strukturen) entwickelt. Schließlich ist auf einige Beschränkungen hingewiesen worden, die zumeist mit den Grundannahmen der Gesprächsanalyse verbunden sind, z. B. auf einen reduzierten Gesellschafts- und Kommunikationsbegriff, auf eine Abstraktion von den gesellschaftlichen Bedingungen und Determinanten der Kommunikation sowie des Gesprächs (vgl. TECHTMEIER, 1984, 20ff.).

2.5.4. Partikel-Forschung

Im Zusammenhang mit der Gesprächsanalyse (aber durchaus nicht notwendig in deren Rahmen) entwickelte sich in den letzten Jahrzehnten eine umfangreiche Partikel-Forschung, manchmal sogar als „Partikel-Linguistik" (HENNE, 1979, 132) oder als „Partikologie" (WENDT, 1981, 46) bezeichnet. Diese Entwicklung ist nicht zufällig, weil die gesprochene Sprache weit partikelreicher ist als die geschriebene Sprache (sie enthält zwei- bis dreimal so viele Partikeln wie die geschriebene Sprache), weil die Alltagssprache weit mehr Partikeln enthält als die Literatursprache oder die Zeitungssprache (das hat ein Vergleich zwischen Literatursprache (705 Partikeln), Zeitungssprache (869 Partikeln) und Alltagssprache (3 111 Partikeln) erbracht), weil im Dialog (selbst innerhalb des Romans) die Partikeln am häufigsten auftreten (vgl. WEYDT, 1969, 85ff., 98ff.). Deshalb ist es auch nicht gerechtfertigt, die Partikeln als bloße „Flickwörter" (REINERS, 1944, 282f.; vgl. auch RIESEL, 1969, 448) oder „farblose Redefüllsel" (LINDQVIST, 1961, 24) abzuwerten, wie dies in der normativen Stilistik oft geschah. Auch im Rahmen der System-Linguistik hatten sie auf Grund ihrer relativen „Bedeutungsarmut" keinen rechten Platz. Trotz dieser Armut an denotativem Bedeutungsinhalt drücken sie viele – mitunter auch entscheidende – kommunikative Nuancen aus, die jedoch erst erschließbar werden von ihrer kommunikativ-pragmatischen Funktion her (vgl. HELBIG/KÖTZ, 1981, 7f., 14ff.)

WEYDT (1981, 45) nennt mehrere Gründe für das sich in jüngster Zeit verstärkende Interesse an den Partikeln: Da die Partikeln in ihrer Funktionsweise sehr vielfältig sind, werden sie zum Brennpunkt verschiedener Methoden, in denen sich viele Ansätze sammeln, an denen sie auch erprobt werden können. Die Tatsache, daß die Linguistik in den letzten Jahren wesentlich empirischer geworden ist (und sich nicht mehr auf den selbst konstruierten Satz beschränkt) und ihren Blick verstärkt auf die mündliche Kommunikation in echten Gesprächssituationen lenkte, förderte die Aufmerksamkeit für die Partikeln, die gerade im Gespräch besonders häufig auftreten. Auch die Wandlung in den Grundannahmen, was als primäres Untersuchungsobjekt der Linguistik anzusehen ist (Wort → Satz → Text → Sprechakt → Gespräch), führt zu einem zunehmenden Interesse der Linguistik an den Partikeln, ebenso wie die direktere Einbindung der Sprache in die Beziehungen der Kommunikation und Interaktion.

Deshalb ist es nicht verwunderlich, wenn die Partikeln von verschiedenen Seiten her und unter verschiedenen Aspekten in größerem Rahmen untersucht werden (vgl. vor allem WEYDT, 1976; WEYDT, 1979; WEYDT u. a., 1983). Es darf nicht überraschen, daß dabei unterschiedliche Akzente – auch im Hinblick auf die Leistungen der Partikeln – gesetzt werden: Von der Sprechakttheorie her wurden die Partikeln in erster Linie als illokutive Indikatoren angesehen (vgl. WUNDERLICH, 1972, 18f.; HELBIG, 1977, 30ff.; vgl. dazu aber modifiziert WUNDERLICH, 1976a, 137). Auf Grund der Untersuchungen zur gesprochenen Sprache und der Gesprächsanalyse wurde vor allem die Rolle der Partikeln als Gliederungssignale und Steuerungselemente betont: So sprechen z. B. HENNE/REHBOCK (1979, 26f.) von „Gliederungspartikeln" (auf Sprecher-Seite) und „Rückmeldungspartikeln" (auf Hörer-Seite). Die Deutung der Partikeln in der Gesprächsanalyse führte dazu, daß ihre Rolle darin gesehen wird, „die Äußerung im konversationellen oder argumentativen Kontext zu verankern und auch der emotiven Seite des Beziehungsstandes zwischen den Interaktanten Ausdruck" zu verleihen (FRANCK, 1979, 4f.), den Sprechakt zu modifizieren und ihn im Vollzug mit ihrer Hilfe auf die Gegebenheiten der Interaktion zu beziehen (vgl. SANDIG, 1979, 89), „die Konversation im Sinne des Sprechers zu steuern, aber auch sie flexibel zu halten, so daß sie nicht ... vom Hörer abgebrochen wird" (TRÖMEL-PLÖTZ, 1979, 319), die Interpretation von Äußerungen und auch die Interaktion (den Interpretations- und Beurteilungsprozeß des Hörers) zu steuern (vgl. BARTSCH, 1979, 367). Da die Partikeln (obwohl ihre spezifischen Leistungen nur über den Text, die Sprechakte und die Kommunikation erschlossen werden können) über jeweils bestimmte Bedeutungen verfügen, erschöpft sich ihre Untersuchung nicht durch die (verstärkten) Bemühungen von Sprechakt- und Gesprächsanalyse. Noch nicht völlig geklärt erscheint dabei die Frage, ob in jedem Falle von *einer* semantischen Bedeutung gesprochen werden kann, auf die dann gleichsam sekundäre pragmatische (durch Kontext bestimmte) Varianten aufgestockt werden können (vgl. HELBIG, 1979, 395).

Literaturverzeichnis zu 2.5.

BARTSCH, R.: Die Unterscheidung zwischen Wahrheitsbedingungen und anderen Gebrauchsbedingungen in einer Bedeutungstheorie für Partikeln. In: Die Partikeln der deutschen Sprache. Hrsg. H. WEYDT. Berlin/New York 1979. S. 365 ff.

DITTMANN, J. (Hrsg.): Arbeiten zur Konversationsanalyse. Tübingen 1976

FISHMAN, J. A.: Soziologie der Sprache. München 1975
FRANCK, D.: Abtönungspartikeln und Interaktionsmanagement. In: Die Partikeln der deutschen Sprache. Hrsg. H. WEYDT. Berlin/New York 1979. S. 3 ff.

GÜLICH, E.: Makrosyntax der Gliederungssignale im gesprochenen Französisch. München 1970

HELBIG, G.: Probleme der linguistischen Beschreibung des Dialogs im Deutschen. In: Deutsch als Fremdsprache 2/1975
HELBIG, G.: Partikeln als illokutive Indikatoren im Dialog. In: Deutsch als Fremdsprache 1/1977. S. 30 ff.
HELBIG, G.: Abschließende Zusammenfassung. In: Sprache und Pragmatik. Lunder Symposium 1978. Hrsg. I. ROSENGREN. Lund 1979. S. 391 ff.
HELBIG, G./KÖTZ, W.: Die Partikeln. Leipzig 1981
HENNE, H.: Gesprächsanalyse – Aspekte einer pragmatischen Sprachwissenschaft. In: Gesprächsanalysen. Hrsg. D. WEGNER. Hamburg 1977. S. 67 ff.
HENNE, H.: Die Rolle des Hörers im Gespräch. In: Sprache und Pragmatik. Lunder Symposium 1978. Hrsg. I. ROSENGREN. Lund 1979. S. 122 ff.
HENNE, H./REHBOCK, H.: Einführung in die Gesprächsanalyse. Berlin (West)/New York 1979
HUNDSNURSCHER, F.: Konversationsanalyse versus Dialoggrammatik. In: Akten des VI. Internationalen Germanisten-Kongresses. Hrsg. H. RUPP/H.-G. ROLOFF. Basel 1980. Teil 2. S. 89 ff.
HUNDSNURSCHER, F.: On insisting. In: Possibilities and Limitations of Pragmatics. Proceedings of the Conference on Pragmatics (Urbino, Juli 1978). Hrsg. H. PARRET/M. SBISA/J. VERSCHUEREN. Amsterdam 1981. S. 343 ff.

KALLMEYER, W./SCHÜTZE, F.: Konversationsanalyse. In: Studium Linguistik 1/1976. S. 1 ff.
KLEINE ENZYKLOPÄDIE – DEUTSCHE SPRACHE. Hrsg. W. FLEISCHER/W. HARTUNG/J. SCHILDT/P. SUCHSLAND. Leipzig 1983

LINDQVIST, A.: Satzwörter. Göteborg 1961

MEYER-HERMANN, R.: Aspekte der Analyse metakommunikativer Äußerungen. In: Sprechen – Handeln – Interaktion. Hrsg. R. MEYER-HERMANN. Tübingen 1978. S. 103 ff.

REHBEIN, J.: Komplexes Handeln. Elemente zur Handlungstheorie der Sprache. Stuttgart 1977
REINERS, L.: Deutsche Stilkunst. München 1944
RIESEL, E.: Stilistik der deutschen Sprache. Moskau 1969
ROSENGREN, I.: Texttheorie. In: Lexikon der Germanistischen Linguistik. Hrsg. H. P. ALTHAUS/H. HENNE/H. E. WIEGAND. Tübingen 1980. Band II. S. 275 ff.

SANDIG, B.: Beschreibung des Gebrauchs von Abtönungspartikeln im Dialog. In: Die Partikeln der deutschen Sprache. Hrsg. H. WEYDT. Berlin/New York 1979. S. 84 ff.

Schank, G./Schoenthal, G.: Gesprochene Sprache. Eine Einführung in Forschungsansätze und Analysemethoden. Tübingen 1976
Schank, G./Schwitalla, J.: Gesprochene Sprache und Gesprächsanalyse. In: Lexikon der Germanistischen Linguistik. Hrsg. H. P. Althaus/H. Henne/H. E. Wiegand. Tübingen 1980. Band II. S. 313 ff.
Schwitalla, J.: Metakommunikation als Mittel der Dialogorganisation und der Beziehungsdefinition. In: Arbeiten zur Konversationsanalyse. Hrsg. J. Dittmann. Tübingen 1978. S. 111 ff.
Steger, H.: Einleitung. In: Projekt Dialogstrukturen. Ein Arbeitsbericht. Hrsg. F.-J. Berens u. a. München 1976. S. 7 ff.
Steger, H., u. a.: Redekonstellation, Redekonstellationstyp, Textexemplar, Textsorte im Rahmen eines Sprachverhaltensmodells. In: Gesprochene Sprache. Jahrbuch des Instituts für deutsche Sprache. Düsseldorf 1974. S. 39 ff.

Techtmeier, B.: Das Gespräch. Funktionen, Normen, Prozeduren. Diss. B. Berlin 1982 (1982a)
Techtmeier, B.: Gesprächsanalyse – neue Perspektiven in der Kommunikationsforschung. In: Zeitschrift für Phonetik, Sprachwissenschaft und Kommunikationsforschung 6/1982. S. 677 ff. (1982b)
Techtmeier, B.: Das Gespräch. Funktionen, Normen und Strukturen. Berlin 1984
Trömel-Plötz, S.: „Männer sind eben so": Eine linguistische Beschreibung von Modalpartikeln aufgezeigt an der Analyse von dt. *eben* und engl. *just*. In: Die Partikeln der deutschen Sprache. Hrsg. H. Weydt. Berlin/New York 1979. S. 318 ff.

Ungeheuer, G.: Was heißt ‚Verständigung durch Sprechen'? In: Gesprochene Sprache. Jahrbuch des Instituts für deutsche Sprache 1972. Düsseldorf 1974. S. 7 ff.

Wegner, D. (Hrsg.): Gesprächsanalysen. Hamburg 1977
Weydt, H.: Abtönungspartikel. Die deutschen Modalwörter und ihre französischen Entsprechungen. Bad Homburg/Berlin (West)/Zürich 1969
Weydt, H. (Hrsg.): Aspekte der Modalpartikeln. Tübingen 1976
Weydt, H. (Hrsg.): Die Partikeln der deutschen Sprache. Berlin (West)/New York 1979
Weydt, H. (Hrsg.): Partikeln und Deutschunterricht. Heidelberg 1981
Weydt, H.: Methoden und Fragestellungen der Partikelforschung. In: Partikeln und Deutschunterricht. Hrsg. H. Weydt. Heidelberg 1981. S. 45 ff.
Weydt, H., u. a.: Kleine deutsche Partikellehre. Stuttgart 1983
Wiegand, H. E.: Bemerkungen zur Bestimmung metakommunikativer Sprechakte. In: Sprache und Pragmatik. Lunder Symposium 1978. Hrsg. I. Rosengren. Lund 1979. S. 214 ff.
Wunderlich, D.: Zur Konventionalität von Sprechhandlungen. In: Linguistische Pragmatik. Hrsg. D. Wunderlich. Frankfurt (Main) 1972. S. 11 ff.
Wunderlich, D.: Studien zur Sprechakttheorie. Frankfurt (Main) 1976 (1976a)
Wunderlich, D.: Sprechakttheorie und Diskursanalyse. In: Sprachpragmatik und Philosophie. Theoriediskussion. Hrsg. K.-O. Apel. Frankfurt (Main) 1976 (1976b)

Yngve, V. A.: On Getting a Word in Edgewise. In: Papers from the 6th Regional Meeting of the Chicago Linguistic Society. Chicago 1970. S. 567 ff.

2.6. Soziolinguistik

2.6.1. Entstehung und Anliegen

Auch die Soziolinguistik entwickelt sich als Gegenbewegung gegen den Strukturalismus und die generative Grammatik: Sie suchte deren Einschränkung des Gegenstandsbereichs der Sprachwissenschaft auf das Sprachsystem durch ein breiteres Konzept von der Linguistik zu überwinden, das den Blick auf die gesellschaftlichen Determinanten der Sprache, auf die gesellschaftlichen Grundlagen der Sprache und ihre Wirksamkeit in der Gesellschaft, kurz: auf die Wechselbeziehungen zwischen Sprache und Gesellschaft richtete (vgl. GROSSE/NEUBERT, 1974, 7 ff.). War das Ziel strukturalistischer und generativer Sprachwissenschaft die Beschreibung der internen Sprachstruktur unter Voraussetzung einer (idealisierten) *homogenen* Sprachgemeinschaft, rückt in der Soziolinguistik umgekehrt die wechselseitige Abhängigkeit von sprachlichen und sozialen Strukturen in den Mittelpunkt, werden sprachliche Differenzierungen (Varietäten) in ihrer Abhängigkeit von den historischen sowie sozialen Bedingungen der sprachlichen Kommunikation untersucht, wird nun gerade die sprachliche *Verschiedenheit* zum Gegenstand der Soziolinguistik (vgl. BRIGHT, 1966, 11; LABOV, 1972, 125 ff.). Es erfolgt ein Wechsel der Orientierung: vom sprachlichen System zur realen Kommunikation, von der langue zur parole, von der Struktur zur Funktion, vom Kode zum Kontext (vgl. HYMES, 1965, 102; vgl. auch HARTUNG u. a., 1974, 180 f.). Freilich war damit nicht ein für allemal festgelegt, daß sich die Soziolinguistik nur mit Fakten aus dem Bereich der Performanz beschäftigt. In Übereinstimmung mit der bei mehreren Richtungen der kommunikativ-pragmatischen Orientierung der Sprachwissenschaft zu beobachtenden Aufwertung des Performanzbegriffes und einer damit einhergehenden Erweiterung des Kompetenzbegriffs (vgl. dazu 2.3.1.) wird auch im Laufe der Entwicklung der Soziolinguistik in manchen Richtungen die Einsicht deutlich, daß soziolinguistische Werte prädiktabel und damit in der Kompetenz angelegt sein müssen (da Gegenstand der Soziologie nicht das Einzelne, das Unsystematische und nur Individuelle sein könne). Insofern wird auch von „soziolinguistischer Kompetenz" gesprochen – als Vermögen, die gesellschaftlich angemessenen Varianten zu verstehen und zu gebrauchen (vgl. GROSSE/NEUBERT, 1974, 11; NEUBERT, 1974, 29). Es wird auch der von HYMES (vgl. 1979, 269 ff.) – in Auseinandersetzung mit dem zu engen CHOMSKYschen Begriff der „linguistischen Kompetenz" – geprägte Begriff der „kommunikativen Kompetenz" (als Fähigkeit des Sprechers, aus der Gesamtheit der ihm verfügbaren grammatischen Ausdrücke solche auszuwählen, die den sozialen Normen des Verhaltens in spezifischen Situationen entsprechen) in die Soziolinguistik übernommen (vgl. GUMPERZ, 1979, 205).

Die Bezeichnung „Soziolinguistik" (für die Erforschung der Beziehungen zwischen Sprachverhalten und sozialem Status) taucht zuerst 1952 in einer Arbeit von CURRIE (1952) auf, blieb aber zunächst ohne Folgen (vgl. dazu und zum folgenden DITTMAR, 1973, 160 ff.). Programmatische Bedeutung bekam der

Terminus erst 1964, als HYMES (1964) einen Sammelband mit seit den 20er Jahren entstandenen Arbeiten zur sozialen Signifikanz von Sprache herausgegeben hat, als die erste Konferenz zur Soziolinguistik unter diesem Namen an der „University of California" in Los Angeles stattgefunden hat (vgl. Konferenzbericht, hrsg. von BRIGHT, 1966), als auf empirischem Gebiet LABOV (1966) in seiner Arbeit über den schichtenspezifischen Sprachgebrauch in New York City die regelmäßige Variation linguistischer Erscheinungen mit sozialen Parametern nachgewiesen hat. Seitdem hat sich die als „Soziolinguistik" bezeichnete Richtung – trotz der verschiedenen Ausgangspunkte und trotz sehr unterschiedlicher wissenschaftlicher Interessen – rasch verbreitet und ausgedehnt.

Freilich tauchen für das anvisierte Forschungsgebiet (Sprache und Sprechen im sozialen Kontext, die wechselseitigen Beziehungen zwischen sprachlichen und sozialen Strukturen, die Sprache als Bestandteil der Kultur und Gesellschaft u. a.) verschiedene Ausdrücke auf (die zu einem großen Teil auch auf unterschiedliche Ausgangspositionen und Interessen hinweisen): Neben dem Terminus „Soziolinguistik" werden Termini gebraucht wie Sprachsoziologie, Soziologie der Sprache, soziologische Linguistik, anthropologische Linguistik, linguistische Anthropologie, Ethnolinguistik, Kommunikationsethnographie (vgl. PRIDE, 1975, 257f.; STEGER, 1973, 245). Obwohl sich alle Termini auf Forschungsrichtungen beziehen, die auf die wechselseitige Bedingtheit von Sozialstruktur, Kultur und Sprache gerichtet sind, sind in ihnen linguistische und andere Fragestellungen nicht immer klar voneinander zu trennen. Es handelt sich teilweise um Synonyme für den Terminus „Soziolinguistik", teilweise aber auch um Forschungsrichtungen, die vorher schon existierten und nun (gleichsam als Quelle) in die Soziolinguistik mit eingegangen sind. Letzteres gilt insbesondere für die anthropologische Linguistik (vgl. z. B. HOIJER, 1961), die sich mit den (schriftlich nicht fixierten) Sprachen vor allem der amerikanischen Indianer befaßte, und für die Ethnolinguistik, die auf die Erforschung von Zusammenhängen zwischen den Sprachen und sozial-kulturellen Erscheinungen ausgerichtet war, dabei in vielen Fällen einen determinierenden Einfluß der Sprache auf das Denken sowie eine weitgehende Isomorphie von Sprache, Denk- und Gesellschaftsstruktur angenommen hat (z. B. bei SAPIR und WHORF; vgl. dazu HELBIG, 1970, 149ff.).

Diese Entstehung der Soziolinguistik läßt zwei Schlußfolgerungen zu: Auf der einen Seite ist mit dem Etikett „Soziolinguistik" zwar ein neuer Terminus gegeben, der jedoch nicht eo ipso auf einen völlig neuen Gegenstand verweist. Das Interesse an den Zusammenhängen zwischen Sprache und Gesellschaft ist vielmehr sehr alt, reicht in das Altertum zurück und war im 19. und 20. Jahrhundert in vielen Richtungen der Sprachwissenschaft weit verbreitet (die soziale Faktoren in die Betrachtung der Sprache einbezogen oder sogar als determinierend angesehen haben): Außer der schon genannten anthropologischen Linguistik und der Ethnolinguistik sei insbesondere hingewiesen auf die Dialektologie und Dialektgeographie (da eine linguistische Untersuchung von (sozialen) Dialekten immer schon ein bestimmtes Vorverständnis der sozialen Struktur voraussetzt – insofern gehen diese Untersuchungen unter einem umfassenderen Aspekt in die heutige Soziolinguistik ein), auf viele Arbeiten der Prager Linguistik (vgl. 1.5.3.2.) und vor allem der sowjetischen Sprachwissenschaft, deren zentrales Anliegen von Anfang an (ehe der Terminus „Soziolinguistik" in den USA geprägt wurde) die Sprache als gesellschaftliche Erscheinung war (vgl. ausführlicher 2.6.8.; vgl. PRIDE, 1975, 258; STEGER, 1973, 246). Wie auf der einen Seite das Wechselverhältnis von Sprache und Gesellschaft kein völlig neuer Gegenstand war (der etwa erst mit der Prägung des Terminus „Soziolinguistik" in das Interessenfeld der Sprachwissenschaft getreten wäre), sondern in verschiedenen Richtungen und unter verschiedenen Aspekten bereits zum Gegenstand sprachwissenschaftlicher Überlegungen gemacht worden ist, so sind es auf der anderen Seite gerade diese unterschiedlichen Richtungen, die sich mit dieser Thematik bereits befaßten, die Quellen der Soziolinguistik darstellen und in die Soziolinguistik mit eingegangen sind, die der heutigen Soziolinguistik (von Anfang an bis zur Gegenwart) einen äußerst uneinheitlichen und heterogenen Charakter verliehen haben. So nennt BRIGHT (1966, 12ff.) 7 „Dimensionen" der Soziolinguistik: Sie habe zu erforschen (1) die soziale Identität des Sprechers im Kommunikationsvorgang, (2) die soziale Identität des Hörers, (3) die soziale Umgebung (den Kontext), in der (dem) gesprochen wird, (4) die synchrone und diachrone Analyse von sprachlichen Dialekten, (5) die unterschiedlichen Einschätzungen des Sprachverhaltens durch den Sprecher, (6) das Ausmaß der sprachlichen Differenzierung (Variation), sowohl multidialektal als auch multilingual und multisoziolektal, (7) die Anwendungsmöglichkeiten der Soziolinguistik im Hinblick auf Gesellschaftsdiagnose, Sprachgeschichte und Sprachpolitik (vgl. dazu auch UESSELER, 1982, 75f.). Ähnlich breit und heterogen sind die Aufgaben, die STEGER (1973, 245f.) der Soziolinguistik zusprechen möchte: die Einbeziehung anderer sozialer *Funktionen* (als der Darstellungsfunktion) in die Sprachbeschreibung, die Erforschung der sozialen Beziehungen von Sprachschichten, -stufen, -segmenten und des Status der verschiedenen Kommunikationsmittel und ihrer Funktionen in einer Sprachgemeinschaft, Studien mit dem sprachlichen Handeln als Ausgangspunkt („Pragmalinguistik"), Darstellung der gruppen-(schichten-)abhängigen Determiniertheit von Sprachsystem(en) und Sprachverwendung, Darstellung der Abhängigkeit der konkreten Sprachverwendung von sozialen *Situationen* (Redekonstellationen), Diglossie- und Bi-(Multi)-Lingualismusfragen, Fragen der geschichtlich-sozialen Bedingtheit sprachlicher *Normen* und *Normierungen* und im Zusammenhang damit Probleme von *Sprachplanung* und *Sprachpolitik*, geschichtlich-soziale Bedingtheit von *Wandlungen* in Sprachsystemen und Sprachverwendungen. Neuerdings hat STEGER (1980, 347) den Gegenstandsbereich der Soziolinguistik so umschrieben, daß er begründet wird von einer „Grundhypothese" (Annahme eines (nicht kausalen) Zusammenhangs – einer „Interdependenz" – zwischen den geschichtlich-sozialen Bedingungen und der sprachlichen Kommunikation) und drei weiteren „Teilhypothesen": 1) Die geschichtlich-sozialen Bedingungen zeigen typisierende Einwirkungen auf das sprachliche Verhalten. 2) Auch die Geltungsbereiche und die innere Organisation der Sprachsysteme ist *teilweise* sozialspezifisch ausgestaltet. 3) Die geschichtlich entstandene Gliederung des Sprachsystems wirkt auf die Gesellschaft zurück.

2.6.2. Zu Gegenstandsbereich und zu den Auffassungen der Soziolinguistik

Mit der Aufzählung solcher „Dimensionen" oder Aufgaben ist zwar das Umfeld soziolinguistischer Forschungen ungefähr abgesteckt, ist aber noch keineswegs der Gegenstand der Soziolinguistik genau festgelegt. In der Tat gibt es bisher weder eine einheitliche Gegenstandsbestimmung der Soziolinguistik noch völlige Klarheit über ihren Status (vgl. ŠVEJCER, 1977, 57ff.). Im allgemeinsten Sinne untersucht die Soziolinguistik „die Wechselbeziehungen zwischen Sprache und Gesellschaft" (GROSSE/NEUBERT, 1974, 9), die „Verschränkungen und wechselseitige Bedingtheit von Sozialstruktur, Kultur und Sprache" (FUNK-KOLLEG SPRACHE 2, 1973, 176; STEGER, 1980, 347) bzw. „Sprache und Sprechen in ihrem sozialen Kontext" (STEGER, 1973, 245). In diese weite und allgemeine Richtung weist auch die Frage FISHMANS (1979, 15): Wer spricht in welcher Sprache wann zu wem? Mit solchen allgemeinen Festlegungen ist jedoch noch keineswegs die Frage beantwortet, auf welche Weise Sprache und Gesellschaft, Linguistik und Soziologie in der Soziolinguistik zueinander in Beziehung gesetzt werden; erst die Beantwortung dieser Frage würde deutlicher werden lassen, was Soziolinguistik tatsächlich *ist* (vgl. PRIDE, 1975, 258). Etwas spezieller sind jene Gegenstandsbestimmungen, die von der sprachlichen Differenzierung in der Gesellschaft ausgehen (in der sich einerseits gesellschaftliche Differenzierungen niederschlagen und die andererseits teilweise wiederum die Gesellschaft beeinflußt) und die der Soziolinguistik die Beschäftigung mit der „linguistischen Variabilität in ‚Sprachen', ‚Soziolekten', ‚Dialekten', ‚Stilen', ‚Gattungen', ‚Textsorten' und anderen Varianten" zuschreiben, „soweit sie kollektiv und regulär auftritt" (STEGER, 1973, 245). Charakteristisch für diese Auffassung, die die Variabilität in das Zentrum rückt und zugleich auf die „Ko-Varianz" von sprachlichen und sozialen Strukturen gerichtet ist, ist bereits die Gegenstandsbestimmung von BRIGHT (1966, 11), nach der es die Aufgabe der Soziolinguistik ist, „to show the systematic covariance of linguistic structure and social structure and perhaps even to show a causal relationship in one direction or the other ... One of the major tasks of sociolinguistics is to show that such variation or diversitiy is not in fact free, but is correlated with systematic social differences. In this end and in still larger ways, linguistic *diversity* is precisely the subject matter of sociolinguistics."

So sehr mit der gesellschaftlichen Variabilität der Sprache und des Sprechens ein wesentliches Anliegen der Soziolinguistik formuliert ist (vgl. ausführlicher 2.6.3.), so wenig gibt die These von der systematischen Ko-Varianz von sprachlichen und sozialen Strukturen schon Auskunft darüber, *wie* diese Ko-Varianz zu beschreiben ist, in welcher Richtung, mit welchem Determinationsverhältnis und mit welchem Vermittlungsgrad (direkte Isomorphie-Beziehung oder indirekte Vermittlung?). In diesen Fragen sind die Meinungen durchaus nicht einhellig. Unter diesem Aspekt können (und müssen) unterschiedliche Gesichtspunkte differenziert werden, unter denen der Zusammenhang von Sprache und Sozialstruktur betrachtet werden kann, je nachdem, ob davon ausgegangen wird, daß Sprachverhalten die Sozialstruktur reflektiert, daß Sprachverhalten das soziale Verhalten determiniert oder daß Sprachverhalten und soziales Verhalten dialektisch aufeinander bezogen sind (vgl. GRIMSHAW, 1971, 114; DITTMAR, 1973, 290ff.). Selbst wenn eine Isomorphie zwischen bestimmten Gesellschaftsstrukturen und bestimmten Sprachstrukturen abgelehnt und von „wechselseitiger Bedingtheit von zwei Arten von Systemen" gesprochen wird, genügt es sicher nicht, diese Aspekte als „Gesellschaftsbedingtheit der Sprachen" und „Sprachbedingtheit der Gesellschaft" aufzufassen (so SCHLIEBEN-LANGE, 1973, 14).

Deutlicher differenziert BOCHMANN (1983, 62ff.) zwischen drei Forschungskomplexen der Soziolinguistik, die sich in den Fragen zusammenfassen lassen, (1) wie sich die gesellschaftliche Determination der Sprache äußert (a) hinsichtlich ihrer (sozialen, funktionalen, stilistischen) Varianz, (b) auf den verschiedenen Ebenen des Sprachsystems; (2) wie die Sprache in der Gesellschaft wirkt, genauer: wie und mit welchen Intentionen sich bestimmte soziale Kräfte der Sprache bedienen (einschließlich der Frage der Herausbildung von Normen, der Sprachpolitik und der Sprachplanung); (3) wie die soziale Determination der Sprache im Kommunikationsprozeß in Erscheinung tritt. Wie diese Aufschlüsselungen zeigen, hat die Soziolinguistik „noch keinen einheitlichen Gegenstand, sondern mehrere ‚historisch' entstandene", so daß es bisher „keine unter theoretischem Aspekt einheitliche Soziolinguistik" gibt (BOCHMANN, 1983, 62). Diese Schlußfolgerungen werden allerdings keineswegs überall gezogen, manchmal wird sogar ein einheitlicher Gegenstand der Soziolinguistik postuliert (der freilich über die genannten allgemeinen Beziehungen zwischen sprachlichen und sozialen Strukturen kaum hinausgeht): „Der Punkt, auf den es ankommt, ist, daß die Soziolinguistik einen einzigen *Untersuchungsgegenstand* anerkennt, was in vieler, wenn nicht in jeder Hinsicht auf eine Verschmelzung von Verhaltensformen hinausläuft, von denen jede andernfalls (wenn sie in jedem Falle voneinander zu trennen wären) unabhängig voneinander in verschiedenen Disziplinen behandelt würde" (PRIDE, 1975, 258).

Die Heterogenität der bisherigen Soziolinguistik besteht jedoch nicht nur im Hinblick auf ihren Gegenstandsbereich, sondern auch im Hinblick darauf, in welcher Weise er wissenschaftlich abgebildet werden sollte. Schon am Anfang zeichneten sich in dieser Richtung zwei unterschiedliche Tendenzen ab: Auf der einen Seite wurde die Soziolinguistik als neuer interdisziplinärer Forschungszweig verstanden, auf der anderen Seite eher als Erweiterung der Herkunftsdisziplinen Soziologie bzw. Linguistik (vgl. DITTMAR, 1973, 164ff.). Charakteristisch für die erste Tendenz ist die Auffassung von HYMES (vgl. 1967,

640f.), der sich mehrfach für eine *integrierte* Theorie soziolinguistischer Beschreibung eingesetzt hat, die mehr ist als ein mechanisches Amalgam aus der üblichen Linguistik und der üblichen Soziologie: „Adding a speechless sociology to a sociology-free linguistics can yield little better than post-hoc attempts at correlation between amounts from which the heart of the relevant data will be missing." Eine solche integrierte Theorie soll nicht nur eine einseitige linguistische oder soziologische Erklärung korrelierender Daten geben, sondern auch *neue* Daten behandeln, die sich erst aus der Korrelation ergeben (vgl. KANNGIESSER, 1972, 88ff.). Für die zweite Tendenz stehen FISHMAN (1971a) und LABOV (1970), die eine Erweiterung ihrer Herkunftsdisziplinen anstreben – dies wieder auf verschiedene Weise –: FISHMAN durch sein Interesse an „Soziologie der Sprache", LABOV (vgl. 1976, VIIIff.) umgekehrt (ausgehend von der Dialektologie) durch die Bindung seiner linguistischen Analyse an den sozialen Kontext (also von der Linguistik her). LABOV (1966, Vf.) wendet sich sogar ausdrücklich gegen die Soziolinguistik als ein neues interdisziplinäres Feld der umfassenden Beschreibung der Beziehungen zwischen Sprache und Gesellschaft, ihm geht es um die Lösung linguistischer Probleme, wenn auch auf der Grundlage des sozialen Verhaltens (vgl. dazu auch HARTUNG u. a., 1974, 182).

Damit im Zusammenhang steht – von Anfang an bis in die Gegenwart – die Unterscheidung zwischen einer *weiteren* und einer *engeren* Auffassung der Soziolinguistik, d. h. zwischen einer möglichst weiten Auffassung des Gegenstandsbereichs der Soziolinguistik und einer Einengung dieses Gegenstandes auf ganz bestimmte Bereiche des Zusammenhangs zwischen Sprache und Gesellschaft (vgl. DITTMAR, 1973, 165ff.; HARTUNG u. a., 1974, 181ff.). Vereinfacht gesagt: Die engere Auffassung der Soziolinguistik umfaßt solche Fragestellungen, die auf eine Erweiterung der Linguistik im Sinne eines „Studiums der Sprache im sozialen Kontext" hinauslaufen (vgl. LABOV, 1970; 1976), die weitere Auffassung steht unter der Fragestellung, wer in welcher Sprache wann zu wem spricht (vgl. FISHMAN, 1979). Während die weitere Auffassung letztlich auf eine allgemeine Theorie des Ortes der Sprache im sozialen Leben hinausführt, gibt es engere Auffassungen, die den Gegenstandsbereich der Soziolinguistik auf die als Ko-Varianz oder Ko-Variation bezeichneten Parallelen zwischen Sprachstruktur und Sozialstruktur beschränken wollen (vgl. BRIGHT, 1966, 11), gibt es schließlich noch engere (extrem enge) Auffassungen, die die Soziolinguistik auf (städtische) Dialektologie reduzieren wollen. Zwischen diesen Polen sind die Gegenstandsbestimmungen der Soziolinguistik anzusiedeln. Schon FISHMAN (1971a, 9) hatte neben eine engere Soziolinguistik eine relativ weite Sprachsoziologie gestellt, die die unterschiedlichsten Untersuchungen zur sozialen Bedeutung der Sprache zu integrieren hätte; eine Soziolinguistik allerdings als Gegenentwurf zur herkömmlichen Linguistik ist für ihn eine „self-liquidating prophecy", würde sich selbst aufheben, sobald man erkennt, daß Sprache immer im sozialen Kontext steht, daß Linguistik folglich eigentlich eo ipso Soziolinguistik sein müsse (vgl. auch 2.6.9.). Unter diesem Aspekt fragen auch andere Autoren, „wie ... die ‚Soziolinguistik' als etwas, das neben der ‚Linguistik' besteht, angesehen werden" kann (LABOV, 1979, 123), und leugnen eine spezielle Teildisziplin mit dem Namen „Soziolinguistik", weil Linguistik „ipso facto auch ‚Soziolinguistik'" ist, weil – wie alles Handeln – auch sprachliches Handeln sich in einem gesellschaftlichen Kontext vollzieht (vgl. KANNGIESSER, 1972, 13).

Damit hängt die noch generellere Frage zusammen, ob die Soziolinguistik eine neue integrative Forschungsrichtung ist (im Sinne von HYMES), ob sie darüber hinaus auch eine neue eigenständige Disziplin ist oder gar (im Sinne der weitesten Auffassung von Soziolinguistik) als eine Art neuer Strategie für die gesamte Linguistik angesehen werden muß (vgl. BOCHMANN, 1983, 61 ff.). Wenig strittig ist, daß die Soziolinguistik eine integrative Forschungsrichtung und daß sie (im weitesten Sinne) eine allgemeine Forschungsstrategie ist (die unter dem Postulat steht, alle linguistischen Phänomene unter dem Aspekt ihrer gesellschaftlichen Bezogenheit bzw. Determination zu erfassen). In dem zuletzt genannten (umfassenden) Verständnis wäre „*Soziolinguistik* ein anderer Terminus für *Linguistik*, der aufgegeben oder eingeschränkt werden könnte, wenn die von der Soziolinguistik vorbereitete Gesamtsicht sich durchsetzen sollte" (STEGER, 1980, 349), ja es müßte sogar das Ziel einer solchen Soziolinguistik sein, „bei ihrer eigenen Liquidierung den Vorsitz zu führen" (HYMES, 1975, 16).

Strittig ist jedoch, ob sie darüber hinaus *auch* eine eigenständige linguistische Disziplin ist. Dagegen spricht zunächst der Umstand, daß sie bisher noch keinen einheitlichen Gegenstand, keine einheitliche Theorie und keinen einheitlichen Begriffsapparat hat. Dennoch wird immer wieder und in zunehmendem Maße darauf verwiesen, daß es unter bestimmten Bedingungen möglich (und auch nötig) ist, ihr durch die Festlegung eines einheitlichen Gegenstandes, die Entwicklung einer entsprechenden Theorie und Methodologie den Status einer Wissenschaftsdisziplin zu verleihen, einer sich herausbildenden Wissenschaftsdisziplin (vgl. ŠVEJCER, 1977, 57ff.; BOCHMANN, 1983, 61f.), auch unter Verweis auf andere sich herausbildende Wissenschaftsdisziplinen, z. B. die physikalische Chemie aus der Chemie und Physik (vgl. DEŠERIEV, 1973, 5).

Uneinheitlich ist auch die Verwendung der Termini „Soziolinguistik" und „Sprachsoziologie". In den meisten Arbeiten (zumal in den USA) werden die beiden Termini nahezu synonym verwendet. Eine Unterscheidung wird getroffen bei GROSSE/NEUBERT (1970, 3): „Die Soziolinguistik untersucht die Wechselbeziehungen zwischen Sprache und Gesellschaft, und zwar unter linguistischen Gesichtspunkten, während die Sprachsoziologie ihren Ausgangspunkt bei soziologischen Fragestellungen nimmt." Die Wechselbeziehungen zwischen Sprache und Gesellschaft können danach „sowohl vom Aspekt der Sprache wie von dem der Gesellschaft aus erforscht werden. Beide Ausgangspunkte ergänzen einander ... Einerseits kann man die Varianten sprachlicher Zeichen bzw. Zeichenkomplexe registrieren, zu einem Dia-System ordnen und ihren Bezug auf bestimmte soziologisch relevante Klassen und Gruppen bzw. auf bestimmte gesellschaftliche Kommunikationssituationen untersuchen. Möglich ist aber auch der umgekehrte Weg von den soziologischen Kategorien (...) zu den dafür charakteristischen sprachlichen Erscheinungen. Die soziolinguistische Fragestellung (im weiteren Sinne; G. H.) vereinigt beide methodischen Wege" (GROSSE/ NEUBERT, 1974, 10; vgl. auch NEUBERT, 1974, 26f.; GROSSE, 1970). Beide theoretische Ausgangspositionen sind komplementär, beschreiben die *gleichen* Sachverhalte unter verschiedenen Aspekten; deshalb gilt auch für beide Ausgangspositionen keine unterschiedliche Bewertung des Verhältnisses von Sprache und Gesellschaft, sondern in gleicher Weise das Primat des Gesellschaftlichen im Wechselverhältnis von Sprache und Gesellschaft. Eine andere Unterscheidung wird getroffen bei NIKOLSKIJ (1974, 99f.), nach der die Soziolinguistik sich befasse mit der Widerspiegelung sozialer Erscheinungen und Prozesse in der Sprache, die Sprachsoziologie dagegen mit der Sprache als einem der aktiven sozialen Faktoren, die auf gesellschaftliche Prozesse Einfluß nehmen. Bei dieser Differenzierung würde es sich nicht mehr nur um zwei verschiedene methodische Zugänge zu denselben wechselseitigen Beziehungen handeln (vgl. ŠVEJCER, 1977, 61), sondern um zwei verschiedene Gegenstände (entsprechend etwa (1) und (2) bei BOCHMANN, 1983, 62ff.).

2.6.3. Variation und Variabilität

Im Rahmen des allgemeinen Zusammenhangs zwischen Sprache und Gesellschaft gilt das besondere Interesse der Soziolinguistik der sprachlichen Variabilität und der Variation, die deshalb auch zu Zentralbegriffen der Soziolinguistik geworden sind (vgl. ŠVEJCER, 1977, 78ff.; STEGER, 1973, 245). Jede Gesellschaft enthält eine bestimmte Anzahl von linguistischen Varietäten, die sich entsprechend ihrer Funktion voneinander unterscheiden; nach FISHMAN (1971b, 17ff., 20) ist es die Aufgabe der Soziolinguistik, diese linguistischen Varietäten, ihre Funktionen und ihre Sprecher zu charakterisieren und dabei zu beachten, daß alle drei Faktoren aufeinander einwirken und sich im Rahmen der Sprachgemeinschaft wechselseitig beeinflussen. Eine der ältesten Disziplinen, die sich mit Sprachvariationen beschäftigt hat, ist die Dialektologie bzw. Mundartforschung (vgl. dazu auch DITTMAR, 1973, 145). Es gibt jedoch Variationen (oder „Lekte") unterschiedlicher Art: Unter *Idiolekten* werden Eigenheiten verstanden, die für *einen* Sprecher charakteristisch sind und von den Eigenheiten anderer Sprecher abweichen; *Dialekte* sind Varianten, die sich aus territorialen Gesichtspunkten ergeben, die die regionale und horizontale Schichtung einer Sprache ausmachen; *Soziolekte* sind Varianten, die sich aus gesellschaftlichen und sozialökonomischen Gruppierungen (Klassen, Schichten, Gruppen verschiedener Art) ergeben, die die soziale und vertikale Schichtung einer Sprache ausmachen (ohne daß der Begriff „Soziolekt" bisher einheitlich definiert werden könnte; vgl. ausführlicher BAUSCH, 1980, 358ff.); die manchmal noch angenommenen *Chronolekte* ergeben sich aus der Sprachgeschichte und der Orientierung an den verschiedenen Punkten der historischen Entwicklung einer Sprache (vgl. auch BAUSCH, 1973, 254ff.; 1980, 358ff.; IMHASLY u. a., 1979, 204ff.). Daneben gibt es *situative Varianten*, die sich aus der Kommunikationssituation ergeben.

Die Soziolinguistik befaßt sich nicht mit allen Varianten, z. B. nicht mit den Idiolekten als individuellen Abweichungen von der Norm des Sprachsystems, sondern nur mit denjenigen Varianten, die gesellschaftliche Relevanz haben. Unter diesem Aspekt ist es die Aufgabe der Soziolinguistik, die „gesellschaftlichen Varianten" der Sprache, ihre Gliederung und wechselseitigen Beziehungen zu beschreiben und zu erklären (vgl. GROSSE/NEUBERT, 1974, 12f.). Zu diesem Zweck muß einerseits das Reservoir an sprachlichen Mitteln beschrieben werden, aus dem dabei geschöpft wird, andererseits müssen aber auch die Regeln für die Auswahl aus den „gesellschaftlichen Varianten" im Kommunikationsakt erfaßt werden. Denn es handelt sich nicht nur um eine beliebige Auswahl oder eine „freie Variation", sondern um eine gesellschaftlich gesteuerte Auswahl, die von sozialen Bedingungen und Normen abhängt (deren Begründung also nicht im Sprachsystem selbst liegt). Eben deshalb wird neben dem Begriff der Variation der Begriff der „Norm" zu einem zweiten Zentralbegriff der Soziolinguistik (vgl. ausführlicher 2.6.4.). Die soziolinguistischen Untersuchungen richten sich einerseits auf die Wirksamkeit der gesellschaftlichen Varianten im Kommunikationsakt, andererseits auf die soziologischen Voraussetzungen für die Existenz und Entwicklung solcher gesellschaftlicher Varianten einer Sprache (GROSSE/NEUBERT, 1974, 12).

Ausgangspunkt für die Soziolinguistik ist dabei – im Unterschied zu einer in der Systemlinguistik vielfach vorausgesetzten „homogenen Sprachgemeinschaft" – gerade die Heterogenität und Variation, die kommunikative Erfahrung, daß es „ungleiche Redeweisen", Differenziertheiten innerhalb einer Sprache („diversities of speech") gibt, die weder nur individuell noch rein zufällig sind (wie es in der linguistischen Theoriebildung bis CHOMSKY manchmal erscheinen konnte), die vielmehr zum Wesen der Kommunikation gehören und zugleich Indizien sind für soziale Eigenschaften der Sprecher und/oder für die sozialen Bedingungen, unter denen die Kommunikation stattfindet. Sie betreffen alle sprachlichen Ebenen, sind auch im Bewußtsein der Sprecher gegenwärtig und häufig mit einem System von Werten verbunden. Variationen der Redeweise sind somit weder Selbstzweck noch ein zufälliges Nebeneinander (dem etwa nachträglich ein Sinn zugeschrieben würde), sondern sie ergeben sich im wesentlichen aus den sich differenzierenden kommunikativen Bedingungen (vgl. HARTUNG/SCHÖNFELD, 1981, 11ff.).

Die entscheidende Frage – über die Unterscheidbarkeit der Varianten hinaus – besteht darin, wodurch diese Varianten bedingt sind (gesteuert werden) und über welche Vermittlungen sie mit den in der gesellschaftlichen Wirklichkeit handelnden Menschen verbunden sind, wie also die sprachlichen Differenzierungen und die Bedingungen des Handelns in einen erklärenden Zusammenhang gebracht werden können (vgl. dazu ausführlicher HARTUNG/SCHÖNFELD, 1981, 26ff.). Zur Herstellung dieses Zusammenhangs ist ein Modell ungeeignet, das Sprache und Gesellschaft voneinander trennt (wie im Strukturalismus), genügt aber auch eine Forschungsstrategie nicht (wie in der frühen Phase der Soziolinguistik), die sprachliche Variable mit sozialen Daten des Sprechers einfach korreliert (auf Grund der Vorstellung, daß es sich bei Sprache und Gesellschaft um zwei komplexe Objekte mit einer weitgehend intern zu erklärenden Struktur handele). Eine solche Korrelierung sprachlicher Daten und sozialer Daten – oft unter den genannten Kernbegriffen „Ko-Varianz" oder „Ko-Variation" – genügt deshalb nicht, weil sie eine weitgehende Trennung von Sprachlichem und Gesellschaftlichem voraussetzt, weil sie nichts aussagt über die Determinationsrichtung (von der Gesellschaft zur Sprache), weil sie oft verbunden ist auch mit der Annahme einer Isomorphiebeziehung oder der Postulierung eines einfachen Kausal- oder Widerspiegelungsverhältnisses (das zwar naheliegt, aber dennoch falsch ist, weil aus gesellschaftlichen Differenzierungen nicht direkt auf sprachliche Differenzierungen geschlossen werden kann und umgekehrt). In Auswertung des Tätigkeitskonzepts der sowjetischen Psychologie hat HARTUNG (HARTUNG/SCHÖNFELD, 1981, 44ff., 57ff.) darauf hingewiesen, daß eine Lösung dieses Problems von der Untrennbarkeit von Gesellschaft und Sprache sowie von ihrer Wechselwirkung ausgehen muß, als entscheidendes vermittelndes Zwischenglied den Menschen in seiner *Tätigkeit* annehmen sollte, so daß die sprachliche Differenziertheit als Transformation von Tätigkeitsbedingungen erscheint. Sprachliche Differenzierungen spiegeln unter diesem Aspekt soziale und situative Differenzierungen nicht unmittelbar wider, sondern modellieren bestimmte (Tätigkeits-)Bedingungen der Kommunikation, die sich auf solche Differenzierungen beziehen lassen.

Eine weitere Frage für die Soziolinguistik ist die, wann, nach welchen Kriterien und wie viele Varietäten (immer bezogen auf eine „Gesamtsprache" als Abstraktion) angesetzt werden können oder müssen (vgl. dazu und zum folgenden HARTUNG/SCHÖNFELD, 1981, 73ff.). Wenn man von der historischen Dimension absieht, lassen sich *territoriale* Varietäten (Dialekte, Umgangssprachen), *soziale* Varietäten (soziale Dialekte, Soziolekte) und *situative* Varietäten voneinander unterscheiden. Die territorialen Varietäten („Existenzformen") bilden ein Gefüge, das insofern von der sozialökonomischen Formation determiniert ist, als sich mit dem Wandel dieser Formation das Verhältnis von Sprechern zur Verwendung von Existenzformen verschiebt. Die sozial bestimmten Varietäten ergeben sich aus der Zugehörigkeit der Sprecher zu bestimmten sozialen Gruppen (Klassen, Schichten, Beruf, Familie, Alter u.a.). Manchmal wird im Zusammenhang mit dieser sozialen Differenzierung der Sprache auch von „stratifikativer Varietät" (im Unterschied zur situativen Varietät) gesprochen (vgl. ŠVEJCER, 1977, 78ff.). Während sich territoriale und soziale Varietäten nach Gruppen von *Sprechern* differenzieren lassen, beziehen sich situative Varietäten auf das Verhalten derselben Sprechergruppe in unterschiedlichen *Situationen* und *Kommunikationsbereichen*; sie werden deshalb auch zum großen Teil durch andere Modelle (z.B. durch die Funktionalstilistik oder die Registervariation) erfaßt, da ein und derselbe Sprecher je nach der unterschiedlichen Situation verschiedene sprachliche Einheiten aus verschiedenen Kodes auswählen und den Kode wechseln kann („code-switching"). Mitunter sind freilich die Grenzen zwischen territorialer und sozialer Varietät schwer zu ziehen, da Soziolekte territorial untergliedert sein können und Dialekte – wenn sie sozial bewertet werden – die Funktion von Soziolekten übernehmen können. Es ist Aufgabe der Soziolinguistik, die Vielzahl der auftretenden Varietäten in einen geordneten und möglichst hierarchischen Zusammenhang zu bringen und zu erklären, auf welche Weise diese Varietäten entstehen und gesteuert werden.

2.6.4. Begriff der Norm

Da die Variation der Normierung unterliegt, stellt der Begriff der „Norm" einen zweiten Zentralbegriff der Soziolinguistik dar. Normen sind im allgemeinsten Sinne Handlungsanweisungen, sind Aufforderungen, Übereinstimmungen und Gleichmäßigkeiten in einem bestimmten Bereich des Verhaltens hervorzubringen, sind – auf die Linguistik bezogen – Aufforderungen „zu einer bestimmten übereinstimmenden ‚Beschaffenheit' sprachlich-kommunikativer Tätigkeit und insbesondere der in ihr hervorgebrachten Produkte, der Äußerungen" (HARTUNG/SCHÖNFELD, 1981, 63). Natürlich hat sich die Linguistik immer schon mit Normen befaßt; ihre Beschäftigung mit sprachlichen Normen ist so alt wie das Interesse an der Sprache überhaupt. Neu ist jedoch in den letzten Jahrzehnten, daß mit der Verlagerung des Schwergewichts auf die gesellschaftliche Dimension der Sprache die sprachliche Tätigkeit unter dem Gesichtspunkt sozialer Normen betrachtet worden ist, folglich der linguistische Normbegriff durch Unterscheidungen aus der Soziologie bereichert werden mußte. Soziale Normen können dabei verstanden werden als „gedankliche Festsetzungen", die sich auf menschliche Handlungen beziehen und kollektive Verbindlichkeit besitzen, die vom Handelnden also eine bestimmte wiederkehrende Art des Handelns fordern und so auf eine Regulation sozialen Verhaltens abzielen (vgl. KLAUS/BUHR, 1975, 877). Auf die sprachlich-kommunikative Tätigkeit bezogen, wären die ihr zugrunde liegenden Normen „gedankliche Festsetzungen, die den als Sprecher/Schreiber oder Hörer/Leser in kommunikative Beziehungen zueinander tretenden Menschen als Grundlage dafür dienen, wie sie bei der Realisierung der kommunikativen Beziehungen vorgehen können oder müssen" (HARTUNG, 1977, 12f.). Es handelt sich bei den Normen um Abstraktionen, die einerseits aus der Verallgemeinerung von Regelmäßigkeiten der sprachlich-kommunikativen Tätigkeit gewonnen worden sind, andererseits als Richtschnur dieser Tätigkeit wieder zugrunde liegen (da sie den Kommunikationspartnern vorgegeben sind). Das gilt in besonderem Maße auch für die kommunikativen Normen, für die territorialen, sozialen und situativen Varietäten. Um den Normbegriff aber auf soziolinguistische Tatbestände beziehen zu können, mußte er genauer gefaßt werden.

Der Begriff der Norm trat nicht nur erst mit der Verlagerung des Interesses der Sprachwissenschaft vom System auf die Funktionsweise der Sprache stärker in den Mittelpunkt der linguistischen Reflexion, sondern wurde und wird auch in den verschiedenen sprachwissenschaftlichen Richtungen recht unterschiedlich verstanden (vgl. ausführlicher SEMENJUK, 1975, 454 ff.). Während bei DE SAUSSURE die Norm noch kein selbständiger Begriff ist, taucht er als solcher auf in der Prager Schule (bei HAVRÁNEK Norm einmal als das durch seine Verbindlichkeit charakterisierte Sprachsystem, zum anderen – unter dem Aspekt der Funktionsweise – als das, was die Gesellschaft anerkennt). In HJELMSLEVS Gegenüberstellung „reine Form" (System) – Norm – Usus – individueller Sprechakt (wobei Norm, Usus und individueller Sprechakt drei Aspekte der sprachlichen Realisierung sind) erweist sich der Normbegriff letztlich als unnötige Abstraktion, wird aber zugleich der Weg geebnet für die Aufhebung der absoluten Dichotomie von langue und parole sowie für den Einbau der Norm in dieses Schema. Diesen Schritt ist vor allem COSERIU (1971, 53 ff.) durch seine Trennung von System und Norm gegangen, die große Verbreitung (z. B. in der Sowjetunion, aber auch in anderen Ländern) gefunden hat: Das System verkörpert dabei die Möglichkeiten, die strukturellen Potenzen, die Norm dagegen das System der obligatorischen Realisierungen, das konkret Realisierte und von der Gesellschaft Anerkannte. Auf dem Wege der Trennung von funktionellem System (= System) und normalem System (= Norm) entsteht eine Dreiteilung von System (als funktioneller Invariante), Norm (als normaler Invariante) und Rede (als konkreter Variante), d. h., zwischen dem abstrakten System von funktionellen Invarianten und dem konkreten Sprechen liegt ein ebenfalls abstraktes System normaler Realisierungen, d. h. von Normen (vgl. vor allem COSERIU, 1971, 64 ff.). Auf diese Weise wird die Norm – ursprünglich nur allgemeine Eigenschaft der Sprache und wesentliches Attribut des Systems – zu einem speziellen linguistischen Begriff im Bereich der sprachlichen Realisierung (vgl. SEMENJUK, 1975, 458).

An COSERIU hat SEMENJUK (1975, 458 ff.) angeknüpft und unter Norm verstanden die „Gesamtheit der stabilsten, traditionellen, durch die gesellschaftliche Sprachpraxis ausgewählten und fixierten Realisierungen der Elemente der Sprachstruktur" und dabei ausgedrückt, daß die Sprache sowohl unter ihrem Aspekt ihrer inneren Organisation (d. h. als Struktur) als auch unter dem Aspekt ihrer Realisierung und der Funktionsweise dieser Struktur (d. h. als Norm) behandelt werden kann. In der Dreiheit von Strukturschema (= System), Norm und Usus handelt es sich bei System und Norm um unterschiedliche Abstraktionsebenen; Norm ist die unterste, System die höchste Strukturebene. So entsprechen z. B. einem deutschen Phonem [r] als Strukturelement im System mehrere Normvarianten ([r] und [ʀ]). Einem Sprachsystem können mehrere Normen entsprechen, die im Verhältnis der Variation zueinander stehen. Die Norm wird nicht nur vom System, sondern auch vom Usus abgehoben, denn die Norm umfaßt nur die stabilsten, traditionellen Realisierungen, die von der Gesellschaft anerkannt, als richtig und verbindlich empfunden werden, der Usus dagegen die Gesamtheit der realen Verwendungen einer Sprache, zusätzlich zur Norm eine bestimmte Anzahl okkasioneller, nicht-traditioneller und sogar nicht-korrekter Realisierungen (z. B. *Gebürge, *interezant) (vgl. SEMENJUK, 1975, 461). Die Norm erweist sich auf diese Weise zugleich als eine eigentlich sprachliche Kategorie (das ist ihre „objektive Seite") und als eine sozial-historische Kategorie (ihre „subjektive Seite", die mit ihrer Annahme und Kodifizierung durch das Kollektiv der Sprecher zusammenhängt). Entsprechend sind auch die allgemeinsten Merkmale der sprachlichen Norm heterogen: (a) relative Stabilität, (b) selektiver Charakter (gegenüber dem System), (c) Verbindlichkeit und „Richtigkeit" der Realisierungen (gegenüber dem Usus); denn (a) ist vorwiegend eine Eigenschaft der sprachlichen Realisierung selbst, während sich in (b) und (c) die bewußte Wertung der Realisierungen durch die Gesellschaft ausdrückt.

In Anlehnung an COSERIU und SEMENJUK werden auch in der DDR von verschiedenen Autoren System und Norm deutlich unterschieden. Ausgehend von dem Doppelcharakter der sprachlichen Norm (intern-sprachlich und extern-sozial) ist die Sprachnorm für LERCHNER (1973, 108 ff.) einerseits durch relative Eigengesetzlichkeiten des Systems bestimmt (= Möglichkeit), andererseits regelt sie die gesellschaftliche Verwendungsweise (= Wirklichkeit). Auf diese Weise wird sie zu einem „zentralen Kettenglied", „die Abfolge des kausalen Ineinandergreifens von Veränderungen der sozialökonomischen Formation, Veränderungen der gesellschaftlich-kommunikativen Bedürfnisse, Veränderungen des Sprachverhaltens und schließlich Veränderungen im sprachlichen System zugleich zusammenzufassen und analytisch voneinander abzuheben". Die Sprachnorm repräsentiert für ihn (1973, 110) den „Ausnutzungskoeffizienten des Sprachsystems, dessen Struktur gegenüber der Norm die höhere Abstraktionsebene linguistischer Beschreibung darstellt. Oder, negativ ausgedrückt, die Sprachnorm ist gleich dem Sprachsystem abzüglich virtueller Zeichen oder Zeichenkombinationen." Unter diesem Aspekt werden jeder relativ stabilen gesellschaftlichen Verwendungsweise von sprachlichen Mitteln Normen zugeschrieben: Zu jedem sprachlichen System „existieren, historisch-gesellschaftlich bedingt, ebenso viele spezifische Normen, wie es sozial, regional oder funktional abgrenzbare stabilisierte Realisationen des Sprachsystems gibt" (LERCHNER, 1973, 111; vgl. dazu auch LERCHNER, 1974, 133 ff.) – wobei die Norm natürlich nicht mit ihrer Kodifizierung identifiziert werden darf (vgl. auch HAVRÁNEK, 1976, 143 ff.), schon deshalb nicht, weil diese Kodifizierungen abgeleitete Erscheinungen sind und mit subjektiv-autoritativen Momenten verbunden sind (vgl. Duden, Aussprachewörterbücher). Auch NERIUS (1973, 83 ff.) orientiert sich an der Langue-Parole-Unterscheidung, versteht die Sprachnorm „zunächst einfach als die Übereinstimmung im Sprachgebrauch einer bestimmten Gemeinschaft", bezieht den Normbegriff sowohl auf das Sprachsystem als auch auf die Sprachverwendung und unterscheidet zwischen „Systemnormen" („die zu einem bestimmten Zeitpunkt in einer Sprachgemeinschaft realisierten sprachlichen Möglichkeiten, und zwar unabhängig von den konkreten kommunikativen Bedingungen und Situationen", z. B. *das Tisch, *er laufte) und „Verwendungsnormen", d. h. „die durch die kommunikativen Bedingungen oder Kommunikationsbereiche bestimmte Realisierung der sprachlichen Möglichkeiten, das heißt die aus der Situation oder Funktion der jeweiligen Sprachverwendung resultierende Auswahl der sprachlichen Mittel" (NERIUS, 1973, 87 f.). Im Bereich einer entwickelten Kultursprache gibt es nicht nur *eine* Norm, sondern mehrere Normen, die an die einzelnen Existenzformen der Sprache gebunden sind (vgl. NERIUS, 1973, 90ff.). Die Varietäten im Gefüge einer Gesamtsprache („Nationalsprache") verfügen deshalb über spezifische Normen, abhängig von der jeweiligen Gemeinschaft, den Sprachteilnehmern und dem Bereich der Sprachverwendung.

Im Unterschied zu dieser (weit verbreiteten) Auffassung von der Trennung von System und Norm (als zwei eigenständigen Kategorien, die unterschiedliche Sachverhalte abbilden) wird in jüngerer Zeit auch (und wieder) die Auffassung vertreten, daß System und Norm (vor allem unter dem Aspekt der Tätigkeitsauffassung) als „Einheit von zwei Aspekten bei der Betrachtung des gleichen Sachverhalts, der Invarianten sprachlicher Äußerungen", aufzufassen sind. Als Voraussetzung und Ergebnis einer gesellschaftlichen Tätigkeit hätten diese Invarianten sprachlicher Äußerungen dann „sowohl systematischen als auch normativen Charakter: Betrachtet man die Invarianten, die aus den sprachlichen Äußerungen abstrahierbar sind, unter dem Gesichtspunkt ihres wechselseitigen Zusammenhangs, so sieht man sie als System, betrachtet man sie unter dem Aspekt ihrer gesellschaftlichen Verbindlichkeit, so begreift man sie als Norm" (NEUMANN u. a., 1976, 452f.). Damit würde unter dem Tätigkeitsaspekt die weit verbreitete Unterscheidung zwischen System und Norm weitgehend entfallen. Die zur Stützung dieser Unterscheidung häufig herangezogenen Beispiele aus der deutschen Wortbildung – daß durch die Kombination eines Verbstammes mit dem Affix „-er" Nomina agentis gebildet werden können, die sowohl system- als auch normgerecht sind (z. B. Schreiber, Leser, Sprecher), daß andererseits nach der gleichen Möglichkeit Bildungen vorhanden sind, die zwar system-, aber nicht normgerecht sind (z. B. *Aufwacher) – werden unter diesem Aspekt so beurteilt, daß die Bildungen der zweiten Gruppe nicht nur nicht der gesellschaftlich verbindlichen Norm entsprechen, sondern auch nicht (als Lexikoneinheiten) in das gesellschaftlich fixierte System gehören (was freilich die Unterscheidung beider Gruppen mindestens erschwert).

In Auseinandersetzung mit den bisherigen Normbegriffen hat HARTUNG (1977, 29ff., 50ff.) das Verhältnis von System und Norm erneut problematisiert und zwischen der Objekt- und der Widerspiegelungsebene deutlich differenziert: Während auf der Ebene der konkreten Tätigkeit Norm und System weitgehend zusammenfallen (dem Individuellen tritt die Sprache als Norm gegenüber, das System ist lediglich eine Abstraktion des Linguisten), fallen auf der Widerspiegelungsebene System und Norm nicht völlig zusammen, da der Normbegriff weiter ist als der Systembegriff, sich nicht nur auf die sprachliche Seite des Tätigkeitsprodukts (den Text), sondern auch auf die Rahmenbedingungen der Kommunikation bezieht (z. B. auch darauf, wann Kommunikation angebracht ist, wer sie eröffnet usw.). Folglich werden verschiedene Arten von Normen unterschieden: solche für die Beschaffenheit des Tätigkeitsprodukts (darunter einerseits grammatisch-semantische, andererseits situative – etwa in Entsprechung zu der Unterscheidung von System- und Verwendungsnormen, von linguistischen und soziolinguistischen Normen) und solche für die Regelung der Rahmenbedingungen der Kommunikation (vgl. HARTUNG, 1977, 39f.). Für die Soziolinguistik ergibt sich dabei die zentrale Rolle des Normbegriffs: Weil die Varietäten nicht „frei" und beliebig austauschbar sind, bestimmt die Norm die Wahl der sprachlichen Varietät. Wie die Varietäten gesellschaftlich determiniert sind, so sind auch die Normen sozial bestimmt. In den Normen werden sprachliches System und soziale Strukturen gleichsam aufeinander bezogen.

2.6.5. Soziolinguistisches Differential

Auf ein Gesamtmodell mit mehrfacher Variabilität ist das in der DDR entwickelte Konzept von einem „soziolinguistischen Differential" ausgerichtet (vgl. GROSSE/NEUBERT, 1974, 13ff.; NEUMANN u. a.; 1976, 559ff.; GROSSE, 1971, 66ff.). Die kommunikative Tätigkeit der Menschen schlägt sich einerseits im System nieder und bewirkt andererseits die gesellschaftliche Variabilität des Sprachsystems. Das soziolinguistische Differential der Kommunikation ergibt sich als komplexe Einheit aus den vier Faktoren des sprachlichen Kodes, des Senders und des Empfängers (in ihrer jeweiligen sprachsoziologischen Rolle) und der Klasse der jeweiligen Kommunikationssituationen. Die gesellschaftlichen Varianten der Sprache (als phonologische, grammatische und semantische Strukturen) werden dabei durch Sender, Empfänger und/oder Kommunikationssituation „moduliert". Die Beeinflussung durch Sender und Empfänger führt zu „soziolinguistischen Schichten", die Überlagerung mit der Kommunikationssituation ergibt „soziolinguistische Sphären". Die allseitige Bestimmung der soziolinguistischen Schichten und Sphären führt zu „soziolinguistischen Systemen", in denen die zunächst als „Abweichung" (soziolinguistische Variante) erkannte sprachliche Erscheinung „aufgehoben" und positiv als „soziolinguistische Norm" definiert wird. Soziolinguistische Varianten und soziolinguistische Norm erweisen sich auf diese Weise als dialektische Kategorien (vgl. GROSSE/NEUBERT, 1974, 13ff.; GROSSE, 1971, 67f.).

Das soziolinguistische Differential will die gesellschaftlich bedingte sprachliche Variabilität systematisch mit Hilfe einer Dreigliederung erfassen (vgl. dazu und zum folgenden NEUMANN u. a., 1976, 560ff.): (1) Die geographische Herkunft der Sprecher führt zum *Dialekt* und zur regionalen Umgangssprache; (2) Der soziale Status der Sprecher führt zum *Soziolekt*; (3) Die Erfordernisse der Kommunikationssituation bzw. der kommunikativen Funktion spiegeln sich in der *Stilebene* bzw. im *Funktionalstil*. Diese dreifache Variabilität der Sprache ist darüber hinaus noch *zeitlich* dimensioniert (was die historische Komponente des soziolinguistischen Differentials ausmacht). Die gesellschaftliche Variabilität kann dabei den sprachlichen Elementen selbst anhaften (typisch für Dialekt) oder erst durch „Aufladung" der sozial neutralen sprachlichen Einheiten durch gesellschaftlich gerichtete „Gebrauchsregeln" entstehen (typisch für Soziolekt). Die aus der regionalen Differenzierung der Sprache entstehenden *dialektalen* und umgangssprachlichen Verschiedenheiten betreffen – im Unterschied zu den anderen beiden Komponenten des Differentials (der sozialen und funktionalen Variation) – das gesamte Sprachsystem (vom Laut bis zur Bedeutung) und damit alle Ebenen der Sprache. Sie unterliegen historischen (nicht innersprachlich begründbaren) Veränderungen und Umwertungen, die zu einer Neubestimmung der Rolle des Dialekts innerhalb des soziolinguistischen Differentials führen (vor der Herausbildung der Umgangssprachen und der nationalen Literatursprache einzige Existenzform der Sprache, danach an die Peripherie des nationalsprachlichen Gefüges von Existenzformen verwiesen). Während die dialektale Differenzierung nicht direkt Ausdruck gesellschaftlicher Verhältnisse ist, gesellschaftliche Bezüge von der regionalen Herkunft der Sprecher unabhängig sind, sind gesellschaftliche Bezüge im *Soziolekt* deutlich greifbar, der sich aus der Zugehörigkeit des Sprechers zu sozialen Klassen, Gruppen oder Mikrogruppen (z. B. Familie, Freundeskreis) ergibt (wobei kein unmittelbarer Isomorphismus – wie z. T. in der bürgerlichen Soziolinguistik – angenommen werden darf). Der Soziolekt offenbart sich in dreierlei Hinsicht: (a) in der *Zugehörigkeit* des Sprechers zu einer bestimmten Klasse, Schicht oder Gruppe (in der Regel zu mehreren „Mikrokommunikationsgemeinschaften"), (b) in Merkmalen, die Ausdruck der *Sichtweise* einer sozialen Gruppe sind (abstrakte Denk- und Fühlweise – von der Ideologie bis zur momentanen Einstellung –, Ideen und Vorstellungen, die aus der Gruppenzugehörigkeit erwachsen können, aber mit ihr nicht zusammenzufallen brauchen), (c) in Merkmalen, die als *Indiz* für eine bestimmte sozial-historische Situation aufgefaßt werden (damit werden in der Sprache auf „diagnostische" Weise gesellschaftliche Sachverhalte ausgedrückt). Während Dialekt und Soziolekt weitgehend von der vordergründigen Kommunikationsintention und teilweise sogar vom Willen der Sprecher unabhängig sind, werden *Stilvarianten* in der Regel bewußt und gezielt genutzt (vgl. NEUMANN u. a., 1976, 596 ff.). Unter den Stilvarianten werden dabei zwei Grundarten unterschieden: (a) *Funktionalstile*, die sich aus Unterschieden im gesellschaftlichen Anlaß und im Kommunikationsbereich ergeben – z. B. Amtsverkehr, Wissenschaft, Alltag, Publizistik (mit jeweils möglichen Untergliederungen); (b) *Stilebenen*, die aus situations- und adressatenspezifischen Unterschieden resultieren – z. B. geschraubt – förmlich – neutral – umgangssprachlich – familiär – vulgär. Freilich überlappen sich diese beiden Variationstypen und sind auch voneinander abhängig. Es bestehen überhaupt wechselseitige Beziehungen zwischen den verschiedenen Aspekten der gesellschaftlichen Variabilität. Das „soziolinguistische Differential" funktioniert als komplexes System, obwohl es zum Zwecke der wissenschaftlichen Abbildung gerechtfertigt und auch erforderlich ist, einzelne Teile aus dem gesamten „Getriebe" des Kommunikationsablaufs voneinander abzuheben und gesondert zu beschreiben (vgl. auch GROSSE/NEUBERT, 1974, 15).

2.6.6. Sprachbarrieren-Problematik („Defizit-Hypothese")

Eine besondere Ausprägung der Soziolinguistik stellt die Problematik der „Sprachbarrieren" dar, wie sie durch BERNSTEIN seit den 50er Jahren entwickelt worden ist und sich vor allem in England und in der BRD weit verbreitet hat. Diese Problematik stand lange Zeit im Zentrum der Soziolinguistik der BRD, die sich weitgehend auf diese Forschungsproblematik konzentriert und geradezu reduziert hat. BERNSTEIN hat zwischen 1958 und 1973 etwa 30 Aufsätze publiziert, die seine „Defizit-Hypothese" in mehreren Modifikationen enthalten (vgl. vor allem BERNSTEIN, 1970; BERNSTEIN, 1972; BERNSTEIN u. a., 1970; BERNSTEIN, 1973), wobei bis 1962 die empirische Belegung, danach der theoretische Rahmen im Vordergrund stand. Obwohl die Modifikationen in BERNSTEINS Konzept z. T. recht erheblich waren, beschränken wir uns im folgenden auf die durchgängigen Leitgedanken seines Konzepts (sehen also von den Modifikationen ab) und schließen daran eine kritische Wertung an (zusammenfassende Darstellungen vgl. vor allem bei DITTMAR, 1973, 1 ff.; BADURA/GROSS, 1973, 262 ff.).

Der Kerngedanke des Konzepts von den „Sprachbarrieren" besteht darin, daß eine Korrelation hergestellt wird zwischen sozialen Sprachvarietäten, d. h. schichtenspezifischem Sprachverhalten einerseits und unterschiedlichen kognitiven Fähigkeiten sowie unterschiedlichen sozialen Aufstiegschancen andererseits. Nach BERNSTEIN unterscheidet sich das Sprachverhalten bestimmter sozialer Gruppen mit niedrigem Einkommen und geringem sozialen Einfluß („Unterschicht") vom Sprachverhalten anderer sozialer Gruppen, die auf Grund materieller und intellektueller Privilegien größeren Einfluß in der Gesellschaft haben („Mittelschicht"). Diese Unterschiede werden sozial bewertet: Die Unterschicht ist auf Grund ihrer beschränkten Sprache sozial benachteiligt, ihr Sprachverhalten wird als Mangelerscheinung, als „Defizit" interpretiert. Entsprechend diesen verschiedenen Schichten differenziert BERNSTEIN zwischen einem *„restringierten Sprechkode"* (in früheren Arbeiten: „öffentliche Sprache") für die Unterschicht und einem *„elaborierten Sprechkode"* (in frühen Arbeiten: „formale Sprache") für die Mittelschicht. Der Unterschied zwischen dem restringierten und dem elaborierten Sprechkode (als zwei sozial bedingten Varietäten) wird als die entscheidende Ursache für die vorhandene gesellschaftliche Chancenungleichheit angesehen.

Die Annahme eines Abhängigkeitsverhältnisses zwischen sprachlichem Ausdrucksvermögen und der psychisch-sozialen Erfahrung der Sprecher ist freilich nicht völlig neu: Bereits bei SAPIR und WHORF waren solche Parallelen postuliert worden, die sich jedoch auf *verschiedene* Sprachgemeinschaften bezogen. BERNSTEIN überträgt diese Gedanken auf soziale Barrieren zwischen verschiedenen Schichten *einer* Gesellschaft und ergänzt die Relativitätshypothese WHORFS um den entscheidenden Zusatz, daß die *Sozialstruktur* einerseits das Sprachverhalten bestimmt, das andererseits dann (in einem zirkulären Prozeß) die Sozialstruktur wiederum reproduziert (vgl. ausführlicher DITTMAR, 1973, 2 ff.). Während bei WHORF in einseitiger Weise die Sprache die Erfahrung weitgehend determiniert (vgl. HELBIG, 1970, 149 ff.), wird bei BERNSTEIN ein wechselseitiges Verhältnis angenommen, in dem die Sozialstruktur einerseits das Sprachverhalten determiniert, dieses aber andererseits die Sozialstruktur reproduziert.

BERNSTEINS Konzept von den Sprachbarrieren hat eine deutlich erkennbare gesellschaftspolitische Wurzel: Seine These von der Existenz einer Sprachvariation innerhalb von arbeitsteiligen modernen Industriegesellschaften beruht auf der Annahme, daß sich die gesellschaftliche Stellung psychosozial (bereits in der unterschiedlichen familiären Interaktion) und sprachlich widerspiegelt: Kinder der Unterschicht erwerben nur den restringierten Sprechkode, Kinder der Mittelschicht den differenzierten elaborierten Sprechkode, so daß die letzteren durch ihr größeres verbales Repertoire mit mehr Privilegien ausgestattet sind als die Kinder der Unterschicht, die sich nicht so gut ausdrücken können. Es wird also im wesentlichen eine Gleichsetzung vorgenommen zwischen „gesellschaftlichen Vorteilen" und reicherem Ausdrucksvermögen einerseits, zwischen „gesellschaftlichen Nachteilen" und geringerem Ausdrucksvermögen andererseits. Die „Sprachbarriere" besteht darin, daß das Sprachverhalten der „Unterschicht" defizitär ist. Dieses Defizit soll durch „kompensatorischen Sprachunterricht" abgebaut werden, um die bestehende Chancenungleichheit zu beseitigen. Dies sei notwendig, weil der elaborierte Sprechkode (der den restringierten Sprechkode einschließt, aber nicht umgekehrt) Zugang zu gesellschaftlichen Privilegien verschafft, der restringierte Sprechkode diesen Zugang umgekehrt gerade blockiert. Die Differenz zwischen dem elaborierten Sprechkode und dem restringierten Sprechkode macht genau das Defizit aus, das den gesellschaftlichen Erfolg restringierter Sprecher verhindert (vgl. ausführlicher auch DITTMAR, 1973, 7 ff., 32 f.).

Innerhalb dieses Konzepts vermittelt zwischen der Sprache als Regelsystem und dem Sprecher als Performanz die Sozialstruktur, die über spezifische Planungsstrategien spezifische (unterschiedliche) Sprechkodes determiniert. Überhaupt benutzt BERNSTEIN mit der Sozialstruktur, den Sprechkodes und den psychischen Korrelaten zu seiner Differenzierung drei unterschiedliche Analyseebenen: Sprachliche Unterschiede werden durch soziale und psychische Faktoren gesteuert, soziale Unterschiede bringen unterschiedliche verbale Planungsstrategien hervor (auf psychologischer Ebene), die ihrerseits unterschiedliche Sprechweisen (auf linguistischer Ebene) bedingen; die Sprechkodes sind nicht nur sozial, sondern auch psychologisch verankert. Die Sprechkodes ergeben sich aus der sozialen Schicht (vermittelt über sozialökonomischen Status und Bildungsstand) und entstehen bereits im familiären Rollensystem. Es muß nach BERNSTEIN auf allen drei Ebenen (der sozialen, der psychologischen und der linguistischen) vorhersagbar sein, welche Sprecher auf Grund welcher Eigenschaften „elaboriert" oder „restringiert" sprechen. Alle drei Ebenen bilden bei ihm also *einen* zusammenhängenden Merkmalskomplex, in dem sich die einzelnen Merkmale wechselseitig bedingen. Es wird folglich ein sehr enger Zusammenhang zwischen Sprechen und Denken angenommen (so daß ein sprachliches Defizit zugleich als kognitives Defizit gedeutet wird), der zu der Annahme (ver-)führt, die gesellschaftliche Chancenungleichheit könne durch Anhebung des Sprachniveaus kompensiert, das Defizit der „Unterschicht" durch „kompensatorische Spracherziehung" abgebaut werden (vgl. DITTMAR, 1973, 10ff., 32f.; vgl. auch PORSCH, 1981, 259ff.).

Gewiß liegt dem Konzept der Sprachbarrieren ein richtiger Ausgangspunkt zugrunde: daß Kinder aus der Arbeiterklasse in der Regel nicht über das reiche und differenzierte verbale Repertoire verfügen (können) wie die Kinder aus den Mittel- und Oberschichten, daß die unterschiedlichen Sprechkodes in ihrer Entstehung auf spezifische soziale Bedingungsfaktoren zurückgeführt und als Auswirkungen sozialer und gesellschaftlicher Beziehungen verstanden werden. Ebenso klar ist aber auch, daß es sich um ein spezifisch bürgerliches Konzept der Klassengesellschaft handelt (in der sozialistischen Gesellschaftsordnung gibt es weder solche klassenbedingten „Sprachbarrieren" noch die mit ihr verbundenen Chancenungleichheiten), ein Konzept, dessen gesellschaftlicher Auftrag und dessen gesellschaftspolitische Zielstellung recht deutlich erkennbar ist: Es werden die Ursachen gesucht, die für die mangelnde Ausschöpfung von Bildungsreserven in der kapitalistischen Gesellschaft verantwortlich sind, und es wird der Weg angedeutet, wie sie beseitigt werden können, um sie für die kapitalistische Herrschafts- und Produktionsstruktur zu erschließen (vgl. UESSELER, 1982, 46, 78ff.; DITTMAR, 1973, 105ff.). Es ist unverkennbar, daß kapitalistische Produktionsverhältnisse, Defizit-Hypothese (als theoretisches Konzept) und kompensatorische Spracherziehung (als praxisbezogene Konsequenz) in einem funktionalen Zusammenhang miteinander stehen. Es ist bezeichnend, daß genau an dem Punkt, an dem der kompensatorische Sprachunterricht versagte, sich auch die Diskussion um die Defizithypothese (als dessen theoretische Grundlage) stärker entfachte, daß die Ergebnislosigkeit der praktischen Bemühungen um kompensatorischen Sprachunterricht auf die Theorie zurückwirkte und sie zum Gegenstand der wissenschaftlichen und gesellschaftspolitischen Kritik machte.

Es müssen vor allem folgende Einwände gegen das Konzept von den „Sprachbarrieren" vorgebracht werden (vgl. ausführlicher NEUMANN u. a., 1976, 459; UESSELER, 1982, 36ff.; 78ff.; DITTMAR, 1973, 96ff., 120ff.; PORSCH, 1981, 259ff.):

1) Die These von den Sprachbarrieren muß im Zusammenhang mit den gesellschaftlichen Bedingungen in kapitalistischen Ländern (vor allem: in der BRD) gesehen werden: Auf Grund des (damals) steigenden Nachwuchsbedarfs in der Produktion sollen Bildungsreserven erschlossen werden, soll das Bildungssytem effektiviert werden. Mit dem Konzept der „Sprachbarrieren" wird die Soziolinguistik eine Art „bürgerliches Herrschaftswissen" (EHLICH u. a., 1972, 110ff.; DITTMAR, 1973, 120).

2) BERNSTEIN u. a. benutzen für die sozialen Korrelate der linguistischen Kodes das Schichtmodell und die Rollentheorie der bürgerlichen Soziologie. Mit der „Schicht" werden jedoch bestimmte empirische Größen, mit den „Rol-

len" bestimmte Individualitätsmerkmale zu konstitutiven Eigenschaften für das Sprachverhalten erhoben. Das ist gesellschaftstheoretisch nicht adäquat, weil weder der Schicht- noch der Rollenbegriff die tatsächlichen Differenzierungen und Entwicklungsgesetze der bürgerlich-kapitalistischen Gesellschaft widerspiegelt (vgl. EHLICH u. a., 1972, 111 ff.; DITTMAR, 1973, 122).

3) Am wesentlichsten ist die Tatsache, daß die „kompensatorische Erziehung", die als Mittel zur Emanzipierung der „Unterschicht" propagiert wird, in Wahrheit diese Unterschicht an die kapitalistischen Produktionsbedingungen anpassen soll. Die wahre Funktion kompensatorischer Programme ist „Kompensieren statt Emanzipieren", ist keine echte Emanzipation (die von der Verbesserung der konkreten Lebensbedingungen der „Unterschicht" auszugehen hätte), vielmehr ein Beitrag zur „systemstabilisierenden Integration der Unterschicht" (DITTMAR, 1973, 126 f.).

4) Was als „Sprachbarrieren" bezeichnet wird, sind in Wirklichkeit gesellschaftliche (sozialökonomisch bedingte) Barrieren, die durch Bildungsprivilegien der herrschenden Klasse entstanden sind. Deshalb ist mit der Beseitigung der Sprachbarrieren allein keine Chancengleichheit zu erreichen, solange nicht die für diese Sprachbarrieren verantwortlichen Verhältnisse (sozialökonomische Bedingungen und Herrschaftsverhältnisse) verändert werden. Mit dem Problem der Sprachbarrieren wird zwar eine echte sprachlich-soziale Erscheinung aufgegriffen, aber eben nur eine *Erscheinung*, nicht das *Wesen* (das sozialökonomisch bedingt ist). Das Konzept von den Sprachbarrieren dringt nicht nur nicht von der Erscheinung zum Wesen vor, sondern strebt sprachliche Kompensation an, um gesellschaftliche Veränderungen zu vermeiden und statt dessen an die Ziele der bürgerlichen Gesellschaftskonzeption anzupassen (vgl. ausführlicher UESSELER, 1982, 36 ff., 78 ff.; vgl. auch ALBRECHT, 1974).

5) Die Behauptung vom sprachlichen und kognitiven Defizit beruht auf der Annahme einer zu engen und direkten Entsprechung von Sprache und Denken. Überhaupt werden die drei verschiedenen Analyseebenen bei BERNSTEIN und seinen Nachfolgern nicht deutlich genug voneinander getrennt (wirksam sind sie primär auf psychologischer Ebene, aber direkt zugänglich nur über linguistische und soziologische Fakten), wird eine zu direkte Verbindung von (sozialen) Schichten und (sprachlichen) Kodes postuliert (ohne die konkreten Vermittlungsmechanismen sichtbar zu machen), werden kognitive Fähigkeiten in zu direkter Weise dem Einsatz sprachlicher Mittel zugeordnet (vgl. ausführlicher PORSCH, 1981, 259 ff.).

Es gibt auch in der BRD eine Zahl progressiv eingestellter Linguisten (vgl. z. B. AMMON, 1977, 47 ff.), die die sozialen Unterschiede durchaus nicht auf sprachliche Barrieren reduzieren, die umgekehrt der Erziehung der „Unterschichten" zur Hochsprache große Bedeutung beimessen, weil die Beherrschung der Hochsprache durch die Angehörigen der „unterprivilegierten" Schichten als notwendige Voraussetzung für einen wirksamen politischen Kampf angesehen wird.

Der *Defizit-Hypothese* BERNSTEINS u.a. ist oft – z.T. in kritischer Auseinandersetzung mit ihr – die *Differenz-Hypothese* gegenübergestellt worden, die vorurteilsfreier (deskriptiv, nicht normativ angelegt) ist, von der funktionalen Äquivalenz unterschiedlicher sozialer (und territorialer) Varietäten ausgeht und die psychologischen sowie kognitiven Aspekte des Sprachverhaltens weitgehend ausklammert (vgl. DITTMAR, 1973, 128ff., 158f.; vgl. auch IMHASLY u. a., 1979, 210ff.). Die Differenz-Hypothese ist nicht reduziert auf schichtenspezifisches Sprachverhalten, sondern untersucht Sprachvarietäten in komplexem Zusammenhang mit einer *Vielzahl* regionaler, sozialer und situationsspezifischer Parameter und versteht regionale, soziale und funktionale Varietäten als Teile von kontext- und situationsspezifischen verbalen Repertoires (vgl. dazu genauer unter 2.6.3., 2.6.4. und 2.6.5.).

2.6.7. Bürgerliche und marxistische Soziolinguistik

Trotz eines „gemeinsamen Kerns" der Soziolinguistik in allen Ländern (vgl. ŠVEJCER, 1977, 5) – der mit dem Thema Sprache und Gesellschaft im weiteren Sinne und mit der Differenzierung bzw. Variabilität der Sprache im engeren Sinne umschrieben werden kann – gibt es deutliche Unterschiede in der Entwicklung der Soziolinguistik in unterschiedlichen Ländern: Während die Soziolinguistik in den USA ein sehr heterogenes Bild bietet, dominierte in England und in der BRD der mit der Sprachbarrieren-Problematik verbundene schichtenspezifische Sprachgebrauch (war das Spektrum relativ eng), war die Soziolinguistik in Frankreich mit Fragen der Text- und Diskursanalyse verbunden und in Italien weitgehend auf das Verhältnis von Dialekt und Standardsprache reduziert, stand in den Entwicklungsländern die Ausbildung von nationalen Literatursprachen, standen in der Sowjetunion (vgl. ausführlicher 2.6.8.) theoretische Probleme des Zusammenhangs zwischen Sprache und Gesellschaft sowie aktuelle Fragen der Mehrsprachigkeit, des Sprachaufbaus, der Sprachpolitik, der Beziehungen zwischen den Nationalsprachen und der Sprache der Verständigung zwischen den Nationen, in der DDR die Mechanismen der sprachlichen Kommunikation und das soziolinguistische Differential im Mittelpunkt (vgl. SCHLIEBEN-LANGE, 1973, 31ff., 44ff.; 50ff., 53ff.; ŠVEJCER, 1977, 4f.; UESSELER, 1982, 76ff.; BOCHMANN, 1983, 60).

In jedem Falle sind es gesellschaftliche Bedürfnisse der unterschiedlichsten Arten, die der Soziolinguistik in den verschiedenen Ländern eine unterschiedliche Richtung gegeben (und dabei zugleich die Herausbildung einer – hinsichtlich Gegenstand, Theorie und Methodologie – international einheitlichen Soziolinguistik erschwert) haben. Dieser gesellschaftliche Auftrag an die Sprachwissenschaft ergab sich in der Sowjetunion durch praktische Erfordernisse der Gesellschaft nach der Oktoberrevolution, durch die Notwendigkeit, auf der Basis der LENINschen Nationalitätenpolitik ein weitreichendes Programm der Sprachpolitik zu entwickeln, das von der Gleichberechtigung aller Sprachen und ihrer allseitigen Entwicklung ausgeht und die Förderung bisher unterdrückter Sprachen, die Etablierung und Weiterentwicklung nationaler Literatursprachen für Völker ohne jegliches Schrifttum oder mit erst ganz jungem Schrifttum, die Schaffung von Alphabeten, Grammatiken und Wörterbüchern für viele junge Völkerschaften und Nationalitäten der Sowjetunion sowie die Probleme der russischen Sprache als gemeinsame Sprache der zwischennationalen Verständigung und Zusammenarbeit u. v. a. m. umfaßte (vgl. dazu BERÉSIN, 1984, 67ff.; vgl. auch HARTUNG u. a., 1974, 183f.). Aber auch hinter der bürgerlichen Soziolinguistik stand ein praxisbezogener sozialer Auftrag (auch wenn er nicht so offenkundig zutage tritt und den Soziolinguisten im allgemeinen selbst nicht bewußt sein dürfte), ein sozialer Auftrag allerdings völlig anderer Art: Der klassenbedingte Gegensatz zwischen Reichtum und Armut in den kapitalistischen Ländern forderte Maßnahmen, um die bestehenden Spannungen abzubauen (z.B. durch Arbeitsplatzbeschaffung, kompensatorische Erziehungsprogramme), um eine Harmonisierung zwischen multilektalen Gruppen in der Gesellschaft zu erreichen. Damit wird freilich Soziales auf Sprachliches verlagert, sollen durch die Lösung sprachlicher Probleme soziale Diskrepanzen überbrückt werden. Da eine solche Lösung nicht möglich ist, erwiesen sich die (von der bürgerlichen Soziolinguistik vorbereiteten) Maßnahmen als bloße „Symptomkorrekturen", die an der tatsächlichen Unterprivilegierung der benachteiligten Schichten nichts änderten, weil die entscheidenden ökonomischen und politischen Ursachen der Ungleichheit nicht angetastet wurden, der Widerspruch der privaten Aneignung von gesellschaftlich produziertem Reichtum nicht beseitigt wurde. Das, was unter dem sprachlich verbrämten Etikett der „Chancengleichheit" segelte, war nur ein Vorwand, um das soziale Dynamit unter Kontrolle zu bekommen und eine Anpassung der unterprivilegierten Schichten an die kapitalistische Gesellschaft zu erreichen. Insofern stand hinter den soziolinguistischen Forschungen zu den Sprachvarietäten in den USA (die bezeichnenderweise fast ausschließlich vom „Ministery of Health, Education and Welfare" finanziert worden sind) derselbe soziale Auftrag wie für die Untersuchungen zu den Sprachbarrieren in England und in der BRD: In beiden Fällen geht es um die Anpassung von unterprivilegierten Bevölkerungsteilen (sei es der „Unterschicht", sei es schwarzer Minoritäten) an die kapitalistischen Gesellschaftsverhältnisse, ihre Integration in diese Gesellschaft, indem sprachliche Harmonisierung erreicht werden soll, die zugrunde liegenden gesellschaftlichen Verhältnisse und die damit verbundene materielle Ungleichheit aber nicht angetastet werden sollen (vgl. ausführlicher DITTMAR, 1973, 163, 296ff.; SCHLIEBEN-LANGE, 1973, 31ff.; NEUBERT, 1976, 568ff.).

Aus diesem Grunde gibt es grundlegende Unterschiede zwischen der bürgerlichen und der marxistischen Soziolinguistik (die noch fundamentaler sind als die Unterschiede zwischen der angedeuteten differenzierten Entwicklungsrichtung in den einzelnen Ländern), Unterschiede, die sich aus dem gesellschaftlichen Auftrag ergeben und die sich in Gegenstandsbestimmung, Theorie und Methodologie der Soziolinguistik reflektieren. Diese Unterschiede treten im Bereich der Soziolinguistik offener zutage als in anderen Bereichen der Linguistik (z. B. in der Systemlinguistik), da die Soziolinguistik immer philosophisches und gesellschaftliches Vorwissen verlangt und weit in die Gesellschaftswissenschaften hineinragt, die ihrerseits durch weltanschauliche Unterschiede bestimmt sind. Insofern liegen der Soziolinguistik prinzipiell philosophische, weltanschauliche und politische Ausgangspositionen zugrunde, die wesentliche Auswirkungen auf Theorie, Methode und Forschungsziele haben (vgl. BOCHMANN, 1983, 60f.).

Der wesentlichste Unterschied zwischen der marxistischen und der bürgerlichen Soziolinguistik besteht darin, daß die entscheidende Grundlage für die marxistische Soziolinguistik die marxistisch-leninistische Theorie der Gesellschaft ist, während die bürgerliche Soziolinguistik entweder eine philosophisch begründete gesellschaftswissenschaftliche Festlegung vermeidet oder „aus ihrer positivistischen Grundhaltung keinen Hehl macht" (GROSSE/NEUBERT, 1974, 9). Zu den grundlegenden Ausgangspositionen der marxistischen Soziolinguistik gehört die Auffassung, daß die Sprache eine gesellschaftliche Erscheinung ist und damit gesellschaftlich bedingt ist (Sprache existiert nicht außerhalb der Gesellschaft und die Gesellschaft nicht ohne Sprache), daß beim Wechselverhältnis zwischen Sprache und Gesellschaft das Primat des Gesellschaftlichen anerkannt werden muß (auch dann, wenn in mikrolinguistischen Untersuchungen die Strukturen des Systems in methodologisch begründeter Idealisierung erforscht werden), daß sie auf einer marxistischen Soziologie basieren muß, die von den Prinzipien des dialektischen und historischen Materialismus und einer marxistischen Analyse der sozialen Beziehungen und der Gesellschaftsstruktur ausgeht. Im Gegensatz dazu orientiert sich die bürgerliche Soziolinguistik an der bürgerlichen Soziologie und übernimmt weitgehend deren Mängel: Soziale Erscheinungen werden nicht aus dem komplexen Zusammenhang der Gesellschaft erklärt, sondern von ihrer ökonomischen Grundlage gelöst (als „Rollen" oder „Schichten" verselbständigt); sie werden auf Grund von Oberflächenerscheinungen beschrieben, ohne daß in der Regel eine Erklärung des gesellschaftlichen Wesens versucht wird, das zu diesen Erscheinungen führt und diese determiniert (vgl. GROSSE/NEUBERT, 1974, 9ff.; ŠVEJCER, 1977, 7ff.; HARTUNG u. a., 1974, 75f.; UESSELER, 1982, 35ff.; BERÉSIN, 1984, 67ff.).

Mit diesem grundsätzlichen Unterschied hängen weitere Unterschiede zusammen, die das Verhältnis von Sprache und Gesellschaft betreffen, zu dem theoretisch mehrere Standpunkte denkbar sind: (a) Die Sprache determiniert die Gesellschaft (z.B. WHORF); (b) Die Sozialstruktur bestimmt die Sprache; (c) Sprache und Sozialstruktur werden von einem dritten Faktor bestimmt (der biologisch-genetischen Ausstattung des Menschen) – wie z.B. bei CHOMSKY; (d) Sprache und Sozialstruktur stehen in wechselseitiger Determination (vgl. ŠVEJCER, 1977, 28). Die bürgerliche Soziolinguistik hat auf diese Frage sehr unterschiedliche und heterogene Antworten gegeben, hat die Frage nach den ein- oder zweiseitigen Beziehungen zwischen Sprache und Gesellschaft nicht einhellig beantwortet, hat – selbst bei Annahme von zweiseitigen Beziehungen – den

Charakter dieser Beziehungen (kausale Determination oder nicht? Isomorphie oder Ko-Varianz-Beziehung?) nicht klar charakterisieren können, ebenso nicht eindeutig die Frage beantwortet, was die soziale Struktur in ihrem Wesen ist (im Sinne der marxistischen Gesellschaftstheorie). Zunächst kann man zwischen den Anhängern des Isomorphie-Konzepts und denen des Ko-Varianz-Konzepts unterscheiden (vgl. ŠVEJCER, 1977, 27 ff., 36 ff.). Während die Vertreter des Isomorphie-Konzepts eine weitgehende Parallelität oder gar Identität von sprachlichen und soziokulturellen Systemen annehmen (so z. B. GRIMSHAW (1971) im Sinne des oben genannten Standpunktes (d)), nehmen die Vertreter des Ko-Varianz-Konzepts einfache Korrelationen zwischen sprachlichen und sozialen Erscheinungen an und beantworten dabei die Frage nach der Determinationsrichtung und der Kausalität der Beziehungen recht unterschiedlich. FISHMAN (1968, 6) bleibt bei der Vermutung stehen, daß – weil Sprache und Gesellschaft in der Interaktion voneinander abhängen – „ihre beobachtbaren Manifestationen, das Sprachverhalten und das soziale Verhalten, in gesetzmäßiger Weise und wahrnehmbar miteinander in Beziehung stehen ... So kann es sein, daß Sprache und Gesellschaft nicht nur eine gesetzmäßige Ko-Variation zeigen, sondern daß jede eine zusätzliche Einsicht in die andere vermitteln kann". Die Frage nach der Kausalität wird dabei gar nicht aufgeworfen, da für ihn die Beziehungen zwischen der Sozialstruktur und der Sprache Beziehungen sind „zwischen Partnern, nicht zwischen Übergeordnetem und Untergeordnetem" (FISHMAN, 1971 a, 353). BRIGHT (1966, 11) – vgl. dazu unter 2.6.2. – deutet in seiner programmatischen Aufgabenbestimmung für die Soziolinguistik die kausalen Beziehungen zwar an, hält sie aber nur für „möglich" (keineswegs für notwendig) „in der einen oder in der anderen Richtung" (wesentlich ist „to show the systematic covariance of linguistic structure and social structure", erst danach „perhaps even to show a causal relationship in one direction or the other"). Damit wird nicht beantwortet, ob es immer kausale Beziehungen gibt, in welcher Richtung die Determination verläuft und in welcher Weise (auf dem Boden welcher Theorie) die Sozialstruktur beschrieben werden soll. Diese Fragen beantwortet die marxistische Soziolinguistik auf der Basis der marxistischen Theorie der Gesellschaft, die eine grundlegende Orientierung über das Verhältnis von Sprache und Gesellschaft ermöglicht (dabei auch den soziologischen Rollen- und Schichtenbegriff entsprechend einordnen kann), von der Determination der Sprache durch die Gesellschaft ausgeht und durchaus auch zweiseitige Beziehungen (ein dialektisches Wechselverhältnis) zwischen Sprache und Gesellschaft annimmt (die sich aus der aktiven Rolle der Sprache in der Gesellschaft ergeben), die weder mit bloßer Ko-Varianz noch mit der Annahme mechanistischer Isomorphie-Konzepte erklärbar sind (vgl. dazu ŠVEJCER, 1977, 68 f.; HARTUNG u. a., 1974, 75 f.; UESSELER, 1982, 74 f.).

Zusammenfassend läßt sich sagen: Die marxistische (historisch-materialistische) und die bürgerliche (positivistische) Soziolinguistik unterscheiden sich dadurch, daß erstere auf einer komplexen Gesellschaftstheorie (mit Bezug auf die Produktionsweise) basiert, letzterer keine komplexe Gesellschaftstheorie (kein Bezug auf die Produktionsweise) zugrunde liegt. Damit verbunden sind weitere Gegensätze zwischen der bürgerlichen und der marxistischen Soziolinguistik, die sich etwa in folgenden Stichworten einfangen lassen: Beschreiben vs. Erklären, Erkennen versus Verändern, „Neutralität" vs. Parteilichkeit (vgl. dazu AMMON, 1973, 128 ff.).

2.6.8. Soziolinguistik in der Sowjetunion

Die sowjetische Soziolinguistik ist einerseits jünger als die bürgerliche Soziolinguistik, andererseits älter als diese: *jünger*, weil sie sich als eigenständige Disziplin erst später artikuliert hat und erst später unter dieser Bezeichnung aufgetreten ist, *älter*, weil die Sprache von Anfang an als eine gesellschaftliche Erscheinung angesehen worden ist und Arbeiten zur Soziolinguistik (im weiteren Sinne) – die sich theoretisch und empirisch mit der Wechselwirkung und Interdependenz von Sprache und Gesellschaft befassen – eine lange Tradition haben (vgl. UESSELER, 1982, 11, 95 ff.; BERÉSIN, 1984, 67 ff.; ŠVEJCER, 1977, 4 ff.; GIRKE/JACHNOW, 1974, 10 ff.). Diese lange und umfangreiche Tradition ist motiviert einerseits aus der Theorie des dialektischen und historischen Materialismus (auf dieser Basis wurde das Verhältnis von Sprache und Gesellschaft von Anfang an zu einem bevorzugten Gegenstand der sowjetischen Sprachwissenschaft), andererseits durch eine Anzahl sprachpraktischer Probleme, z. B. der Sprachpolitik im multinationalen Bereich der UdSSR im Rahmen der LENINschen Nationalitätenpolitik (vgl. dazu bereits 2.6.7.). Freilich verlief die soziolinguistische Traditionslinie in der Sowjetunion nicht ganz geradlinig: Einen ersten Aufschwung (und Höhepunkt) erlebte die sowjetische Soziolinguistik unmittelbar nach der Oktoberrevolution in den 20er und 30er Jahren. Diese fruchtbare Periode wurde unterbrochen durch vereinfachende und vulgärmaterialistische Darstellungen des Verhältnisses von Gesellschaft und Sprache durch MARR und seine Schüler, die eine unmittelbare Korrespondenz der Produktivkräfte, des Denkens und der Sprache annahmen. Die Auseinandersetzung STALINS mit MARR führt nicht in direkter Weise zur Wiederaufnahme soziolinguistischer Probleme, sondern zunächst – gerade als Reaktion auf MARRS „Hypersoziologisierung" der Sprache – zu einem Zurücktreten des Zusammenhangs von Sprache und Gesellschaft, zu einer indifferenten Haltung gegenüber soziolinguistischen Fragestellungen. Solche Fragestellungen wurden erst wieder aufgegriffen nach 1956, so daß danach ein zweiter Aufschwung (und Höhepunkt) der sowjetischen Soziolinguistik zu verzeichnen ist, die sich nun auch als eigene Disziplin konstituierte – auch wenn sie nicht gleich unter diesem Terminus auftrat (vgl. dazu HARTUNG u. a., 1974, 186 f.; UESSELER, 1982, 95 ff., GIRKE/JACHNOW, 1974, 17 ff.).

Ohne auch nur annähernd einen umfangreichen Überblick geben zu können (vgl. dazu ausführlicher BERÉSIN, 1984, 67 ff.; UESSELER, 1982, 95 ff.; GIRKE/JACHNOW, 1973), soll im folgenden wenigstens auf einige Haupttendenzen (und -vertreter) hingewiesen werden. In ihrer ersten Periode waren es viele objektive

Erfordernisse der Gesellschaft, die nach der Oktoberrevolution zu theoretischen und empirischen Untersuchungen mit soziolinguistischen Zielstellungen führten (z.B. Funktion der russischen Sprache nunmehr als umfassenderes Kommunikationsmittel für das ganze Volk, sozialökonomisch bedingte Wandlungen des Russischen nach der Revolution, Eindringen von mundartlichen Ausdrükken in die Literatur, Dialekte und Soziolekte), die als „erster Versuch des Aufbaus einer marxistischen Soziolinguistik" angesehen werden können (GUCHMAN, 1972, 3; vgl. auch ŠVEJCER, 1974, 4). Als einer der Begründer der sowjetischen Soziolinguistik hat POLIVANOV (1929) gefordert, daß die Sprachwissenschaft – soll sie ihrem Untersuchungsobjekt gerecht werden – „soziologisch sein" muß (1968, 182), und betont, daß „der Aufbau einer marxistischen Sprachwissenschaft ... keiner Prozession zur Beerdigung der naturgeschichtlichen Linguistik gleichen" darf, daß sie vielmehr „zum Aufbau neuer linguistischer Disziplinen auf dem Fundament der unbestreitbaren Fakten und Thesen führen" muß, „die die Linguistik als naturgeschichtliche Disziplin zusammengetragen hat". Als anstehende Probleme der „soziologischen Linguistik" nennt er u.a. „die Bestimmung der Sprache als einer sozialgeschichtlichen Tatsache", „die Beschreibung der Sprache und Dialekte unter soziologischem Gesichtspunkt", „die Untersuchung der Kausalzusammenhänge zwischen den sozialökonomischen und den sprachlichen Erscheinungen" und als „Anwendungsprobleme der soziologischen Linguistik" die Sprachpolitik (POLIVANOV, 1968, 185f.). ŠORS Buch „Jazyk i obščestvo" – als erstes Buch zur sowjetischen Sprachsoziologie (vgl. UESSELER, 1982, 96) – widmet sich den „sozialen Dialekten", die als gesellschaftliche Varianten verstanden werden, die bedingt sind durch sozialökonomische Klassen und gesellschaftliche Gruppen (vgl. 1926, 118). DERŽAVIN (1926) analysiert die Sprache der Französischen Revolution als Ausdruck bestimmter Klassenverhältnisse. LARIN befaßte sich in seinen Arbeiten zur „Sprache der Stadt" (1928a; 1928b) mit den urbanen Gruppensprachen und ihren Beziehungen zum standardsprachlichen System. Da seine empirischen Untersuchungen auf eine systematische Erforschung der Sprachsituation in russischen Städten unter soziologischem Aspekt abzielten und dabei die städtische niedere Umgangssprache im Blickfeld hatten, leistete er in den 20er Jahren etwas Ähnliches, wie es später in den USA LABOV (1966) im Hinblick auf die soziale Gliederung des Englischen in New York geleistet hat (vgl. auch BERÉSIN, 1984, 68). ŽIRMUNSKIJ (als einer der bedeutendsten sowjetischen Dialektologen) leitete in Leningrad eine Arbeitsstelle für „soziale Dialektologie" (Soziolektologie) und wies in seinem Buch „Nationalsprache und Sozialdialekte" (1936) die soziale Bedingtheit von nationalen Hochsprachen nach, leitete aus der sozialen Ungleichheit von Klassen und Gruppen die Ungleichheit der von ihnen benutzten Sprachen ab und erkannte in der kapitalistischen Gesellschaft „eine durch die Klassenverhältnisse bedingte Differenzierung: Neben der Sprache der herrschenden Klasse, die die herrschende Sprache der betreffenden Gesellschaft ist, finden wir andere *Sozialdialekte*: verschiedene Bauerndialekte, die kleinbürgerlich niedere Umgangssprache, die dialektal gefärbte Sprache der Arbeiter"

(1936, 5f.). „Der Unterschied zwischen der Nationalsprache und den Sozialdialekten" besteht für ihn „in der sozialen Funktion", d. h. in ihrer Ungleichwertigkeit, darin, daß sich die Nationalsprache „als soziale Norm" erweist, „die alle anderen Sozialdialekte beherrscht" (ŽIRMUNSKIJ, 1936, 15f.). Die Betrachtung von Dialekten auf ökonomisch-gesellschaftlichem Hintergrund und in ihrer sozialen Funktion unterscheidet sich von der klassischen Dialektologie (vgl. ŽIRMUNSKIJ, 1936, 74f.) – die Dialekte als archaische Relikte älterer Stammessprachen ansah – und stellte damals einen wesentlichen Erkenntnisfortschritt dar.

In der zweiten Periode der sowjetischen Soziolinguistik traten zu den genannten Problemstellungen neue hinzu, z. B. Fragen des Bi- und Multilingualismus in der UdSSR, Sprachenförderung als Erscheinungsform der Sprachpolitik in der multinationalen UdSSR, Fragen der Wechselwirkung und gegenseitigen Befruchtung von Sprachen, Wandlungen in der russischen Sprache und der Sprache der Nationalitäten innerhalb der UdSSR seit der Revolution, Stilprobleme, Fragen der Sprachplanung und Sprachnormierung u. a. (vgl. UESSELER, 1982, 97f.). Von großer Bedeutung ist die Arbeit von SERÉBRENNIKOW (1975, 343ff.) über „Die Sprache als gesellschaftliche Erscheinung", die einerseits die MARRsche Auffassung vom Überbaucharakter der Sprache widerlegt, andererseits die vielfältige Abhängigkeit der Sprache von der Gesellschaft in das Blickfeld rückt. 1969 erschien ein umfangreicher Sammelband zu „Fragen der Soziolinguistik" (VOPROSY), der das breite (theoretische und empirische) Spektrum der sowjetischen Soziolinguistik widerspiegelt und von einem Grundsatzartikel ŽIRMUNSKIJS über „Marxismus und Soziolinguistik" eingeleitet wird (1969). ŽIRMUNSKIJ führt den Nachweis, daß die ursprünglich sozial nicht markierten Dialekte mit der Herausbildung des bürgerlichen Nationalstaates und der Standardsprache in eine soziale Kontraststellung geraten, zu Merkmalen sozialer Schichten werden; deshalb müsse Dialektologie stets als Soziolektologie betrieben werden (1969, 23). In mehreren Arbeiten wendet sich FILIN den Wechselbeziehungen zwischen Sprache und Gesellschaft auf allgemeintheoretischer Basis zu: Die gesellschaftlichen Faktoren als Ursache sprachlicher Veränderungen dürfen weder überbewertet noch unterbewertet oder gar bestritten werden (vgl. FILIN, 1966, 31f.). Ohne gründliche Kenntnis der Gesellschaftsgeschichte, d. h. „ohne eine ‚konsequent soziologische Konzeption', ohne die Konzeption des historischen Materialismus in seiner Anwendung auf bestimmte Gesellschaftskollektive, lassen sich die gesellschaftlichen Funktionen der Sprache wissenschaftlich nicht erforschen". Dabei sind diese „gesellschaftlichen Funktionen der Sprache ... gegenüber ihrer Struktur, ihren Systembeziehungen ... nicht etwas lediglich Äußeres" (FILIN, 1966, 38f.). Die Sprache dient der Gesellschaft als Kommunikationsmittel und trägt damit prinzipiell sozialen Charakter, deshalb muß diese soziale (extralinguistische) Seite in eine objektadäquate Erforschung der Sprache stets einbezogen werden. ŠVEJCER betont den Systemcharakter der Zusammenhänge zwischen Gesellschaft und Sprache, der eine Soziolinguistik neuer Qualität erfordere (vgl. 1969) und setzt sich kritisch mit der amerikanischen Soziolinguistik auseinander (vgl. 1971; 1977). KRYSIN (1970) wendet sich den Varietäten innerhalb der einzelnen Ebenen des russischen hochsprachlichen Systems in Abhängigkeit von situativen und funktional-stilistischen Bedingungen, vor allem von sozialen Merkmalen der Sprecher (also nicht distinkten Soziolekten, sondern der unterschiedlichen Realisierung der Standardsprache durch sozial markierte Sprecher) zu. BELODED begründet in mehreren Arbeiten (vgl. 1969; 1972) die Rolle des Russischen als gemeinsame Sprache der übernationalen Verständigung und Zusammenarbeit in der UdSSR im Rahmen der Entwicklung der verschiedenen Sprachen und der Nationalsprachenförderung in der Sowjetunion.

2.6.9. Soziolinguistik als eigenständige Disziplin?

Angesichts der breiten Entwicklung und des breiten Spektrums soziolinguistischer Fragestellungen verwundert es nicht, daß das Problem, ob die Soziolinguistik tatsächlich eine eigenständige und abgrenzbare Wissenschaftsdisziplin sei, immer wiederkehrt und auch heute noch nicht einhellig entschieden ist. Die Skepsis gründet sich – vereinfacht gesagt – darauf, daß unter der Voraussetzung, daß die Gesellschaft für die Sprache so wichtig ist, die Notwendigkeit einer eigenständigen (und abgrenzbaren) Disziplin „Soziolinguistik" (neben der Linguistik an sich) nicht ohne weiteres einsichtig ist. Diese Skepsis ist in der Vergangenheit und Gegenwart (z. T. von führenden Vertretern der Soziolinguistik selbst) mehrfach artikuliert worden, z. B. von FISHMAN (1971a, 9), von LABOV (1972, 123), bei KANNGIESSER (1972, 13), bei DITTMAR (1973, 165f.) – vgl. dazu ausführlicher unter 2.6.2.

In jüngerer Zeit ist auf diese Problematik erneut von HARTUNG (vgl. HARTUNG u. a., 1974, 94, 179, 183, 189; vgl. auch HARTUNG/SCHÖNFELD, 1981, 30) hingewiesen und die Existenz einer eigenständigen Disziplin „Soziolinguistik" in Frage gestellt worden, weil Sprache ihrem Wesen nach immer etwas Gesellschaftliches ist, Linguistik also immer sozial und gesellschaftlich fundiert sein müsse. Die Problematik besteht nach HARTUNG darin, daß mit der Etablierung einer eigenständigen (und engeren) Soziolinguistik – wie übrigens auch einer entsprechenden Psycholinguistik (vgl. dazu 2.7.8.) – (a) die kommunikative Fragestellung auf eine sprachwissenschaftliche reduziert und von ihren interdisziplinären Zusammenhängen getrennt würde; (b) sie innerhalb der Sprachwissenschaft zu einer Spezialproblematik würde (anstatt ihr einen dominierenden Platz zuzuweisen). Die Tatsache, daß es bis heute nicht gelungen ist, eine völlig überzeugende Argumentation für die Konstituierung einer Soziolinguistik als eigener Wissenschaftsdisziplin (mit eigenem Gegenstandsbereich, eigener Theorie und Methodologie) zu finden, zeuge davon, daß es sich nicht nur um einen „Grenzbereich", sondern um ein zentrales Anliegen der gesamten Linguistik handelt. Aus dem interdisziplinären Forschungsgebiet der Soziolinguistik (das unbestritten ist) folgt noch nicht die Notwendigkeit einer eigenständigen Disziplin. In der Tat ist sowohl die enge als auch die weite Auffassung der Soziolinguistik nicht unproblematisch: die enge, weil sie die Gefahr der Vernachlässigung von Zusammenhängen in sich birgt, die weite, weil sie jede Abgrenzung erschwert, schließlich aus der Linguistik im engeren Sinne alle gesellschaftlichen Probleme herauslöst und die Sprachwissenschaft auf DE SAUSSURES „innere Sprachwissenschaft" reduzieren würde (was aber dem soziolinguistischen Anliegen diametral entgegengesetzt ist).

„Vier Möglichkeiten von Soziolinguistik" nach dem Umfang und der Akzentsetzung werden von WUNDERLICH (1972, 327) unterschieden:

a) ein weitester Begriff von Soziolinguistik, der den gesellschaftlichen Aspekt der Kommunikation überhaupt, die komplexen Beziehungen zwischen Gesellschafts-, Sprach- und Kommunikationstheorie umfaßt;
b) ein weiter Begriff von Soziolinguistik, der die soziale Differenziertheit der Gesellschaft als gegeben voraussetzt, sprachliche Verschiedenheiten mit soziologischen Parametern korreliert, dabei aber nur auf unmittelbare Faktoren einzelner Kommunikationsprozesse Bezug nimmt;
c) ein enger Begriff von Soziolinguistik, der Typen von Sprachkodes mit (nicht erklärten, sondern vorausgesetzten) soziologischen Parametern korreliert, dabei aber andere (das Äußerungsverhalten mitbestimmende) Faktoren nicht berücksichtigt;
d) ein anderer enger Begriff von Soziolinguistik, der das Äußerungsverhalten mit soziologischen Parametern korreliert (was in der BRD zwar die vorherrschende, aber zugleich die oberflächlichste Auffassung von Soziolinguistik sei).

Auch von anderen Autoren wird für eine eigenständige Soziolinguistik plädiert (vgl. z.B. ŠVEJCER, 1977, 57ff.; UESSELER, 1982, 9ff., 70; BOCHMANN, 1983, 61f.). Damit wird die weite Auffassung der Soziolinguistik – als Gesamtstrategie für die Linguistik – keineswegs in Frage gestellt, da sie sich aus dem (für die marxistische Sprachauffassung grundlegenden) gesellschaftlichen Wesen der Sprache ergibt. Die Soziolinguistik wird jedoch darüber hinaus *auch* als eine (sich entwickelnde) eigenständige Disziplin angesehen, für die es möglich sei, *einen* Gegenstand oder *mehrere* Gegenstände aus dem umfassenden Beziehungsfeld der Wechselwirkungen zwischen Sprache und Gesellschaft abzuheben (vgl. ausführlicher 2.6.2.). Für die Erörterung dieser (scheinbaren) Alternative muß man zwei Darstellungsebenen unterscheiden (vgl. NEUMANN u.a., 1976, 571):

1) Bei dem Aspekt, daß *alles* in der Sprache (wenn auch auf unterschiedliche und z. T. vermittelte Weise) gesellschaftlich bedingt ist, handelt es sich um eine Abstraktionsebene, auf der Linguistik und Soziolinguistik praktisch identisch wären und die Notwendigkeit einer gesonderten Disziplin „Soziolinguistik" entfallen würde.
2) Eine andere Abstraktionsebene nimmt Bezug auf einen spezielleren Aspekt: nicht auf die generelle Gesellschaftsbezogenheit der Sprache, sondern auf jene spezifische Gesellschaftsbezogenheit, die sich in sprachlicher Variabili-

tät niederschlägt und der spezielle Gegenstand einer eigenständigen Disziplin „Soziolinguistik" sein könnte (und müßte).

Es ist offensichtlich, daß 1) auf eine weite, 2) auf eine engere Auffassung von Soziolinguistik hinausläuft. Beide Auffassungen schließen sich jedoch nicht wechselseitig aus (eben weil sie verschiedene Aspekte und Abstraktionsebenen darstellen, weil die Soziolinguistik – mindestens theoretisch – *zugleich* allgemeine Forschungsstrategie *und* eigenständige Wissenschaftsdisziplin sein könnte). Allerdings bleiben bei 2) nach wie vor ungeklärte Fragen hinsichtlich Gegenstandsbereich, Theorie und Methodologie, müßten bei 2) wohl auch verschiedene Möglichkeiten der Einengung noch stärker differenziert werden (so kann sich die Soziolinguistik auf *alle* Varietäten beziehen, nur auf die territorialen, sozialen und funktionalen Varietäten – das würde dem „soziolinguistischen Differential" entsprechen – oder auch – dies wäre die engste Auffassung – nur auf die soziolektalen Varietäten).

Literaturverzeichnis zu 2.6.

ALBRECHT, E.: Warum müssen wir uns mit den linguistischen, sprachphilosophischen und politischen Grundlagen der Theorie der ‚Sprachbarrieren' auseinandersetzen? In: Wissenschaftl. Zeitschrift der Ernst-Moritz-Arndt-Universität Greifswald. GSR 1974. S. 7 ff.
AMMON, U.: Probleme der Soziolinguistik. Tübingen 1973

BADURA, B./GROSS, P.: Sprachbarrieren. In: Lexikon der Germanistischen Linguistik. Hrsg. H. P. ALTHAUS/H. HENNE/H. E. WIEGAND. Tübingen 1973. S. 262 ff.
BADURA, B./GROSS, P.: Sprachbarrieren. In: Lexikon der Germanistischen Linguistik. Hrsg. H. P. ALTHAUS/H. HENNE/H. E. WIEGAND. Tübingen 1980. Band II. S. 368 ff.
BAUSCH, K.-H.: Soziolekte. In: Lexikon der Germanistischen Linguistik. Hrsg. H. P. ALTHAUS/H. HENNE/H. E. WIEGAND. Tübingen 1973. S. 254 ff.
BAUSCH, K.-H.: Soziolekte. In: Lexikon der Germanistischen Linguistik. Hrsg. H. P. ALTHAUS/H. HENNE/H. E. Wiegand. Tübingen 1980. Band II. S. 358 ff.
BELODED, I. K.: Razvitie jazykov socialističeskich nacii SSSR. Kiew 1969
BELODED, I. K.: Leninskaja teorija nacional'no-jazykogo stroitel'stva v socialističeskom obščestve. Moskva 1972
BERÉSIN, F. M.: Reader zur Geschichte der sowjetischen Sprachwissenschaft. Russisches Original: Istorija sovetskogo jazykoznanija. Chrestomatija. Moskva 1981
BERNSTEIN, B.: Soziale Struktur, Sozialisation und Sprachverhalten. Aufsätze 1958–1970. Amsterdam 1970
BERNSTEIN, B.: Studien zur sprachlichen Sozialisation. Hrsg. W. LOCH/G. PRIESEMANN. Als: Sprache und Lernen. Band 7. Düsseldorf 1972
BERNSTEIN, B.: Soziale Schicht, Sprache und Sozialisation. In: Sprache und kommunikative Kompetenz. Hrsg. D. C. KOCHAN. Stuttgart 1973. S. 43 ff.
BERNSTEIN, B., u.a.: Lernen und soziale Struktur. Aufsätze 1965–1970. Amsterdam 1970
BOCHMANN, K.: Bemerkungen zu Wesen und Gegenstand der Soziolinguistik. In: Linguistische Arbeitsberichte 39. Leipzig 1983. S. 60 ff.
BRIGHT, W.: The Dimensions of Sociolinguistics. In: Sociolinguistics. Hrsg. W. BRIGHT. The Hague 1966. S. 11 ff.

Bright, W. (Hrsg.): Sociolinguistics. Proceedings of the UCLA Sociolinguistic Conference 1964. The Hague/Paris 1966

Coseriu, E.: Sprache. Strukturen und Funktionen. 12 Aufsätze. Tübingen 1971
Currie, H. C.: A Projection of Sociolinguistics: The Relationship of Speech to Social Status. In: Southern Speech Journal 18/1952. S. 28 ff.

Deržavin, K.: Bor'ba klassov i partij v jazyke velikoj francuzskoj revolucii. In: Jazyk i literatura. T. 2. Nr. 1–2. LGU Leningrad 1927. S. 1 ff.
Dešeriev, Ju. D.: Problema funkcional'nogo razvitija jazykov i zadači sociolingvistiki. In: Jazyk i obščestvo. Red. F. P. Filin u. a.. Moskva 1968. S. 55 ff.
Dešeriev, Ju. D.: Social linguistics. In: Linguistics 113/1973
Dešeriev, Ju. D.: Social'naja lingvistika. Moskva 1977
Dittmar, N.: Soziolinguistik. Exemplarische und kritische Darstellung ihrer Theorie, Empirie und Anwendung. Mit kommentierter Bibliographie. Frankfurt (Main) 1973

Ehlich, K./Müller, F./Wiehle, D.: Soziolinguistik als bürgerliches Herrschaftswissen – Marxistische Sprachanalyse. In: Aspekte der Soziolinguistik. Hrsg. W. Klein/D. Wunderlich. Frankfurt (Main) 1972. S. 110 ff.

Filin, F. P. (Red.): Jazyk i obščestvo. Moskva 1968
Filin, F. P.: K probleme social'noj obuslovlennosti jazyka. In: Voprosy jazykoznanija 4/1966. S. 31 ff. Auch in: Jazyk i obščestvo. Red. F. P. Filin u. a.. Moskva 1968. S. 5 ff.
Fishman, J. A.: The Soziology of Language. In: Readings of the Sociology of Language. Hrsg. J. A. Fishman. The Hague 1968. S. 5 ff.
Fishman, J. A. (Hrsg.): Advances in the Sociology of Language. Basic Concepts, Theories and Problems: Alternative Approaches. The Hague/Paris 1971 (1971a)
Fishman, J. A.: Sociolinguistique. Bruxelles/Paris 1971 (1971b)
Fishman, J. A.: The Relationship between Micro- and Macro-Sociolinguistics in the Study of Who speaks What Language to Whom and When. In: Sociolinguistics. Selected Writings. Hrsg. J. B. Pride/J. Holmes. Harmondsworth 1979. S. 15 ff.
Funk-Kolleg Sprache. Eine Einführung in die moderne Linguistik. Band II. Frankfurt (Main) 1973

Girke, W./Jachnow, H.: Sowjetische Soziolinguistik. Probleme und Genese. Kronberg 1974
Grimshaw, A. D.: Sociolinguistics. In: Advances in the Sociology of Language. Basic Concepts, Theories and Problems: Alternative Approaches. Hrsg. J. A. Fishman. The Hague/Paris 1971
Grosse, R.: O sootnošenii jazyka i nacii. In: Inostrannye jazyki v škole 3/1970
Grosse, R.: Zum Verhältnis von Soziolinguistik und Textlinguistik. In: Textlinguistik 2. Dresden 1971. S. 64 ff.
Grosse, R./Neubert, A.: Thesen zur marxistischen Soziolinguistik. In: Linguistische Arbeitsberichte 1. Leipzig 1970. S. 3 ff.
Grosse, R./Neubert, A.: Thesen zur marxistisch-leninistischen Soziolinguistik. In: Beiträge zur Soziolinguistik. Hrsg. R. Grosse/A. Neubert. Halle 1974. S. 9 ff.
Guchman, M. M.: U istokov sovetskoj social'noj lingvistiki. In: Inostrannye jazyki v škole 4/1972
Gumperz, J. J.: Sociolinguistics and Communication in Small Groups. In: Sociolinguistics. Selected Readings. Hrsg. J. B. Pride/J. Holmes. Harmondsworth 1979. S. 203 ff.

Hartung, W., u. a.: Sprachliche Kommunikation und Gesellschaft. Berlin 1974
Hartung, W.: Zum Inhalt des Normbegriffes in der Linguistik. In: Normen in der sprachlichen Kommunikation. Berlin 1977. S. 9 ff.

HARTUNG, W./SCHÖNFELD, H. u. a.: Kommunikation und Sprachvariation. Berlin 1981
HAVRÁNEK, B.: Das Problem der Norm in der heutigen Sprachwissenschaft und Sprachkultur. In: Grundlagen der Sprachkultur. Hrsg. J. SCHARNHORST/E. ISING. Teil 1. Berlin 1976. S. 142 ff.
HELBIG, G.: Geschichte der neueren Sprachwissenschaft. Unter dem besonderen Aspekt der Grammatik-Theorie. Leipzig 1970
HOIJER, H.: Anthropological Linguistics. In: Trends in European and American Linguistics 1930–1960. Utrecht/Antwerpen 1961. S. 110 ff.
HYMES, D. (Hrsg.): Language in Culture and Society. A Reader in Linguistics and Anthropology. New York 1964
HYMES, D. H.: Obščenie kak etnolingvističeskaja problema. In: Voprosy jazykoznanija 2/1965. S. 102 ff.
HYMES, D.: Why Linguistics needs the Sociologist. In: Social Research 34, 4/1967. S. 632 ff.
HYMES, D.: Der Gegenstandsbereich der Soziolinguistik. In: Probleme der Soziolinguistik. Hrsg. S. JÄGER. Göttingen 1975
HYMES, D. H.: On Communicative Competence. In: Sociolinguistics. Selected Readings. Hrsg. J. B. PRIDE/J. HOLMES. Harmondsworth 1979. S. 269 ff.

IMHASLY, B./MARFURT, B./PORTMANN, P.: Konzepte der Linguistik. Eine Einführung. Wiesbaden 1979

JÄGER, S. (Hrsg.): Probleme der Soziolinguistik. Göttingen 1975

KANNGIESSER, S.: Bemerkungen zur Soziolinguistik. In: Gegenwartssprache und Gesellschaft. Hrsg. U. ENGEL/O. SCHWENCKE. Düsseldorf 1972. S. 82 ff.
KLAUS, G./BUHR, M.: Philosophisches Wörterbuch. Leipzig 1975
KLEIN, W./WUNDERLICH, D. (Hrsg.): Aspekte der Soziolinguistik. Frankfurt (Main) 1972
KRYSIN, L. P.: Jazykovye varianty i social'noe rassloenie govorjaščich. In: Russkij jazyk v nacional'noj škole 4/1970. S. 10 ff.

LABOV, W.: The Social Stratification of English in New York City. Washington 1966
LABOV, W.: The Study of Language in Social Context. In: Studium Generale (23) 1/1970. S. 30 ff. Auch in: Sociolinguistics. Selected Readings. Hrsg. J. B. PRIDE/J. HOLMES. Harmondsworth 1979. S. 180 ff. Deutsche Übersetzung: Das Studium der Sprache im sozialen Kontext. In: Aspekte der Soziolinguistik. Hrsg. W. KLEIN/D. WUNDERLICH. Frankfurt (Main) 1972. S. 123 ff.
LABOV, W.: Sprache im sozialen Kontext. 1. Band. Kronberg 1976; 2. Band. Kronberg 1978
LARIN, B. A.: K lingvističeskoj charakteristike goroda. In: Izvestija Leningradskogo gos. ped. instituta im. Gercena 1928. T. 1. S. 175 ff. (1928 a). Auch in: Larin, B. A.: Istorija russkogo jazyka i obščee jazykoznanie. Moskva 1977. S. 189 ff.
LARIN, B. A.: O lingvističeskom izučenii goroda. In: Russkaja reč'. Vyp. III/1928. S. 61 (1928 b). Auch in: Larin, B. A.: Istorija russkogo jazyka i obščee jazykoznanie. Moskva 1977. S. 175 ff.
LERCHNER, G.: Sprachnorm als linguistische und soziologische Kategorie. In: Linguistische Studien A/3. Berlin 1973. S. 108 ff. Auch enthalten in: Linguistische Arbeitsberichte 6. Leipzig 1972
LERCHNER, G.: Variabilität von Sprachnormen und Veränderung kommunikativer Bedürfnisse. In: Linguistische Studien A/8. Berlin 1974. S. 133 ff.

NERIUS, D.: Zur Sprachnorm im gegenwärtigen Deutschen. In: Linguistische Studien A/3. Berlin 1973. S. 83 ff.
NEUBERT, A.: Zu Gegenstand und Grundbegriffen einer marxistisch-leninistischen Sozio-

linguistik. In: Beiträge zur Soziolinguistik. Hrsg. R. GROSSE/A. NEUBERT. Halle 1974. S. 25 ff.

NEUBERT, A.: Zur Kritik der bürgerlichen Soziolinguistik. In: Zeitschrift für Phonetik, Sprachwissenschaft und Kommunikationsforschung 5–6/1976. S. 566 ff.

NEUMANN, W., u. a.: Theoretische Probleme der Sprachwissenschaft. Berlin 1976

NIKOL'SKIJ, L. B.: Rol' jazyka v razvivajuščichsja stranach (predposylki lingvosociologii). in: Narody Azii i Afriki 2/1974

POLIVANOV, E. D.: Krug očerednych problem sovremennoj lingvistiki. In: Russkij jazyk v sovetskoj škole 1/1929. Auch in: POLIVANOV, E. D.: Stat'i po obščemy jazykoznaniju. Moskva 1968. S. 178 ff.

PORSCH, P.: Die Theorie der sprachlichen Kodes und ihr Verhältnis zur Differenziertheit der Sprache. In: Kommunikation und Sprachvariation. Hrsg. W. HARTUNG/H. SCHÖNFELD. Berlin 1981. S. 259 ff.

PRIDE, J. B.: Sociolinguistics. In: New Horizons in Linguistics. Hrsg. J. LYONS. Middlesex (England) 1970. S. 287 ff. Deutsche Übersetzung: Soziolinguistik. In: Neue Perspektiven in der Linguistik. Hrsg. J. LYONS. Hamburg 1975. S. 257 ff.

SCHLIEBEN-LANGE, B.: Soziolinguistik. Eine Einführung. Stuttgart/Berlin/Köln/Mainz 1973

SCHÖNBACH, P.: Soziolinguistik. In: Perspektiven der Linguistik. Hrsg. W. A. KOCH. Band 2. Stuttgart 1974. S. 156 ff.

SEMENJUK, N. N.: Die sprachliche Norm. In: Allgemeine Sprachwissenschaft. Band I: Existenzformen, Funktionen und Geschichte der Sprache. Hrsg. B. A. SERÉBRENNIKOW. Berlin 1975. S. 454 ff.

SERÉBRENNIKOW, B. A.: Die Sprache als gesellschaftliche Erscheinung. In: Allgemeine Sprachwissenschaft. Band I. Hrsg. B. A. SERÉBRENNIKOW. Berlin 1975. S. 343 ff.

ŠOR, R.: Jazyk i obščestvo. Moskva 1926

STEGER, H.: Soziolinguistik. In: Lexikon der Germanistischen Linguistik. Hrsg. H. P. ALTHAUS/H. HENNE/H. E. WIEGAND. Tübingen 1973. S. 245 ff.

STEGER, H.: Soziolinguistik. In: Lexikon der Germanistischen Linguistik. Hrsg. H. P. ALTHAUS/H. HENNE/H. E. WIEGAND. Tübingen 1980. Band II. S. 347 ff.

ŠVEJCER, A. D.: Nekotorye aktual'nye problemy sociolingvistiki. In: Inostrannye jazyki v škole 3/1969. S. 2 ff.

ŠVEJCER, A. D.: Voprosy sociologii jazyka v sovremennoj amerikanskoj lingvistike. Leningrad 1971

ŠVEJCER, A. D.: Sovremennaja sociolingvistika. Teorija, problemy, metody. Moskva 1977

UESSELER, M.: Soziolinguistik. Berlin 1982

VOPROSY SOCIAL'NOJ LINGVISTIKI. Hrsg. Akademija nauk SSSR. Leningradskoje otdelenie. Leningrad 1969

WUNDERLICH, D.: Zum Status der Soziolinguistik. In: Aspekte der Soziolinguistik. Hrsg. W. KLEIN/D. WUNDERLICH. Frankfurt (Main) 1972. S. 309 ff.

ŽIRMUNSKIJ, V.: Nacional'nyi jazyk i social'nye dialekty. Leningrad 1936

ŽIRMUNSKIJ, V. M.: Problemy social'noj differenciacii jazykov. In: Jazyk i obščestvo. Red. F. P. Filin u. a. Moskva 1968. S. 22 ff.

ŽIRMUNSKIJ, V. M.: Marksizm i social'naja lingvistika. In: Voprosy social'noj lingvistiki. Leningrad 1969. S. 5 ff. Deutsche Übersetzung in: Potsdamer Forschungen A/12. S. 89 ff.

2.7. Psycholinguistik

2.7.1. Entstehung und Themenbereiche der Psycholinguistik

Der Terminus „Psycholinguistik" tauchte in den 40er Jahren auf und setzte sich Anfang der 50er Jahre in den USA für einen interdisziplinär orientierten Forschungsansatz durch. Freilich ist mit diesem neuen Terminus nicht ein absolut neuer Gegenstand verbunden, denn dieser Gegenstand – allgemein: der Zusammenhang zwischen Sprache und Psyche bzw. das sprachliche Verhalten im Zusammenhang mit dem nicht-sprachlichen Verhalten (vgl. GAUGER, 1973, 299) – reicht bis in das Altertum zurück (vgl. MEIER, 1979, 90ff.) und hat auch im 19. Jahrhundert in Europa eine reichhaltige Tradition (vgl. WUNDT, KAINZ), die unter dem Terminus „Sprachpsychologie" bekannt ist. Es ist gewiß nicht verwunderlich, daß von jeher ein besonderes Interesse an diesem Gegenstand vorhanden war, daß es „eine besondere Ecke in der Psychologie für linguistisch orientierte Forschung und umgekehrt in der Linguistik für psychologisch orientierte Forschung" gab (DIEBOLD, 1965, 205). Allerdings teilten sich in die Erforschung dieses Gegenstandes seit jeher auch verschiedene Disziplinen, die ihre eigene Methodologie in die Fragestellung mit einbrachten, was sich für die Konstituierung und Entwicklung einer eigenständigen Disziplin (zunächst unabhängig davon, ob unter der Bezeichnung „Sprachpsychologie" oder „Psycholinguistik") vorerst hemmend auswirkte (vgl. auch HARTUNG/SCHÖNFELD, 1981, 170f.).

Vor allem zwischen der Linguistik und der Psychologie schien eine Art „Arbeitsteilung" zu bestehen (vgl. A. A. LEONT'EV, 1975a, 255ff.): Auf der einen Seite faßten die Linguisten die Sprache („langue") gewöhnlich als virtuelles System auf, das Sprechen („parole") dagegen als eine einfache Realisierung dieses Systems. Dabei wurde das Sprechen vielfach praktisch aus der Sprachwissenschaft eliminiert. Es wurde traditionsgemäß zum Gegenstand der Psychologie, die sich von ihrer Seite für das System der Sprache nur insofern interessierte, als es sich in bestimmter Weise im Sprechen manifestiert, die z.T. sogar in der psychologischen Betrachtung der Sprache als solcher einen unzulässigen „Psychologismus" sah. Bei einer solchen „Arbeitsteilung" mußten bestimmte Probleme unberücksichtigt bleiben, konnte vor allem nicht deutlich werden, daß es einen spezifischen „psycho-physischen Mechanismus" der Redetätigkeit gibt, der weder eine bloße Realisierung des abstrakten Sprachsystems noch nur individueller Natur ist. Die Einsicht in die Spezifika dieser Redetätigkeit (bzw. des Sprachverhaltens) und die Notwendigkeit, das Sprachverhalten in komplexer Weise zu erforschen, führte letztlich zum Entstehen der neuen Disziplin „Psycholinguistik"; denn die traditionelle Gegenüberstellung von Sprache und Sprechen, von Linguistik und Psychologie reichte für einen komplexen integrativen Zugang zum Sprachverhalten nicht aus.

Gerade diese Idee eines interdisziplinären Zugangs zum Sprachverhalten führte amerikanische Linguisten und Psychologen 1951 auf einem Sommerseminar an der Cornell-Universität zusammen (wo die Psycholinguistik als einheitliche Disziplin anvisiert wurde). Man traf sich 1953 dann erneut in Bloomington, wo die eigentliche „Geburtsstunde" der neuen Disziplin schlug: Die neue Disziplin wurde „getauft" und auf das gemeinsame Ziel festgelegt, in interdisziplinärer Weise die Erforschung der Sprache und des Sprachverhaltens anzustreben. 1954 erschien dann der Arbeitsbericht „Psycholinguistics" von OSGOOD/SEBEOK (die auch zu den Teilnehmern der beiden Konferenzen gehörten), der den Terminus „Psycholinguistik" allgemein bekannt machte. Er wurde relativ schnell auch in anderen Ländern übernommen (vgl. dazu A. A. LEONT'EV, 1967, 27ff.; A. A. LEONT'EV, 1969, 94ff.). Entsprechend dieser Plattform sollte sich die neue Disziplin befassen „with the processes of encoding and decoding as they relate states of messages to states of communicators" (OSGOOD/SEBEOK, 1965, 4). Wenn auch die Prozesse der Kodierung und Dekodierung (und ihre operative Erfassung auf verschiedenen Ebenen) im Zentrum standen, so wurde doch auch bereits die Frage nach der linguistischen Bedeutung psychologischer Einheiten und nach der psychologischen Realität linguistischer Einheiten aufgeworfen (vgl. OSGOOD/SEBEOK, 1965, 62f.; vgl. dazu LEONT'EV, 1967, 33). Zunächst waren es drei Hauptrichtungen, aus deren Quellen die amerikanische Psycholinguistik gespeist wurde: (a) die deskriptivistische Linguistik, (b) die behavioristische Psychologie (z. B. OSGOOD), (c) die mathematische Informationstheorie (vgl. dazu A. A. LEONT'EV, 1975a, 257f.; A. A. LEONT'EV, 1969, 96). Im Laufe der Entwicklung wurde (a) ersetzt durch die generative Grammatik, (b) wurde durch die antibehavioristisch-mentalistische Richtung (durch CHOMSKY, MILLER u. a.) abgelöst. Wenn die Psycholinguistik als „unglückliche Ehe zwischen Linguistik und Psychologie" bezeichnet worden ist (HÜLLEN/JUNG, 1979, 18), so muß dies eingeschränkt werden auf den Sonderfall der (in der Tat unglücklichen) Koppelung des linguistischen Modellgegensatzes zwischen Strukturalismus und generativer Grammatik mit dem psychologischen Gegensatz von Behaviorismus und Mentalismus, darf nicht ausgedehnt werden auf die Beziehungen zwischen Linguistik und Psychologie insgesamt.

Der mit der Etablierung der Psycholinguistik verbundene interdisziplinäre Forschungsansatz richtete den Blick auf zahlreiche Themenbereiche, die im Schnittpunkt der Beziehungen zwischen Linguistik und Psychologie liegen, die – zunächst noch ungeordnet – zu folgenden Forschungsschwerpunkten führten (vgl. GAUGER, 1973, 300; LEWANDOWSKI, 1979, 601): Es sollten erforscht werden die Prozesse der Kodierung und Dekodierung sprachlicher Äußerungen, die psychologischen Voraussetzungen von Sprache, Spracherwerb und Kommunikation, die Zusammenhänge zwischen Sprache und Denken, zwischen sprachlichen und kognitiven Leistungen, Probleme des Spracherwerbs und der Spracherziehung, Zusammenhänge des Spracherwerbs und der Entwicklung anderer psychischer Funktionen, Fragen des Sprachverlusts, sprachlicher Ausfallerscheinungen (z. B. Aphasie) und deren Therapie, die psychischen Prozesse bei der Sprachproduktion und -rezeption, die psychologische Relevanz und Realität linguistischer Modelle, die Anwendung der Kompetenz in der Performanz u. a. Auf einige dieser Themenbereiche wird im folgenden (vgl. 2.7.4. bis 2.7.7.) näher eingegangen.

Die Unterschiedlichkeit dieser Themenbereiche und die Heterogenität der Fragestellungen reflektiert den Umstand, daß verschiedene Disziplinen mit ihrer Problemstellung und mit ihrer Methodologie in die Psycholinguistik Eingang gefunden haben. Deshalb ist es nicht zufällig, daß innerhalb der Psycholinguistik (bzw. Sprachpsychologie) von Anfang an mehrere – deutlich differenzierte – „Richtungen" in Erscheinung treten (vgl. dazu GAUGER, 1980, 423). Wenn als zusammenfassende Thematik der Psycholinguistik die „Interdependenz sprachlicher Strukturbildungen und kognitiver Prozesse" angenommen wird (vgl. BIERWISCH, 1979a, VI), so ergeben sich schon für die Dominanzverhältnisse zwischen Linguistik und Psychologie 3 verschiedene Möglichkeiten (vgl. BIERWISCH, 1979a, 4f.):

(a) Die Annahmen über den Strukturaspekt in psychischen Prozessen des Sprachverhaltens werden unabhängig von der Linguistik „psychologieintern" entwickelt – und dann meist von autonomen Annahmen über den Prozeßaspekt dominiert (so z.B. in der behavioristischen Sprachpsychologie, aber auch bei PIAGET);

(b) Psychologisch aufschlußreiche *Struktur*modelle werden aus der Linguistik übernommen und mit psychologischen *Prozeß*annahmen verbunden (so z.B. bei MILLER in der Nachfolge CHOMSKYS, Anfang der 60er Jahre);

(c) Strukturannahmen werden als psychologische Problemstellung, aber mit dem Instrumentarium der Linguistik, also „interdisziplinär" entwickelt (so in den meisten Arbeiten der 70er Jahre, aber auch bereits bei WUNDT und BÜHLER).

Bei (a) bis (c) handelt es sich nicht nur um verschiedene theoretische Möglichkeiten, sondern – wie die in Klammern angefügten Namen und Richtungen andeuten sollen – zugleich um unterschiedliche historische Etappen. Die geschichtliche Entwicklung verlief – grob vereinfacht – von (c) über (a) und (b) wieder zurück nach (c), natürlich bereichert durch den Ertrag, der sich aus der Entwicklung von Linguistik und Psychologie ergeben hat. Auf diese Weise erhält die Psycholinguistik jeweils ein anderes Gesicht, das sich auch in unterschiedlichen Einführungen und Forschungsberichten zur Psycholinguistik spiegelt, z.B. in HÖRMANN (1967) – der die Theorienbildung und Forschungsergebnisse bis in die 60er Jahre erörtert –, in LIST (1972) – die eine Einführung in die damalige Forschungslage liefert –, in LEUNINGER u.a. (1972) – die vor allem die Resultate der an der generativen Grammatik orientierten Psycholinguistik darstellen.

2.7.2. Modellgegensatz Behaviorismus – Mentalismus

Schon in den USA kann man nicht von *einer* Psycholinguistik sprechen: Es gibt – abgesehen von der traditionellen Sprachpsychologie – *zwei* selbständige Richtungen der Psycholinguistik: auf der einen Seite die auf dem klassischen Strukturalismus und dem (Neo-)Behaviorismus basierende Psycholinguistik (vor allem OsGOODS) – die die Sprache als verbales Verhalten untersucht –, auf der anderen Seite die aus den Ideen der generativen Grammatik CHOMSKYS erwachsene Psycholinguistik (vor allem MILLERS und seiner Schule), die Sprache und Sprechen durch eine angeborene Sprachfähigkeit erklärt (vgl. dazu auch A. A. LEONT'EV, 1975c, 7f.). Hinter diesem Unterschied steht der sowohl für die Linguistik als auch für die Psychologie charakteristische Modellgegensatz zwischen Behaviorismus und Mentalismus (vgl. dazu bereits HELBIG, 1970, 297ff., 305ff.). Vereinfacht gesagt, handelt es sich um folgende Unterschiede: Die Psycholinguistik vor 1957 befaßte sich vornehmlich mit Wörtern, war vornehmlich an Assoziations- und Konditionierungsvorgängen orientiert und war nur in geringer Weise von der Sprachwissenschaft beeinflußt, die nach 1957 befaßte sich vor allem mit dem Satz, war vor allem auf Regelsysteme ausgerichtet und durch einen sehr starken Einfluß seitens der Linguistik charakterisiert (vgl. ENGELKAMP, 1974, 15f.).

Die frühe Phase der amerikanischen Psycholinguistik wurde (wie bereits die genannte Konferenz in Bloomington) wesentlich von OsGOOD beeinflußt, der die Psycholinguistik in die allgemeine Kommunikationstheorie einzuordnen versuchte. Obwohl der klassische Strukturalismus distributionalistischer Spielart selbst konsequent antipsychologisch ausgerichtet war (sich gerade als eine vom „Psychologismus" befreite Sprachbeschreibung verstand), hat es die mit ihr verbundene Psycholinguistik – in mehr informationstheoretischem Sinne – zu tun mit den „Prozessen der Kodierung und Dekodierung, insofern diese Prozesse Zustände von Mitteilungen auf Zustände von Kommunikationspartnern (Kommunikatoren) beziehen" (OsGOOD/SEBEOK, 1965, 4; vgl. dazu auch A. A. LEONT'EV, 1969, 107; GAUGER, 1973, 299; HARTUNG u. a., 1974, 187f.). LEONT'EV hat mit Recht dazu bemerkt, daß auf diese Weise unbekannte Größen durch noch unbekanntere definiert werden. Dennoch werden bereits zwei wesentliche Unterscheidungen getroffen (vgl. A. A. LEONT'EV, 1975b, 14f.): Es wird differenziert zwischen den Einheiten der *Sprache* und den Einheiten, deren sich der *Sprecher* bedient, wenn er über seine Sprache spricht, d. h. Einheiten, die vom Sprecher intuitiv erkannt werden. Es wird weiter differenziert zwischen linguistischen und psychologischen Einheiten einerseits und den eigentlichen (psycholinguistischen) Einheiten des sprachlichen Verhaltens andererseits. Diese psycholinguistischen Einheiten sind „solche Segmente der Mitteilung, die als Ganze *funktional operativ* in den Prozessen der Dekodierung und Kodierung auftreten und einer Ebenenanalyse unterworfen werden". Zugleich wird jedoch bereits die Frage nach der „psychologischen Realität der linguistischen Einheiten" aufgeworfen, eine Frage, die später – bei der Orientierung der Psycholinguistik an der generativen Grammatik – zu einem Zentralproblem werden sollte und die mindestens die Vorstellung in sich einschließen kann (daraus entstanden die späteren Kontroversen), daß die Struktur der Sprache selbst elementweise und direkt auf das Sprachverhalten abgebildet werden könne.

Die spätere Phase der amerikanischen Psycholinguistik ist charakterisiert durch die generative Grammatik CHOMSKYS, aus der vor allem MILLER neue Problemstellungen für die Psycholinguistik ableitete. Einer der wesentlichsten Ausgangspunkte für die Neuorientierung war die Einsicht in das Mißverhältnis zwischen Input und Output in der Entwicklung der Kindersprache, in die Tatsache, daß Kinder, die eine Sprache lernen, weit mehr „wissen", als sie aus den offerierten primären sprachlichen Daten ihrer unmittelbaren Erfahrung beziehen können, daß sie „über eine angeborene Theorie potentieller struktureller Beschreibungen" verfügen: „Das Kind, das auf diese Weise eine Sprache erwirbt, weiß natürlich eine Menge mehr, als es ‚gelernt' hat. Seine Kenntnis der Sprache, wie sie durch seine interne Grammatik determiniert wird, geht weit über die offerierten primären sprachlichen Daten hinaus und ist auf keinen Fall eine ‚induktive Generalisierung' aus diesen Daten. Dieses Modell für die Spracherlernung kann unmittelbar paraphrasiert werden als eine Beschreibung dafür, wie ein Linguist ... eine Grammatik rechtfertigen würde, die er für eine Sprache auf der Grundlage gegebener primärer sprachlicher Daten konstruiert hat" (CHOMSKY, 1969, 49f.).

Damit wird die von CHOMSKY getroffene „grundlegende Unterscheidung" zwischen Sprachkompetenz („die Kenntnis des Sprechers/Hörers von seiner Sprache") und Sprachverwendung bzw. Performanz („der aktuelle Gebrauch der Sprache in konkreten Situationen") auch für die Psycholinguistik bedeutsam: „Für den Linguisten ebenso wie für das Kind, das eine Sprache erlernt, besteht das Problem, aus den Daten der Sprachverwendung heraus das zugrunde liegende Regelsystem zu bestimmen, über das der Sprecher/Hörer verfügt und das er in der aktuellen Sprachverwendung in Gebrauch nimmt. Daher ist die Sprachtheorie mentalistisch in einem bestimmten Sinn, weil sie um die Aufdeckung einer mentalen Realität, die dem aktuellen Verhalten zugrunde liegt, bemüht ist" (CHOMSKY, 1969, 14). Trotzdem ist die generative Grammatik (als Beschreibung der immanenten Sprachkompetenz des idealen Sprechers/Hörers) kein Sprechermodell und kein Hörermodell, besagt sie nichts darüber, wie der Sprecher oder Hörer praktisch vorgehen könnte (das gehört in eine Theorie der Sprachverwendung). Dennoch „wird ein vernünftiges Modell der Sprachverwendung die generative Grammatik als grundlegende Komponente integrieren, die die Sprachkenntnis des Sprechers/Hörers zum Ausdruck bringt; aber diese generative Grammatik stellt von sich aus keine Vorschrift dar für den Charakter und das Funktionieren eines Modells der Perzeption oder eines des Sprechvorgangs" (CHOMSKY, 1969, 20).

Während es unter diesem Aspekt die Aufgabe der Linguistik ist, die idealisierte Kompetenz zu beschreiben, ergeben sich für die Psycholinguistik die Aufgaben,

(a) die Anwendung der Kompetenz beim tatsächlichen Sprechen zu untersuchen, d. h. die psychischen Faktoren zu ermitteln, die (zusätzlich zur Kompetenz) die Performanz bestimmen, d. h. letztlich ein Modell der Performanz (Sprachverwendung) zu entwickeln und zu verifizieren;
(b) ein Modell für den Spracherwerb (die Ontogenese) zu erarbeiten (vgl. auch CHOMSKY, 1964, 923; GAUGER, 1973, 299).

Von CHOMSKY ist dazu wiederholt betont worden, daß diese psycholinguistischen Modelle nur auf der Basis eines (linguistischen) Kompetenzmodells konstruiert werden können. Er selbst hat in konkreter Weise nur wenig zur psycholinguistischen Interpretation seines linguistischen Modells beigetragen – außer durch den Hinweis auf Bedingungen des Gedächtnisses, anderer psychischen Faktoren (wie Zerstreutheit, Aufmerksamkeit, Interesse), auf die Unterscheidung zwischen „Grammatikalität" und „Akzeptabilität" (vgl. etwa CHOMSKY, 1969, 13f., 21ff.; vgl. dazu bereits HELBIG, 1970, 300). Dagegen gehören die zahlreichen Experimente (und Schlußfolgerungen) MILLERS und seiner Schule – die den Versuch unternehmen, Regeln der Kompetenz in der Performanz nachzuweisen (z. B. eine Beziehung herzustellen zwischen den vorhandenen grammatischen Transformationen und der benötigten Zeit für die Operationen im Sprachverhalten, hier nach dem Prinzip „mehr Transformationen – mehr Operationen") –, „zu den interessantesten und bedeutendsten psycholinguistischen Untersuchungen der letzten Jahre" (A. A. LEONT'EV, 1975b, 98ff.).

Unter dem Gesichtspunkt der generativen Grammatik sind jedoch die Beziehungen zwischen Linguistik und Psychologie nicht damit erschöpft, daß die Linguistik in primärer Weise ein Kompetenzmodell und die Psycholinguistik in sekundärer Weise ein Performanzmodell zu erarbeiten habe (das das Kompetenzmodell mindestens voraussetzt, wenn nicht in sich inkorporiert). Vielmehr ergibt sich durch die Auffassung der Kompetenz selbst als „einer mentalen Realität, die dem aktuellen Verhalten zugrunde liegt", eine Einordnung der Linguistik in die Psychologie, die Auffassung der Sprachtheorie als Teil der Psychologie (und der Psychologie wieder als Teil der Biologie) (vgl. deutlich CHOMSKY, 1976, 36ff.). Es wird der Anspruch erhoben, daß die psychologische Interpretierbarkeit zum Maßstab für die Rechtfertigung der Grammatiktheorie wird. In diesem Sinne spricht CHOMSKY (1969, 43) von einer „Rechtfertigung der generativen Grammatik" einmal aus *externen* Gründen (auf der Ebene der deskriptiven Adäquatheit), d. h. aus Gründen der Übereinstimmung mit den sprachlichen Fakten, zum anderen aus *internen* Gründen (auf der Ebene der Erklärungsadäquatheit), d. h. aus Gründen ihrer Beziehung zu einer linguistischen Theorie (die eine Auswahl aus möglichen Grammatiken zuläßt), was „im wesentlichen die Frage nach der Konstruktion einer Theorie der Spracherlernung" ist, „einer Erklärung der spezifischen angeborenen Fähigkeiten, die diese Leistung ermöglichen". Damit wird sowohl die externe als auch die interne Rechtfertigung der Grammatik letztlich von psychologischer Seite her vorgenommen (vgl. dazu BIERWISCH, 1979a, 8ff.): Eine Grammatik muß demnach von vornherein so aufgebaut sein, daß sie gerade die Generalisierungen erfaßt, die in der Sprachkenntnis enthalten sind, die dem Organismus als Grundlage des Sprachverhaltens zur Verfügung steht, daß sie die Sprachstruktur so charakterisiert, wie sie als Ergebnis im Organismus repräsentiert ist. Daraus ergab sich folgerichtig die Leitidee für die auf dieser theoretischen Grundlage eingeleiteten psycholinguistischen Untersuchungen, deren Ziel es war, die psychologische Realität linguistischer Grammatiken (d. h. die Relevanz ihrer Einheiten und Regeln für das sprachliche Verhalten) nachzuweisen und möglichst zu verifizieren – eine Leitidee, die für die auf der Basis der generativen Grammatik operierende Psycholinguistik zentral war, zugleich jedoch in der Folge zu mehreren Alternativlösungen führte (vgl. genauer unter 2.7.4.).

Aus diesem Doppel-Aspekt der Beziehungen zwischen Linguistik und Psychologie haben sich schon theoretisch mehrere Einwände ergeben, die von unterschiedlicher Seite (vgl. GAUGER, 1973, 299; A. A. LEONT'EV 1975b, 4f., 90ff., 96ff.) vorgetragen worden sind:

1) Da die Sprachkompetenz (als „mentale Realität") selbst nichts Außerpsychisches ist – auch wenn sie den eigentlich psycholinguistischen Mechanismen der Performanz und des Spracherwerbs zugrunde gelegt und damit vorgeordnet wird –, ergibt sich die Frage nach der problematischen Trennung von Kompetenz und Performanz, die Frage, ob es möglich (und sinnvoll) ist, unter Absehung von psychischen und sozialen Faktoren einen Regelmechanismus der Kompetenz aus den beobachtbaren Daten der Performanz herauszuarbeiten.

2) Von der anderen Seite stellt sich die Frage, wie ein Modell für das sprachliche Verhalten konstruiert werden kann, das die Kenntnis von der Sprache in sich einschließt, wenn der Inhalt der Kompetenz (die generative Grammatik) psychologisch nicht relevant ist, ob auf diese Weise in der Theorie der „Performanz" nicht die Standpunkte des gewöhnlichen Sprechers und des Linguisten vermengt werden.

3) Im Begriff der „Kompetenz" – den CHOMSKY (1969, 40) „systematisch mehrdeutig" verwendet, einmal auf die im Sprecher intern repräsentierte Theorie der Sprache, zum anderen auf den linguistischen Zugang zu ihr bezogen – werden offensichtlich zwei Dinge vermischt, die durchaus nicht notwendig identisch sind: Regeln in der Sprache und Regeln des Sprechers im Sprachverhalten. Die Sprache wird auf diese Weise gleichgesetzt mit der Sprachfähigkeit: Alles, was die Grammatik einer Sprache enthält, müßte sich auch im Kopf eines Sprechers dieser Sprache befinden, jedes Wort einer Sprache einen „Zwilling" im „subjektiven Lexikon" haben. Die Regeln des Operierens bei der Produktion und Perzeption der Sprache werden identifiziert mit den Regeln des Operierens an der Sprache als einem „toten Körper".

4) CHOMSKY orientiert sich bei seinen Annahmen für ein psycholinguistisches Performanzmodell einseitig auf die Rezeption und den Erwerb von Sprache (auch diese beiden „Fälle" werden nicht deutlich genug unterschieden), we-

niger auf die Produktion von Sprache. Gerade im Hinblick auf die Produktion von Sprache werden die *prälinguistischen* Etappen (z. B. der Motivation und der „inneren Programmierung") völlig ausgeblendet; sie müssen ignoriert werden in einem Modell, das von der sprachlichen Kompetenz ausgeht und linguistische Strukturen in direkter Weise als psychologische Prozesse interpretiert.

5) Die psychische Determiniertheit bei der Erzeugung von Äußerungen in unterschiedlichen Textsorten (schon: im Monolog und Dialog) ist von unterschiedlicher Art. Es gibt offenbar überhaupt keine eindeutigen Beweise dafür, daß *ein und dieselbe* Äußerung immer unbedingt auf *ein und dieselbe Art* erzeugt werden muß (eine Voraussetzung, von der jedoch die meisten Experimente dieser psycholinguistischen Richtung ausgehen).

Auch wenn das Modell der generativen Grammatik als Beschreibung der Kompetenz vorhergehende Modelle an erklärender Kraft übertrifft, so ist sein Anspruch auf ausschließliche Geltung bei der psycholinguistischen Beschreibung des Sprachverhaltens im ganzen kaum berechtigt (vgl. A. A. LEONT'EV, 1975b, 119f.). Neben vielen Experimenten, die für das Modell sprachen, gab es ebenso viele Experimente, die die Inadäquatheit des Modells der generativen Grammatik für psycholinguistische Fragestellungen nachwiesen, die entweder zu einer Widerlegung des gesamten Modells oder zu einer Modifikation bzw. Revision „von innen heraus" führten.

2.7.3. Sowjetische Psycholinguistik

In der Sowjetunion haben Fragestellungen aus dem Überschneidungsbereich von Linguistik und Psychologie bereits in den 30er Jahren eine zentrale Rolle gespielt (vor allem bei WYGOTSKI und seinen Schülern), allerdings nicht unter der Bezeichnung „Psycholinguistik", sondern im Rahmen der Psychologie. Wie die OSGOODsche Richtung der Psycholinguistik dadurch entstand, daß eine bestimmte allgemein-psychologische Verhaltenstheorie auf das sprachlich-kommunikative Verhalten angewendet wurde, so erwuchsen die sowjetischen Untersuchungen auf diesem Gebiet unmittelbar aus der sowjetischen psychologischen Tradition und spiegelten von Anfang an eine ganz bestimmte methodologische und allgemein-psychologische Auffassung von der Psyche, dem Bewußtsein und der Tätigkeit wider, eine Auffassung, die prinzipiell auf dem philosophischen Materialismus beruht und in der psychologischen Tätigkeitstheorie konkretisiert worden ist (vgl. A. A. LEONT'EV, 1975c, 8). Eben deshalb, weil die sowjetische Psycholinguistik von Anfang an anders und komplexer angelegt ist als die amerikanische Psycholinguistik, hat sie am Anfang versucht, den Terminus „Psycholinguistik" zu vermeiden, ihn aber dann doch beibehalten (weil er kurz ist und sich international durchgesetzt hat), obwohl sie eigentlich Psycholinguistik in einem weiteren Sinne als Theorie der sprachlich-kommunikativen Tätigkeit verstehen will.

Der Tätigkeitsbegriff erwuchs aus der Notwendigkeit, den für viele psychologische Richtungen charakteristischen Dualismus in der Subjekt-Objekt-Beziehung zu überwinden. Das Vermittlungsglied zwischen Subjekt und Objekt wurde – entsprechend den Prinzipien des dialektischen Materialismus – in der menschlichen Praxis, in der Tätigkeit gefunden (vgl. auch KLEINE ENZYKLOPÄDIE, 1983, 355 f.). Ausgehend von den Arbeiten WYGOTSKIs, GALPERINs, A. N. LEONT'EVs u. a., wurde das Tätigkeitsprinzip zum methodologischen Grundprinzip der sowjetischen Psychologie und von dort auf die Psycholinguistik übertragen, vor allem durch A. A. LEONT'EV, der wohl der Hauptvertreter der gegenwärtigen sowjetischen Psycholinguistik ist, die sich in den letzten 20 Jahren rasch entwickelt hat und mit Beginn der 70er Jahre (als Theorie der Sprachtätigkeit) in die internationale Arena getreten ist sowie durch Übersetzungen und Rezensionen eine große Wirkung in vielen Ländern hat (vgl. auch A. A. LEONT'EV, 1975 b, XVI f.). Auf Anregungen der sowjetischen Psycholinguistik gehen in der DDR z. B. die Arbeiten von HARTUNG u. a. (1974) sowie die Ansätze zu einer „funktional-kommunikativen Sprachbetrachtung" (vgl. dazu ausführlicher 2.4.) zurück.

Auf Grund der Orientierung am Tätigkeitsprinzip hat sich die sowjetische Psycholinguistik – im Unterschied zu anderen (vor allem: amerikanischen) psycholinguistischen Richtungen – von Anfang an gegen eine Einengung des Forschungsgegenstandes gewandt. Das spiegelt sich auch in den Definitionen der Psycholinguistik als Teil der Psychologie mit dem Grundbegriff der Tätigkeit, als „Theorie der Redetätigkeit" (vgl. A. A. LEONT'EV, 1967, 109 ff.), als Wissenschaft, deren Gegenstand „die Redetätigkeit als Ganzes und die Gesetzmäßigkeiten ihrer komplexen Modellierung" sind (A. A. LEONT'EV, 1969, 110). Dabei wird zugleich darauf verwiesen, daß der Terminus „Redetätigkeit" (bzw. „Sprachtätigkeit" oder „kommunikative Tätigkeit") insofern einen gewissen inneren Widerspruch enthält, als die Sprachtätigkeit äußerst selten als selbständiger, abgeschlossener Tätigkeitsakt erscheint, sondern gewöhnlich als Bestandteil in einer Tätigkeit höherer Ordnung enthalten ist, als der gesamte Tätigkeitsakt (in den Komplexe von Sprachhandlungen eingebettet sind) erst dann als abgeschlossen angesehen werden kann, wenn die mit ihm angestrebte Regulierung des Verhaltens erfolgreich ist (vgl. A. A. LEONT'EV, 1975 b, 154 f.).

Viele Ansatzpunkte der sowjetischen Psycholinguistik gehen zurück auf WYGOTSKI, der sich abgrenzen mußte einerseits von der idealistischen Auffassung von psychischen Prozessen (als ausschließlich inneren und ursprünglichen Merkmalen der Psyche, die lediglich introspektiv zu erforschen sind), andererseits von der mechanistischen Verhaltenslehre (die zwischen dem Verhalten der Tiere und der psychischen Tätigkeit des Menschen keinen wesentlichen Unterschied sah). WYGOTSKI war einer der ersten, der die Wichtigkeit des Bewußtseins und der psychischen Tätigkeit für eine materialistische Psychologie adäquat einschätzte, auch wenn seine Auffassung mit einigen Mängeln behaftet war, die mit der ungenügenden Berücksichtigung der Rolle der praktischen Tätigkeit des Menschen bei der Entwicklung des Bewußtseins zusammenhängen (die zu einer gewissen Isolierung des Bewußtseins von der praktischen Tätigkeit führte). WY-

GOTSKI ging von den physiologischen Grundlagen der psychischen Tätigkeit aus (durchaus im Sinne PAWLOWS), erkannte aber, daß nicht alle Formen der bewußten Tätigkeit auf bedingte Reflexe zurückgeführt werden können, daß das Bewußtsein nicht unmittelbar aus der praktischen Tätigkeit des Menschen abgeleitet werden kann (vgl. dazu A. A. LEONT'EV/LURIJA, 1964, 3 ff., 20 f.).

Auf WYGOTSKI (vgl. 1964, 115 ff.) geht die Idee vom vermittelten Charakter des menschlichen Denkens und Fühlens zurück, der Gedanke, daß das menschliche Denken durch den Gebrauch von Werkzeugen und speziell von Zeichen vermittelt ist, wodurch es sich qualitativ von der Psyche der Tiere unterscheidet. Auch der Tätigkeitsgedanke kennzeichnet in spezifischer Weise den Menschen, da unter Tätigkeit ein aktiver Prozeß (mit Vorausplanung und aktiver Regelung) verstanden wird, nicht eine passive Anpassung des Organismus an die Umwelt – im Unterschied zum Verhalten der Tiere (vgl. A. A. LEONT'EV, 1975a, 258 ff.).

Ebenfalls auf WYGOTSKI (vgl. 1964, 61 f., 101 ff., 270 ff.) geht das Problem der „inneren Sprache" oder „inneren Rede" zurück: Die innere Sprache (als „ein Sprechen für sich selbst, das sich von der die Aufgaben des Verkehrs und der Verbindung mit den Mitmenschen erfüllenden sozialen Sprache losgelöst hat" – WYGOTSKI, 1964, 61) ist für ihn weder identisch mit dem Denken noch mit der äußeren Sprache, sondern ist „ein seiner psychologischen Natur nach besonderes Gebilde, eine besondere Art der Sprachtätigkeit ..., die ihre spezifische Eigenart besitzt und in einer komplizierten Beziehung zu anderen Arten der Sprachtätigkeit steht", ist „eine Sprache für den Sprechenden selbst" (WYGOTSKI, 1964, 272).

Diese „innere Sprache" hat folgende Merkmale:

a) Sie ist wesentlich elliptische Sprache, als „Sprache für sich selbst" (manchmal fast wortlose) lineare Verkettung semantischer Sinneinheiten;
b) sie hat prädikativen Charakter, besteht z. T. nur aus (psychologischen) Prädikaten unter Weglassung der (psychologischen) Subjekte;
c) sie hat einen hohen Grad situativer und kontextueller Bedingtheit.

Erst beim Übergang von der inneren zur äußeren Sprache erfolgt eine Umstrukturierung, eine Umwandlung in die Syntax der äußeren Rede (vgl. WYGOTSKI, 1964, 61 ff., 283 ff.; vgl. dazu auch A. A. LEONT'EV, 1975 b, 126 ff., 181 ff.).

Daran hat LURIJA mit seiner Lehre vom inneren dynamischen Schema der Äußerung, von der Etappe des „Grundgedankens" (bzw. der „inneren Sprache") angeknüpft, über die die Kodierung des Gedankens in eine sprachliche Äußerung verläuft. Die Annahme eines solchen „inneren Programms" oder „inneren Schemas" der Sprachtätigkeit – das in der Abfolge bei der Redegenerierung sogar einen der ersten Plätze einnimmt – unterscheidet die sowjetische Psycholinguistik von Anfang an von der amerikanischen Psycholinguistik (der ein solches Vermittlungsglied auf Grund ihrer „Linguistizität" fremd war). Die Existenz eines solchen Vermittlungsgliedes führt zum Verzicht auf das Prinzip einer unmittelbaren Abbildung linguistischer Einheiten auf psycholinguistische Einheiten, weil zu den Prinzipien der inneren Sprache (des inneren Schemas) direkte Äquivalente im linguistischen Modell der Äußerung fehlen können (vgl. A. A. Leont'ev, 1975 b, 128f.).

In der Wygotski-Schule sind die Grundlagen für den allgemeinen Tätigkeitsbegriff weiter ausgearbeitet worden. Unter Tätigkeit wird dabei die Gesamtheit von Prozessen verstanden, die zur Erzielung eines bestimmten Ergebnisses dienten, das zugleich das objektive Motiv der Tätigkeit ist (vgl. A. A. Leont'ev, 1975a, 264). Darin drückt sich der *zielgerichtete* Charakter jeder Tätigkeit aus; jede Tätigkeit setzt ein vorher gestecktes *Ziel* (das bei einem Erfolg des Tätigkeitsvorgangs zugleich dessen Ergebnis ist) und ein *Motiv* für das Stellen und Erreichen des Zieles voraus; denn „eine Tätigkeit ohne ein Motiv gibt es nicht", „eine ,nichtmotivierte Tätigkeit' ist keine Tätigkeit" (A. N. Leont'ev, 1984, 21). Ein zweites wesentliches Merkmal – neben der Zielgerichtetheit und Motivierung – ist die *Strukturiertheit* der Tätigkeit, d. h. die Tatsache, daß die Tätigkeit eine gewisse innere Organisation aufweist, daß der Tätigkeitsvorgang vor allem aus einzelnen *Handlungen* (als Komponenten der Tätigkeit mit bestimmten untergeordneten Zielen) und konkreten *Operationen* (abhängig von den Bedingungen zur Erreichung des Ziels) besteht (vgl. A. A. Leont'ev, 1975 a, 264f.; A. N. Leont'ev, 1984, 21ff.). Ein komplexer Tätigkeitsvorgang umfaßt deshalb immer Motiv (Bedürfnis), Ziel, Handlungen und entsprechende Operationen.

Diese Einsichten in den Charakter der Tätigkeit wurden von der sowjetischen Psycholinguistik auf die Redetätigkeit übertragen. Die Sprechhandlung wurde als Sonderfall einer Handlung innerhalb eines Tätigkeitsaktes verstanden; sie wird charakterisiert durch ein eigenes Ziel und eine eigene Aufgabe sowie durch die Struktur der Tätigkeit als Ganzes und im besonderen durch die Handlungen, die ihr innerhalb eines Tätigkeitsaktes vorausgehen (vgl. A. A. Leont'ev, 1975b, 166). Wie jede andere Tätigkeit durch Motiv, Ziel, Handlungen und Operationen charakterisiert ist und mehrere Etappen durchläuft (Orientierungs- und Planungsetappe, Vollzugs- oder Realisierungsetappe, Kontrolletappe), so läßt sich auch in der Kommunikation (als Redetätigkeit) eine Abfolge von mehreren Etappen erkennen, vor allem:

1) Motiv (Motivierung der Sprechhandlung, aus der sich Primärorientierung und Problemsituation ergibt),
2) Kommunikationsintention (Sprechintention, Grundgedanke) – als Sekundärorientierung, die aus Motivation und Primärorientierung erwächst,
3) inneres Programm der Sprechhandlung (innere Programmierung, „innere Sprache", Umsetzung der Kommunikationsintention in einen Kode wesentlicher Sinn-Einheiten),
4) Realisierung des inneren Programms und damit der Idee (des Plans), d. h. semantische und grammatische Ausformung,
5) Vergleich der Realisierung der Idee mit der Idee selbst (vgl. etwa A. A. Leont'ev, 1975 b, 152ff.; A. N. Leont'ev, 1984 b, 131ff.).

Solche Etappen werden von sowjetischen Autoren im Rahmen von Modellen zur Redegenerierung studiert. Dabei gibt es im Detail manche Unterschiede in der Anzahl und Benennung der einzelnen Etappen bei einzelnen Vertretern (vgl. dazu die Übersicht bei DESSELMANN, 1981, 258 ff.). Gemeinsam ist sämtlichen Ansätzen jedoch nicht nur die einheitliche methodologische Grundposition, sondern auch die Tatsache, daß die Generierung einer sprachlichen Äußerung keine einfache „Ausgabe" eines im Gedächtnis gespeicherten Textes, sondern eine schöpferische Tätigkeit ist, die durch ein Motiv ausgelöst wird, zielgerichtet ist und beim Sprecher eine Reihe von Operationen in Gang setzt, durch die die Sprechhandlung geplant, realisiert und kontrolliert wird, wobei der Sprecher das Ziel seiner Sprechhandlung gedanklich vorwegnimmt und ein „inneres Programm" für die sprachliche Gestaltung seiner Rede entwickelt (vgl. dazu besonders A. A. LEONT'EV, 1975 b, 164 ff., 253 f.).

2.7.4. Zur „psychologischen Realität" der Grammatik

Ein erster zentraler Problemkreis der Psycholinguistik ist die Frage, wie sprachliche Strukturbildungen in den verschiedenen psychischen Prozessen des Sprachverhaltens wirksam werden, auf welche Weise die linguistische Sprachkenntnis (Kompetenz) beim Hervorbringen und Verstehen sprachlicher Äußerungen, bei der Sprachverwendung beteiligt ist. Es handelt sich um die Frage nach der psychologischen Realität linguistischer Strukturen und Prozesse, nach dem psychischen Korrelat von linguistischen Einheiten und Modellen, nach deren psychologischer Relevanz für ein Modell der sprachlichen Performanz. Diese Frage wurde (und wird) in der Psycholinguistik sehr unterschiedlich, ja konträr beantwortet, hat aber die Experimente und auch die Hypothesenbildung außerordentlich stimuliert. Sie war zwar bereits bei OSGOOD als Problem angedeutet, wurde aber zum Zentralproblem erst in der an CHOMSKY orientierten Psycholinguistik. In Experiment und Theorie wurde die Frage gestellt, ob die von der generativen Grammatik nur auf sehr vermitteltem Wege rekonstruierten Regeln zur Bildung und Ableitung von syntaktischen Strukturen zugleich psychologische Realität haben, ob die nach innerlinguistischen Kriterien gewonnenen Konstrukte (der Kompetenz) unmodifiziert in psycholinguistische Hypothesenbildungen eingehen können, ob diese Regeln wesentlich modifiziert werden müssen oder ob sie überhaupt nicht in Performanzstrategien eingehen können (vgl. z. B. LEUNINGER u. a., 1972, 7 ff.; LIST, 1972, 11 ff.).

Der *erste Weg* zur Beantwortung dieser Frage war die Annahme einer direkten Korrelation („Korrelationshypothese") zwischen den linguistischen Konstrukten und den psychischen Vorgängen beim Sprachverhalten, die direkte psychologische Interpretation des linguistischen Modells (der generativen Grammatik). Obwohl CHOMSKY selbst mehrfach und nachdrücklich vor einer Identifizierung von Kompetenz und Performanz, vor einer *direkten* Interpretation der generativen Grammatik als Sprecher-/Hörer-Modell gewarnt hat (vgl. 1969, 14, 20), übersah die sich auf CHOMSKY berufende Psycholinguistik zunächst weitgehend, daß die von der generativen Grammatik beschriebenen linguistischen Gesetzmäßigkeiten zur Generierung von Sätzen nicht gleichzusetzen sind mit den psychologischen Gesetzmäßigkeiten, die dem aktuellen Produzieren und Verstehen von Äußerungen zugrunde liegen. Sie projiziert vielmehr das, was CHOMSKY der abstrakten Kompetenz eines idealen Sprechers/Hörers zugeschrieben hatte (der unberührt war von psychischen Bedingungen des konkreten Sprechverhaltens), in jeden realen Angehörigen der Sprachgemeinschaft, in das aktuelle Verhalten. Eine der Ursachen für diese problematischen Folgerungen, die aus CHOMSKYS Theorie gezogen wurden, liegt gewiß in der Unschärfe seines Kompetenzbegriffs, den er „systematisch mehrdeutig" verwendet – als eine dem Sprecher interne Theorie und als linguistische Theorie (vgl. CHOMSKY, 1969, 40). Mit der Figur des idealen Sprechers/Hörers und der Auffassung der Kompetenz als „mentaler Realität" war überdies eine psychologische Implikation in die Sprachtheorie hineingetragen worden, so daß in der Folge die Gefahr nahelag, das für den idealen Sprecher/Hörer (in bezug auf die Kompetenz) Gesagte auf einen realen Sprecher/Hörer (in bezug auf die Performanz) zu übertragen. Aus der Tatsache, daß die innere und äußere Rechtfertigung der Grammatik (vgl. dazu 2.7.2.) für CHOMSKY letztlich psychologischer Natur ist, erwuchs die erste psycholinguistische Leitidee, nach der Verhaltensrelevanz der linguistischen Regeln und Einheiten zu fragen. Auch durch den Hinweis auf die angeborene Spracherwerbsdisposition des Kindes droht der Unterschied zu verschwinden zwischen dem *idealisierten* Sprecher/Hörer (dessen interne Grammatik die generative Grammatik beschreiben will) und dem *konkreten* Sprecher/Hörer, dessen Sprachverwendung nicht nur durch grammatische, sondern auch durch psychologische Voraussetzungen determiniert ist. Damit wird jedoch die von CHOMSKY eingeführte prinzipielle Unterscheidung zwischen einer linguistischen Kompetenztheorie und einer psycholinguistischen Performanztheorie mindestens unterhöhlt, wenn nicht gar aufgegeben. Die Mehrdeutigkeit des Kompetenzbegriffes, die psychologischen Implikationen im Kompetenzbegriff und der Anspruch auf Rechtfertigung der Grammatik durch die Psychologie sowie die Analogie zum Spracherwerb des Kindes haben in der Folge dazu geführt, daß die Psycholinguistik die Grammatik-Konzeption der generativen Grammatik nicht (nur) als linguistisches Konstrukt, sondern (auch) als Beschreibung der konkret ablaufenden psychologischen Prozesse bei der Sprachverwendung aufgefaßt hat.

In zahlreichen Experimenten wurde versucht, die psychologische Realität der (linguistischen) Grammatik nachzuweisen und auf diese Weise zu zeigen, daß die von der Linguistik ermittelten sprachlichen Einheiten auch eine (direkte) psychologische Entsprechung (ein psychologisches Korrelat) haben. Auf diese Weise wurde die Linguistik der Psycholinguistik logisch vorgeordnet; Aufgabe der Psycholinguistik war es, den psychologischen Status vorgegebener linguistischer Konstrukte experimentell zu untersuchen und die empirische Evidenz für die Hypothese von der psychologischen Realität linguistischer (vor allem syntaktischer) Kategorien nachzuweisen (vgl. vor allem MILLER, 1962; 1974). Die Experimente erstreckten sich über die verschiedenen linguistischen Ebenen (vom Laut über das Wort zum Satz) und sollten sowohl die Realität linguistischer *Strukturen* als auch die Realität linguistischer *Prozesse* betreffen (vgl. dazu ausführlicher LIST, 1972, 17 ff.; LEUNINGER u. a., 1972, 14 ff.; GAUGER, 1973, 300 f.). Dabei handelte es sich z. B. um folgende Fragen: Welche linguistischen Einheiten der Lautebene (Phonem oder Phonemmerkmale) sind psychologisch relevant? Welche psychologische Realität hat der Begriff des Wortes bzw. des Morphems (von linguistischer Seite wurde bekanntlich das Wort zugunsten des Morphems – vor allem im amerikanischen Deskriptivismus – oft in Frage gestellt)? Hat das linguistische Lexikon – mit Eintragungen von semantischen Merkmalen – eine direkte mentale Entsprechung im „subjektiven Lexikon" des Sprechers? Entspricht der linguistischen Unterscheidung von Oberflächen- und Tiefenstruktur eine kognitive bzw. perzeptive Realität? Wie sind Oberflächen- und Tiefenstruktur beim Dekodierungs- und Enkodierungsprozeß beteiligt? Hat die Tiefenstruktur eine psychologische Relevanz? Welche Rolle spielen die linguistischen Transformationen im Sprachverhalten? Sind die einzelnen Transformationsschritte (die linguistische Ableitungskomplexität) isomorph zu den psychologischen Prozessen bei der Produktion bzw. Perzeption von Sätzen?

Die grundsätzliche Fragestellung war überall gleich: Welche Strategien benutzen die Sprecher/Hörer bei der Produktion/Rezeption von Äußerungen, und in welcher Beziehung stehen diese Strategien zum linguistischen Regelsystem? Das zentrale Konzept vom kreativen Charakter des finiten Regelsystems – obwohl zunächst nur als Potentialität gedacht und für einen idealen Sprecher/Hörer konzipiert – suggerierte eine unmittelbare Übertragung auf aktuelle Sprechvorgänge (vgl. LEUNINGER u. a., 1972, 10 ff.; LEUNINGER, 1973, 227 ff.). Die oben genannten (und ähnliche) Fragen konnten in der Tat nur durch Hypothesen und Experimente geklärt werden. Anfangs schienen die Resultate dieser Experimente diese „strikte Korrelationshypothese" auch zu bestätigen (das war das stimulierende Ergebnis dieser Etappe), was sich aber – bedingt nicht zuletzt durch die Art der Experimente – bald als trügerisch herausstellte. BIERWISCH (1979 a, 11 f.) hat von einem „zwar fruchtbaren, aber problematischen Mißverständnis" gesprochen, „veranlaßt durch die suggestive Kraft des Regelsystems". Das Mißverständnis (vor allem MILLERS und seiner Schule) bestand darin, daß Faktoren einer Sprachstrukturbeschreibung in unzulässiger Weise mit solchen für eine mögliche Erklärung von Sprachverwendungsprozessen verwechselt bzw. identifiziert worden sind (vgl. auch LEUNINGER u. a., 1972, 43 ff.): In Wahrheit sind linguistische Grammatiken Hypothesen über die Sprach*struktur*, nicht über sprachliche *Prozesse*; sie charakterisieren nur in abstrakter, idealisierter Form die (implizite) Kenntnis, die sprachliches Verhalten ermöglicht, nicht aber die Mechanismen und Abläufe, in denen es sich tatsächlich realisiert (vgl. BIERWISCH, 1979 a, 11 f.; vgl. auch BIERWISCH, 1982, 139 ff.). Deshalb erwies sich dieser erste Weg in Gestalt der „strikten Korrelationshypothese" als Versuch einer zu kurzschlüssigen Verbindung von Linguistik und Psychologie.

Daraus entwickelte sich ein *zweiter Weg*, auf dem nach Modellen gesucht wurde (stärker im Sinne von CHOMSKY selbst), die das Zusammenwirken der Grammatik mit den verschiedenen Mechanismen der Produktion, Rezeption und Speicherung sprachlicher Äußerungen erfassen sollen. Damit verbunden ist die Frage, auf welche Art diese Prozesse auf grammatische Regeln Bezug nehmen. Nach der enttäuschten Erwartung, daß die Probleme der Psycholinguistik gelöst sein würden, sobald man linguistische Modelle in die kognitive Psychologie übernimmt oder integriert, wurde jetzt (nicht mehr in Gestalt einer strikten, sondern einer modifizierten Korrelationshypothese) nicht mehr eine *Äquivalenz*beziehung zwischen den linguistischen Strukturen einerseits und den in der Performanz enthaltenen sprachlichen Aktivitäten andererseits postuliert, sondern eine Art *Inklusions*beziehung: Mit dieser veränderten Forschungsstrategie strebte die Psycholinguistik nun nach einer Performanztheorie, die integrativ in dem Sinne ist, daß sie die Konzeption der idealisierten Kompetenz in sich einschließt und inkorporiert, aber sich nicht auf diese Kompetenz beschränkt; die so projektierte Performanztheorie blieb dabei freilich noch in Abhängigkeit von der Kompetenztheorie (und konnte seitens der Verhaltenswissenschaft nur ganz bestimmte Beiträge „verkraften"; vgl. LIST, 1972, 69 ff.). Im Sinne von CHOMSKY setzten die Performanzstrategien einerseits die sprachliche Kompetenz voraus; andererseits spielen aber weitere Faktoren (z. B. die beschränkte Gedächtniskapazität) zusätzlich eine Rolle, wirken mit der zugrunde liegenden Kompetenz zusammen und determinieren die aktuelle Performanz. Diese zusätzlichen Eingaben sind auf komplizierte Weise mit der Kompetenz verbunden, die ihrerseits – im Unterschied zu dem oben genannten ersten Weg – als *einer* von mehreren Faktoren das komplexe System der Performanzstrategien regiert. Klar scheint zu sein, daß die Laut-Bedeutungs-Zuordnungen in konkreten Sprech- und Hörprozessen nicht in genau derselben Weise vor sich gehen, wie die Regeln von der Kompetenz erfaßt werden, daß die Regeln der Grammatik nicht einfach in aktuelle Sprecher- oder Hörerstrategien übernommen werden (vgl. MOTSCH, 1972, 218). Das bedeutet andererseits keineswegs, daß die linguistisch begründeten Regeln unter psychologischem Aspekt bloße Fiktionen seien. Sie müssen vielmehr bei der Konstruktion psycholinguistischer Modelle berücksichtigt werden, müssen (unter noch ungeklärten Vermittlungen) in Prozeßmodelle des Sprachverhaltens einbezogen werden (vgl. BIERWISCH, 1979a, 13; BIERWISCH, 1979b, 114). Die Grammatiktheorie ist unter diesem Aspekt auf komplizierte Weise mit den Fakten und Theorien des Sprachverhaltens verbunden, weil die grammatischen Regeln nicht mehr – wie auf dem ersten Weg – einfach und zu kurzschlüssig als aktuelle Operationen interpretiert werden (vgl. auch LEUNINGER, 1973, 228 ff.). *Welche* Faktoren im einzelnen (außer der Kompetenz) die Performanz determinieren und *auf welche Weise* sie mit dem Regelsystem der Kompetenz verbunden sind, hängt nun freilich weitgehend von empirischen Untersuchungen (und Experimenten) ab, wie sie in reichhaltiger Weise von der Psycholinguistik durchgeführt worden sind.

Wie die Experimente auf dem ersten Weg ein sehr uneinheitliches Resultat lieferten – so wurde die psychologische Realität der Tiefenstruktur oder der Transformationen von manchen Autoren bestätigt, von anderen falsifiziert –, so geschah dies auch auf dem zweiten Weg. Diese Tatsache hängt wesentlich von der Problematk des *Experiments* in der Psycholinguistik überhaupt ab. In den meisten durchgeführten Tests wurde von den kommunikativen Bedingungen aktueller Sprachverwendung völlig abstrahiert: Die Probanden werden nicht in kommunikative Situationen hineingestellt, vielmehr wurden ihnen zumeist Entscheidungen abverlangt; was dabei untersucht wurde, waren mehr (metasprachliche) Urteile über Sprache, nicht das spontane Sprachverhalten selbst. Deshalb war es nicht verwunderlich, daß in Experimenten dieser Art genau das abgebildet wird, was die Theorie vorher systematisiert hat (vgl. dazu LIST, 1972, 20f.; LEUNINGER u. a., 1972, 4). Die Problematik psycholinguistischer Experimente besteht darin, daß einerseits möglichst exakte Aussagen über Teilkomponenten der Prozesse des Sprachverhaltens getroffen werden sollen (was streng kontrollierte Bedingungen für die Analyse dieser Komponenten voraussetzt und immer die Gefahr von „problemspezifischen Verzerrungen" in sich birgt), daß aber andererseits höchste Validität angestrebt wird, die letztlich nur unter den Bedingungen der realen Kommunikation gegeben ist (die ihrerseits eine strenge experimentelle Kontrolle der zu untersuchenden Variablen kaum noch zuläßt). Eben deshalb wird unter streng experimentellen Bedingungen kaum die „naive Performanz", sondern werden Erkennungsprozesse eingefangen, die die Versuchsperson zwar auf dem Hintergrund ihres linguistischen Wissens aufbaut, die aber nicht in direkter (und oft auch nicht in indirekter) Weise Rückschlüsse auf die naive und spontane Performanz zulassen (vgl. ESSER, 1974, 18). Die Probleme vergrößern sich bei Konzepten mit hohem Abstraktionsgrad (z. B. Tiefenstruktur, Transformationen), weil die Übersetzung abstrakter Größen in experimentelle Fragestellungen recht problematisch sein kann. Experimente sind kontrollierte Beobachtungssituationen, in denen eine Reihe von Größen (die unabhängigen Variablen) vom Experimentator manipuliert werden, während andere Größen (die abhängigen Variablen) in ihrer Veränderung registriert werden, so daß letztlich Annahmen über das Kovariieren beider Variablentypen gewonnen werden sollen. Theoretische und abstrakte Konzepte lassen sich jedoch nur sehr schwer in experimentelle Variablen umsetzen und mit direkt beobachtbaren Reaktionen nur mühsam in Beziehung setzen (vgl. ausführlicher LIST, 1972, 60ff.), deshalb auch nicht direkt verifizieren oder falsifizieren (vgl. BIERWISCH, 1979a, 17f.). Das ist wohl auch der Grund dafür, warum sich die „Tiefenstruktur" schwer operationalisieren läßt, weshalb die Experimente sich lange an das Konzept von „Syntactic Structures" (erst ziemlich spät an das Standardmodell der generativen Grammatik) anlehnten, daß man oft mit einer – linguistisch im Grunde kaum legitimierten – Approximation an die Tiefenstruktur arbeitete (die weitgehend dem „Kernsatz" von „Syntactic Structures" entsprach). Diese Probleme bei den Experimenten begründen es weitgehend, daß sie so wenig einhellig ausfielen und ihr Wert nicht überbetont werden darf. Was sie im Grunde nur beweisen, ist der Umstand, daß bei der Spracherzeugung unter bestimmten, in der Regel implizit gegebenen Umständen *auch* das jeweilige linguistische Prinzip anwendbar ist (vgl. A. A. LEONT'EV, 1975b, 248).

Immerhin haben diese Experimente auch dazu geführt, daß die Psycholinguistik auf einen *dritten Weg* geführt worden ist, auf dem sie sich von der Korrelationshypothese sowohl in ihrer stärkeren (strikten) als auch in ihrer schwächeren (modifizierten) Form distanziert hat. Die zunehmende Untersuchung der psychologischen Faktoren, die die Anwendung der Kompetenz in der Performanz restringieren, führten allmählich zu einer Ablehnung sowohl des Äquivalenzpostulats von „linguistischer Grammatik" und „mentaler Grammatik" als auch des (schwächeren) Inkorporationspostulats und auf diese Weise auch zu einer Lösung von der generativen Transformationsgrammatik, zu einer Umorientierung und zu einer größeren Selbständigkeit der Psycholinguistik gegenüber der Linguistik: Das linguistische Kompetenzmodell (das bisher im Rahmen der generativen Grammatik nicht als hinterfragbar galt) verliert seine Vorrangstellung, die Psycholinguistik hört auf, „nur logisches Adjunkt zur Linguistik" zu sein (vgl. Esser, 1974, 15; Leuninger u. a., 1972, 2f., 8).

Die Theoriebildung in der Psycholinguistik löste sich schrittweise vom Konzept einer autonomen Linguistik (als einzigem Ausgangspunkt der Psycholinguistik); Schlesinger (1967; 1974) bestreitet, daß die Hypothesenbildung der Psycholinguistik einseitig von der theoretischen Linguistik abhängig gemacht werden muß; Ingram (1971; 1974) sieht die Objektbereiche von Linguistik und Psycholinguistik notwendigerweise für inkongruent an (weil sich die Linguistik mit Regelsystemen für die Bildung von Sätzen, die Psycholinguistik mit den dem Sprachverhalten zugrunde liegenden Prozessen befasse) und argumentiert gegen die Theorie der „Ableitungskomplexität" von Miller, nach der die psychologische Komplexität eines Satzes beim Produzieren oder Verstehen seiner grammatischen Derivationsgeschichte (d. h. auch der Zahl der zum Generieren benötigten Regeln) entspricht, sowie gegen die Kompetenz/Performanz-Distinktion. Nach Bever (1970; 1974) können linguistische Konstrukte mindestens teilweise aus psycholinguistischen Annahmen erklärt werden; auch bei Watt (1974) ist der Standpunkt einer von der Linguistik unabhängigen, autonomen Psycholinguistik erreicht. Damit geht die Zeit zu Ende, in der die Psycholinguistik „ein Faktotum der Linguistik" war, „das sich bemüht, jeden neuen Einfall, jede neue Differenzierung der Theoriebildung auf psychologische Relevanz zu prüfen" (Hörmann, 1974, 147). Daraus wird manchmal (z. B. Hörmann, 1974, 148ff.) die Forderung abgeleitet, die Psycholinguistik solle sich von ihrem „Theorie-Lieferanten Linguistik" ablösen und sich zu einer breiteren, selbständigen und zu einer an den Funktionen der Sprache orientierten „Sprachpsychologie" entwickeln, damit etwa auch an Bühler u. a. anknüpfen (vgl. auch Gauger, 1980, 422, 427).

Charakteristisch für diese Entwicklung sind vor allem die Arbeiten von Bever (1970; 1971). Bever kommt auf Grund seiner Untersuchungen zu einer grundlegenden Kritik sowohl an der strikten als auch an der modifizierten Korrelationshypothese. Sein Verdienst besteht darin, das Problem der psychischen Realität linguistischer Konstrukte dadurch einer Lösung nähergeführt zu haben, daß er die Mechanismen der Sprachverwendung in ein ausformuliertes System psycholinguistischer Strategien gebracht hat. Dieses System enthält „basic linguistic capacities" (d. h. Fähigkeiten, Referenzbeziehungen und generelle semantische Relationen, wie z. B. „actor" – „action" – „object", herzustellen), „behavioral strategies" und „epistemological structures" (letztere beschreiben die Intuitionen, die es erlauben, Grammatikalität, Paraphrase-Beziehungen und Ambiguitäten von Sätzen festzustellen). Die Verhaltensstrategien sind bei ihm Abkürzungsstrategien, die keinesfalls die linguistischen Strukturen direkt abbilden. Psychologische Prozesse operieren zwar auf linguistisch definierten Strukturen, aber sie sind kein unmittelbares Abbild der grammatischen Prozesse, die diese Strukturen in der Grammatik aufeinander beziehen. Damit wird jedes Modell des Sprachverhaltens zurückgewiesen, das die grammatischen Regeln als isolierbare Komponente des Verhaltensprozesses direkt inkorporiert (vgl. BEVER, 1970, 282 ff., 342 f., 279 ff.; BEVER, 1974, 51 f.). BEVERS Kritik richtet sich gegen den Kompetenzbegriff überhaupt (sowie gegen die vorgenommene Unterscheidung zwischen Kompetenz und Performanz), da in die Kompetenz-Beschreibung der generativen Grammatik bereits Verhaltensstrategien eingegangen sind, die die linguistischen Intuitionen determinieren und den Gegenstandsbereich von Anfang an strukturieren (vgl. BEVER, 1974, 53 ff.). Was CHOMSKY Kompetenz nennt, ist für BEVER nur eine systematische Extrapolation von grammatischen Beziehungen auf der Basis der in den Performanzstrategien festgelegten Laut-Bedeutungs-Zuordnungen. Damit wird der Kompetenzbegriff prinzipiell unterlaufen und in Frage gestellt (wie beim ersten Weg, nur unter genau dem entgegengesetzten Aspekt): In BEVERS Perzeptionsmodell sind grammatische Regeln der Kompetenz nicht mehr eingeschlossen. Während beim ersten Weg im Grunde eine spezifische Performanz (neben der Kompetenz) geleugnet wird, so führt der dritte Weg zur Leugnung einer spezifischen Kompetenz (außerhalb der Performanz).

Primär sind für BEVER nur die Performanzstrategien, weil nur diese – nicht die linguistischen Theorien – die relevante Frage nach der „mentalen Realität" linguistischer Regeln lösen können, weil aus der linguistischen Theorie keine ausreichenden Vorschläge für ein Performanzmodell abgeleitet werden können. Die Verhaltensstrategien sind für ihn nicht-grammatische Strategien von unmittelbaren Sprechprozessen (vgl. BEVER, 1971, 242, 234), in denen weder die Kompetenz allgemein noch z. B. die Transformationen im besonderen eine Rolle spielen (vgl. dazu ausführlicher BEVER, 1974, 55 ff.; LEUNINGER u. a., 1972, 23 ff., 37 ff., 51 ff.; MOTSCH, 1972, 218 ff.).

Eine Entscheidung darüber, welcher Weg adäquater ist, wird erst möglich sein, wenn nachgewiesen ist, daß die Laut-Bedeutungs-Zuordnungen der Grammatik durch Performanzstrategien auf adäquatere Weise darstellbar sind. Es ist auf eine gewisse Zirkularität in BEVERS Argumentation hingewiesen worden, da er einerseits die Perzeptionsstrategien nicht aus linguistischen Regeln ableiten möchte, sie aber andererseits auf der Folie von (wenn auch verkürzten) linguistischen Strukturbeschreibungen formuliert (vgl. LEUNINGER u. a., 1972, 58). Wenn jedoch zugestanden werden muß, daß in komplizierten Entscheidungsfällen schließlich doch das System der Grammatik ins Spiel kommen kann, bliebe die

Kompetenz-Performanz-Distinktion in latenter Weise erhalten und auch für die Mechanismen der sprachlichen Tätigkeit relevant: Die Kompetenz würde als vollständiges und explizites Regelwerk existieren, in der Performanz würden abgekürzte Zuordnungsstrategien funktionieren, die auf der Grundlage der Kompetenz aufbauen und in Entscheidungssituationen auch der Ergänzung durch die Kompetenz bedürfen (vgl. MOTSCH, 1972, 219).

Noch konsequenter ist ein *vierter Weg*, der bereits in der Fragestellung nach der psychologischen Realität der Grammatik ein „Scheinproblem" und eine „Konfusion" sieht (vgl. vor allem A. A. LEONT'EV, 1975 b, 15ff., 118f., 247): Es wird – bezogen allerdings vor allem auf den ersten Weg einer direkten Korrelation von linguistischen Strukturen und psychologischen Prozessen, vor allem auf MILLER, aber auch auf CHOMSKY – grundsätzlich eingewendet, daß auf diese Weise das linguistische und das psychologische Modell in ungerechtfertigter Weise vermengt oder identifiziert werden. Das Problem des psycholinguistischen Modells von MILLER und CHOMSKY habe (unter diesem Aspekt) nichts mit dem Problem der generativen Grammatik selbst zu tun. Die vorgenommene Übertragung des linguistischen Modells auf die psychologischen Mechanismen des Sprachverhaltens ist bestenfalls ein erster Schritt bei der Suche nach psychologischen Korrelaten einer nichtpsychischen Struktur (des Systems der Sprache), aber eine einfache und direkte Übertragung wird der Tatsache nicht gerecht, daß es eine einfache Entsprechung zwischen linguistischen Strukturen und Sprachverhaltensprozessen nicht gibt. Eine erfolgreiche Erforschung von Sprachverhaltensprozessen darf unter diesem Aspekt nicht primär von der Linguistik, sondern muß von der Psychologie ausgehen.

In diesem Sinne hat A. A. LEONT'EV (1975 b, 118 f.) mit Recht „zwei verschiedene Denkweisen" in der Psycholinguistik unterschieden: eine „linguistische Denkweise" (die Schaffung eines Modells auf der Basis linguistischer Kriterien und die entsprechende Gestaltung der psychologischen Beschreibung) und eine „psychologische Denkweise" (die Schaffung eines Modells auf der Basis psychologischer Kriterien und die entsprechende Gestaltung der linguistischen Beschreibung). Bisher wurde fast ausschließlich von der linguistischen Denkweise ausgegangen. Diese Tatsache habe den Weg für manche Einsicht versperrt, weil ein linguistisches Modell grundsätzlich anders sei als ein psychologisches Modell, da in ihm Charakteristika der Beschreibung eine dominierende Rolle spielen, die zu den Charakteristika der realen Redeerzeugung „in keiner Beziehung stehen". Der Linguist operiert mit Einheiten und Regeln, denkt aber nicht in der Terminologie von Prozessen.

Mit dieser Umkehr des Blickes (der Dominanz der Psychologie über die Linguistik in der Psycholinguistik) ist jedoch noch keine Antwort gegeben auf die Alternative, die sich ergibt auf Grund der Tatsache, daß sich bisher Modelle linguistischer Strukturbildungen, wenn überhaupt, so doch nur unter vorerst weitgehend ungeklärten Vermittlungen mit Prozeßmodellen des Sprachverhaltens verbinden lassen. Auf die Einsicht in diese Tatsache sind zwei Reaktionen denkbar und auch erkennbar (vgl. BIERWISCH, 1979a, 14f.):

(a) Die Verbindung psychologischer und linguistischer Fragestellungen und Theoriebildungen wird als verfehlt, mindestens als verfrüht angesehen.

(b) Die Lösung psycholinguistischer Probleme verlangt (trotz des verschiedenen Zugangs und der verschiedenen „Denkweise") eine systematische Verbindung linguistischer und psychologischer Analysen, die die Vermittlung der jeweils speziellen Gesichtspunkte und Ergebnisse in die Theoriebildung einbezieht.

Zu (a) tendiert MEIER (1979, 97 ff.), wenn er die Vermengung von linguistischen Strukturen und psychischen Operationen (wie in der Korrelationshypothese) als Fehler ansieht und daraus eine Entwicklung der Psycholinguistik postuliert, die frei von linguistischen Hypothesen sein müsse. Für (b) plädiert BIERWISCH, d. h. für eine sorgfältige Integration (nicht für eine Separierung) linguistischer und psychologischer Analysen, da ein Erklärungsansatz weder auf linguistische Strukturcharakteristik noch auf die psychologische Beschreibung der involvierten Prozesse verzichten könne. Die Beziehungen sind für ihn wechselseitig (aber asymmetrisch; vgl. dazu auch BIERWISCH, 1983, 15 ff.): Einerseits bleiben grammatische Beschreibungen an die Notwendigkeit der psychologischen Interpretierbarkeit gebunden, weil bei der Auswahl unter verschiedenen Möglichkeiten der Abbildung sprachlicher Befunde die Möglichkeit entscheidend sei, linguistische Annahmen in die psychologische Theoriebildung zu integrieren. Andererseits sind linguistische Befunde auch für psychologische Modellansätze unerläßlich, schon deshalb, weil es um das Verstehen von Sätzen und Behalten von Wörtern geht (das an Sätze und Wörter gebunden ist), aber auch deshalb, weil die Sprachstruktur ein bestimmtes Integrationsprinzip hat, demgegenüber die Mechanismen des Verhaltens offenbar nicht indifferent sind (vgl. BIERWISCH, 1979a, 16 ff.). A. A. LEONT'EV orientiert sich stärker an der Psychologie (vgl. dazu auch 2.7.3.) – und würde deshalb wohl auch das zuletzt genannte Argument für die linguistische Determination des Verhaltens nicht unterschreiben –, betont die Verschiedenartigkeit psychologischer und linguistischer Modellbildungen und akzentuiert in besonderer Weise – wie BIERWISCH – die potentielle Bedeutung der Psychologie für die Linguistik als Auswahlkriterium für eine Vielzahl von möglichen sprachlichen Beschreibungen (vgl. A. A. LEONT'EV, 1975a, 299 f.). Gerade diese psychologische Interpretierbarkeit ist aber ein Anspruch, der speziell von der generativen Grammatik erhoben worden ist und keineswegs von allen Linguisten akzeptiert wird.

2.7.5. Zur mentalen Repräsentation des Lexikons

Wie bei der Grammatik, so ergab sich auch bei der lexikalischen Bedeutung für die Psycholinguistik die Frage nach der mentalen Repräsentation: Gibt es im kognitiven Bereich abgrenzbare Sinn-Elemente, die ungefähr den Lexembedeutungen entsprechen, die im Gedächtnis gespeichert und abrufbar wären? Wie ist die Bedeutung im Bewußtsein repräsentiert? Welche psychologische Relevanz haben die Wortbedeutungen? Welches Verhältnis haben die psychologischen Korrelate zu der linguistischen Struktur der Bedeutung?

In der behavioristischen Konzeption wurden zunächst die Ergebnisse der Assoziationspsychologie ausgewertet und Bedeutung aufgefaßt als die Summe der mit einem Wort verbundenen Assoziationen. Die Verbindungen von Stimuli und Reaktionen wurden geprüft, die Stärke des assoziativen Zusammenhangs dieser Stimulus-Reaktions-Verbindungen wurde auf verschiedene Weise quantifiziert. Die Bedeutung stellte sich unter mentalem Aspekt dar als ein auf einer einzigen Ebene angesiedeltes Netzwerk von assoziativen Beziehungen zwischen Einheiten, die intern nicht mehr strukturiert sind (vgl. LEUNINGER u. a. 1972, 85 ff.).

Aber selbst innerhalb dieser Konzeption, die Bedeutung grundsätzlich in das Verhaltensschema einordnete und mit den außersprachlichen Stimulus- und Reaktionselementen identifizierte, traten unterschiedliche Varianten (oder Stufen) auf, die sich aus der Ablösung von den unmittelbar beobachtbaren Daten ergaben und zum Begriff der „Bedeutungsvermittlung" („Mediation") führten: Aus dem anfänglichen einfachen Modell der instrumentalen Konditionierung (Zeichen erhält Bedeutung durch Koppelung mit bezeichnetem Gegenstand und durch Bekräftigung in der Situation) entwickelte sich zunächst das Zwei-Stufen-Modell der Mediation (unmittelbare Präsenz des Gegenstandes ist aufgehoben, Vermittlung erfolgt durch ein schon mit Bedeutung belastetes Zeichen, Vermittler – Signalseite eines Wortes – bleibt beobachtbar) und daraus schließlich das Modell der „stellvertretenden Vermittlung" (Vermittlungsinstanz zwischen Gegenstand und Zeichen muß nicht mehr registrierbare Reaktion, kann eine implizite „symbolische" Größe sein). Auf diese Weise wurde das „klassische" Schema von Reiz/Reaktion und Bekräftigung (als zeitliche Abfolge verursachender Ereignisse) bereits aufgebrochen (vgl. LIST, 1972, 30 ff.; vgl. auch HÖRMANN, 1967, 186 ff.).

Die Abkehr von der einlinigen Referenzbeziehung zwischen Zeichen und Gegenstand vollzieht sich vor allem im „Modell der stellvertretenden Vermittlung" von OSGOOD, bei dem das innere Reaktionsverhalten zur eigentlichen Bedeutung des Zeichens wird, die Bedeutung zu einem „repräsentationalen Prozeß", der nicht direkt beobachtbar, vielmehr eine vermittelnde Reaktion ist (die auf das Zeichen folgende Reaktion steht „stellvertretend" für das Verhalten). Obwohl die Bedeutung dabei im Verhalten verankert bleibt, führt der Rückgriff auf nicht direkt beobachtbare Stimuli/Reaktionen über den strengen behavioristischen Ansatz bereits hinaus. Das wird auch deutlich in seinem Begriff vom „semantischen Differential" (einem Verfahren zur Messung der Bedeutung), in dem er meaning als Menge der vermittelnden Assoziationen versteht, dabei die Bedeutung auf die Einstellungen der Sprecher (auf inneres Verhalten) zurückführt, d. h. auf die konnotativen Aspekte beschränkt (vgl. HÖRMANN, 1967, 199 ff.). Damit sind zwar Ansätze für eine pragmatische Bedeutungsinterpretation gegeben, ist Bedeutung in den Kommunikationszusammenhang eingeordnet; allerdings müßte gefragt werden, ob damit die Bedeutung selbst oder nicht vielmehr die *Wirkung* der Bedeutung (in den psychischen Prozessen des Meinens und Verstehens) erfaßt ist.

Ein neuer Ansatz ergab sich mit der Überwindung des behavioristischen Modells durch die generative Grammatik. Ihm liegt ein Modell lexikalischer Organisation zugrunde, das die assoziativen Beziehungen aus der Binnenstruktur lexikalischer Einheiten zu erklären versucht, das – im Sinne der semantischen Theorie von KATZ/FODOR (vgl. HELBIG, 1970, 311 ff.) – als Hierarchie semantischer Merkmale konzipiert ist. In Analogie zu dem Grammatikmodell CHOMSKYS und zur semantischen Theorie von KATZ/FODOR wurde angenommen, daß der Sprecher über ein „subjektives Lexikon" verfüge, in dem die Lexeme in Form solcher Merkmalseintragungen gespeichert wären; ein solches „subjektives Lexikon" enthielte nichts anderes als die psychologischen Korrelate von linguistischen Konstrukten auf der lexikalischen Ebene (vgl. z. B. MILLER, 1967; 1969). Da die klassenbildenden organisierenden konzeptuellen Merkmale des subjektiven Lexikons (als „cluster") auf ihre Entsprechung zu den unter linguistischem Aspekt ausgearbeiteten semantischen Merkmalen befragt werden (nach einer direkten oder indirekten Entsprechung gesucht wird), handelt es sich um eine ganz der Grammatik analoge Frage: um die für die Psycholinguistik unter diesem Aspekt zentrale Frage, wie die psychologische Realität der semantischen Merkmale nachgewiesen und damit die linguistische Beschreibung als psychologisch relevant ausgewiesen werden kann. Diese Frage liegt nahe, wenn man die semantischen Merkmale nicht als äußere physikalische Merkmale auffaßt, sondern als Komponenten, „die die grundlegenden Dispositionen der kognitiven und perzeptuellen Struktur des menschlichen Organismus repräsentieren", als „abstrakte theoretische Entitäten, die Komplexe psychologische Strukturen und Mechanismen repräsentieren" (BIERWISCH, 1974, 164f.).

Nun zeigte sich freilich (sowohl in den folgenden Experimenten als auch in der Theoriebildung), daß mit der Suche nach einer psychologischen Realität semantischer Merkmale wesentliche Schwierigkeiten verbunden waren (vgl. dazu auch LEUNINGER u. a., 1972, 92 f.), schon auf linguistischem Gebiet (Status und Zahl der semantischen Merkmale nicht völlig geklärt, ebensowenig die Rolle des „distinguishers", linguistische Beschreibung erstreckt sich bisher nur auf geschlossene Subsysteme), erst recht bei der Frage nach der Korrespondenz zwischen linguistischer und psychologischer Gliederung des Wortschatzes (die offenbar nicht nach denselben Prinzipien erfolgt). Es lag schon die Frage nahe, ob die lexikalischen Einheiten in Sprachverhaltensprozessen überhaupt in ihre Komponenten aufgelöst oder als Ganzheiten verarbeitet werden: Ähnlich wie bei der Grammatik ergab sich auch hier durch Experimente die Antwort, daß lexikalische Einheiten im Sprachverhalten nur dann in ihre Merkmalsstruktur zerlegt werden, wenn besondere Anforderungen gesetzt sind, sonst aber als Ganzheiten behandelt werden, daß zwar eine regelhafte Struktur verfügbar ist, aber nur in speziellen Situationen aktualisiert wird (vgl. dazu KINTSCH, 1974; BIERWISCH, 1979b, 114f.). Eine noch weiter gehende Frage ist die nach dem kognitiven Status der semantischen Merkmale, d. h. danach, ob es sich überhaupt noch um semantische Merkmale im linguistischen Sinne handelt, mit denen der Sprecher aktuell operiert. Es wurde zunehmend deutlicher, daß die semantische Kenntnis des Durchschnittssprechers, die er im aktuellen Verhalten verwendet und mit den einzelnen lexikalischen Einheiten verbindet, offenbar weder mit dem linguistischen noch mit dem sachlogischen System (z. B. der Biologie oder Physik) zusammenfällt, sondern nach anderen Prinzipien strukturiert ist (vgl. auch IMHASLY u. a., 1979, 190). Deshalb spricht BIERWISCH (1983, 48 ff.) von „konzeptuellen Strukturen", die ein Gesamtsystem bilden, von den Sprechern als internes Bild von der Welt repräsentiert werden und ein Prinzip darstellen, das semantische Repräsentationen fundiert und lexikalische Intensionen formulierbar macht, das aber mit der semantischen Struktur nicht identifiziert werden darf, weil die konzeptuellen Strukturen von anderem Typ und von anderer Struktur sind als die semantischen Repräsentationen (deren Extension sie sind).

2.7.6. Theorien des Spracherwerbs

Ein zweites Hauptproblem für die Psycholinguistik – neben der Frage nach der psychologischen Realität der Grammatik und des Lexikons (vgl. 2.7.4. und 2.7.5.) – ist der Komplex des Spracherwerbs, die Frage nach der Aneignung von Sprachkenntnis und der Entwicklung der entsprechenden Produktions- und Rezeptionsmechanismen, die Frage nach dem Erwerb und der Ausbildung der Komponenten des Sprachverhaltens. Das Thema Spracherwerb ist geradezu zu einer Art Paradigma psycholinguistischer Forschungen geworden, da sich in ihm die unterschiedlichsten theoretischen Ansätze reflektieren (vgl. LIST, 1972, 74 ff.; GRIMM/ENGELKAMP, 1981, 164 ff.). Die amerikanische Psycholinguistik war zunächst charakterisiert durch den Gegensatz zwischen dem behavioristischen Ansatz und dem nativistischen Ansatz (der generativen Grammatik).

Die *behavioristischen* Konzepte (z. B. SKINNER, OSGOOD) führen die Prozesse des Spracherwerbs auf Erfahrung, Imitation und Verstärkung („reinforcement") zurück, wobei die Rolle der Umwelterfahrungen auf den kausalen Mechanismus von Stimulus und Reaktion reduziert wird und das Konzept der Verstärkung eine behavioristische Form der Operationalisierung des Umwelteinflusses darstellt (vgl. LEUNINGER, u. a., 1972, 171 ff.). Der Spracherwerb wird auf diese Weise als Erlernen eines Verhaltens nach dem Stimulus-Reaktions-Modell verstanden und als ausschließlich von externen Daten der Umwelt abhängig angesehen. Das Kind lernt seine Sprache (in Form von „habits") durch Nachahmung bereits gehörter Äußerungen, das sekundäre Reinforcement besteht in der Imitation des Gehörten. In der extremsten Form des Behaviorismus (z. B. bei SKINNER, der aber eben deshalb nicht repräsentativ für das gesamte behavioristische Konzept ist – vgl. dazu LIST, 1972, 78) werden alle Spezifika des Bewußtseins ausgeklammert, werden Ergebnisse der Tierpsychologie auf das menschliche Verhalten übertragen. Das Sprachverhalten wird von außen („exogenistisch") über Stimulus-Reaktions-Schemata mit Hilfe von speziellen Konditionierungsmechanismen aufgebaut, ist nicht eigentlich eine (aktive) Tätigkeit, sondern lediglich eine Reaktion des Organismus auf die Umwelt.

Ganz im Gegensatz dazu faßt das *nativistische* Konzept (basierend zunächst auf CHOMSKYS Rezension von SKINNERS „Verbal Behavior") den Spracherwerb nicht als Adaption, sondern („endogenistisch") als Erzeugung eines autogenen Systems, als autonomen Reifeprozeß auf, der auf einem angeborenen Spracherwerbsmechanismus beruht und bei dem die Umwelteinflüsse lediglich auslösende Funktion haben. Spracherwerb ist nicht der Erwerb von „habits", sondern die Entfaltung angeborener sprachlicher Fähigkeiten (die die Voraussetzung dafür sind, daß das Kind einen entsprechenden Regelapparat entwickeln kann). Die generative Grammatik hat in der Tat eine große Zahl empirischer Untersuchungen zur Ontogenese der Sprache stimuliert. Obwohl als Sprachtheorie konzipiert (die die Kompetenz des idealisierten Sprechers/Hörers beschreibt), erhielt dieser idealisierte Sprecher/Hörer bei CHOMSKY selbst, erst recht aber in seiner Nachfolge einen eigentümlichen empirischen Status (daraus erwuchsen Ansätze einer Lerntheorie). Dies geschah auch durch die Annahme, daß eine Theorie der Grammatik erst dann aus „inneren Gründen" gerechtfertigt (erklärungsadäquat) ist, wenn die dazu gehörende linguistische Theorie eben diese Grammatik aus anderen selektieren kann, daß die Erklärungsadäquatheit „im wesentlichen die Frage nach einer Theorie der Spracherlernung, einer Erklärung der spezifischen angeborenen Fähigkeiten" ist, „die diese Leistung ermöglichen" (CHOMSKY, 1969, 43).

Die stärkste Motivation für die Zurückweisung der behavioristischen Theorie des Spracherwerbs und für die Annahme eines angeborenen Spracherwerbsmechanismus (= language acquisition device = LAD) war die Beobachtung, daß die sprachliche Erfahrung nicht vollständig und reichhaltig genug ist, um allein durch induktive Generalisierung die Abstraktion eines zugrunde liegenden generativen Systems zu ermöglichen und deshalb die Fähigkeit eines Sprechers nicht erklären kann, „ganz spontan neue Sätze hervorzubringen und zu verstehen, die vorher gehörten weder ... ähnlich sind, noch mit früher gehörten durch Konditionierung assoziiert sind, noch aus ihnen ableitbar sind durch irgendeine Art von ‚Generalisierung' ... Die Spracherlernung beruht offenbar darauf, daß das Kind das erwirbt, was unter formalem Gesichtspunkt eine tiefe und abstrakte Theorie ist – eine generative Grammatik seiner Sprache" (CHOMSKY, 1969, 81). Diese Beobachtung führt CHOMSKY zur Annahme eines spezifisch menschlichen LAD, der eine Erklärung für das Phänomen gestattet, daß Kinder (obwohl die Äußerungen ihrer Umwelt nur einen unvollständigen Input darstellen) die Regeln ihrer Sprache in verhältnismäßig kurzer Zeit beherrschen und eine fast unbegrenzte Menge grammatischer Ausdrücke bilden und verstehen können. Mit diesem angeborenen Schema des LAD und einem System kognitiver Prozeduren entwickelt das Kind Hypothesen über den Input und vollzieht damit eine implizite Theoriebildung, die mit der expliziten Arbeit eines Linguisten vergleichbar ist, der aus den Daten die Grammatik einer Sprache konstruiert (vgl. CHOMSKY, 1969, 40 ff., 50 f., 66 ff.; CHOMSKY, 1976, 13 ff., 29 ff.; KATZ, 1966, 240 ff., vgl. dazu auch LEUNINGER u. a., 1972, 178 ff.).

Innerhalb dieses nativistischen Konzepts hat LENNEBERG (1967) – der den Spracherwerb ebenso als Reifungsprozeß auffaßt, für den äußere Bedingungen nur als Auslöser fungieren – die Idee der „angeborenen Prinzipien" umfassender und konkreter fundiert, ist den biologisch-physiologischen Grundlagen des Spracherwerbs genauer nachgegangen und hat das physiologische Substrat des Spracherwerbs mit dem physiologischen Substrat anderer angeborener Fähigkeiten des Kindes korreliert. In seiner biologischen Theorie des Spracherwerbs wird die Frage, *was* eigentlich angeboren ist, präziser beantwortet: „Im wesentlichen die Modi der Kategorisierung ... Sie sind ein Aspekt der latenten Struktur. Ferner ist der allgemeine Modus des Aktualisierungsprozesses angeboren, hingegen kein besonderer Aspekt der realisierten Struktur ... Indes gibt es viele Gründe zu glauben, daß die Prozesse, kraft derer die realisierte äußere Struktur einer Sprache sich entwickelt, tiefverwurzelte, artspezifische, angeborene Eigenschaften der biologischen Natur des Menschen sind" (LENNEBERG, 1967, 481). Auf diese Weise ist Spracherwerb Bestandteil der biologischen Entwicklung des Menschen, erfolgt in Stufen und hängt von neurophysiologischen Voraussetzungen im Gehirn ab (neurophysiologisch begründet wird diese Auffassung durch die Untersuchung sprachpathologischer Erscheinungen). Sprache beruht „auf bisher unbekannten artspezifischen biologischen Fähigkeiten" (LENNEBERG, 1967, 94) und entwickelt sich in den Grenzen eines biologischen Reifungsprozesses, für den die Umwelt nur als Katalysator fungiert. Auf diese Weise ist von diesem Konzept weder Platz für die dialektische Wechselwirkung zwischen sozialen *und* biologischen Faktoren noch für die zwischen kontinuierlicher und diskontinuierlicher Entwicklung (vgl. kritisch dazu A.A.LEONT'EV, 1975b, 145 f.; NEUMANN u. a., 1976, 145 ff.).

Es hat sich gezeigt, daß beide Konzepte – das behavioristische und das mentalistisch-nativistische – für die Erklärung des Spracherwerbs nicht ausreichen (vgl. auch BIERWISCH, 1979b, 83), daß die Frage nach der sozialen (äußeren) und biologischen (inneren) Determination nicht im Sinne eines Entweder-Oder, sondern nur im Sinne eines Sowohl-Als auch beantwortet werden kann (vgl. A.A.LEONT'EV, 1975b, 150; OKSAAR, 1980, 436f.), daß die beiden extremen Positionen (Empirismus vs. Rationalismus, Behaviorismus versus Mentalismus/Nativismus) durch vermittelnde und wirklichkeitsnähere Hypothesen abgelöst (und damit „aufgehoben") werden müssen, denn aus der Tatsache allein, daß ein Kind über einen bestimmten Regelmechanismus verfügt, kann weder ohne weiteres geschlossen werden, daß es mit diesem Mechanismus geboren worden ist, noch, daß es ihn durch Konditionierung erworben hat (vgl. OKSAAR, 1973, 305). In der Tat sind auch bestimmte Erscheinungen beim Spracherwerb – z. B. die Tatsache, daß Kinder Formen bilden wie „comed" statt „came", „kommte" statt „kam", „goed" statt „went", „ich kanne" statt „ich kann" – von den beiden extremen und miteinander konkurrierenden Theorien als Beweismaterial in entgegengesetzter Richtung herangezogen worden: im behavioristischen Sinne als

Übergeneralisierungen von sprachlichen Erfahrungen, im mentalistischen Sinne als Relikte einer Tiefenstruktur bzw. als Fragment einer im Aufbau befindlichen Grammatik des Kindes (vgl. dazu auch LIST, 1972, 77f.). Als entscheidende Einschränkung kommt dazu, daß in beiden Konzepten der grundsätzlichen Tatsache zu wenig Beachtung geschenkt wird, daß das Kind ohne sprachliche Umgebung und vor allem ohne aktive und passive Teilnahme am Interaktionsprozeß keine Sprache erwirbt (vgl. auch OKSAAR, 1973, 303; HARTUNG/SCHÖNFELD, 1981, 170ff.). Die Vernachlässigung des sozialen und handlungsmäßigen Aspekts und die vornehmliche Orientierung auf den Menschen als Individuum (mit weitgehend bio-physischer Erklärung) führte dann auch zu einer (in den USA seit Beginn der 70er Jahre erkennbaren) Gegenreaktion.

Indes gab es bereits (außerhalb des behavioristischen und nativistischen Konzepts) vorher in Europa andere Ansätze zur Erklärung des Spracherwerbs. Dazu rechnet besonders die oft als „entwicklungsgeschichtlich" eingeordnete (vgl. HÜLLEN/JUNG, 1979, 28ff.) Theorie des Spracherwerbs von PIAGET (1923), die von RUBINSTEIN (1981, 94) als „bisher einzige abgeschlossene allgemeine Theorie der Entwicklung des kindlichen Sprechens" bezeichnet wurde. Es handelt sich um ein stufentheoretisches Modell, das charakterisiert ist durch den Übergang einer ursprünglich „egozentrischen" Sprache (gleichsam vor der Kommunikation mit den Erwachsenen) zu einer späteren „sozialisierten" Sprache. Trotz aller an diesen Stufen geübten Kritik (es geht eher um eine Relation zwischen „situativer Rede" und „Kontextrede", die aber beide sozial gerichtet sind und von der Kontaktsituation in der sprachlichen Kommunikation abhängen, die „egozentrische" Sprache ist eher eine Zwischenstufe auf dem Weg zur inneren Sprache – vgl. dazu WYGOTSKI, 1964, 55ff.; REINICKE, 1985; vgl. auch LURIJA, 1982, 115ff., 227ff.) wird bei PIAGET die Entwicklung der kognitiven Strukturen beim Kind als weitgehend genetisch bestimmt angesehen, wird die sprachliche Entwicklung weitgehend der kognitiven Entwicklung zugeordnet (ohne daß Denken und Sprache identifiziert werden), wird das Erlernen der Sprache in Interaktionszusammenhänge eingeordnet (ohne daß dabei freilich schon ein Tätigkeitskonzept im heutigen Sinne erkennbar wäre).

Eine konsequente Rückbesinnung, daß Sprechen eine Form des menschlichen Handelns ist, erfolgt in den *dialektisch-materialistischen* Spracherwerbstheorien, vor allem in der sowjetischen Psycholinguistik (vgl. vor allem WYGOTSKI, 1964; LURIJA, 1982, 152ff., 212ff.; A. A. LEONT'EV). Die Sprachentwicklung und der Spracherwerb werden im Kontext der gesamten psychischen Entwicklung und im Zusammenhang mit der Entwicklung des Denkens gesehen. Als Erklärungsrahmen bildet sich die Tätigkeitstheorie heraus (vgl. genauer unter 2.7.3.), die psychische Tätigkeit wird aus der gegenständlichen Tätigkeit abgeleitet, im Rahmen der gegenständlichen Tätigkeit lernt das Kind sprechen und erwirbt es die Sprache. Spracherwerb erscheint damit als sozialer Prozeß im Zusammenhang mit menschlicher Interaktion. Es werden Etappenmodelle erarbeitet (vgl. 2.7.3.), die auch – da weitgehend hypothetisch – über Versuche mit Aphatikern (vor allem durch LURIJA) überprüft worden sind. Eine zentrale Rolle spielt dabei der Begriff der „inneren Sprache" bzw. „inneren Rede" (vgl. 2.7.3.), spielen überhaupt „prälinguistische" Faktoren für die Struktur der Äußerung (vgl. A. A. LEONT'EV, 1975 b, 151). Nicht nur dadurch, sondern durch die Tätigkeitsauffassung insgesamt unterscheiden sich diese Konzepte grundsätzlich von den behavioristischen und nativistischen Erklärungsversuchen, die ihrerseits – als Extreme – beide allein nicht adäquat sind, aber auch zusammen hinter dem komplexen Erklärungsrahmen des Tätigkeitskonzepts zurückbleiben (weil sie den genannten Beschränkungen unterliegen).

Die Theorien zum Spracherwerb haben nicht nur theoretische, sondern auch eine hohe praktische Bedeutung. Sie werden für die Praxis verschiedener Bereiche dann relevant, wenn innerhalb des Spracherwerbs mindestens unterschieden wird (abgesehen vom therapeutisch gesteuerten Spracherwerb bei Sprachstörungen) zwischen dem ungesteuerten (natürlichen) Erstsprachenerwerb, dem ungesteuerten (natürlichen) Zweitsprachenerwerb und dem gesteuerten Zweitsprachenerwerb (wie z.B. im Fremdsprachenunterricht) (vgl. BUSSMANN, 1983, 476f.; REINECKE, 1985). Diese Unterschiede werden oft mißachtet, Ergebnisse der einen Art des Spracherwerbs (meist: der Muttersprache bei Kindern) auf eine andere Art des Spracherwerbs (meist: der Fremdsprache) übertragen. Dabei ist mehrfach und mit vollem Recht darauf hingewiesen worden, daß die Prozesse des Muttersprachen- und des Fremdsprachenerwerbs anders, sogar in entgegengesetzter Richtung verlaufen: im ersten Falle von der freien, spontanen Verwendung zur bewußten Einsicht, im zweiten Falle von der bewußten Einsicht und willkürlichen Beherrschung zum freien, spontanen Sprechen, zudem auf dem Hintergrund einer schon erworbenen Muttersprache (vgl. vor allem WYGOTSKI, 1964, 228ff.; A. A. LEONT'EV, 1974, 32ff.; A. A. LEONT'EV, 1975b, 286f.; HELBIG, 1981, 52ff.), daß es Gemeinsamkeiten *und* Unterschiede zwischen Mutter- und Fremdsprachenerwerb gibt (vgl. HÜLLEN/JUNG, 1979, 19ff.), daß nur entwicklungstheoretisch gesehen, nicht aber stadial gesehen Muttersprachen- und Fremdsprachenerwerb übereinstimmen (vgl. REINECKE, 1985).

Für den Fremdsprachenunterricht ist eine Theorie des Spracherwerbs vor allem deshalb nötig, weil die Fragestellungen der bisherigen Methodik und Didaktik des Fremdsprachenunterrichts zu empirisch sind (vgl. auch A. A. LEONT'EV, 1975 b, 283), weil von diesen Disziplinen zumeist einzelne Faktoren aus der Gesamtheit der für den Spracherwerb notwendigen Faktorenkomplexion herausgelöst und in intuitiver Weise verabsolutiert worden sind (vgl. REINECKE, 1985), weil die Methodik (als Disziplin, die nach den geeigneten Lehrverfahren für die optimale Vermittlung einer Einzelsprache unter einem konkreten Bedingungsgefüge fragt) noch keine vollständige Theorie des Fremdsprachenunterrichts ist. Zu einer solchen Theorie gehört – neben der Methodik und der allgemeinen Didaktik des Fremdsprachenunterrichts (die ihrerseits von den Einzelsprachen und den konkreten Bedingungsgefügen absieht) – eine Theorie des Spracherwerbs. Eine solche Theorie des Spracherwerbs (im Vorfeld der Fremdsprachendidaktik und der einzelsprachlichen Methodiken) ist deshalb unverzichtbar, weil die Frage danach, wie Prozesse der Aneignung einer Einzelsprache gesteuert und optimiert werden können, ein Wissen darüber voraussetzt, wie diese Prozesse überhaupt (physiologisch und psychologisch) verlaufen (können). Strategien und Taktiken des Lehrbuchautors und des Lehrers können nur auf dieser Basis sinnvoll begründet werden, zumal die Prozesse des *Lehrens* von Fremdsprachen immer mit dem Ziel des *Lernens* erfolgen, also Einsichten über Lernprozesse voraussetzen (vgl. HELBIG, 1977, 58f.; HELBIG, 1981, 130ff.; HELBIG, 1983, 30f.; REINECKE, 1985).

2.7.7. Fragen des Sprachverlusts und der Sprachstörungen (Sprachpathologie)

Zur Psycholinguistik im weiteren Sinne gehören auch die sprachpathologischen Fragen des Sprachverlusts und der Sprachstörungen (als Gegensatz des Spracherwerbs). Freilich müssen von vornherein eigentliche Störungen der *Sprache* (auf Grund von organischen Verletzungen oder Erkrankungen des Sprachzentrums im Gehirn) unterschieden werden von Störungen des *Sprechens* (bedingt durch Funktionsstörungen bzw. Erkrankungen des Sprech- oder Hörapparats) und von Störungen der *Kommunikation* auf Grund nicht-organischer (psychose-bedingter) neurotischer Veränderungen (vgl. LEISCHNER, 1973, 288; LEISCHNER, 1980, 407; vgl. auch GORSCHENEK/RUCKTÄSCHEL, 1983, 155). Nur die eigentlichen Störungen der Sprache gehören zu diesem Bereich, der oft auch als „Neurolinguistik" bezeichnet wird, aber nicht genau von der Psycholinguistik abgegrenzt wird (vgl. LEISCHNER, 1973, 287). Im Grunde handelt es sich nicht um „Neurolinguistik", sondern genauer um „Neuropsycholinguistik", da es sich um Aussagen nicht von linguistischer, sondern von psycholinguistischer Art handelt, um Analysen, die auf Grund aphasiologischer Befunde nach der neurologischen Basis sprachlicher Störungen fragen und einen Zugang zu den neuralen (d. h. biologischen) Grundlagen der Sprachfähigkeit eröffnen (vgl. BIERWISCH, 1979 a, 20f.).

Die „Neurolinguistik" – so unscharf dieser Begriff auch ist – befaßt sich auf jeden Fall (wenn auch nicht nur) mit Aphasien (d.h. mit Sprachverlust und -störungen, die durch organische Hirnschäden bedingt sind). Die Neuropsychologie war durch die Aphasieforschung von Anfang an auf die Berücksichtigung sprachlicher Phänomene verwiesen, da Störungen einer normalen Leistung Aufschluß über ihre Funktionsweise geben. Zu den Hauptfragestellungen der Neuropsychologie gehört die nach der Beziehung zwischen Verhaltensleistungen und ihrem neurologischen Substrat (das auf Grund der anatomischen Bestimmung der Quelle der Störungen faßbar wird). Die „Neurolinguistik" befaßt sich mit solchen organisch bedingten Nervenkrankheiten, bei denen Störungen der Sprache in Erscheinung treten (insofern ist sie Teil einer umfassenderen „Patholinguistik" bzw. „Sprachpathologie"), deckt sie sich weitgehend mit der Aphasiologie (vgl. dazu LEISCHNER, 1973, 287ff.; LEISCHNER, 1980, 406). Auch die Bezeichnungen „Sprachpathologie" bzw. „Patholinguistik" sind jedoch nicht ganz zutreffend (genauer wäre: Pathopsycholinguistik), da es sich nicht (nur) um Störungen linguistischer Einheiten, sondern vor allem um psychologische Mechanismen und Prozesse handelt, die diesen wahrnehmbaren Störungen zugrunde liegen (vgl. GRIMM/ENGELKAMP, 1981, 102 ff.).

In der Sowjetunion sind Arbeiten zur Sprachpathologie vor allem von LURIJA und seiner Schule durchgeführt worden (vgl. z. B. LURIJA, 1975; LURIJA/WINOGRADOVA, 1975). In diesen Untersuchungen (zu den Aphasien) sind die Daten über die verschiedenen Störungsformen des Sprachverstehens und der verbalen Äußerung bei lokalen Hirnschädigungen mit eigentlich linguistischen Vorstellungen von der Struktur und den Funktionen der Sprache in Beziehung gesetzt worden. Auf diesem Hintergrund entwickelte sich – als neue Richtung der Neuropsychologie – die Neuro-(Psycho-)Linguistik, die die Neuropsychologie und die Linguistik vereinigt (vgl. LURIJA, 1982, XI f.). In anderen Richtungen der Sprachpathologie und Aphasieforschung wird der Nachweis versucht, mit Hilfe der Aphasie die Unterscheidung zwischen Kompetenz und Performanz zu bestätigen, neuropsychologisch nachzuweisen und eine Bestätigung für die psycholinguistische Relevanz linguistischer Hypothesen (insbesondere für die psychologische Realität der Kompetenz) zu liefern. Aphasien werden unter diesem Aspekt interpretiert als Störungen von Komponenten oder Subkomponenten des Performanzsystems, während die zugrunde liegende Kompetenz (ausgenommen bei totaler Aphasie, die in dieser Richtung keine Aussagen zuläßt) erhalten bleibt (vgl. WEIGL/BIERWISCH, 1968, 4 ff.).

2.7.8. Grenzen und Eigenständigkeit der Psycholinguistik

Im Laufe der Zeit sind bestimmte Grenzen der Psycholinguistik (vor allem der beiden amerikanischen Schulen) immer deutlicher geworden; das führte zu einer Erweiterung ihres Gegenstandsbereichs, vor allem zur Einbeziehung des kognitiven, des pragmatisch-kommunikativen und des sozial-interaktionellen Kontextes (wie z. B. in der sowjetischen Psycholinguistik). Damit sind nun freilich neue Fragen entstanden, besonders die Fragen (a) nach dem Verhältnis der Psycholinguistik zur Soziolinguistik, zur Kommunikationstheorie, zur Pragmatik und zur Sprechakttheorie, (b) nach der Eigenständigkeit der Psycholinguistik als besonderer Disziplin.

In dem Maße, wie die Psycholinguistik ihre engen Grenzen überschreitet, also die bisherige Ausblendung kommunikativ-pragmatischer und sozial-interaktioneller Faktoren überwindet (was zweifellos von der Sache her notwendig ist, wenn sie der Sprache als Kommunikationsmittel und Handlungsinstrument gerecht werden will), nähert sie sich den anderen Disziplinen (der Kommunikationstheorie, der Soziolinguistik, der Sprechakttheorie usw.) und beginnt, sich mit ihnen zu überschneiden. Umgekehrt muß auch die Soziolinguistik für ihre Theoriebildung Ergebnisse der Psycholinguistik berücksichtigen, kann sich auch eine Sprechakttheorie von psycholinguistischen Implikationen nicht mehr freihalten (das zeigen Termini wie „Intention", „Erwartung", „Aufrichtigkeit"

u. a.). Je mehr also die Probleme des Sprachverhaltens und der Sprachentwicklung in den generellen Kontext der Kommunikation und Interaktion eingeordnet werden und die Psycholinguistik sich nicht mehr in einseitiger Weise an individualisierenden Feststellungen zum Sprachvermögen orientiert (was im nativistischen Konzept schließlich zum biologischen Determinismus geführt hat), desto weniger abgrenzbar wird der spezifische Gegenstandsbereich der Psycholinguistik (vgl. auch LIST, 1972, 97 ff., 105; LEUNINGER u.a., 1972, 4; GAUGER, 1973, 299 f.).

Selbst in der sowjetischen Psycholinguistik, die sich in erweiterter Form als „Theorie der sprachlich-kommunikativen Tätigkeit" versteht und auf eine „Psychologie der sprachlichen Kommunikation" (als Bestandteil einer Kommunikationstheorie) ausgerichtet ist, bleiben bestimmte Grenzen, auf die A.A.LEONT'EV (1975c, 9f.; 1984b, 47ff.) hingewiesen hat: Sie ist einerseits zu *individuell* (weil sie die sozialen Funktionen der Kommunikation und ihre Stellung im Gesamtsystem der Tätigkeit der Gesellschaft nicht genügend berücksichtigen kann), andererseits zu *universell* (weil sie zu wenig Raum läßt für persönliche Besonderheiten). Aber sie ist – im Unterschied zu den beiden amerikanischen Richtungen – in ihrem Begriffssystem für eine Erweiterung und Vertiefung in dieser Richtung offen (ohne daß dies zu einem radikalen „Umbruch" des bisherigen Systems führen müßte).

Durchaus noch nicht endgültig geklärte Probleme der Eigenständigkeit der Psycholinguistik und ihrer Abgrenzung von den genannten anderen Disziplinen ergeben sich jedoch sowohl bei einer „engeren" als auch bei einer „weiteren" Auffassung der Psycholinguistik (vgl. dazu HARTUNG u. a., 1974, 94f., 189f.): Eine *enge* Auffassung der Psycholinguistik läuft Gefahr, die gesellschaftlichen Determinanten des sprachlichen Verhaltens auszuschließen oder mindestens zu unterschätzen, ihre Problematik auf eine linguistische Problematik zu reduzieren und sie in unzulässiger Weise von ihren interdisziplinären Zusammenhängen zu trennen (erst recht dann, wenn der sprachwissenschaftlichen Teildisziplin „Psycholinguistik" eine nicht-sprachwissenschaftliche „Sprachpsychologie" gegenübergestellt wird) sowie die Problematik innerhalb der Sprachwissenschaft zu einer *speziellen* Problematik (die gleichsam zusätzlich oder nachträglich noch hinzukommt) zu machen, anstatt ihr einen *dominierenden* Platz einzuräumen (der sich daraus ergibt, daß der Gegenstand der Linguistik von vornherein auch ein psychisches Phänomen ist). Eine *weite* Auffassung der Psycholinguistik dagegen erschwert jede Abgrenzung von den genannten anderen Richtungen, läßt für die Linguistik selbst am Ende nicht mehr übrig als das Sprachsystem und die „innere Sprachwissenschaft" (im Sinne DE SAUSSURES) und führt letztlich dazu, daß die Linguistik der Psycholinguistik – und diese wiederum der Psychologie – gleichsam unter- oder mindestens nebengeordnet wird.

Literaturverzeichnis zu 2.7.

APELT, W.: Positionen und Probleme der Fremdsprachenpsychologie. Halle 1976

BEVER, T.G.: The cognitive basis for linguistic structures. In: Cognition and the Development of Language. Hrsg. J.R. HAYES. New York/London 1970. S.279ff.
BEVER, T.G.: The Nature and Cerebral Dominance in Speech Behavior of the Child and Adult. In: Language Acquisition: Models and Methods. Hrsg. R. HUXLEY/E. INGRAM. New York/London 1971. S.231ff.
BEVER, T.G.: Drei Schlußfolgerungen. In: Linguistik und Psychologie. Hrsg. H. LEUNINGER/M.H. MILLER/F. MÜLLER. 1.Band. Frankfurt (Main) 1974. S.51ff.
BIERWISCH, M.: Semantik. In: Neue Perspektiven in der Linguistik. Hrsg. J.LYONS. Hamburg 1974. Englisches Original: Semantics. In: New Horizons in Linguistics. Hrsg. J.LYONS. Harmondsworth 1970
BIERWISCH, M.: Strukturen und Prozesse im Sprachverhalten. Einleitende Bemerkungen. In: Psychologische Effekte sprachlicher Strukturkomponenten. Hrsg. M.BIERWISCH. Berlin 1979. S.1ff. (1979a)
BIERWISCH, M.: Sprache und Gedächtnis – Ergebnisse und Probleme. In: Psychologische Effekte sprachlicher Strukturkomponenten. Hrsg. M. BIERWISCH. Berlin 1979. S. 29ff. (1979b)
BIERWISCH, M.: Sprache als kognitives System – Thesen zur theoretischen Linguistik. In: Deutsch als Fremdsprache 3/1982. S.139ff.
BIERWISCH, M.: Psychologische Aspekte der Semantik natürlicher Sprachen. In: Richtungen der modernen Semantikforschung. Hrsg. W. MOTSCH/D. VIEHWEGER. Berlin 1983
BUSSMANN, H.: Lexikon der Sprachwissenschaft. Stuttgart 1983

CAMPBELL, R./WALES, R.: Die Erforschung des Spracherwerbs. In: Neue Perspektiven der Linguistik. Hrsg. J.LYONS. Hamburg 1975. S.217ff.
CHOMSKY, N.: The Logical Basis of Linguistic Theory. In: Proceedings of the Ninth International Congress of Linguists (Cambridge/Mass. 1962). The Hague 1964
CHOMSKY, N.: Review of B.F.Skinner's „Verbal Behavior". In: Language 35. Auch in: The Structure of Language. Hrsg. J.A. FODOR/J.J. KATZ. New Jersey 1965
CHOMSKY, N.: Aspekte der Syntax-Theorie. Frankfurt (Main)/Berlin 1969
CHOMSKY, N.: Reflections on Language. London 1976

DESSELMANN, G.: Zu Fragen des Generierungsprozesses sprachlicher Äußerungen – Redegenerierungsmodelle sowjetischer Autoren. In: Deutsch als Fremdsprache 5/1981. S.257ff.
DIEBOLD, A.R.: A survey of psycholinguistic research 1954 – 1964. In: Psycholinguistics. Hrsg. C.E. OSGOOD/T.S. SEBEOK. Baltimore 1965. S.205ff.

ENGELKAMP, J.: Psycholinguistik. München 1974
ESSER, U.: Zu einigen inhaltlichen Fragestellungen, methodologischen Positionen und methodischen Zugängen der Psycholinguistik. In: Deutsch als Fremdsprache 1/1974. S.13ff.

FELIX, S.W.: Psycholinguistische Aspekte des Zweitsprachenerwerbs. Tübingen 1982
FELLMANN, A.: Sprachabbau. In: Lexikon der Germanistischen Linguistik. Hrsg. H.P. ALTHAUS/H. HENNE/H.E. WIEGAND. Tübingen 1980. Band II. S.440ff.

GAUGER, H.-M.: Psycholinguistik. In: Lexikon der Germanistischen Linguistik. Hrsg. H.P. ALTHAUS/H. HENNE/H.E. WIEGAND. Tübingen 1973. S.299ff.

Gauger, H.-M.: Psycholinguistik. In: Lexikon der Germanistischen Linguistik. Hrsg. H. P. Althaus/H. Henne/H. E. Wiegand. Tübingen 1980. Band II. S. 421 ff.
Gorschenek, M./Rucktäschel, A. (Hrsg.): Kritische Stichwörter zur Sprachdidaktik. München 1983
Grimm, H./Engelkamp, J.: Sprachpsychologie. Handbuch und Lexikon der Psycholinguistik. Berlin 1981

Hartung, W., u. a.: Sprachliche Kommunikation und Gesellschaft. Berlin 1974
Hartung, W./Schönfeld, H., u. a.: Kommunikation und Sprachvariation. Berlin 1981
Helbig, G.: Geschichte der neueren Sprachwissenschaft. Unter dem besonderen Aspekt der Grammatik-Theorie. Leipzig 1970
Helbig, G.: Linguistik, Methodik und Fremdsprachenunterricht (Notizen zu ihren Beziehungen). In: Linguistische Arbeitsberichte 16. Leipzig 1977
Helbig, G.: Sprachwissenschaft – Konfrontation – Fremdsprachenunterricht. Leipzig 1981
Helbig, G.: Zur Bedeutung und zu den Grenzen der Linguistik für den Fremdsprachenunterricht. In: Gegenwärtige Probleme und Aufgaben der Fremdsprachenpsychologie. Als: Wissenschaftl. Beiträge der Karl-Marx-Universität Leipzig 1983. S. 27 ff.
Hörmann, H.: Psychologie der Sprache. Berlin (West)/Heidelberg/New York 1967
Hörmann, H.: Psycholinguistik. In: Perspektiven der Linguistik. Hrsg. W. A. Koch. 2. Band. Stuttgart 1974. S. 138 ff.
Hörmann, H.: Meinen und Verstehen. Grundzüge einer psychologischen Semantik. Frankfurt (Main) 1976
Hüllen, W./Jung, L.: Sprachstruktur und Spracherwerb. Düsseldorf/Bern/München 1979

Imhasly, B./Marfurt, B./Portmann, P.: Konzepte der Linguistik. Eine Einführung. Wiesbaden 1979
Ingram, E: A further note on the relationship between psychological and linguistic theories. In: IRAL 4/1971. S. 335 ff. Deutsche Übersetzung: Weitere Überlegungen zum Verhältnis von Linguistik und Psychologie. In: Linguistik und Psychologie. Hrsg. H. Leuninger/M. H. Miller/F. Müller. 1. Band. Frankfurt (Main) 1974. S. 38 ff.

Johnson-Laird, P. N.: Wahrnehmung und Erinnerung von Sätzen. In: Neue Perspektiven der Linguistik. Hrsg. J. Lyons. Hamburg 1975. S. 234 ff.

Katz, J. J.: The Philosophy of Language. New York/London 1966
Kintsch, W.: The Representation of Meaning in Memory. New York 1974
Kleine Enzyklopädie – Deutsche Sprache. Hrsg. W. Fleischer/W. Hartung/J. Schildt/P. Suchsland. Leipzig 1983

Leischner, A.: Neurolinguistik. In: Lexikon der Germanistischen Linguistik. Hrsg. H. P. Althaus/H. Henne/H. E. Wiegand. Tübingen 1973. Band II. S. 287 ff.
Leischner, A.: Neurolinguistik. In: Lexikon der Germanistischen Linguistik. Hrsg. H. P. Althaus/H. Henne/H. E. Wiegand. Tübingen 1980. Band II. S. 406 ff.
Lenneberg, E. H.: Biological Foundations of Language. New York 1967. Deutsche Übersetzung: Biologische Grundlagen der Sprache. Frankfurt (Main) 1972
Leont'ev, A. A.: Psicholingvistika. Leningrad 1967
Leont'ev, A. A.: Jazyk, reč', rečevaja dejatel'nost'. Moskva 1969. Deutsche Übersetzung: Sprache, Sprechen, Sprechtätigkeit. Stuttgart 1971
Leont'ev, A. A.: Psycholinguistik und Sprachunterricht. Stuttgart/Berlin (West)/Köln/Mainz 1974
Leont'ev, A. A.: Die psychophysischen Mechanismen der Rede. In: Allgemeine Sprachwissenschaft. Band I. Hrsg. B. A. Serébrennikow. Berlin 1975. S. 255 ff. (1975 a)
Leont'ev, A. A.: Psycholinguistische Einheiten und die Erzeugung sprachlicher Äußerungen. Berlin 1975 (1975 b)

LEONT'EV, A. A.: Vorwort. In: Probleme der Psycholinguistik. Berlin 1975 (1975 c)
LEONT'EV, A. A.: Sprachliche Tätigkeit. In: Grundfragen einer Theorie der sprachlichen Tätigkeit. Hrsg. D. VIEHWEGER. Berlin 1984. S. 31 ff. (1984 a)
LEONT'EV, A. A.: Psychologie der Kommunikation. In: Grundfragen einer Theorie der sprachlichen Tätigkeit. Hrsg. D. VIEHWEGER. Berlin 1984. S. 45 ff. (1984 b)
LEONT'EV, A. A.: Tätigkeit und Kommunikation. In: Grundfragen einer Theorie der sprachlichen Tätigkeit. Hrsg. D. VIEHWEGER. Berlin 1984. S. 199 ff. (1984 c)
LEONTJEW, A. N./LURIJA, A. R.: Die psychologischen Anschauungen L. S. Wygotskis. In: L. S. WYGOTSKI: Denken und Sprechen. Berlin 1964. S. 1 ff.
LEONT'EV, A. N.: Der allgemeine Tätigkeitsbegriff. In: Grundfragen einer Theorie der sprachlichen Tätigkeit. Hrsg. D. VIEHWEGER. Berlin 1984. S. 13 ff.
LEUNINGER, H.: Linguistik und Psychologie. In: Linguistik und Nachbarwissenschaften. Hrsg. R. BARTSCH/Th. VENNEMANN. Kronberg 1973, S. 243 ff.
LEUNINGER, H./MILLER, M. H./MÜLLER, F.: Psycholinguistik. Ein Forschungsbericht. Frankfurt (Main) 1972
LEUNINGER, H./MILLER, M. H./MÜLLER, F. (Hrsg.): Linguistik und Psychologie. Ein Reader. 2 Bände. Frankfurt (Main) 1974
LEWANDOWSKI, Th.: Linguistisches Wörterbuch. 3 Bände. Heidelberg 1979
LIST, G.: Psycholinguistik – Eine Einführung. Stuttgart/Berlin (West)/Köln/Mainz 1972
LURIJA, A. R.: Osnovnye problemy nejrolingvistiki. Moskva 1975
LURIJA, A.: Sprache und Bewußtsein. Berlin 1982
LURIJA, A. R./WINOGRADOWA, O. S.: Die objektive Erforschung der Dynamik semantischer Systeme. In: Probleme der Psycholinguistik. Berlin 1975. S. 191 ff.
LYONS, J. (Hrsg.): Neue Perspektiven in der Linguistik. Hamburg 1974. Englisches Original: New Horizons in Linguistics. Harmondsworth 1970

MEIER, G. F.: Zu methodischen Problemen der Psycholinguistik. In: Linguistische Studien A/62/II. Berlin 1979. S. 90 ff.
MILLER, G. A.: Some psychological aspects of grammar. In: American Psychologist 17/1962. S. 748 ff. Deutsche Übersetzung: Einige psychologische Aspekte der Grammatik. In: Linguistik und Psychologie. Hrsg. H. LEUNINGER/M. H. MILLER/F. MÜLLER. 1. Band. Frankfurt (Main) 1974. S. 3 ff.
MILLER, G. A.: Empirical Methods in the Study of Semantics. In: Journeys in Science. Small Steps – Great Strides. Hrsg. D. L. ARM. Albuquerque 1967. S. 51 ff.
MILLER, G. A.: A psycholinguistic method to investigate verbal concepts. In: Journal of Mathematical Psychology 1969. S. 169 ff.
MOTSCH, W.: Gedanken zum Verhältnis zwischen Linguistik, Psychologie und Fremdsprachenunterricht. In: Deutsch als Fremdsprache 4/1972. S. 213 ff.

NEUMANN, W., u. a.: Theoretische Probleme der Sprachwissenschaft. Berlin 1976

OKSAAR, E.: Spracherwerb. In: Lexikon der Germanistischen Linguistik. Hrsg. H. P. ALTHAUS/H. HENNE/H. E. WIEGAND. Tübingen 1973. S. 303 ff.
OKSAAR, E.: Spracherwerb. In: Lexikon der Germanistischen Linguistik. Hrsg. H. P. ALTHAUS/H. HENNE/H. E. WIEGAND. Tübingen 1980. Band II. S. 433 ff.
OSGOOD, C. E./SEBEOK, T. S.: Psycholinguistics. A Survey of Theory and Research Problems. In: Journal of Abnormal and Social Psychology 49/1954. Auch: Baltimore 1965

PIAGET, J.: Sprechen und Denken des Kindes. Düsseldorf 1972. Französisches Original: Le langage et la pensée chez l'enfant. Neuchâtel-Paris 1923

REINECKE, W.: Linguodidaktik – zur Theorie des Fremdsprachenerwerbs. Leipzig 1985
RUBINSTEIN, S. L.: Probleme der allgemeinen Psychologie. Darmstadt 1981

SCHLESINGER, I. M.: A Note on the Relationship between psychological and linguistic theories. In: Foundations of Language 3/1967. S. 397 ff. Deutsche Übersetzung: Überlegungen zum Verhältnis von Psychologie und Linguistik. In: Linguistik und Psychologie. Hrsg. H. LEUNINGER/M. H. MILLER/F. MÜLLER. 1. Band. Frankfurt (Main) 1974. S. 32 ff.
SKINNER, B. F.: Verbal Behavior. London 1957
SLOBIN, D. I.: Einführung in die Psycholinguistik. Kronberg 1974. Englisches Original: Psycholinguistics. Glenview, Illonois 1971
SLOBIN, D. I./GREENE, J.: Psicholingvistika. Moskva 1976

WATT, W. C.: Autonome Linguistik, Psycholinguistik, kognitive Linguistik. In: Linguistik und Psychologie. Hrsg. H. LEUNINGER/M. H. MILLER/F. MÜLLER. 1. Band. Frankfurt (Main) 1974. S. 116 ff.
WEIGL, E./BIERWISCH, M.: Neuropsychology and Linguistics – Topics of Common Research. In: ASG-Bericht Nr. 1. Berlin 1968
WYGOTSKI, L. S.: Denken und Sprechen. Berlin 1964. Russisches Original: Izbrannye psychologičeskie issledovanija 1934

2.8. Hermeneutik in der Sprachwissenschaft

2.8.1. Ausgangspositionen und Zielstellung

Bei der Hermeneutik handelt es sich nicht um eine Richtung, die mit den unter 2.2. bis 2.7. dargestellten Richtungen vergleichbar wäre, vielmehr um Methoden und Verfahren, die oft in Verbindung mit jenen Richtungen auftreten und von der kommunikativ-pragmatischen Wende aus auch entscheidend motiviert worden sind. Die seit etwa 1970 in der Linguistik westlicher Länder (vor allem der BRD) in Gang gekommene Diskussion um den Wert hermeneutischer Verfahren ist eine Erscheinung beim Übergang zu einer nachstrukturalistischen (z. T. auch antistrukturalistischen) Richtung in der Abfolge konkurrierender Forschungsparadigmen und entstand aus der Krise der Systemlinguistik und zu einer Zeit des rückläufigen Einflusses der generativen Grammatik (vgl. NEUMANN, 1981, 1 ff.). Mit der „Abkehr vom methodologischen Paradigma des kritischen Rationalismus" entstand ein „methodologischer Freiraum" (ANDRESEN, 1976, 135), der vor allem im Hinblick auf neue pragmatisch ausgerichtete Fragestellungen geschlossen werden mußte. Dafür bot sich die hermeneutische Methode an, die bereits eine lange Tradition hat und deren „klassische Vertreter" (z. B. SCHLEIERMACHER in der Theologie, DILTHEY, später HEIDEGGER und GADAMER in der Philosophie) dem Problem der Sprache schon früher große Aufmerksamkeit geschenkt haben (vgl. auch ALBRECHT, 1979, 34 ff.).

Für die linguistische Hermeneutik-Diskussion ist ein Aufsatz von APEL (1972) bedeutsam geworden, der an CHOMSKYS Theorie anknüpft und die Frage stellt, zu welcher philosophischen Strömung CHOMSKYS Sprachtheorie die meisten Beziehungen habe. Während dem logischen Empirismus und dem kritischen Rationalismus die strikte (naturwissenschaftliche) Trennung von Subjekt und Objekt der Erkenntnis gemeinsam sei, orientiert sich die hermeneutische

Richtung darauf, daß die Gesellschaft als primär zu „verstehendes" Subjekt-Objekt der Wissenschaft behandelt wird. APEL (1972, 21ff., 31) spricht von einer „wissenschaftstheoretischen Zweideutigkeit der Sprachtheorie CHOMSKYS", da diese einerseits – wie die Naturwissenschaften – erklärenden Charakter und Erklärungsadäquatheit anstrebe, andererseits jedoch – im Sinne eines hermeneutischen Ansatzes (im Gegensatz zu den Naturwissenschaften) – die Intuition des kompetenten Sprechers als letzte Entscheidungsinstanz annehme. Deshalb kann die generative Grammatik für ihn mindestens nicht restlos nach dem Muster einer erklärenden Theorie (im naturwissenschaftlichen Sinne) verstanden werden; sie ist offenbar auch eine verstehende Sozial- oder Geisteswissenschaft, die statt der szientistischen Trennung von Subjekt und Objekt der Wissenschaft eine hermeneutisch(-dialektische) Identifizierung beider Seiten voraussetzt (vgl. APEL, 1972, 49f.). Dabei konnte die hermeneutische Interpretation von CHOMSKYS Sprachtheorie an dessen eigene Frage anknüpfen, „ob ... Streben nach Einsicht oder aber Bemühung um Objektivität das wichtigste Kennzeichen erfolgreicher Wissenschaft ist" (CHOMSKY, 1969, 35), die CHOMSKY selbst für die *Einsicht* und gegen die *Objektivität* (als höheres Ziel) beantwortet hat (vgl. HELBIG, 1970, 301f.), auch wenn damit die mögliche Frage verbunden ist, „ob die Notwendigkeit, mit der die heutige Linguistik introspektiven Auskünften und der Intuition des Sprechers den Vorrang gibt, sie nicht letztlich aus dem Felde der Wissenschaft hinausführt" (CHOMSKY, 1969, 34).

2.8.2. Problem der Datengewinnung

Das Primat der Einsicht vor der Objektivität war somit schon bei der Grammatik erkennbar, wird noch deutlicher bei kommunikativ-pragmatischen Ansätzen. CHOMSKY hat zwar die induktivistischen Unzulänglichkeiten des deskriptiven Strukturalismus überwunden, hat aber zugleich durch seine introspektive Datengewinnung (und der damit verbundenen Rolle der Sprecher-Intuition als zentraler heuristischer Instanz bei der linguistischen Theoriebildung) das Objektivitätskriterium des kritischen Rationalismus weitgehend aufgeben müssen. Schon in der Grammatik, erst recht in den Pragmatik-Theorien konnte das Objektivitätsproblem nicht gelöst werden durch die Übertragung von methodischen Verfahren aus der Naturwissenschaft (vgl. ANDRESEN, 1976, 129ff., 145). Daraus wird seitens der Vertreter der Hermeneutik geschlossen, daß die Sprachwissenschaft im Rahmen der Datengewinnung nicht von echten Beobachtungsdaten ausgehen kann (wie das zumeist für die Naturwissenschaften vorausgesetzt wird), sondern eher von Erfahrungsurteilen, die „rückgebunden sind an einen quasi verstehenden Zugang zum Gegenstand" (SCHECKER, 1976a, 9f.). Das gilt schon für die Systemlinguistik, die angewiesen ist auf die Kommunikation mit dem „native speaker" (wodurch die strikte Trennung zwischen Subjekt und Objekt aufgehoben wird). Bedingt durch den Umstand, daß die beiden Postulate der analytischen Wissenschaftstheorie – die strikte Unabhängigkeit und Trennung von Subjekt und Objekt des Wissenschaftsprozesses und die absolute Proklamation von Gesetzen – für die Sprachwissenschaft nicht zutreffen (es handelt sich hier nicht um Gesetze, sondern um Regeln, „denen wir nicht unterworfen sind, sondern über die wir verfügen") – rechnen die hermeneutischen Sprachwissenschaftler die Sprachwissenschaft nach Gegenstandsbegriff und Zugangsweisen nicht zu den analytischen Wissenschaften (vgl. SCHECKER, 1976a, 9f.).

Diese Argumentation tritt verstärkt auf für eine kommunikativ-pragmatisch orientierte Linguistik. Bei Daten in diesem Bereich kann es sich weder handeln um Korpora im strukturalistischen Sinne noch um Grammatikalitätsurteile im CHOMSKYschen Sinne, sondern um Sprachhandlungen in konkreten Kommunikationssituationen. Der Zugang zu solche Daten – so wird seitens der Hermeneutik argumentiert (vgl. DITTMANN, 1976, 173f.) – ist gebunden an das „Verstehen" von Äußerungen in interaktionellen Zusammenhängen seitens des Linguisten, der mindestens virtuell zu einem „teilnehmenden Beobachter" der Interaktion wird. Deshalb – so die Schlußfolgerung – gäbe es keine Daten im Sinne der empirischen Wissenschaftstheorie: Daten werden gesehen als Produkte der Interpretation konkreter Äußerungen durch die Linguisten; Datengewinnung wird zur „Datenkonstitution", d.h. zu einem hermeneutischen Prozeß (vgl. APEL, 1972, 22). „Es handelt sich um die Explikation des Zustandekommens von Äußerungsverstehen vor dem Hintergrund eines Vorwissens qua Regelkenntnis, die als Produkt der wissenschaftlichen Arbeit in Form einer Sprachtheorie anvisiert wird; gleichzeitig wird zu eben dem Verstehen von konkreten Äußerungen qua Datenkonstitution dieses Vorwissen vorausgesetzt und modifiziert" (DITTMANN, 1976, 174).

2.8.3. „Verstehen" versus „Erklären"

Die zentrale Kategorie des hermeneutischen Erkenntnisprozesses ist der Begriff des „Verstehens", der bewußt in einen Gegensatz zum Begriff des „Erklärens" in den Naturwissenschaften und in den nach ihrem Vorbild orientierten Disziplinen gestellt wird. Das hermeneutische Verstehen ist ein subjektiver Vorgang, bei dem sprachliche Äußerungen zugänglich gemacht werden sollen durch die Einordnung in einen als wahrscheinlich anzunehmenden subjektiv bestimmten Sinnzusammenhang. Es handelt sich um ein Verstehen von „Sinn", der nicht primär von der Sprache determiniert ist, sondern von den an der Kommunikation beteiligten Subjekten abhängt (Bedeutungen werden folglich auch aus dem „Sinn" abgeleitet). Der Zugang zur Sprache im Sinne der Hermeneutik erfolgt von innen heraus, aus der „Teilnehmerperspektive": Die kommunikative Erfahrung der Kommunikationsteilnehmer wird zur Begründungsinstanz sprachwissenschaftlicher Erkenntnisse. Darin zeigt sich die Affinität der hermeneutischen Methode zu kommunikativ-pragmatischen Fragestellungen (und die Berührung mit Textlinguistik, Soziolinguistik und Pragmalinguistik) sowie die deutliche

Frontstellung gegen den Strukturalismus und die generative Grammatik (sowie deren Art der Rekonstruktion der Kompetenz): Die *Kommunikation* ist die primäre Erscheinungsform ihres Gegenstandes und der wissenschaftstheoretische Ort, an dem sie mit ihrer Gegenstandsbestimmung einsetzt (vgl. ausführlich NEUMANN, 1981, 21 ff.; 54 ff.).

Freilich vollzieht sich das hermeneutische Verstehen als kreisende Bewegung innerhalb von nur subjektiven Sinnzusammenhängen und bleibt an den „hermeneutischen Zirkel" gebunden (es setzt Vor-Verständnis voraus, das zu besserem Verstehen führt). Diese Zirkelnatur des Verstehens wird nicht durchbrochen, sondern immer mehr vervollständigt; vollendetes Verstehen entsteht gerade im Vollzug des hermeneutischen Zirkels (vgl. dazu NEUMANN, 1981, 26 ff.).

Von einigen „gemäßigten" Vertretern der Hermeneutik wird allerdings hervorgehoben, daß es wesentliche Unterschiede zwischen dem philosophischen Verständnis des Verstehens-Begriffes und einem (z. B. in der Sprachwissenschaft üblichen) „forschungslogischen" Verständnis gibt (vgl. etwa SCHECKER, 1976a, 10 f.): Während der philosophische Verstehensbegriff (z. B. bei GADAMER, HEIDEGGER) ein *inhaltlicher* Begriff (in dem Sinne: Wer Meinungen des gleichen wirkungsgeschichtlichen Zusammenhangs, dem er selber angehört, verstehen will, setzt diese Meinungen zugleich – wenn auch wirkungsgeschichtlich vermittelt – als Vor-Urteile voraus, mit deren Hilfe er erst die vorgegebenen Meinungen verstehen kann) und auf ein *Was* bezogen sei, sei der forschungslogische Verstehensbegriff (als Verfahren zur Annäherung an den Gegenstand) ein rein *formaler* Begriff, der von allen Inhalten absieht und nur auf das *Wie* gerichtet ist. Man hat sogar mehrere Positionen innerhalb der linguistischen Hermeneutik unterschieden (vgl. SCHECKER, 1976b, 93 f.): Neben den Linguisten, die nach wie vor (auch für kommunikativ-pragmatische Fragestellungen) die analytische Wissenschaftstheorie in Anspruch nehmen (z. B. WUNDERLICH), gibt es einerseits solche, die zwar von einer hermeneutischen Datenkonstitution ausgehen, eine Weiterverarbeitung dieser Daten im Sinne der analytischen Wissenschaftstheorie aber nicht ausschließen (z. B. APEL, SCHECKER), andererseits solche, die aus der hermeneutischen Datenkonstitution die Schlußfolgerung ziehen, daß die Weiterverarbeitung der Daten nur im Sinne der *philosophischen* Hermeneutik erfolgen könne.

Insgesamt bot sich das bereits vorhandene „klassische" Inventar des „hermeneutischen Verstehens" als Mittel an, bisher (in der Systemlinguistik) nicht genügend thematisierte Sachverhalte zu erfassen, soziales Verhalten und sprachliche Tätigkeit als historisches, sinndeterminiertes und intentionales Geschehen in den Blickpunkt zu rücken. Da mit dem naturwissenschaftlich geprägten Begriff des „Erklärens" die Sprache als Handlungsinstrument nicht erfaßt und nicht in größere außersprachliche Kontexte eingeordnet werden konnte, da dieser Bereich den im naturwissenschaftlichen Sinne „objektiven" Methoden unzugänglich bleibt, schien das geistesgeschichtliche „Verstehen" weiterreichende Möglichkeiten einzubringen. Deshalb traten hermeneutische Gesichtspunkte vor allem dort auf, wo der Gegenstandsbereich der Systemlinguistik überschritten wurde (vor allem: in Textlinguistik, Soziolinguistik, Sprechakttheorie), wirkten sie in erheblichem Maße auf nach- und nichtstrukturalistische Richtungen der Sprachwissenschaft ein (vgl. dazu vor allem NEUMANN, 1981, 8ff., 30ff., 61, 76f.).

2.8.4. Einordnung und Einschätzung

Die Hermeneutik-Renaissance und das verstärkte Plädoyer für hermeneutische Verfahren in der Linguistik hat einen doppelten Aspekt und ist deshalb auch zwiespältig zu bewerten (vgl. vor allem NEUMANN, 1981, 77ff., 97). Auf der einen Seite verbirgt sich in der Hermeneutik ein rationales erkenntnistheoretisches und methodologisches Problem, da der *Objekt*bereich der Sprachwissenschaft (wie der anderer Wissenschaften) nicht unabhängig von den am Erkenntnisprozeß beteiligten *Subjekten* besteht (vgl. RŮŽIČKA u. a., 1979, 98), folglich die Frage nach den Beziehungen zwischen Objekt und Subjekt im Erkenntnisprozeß durchaus legitim und notwendig ist. Indem die Hermeneutik die Rolle der Sprache bei der Sinn-Konstitution und im Handlungskontext akzentuiert, geht sie von einem komplexeren Ansatz aus, verglichen mit den isolierenden, nur Teilbeziehungen untersuchenden und reduzierenden Ansätzen des Strukturalismus. Die berechtigte Kritik der Hermeneutik an allen Vereinseitigungen und Autonomiepostulaten der strukturellen und generativen Grammatik (schon im Hinblick auf Gegenstandsbestimmung und Datenauswahl) sowie die Orientierung an der kommunikativen Tätigkeit (am Primat der Kommunikation gegenüber dem Sprachsystem) war eine adäquate Basis für die Zurückweisung der extremen Idealisierungen und des Biologismus in einigen Spielarten der generativen Grammatik. Diese berechtigte Kritik an positivistischen Grundannahmen zeigt eine gewisse Parallelität zu marxistischen Auffassungen (die allerdings nur oberflächlich ist).

Denn auf der anderen Seite bleibt die Hermeneutik auf das Konzept des subjektiven Verstehens beschränkt und begreift die Sprache nur bis zur Grenze dieses subjektiven Verstehens innerhalb einer Kommunikationsgemeinschaft (als eine Art „Apriori"). Was dagegen die Kommunikation bestimmt und in welchem Rahmen diese eine determinierende Funktion hat, ist für die Hermeneutik nicht weiter hinterfragbar. Trotz aller Kritik am empirischen und kritischen Rationalismus (am Positivismus im engeren Sinne) bleibt sie im Rahmen der positivistischen Denkweise im weiteren Sinne (es werden Teilzusammenhänge – wenn auch komplexere – aus dem Ganzen herausgelöst). Durch die Reduzierung auf den Begriff des Verstehens wird eine prinzipielle und undialektische Trennung von Natur- und Gesellschaftswissenschaften, von Natur und Gesellschaft vorgenommen und auf die Idee der Einheit der Wissenschaften (als Entsprechung zur materiellen Einheit der Welt) verzichtet (vgl. NEUMANN, 1981, 77ff., 97). Mit dem Begriff des „subjektiven Verstehens" (gegenüber dem „objektiven Erklären") sind in der Hermeneutik Züge des erkenntnistheoretischen Relativismus, Subjektivismus und Agnostizismus, ja sogar des Irrationalismus in latenter Weise vorhanden (vgl. ALBRECHT, 1979, 34; NEUMANN, 1981, 11).

Das zeigt sich besonders in der *Funktion* der Hermeneutik in der Geistes- und Wissenschaftsgeschichte. Wie bereits die neoidealistische geistesgeschichtliche Richtung der Sprachwissenschaft (z. B. VOSSLER; vgl. dazu HELBIG, 1970, 22 ff.) um die Jahrhundertwende auf die Überbetonung des *objektiven* Moments im Positivismus mit einer Überbetonung des *subjektiven* Moments (der Einfühlung, des Verstehens und der Interpretation) reagierte und dabei eine „massive ideologische und soziologische Funktion" hatte, so ist auch die gegenwärtige Hermeneutik eine erneute „geistesgeschichtliche Reaktion auf den Positivismus" mit ähnlich apologetischem Charakter (vgl. RŮŽIČKA u. a., 1979, 95 f.; NEUMANN, 1981, 11, 76; ALBRECHT, 1979, 44), womöglich die „Spitze eines Eisberges" einer neuen Irrationalismus-Strömung, ist sie ein apologetischer (antimarxistischer) Rückgriff aus der Krise des Positivismus heraus auf eine Phase des relativen Aufstiegs in der Geschichte des bürgerlichen Denkens. Nachdem sich die inhaltbezogene Grammatik nicht mehr als Alternative zum neopositivistischen Reduktionismus anbot (ihr Einfluß hat sich wesentlich verringert) und das strukturalistische Paradigma sich nicht mehr als Produzent herrschaftsstabilisierender Ideologien eignete, wurde die Hermeneutik als eine solche Alternative angesehen, die einerseits die notwendige Weite des Horizonts für die Sprachtheorie und unter dem Oberbegriff des „Verstehens" eine Methodenvielfalt zuläßt oder sogar erfordert, die aber andererseits die genannten Mängel hat und die angedeutete Funktion ausübt (vgl. NEUMANN, 1981, 38 ff.).

Literaturverzeichnis zu 2.8.

ALBRECHT, E.: Zur Kritik methodologischer Hauptströmungen in der BRD. In: Linguistische Studien A/62/II. Berlin 1979. S. 33 ff.

ANDRESEN, H.: Das Problem der Datenerhebung und der empirischen Bestätigung linguistischer Theorien. In: Methodologie der Sprachwissenschaft. Hrsg. M. SCHECKER. Hamburg 1976. S. 123 ff.

APEL, K.-O.: Noam Chomskys Sprachtheorie und die Philosophie der Gegenwart. In: Neue Grammatiktheorien und ihre Anwendung auf das heutige Deutsch. Als: Sprache der Gegenwart. Band XX. Düsseldorf 1972. S. 9 ff.

CHOMSKY, N.: Aspekte der Syntax-Theorie. Frankfurt (Main)/Berlin 1969

DITTMANN, J.: ‚Grammatische Bedeutung' und der handlungswissenschaftliche Regelbegriff. In: Methodologie der Sprachwissenschaft. Hrsg. M. SCHECKER. Hamburg 1976. S. 163 ff.

HELBIG, G.: Geschichte der neueren Sprachwissenschaft. Unter dem besonderen Aspekt der Grammatik-Theorie. Leipzig 1970

Neumann, W.: Hermeneutik und materialistische Dialektik bei der Untersuchung sprachlicher Tätigkeit. In: Linguistische Studien A/74. Berlin 1981. S. 1 ff.

Růžička, R. (unter Mitarbeit von R. Conrad u. a.): Das Verhältnis von allgemeiner Methodologie und Methodologie der Sprachwissenschaft. In: Linguistische Studien A/62/I. Berlin 1979. S. 84 ff.

Schecker, M. (Hrsg.): Methodologie der Sprachwissenschaft. Hamburg 1976

Schecker, M.: Einleitung. In: Methodologie der Sprachwissenschaft. Hrsg. M. Schecker. Hamburg 1976. S. 7 ff. (1976a)

Schecker, M.: Argumentation und Verallgemeinerung – Zur Verallgemeinerungsfähigkeit theoretischer Aussagen in der Linguistik. In: Methodologie der Sprachwissenschaft. Hrsg. M. Schecker. Hamburg 1976. S. 93 ff. (1976b)

3. Ausblick

Wenn in Zusammenfassung der heterogenen Forschungslinien ein Ausblick gewagt werden soll, so ergibt sich zunächst die Frage nach dem Verhältnis von Sprachsystem und Kommunikation, von Grammatiktheorie (im 1. Teil des vorliegenden Bandes) und kommunikativ-pragmatischer Orientierung (im 2. Teil des vorliegenden Bandes). Diese Frage ist deshalb so zentral, weil dieser „Paradigmenwechsel" manchmal so verstanden wird, daß sich die Sprachwissenschaft nun neuen (bisher vernachlässigten) Gegenständen (z.B. sprachliche Kommunikation, Sprache und Gesellschaft, Sprache und psychisches Verhalten, Sprache und Handeln) zuwenden müsse und daß solche Forschungen weitgehend unabhängig von der Grammatiktheorie möglich wären. In einem solchen Verständnis der „kommunikativ-pragmatischen Wende" der Linguistik wird das alte Orientierungssystem (mit dem absoluten Vorrang der Grammatik) in gewisser Weise nur umgekehrt, wird eine ersatzlose Abwendung von der Grammatiktheorie (als „Systemlinguistik") angestrebt, die letztlich dazu führt, daß Theorien und Methoden anderer Wissenschaften bei der Analyse sprachlicher Erscheinungen in den Mittelpunkt rücken (und das spezifisch Sprachliche in den Hintergrund tritt), daß sprachliche Ausdrücke eher als Beispiele im Rahmen soziologischer, psychologischer und kommunikationstheoretischer Fragestellungen behandelt werden.

Ein solches Verständnis der „kommunikativ-pragmatischen Wende" widerspricht nicht nur der objektiven Dialektik von Sprachsystem und Kommunikation, sondern wird auch der Notwendigkeit nicht gerecht, gerade solche Fragestellungen in den Mittelpunkt zu rücken, die das Zusammenwirken und die Wechselbeziehungen zwischen der Grammatik und den anderen Wissenschaften betreffen. Diese Notwendigkeit beruht auf der Tatsache, daß das theoretische Niveau und die Zuverlässigkeit der Aussagen über bestimmte Zusammenhänge in starkem Maße vom theoretischen Niveau der Aussagen über grammatische Eigenschaften natürlicher Sprachen abhängen, daß das Sprachsystem folglich eine entscheidende Rolle bei der Untersuchung natürlicher Sprachen spielt und ein wesentlicher Bezugspunkt bleibt (auch wenn daraus keineswegs – im Sinne des alten „Paradigmas" – der Gegenstand der Sprachwissenschaft auf das Sprachsystem reduziert werden darf) (vgl. MOTSCH, 1984). In diesem Sinne sind auch die Äußerungen von KANNGIESSER (1976, 72ff.) zu verstehen, daß die „C-Matrix" und die „P-Matrix" sich nicht ausschließen, die P-Matrix eher eine Erweiterung als eine schlichte Aufhebung (Negation) der C-Matrix sei; es handelt sich vielmehr um eine *dialektische* Aufhebung, auch in dem Sinne, daß Strukturbeschreibungen und Funktionsbeschreibungen miteinander kompatibel sind, erstere in letztere einzubetten, erstere aus letzteren abzuleiten sind und letztere erstere voraussetzen.

Die Beachtung dieser dialektischen Beziehungen zwischen Sprachsystem und Kommunikation ist nicht nur aus theoretischen Gründen (der Wissenschaftsentwicklung und des Erkenntnisfortschritts) erforderlich, sondern auch aus praktischen Gründen. Gerade in solchen Praxisbereichen (etwa: Fremdsprachenunterricht), die ursprünglich ein flankierendes Moment zur Motivierung von kommunikationsorientierten Fragestellungen in der Sprachwissenschaft waren (weil als Ziel des Fremdsprachenunterrichts nicht die Beherrschung des Sprachsystems, sondern kommunikative Fähigkeiten und Fertigkeiten angestrebt werden), zeigt sich neuerdings, daß mit einer undialektisch-einseitigen Orientierung ausschließlich auf kommunikative Faktoren das angestrebte Ziel nicht erreicht worden ist. So verweist REINECKE (1985) sehr nachdrücklich auf diese einseitige Orientierung, die die Dialektik zwischen System und Kommunikation, zwischen der kognitiven und der kommunikativen Funktion der Sprache verletzt und zu dem Paradoxon führt, daß die primäre bzw. ausschließliche Orientierung auf kommunikative Ordnungskriterien gerade zur Kommunikationsirrelevanz der Ergebnisse eines so gestalteten Fremdsprachenunterrichts geführt hat und führt. In ähnlicher Weise warnen GNUTZMANN/STARK (1982, 20) vor einer Verabsolutierung des Kommunikationsgedankens und einer Vernachlässigung der sprachlichen Form; denn „die unangemessene Praxis des Konzepts ‚kommunikative Kompetenz' (‚Priorität der kommunikativen Funktionen vor den fremdsprachlichen Strukturen') haben lange den Fremdsprachenunterricht bestimmt und die Durchsetzung einer sowohl lernpsychologisch als auch linguistisch angemessenen Sprachauffassung blockiert, die sich auf die dialektische Einheit von Form und Funktion gründet und dieses auch entsprechend in die Praxis des Fremdsprachenunterrichts umsetzt". Unter ähnlichem Aspekt stellt BARRERA-VIDAL (1982, 47f.) die Frage, „ob unter dem durchaus berechtigten Primat kommunikationsrelevanter Gesichtspunkte der Bereich der Morphosyntax nicht etwas vorschnell als sekundär oder gar als unwichtig betrachtet worden ist".

Ein zweites Problem hängt mit der Unterschiedlichkeit der verschiedenen Forschungsrichtungen zusammen, in denen sich die „kommunikativ-pragmatische" Wende in der Sprachwissenschaft ausgeprägt hat; es betrifft also nicht mehr die Unterschiede zwischen der im 1. Teil vorgestellten Grammatiktheorie und den im 2. Teil dargestellten kommunikationsorientierten Ansätzen, sondern die Unterschiede zwischen den (im 2. Teil beschriebenen) kommunikationsorientierten Ansätzen selbst. Diese Unterschiede ergeben sich nicht nur aus den verschiedenen philosophischen Quellen, sondern beruhen auch auf unterschiedlichen Tätigkeits- bzw. Handlungskonzepten sowie auf unterschiedlichen Rezeptionsbedingungen und -bedürfnissen der Linguistik, die ihrerseits im Zusammenhang damit stehen, daß sich die unterschiedlichen Forschungsrichtungen einerseits durch eine unterschiedliche Nähe zu tradierten Fragestellungen, andererseits aber auch durch eine unterschiedliche Konsequenz des Tätigkeitskonzepts auszeichnen (vgl. VIEHWEGER, 1984, 8), daß sie auch in unterschiedlicher Weise theoretisch fundiert und elaboriert sind.

Bei den meisten der im 2. Teil vorgestellten Richtungen tauchte nicht zufällig die Frage nach der Selbständigkeit bzw. der Legitimation als eigene „Theorie" auf. Hinter dieser Frage verbirgt sich die (bisher nicht eindeutig entschiedene) Alternative, ob es möglich und (gegenwärtig schon) sinnvoll ist, in einer Art Globalanalyse alle Fragen der Sprache als kommunikative Tätigkeit in *einer* umfassenden Theorie zu beschreiben (im Vergleich zu der dann solche Ansätze wie Text-, Sprechakttheorie, Psycholinguistik nur Ausschnitte darstellen würden, deren Legitimität vom Standpunkt eine Globaltheorie z. T. in Frage gestellt wird), oder ob es zweckmäßiger und forschungsstrategisch realistischer ist, eine solche Globalanalyse schrittweise über *mehrere* Teilaufgaben und *mehrere* Teiltheorien zu realisieren. Mit einer geforderten Globalanalyse ist eine Art „holistischer Ansatz" verbunden, der oft nur solche Analysen für akzeptabel hält, die *alle* Faktoren des Kommunikationsaktes gleichermaßen und gleichzeitig einbeziehen (was vielfach zu umfassenden – allgemeinen – Entwürfen, weniger aber zu empirisch überprüfbaren Modellen geführt hat) (vgl. auch SÖKELAND, 1980, 1f.).

Manches spricht gegenwärtig (und wohl auch noch auf längere Sicht) für den zweiten Weg, weil der Bereich der mit der sprachlichen Kommunikation verbundenen Erscheinungen so komplex ist, daß er (mindestens gegenwärtig) kaum in globaler Weise, d.h. in *einem* Zuge und im Rahmen *einer* Theorie erfaßt werden kann (vgl. MOTSCH, 1983a, 94f.). Auf diese Weise müßte die Untersuchung des Gesamtbereichs sprachlicher Kommunikation als eine Aufgabenstellung angesehen werden, die nur schrittweise und über die Lösung von *Teil*aufgaben erfüllt werden kann. Solche Teilaufgaben haben sich in den unter 2. dargestellten Forschungsrichtungen der Linguistik (z.B. in der Sprechakttheorie, in der Text-, Psycho- und Soziolinguistik) längst herauskristallisiert. Mit diesen Teilaufgaben werden jeweils spezifische Aspekte des komplexen Gesamtphänomens erfaßt, die zueinander in Beziehung gesetzt werden müssen. Eben dies würde nicht zu einer Verwerfung oder Einschränkung dieser Teildisziplinen, sondern eher zu ihrer kritischen Verwertung, Weiterführung und zur gegenseitigen In-Beziehung-Setzung auffordern (vgl. MOTSCH, 1983b, 201; MOTSCH, 1984).

Damit sind freilich mehrere Konsequenzen verbunden, mit denen die weitere Entwicklung der Sprachwissenschaft (und keineswegs nur der Sprachwissenschaft) konfrontiert ist: Die Einsicht, daß es sich um *Teil*theorien handelt (die in ein komplexeres Ganzes einzufügen sind, das über diese Teiltheorien angestrebt wird), verbietet im besonderen Maße jede Dogmatisierung des erreichten Erkenntnisstandes – entsprechend dem allgemeinen Prinzip von der Relativität unserer ständig fortschreitenden und sich vertiefenden Erkenntnis. Eine Dogmatisierung des in den einzelnen Richtungen jeweils erreichten Erkenntnisstandes würde die Gefahr einer Reduzierung des Gegenstandsbereiches der Sprachwissenschaft in sich bergen und möglicherweise den Weg für eine komplexe Theorie der sprachlichen Kommunikation verstellen. Weiterhin gewinnt – beim

Vorhandensein mehrerer Ansätze – der Vergleich dieser Theorien eine zunehmende Bedeutung: Dabei kommt es nicht nur vor, daß verschiedene Theorien dieselben Fakten erklären und ineinander übersetzt werden können oder daß eine Theorie prinzipiell adäquater ist als die andere, sondern auch, daß eine Theorie A die Sachverhalte a und b besser erklärt als eine andere Theorie B, die ihrerseits die Sachverhalte c und d besser zu erklären vermag als die Theorie A. Aus der Existenz solcher komplementärer Theorien (die nicht ohne weiteres kompatibel sind) leitet sich schließlich die Notwendigkeit bestimmter wissenschaftsethischer Forderungen (der gegenseitigen Kenntnisnahme und des gegenseitigen Verständnisses) für die Wissenschaftler verschiedener Auffassungen, Richtungen und „Schulen" ab (vgl. HELBIG/MOTSCH, 1983, 427f.).

Literaturverzeichnis zu Kap. 3

BARRERA-VIDAL, A.: Schulgrammatik zwischen fachdidaktischer Analyse und linguistischer Deskription. In: Grammatikunterricht – Beiträge zur Linguistik und Didaktik des Fremdsprachenunterrichts. Hrsg. C. GNUTZMANN/D. STARK. Tübingen 1982. S. 47ff.

GNUTZMANN, C./STARK, D.: Grammatik und Grammatikunterricht. In: Grammatikunterricht – Beiträge zur Linguistik und Didaktik des Fremdsprachenunterrichts. Hrsg. C. GNUTZMANN/D. STARK. Tübingen 1982. S. 11ff.

HELBIG, G./MOTSCH, W.: Abschließende Zusammenfassung. In: Sprache und Pragmatik. Lunder Symposium 1982. Hrsg. I. ROSENGREN. Malmö 1983. S. 421ff.

KANNGIESSER, S.: Spracherklärungen und Sprachbeschreibungen. In: Wissenschaftstheorie der Linguistik. Hrsg. D. WUNDERLICH. Kronberg 1976. S. 106ff.

MOTSCH, W.: Kritische Bemerkungen zu intentionalistischen Kommunikationsbegriffen. In: Linguistische Studien A/113/I. Berlin 1983. S. 94ff. (1983a)
MOTSCH, W.: Diskussionsbeitrag zu Helmut Henne. In: Sprache und Pragmatik. Lunder Symposium 1982. Hrsg. I. ROSENGREN. Malmö 1983. S. 199ff. (1983b)
MOTSCH, W.: Sprechaktanalyse – Versuch einer kritischen Wertung. In: Deutsch als Fremdsprache 6/1984 und 1/1985

REINECKE, W.: Linguodidaktik – zur Theorie des Fremdsprachenerwerbs. Leipzig 1985

SÖKELAND, W.: Indirektheit von Sprechhandlungen. Eine linguistische Untersuchung. Tübingen 1980

VIEHWEGER, D. (Hrsg.): Grundfragen einer Theorie der sprachlichen Tätigkeit. Berlin 1984

Personenregister

Adjukiewicz 131f.
Agricola 154, 158f., 164, 170
Althaus 151
Anderson 128
Apel 304f., 307
Austin 156, 181, 182ff., 187f., 190ff., 196, 204, 212

Bar-Hillel 131
Barrera-Vidal 312
Baumgärtner 148
Beloded 265
Bernstein 254ff.
Bever 287ff.
Bierwisch 118f., 212, 284, 290, 293
Blansitt 128
Bloomfield 75ff., 82, 84
Bochmann 242
Bresnan 110
Breuer 168
Bright 240, 261
Brinkmann 56
Bühler 273, 287

Carnap 132, 211
Chafe 128
Chomsky 13, 16, 57f., 80ff., 97ff., 120f., 125, 182, 208, 211f., 238, 260, 272f., 282ff., 288ff., 294, 304f.
Cook 128
Coseriu 249f.
Currie 238

Daneš 161
Deržavin 263
Descartes 57f., 88f.
van Dijk 161
Dilthey 304
Dittmar 265
Durkheim 60, 62

Ehlich 199
Ehrich 200f.
Engels 25, 29, 48, 66, 91

Figge 154
Filin 264
Fillmore 103, 120ff., 128ff.
Fishman 232, 241, 243, 245, 261, 265
Fodor 111, 292
Frege 132f.

Gadamer 304, 307
Gal'perin 279
Gnutzmann 312
Gordon 202, 213
Greimas 164
Grice 191, 202, 206, 211
Große, E. U. 159, 174
Große, R. 244f., 252f.

Habermas 208ff.
Halliday 161f.
Harris 77, 154
Hartmann 154ff.
Hartung 27, 162, 247, 251, 265, 279
Harweg 158
Havránek 73, 249
Hays 122
Heidegger 304, 307
Heidolph 154, 159
Henne 148, 231, 235
Hjelmslev 74f., 77, 249
Hörmann 273
Horálek 73
Humboldt 55, 57f., 59f., 81, 83, 88, 95
Hundsnurscher 234
Hymes 238f., 242ff.

Ingram 287
Isenberg 154, 158f., 168f., 171f.

Jackendoff 119

Kainz 271
Kanngießer 265, 311
Kant 88
Katz 111, 119f., 211ff., 291
Klaus 14, 181

Krysin 264
Kuhn 15ff.
Kummer 168

Labov 239, 243, 263, 265
Lakoff, G. 103, 112ff., 181, 202, 213
Lakoff, R. 181
Lang 119f.
Larin 263
Lenin 25, 48f., 69, 90f., 258, 262
Lenneberg 295
Leont'ev, A. A. 274, 279, 289f., 300
Leont'ev, A. N. 279
Lerchner 250
Leuninger 273
Lewis 120, 191
List 273
Lomt'ev 61
Lurija 299

Maas 148, 193, 198, 204
Marr 47, 262, 264
Marx 25, 40, 48, 50, 66, 87, 90f., 208
Mayerthaler 135f.
McCawley 103
Mead 181
Meier 290
Miller 272ff., 283f., 287ff.
Montague 132f.
Morris 181
Motsch 117, 214ff.
Mukařovský 73

Nerius 250
Neubert 244f., 252f.
Neumann 304ff.
Nikolskij 245

Omamor 128
Osgood 272, 274, 278, 282, 293

Pavlov (Pawlow) 280
Peirce 181
Petöfi 154
Pfütze 154, 158
Piaget 273, 296
Pleines 130
Polivanov 263
Postal 111
Potts 130
Radden 128
Rehbein 199
Rehbock 231, 235

Reinecke 312
Rosengren 128, 131, 159, 214ff.
Ross 112, 116f., 181, 189
Rubinštejn (Rubinstein) 296
Růžička 115f.

Sadock 181, 203
Saile 200f.
Sandig 172f.
Sapir 239, 254
de Saussure 13, 41, 60ff., 70, 74f., 77f., 81, 179, 249
Ščerba (Schtscherba) 61
Scharnhorst/Ising 73
Schecker 307
Schleiermacher 304
Schlesinger 287
Schlieben-Lange 151
Schmidt, S. J. 159, 163, 167f.
Schmidt, W. 221f., 225
Schtscherba vgl. Ščerba
Searle 156, 181, 187ff., 196, 199f., 204, 206, 211ff.
Sebeok 262
Semenjuk 249f.
Serebrennikov (Serébrennikow) 45, 264
Sève 27
Skalička 71
Skinner 293f.
Smirnickij 61
Sökeland 201
Šor 263
Stalin 262
Stampe 206
Stark 312
Starosta 130
Steger 228, 240f.
Steinitz 154, 158
Strawson 190, 212
Švejcer 260, 264

Tarski 132
Tesnièr 122

Viehweger 159, 162ff., 168f., 175, 214ff.
Voßler 309
Vygotskij (Wygotski) 278ff.

Watt 287
Weisgerber 23, 30, 54ff., 57ff.
Werlich 174f.
Weydt 233ff.
Whorf 239, 254, 260

Wittgenstein 181, 191, 211
Wunderlich 148f., 193ff., 204, 206, 228, 231, 233f., 266, 307
Wundt 271, 273

Wurzel 135f.
Wygotski vgl. Vygotskij

Žirmunskij 263f.

Sachregister

Abstraktion 40, 50ff., 63, 93
Äquivalenz 124, 159f., 163f.
„äußere" Sprachwissenschaft 61
Äußerungsakt 188
Äußerungsbedeutung vgl. kontextuelle Äußerungsbedeutung
Äußerungsstruktur 156, 215f.
Äußerungstyp (Äußerungsform) 117, 194ff., 199f.
Agens 121, 126f.
Akzeptieren von Sprechakten 196f.
amerikanischer Strukturalismus 75ff.
angeborener Spracherwerbsmechanismus 88f., 283, 294f.
anthropologische Linguistik 239
Antimentalismus 75f.
Aphasie 298
Arbeit 28ff.
Argument 113f.
„Aspects"-Modell 80, 102
Aspektreichtum der Sprache 34f.
Asymmetrie (des sprachlichen Zeichens) 41f.

Bedeutung 40f., 76f., 117ff., 181f., 190ff., 197f., 211, 291f.
Bedeutungsfeindlichkeit 76f.
Behaviorismus 66, 75f., 274ff.
behavioristisches Lernkonzept 293f.
Beschränkungen (für Transformationen) 109
Bewußtsein 30ff., 47ff., 279f.
Bindungsbeschränkungen 109f.
biologischer Charakter der Sprache 85ff., 295
Biologismus 85ff.
bürgerliche und marxistische Soziolinguistik 258ff.

„Cartesianismus" (cartesianische Linguistik) 87f.
„case-features" vgl. Kasusmerkmale
Chronolekt 245
C-Matrix (C-Paradigma) 16, 148f., 311f.

Datenbereich (der Linguistik) 38f., 305f.
Deduktion 50ff.
Defizit-Hypothese 254ff.
Denken 28ff.
Dependenzgrammatik 122
Deskriptivismus 75ff.
Determinanten der Wissenschaftsentwicklung 21ff.
Diachronie 43f., 63f., 70
Dialekt 47, 245ff., 252f., 263f.
dialektisch-materialistische Spracherwerbstheorien 296f.
Dialektologie (Dialektgeographie) 239f., 245, 264
Dialoggrammatik 234
Dichtersprache 73
Didaktik des Fremdsprachenunterrichts 297f.
Differenz-Hypothese 258
Diskurs 209f.
Diskursanalyse vgl. Gesprächsanalyse
Disposition für Spracherwerb 85ff., 88f., 294f.
Distribution 77
Distributionalismus 75f., 77ff.
Dominanzverhältnisse (zwischen Linguistik und Psychologie) 273

Ebenen (des Sprachsystems) 41, 84
eingeborene Ideen 85ff.
Einheit (des sprachlichen Zeichens) 41
elaborierter Sprechkode 254ff.
Empirismus 74, 86f.
energetische Sprachwissenschaft 57f.
Entfremdung 90f.
„Enthumanisierung" der Sprachwissenschaft 52, 67, 78
entwicklungsgeschichtliche Spracherwerbstheorie 296
Erfolgreich-Sein von Sprechakten 192, 196f.
Erklären 306ff.
Erweiterte Standardtheorie (der generativen Grammatik) 102ff.

Ethnolinguistik 239
Existenzformen 46, 247, 253
Experiment 49, 283f., 285ff.
explizit performative Äußerung 183f., 195f.
explizit performative Formel 183f.

Filter 109f.
Form 63, 74
Formalisierung 51ff., 148
Fremdsprachendidaktik vgl. Didaktik des Fremdsprachenunterrichts
Fremdsprachenerwerb 297
Funktion (der Sprache) 13f., 19, 65, 225
funktionale Grammatik 221, 226
funktionale Satzperspektive 71, 153, 156
funktionales System 70f.
funktional-kommunikative Sprachbeschreibung 221ff., 226f.
funktional-kommunikatives Merkmal 224
Funktionalstil 252f.
funktional-strukturelle Betrachtungsweise 71
Funktionsbegriff 225
Gegenstand der Sprachwissenschaft 13f., 20, 22, 34ff., 64f., 68, 76f., 79f., 155f.
Gegenstandserweiterung der Sprachwissenschaft 34ff.
Gelingen von Sprechakten 183, 196
gemeinsame Einordnungsinstanz (Integrationsinstanz) 164ff.
generative Grammatik 57f., 80ff., 111f., 210ff.
generative Semantik 103, 111ff., 114ff., 274ff.
Gesamtbedeutung der Kasus 123f.
Gesellschaft 15, 18ff., 29ff., 44f., 150, 241, 259ff.
gesellschaftliche Determiniertheit 35ff., 44ff., 85f., 242
gesellschaftliche Praxis 18ff., 21f., 33f.
gesellschaftlicher Reproduktionsprozeß 18f., 28f.
Gesellschaftlichkeit der Sprache 30ff., 36, 46, 62f., 260
Gesellschaftstheorie 24ff., 150, 204, 208ff., 260ff.
Gesellschaftswissenschaften 18ff., 38
„Gesetz der Sprache" 56
Gespräch 228ff., 232ff.
Gesprächsanalyse 228ff., 232ff.
Gesprächsbereich 232

Gesprächsschritt (Gesprächsbeitrag) 229ff.
Gesprächssequenz 230f.
Gesprächssteuerung 230
Gesprächstyp 232
gesprochene Sprache 229f.
Gliederungssignal 230f.
Glossematik 74f.
Glücken von Sprechakten vgl. Gelingen
Grammatik 39ff., 91f., 100ff., 276f.
Grammatikalität 92, 276
Grammatiktheorie 13f., 39, 97ff., 275ff.
grammatische Kompetenz 91ff., 182
grammatische Konventionalität 194
grammatische Relation 104, 112, 120ff.
grammatische Transformation 105

habit 293f.
Handlung 30, 33, 156, 193ff., 189f., 281
Handlungsbedeutung 117
Handlungsinstrument 30, 155f., 180
Handlungsstruktur 156, 215f.
Handlungstheorie 149f., 181, 198
Handlungstyp 214f., 226
Hermeneutik 304ff.
hermeneutischer Zirkel 307
heterogene Grammatik 47
Heterogenität der Sprache 46f., 92, 246
homogene Sprachgemeinschaft 46, 84, 91ff.
Hypersatz vgl. performativer Hypersatz

idealer Sprecher/Hörer 84, 91f., 282f.
Idealisierung 35f., 50f., 63, 93, 207f.
Idealismus in der Sprachwissenschaft 54ff.
Ideologie 19f., 21f., 44ff.
Ideologiegebundenheit 44ff.
Idiolekt 245
Illokution 156, 185, 215f.
illokutionäre Kompetenz 212f.
Illokutionspotential 156, 159, 165
Illokutionsstruktur 156, 166f., 215f.
Illokutionstyp 119f.
illokutive Rolle 185f., 189
illokutiver (illokutionärer) Akt 116, 156, 184ff., 188f.
illokutiver Indikator 189, 195, 200ff., 205
impliziter Sprechakt 200f.
Indikatoren für Sprechhandlungen vgl. illokutiver Indikator
indirekter Sprechakt 199ff.

Induktion 50ff.
inhaltbezogene Grammatik 54ff.
inhomogene Sprachgemeinschaft 46f., 91ff.
initial phrase marker 105ff.
initiativer Sprechakt 231
innere Form 59f., 83, 88
innere Rede 280f.
innere Sprache 280f.
„innere" Sprachwissenschaft 61
Instrumental 121, 126f.
integrale Sprachlehre 221f.
Intention 190ff., 197, 222
intentionalistischer Bedeutungsbegriff 191f.
Intentionalität von Sprechakten 190ff., 197
Interaktion 118, 155f., 193f., 197ff.
Interaktionsanalyse 199
interpretative Semantik 114ff.
Intuitionslinguistik 56, 69
intuitiver Bedeutungsbegriff 119f.
Invarianten 39, 42f.
Isomorphie (zwischen Sprach- und Sozialstruktur) 241f., 246f., 261
Isotopie 162, 164

Junggrammatiker 60f., 70f.

Kasusliste 126ff.
Kasusmerkmal 129
Kasusrahmen 121f., 124f.
Kasusrolle 121ff., 128ff.
Kasustheorie 103, 120ff., 123ff.
kategoriale Grammatik 131ff.
kategoriale Komponente 105ff.
Klassenbedingtheit der Sprache 44f.
klassischer Strukturalismus 66ff., 81ff., 111
kodifizierte Norm 72, 250
kognitive Psychologie 100ff.
Kohärenz 158ff., 162ff.
Kommunikation 13f., 30ff., 70f., 98, 155ff., 194, 211f., 307
Kommunikationsabsicht 222, 224
Kommunikationsakt 159, 170f.
Kommunikationsaufgabe 222
Kommunikationsgemeinschaft 57
Kommunikationsintention vgl. Kommunikationsabsicht
Kommunikationsplan 222
Kommunikationsverfahren 171, 223ff.
kommunikative Grammatik 226

kommunikative Kompetenz 94, 182, 208ff., 238
kommunikative Konventionalität 194
kommunikative Tätigkeit 13ff., 30ff.
kommunikative Textauffassung 167ff.
kommunikativer Sinn 118ff., 181f., 203
kommunikatives Handeln 208ff.
kommunikativ-pragmatische Wende 13ff., 148ff., 155ff.
kompensatorische Spracherziehung 255f.
Kompetenz 82ff., 91ff., 100f., 134, 182, 211ff., 238, 275ff., 282ff.
Komponenten (des Sprachsystems) 41, 108
Konnex 165
konstativer Satz (konstative Äußerung) 182ff., 196
konstitutive Regeln 190
Kontext 190, 197f.
kontextuelle Äußerungsbedeutung 118ff., 181f.
Konvention 186f., 190f.
Konventionalität von Sprechakten 186f., 190f., 194
Konversationsanalyse vgl. Gesprächsanalyse
Konversationsimplikatur 191
Konversationsprinzip 191, 202
konzeptuelle Strukturen 119, 293
Korrelationshypothese 282ff.
Ko-Varianz (von sprachlichen und sozialen Strukturen) 241ff., 246, 261
Kreativität des Sprachgebrauchs 83, 86f., 90f., 95f.

langue 60ff., 70
Laute 40f.
Lerntheorie 294
lexikalische Transformation 105, 115
Lexikalismus (lexikalistische Hypothese) 110, 115
Lexikon 105ff., 110
linguistische Grammatik 100f., 283f.
Literatursprache 71f.
logische Form 106f., 109
logische Valenz 122f.
lokutiver (lokutionärer) Akt 184ff.

makrolinguistische Orientierung 19f., 150
„Marxismus-Anarchismus" 89ff.
marxistische politische Ökonomie 27
marxistische Psychologie 27

marxistisch-leninistische Gesellschaftswissenschaften 18 ff.
marxistisch-leninistische Sprachauffassung (Sprachtheorie, Sprachwissenschaft 24 ff.
Materialismus und Idealismus 22, 47 ff.
mathematisch-formale Modelle 51 ff.
meaning 190 ff.
Mediation 291
Mehrdimensionalität der Sprache 41, 83 ff.
mentale Grammatik 101, 275 ff., 287 f.
mentale Repräsentation des Lexikons 290 ff.
Mentalismus 81 ff., 274 ff.
metakommunikativer Sprechakt 232
Methoden 67 ff., 77 ff.
Methodik des Fremdsprachenunterrichts 297 f.
mikrolinguistische Orientierung 19 f., 150
Modell(bildung) 50 f.
Modularisierung 108
Montague-Grammatik 132 ff.
morphologische Natürlichkeit 136
Motiv 281
Mutterspracherwerb 297

nativistisches Lernkonzept 293 ff.
natürliche Grammatik 134 ff.
natürliche Logik 113
Neohumboldtianismus 59 f.
Neopositivismus 36, 66 ff., 79 f., 207
Neurolinguistik 298 f.
Neuropsycholinguistik 298 f.
Neuropsychologie 298 f.
nicht-direkter Sprechakt 200 f.
Nomination 42
Norm 72 f., 240, 248 ff.
Null-Kontext 118, 213

Oberflächenkasus 120 f., 123 f.
Oberflächensatzglied 124
Oberflächenstruktur 84, 104 ff., 108 f., 112 f.
Objekt der Sprachwissenschaft 20, 22, 34 ff.
objektive Realität 42, 48 f.
Objektivitätskriterium 49, 305
Operation 223, 281

Paradigma 15 ff., 58
Paradigmenwechsel 15 ff.
parole 60 ff., 70 f.
Partikel-Forschung 234 ff.

Performanz 91 ff., 101, 134, 151, 182, 211 ff., 238, 275 ff., 282 ff.
Performanzstrategie 101, 285, 288
Performanztheorie 212 f., 275 f., 282 ff.
performativer Hypersatz 116 f.
performativer Satz (performative Äußerung) 183 ff.
performatives Verb 183 ff., 195
Performativformel 116 f.
Performativitätshypothese 116 f., 189
perlokutiver (perlokutionärer) Akt 185 ff., 206
Philosophie 22 f., 24 ff., 210
philosophische Grundlagen und Interpretationen der Sprachtheorie 23 ff., 53 ff.
phonologische Natürlichkeit 136
P-Matrix ((P-Paradigma) 16, 148 f., 311 f.
Positivismus 36, 60, 63, 66 ff.
postlexikalische Transformation 115
Prädikat 113 f.
Prädikatenlogik 113, 134 f.
prälexikalische Transformation 114 f.
Prager Linguistenkreis 70 ff.
Pragmalinguistik 13, 150 f.
Pragmatik 14, 37, 151, 197 f., 211
pragmatische Valenz 123
Pragmem 199
Praxeogramm 199
Praxis 18 ff., 21 f., 26, 47 ff.
primär (primitiv)performative Äußerung 184
Proform (Prowort) 162 f.
Proposition 113 f., 121, 166, 189
propositionale Textauffassung 167 ff.
propositionaler Akt 188 f.
propositionaler Gehalt 189, 198
propositionaler Indikator 189
Propositionalstruktur 166
prozedurales Textmodell 157 f.
Psycholinguistik 13 f., 150, 271 ff., 299 f.
psycholinguistische Interpretation der Grammatik 85, 100 ff., 282 ff., 290
Psychologie 75 f., 83 ff., 100 ff., 119, 150, 271 ff.
Psychologie der sprachlichen Kommunikation 300
psychologische (psycholinguistische) Grammatik 100 f.
psych(olog)ische Realität der Grammatik 101, 274 f., 277, 282 ff.

Rationalismus 85, 86 ff.
reaktiver Sprechakt 231

321

Rede 61f., 249
Redegenerierung 280ff.
Redekonstellation 230, 232
Redetätigkeit 61f., 271, 279
Reduktionismus 36, 50f.
referentielle Bedeutung 117
Referenzidentität 158f., 162ff.
Regel 39, 42, 83, 189f., 275ff., 306
regelgeleitetes Verhalten 189f.
regulative Regeln 189f.
relatives Apriori 23, 89
Relativität der Erkenntnis 49, 103, 313
restringierter Sprechkode 254ff.
Revidierte Erweiterte Standardtheorie (der generativen Grammatik) 108ff.
Rhetorik 154
romantische Sprachphilosophie 55, 59f.

Satz 114f., 152ff., 168ff., 181
Satzglied 121, 125f.
Satz-meaning 200, 206
Satzmodell 122ff.
schichtenspezifisches Sprachverhalten 239, 254ff.
Selektionsbeschränkung 112, 119
Semantik 104ff., 108f., 111ff., 114ff., 197f., 211
semantische Kompetenz 211, 213
semantische Komponentenanalyse (Merkmalanalyse) 119f., 292f.
semantische Valenz 122ff.
semantischer Kasus vgl. Kasusrolle
semantisches Prädikat 127
semantisches Satzmodell 124f.
Semiotik 98f., 181
Semsyntax 127
Sozialdialekt 263ff.
Sozialstruktur 241ff., 254f., 260f.
Soziolekt 47, 245ff., 252f., 264
Soziolinguistik 13f., 150, 238ff., 262ff., 265ff., 299f.
soziolinguistische Kompetenz 238
soziolinguistische Schicht 252
soziolinguistische Sphäre 252
soziolinguistisches Differential 47, 252ff.
soziolinguistisches System 252
Soziologie 60ff., 150, 242f., 260
Sprachbarrieren 254ff.
Sprache, Kommunikation und Gesellschaft 19, 30ff., 62f., 266
Sprache und Bewußtsein 28, 47ff.
Sprache und Denken 28ff., 54f., 257
Sprache und Verhalten 82, 274f., 282ff.

Spracherwerb 293ff.
Sprachgemeinschaft 56f.
Sprachhandlung vgl. auch Sprechakt 194
Sprachhandlungssequenz 215f.
Sprachhandlungstheorie 194
Sprachkompetenz 91ff., 275ff.
Sprachkultur 71f.
sprachliches Feld 23
Sprachpathologie 298f.
Sprachpolitik 56f., 240, 258f., 262ff.
Sprachpsychologie 271, 287, 300
Sprachsoziologie 239, 243ff.
Sprachstörung 298f.
Sprachsystem 32f., 39ff., 50, 85, 98, 204f., 311ff.
Sprachtheorie und Grammatiktheorie 24, 84, 97ff.
Sprachverhalten 62, 92, 242, 254f., 271f., 282ff.
Sprachverlust 298f.
Sprachverwendung 85, 179f., 275f.
Sprachwissenschaft und Linguistik 58
Sprechakt 76, 160f., 179ff., 190ff., 194f., 230ff.
Sprechaktklassifikation 186f., 192f., 198ff.
Sprechakttheorie 13f., 149ff., 155ff., 179ff., 198, 210ff., 214ff., 226ff., 232f.
Sprechakttypen 117, 172, 198
Sprecherintention 172, 180
Sprecher-meaning 190f., 200, 206
Sprecherwechsel 230f.
Sprechhandlungstheorie vgl. auch Sprechakttheorie, Sprachhandlungstheorie 194f.
Sprechhandlungstyp vgl. Sprechakttypen
Spurentheorie (der generativen Grammatik) 102, 105ff.
Standardtheorie (der generativen Grammatik) 80, 102ff., 114ff.
Stilebene 252f.
Stilistik 154
Stilvariante 253
Stimulus-Reaktions-Schema 75ff., 291, 293f.
Strukturalismus 66ff.
strukturelle Methoden 67ff., 77ff.
subjektiver Idealismus 18, 74
subjektives Lexikon 277, 284, 292
Subjekt-Objekt-Grammatik 120ff., 125f.
Substanz 63, 74f.
Synchronie 43f., 63f., 70
syntaktische Satzmodelle 124f.

syntaktische Valenz 122 f.
Syntax 108, 111 ff., 114 ff.
System 39 ff., 43 f., 60 ff., 64 ff., 67 f., 70 f., 248 ff.
Systemlinguistik 13 ff., 148 ff., 155 f.
Systemnorm 250 f.

Tätigkeit 30 ff., 39 ff., 42, 47 ff., 155 f., 168 ff., 203 f., 247, 279 ff.
Tätigkeitsauffassung der Kommunikation 30 ff., 155 f., 296 f.
Text 152 ff., 156 ff., 160 ff., 167 ff., 169 ff., 214 ff., 224 f.
Textanalyse 165 f.
Textart 171 ff., 224 f.
Textdefinition 158 ff.
Textebene 161 ff.
Textem 158
Textfunktion 156, 165, 174 f., 224
Textgrammatik 152 f., 167
Textklasse 224
Textkohärenz vgl. Kohärenz
Textkohäsion 163
Textkonstitution 162 ff.
Textlinguistik 13 f., 150 ff., 156 ff., 167 ff., 232
Textphonetik 153
Textpragmatik 153
Textsemantik 153
Textsorte 171 ff., 225, 230
Textsyntax 153
Texttheorie 152, 156 f., 160 f., 167 ff., 214 ff.
Texttyp 171 ff., 224
Texttypologie 171 ff., 224 f.
Textualität 159 f., 163
Textwissenschaft 152 f.
Thema 158 ff., 170 f.
Thema-Rhema-Gliederung 154, 156, 166 f.
Theorie der Kommunikation 98 f., 167 ff.
Theorie des Spracherwerbs 276, 293 ff., 297 f.
Theorie und Methode 79 f.
Tiefenstruktur 84 f., 103 ff., 108 f., 112 ff., 121 f., 125 f., 285 f.
Tiefen(struktur)kasus vgl. Kasusrolle
Topik(kette) 164

„Trace-Theory" vgl. Spurentheorie
traditionelle Sprachwissenschaft 69, 81, 111
Transformation 105 ff., 108 ff., 112 f., 115
Transformationalismus (transformationalistische Hypothese) 115
transphrastische Linguistik 157
„turn" vgl. Gesprächsschritt, Gesprächsbeitrag

Usus 249 f.

Valenz (Valenztheorie) 122 f.
Valenzebenen 122 f.
Variabilität (Variation) 46 f., 84, 92 ff., 241, 245 ff., 252
Variable 286
Varianten 93 f., 246 ff.
Varietät 47, 245 ff.
Verabsolutierung des Zeichensystems 33, 61 f., 65 f., 70
Verdinglichung des Zeichensystems 33
Verhalten 38 f., 75, 82, 84 f., 189 f., 274 ff., 282 ff.
Verhaltensstrategien 284 ff.
Verstehen 306 ff.
Verstehen von Sprechakten 196 f.
Vertextungsbedingungen 162 f.
Vertextungsmittel 162 f.
Verwendungsnorm 250 f.

Wahrheit (Wahrheitskriterium) 18, 26 f., 49
„Weltansicht" („Weltbild") der Sprache 54 f., 59 f.
Wesen der Sprache 28 ff., 34, 54
„Whimperatives" 202 f.
Widersprüche 43 f., 136
Wiederaufnahme 165 f.
wissenschaftliche Revolution 15 ff.
wörtliche Bedeutung 117 ff.

Zeichen 37, 41 f.
Zeichensystem 13 ff., 32 ff., 43, 46, 64 ff., 67 f., 98
Zuordnung (von Lauten und Bedeutungen) 39 ff., 132, 285
„Zwischenwelt" 23, 54 f., 59 f.

Über den Verfasser

Gerhard Helbig: Geboren 1929 in Leipzig. 1948–1952 Studium der Germanistik, Philosophie und Anglistik in Leipzig. Nach der Promotion (1953) Tätigkeit als Lektor und Assistent an der Karl-Marx-Universität Leipzig, unterbrochen durch Auslandsarbeit: 1961/62 Lektor für deutsche Sprache an der Universität Bagdad, 1965 Cheflektor am Kulturzentrum der DDR in Kairo. Seit 1965 Dozent und seit 1969 ordentlicher Professor an der Karl-Marx-Universität Leipzig. Gastvorlesungen in der Sowjetunion, in Polen, Bulgarien, Schweden, Finnland und Dänemark.